陕西省"十一五"古籍整理出版规划重大项目
国家"十一五"古籍整理出版重点规划项目
2011—2020年国家古籍整理出版规划项目

陕西碑刻总目提要初编

索引

主　编　　吴敏霞

本册主编　　党　斌　　吴敏霞

科学出版社

北京

内 容 简 介

《陕西碑刻总目提要初编》系陕西省"十一五"古籍整理出版规划重大项目、《国家"十一五"古籍整理出版重点规划》项目和《2011—2020年国家古籍整理出版规划》项目《陕西碑刻总目提要》的阶段性成果。

本书收录陕西境内历代碑、墓志、墓砖、摩崖石刻、造像题记、经幢、塔铭等多种类型的石刻资料;所收各类碑刻年代上自秦汉,下迄民国末年;所收碑刻的著录信息包括碑名、年代、形制、行字、撰书刻者、纹饰、出土地、现藏地、著录情况及提要等多方面内容。

《陕西碑刻总目提要初编》反映了陕西碑刻存藏的总体状况及相关著录和研究状况,是相关领域研究的重要文献资料。

图书在版编目(CIP)数据

陕西碑刻总目提要初编. 索引/吴敏霞主编;党斌,吴敏霞分册主编. —北京:科学出版社,2018.12
    ISBN 978-7-03-051374-8

Ⅰ. ①陕… Ⅱ. ①吴… ②党… ③吴… Ⅲ. ①碑刻-内容提要-陕西-古代 Ⅳ. ①Z88:K877.42

中国版本图书馆 CIP 数据核字(2016)第 324236 号

责任编辑:付 艳 宋开金/责任校对:何艳萍
责任印制:张克忠/封面设计:黄华斌

科 学 出 版 社 出版
北京东黄城根北街 16 号
邮政编码:100717
http://www.sciencep.com
中国科学院印刷厂 印刷
科学出版社发行 各地新华书店经销
*
2018 年 12 月第 一 版   开本:787×1092 1/16
2018 年 12 月第一次印刷   印张:22 1/2
字数:510 000
定价:1998.00 元(全 5 册)
(如有印装质量问题,我社负责调换)

陕西省古籍保护整理出版工作

领导小组编纂委员会

主　　任　方光华　陕西省政府副省长
副 主 任　高　阳　陕西省政府副秘书长
　　　　　任宗哲　陕西省文化和旅游厅厅长
委　　员　刘　强　陕西省发展和改革委员会副主任
　　　　　王建利　陕西省教育厅厅长
　　　　　史高领　陕西省科学技术厅副厅长
　　　　　王爱民　陕西省民族宗教事务委员会主任
　　　　　习云杰　陕西省财政厅总会计师
　　　　　罗文利　陕西省文物局局长
　　　　　徐　晔　陕西省文史研究馆馆长
　　　　　雷　湛　陕西省地方志办公室主任
　　　　　明平英　陕西省档案局局长
　　　　　周天游　陕西省古籍整理专家委员会主任
　　　　　白宽犁　陕西省社会科学院副院长、陕西省古籍整理专家委员会副主任
　　　　　贾二强　陕西省古籍整理专家委员会副主任
顾　　问　任宗哲　余华青
主　　编　吴敏霞
副 主 编　王祥瑞　党　斌

《陕西碑刻总目提要》主编单位

陕西省古籍整理办公室

《陕西碑刻总目提要》主要协助单位

陕西省文物局　陕西省民族宗教事务委员会　西安碑林博物馆

《陕西碑刻总目提要》主要支持单位

各市文物局及其辖区相关文博单位、各市宗教事务局及其辖区相关寺院道观存藏单位，包括但不仅限于：

西安市文物局	汉阳陵博物馆
咸阳市文物旅游局	法门寺博物馆
宝鸡市文物旅游局	乾陵博物馆
铜川市文物旅游局	西安事变纪念馆
渭南市文物旅游局	西安市民族宗教事务局
汉中市文物旅游局	咸阳市民族宗教事务局
安康市文化文物广电局	宝鸡市民族宗教事务局
商洛市文化文物广电新闻出版局	铜川市民族宗教事务局
延安市文物局	渭南市民族宗教事务局
榆林市文化广电新闻出版局	汉中市民族宗教事务局
西安碑林博物馆	安康市民族宗教事务局
陕西历史博物馆	延安市民族宗教事务局
陕西省考古研究院	榆林市民族宗教事务局

索 引 说 明

1. 本索引根据《陕西碑刻总目提要初编》（第一册至第四册）正文所收碑刻编制，包括音序和笔画两种类型，每种类型中又分为标题索引和全称索引两类。

2. 标题索引包括《陕西碑刻总目提要初编》（第一册至第四册）收录的所有碑刻条目的黑体标题。

3. 全称索引仅包括《陕西碑刻总目提要初编》（第一册至第四册）收录碑刻条目中有全称项者。

4. 本索引按惯例先列条目，条目后以省略号隔开，以括号内汉字数字标出册数，之后为碑刻条目在对应册数中的页码。具体格式为：条目……（册数）页码数。

5. 原碑标题首行阙字，无法按音序、笔画排序者，均附于该类索引之末。

6. 本索引疏漏和谬误之处实所难免，敬请读者匡正。

目　　录

索引说明

碑名音序索引

一、标题音序索引

A ················· 1
B ················· 1
C ················· 4
D ················· 20
E ················· 24
F ················· 24
G ················· 27
H ················· 32
J ················· 38
K ················· 42
L ················· 44
M ················· 54
N ················· 57
P ················· 58
Q ················· 60
R ················· 63
S ················· 64
T ················· 70
W ················· 74
X ················· 82
Y ················· 88
Z ················· 98
首字阙者附后 ················· 108

二、全称音序索引

A ················· 109
B ················· 109

C ················· 109
D ················· 111
F ················· 129
G ················· 129
H ················· 133
J ················· 141
K ················· 142
L ················· 142
M ················· 143
N ················· 148
O ················· 148
P ················· 148
Q ················· 148
R ················· 151
S ················· 151
T ················· 153
W ················· 167
X ················· 172
Y ················· 173
Z ················· 174
首字阙者附后 ················· 175

碑名笔画索引

一、标题笔画索引

一画 ················· 177
二画 ················· 177
三画 ················· 177
四画 ················· 182
五画 ················· 193

碑名音序索引

一、标题音序索引

A

a

阿娘墓志	（二）76
阿史那从政妻薛突利施匌阿施墓志	（一）206
阿史那伽那墓志	（一）196
阿史那瀚海夫人墓志	（二）104
阿史那怀道墓志	（一）275
阿史那摸末墓志	（一）159
阿史那毗伽特勤墓志	（一）267
阿史那婆罗门墓志	（一）162
阿史那勿施墓志	（一）264
阿史那哲墓志	（一）265
阿史那忠碑	（一）203
阿史那忠墓志	（一）203
阿史那忠妻定襄县主墓志盖	（一）165

ai

艾杞墓志	（二）282
艾瑞林行述碑	（四）18
艾梓墓志	（二）286
爱民乐业	（四）221

an

安定桥碑	（四）120
安定县重修大普济禅寺碑	（二）193
安范墓志	（一）225
安伽墓志	（一）91

安公妻康氏墓志	（一）331
安公妻宇文八娘墓志	（一）307
安公妻翟六娘墓志	（一）273
安金藏墓碑	（三）157
安康中学创建博化室碑	（四）199
安乐公主墓志	（一）251
安旻墓志	（一）233
安母赵氏墓志	（三）128
安内攘外	（四）105
安山宝墓志	（一）211
安守忠墓志	（二）114
安万通墓志	（一）166
安西王献城四皓先生碑	（二）166
安锡候墓志	（四）93
安乡县主墓志	（二）5
安元寿墓志	（一）219
安源村修庙碑	（四）137
安祯法师残碑	（二）98

B

ba

八卦醮盆幢	（四）211
八甲村佚名碑	（四）145
八面造像碑	（二）96
霸英	（四）229

bai

白邦宁暨妻阎氏黄氏王氏合葬墓志	（三）2

白邦宁暨妻阎氏黄氏王氏合葬墓志 （三）11
白道生神道碑 （一）320
白廙唐墓志 （三）25
白公济墓志 （二）54
白骨塔序 （四）38
白桂游灵岩寺题诗碑 （二）275
白侯擒盗行诗碑 （二）332
白敬立墓志 （二）82
白敬宗墓志 （二）80
白君暨妻陈氏杨氏合葬墓碑 （三）213
白骏德题诗 （三）321
白骏德题诗碑 （四）14
白敏中墓志 （二）60
白敏中神道碑 （二）62
白乃建暨妻田氏郝氏康氏合葬圹记 （三）91
白绮墓碑 （三）321
白沙川修石桥碑 （三）302
白士俊墓志 （三）256
白水怀古碑 （二）261
白水唐经幢 （二）85
白万谥暨妻李氏韩氏合葬墓碑 （三）154
白显秀墓碑 （四）143
白星垣暨妻刘氏合葬墓志 （四）164
白衣大悲陀罗尼经并像 （三）7
白衣大士像 （三）21
白衣大士与张仙送子像 （三）104
白云观会费收支碑 （四）155
白云观重建庙记 （三）24
白云山白云观七言诗一首 （三）5
白云山碑记 （三）55
白云山纪念碑 （四）215
白云山所置杨田堰水田碑 （三）318
白云山新建四圣宫诸殿碑 （四）243
白云山种松记 （四）98
白云山重修楼阁诸殿助缘碑 （三）319

白云塔题刻 （四）20
白珍暨妻刘氏合葬墓志 （二）329
百二雄关 （四）104
百里坊戒香寺重理禅院记 （三）97
百里金汤 （四）164
百神洞碑 （二）300
百寿图碑 （三）193
百塔寺心经 （二）97
柏汉章墓志 （四）94
柏鹤仙人图碑 （二）171
柏景伟墓志 （四）70
柏里坊关帝历代追封碑记 （四）124
柏里坊关帝庙碑 （三）120
柏里坊马氏五世祖墓碑记 （三）58
柏山古寺碑 （四）117
拜建玄天上帝庙献殿记 （三）23

ban

班超食邑碑 （三）217
般若波罗蜜多心经 （三）217
般若波罗蜜多心经 （三）311
般若波罗蜜多心经 （四）130
般若多心经 （三）167
般若心经序 （二）115
办理冒籍碑记 （三）212

bao

包宝寿墓志 （一）214
包裹正殿序 （三）120
包家河严禁匪类以靖地方碑 （三）289
包筠墓志 （二）70
襄城县政府处理响水堰案碑 （四）163
宝峰寺建修斗母圣宫碑记 （三）232
宝林寺塔碑 （二）129
保护洞阳宫碑 （三）174
保护武侯祠财产碑 （四）96

保护武侯祠财产告示牌　（四）23
保举题名碑　（四）133
保路告示碑　（三）320
保小礼堂　（四）220
报德里十甲会议里规碑　（三）322
暴仁墓志　（一）278

bei

碑洞帖　（四）131
碑阴序　（二）161
北朝三面造像碑　（一）96
北朝四面造像碑　（一）95
北伏龙刘姓村东水路碑记　（三）207
北寺山庙施财碑　（三）271
北宋乾兴六年舍利石塔　（二）143
北魏无字造像碑　（一）56
北魏造像碑　（一）57
北魏造像碑（丙）　（一）57
北魏造像碑（甲）　（一）57
北魏造像碑（乙）　（一）57
北魏造像碑额（甲）　（一）55
北魏造像碑额（乙）　（一）56
北五社五常会记载　（三）251
北五社五常会重建南琉璃照壁　（三）237
北周四面造像碑　（一）94
北周造像碑　（一）92

ben

本镇七堡重修土主庙碑记　（三）212

bi

比丘尼坚固胜神道碑　（一）293
比丘正言疏　（二）51
俾失十囊墓志　（一）287
毕锡勒图题联　（四）127
毕正义墓志　（一）167

bian

边靖庵先生墓表　（四）8
扁鹊观碑　（三）191
辩惠禅师墓志　（一）312

bie

别部司马妻柳氏墓志　（一）319
别开生面　（四）40
别有天地　（四）36
别智福墓志　（一）256

bin

邠州大佛寺碑记　（四）140
邠州大佛寺捐资碑　（四）140

bing

兵巡关内道沈示　（三）3
丙申九日登白云山步李太白韵　（三）158
禀请军差苦乐均匀碑记　（三）253

bo

伯淑贞墓碑　（四）184
伯曾祖晋赠碑　（三）260
伯祖父母晋赠碑　（三）272
泊嘉陵江游灵崖题　（二）84

bu

卜云其吉墓志盖　（四）136
补建启秀阁前魁星楼碑记　（三）214
补培午子山顶观碑志　（四）61
补山阁记　（三）140
补塑金妆　（三）155
补塑神像碑记　（四）10
补修纯阳洞碑记　（二）330
补修东岳庙碑　（二）245

补修古佛记 （二）149
补修三星寨三圣宫碑 （四）34
补修圣庙各灯碑记 （三）207
补修午子观碑记 （四）169
补修药王殿钟鼓楼碑记 （三）66
补修药王洞座 （三）291
不空和尚碑 （一）331
布施碑 （三）181
布施碑 （三）181
布施碑 （三）235
布云 （四）235
步六孤须蜜多墓志 （一）88
步张天尊吊司马祠后 （二）322

C

cai

财神庙碑记 （三）245
彩绘四铺首阿育王石塔 （二）85
蔡公祠铭 （二）317
蔡宏斌墓碑 （四）109
蔡杰法暨妻熊氏墓碑 （四）3
蔡君妻赵氏墓志 （一）248
蔡伦功德碑 （四）48
蔡伦墓碑 （二）319
蔡伦墓碑 （三）159
蔡默墓志 （一）282
蔡氏谱系碑 （三）288
蔡于天纪念碑 （四）230
蔡庄重修圣庙碑记 （三）92

can

残佛经 （二）97

cang

仓渡镇回民碑 （四）14

仓公碑 （二）169
仓公墓记 （四）233
仓颉庙碑 （一）5
仓圣鸟迹书碑 （四）124

cao

曹公德政碑 （四）9
曹海凝墓志 （一）133
曹慧琳墓志 （一）328
曹济之等游玉盆题名 （二）159
曹君墓志 （二）73
曹君墓志 （三）181
曹可峰碑 （四）166
曹母侯氏墓志 （三）176
曹钦墓志 （一）189
曹氏夫妇墓碑 （四）23
曹续生造像碑 （一）64
曹寅侯之碑 （四）157
曹映斗诗碑 （四）19
曹恽墓志 （一）273
草诀歌碑 （二）339
草坪铺禁赌碑 （四）80
草堂辨正大师奥公僧录塔铭 （二）157
草堂寺唐太宗皇帝赞姚秦三藏
　罗什法师碑 （二）158

ce

册李凤豳王文 （一）202

chai

柴关岭碑 （四）200

chan

阐祖道范 （四）233

chang

长安道上杂咏　　　　　　　（三） 69
长凹村修渠碑　　　　　　　（四）102
长灯碑记　　　　　　　　　（三） 67
长灯谣　　　　　　　　　　（三） 63
长庆元年陀罗尼经幢　　　　（二） 19
长滩子平息碑　　　　　　　（四） 41
长天铁垛　　　　　　　　　（四）104
长武县修学记　　　　　　　（四）141
常妃墓志盖　　　　　　　　（一） 58
常集庵墓志　　　　　　　　（四） 57
常乐坊民梁龛铭记　　　　　（一）109
常让墓志　　　　　　　　　（一）219
常少卿题记　　　　　　　　（二）169
常无逸神道碑　　　　　　　（一）303

chao

朝华山碑记　　　　　　　　（三） 98
朝山碑记　　　　　　　　　（三） 68
朝山补修碑记　　　　　　　（三）129
朝山进香碑　　　　　　　　（二）310
朝山进香碑记　　　　　　　（三） 94
朝山进香加回籍建醮碑　　　（二）326
朝山进香愿满碑　　　　　　（三） 19
朝武当会建玄帝碑文　　　　（三） 82
朝武当山记　　　　　　　　（三）152
朝武当山记　　　　　　　　（三）153
朝修锡水洞碑记　　　　　　（四）125

che

车光倩墓志　　　　　　　　（二） 99
车氏造像碑　　　　　　　　（一） 18
车益墓志　　　　　　　　　（二） 31

chen

沉云篇并序　　　　　　　　（三）176

陈仓古道之灵墓碑　　　　　（三）236
陈常墓志　　　　　　　　　（一）130
陈初合暨妻李氏墓碑　　　　（四）119
陈大溶题诗碑　　　　　　　（三）231
陈德墓志　　　　　　　　　（二）101
陈对峰暨妻李氏墓碑　　　　（三）306
陈尔弗功德碑　　　　　　　（四） 45
陈尔万马嵬题诗碑　　　　　（四） 37
陈讽墓志　　　　　　　　　（二） 81
陈公墓志盖　　　　　　　　（三） 30
陈光族墓碑　　　　　　　　（三）183
陈花树墓志　　　　　　　　（一）131
陈诚墓志　　　　　　　　　（一）335
陈瑁暨妻范氏墓志　　　　　（二）　3
陈九道赵慈墓碑　　　　　　（三）299
陈君妻李氏墓志　　　　　　（一）326
陈克敬妻杨氏墓志　　　　　（二） 71
陈临贺王国太妃墓志铭　　　（一）122
陈母陈氏碑　　　　　　　　（三）224
陈平墓　　　　　　　　　　（三）161
陈樵伯游记碑　　　　　　　（四）236
陈审墓志　　　　　　　　　（二） 70
陈氏墓志　　　　　　　　　（二） 27
陈氏墓志　　　　　　　　　（二）158
陈氏墓碑　　　　　　　　　（四） 28
陈世德捐银置田营租碑记　　（三）123
陈叔明墓志　　　　　　　　（一）136
陈叔兴墓志　　　　　　　　（一）121
陈思槐墓碑　　　　　　　　（三）320
陈素墓志　　　　　　　　　（一）280
陈王氏墓志盖　　　　　　　（四）230
陈惟富暨妻孔氏墓碑　　　　（四）192
陈文学题字碑　　　　　　　（二）245
陈希烈墓志　　　　　　　　（一）320
陈希夷先生心相编　　　　　（四）178

陈锡之墓志 （四）60
陈显应暨妻王氏合葬墓碑 （三）253
陈献明暨妻合葬墓志 （三）54
陈玄德墓志 （一）215
陈养虚墓表碑 （四）189
陈祎墓志 （一）307
陈肇鳌书隆中对 （三）209
陈振明墓碑 （三）296
陈振扬墓碑 （三）297
陈珠树临兰亭序 （三）216
宸翰碑（甲） （二）241
宸翰碑（乙） （二）241

cheng

撑支天地 （四）146
成铎墓志 （二）67
成法师塔志铭 （二）138
成公几墓志 （一）214
成功不居 （四）209
成化十九年碑 （二）209
成节墓志 （一）228
成均雅望 （四）142
成志远墓志 （二）172
承安三年经幢 （二）154
城固县令更正粮租数目告示碑 （四）9
城隍封制碑记 （四）15
城隍庙重修砖壁记 （二）257
城隍庙重整翠仗碑记 （三）254
城隍庙创建乐楼碑记 （三）139
城隍庙大门门墩铭文 （三）79
城隍庙更新记 （二）274
城隍庙会碑 （四）239
城隍庙会记事碑 （三）282
城隍庙建立左廊碑 （三）3
城隍庙捐输地价姓名碑 （四）22

城隍庙竖绰褉记 （二）296
城隍庙塑像功德记事碑 （三）305
城隍庙新建坊牌门屏记 （二）305
城隍庙新修看垣记 （二）305
城隍庙修葺两廊碑颂记 （二）304
城隍庙制度碑 （四）22
城隍神会记 （三）237
城隍爷庙宇神像碑记 （三）20
城陷三社殉难男妇祀报碑志 （四）56
城洋两邑复立演戏碑 （四）90
程夫子颜子所好何学论 （三）115
程府君宫孺人合葬墓碑 （三）272
程君妻李守柔墓志 （二）19
程琳、叶清臣岳庙题记 （二）119
程伦墓志 （一）206
程买墓志 （一）179
程明顺暨妻高氏合葬墓志 （三）75
程明顺墓志 （三）56
程氏墓碑 （三）266
程枢墓志 （二）125
程万邦暨妻崔氏合葬墓碑 （三）303
程希诠墓志 （一）326
程希仁暨妻刘氏合葬墓志 （二）332
程谐暨妻石氏墓志 （一）133
程修己墓志 （二）63
程伊川四箴 （四）13
程寅恭墓志 （二）24
程颖墓志 （一）223
程真人重修金池寺碑记 （三）252
程知节碑 （一）186
程知节墓志 （一）186
程朱吕胡遗训 （三）36
程子四箴碑 （二）241
程子听箴 （四）99
澄城郡主圹志 （二）210

澄城县李氏族谱记碑　　　　　（二）241

澄心墓志　　　　　　　　　　（二）173

chi

池福源墓碑　　　　　　　　　（三）296

池君暨妻李氏墓碑　　　　　　（三）251

池君墓碑　　　　　　　　　　（三）241

叱列延庆妻尔朱元静墓志　　　（一）82

叱奴延辉墓志　　　　　　　　（一）108

赤壁赋　　　　　　　　　　　（三）122

赤松黄石　　　　　　　　　　（四）244

炽俟迦墓志　　　　　　　　　（一）310

炽俟弘福墓志　　　　　　　　（一）283

敕赐广严院额记碑　　　　　　（二）148

敕赐妙觉寺铭　　　　　　　　（二）148

敕赐清凉禅院　　　　　　　　（二）147

敕赐同州韩城县开化寺记　　　（二）113

敕赐智果寺补修第八次碑记　　（三）255

敕赐智果院第六次碑记　　　　（三）108

敕董若冲起盖后土庙圣旨　　　（二）164

敕封宣武将军赵公碑　　　　　（三）233

敕封杨本源圣旨碑　　　　　　（二）247

敕建道大藏经阁记　　　　　　（二）335

敕建惠王行香院碑　　　　　　（一）10

敕建天庆观碑　　　　　　　　（二）170

敕建西岳庙图　　　　　　　　（三）165

敕建香严寺新创万桃山序　　　（三）86

敕旌节孝碑　　　　　　　　　（三）245

敕旌太学生刘至诚孝行坊题词　（三）242

敕旌庠生李应榜孝行坊　　　　（三）278

敕命马书林妻王氏为安人碑　　（二）248

敕内庄宅使牒　　　　　　　　（二）49

敕谕王志碑　　　　　　　　　（二）194

敕赠文林郎故城公制命　　　　（三）12

敕旨榜文碑　　　　　　　　　（二）193

chong

冲和大德雷公寿堂记　　　　　（二）153

重创千手千眼神庙正殿并献殿碑记　（四）153

重订玉泉书院章程碑记　　　　（四）17

重复三原城隍庙管庙会碑记　　（四）246

重光白云山记　　　　　　　　（三）61

重建北耳楼碑记　　　　　　　（三）85

重建北极宫碑记　　　　　　　（三）297

重建城隍庙碑　　　　　　　　（三）189

重建大成观碑　　　　　　　　（二）208

重建大孔雀明王佛殿碑记　　　（二）311

重建丹阳观记碑　　　　　　　（二）186

重建殿宇记碑　　　　　　　　（二）227

重建佛堂寺碑序　　　　　　　（二）207

重建府君庙碑　　　　　　　　（二）296

重建观音宝殿记　　　　　　　（二）249

重建韩蕲王庙碑记　　　　　　（三）301

重建化度寺碑　　　　　　　　（二）208

重建惠岩寺石碑　　　　　　　（二）203

重建景福山殿宇落成纪事碑　　（四）224

重建乐楼牌记　　　　　　　　（三）71

重建临潼县衙署记　　　　　　（四）50

重建龙泉寺记碑　　　　　　　（二）203

重建渼陂碑记　　　　　　　　（三）20

重建妙得庵碑记　　　　　　　（四）6

重建庙学记碑　　　　　　　　（二）300

重建偏殿关帝行宫碑记　　　　（三）138

重建千佛洞庙宇碑　　　　　　（三）209

重建千手千眼庙捐资碑　　　　（四）154

重建桥道碑记　　　　　　　　（二）205

重建三清殿碑　　　　　　　　（二）289

重建山门碑记　　　　　　　　（三）133

重建说经台记　　　　　　　　（三）156

重建题名碑记　　　　　　　　（三）241

重建王孝直墓碑　　　　　　　（三）66

重建文昌楼碑记	（四）148	重修白塔寺碑记	（三）225
重建文庙文昌宫碑记	（三）279	重修白云峰碑记	（三）46
重建文始殿碑	（二）177	重修白云山碑	（三）200
重建吾老洞殿宇记	（二）290	重修白云山碑记	（三）60
重建五龙寺记碑	（四）28	重修白云山碑记	（四）43
重建五祖七真殿宇记碑	（二）262	重修白云山东岳大帝庙碑记	（四）162
重建仙游潭苏公祠记	（三）163	重修白云山东岳庙碑记	（三）302
重建轩辕庙记	（三）141	重修白云山功德碑记	（三）324
重建学堂碑	（二）233	重修白云山三清殿碑记	（四）202
重建旬阳庙学记	（二）207	重修白云山三清殿魁星楼碑记	（四）200
重建虞帝庙碑	（二）336	重修白云山神路及乐楼碑	（四）65
重建玉帝庙碑	（三）238	重修白云山文昌楼碑记	（四）62
重建折公祠碑记	（三）30	重修白云山无量祖师殿碑记	（四）95
重建周邸桥记	（二）260	重修白云山五龙捧圣宫诸殿碑	（三）309
重建紫柏山古佛殿记	（三）75	重修白云山仙人井记	（三）200
重镌黑河湾龙湾渠原委碑记	（三）149	重修白云山玉皇殿碑记	（四）202
重刊府县禁令碑	（四）83	重修白云山正殿碑记	（三）262
重刊礼部题奉碑	（三）230	重修白云山诸庙碑	（四）162
重刻夫子庙堂记	（四）231	重修宝泉院记	（二）208
重刻郙阁颂摩崖刻石	（二）159	重修保宁寺并建万寿宫碑	（三）170
重刻集王书圣教序及多心经(甲)	（四）134	重修碑亭碑记	（三）100
重刻莒国公唐俭碑	（三）240	重修碑院七贤堂记	（二）146
重理韩城文庙司灯章程碑记	（四）17	重修北寺山庙碑记	（三）140
重立护持洞阳宫扁鹊观碑记	（四）6	重修邠州开元寺碑	（一）324
重立祭田碑记	（四）52	重修卜夫子祠记	（二）228
重立文庙诸碑记	（二）165	重修仓公庙碑记	（二）226
重葺废邱关义学劝树蚕桑合记碑	（三）263	重修仓颉庙记	（二）309
重葺清晖亭记	（三）146	重修仓圣陵园碑记	（四）206
重葺杨太真初记	（四）165	重修仓圣庙增补碑记	（四）155
重塑城隍庙东班神碑记	（四）56	重修苍龙山塔记	（四）19
重塑城隍庙二堂班神记	（四）47	重修藏经阁碑记	（四）147
重塑接引佛像记	（二）224	重修藏经楼第壹次碑记	（三）108
重新庙学碑记	（二）329	重修草堂寺碑	（三）148
重新胜境	（四）80	重修曾氏祠堂碑	（四）101
重兴开福寺常住记	（二）163	重修禅院歌台碑记	（四）2

重修蝉耳山弦蒲寺碑	（三）187	重修大夏禹王庙记碑	（二）292
重修蝉耳山弦蒲寺叙文	（三）287	重修大象寺碑记	（三）49
重修朝阳古洞志	（四）37	重修大象寺山门记	（三）204
重修朝元洞碑	（三）105	重修大兴寺碑记	（三）90
重修城隍庙碑	（三）255	重修大禹庙楼塔殿宇碑	（三）239
重修城隍庙碑	（三）305	重修大园寺残碑（下部）	（二）340
重修城隍庙碑记	（二）284	重修大云庵碑记	（三）89
重修城隍庙碑记	（三）43	重修大云禅院记	（三）3
重修城隍庙碑记	（三）65	重修戴一秀墓冢碑	（三）259
重修城隍庙碑记	（三）291	重修党氏祖祠碑	（四）164
重修城隍庙碑记	（四）75	重修德慧寺碑	（四）155
重修城隍庙并城工河堤碑	（四）78	重修狄青牢记碑	（三）233
重修城隍庙碑记	（四）239	重修定慧寺碑记	（三）223
重修城隍庙记	（二）273	重修定觉寺碑	（三）236
重修城隍庙记	（二）337	重修定兴寺旧殿创建后殿山门碑记	（三）47
重修城隍庙记	（三）51	重修定元观并创建魁星阁碑记	（四）3
重修城隍庙记	（三）232	重修东林寺并建□□场记	（二）339
重修城隍庙记	（四）21	重修东林寺记碑	（二）228
重修城隍庙记碑	（二）195	重修东乡阆会施茶房序	（三）171
重修城隍庙记碑	（二）324	重修东岳大圣子孙娘娘庙碑记	（三）308
重修城隍庙客馆及买房后序	（四）54	重修东岳行宫记	（三）226
重修城隍庙正殿两庑记	（二）330	重修东岳庙碑	（二）173
重修城隍庙钟楼记	（三）9	重修东岳庙碑记	（三）63
重修城隍七圣楼并□□各庙门		重修洞阳宫碑记	（四）197
总碑记	（三）61	重修洞阳宫碑序	（四）153
重修城墙记	（四）30	重修墩台记	（三）288
重修敕赐智果寺胜境全图	（三）108	重修二郎庙碑记	（三）248
重修崇皇寺记	（二）262	重修法门寺大乘殿记	（二）222
重修大佛禅寺记碑	（二）209	重修飞云寺碑	（三）183
重修大佛殿碑记	（三）255	重修佛殿碑记	（三）92
重修大佛寺碑记	（四）45	重修佛殿并两廊山门二门钟楼碑记	（三）294
重修大福寺碑记	（四）151	重修佛殿题名碑记	（三）114
重修大观楼碑记	（三）127	重修佛面纪事碑	（四）119
重修大普济禅寺记	（二）173	重修佛坪佛殿暨火神诸殿序	（三）319
重修大士堂创建前殿碑记	（三）89	重修佛坪县衙署记	（四）164

重修佛堂日神庙碑	（四）105	重修关王祠记	（二）224
重修佛堂寺碑	（三）158	重修关王庙碑	（二）325
重修佛堂志	（三）64	重修观井村碑记	（二）261
重修佛祖关帝庙序	（三）181	重修观井寺并增修庙宇院墙碑记	（三）286
重修福山古佛诸神庙记	（三）85	重修观音殿记	（二）331
重修府君庙碑记	（三）75	重修观音殿神洞并创建戏楼碑记	（三）270
重修府学明伦堂碑记	（四）21	重修观音阁弁言	（四）183
重修高神殿记	（二）273	重修观音老爷堂并诸事碑记	（三）57
重修革除陋规碑	（三）190	重修观音庙碑	（三）259
重修沟西桥碑记	（三）307	重修观音庙碑记	（三）201
重修孤魂庙太白圣母碑	（四）101	重修观音庙碑记	（三）286
重修古佛大殿记	（二）149	重修观音庙碑记	（四）2
重修古迹东岳庙记碑	（二）197	重修观音庙记	（三）3
重修古卷阿周公庙记	（三）318	重修观音菩萨庙碑记	（三）166
重修古楼观说经台记	（三）116	重修观音堂碑记	（四）10
重修古楼观宗圣宫记碑	（二）161	重修观音堂慈云菩萨庙碑记	（四）229
重修固迹清凉禅寺碑记	（二）222	重修广福院记	（二）176
重修关帝庙碑	（三）203	重修广惠渠记	（二）209
重修关帝庙碑	（三）270	重修海龙庙西社布施碑	（四）11
重修关帝庙碑	（三）282	重修韩城县学尊经阁诸工记	（三）96
重修关帝庙碑	（三）306	重修韩城学宫记	（三）64
重修关帝庙碑记	（三）82	重修汉丞相忠武侯墓祠记	（三）203
重修关帝庙碑记	（四）61	重修汉丞相诸葛武侯献殿碑记	（四）54
重修关帝庙碑记	（四）63	重修汉丞相诸葛忠武侯祠戟门记	（三）322
重修关帝庙碑记	（四）169	重修汉建信侯祠碑记	（二）337
重修关帝庙记	（三）92	重修汉建信侯庙碑	（三）155
重修关帝庙记	（三）116	重修汉建信侯庙碑记	（四）238
重修关帝圣母庙碑	（四）32	重修汉台碑记	（四）34
重修关帝文昌阁碑记	（三）119	重修汉太史公祠记	（二）229
重修关圣帝君庙碑记	（三）23	重修汉太史司马公祠记	（三）166
重修关圣帝君庙碑记	（三）284	重修合龙山庙宇碑	（三）168
重修关圣帝君庙碑记	（四）19	重修合龙山庙宇碑记	（三）154
重修关圣帝君庙照墙缭垣记	（三）149	重修合龙山庙宇碑记	（三）180
重修关圣庙碑	（四）58	重修合龙山庙宇碑记	（三）291
重修关圣庙记	（三）42	重修合龙山玄天庙碑记	（三）116

重修合龙山真武小庙碑记　　　　（三）111
重修河神庙神路碑记　　　　　　（四）151
重修黑龙洞碑　　　　　　　　　（四）159
重修横渠张子祠记　　　　　　　（四）99
重修横渠张子祠记　　　　　　　（四）99
重修红石峡佛庙碑序　　　　　　（四）8
重修洪教院记　　　　　　　　　（二）162
重修洪堰众民颂德记碑　　　　　（二）314
重修簧门　　　　　　　　　　　（三）109
重修后堂园池碑　　　　　　　　（二）320
重修户县太史桥碑记　　　　　　（四）164
重修户县文庙碑　　　　　　　　（四）70
重修华阴学宫记　　　　　　　　（四）89
重修化云寺碑记　　　　　　　　（四）214
重修槐坪寺碑　　　　　　　　　（四）159
重修黄山宫碑记　　　　　　　　（四）67
重修会龙寺碑记　　　　　　　　（三）286
重修会龙寺补塑诸圣像碑　　　　（四）5
重修火帝庙记　　　　　　　　　（四）23
重修火神庙碑记　　　　　　　　（三）286
重修吉祥庵乐楼碑记　　　　　　（四）48
重修集祅宫韦驮殿碑记　　　　　（三）123
重修家谱碑　　　　　　　　　　（四）21
重修嘉陵江灵岩寺碑记　　　　　（四）163
重修嘉岭书院记　　　　　　　　（三）132
重修建东城石堤并挑河记　　　　（三）211
重修建信侯庙碑记　　　　　　　（三）40
重修江神庙碑　　　　　　　　　（三）316
重修姜嫄圣母正殿碑记　　　　　（四）40
重修蛟龙寺碑　　　　　　　　　（三）124
重修戒香寺碑记　　　　　　　　（三）252
重修戒香寺记　　　　　　　　　（二）270
重修金堡观音殿碑记　　　　　　（三）79
重修金堡观音殿碑记　　　　　　（四）110
重修金堡寨记　　　　　　　　　（四）66

重修金峰寺记碑　　　　　　　　（二）205
重修金陵寺碑　　　　　　　　　（三）32
重修金台观碑　　　　　　　　　（二）283
重修金台观文昌洞朝阳洞暨新开
　　吕祖洞碑记　　　　　　　　（三）290
重修金洋堰规碑序　　　　　　　（四）224
重修泾阳惠果寺碑　　　　　　　（三）41
重修景福山碑记　　　　　　　　（四）220
重修景福山布施碑记　　　　　　（四）221
重修景福山玉皇殿碑记　　　　　（三）91
重修景福山玉屏大顶功德碑记　　（四）94
重修景福山云溪宫碑记　　　　　（四）219
重修静明宫碑记　　　　　　　　（四）170
重修静明宫殿门记　　　　　　　（二）260
重修静明宫孙真人殿碑　　　　　（三）174
重修静思室碑记　　　　　　　　（三）276
重修九郎庙碑　　　　　　　　　（三）98
重修救苦天尊殿碑　　　　　　　（三）182
重修卷阿东庵三清洞碑记　　　　（三）254
重修开明寺宝塔记　　　　　　　（三）242
重修开元寺碑　　　　　　　　　（二）198
重修开元寺行廊功德碑　　　　　（二）109
重修考校殿碑记　　　　　　　　（三）82
重修孔庙儒学碑　　　　　　　　（二）319
重修孔庙石经记碑　　　　　　　（二）302
重修孔子庙碑记　　　　　　　　（三）47
重修快手亭碑记　　　　　　　　（三）145
重修兰州城碑　　　　　　　　　（三）219
重修蓝田县庙学碑　　　　　　　（三）196
重修老君庵碑　　　　　　　　　（四）45
重修老君殿碑记　　　　　　　　（四）43
重修老龙王庙碑记　　　　　　　（四）208
重修老爷庙碑　　　　　　　　　（三）241
重修了然庵记　　　　　　　　　（二）337
重修雷神殿碑　　　　　　　　　（三）225

重修廉水县城隍庙碑 (三)302
重修良马寺碑记 (四)183
重修两仪殿碑 (四)87
重修临潼县城碑记 (三)295
重修灵官神祠碑 (三)268
重修灵台县进香会碑记序碑 (四)152
重修灵岩禅寺记碑 (二)202
重修灵岩寺鱼池及补修圆门记 (三)267
重修留侯庙暨创建三清殿碑记 (三)313
重修六曹殿碑记 (四)78
重修六堰记碑 (二)311
重修龙洞渠碑 (三)241
重修龙洞渠记 (四)80
重修龙岗学校碑记 (四)196
重修龙宫碑记 (三)292
重修龙槐寺碑记 (三)148
重修龙门洞碑记 (三)76
重修龙门洞记 (三)94
重修龙门学署记 (三)140
重修龙桥镇谯楼记 (三)44
重修龙泉寺前殿乐楼碑 (四)141
重修龙泉院碑 (三)40
重修龙头山朝阳观碑志 (四)84
重修龙王殿碑记 (三)229
重修龙王庙碑 (三)184
重修龙王庙碑 (三)228
重修龙王庙碑 (四)105
重修龙王庙碑 (四)192
重修龙王庙碑记 (三)299
重修龙兴寺碑 (三)324
重修龙兴寺碑 (四)233
重修龙兴寺碑记 (三)144
重修龙兴寺记 (三)109
重修龙兴寺娘娘庙碑记 (四)19
重修楼观碑记 (三)186

重修楼观台记 (三)215
重修楼观台宗圣宫碑记 (三)188
重修鹿龄寺悠久亭暨牌坊碑记 (四)60
重修罗汉洞记摩崖刻石 (二)145
重修罗汉寺画廊记 (二)276
重修洛川县城记事碑 (四)75
重修洛南县文庙碑记 (四)2
重修吕祖祠碑记 (三)280
重修马鞍山神庙碑 (四)110
重修马王庙碑记 (四)95
重修马嵬故冢记 (三)163
重修马嵬坡唐杨贵妃墓堂碑记 (三)289
重修孟庄村庙记 (三)45
重修弥陀禅寺记 (二)198
重修庙学碑记 (三)107
重修庙学记碑 (二)303
重修庙学记并诗 (二)265
重修庙学之辞碑 (四)133
重修敏庵公十五世谱牒记 (三)265
重修名臣祠碑记 (三)238
重修名宦祠记 (三)88
重修名医神殿暨过风楼碑 (三)170
重修明德寺碑记 (三)245
重修明伦堂碑 (三)173
重修明伦堂碑 (四)143
重修明伦堂碑记 (四)27
重修奈何石桥碑 (三)263
重修南丰寨祖师殿叙 (三)18
重修娘娘庙碑 (三)179
重修宁虢宫圣母祠碑 (四)112
重修牛山土主忠惠王庙碑 (二)187
重修牛心庙碑 (四)3
重修暖泉寺记载 (三)215
重修盘龙山真武庙碑记 (三)183
重修盘龙山真武祖师庙序 (四)74

重修毗卢殿补筑院墙暨新置田地
　碑记　　　　　　　　　　（四）156
重修毗卢殿金身碑　　　　　（三）174
重修偏殿马王关帝庙序　　　（三）135
重修偏桥碑记　　　　　　　（三）　1
重修菩萨殿碑记　　　　　　（四）113
重修菩萨殿施财碑　　　　　（三）221
重修菩萨庙碑　　　　　　　（三）221
重修菩提寺暨关帝庙碑　　　（四）108
重修蒲城县廨宇记碑　　　　（二）177
重修普渡桥记　　　　　　　（三）313
重修普明山钟楼碑　　　　　（四）114
重修七圣宫记　　　　　　　（四）91
重修七圣宫碑　　　　　　　（四）110
重修七圣楼碑记　　　　　　（三）135
重修七星庙碑记　　　　　　（四）104
重修启圣宫记　　　　　　　（三）19
重修千佛洞碑记　　　　　　（二）308
重修千佛洞碑记　　　　　　（四）31
重修青龙庙碑　　　　　　　（三）206
重修青霄山铁瓦殿碑　　　　（四）116
重修青崖观音殿碑　　　　　（三）210
重修青阳宫碑记　　　　　　（四）238
重修清凉建福禅院碑　　　　（二）110
重修清凉山三清庙记　　　　（三）131
重修清真古寺碑记　　　　　（四）37
重修庆善寺大佛殿碑记　　　（三）135
重修泉神庙碑　　　　　　　（三）219
重修燃灯寺院碑　　　　　　（三）231
重修任家畔佛殿碑记　　　　（四）51
重修润德泉记　　　　　　　（三）313
重修三大士庙碑记　　　　　（三）239
重修三法司四圣庙碑记　　　（四）102
重修三官殿记　　　　　　　（二）238
重修三官殿记　　　　　　　（三）217

重修三官楼碑记　　　　　　（三）266
重修三官庙碑　　　　　　　（四）110
重修三官庙碑　　　　　　　（四）143
重修三官庙碑文记　　　　　（二）285
重修三官圣庙产输金人姓名碑　（四）67
重修三皇殿碑记　　　　　　（三）248
重修三清殿碑记　　　　　　（四）95
重修三圣殿并创建瘟神庙碑记　（三）281
重修三圣楼碑记　　　　　　（四）96
重修三圣庙碑　　　　　　　（三）205
重修三要司关帝庙并娘娘庙碑记　（四）40
重修三义庙碑记　　　　　　（四）110
重修三原城隍庙三门记　　　（二）288
重修僧正祠记碑　　　　　　（二）200
重修山河堰记碑　　　　　　（二）150
重修山神殿碣　　　　　　　（三）267
重修山神庙碑　　　　　　　（三）134
重修山神庙碑　　　　　　　（三）197
重修山神土地庙碑记　　　　（三）142
重修陕西贡院记　　　　　　（四）41
重修善觉寺碑记　　　　　　（二）229
重修神殿神像　　　　　　　（三）200
重修神泉镇觉黄寺碑记　　　（二）270
重修升仙台宫观记　　　　　（三）56
重修圣庙碑记　　　　　　　（四）8
重修圣母殿碑记　　　　　　（三）142
重修圣母殿助缘姓名记　　　（三）90
重修圣母宫小引　　　　　　（三）280
重修圣寿寺碑　　　　　　　（三）190
重修胜经寺碑　　　　　　　（四）111
重修胜经寺碑并筑城碑　　　（四）114
重修石佛洞碑　　　　　　　（三）187
重修石佛洞碑　　　　　　　（四）25
重修石佛寺记碑　　　　　　（二）229
重修石宫寺碑　　　　　　　（三）176

重修石寨记　　　　　　　　（二）145
重修寿峰院祖师庙松山碑记　（三）110
重修寿宁寺碑记　　　　　　（二）294
重修寿宁寺碑文　　　　　　（三）145
重修寿圣寺碑　　　　　　　（三）189
重修寿圣寺前殿记　　　　　（二）224
重修水道碑　　　　　　　　（三）163
重修水莲洞碑　　　　　　　（三）286
重修睡佛寺碑　　　　　　　（三）170
重修说经台记　　　　　　　（四）213
重修司马迁祠碑　　　　　　（二）180
重修司马迁庙记碑　　　　　（二）196
重修司马太史庙碑记　　　　（三）130
重修四天王碑记　　　　　　（三）119
重修宋横渠张子祠宇碑记　　（四）101
重修送子娘娘像记　　　　　（三）252
重修孙真人祠碑记　　　　　（三）133
重修孙真人祠记　　　　　　（三）50
重修孙真人祠暨圣母殿碑记　（三）235
重修孙真人庙洞记　　　　　（二）232
重修孙真人祈嗣神岩记　　　（二）255
重修太白庙碑　　　　　　　（三）29
重修太白庙碑　　　　　　　（三）179
重修太白庙募缘续记　　　　（三）323
重修太白三官神殿碑　　　　（三）183
重修太和山无量祖师庙碑　　（四）166
重修太平寺碑记　　　　　　（三）226
重修太清观碑记　　　　　　（三）242
重修太清观记　　　　　　　（二）308
重修太清观记　　　　　　　（三）35
重修太山庙碑　　　　　　　（三）232
重修太上殿序　　　　　　　（三）238
重修太史祠碑　　　　　　　（四）61
重修太史庙及羊城碑　　　　（四）12
重修太史庙记　　　　　　　（三）101

重修太虚观记　　　　　　　（三）149
重修太玄洞静明宫诸工碑记　（三）150
重修太玄洞汤房楼碑记　　　（三）150
重修太元洞清静宫碑记　　　（三）273
重修汤房碑记　　　　　　　（三）148
重修桃园山神庙碑　　　　　（四）136
重修桃园子山神庙碑记　　　（四）230
重修天明寺碑　　　　　　　（四）11
重修天宁寺碑　　　　　　　（三）27
重修天庆观记　　　　　　　（三）131
重修天圣宫墙垣碑记　　　　（二）323
重修天台庙宇记　　　　　　（四）91
重修天台山定慧寺殿碑　　　（四）86
重修天台山庙宇碑记　　　　（四）9
重修天台山庙宇龙碑记　　　（三）85
重修铁尾殿施财碑　　　　　（三）141
重修通灵寺碑　　　　　　　（四）137
重修通仙万寿宫碑　　　　　（二）190
重修土地祠碑文　　　　　　（三）301
重修土地庙碑记　　　　　　（三）257
重修土地庙碑记　　　　　　（四）184
重修土地堂记　　　　　　　（二）239
重修驼峰山诸神殿碑记　　　（三）242
重修完颜氏祖碑叙　　　　　（四）38
重修万佛岩楼记　　　　　　（二）238
重修万佛岩寺记　　　　　　（二）281
重修王母殿汤房碑记　　　　（三）146
重修王母庙碑　　　　　　　（四）108
重修王神庙碑记　　　　　　（三）250
重修望仙坪集仙观碑记　　　（三）212
重修魏家岔寺庙碑记　　　　（四）82
重修温水镇龙王庙　　　　　（三）90
重修文昌阁暨诸神庙碑记　　（三）278
重修文昌宫记　　　　　　　（三）233
重修文昌台记　　　　　　　（二）108

重修文庙碑	（三）178	重修五台山集禖宫许真君张仙神	
重修文庙碑记	（三） 10	殿记	（三）164
重修文庙碑记	（三） 49	重修五台山集禖宫正殿记事	（三） 97
重修文庙碑记	（三）107	重修五台山太玄洞天门记	（三） 52
重修文庙碑记	（三）112	重修五丈原工毕喜而有感之作	（四） 59
重修文庙碑记	（三）250	重修五丈原武侯祠记	（三） 24
重修文庙碑记	（四） 25	重修五丈原武侯祠记	（三）197
重修文庙碑记	（四） 65	重修午子观记	（三）126
重修文庙碑记	（四） 83	重修午子观志	（四） 42
重修文庙碑记	（四）132	重修午子山顶观后塞紫金城碑	（四）175
重修文庙灯记	（三）224	重修午子山紫金城碑	（二）320
重修文庙记	（二）131	重修午子上观并立万年灯碑	（四） 49
重修文庙记	（四） 91	重修午子上观记	（四） 42
重修文庙捐输人姓名数目并支销		重修武侯祠碑	（三）273
各项开列于左	（三）308	重修武侯祠碑记	（四）210
重修文庙明伦堂碑记	（四）167	重修武侯祠墓碑	（二）304
重修文庙文昌宫碑	（四） 89	重修武陵寺碑记	（三）264
重修文庙序	（三）229	重修西安府学碑林记	（三）208
重修文庙学宫记	（三） 58	重修西安府学文庙记	（二）205
重修文武楼照壁碑记	（三）287	重修西岳庙碑	（四） 33
重修文宣庙学碑	（二）192	重修西岳庙记	（二）316
重修文宣王庙记	（二）108	重修西岳庙上谕	（三）163
重修无量祖师庙碑记	（三）217	重修戏楼	（三）271
重修无量祖师正殿碑记	（三）266	重修仙游寺记	（三）250
重修五峰书院并添修试院记	（三）290	重修咸阳明伦堂记	（三） 44
重修五佛殿碑记	（三）288	重修咸阳县城碑记	（三）268
重修五龙宫并创立善会碑记	（四）153	重修咸阳县城隍庙记	（二）234
重修五龙宫神牌记	（四） 96	重修献殿志	（三）193
重修五门堰记	（二）295	重修相亳寺碑	（四） 66
重修五神宫记	（四） 87	重修香炉石记	（三） 58
重修五圣宫碑	（四） 11	重修香溪洞碑文	（三）112
重修五圣行宫	（四） 7	重修香严寺各殿创建圣母祠功德序	（三）141
重修五圣庙碑	（四）100	重修享殿碑记	（三）126
重修五圣庙碑记	（四）103	重修享殿厨房垣堵增设墙屏序	（三）140
重修五圣庙创立献殿碑	（四）102	重修萧公祠正殿碑	（四）103

重修萧寺碑记	（三）124	重修尧山圣母庙暨戏楼碑记	（四） 91
重修萧寺碑记	（三）271	重修药王洞碑记	（三）221
重修歇马塬九天圣母庙碑	（四）144	重修药王古洞记	（三）162
重修兴安郡城清真古寺碑志	（四） 73	重修药王献殿并阶级甬道碑	（三）228
重修兴国寺碑记	（三） 47	重修耀州城垣碑记	（三）325
重修兴化寺碑记	（三）321	重修耀州开化寺碑	（二）274
重修兴隆寺碑记	（四） 16	重修耀州五台山宫殿记	（三） 52
重修兴信寺碑	（二）198	重修野鹤观碑记	（三）224
重修兴信寺碑	（二）281	重修一步岩蕲王庙暨戏台碑记	（四）203
重修滑水河桥碑记	（四） 36	重修义合井并置田记	（三）222
重修滑水河石桥碑记	（三）308	重修义勇武安王庙碑记	（二）287
重修宣圣庙记	（二）165	重修邑城隍庙碑	（二）336
重修宣圣庙记	（二）188	重修奕应侯庙并孙真人洞碑记	（三） 4
重修宣圣庙记	（二）188	重修永固寺募缘碑记	（三）156
重修玄帝庙碑记	（三） 62	重修永寿寺碑记	（三）183
重修玄帝庙贡献楼金刚殿碑记	（三） 60	重修永寿寺碑记	（四） 74
重修玄坛赵元帅庙碑记	（二）294	重修永寿寺妆饰神像新建乐楼碑序	（三）234
重修学宫碑	（二）315	重修涌泉禅寺记	（二）267
重修学宫碑记	（三） 42	重修游龙观碑	（四）186
重修学宫碑记	（三）168	重修禹王庙捐资碑	（四）151
重修学宫并置学田记	（三）109	重修玉峰观记碑	（四）101
重修学宫记	（三） 68	重修玉皇殿碑记	（三）252
重修学宫记	（三）145	重修玉皇殿记	（二）273
重修学舍记	（三） 64	重修玉皇阁望江楼记	（四） 68
重修雪映宫木栅及马路记碑	（四） 52	重修玉皇阁序	（三）132
重修洵阳县庙学记碑	（二）267	重修玉皇楼三官洞娘娘金身碑记	（三）242
重修压火楼并享殿碑记	（四） 71	重修玉皇门记	（三） 41
重修哑姑庙碑	（四）169	重修玉皇庙碑	（四） 51
重修延生观记碑	（二）236	重修玉皇庙碑记	（三）105
重修杨姥道观碑	（四） 35	重修玉皇庙碑记	（三）139
重修尧山夫人殿记碣	（二）122	重修玉皇庙碑记	（三）301
重修尧山各庙碑记	（四） 81	重修玉皇庙碑记	（四） 82
重修尧山灵虚观记碑	（二）173	重修玉皇山寺庙碑记	（四） 51
重修尧山灵应夫人庙碑	（三）181	重修玉皇上帝宝庙施金姓氏碑	（四）112
重修尧山圣母庙碑	（三） 88	重修玉清万寿宫碑	（二）191

重修遇仙桥碑记　　　　　　　　（三）304
重修毓仙漫道白龙桥碑　　　　　（四）67
重修元坛殿碑记　　　　　　　　（三）275
重修圆明寺碣　　　　　　　　　（四）106
重修岳王献殿碑记　　　　　　　（三）218
重修云盖寺高庙碑记　　　　　　（三）286
重修张横渠先生大振谷口庙碑记　（三）29
重修张良庙并创修授书楼碑记　　（四）234
重修张良庙厢房碑　　　　　　　（三）304
重修张载祠堂碑　　　　　　　　（三）173
重修长春观记　　　　　　　　　（二）165
重修长武县昭仁寺碑亭记　　　　（四）96
重修长兴寺观音禅院碑记　　　　（三）109
重修昭庆寺记碑　　　　　　　　（二）195
重修真人娘娘洞碑　　　　　　　（三）200
重修真人神像碑记　　　　　　　（三）102
重修镇江楼碑记　　　　　　　　（三）283
重修镇江楼落成碑记　　　　　　（三）284
重修治内庙殿记　　　　　　　　（三）18
重修智果院第六次序　　　　　　（三）106
重修中原庵碑记　　　　　　　　（四）108
重修忠武侯庙记　　　　　　　　（二）211
重修忠武侯墓碑记　　　　　　　（四）47
重修终南山古楼观说经台记　　　（三）121
重修钟鼓楼并墙垣碑记　　　　　（四）29
重修钟吕坪斗姥宫碑　　　　　　（四）103
重修钟台碑　　　　　　　　　　（二）295
重修重兴寺记碑　　　　　　　　（二）218
重修重阳天圣宫碑记　　　　　　（二）239
重修周公庙　　　　　　　　　　（二）130
重修周公庙碑记　　　　　　　　（四）197
重修周公庙记碑　　　　　　　　（二）176
重修周公正殿碑记　　　　　　　（四）40
重修周三公庙碑记　　　　　　　（三）53
重修周文王陵碑记　　　　　　　（四）182

重修周至县龙泉禅寺图碑　　　　（二）203
重修诸葛武侯祠墓碑记　　　　　（四）55
重修诸葛武侯庙碑记　　　　　　（三）202
重修诸葛武侯墓记　　　　　　　（三）202
重修诸葛忠武祠记　　　　　　　（四）53
重修诸葛忠武侯祠墓并捐置田亩记（三）165
重修诸葛忠武侯祠琴台记　　　　（四）90
重修诸葛忠武侯正殿拜殿碑记　　（三）228
重修诸葛忠武乡侯祠后殿记　　　（三）263
重修驻马桥记　　　　　　　　　（二）271
重修宗圣宫紫云楼并说经台碑记　（四）17
重修祖师老爷庙宇并金妆神像碑记（三）119
重修尊经阁记　　　　　　　　　（四）12
重修左纶生祠记　　　　　　　　（三）6
重阳王祖师仙迹记　　　　　　　（二）174
重阳祖师先茔碑　　　　　　　　（三）41
重云山图碑　　　　　　　　　　（二）252
重整六里钱粮记　　　　　　　　（四）79
重整庙业碑记　　　　　　　　　（四）196
重妆佛像碑记　　　　　　　　　（三）67
重妆圣母碑记　　　　　　　　　（三）67
崇福法师塔铭　　　　　　　　　（一）262
崇圣祠记　　　　　　　　　　　（三）124
崇文塔题名碑　　　　　　　　　（二）331
崇蚊赋　　　　　　　　　　　　（三）129

chou

筹集五祖圣会资金碑　　　　　　（四）36

chu

储恩拔墓碑　　　　　　　　　　（三）285
楚金禅师碑　　　　　　　　　　（一）350
褚亮碑　　　　　　　　　　　　（一）218
处置流民碑　　　　　　　　　　（二）206
鄐君开通褒斜道摩崖　　　　　　（一）1

chuang

创办治安乡中心学校碑记 （四）217
创建白云山五龙捧圣宫碑记 （三） 71
创建北武当山龙河观记 （三） 7
创建卜夫子祠记 （三） 17
创建崇真观碑 （二）180
创建祠堂碑记 （三）187
创建吊忠泉亭记 （三） 92
创建关帝庙助缘信士碑 （三）319
创建关王庙戏楼记 （三） 20
创建观音堂记 （二）212
创建护难寨关圣庙碑记 （三） 50
创建华阴城隍神龛碑记 （四）118
创建火神庙碑记 （四）241
创建救苦殿碑 （二）321
创建卷棚灵官黑虎二殿记 （二）303
创建奎文阁碑记 （三）185
创建了然庵记 （二）161
创建李雪木先生祠堂碑 （四）107
创建灵官神祠碑记 （三） 71
创建龙王洞石匾 （三） 87
创建吕祖庙神祠碑记 （四） 74
创建明禋亭碑 （二）261
创建娘娘庙财神庙碑记 （三）168
创建乾县西乡贵德学校碑记 （四）170
创建乾元老母庙记 （三）138
创建青龙宫碑记 （二）298
创建任家畔水神庙记 （四） 67
创建三官庙记 （二）263
创建三圣庙记 （三）138
创建三圣母祠记碑 （三） 88
创建三圣母庙记 （三）309
创建三圣母前后殿暨重修大佛
　殿碑 （三）262
创建商南县记碑 （二）209
创建圣亲殿记 （二）315
创建十里铺砖桥兼修河渠碑记 （三） 91
创建石佛殿记 （二）213
创建书院感戴碑 （三）139
创建数世禅师灵骨塔铭 （三）226
创建四圣庙碑记 （三）269
创建孙真人洞碑记 （三） 71
创建太平河石桥记 （二）255
创建天台山南天门碑 （四）163
创建文昌阁火神祠碑记 （三）275
创建武侯诸神庙暨修城记 （四）152
创建昔古寺碑 （四）144
创建锡福堂记 （三）222
创建修孚泽庙昭祐显圣王行宫碑 （二）143
创建雪木祠献殿碑 （四）107
创建一天门碑 （二）313
创建一天门题记碑 （二）314
创建义学碑记 （三）307
创建迎风寺碑 （四） 73
创建迎祥宫碑 （二）172
创建玉清庵记 （二）165
创建玉泉书院碑记 （三）146
创建真武行宫碑 （三）204
创建钟鼓楼碑记 （三） 17
创刻石门汤泉时辰碑 （四） 90
创立商山宗祠 （三）197
创立太平庄附入操记 （四） 87
创立文陵民众教育馆碑记 （四）186
创立悟真观事碑 （三）210
创修白衣菩萨门房记碑 （四） 28
创修白云山正殿庙石供桌碑序 （四）225
创修本坝初级学校序 （四）171
创修祠堂碑记 （三）228
创修道院穴居记碑 （二）280
创修高陵城隍庙寝廊及司壁记 （二）297

创修关帝楼灵祖楼记　　　　　　（三）306

创修关帝庙碑　　　　　　　　　（四）111

创修关帝庙碑记　　　　　　　　（四）　6

创修关圣帝君庙文　　　　　　　（三）282

创修观音堂落成序　　　　　　　（四）61

创修合族祖祠碑记　　　　　　　（三）262

创修黑虎庙碑记　　　　　　　　（四）54

创修金台观太皇宫碑记　　　　　（四）219

创修雷家河培德桥碑　　　　　　（四）206

创修雷祖庙碑记　　　　　　　　（三）225

创修刘猛将军庙碑记　　　　　　（三）278

创修三大士暖阁并重修庙宇碑记　（四）33

创修三黄村定觉寺碑记　　　　　（三）315

创修沙河石桥记碑　　　　　　　（二）306

创修山神庙碑　　　　　　　　　（三）293

创修神庙碑　　　　　　　　　　（三）309

创修授书楼功德碑序　　　　　　（三）313

创修蜀河石堡碑　　　　　　　　（三）194

创修宋蕲王韩忠武祠宇碑记　　　（三）147

创修太皇宫募化布施碑　　　　　（四）166

创修天池书院记　　　　　　　　（三）174

创修同善局碑　　　　　　　　　（三）253

创修无生老母等殿宇碑　　　　　（四）84

创修无生老母洞碑记　　　　　　（四）163

创修杨氏祠堂碑　　　　　　　　（四）69

创修杨双山先生祠堂记　　　　　（四）81

创修杨四庙碑　　　　　　　　　（四）116

创修尧山圣母天华板记碑　　　　（三）124

创修窑神庙碑记　　　　　　　　（四）132

创修邑侯涂公祠碑记　　　　　　（四）89

创修玉清观碑　　　　　　　　　（二）189

创修圆觉堂记　　　　　　　　　（二）212

创修鄠侯陵园碑记　　　　　　　（三）300

创修□千洞碑记序　　　　　　　（三）308

创造寝宫神阁记　　　　　　　　（三）127

chui

垂鉴碑　　　　　　　　　　　　（三）212

棰秦兴汉　　　　　　　　　　　（四）206

chun

春雨草堂　　　　　　　　　　　（三）216

纯恭衍劝世歌碑　　　　　　　　（四）246

纯阳吕祖垂训　　　　　　　　　（三）208

纯阳祖师像碑　　　　　　　　　（二）314

纯正不曲书如其人　　　　　　　（四）49

淳化阁帖　　　　　　　　　　　（三）42

淳化里合里议定清仓催粮等各条规记　（三）265

淳化唐陀罗尼经幢（甲）　　　　（二）103

淳化唐陀罗尼经幢（乙）　　　　（二）103

淳化县地粮记　　　　　　　　　（二）294

淳化县增修城隍庙记　　　　　　（三）38

淳化战役烈士纪念碑　　　　　　（四）219

ci

祠后河堤加固碑　　　　　　　　（四）92

慈航普度碑记　　　　　　　　　（三）70

慈和禅师墓志　　　　　　　　　（一）280

慈母纪念碑　　　　　　　　　　（四）190

慈仁殿记　　　　　　　　　　　（二）212

慈云寺碑　　　　　　　　　　　（四）238

慈云荫世　　　　　　　　　　　（三）19

次韵游万佛岩二首　　　　　　　（二）253

赐程明顺诰命碑　　　　　　　　（三）46

赐佛伦诗　　　　　　　　　　　（三）74

赐何培元之父制书　　　　　　　（三）230

赐乾兴禅院牒　　　　　　　　　（二）117

赐寿圣寺院额牒　　　　　　　　（二）123

赐徐子茂诗　　　　　　　　　　（三）117

赐阎本父敕文　　　　　　　　　（三）41

赐杨嗣昌诗　　　　　　　　　　（三）21

赐岳钟琪诗 （三）107

赐智果寺藏经圣谕碑 （二）299

cui

崔篦墓志 （一）343

崔德政墓志 （一）241

崔敦礼碑 （一）169

崔凤举墓志 （一）318

崔公神道碑 （四）115

崔光斗咏马嵬八绝诗碣 （三）273

崔俭墓志 （一）213

崔君墓志盖 （二）87

崔君妻裴氏墓志 （一）246

崔君妻王氏墓志 （一）239

崔楷墓志 （一）22

崔上师妻封依德墓志 （一）130

崔慎思墓志 （二）7

崔氏墓志 （一）11

崔氏墓志 （二）65

崔思忠墓志 （一）272

崔嗣墓志 （一）211

崔廷玺墓志 （二）261

崔宣华墓志 （一）80

崔志道墓志 （四）91

崔志道题联 （四）224

崔志新母阎氏懿行碑 （四）219

翠屏仙隐 （三）121

cun

存之堂帖 （四）22

D

da

达奚承宗墓志 （一）255

答城隍庙麻 （四）76

大草堂栖禅寺宗派图 （二）186

大朝皇太子令旨重修草堂寺碑 （二）159

大德杜和尚墓志 （二）31

大佛寺重修碑记 （三）299

大福和尚碑 （一）318

大福寺地界碑 （四）27

大观楼石匾额 （三）126

大观圣作之碑 （二）137

大观四年题刻 （二）138

大和二年金刚经幢 （二）24

大和七年陀罗尼经幢（甲） （二）31

大和七年陀罗尼经幢（乙） （二）31

大和三年陀罗尼经幢（甲） （二）26

大和三年陀罗尼经幢（乙） （二）26

大和四年陀罗尼经幢（甲） （二）27

大和四年陀罗尼经幢（乙） （二）28

大戒德律师碑 （一）324

大金故奉信李公碑铭并序 （二）155

大金重修府学教养之碑 （二）157

大金重修唐太宗庙碑 （二）145

大开元寺兴致碑 （二）181

大历六年陀罗尼经幢 （一）323

大荔唐陀罗尼经幢 （二）85

大漠金汤 （四）79

大南上牌酒税碑 （四）2

大秦景教流行中国碑 （一）330

大清防护唐昭陵碑 （三）174

大善知识轮自在墓志 （一）280

大顺二年陀罗尼经幢 （二）82

大司寇息园张公捐置学田碑记 （三）111

大宋教兴颂并序 （二）116

大唐豳州昭仁寺之碑 （一）146

大唐德业寺亡尼墓志 （一）183

大唐房陵大长公主墓志铭并序 （一）198

大唐故通灵寺之碑 （一）317

大唐故亡宫九品墓志　　　　（一）217
大唐宗圣观记　　　　　　　（一）145
大统六年残碑　　　　　　　（一）65
大统十二年造像残碑　　　　（一）67
大统十四年造像碑　　　　　（一）68
大魏显祖成嫔墓志　　　　　（一）22
大乡望佩翁□公墓表　　　　（四）10
大象二年造像碑　　　　　　（一）91
大兴国寺新建钟楼记　　　　（二）212
大雄殿宝像记碑　　　　　　（二）333
大业五年题刻　　　　　　　（一）123
大勇若怯　　　　　　　　　（四）184
大有妙亭　　　　　　　　　（四）202
大禹庙以西重修池碑记　　　（三）143
大元创建修贞庵记　　　　　（二）176
大元重建会灵观记　　　　　（二）176
大智禅师碑　　　　　　　　（一）284
大中五年陀罗尼经幢　　　　（二）50
大中元年陀罗尼经幢　　　　（二）45
大中正残石　　　　　　　　（一）12
大周高祖武皇帝孝陵志　　　（一）90
大周故亡尼志文　　　　　　（一）227
大周宇文使君碑　　　　　　（一）92

dai

带砺雄图　　　　　　　　　（二）338
戴家堡重修龙王庙碑　　　　（三）315
戴隆暨妻侯氏合葬墓志　　　（二）282
戴一秀墓碑　　　　　　　　（三）198

dan

丹阳观记碑　　　　　　　　（三）99
丹阳马真人十劝碑　　　　　（二）161
淡泊明志　　　　　　　　　（四）214
淡泊宁静　　　　　　　　　（四）216
淡然　　　　　　　　　　　（四）133

dang

党林豪墓志　　　　　　　　（二）81
党母王氏墓志　　　　　　　（四）82
党起凤墓志　　　　　　　　（四）192
党晴梵祖母李氏行状　　　　（四）185
党士煌母党孺人墓志　　　　（四）127
党文进墓志　　　　　　　　（四）93
党仙州碑帖　　　　　　　　（四）228
党子成墓志　　　　　　　　（四）166

dao

祷无不应　　　　　　　　　（四）62
悼李大钊等同志碑　　　　　（四）175
道安里七甲山场记　　　　　（三）211
道德经幢　　　　　　　　　（二）176
道官周崇贵道行序　　　　　（四）197
道光九年祭华山碑　　　　　（三）258
道光九年祭黄帝陵碑　　　　（三）256
道光十六年祭黄帝陵碑　　　（三）273
道光元年祭黄帝陵碑　　　　（三）237
道广荼毗遗记　　　　　　　（二）8
道教符文墓志　　　　　　　（三）38
道教经幢　　　　　　　　　（二）163
道经碑　　　　　　　　　　（二）86
道平会续修北街街道碑并附灯记　（四）6
道通武陵　　　　　　　　　（三）58
道因法师碑　　　　　　　　（一）181

de

德崇太极　　　　　　　　　（四）233
德经碑　　　　　　　　　　（二）86

deng

登白云山题诗碑　　　　　　（二）336
登宝山记碑　　　　　　　　（二）280

登华岳再二首　　　　　　（三）　5
登凌虚台　　　　　　　　（四）230
登瑞芝阁碑　　　　　　　（二）338
登五丈原谒诸葛亮庙　　　（二）234
邓宝明墓志　　　　　　　（一）132
邓复荣妻唐氏苦节碑　　　（四）114
邓家塬书院山长德行碑　　（四）232
邓尚贤墓碑　　　　　　　（四）220
邓太尉祠碑　　　　　　　（一）　11
邓通妻任氏墓志　　　　　（一）151
邓珣墓志　　　　　　　　（二）116
邓之枏墓志　　　　　　　（三）　78
邓子询墓志　　　　　　　（一）　67

di

狄君墓志盖　　　　　　　（一）　59
狄君妻骆氏墓志　　　　　（二）　73
狄彭氏墓志　　　　　　　（二）266
狄普墓志　　　　　　　　（二）204
狄唐墓志　　　　　　　　（二）225
狄向化暨妻郭氏合葬墓志　（二）281
狄玄愿墓志　　　　　　　（二）　63
狄珍暨妻陈氏合葬墓志　　（二）237
抵抚白莲教纪事碑　　　　（三）201
抵西安有作　　　　　　　（四）132
地接秦封　　　　　　　　（二）278
地界碑　　　　　　　　　（三）325
地灵人杰　　　　　　　　（四）142
地祇　　　　　　　　　　（三）　20
第丙墓葬纪年刻石　　　　（一）　4
第五敬轩神道碑　　　　　（三）308
第五修妻卫氏墓志　　　　（二）　22
第一山　　　　　　　　　（四）233

dian

滇军将士殉国碑　　　　　（四）157

奠汉太史司马公祭文　　　（二）284

diao

雕阴古郡　　　　　　　　（三）287
吊司马迁墓　　　　　　　（三）129
吊杨贵妃诗十二首　　　　（四）135
调查西高渠三坝田亩数目碑记（四）195

ding

定安寺创修石佛殿碑记　　（四）177
定陵镇墓道符　　　　　　（一）251

dong

东北挺进军抗日英烈纪念碑（四）217
东川吕大器石刻　　　　　（二）169
东公暨妻薛氏姜氏合葬墓志盖（三）　36
东凉阁历修下白云山菩萨庙碑记（三）254
东林寺石经幢　　　　　　（三）　34
东林再建碑　　　　　　　（三）　33
东陵圣母帖　　　　　　　（二）127
东坡词　　　　　　　　　（四）131
东坡集归去来兮辞诗　　　（二）170
东山辑修殿宇碑记　　　　（三）　45
东渭桥记　　　　　　　　（一）261
东庑先贤先儒碑　　　　　（二）329
东西南街郭氏祭田碑记　　（三）312
东西社重修玉皇庙碑　　　（三）256
东西习保小学建校志碑　　（四）203
东乡君妻夏氏墓志　　　　（二）　55
东营创建三公祠记　　　　（三）109
东元暨妻石氏合葬墓志　　（二）257
东园记　　　　　　　　　（四）131
东岳帝君垂训　　　　　　（三）293
东岳庙重修关帝圣母祠碑　（三）291
东岳庙重修汉关夫子并总嗣圣母
　二祠碑记　　　　　　　（三）123

东镇严禁赌博碑　　　　　　　（四）54
董彻墓志　　　　　　　　　　（一）206
董承休母赵明墓志　　　　　　（一）235
董弘墓志　　　　　　　　　　（二）94
董尽吾德行碑　　　　　　　　（三）281
董君德行碑　　　　　　　　　（三）254
董君妻戴满墓志　　　　　　　（一）174
董君妻卫美墓志　　　　　　　（一）134
董明墓志　　　　　　　　　　（一）202
董启宇墓碑　　　　　　　　　（三）315
董僧利墓志　　　　　　　　　（一）164
董神寨普善寺重修碑记　　　　（四）93
董师墓志　　　　　　　　　　（一）238
董氏家谱图碑　　　　　　　　（四）16
董氏墓志　　　　　　　　　　（一）180
董天华题联　　　　　　　　　（四）205
董伟墓志　　　　　　　　　　（一）41
董文萼墓志　　　　　　　　　（二）13
董文会暨妻舒氏墓碑　　　　　（四）150
董务忠墓志　　　　　　　　　（一）226
董希逸墓志　　　　　　　　　（二）9
董应徵草书碑　　　　　　　　（三）43
董诏墓志　　　　　　　　　　（三）277
董振五墓志　　　　　　　　　（四）155
洞儿碾枸粮税规碑　　　　　　（四）7
洞天福地　　　　　　　　　　（三）303
洞天瑞蔼　　　　　　　　　　（三）169
洞阳宫记事碑　　　　　　　　（三）125
洞阳宫捐资碑　　　　　　　　（四）197

dou

豆卢恩墓碑　　　　　　　　　（一）85
豆卢建墓志　　　　　　　　　（一）295
豆卢君妻薛氏墓志　　　　　　（一）251
豆卢宽碑　　　　　　　　　　（一）161

豆卢钦望碑　　　　　　　　　（一）250
豆卢仁业碑　　　　　　　　　（一）241
窦缜墓志　　　　　　　　　　（二）44
窦诞墓志　　　　　　　　　　（一）158
窦德藏墓志　　　　　　　　　（一）190
窦洪端造像碑　　　　　　　　（一）213
窦君墓志盖　　　　　　　　　（二）91
窦倢暨妻原氏合葬墓志　　　　（二）238
窦俨墓志　　　　　　　　　　（一）139

du

都察院碑记　　　　　　　　　（三）14
督率联族碑　　　　　　　　　（三）149
独堆川创建娘娘洞碑　　　　　（三）98
独孤娥娘墓志　　　　　　　　（二）23
独孤祎之妻张金额墓志　　　　（一）304
独孤浑贞墓志　　　　　　　　（一）79
独孤开远墓志　　　　　　　　（一）152
独孤仁同墓志　　　　　　　　（一）200
独孤申叔墓志　　　　　　　　（一）346
独孤婉墓志　　　　　　　　　（一）224
独孤骧墓志　　　　　　　　　（二）61
独孤桢妻宇文氏墓志　　　　　（一）332
独立朝冈图　　　　　　　　　（三）126
读陈门双节录赋赠　　　　　　（三）53
读书乐　　　　　　　　　　　（三）118
读书箴　　　　　　　　　　　（三）113
杜秉周妻韦氏墓志　　　　　　（一）331
杜悰长女墓志　　　　　　　　（二）38
杜发魁神道碑　　　　　　　　（四）79
杜法师墓志　　　　　　　　　（一）55
杜法真墓志　　　　　　　　　（一）36
杜甫玉华宫诗碑　　　　　　　（二）120
杜公重修白云山庙功德碑　　　（三）204
杜隍墓志　　　　　　　　　　（二）101

杜际司墓志　　　　　　　　（三）236
杜君绰碑　　　　　　　　　（一）184
杜君墓志　　　　　　　　　（二）99
杜君墓志盖　　　　　　　　（二）91
杜君墓志盖　　　　　　　　（二）99
杜识则墓志　　　　　　　　（一）237
杜守妻鱼氏墓志　　　　　　（一）264
杜顺和尚行记　　　　　　　（二）51
杜翊墓志　　　　　　　　　（二）285
杜玄礼墓志　　　　　　　　（一）272
杜俨墓志　　　　　　　　　（一）219
杜映英墓志　　　　　　　　（三）243
杜争端而安行旅碑　　　　　（三）323
杜智墓志　　　　　　　　　（一）257
杜仲良墓志　　　　　　　　（二）339
杜子美诗碑　　　　　　　　（二）124
肚痛帖　　　　　　　　　　（二）120

duan

段伯阳墓志　　　　　　　　（一）179
段伯阳妻高氏墓志　　　　　（一）189
段春江暨妻杨氏王氏墓碑　　（四）85
段淙墓志　　　　　　　　　（二）66
段典书杜甫咏怀古迹诗碑　　（二）191
段庚墓志　　　　　　　　　（二）72
段继荣墓志　　　　　　　　（二）163
段君墓志盖　　　　　　　　（二）89
段君妻独孤氏墓志　　　　　（一）150
段琼墓志　　　　　　　　　（二）80
段璲妻严氏玄堂志　　　　　（二）65
段威墓志　　　　　　　　　（一）109
段文绚墓志　　　　　　　　（二）46
段象武题字碑　　　　　　　（四）184
段秀实故里碑　　　　　　　（四）106
段晏墓志　　　　　　　　　（一）325

段允探墓志　　　　　　　　（一）189
段志玄碑　　　　　　　　　（一）153
断泾村庙碑　　　　　　　　（四）145

dui

对斗坝山场捐地碑　　　　　（三）245

duo

多宝塔碑　　　　　　　　　（一）309
多宝塔铭并序　　　　　　　（一）290
夺地记事碑　　　　　　　　（四）6

E

e

娥冲虚墓志　　　　　　　　（二）25
鹅泉王先生像赞　　　　　　（四）33
鄂方伯公子北闱高捷序　　　（三）81

en

恩荣千古　　　　　　　　　（四）142
恩衍宗嗣　　　　　　　　　（三）20

er

尔朱敞墓志　　　　　　　　（一）107
尔朱绍墓志　　　　　　　　（一）48
尔朱袭墓志　　　　　　　　（一）48
二安桥记　　　　　　　　　（四）71
二水寺塔志碑　　　　　　　（二）318
二仙图碑　　　　　　　　　（二）190

F

fa

法藏禅师塔铭　　　　　　　（一）256
法津禅师墓志　　　　　　　（一）323

法龙造像碑　　　　　　　　（一）67
法门寺地宫器物帐碑　　　　（二）75
法琬法师碑　　　　　　　　（一）250
法王塔地宫石函　　　　　　（一）115
法王塔天宫石椁　　　　　　（一）115
法云墓志　　　　　　　　　（一）256

fan

翻修洞阳宫暨粧诸像贴金碑序　（四）161
翻修龙门寺佛殿碑记　　　　（四）152
樊惠姬墓志　　　　　　　　（一）180
樊楷墓志　　　　　　　　　（四）87
樊唅墓碑　　　　　　　　　（三）159
樊氏节孝碑　　　　　　　　（四）112
樊氏墓志　　　　　　　　　（二）65
樊殷墓志　　　　　　　　　（二）255
樊仲文墓志　　　　　　　　（二）70
氾悟妻张氏墓志　　　　　　（一）342
氾悟墓志　　　　　　　　　（一）334
氾文墓志　　　　　　　　　（一）156
范安贵墓志　　　　　　　　（一）133
范安及墓志　　　　　　　　（一）289
范海天墓碑　　　　　　　　（四）229
范金崖暨妻杨氏高氏墓表　　（三）154
范匡谨造像碑　　　　　　　（一）97
范塑暨妻雷氏王氏雷氏墓志　（三）155
范履忠妻刘苏儿墓志　　　　（一）243
范茂亭暨妻武氏墓碑　　　　（四）27
范眉孙墓志　　　　　　　　（二）41
范思则墓志　　　　　　　　（一）278
范希良墓碑　　　　　　　　（三）88
范相魁墓碑　　　　　　　　（三）128
范行恭墓志　　　　　　　　（一）276
范颛墓志　　　　　　　　　（四）204
范元墓志　　　　　　　　　（一）290
范长纲墓志　　　　　　　　（四）89

范仲阁题诗碑　　　　　　　（四）244
范仲赵登马嵬坡诗碣　　　　（三）220

fang

方君妻张氏墓志　　　　　　（一）214
方山寺碑记　　　　　　　　（三）105
方氏祠堂购置祭田碑记　　　（四）195
方寿昌题诗碑　　　　　　　（四）175
方伟耀墓碑　　　　　　　　（四）84
方新游白云山寺题诗碑　　　（二）277
方元焕录孟子语　　　　　　（三）37
房仁裕神道碑　　　　　　　（一）218
房体文墓志　　　　　　　　（三）287
房玄龄碑　　　　　　　　　（一）164
房逸墓志　　　　　　　　　（一）236
房应昌暨妻焦氏碑志　　　　（四）222
仿刻多宝塔碑　　　　　　　（四）231
放生池　　　　　　　　　　（三）5

fei

飞龙岗立集碑记　　　　　　（四）48
飞攀　　　　　　　　　　　（四）156
废邱关创立义学碑　　　　　（三）192
费甲铸摹圣教序　　　　　　（二）22
费孙墓葬纪年刻石　　　　　（一）3
费智海墓志　　　　　　　　（一）204

fen

奋兴会记　　　　　　　　　（三）126

feng

丰口坝公议条规碑　　　　　（三）248
风惨云楼　　　　　　　　　（四）142
封昕墓志　　　　　　　　　（一）20
封言道墓志　　　　　　　　（一）235
封赠阎永连夫妇圣旨碑　　　（四）57

封志安墓志	(二)144	冯玉祥题摩崖	(四)226
峰洞山菩萨寺记	(三) 43	冯玉祥为马超祠题联	(四)178
鄠王妃崔氏镇墓石	(二) 86	冯玉祥为武侯祠题联	(四)178
鄠王妃崔氏镇墓石记	(二) 86	冯玉祥言志碑(澄城)	(四)179
冯朝光墓志	(一)333	冯玉祥言志碑(淳化)	(四)174
冯忱妻吒李纲子墓志	(一)138	冯玉祥言志碑(扶风)	(四)173
冯承宗墓志	(一)336	冯玉祥言志碑(合阳)	(四)174
冯党墓志	(一)200	冯玉祥言志碑(华阴)	(四)174
冯得一墓志	(二) 6	冯玉祥言志碑(泾阳)	(四)174
冯栋梁暨妻赵氏合葬墓志	(二)321	冯玉祥言志碑(蓝田甲)	(四)173
冯恩墓志	(二)264	冯玉祥言志碑(蓝田乙)	(四)173
冯晖墓志	(二)108	冯玉祥言志碑(临潼)	(四)173
冯晋墓志	(二) 84	冯玉祥言志碑(乾县)	(四)173
冯景夏德政碑	(三) 99	冯玉祥言志碑(潼关)	(四)174
冯景之墓志	(一) 66	冯玉祥言志碑(耀县)	(四)179
冯君衡墓志	(一)275	冯玉祥言志碑(周至)	(四)173
冯君墓志	(三)220	冯玉祥言志碑(子长)	(四)174
冯李南墓志	(二) 63	凤翔	(四)228
冯刘氏墓志	(三)206	凤翔府重修文庙学宫记	(二)266
冯迈墓志	(一)183	凤翔唐陀罗尼经幢	(二)104
冯猛墓志	(一)272	奉安考亭先生于洞霄宫文	(二)249
冯胜容造像碑	(一) 74	奉府宪断禁碑记	(三)153
冯师训碑	(一)229	奉和巡扶余公题口凿广惠渠诗碑	(二)210
冯时泰墓志	(二)172	奉陪月宫寺次四山韵	(二)249
冯士良墓志	(一)219	奉陪月岩道长游灵岩诗	(三) 33
冯太玄碑	(一)266	奉圣旨给地公据碑	(二)136
冯唐庆墓志	(一)345	奉谕祭华山碑	(三) 94
冯通墓志	(一)210	奉元路圆通观音寺记碑	(二)186
冯显母卢氏合葬墓志	(二)288		
冯宿神道碑	(二) 36	**fo**	
冯淹墓志	(一)134		
冯毅淹妻口氏墓志	(二)258	佛道四面造像碑	(二)105
冯玉升墓碑	(三) 87	佛弟子七十人造像碑	(一) 72
冯玉祥题联	(四)149	佛坪厅建火神庙马神庙碑	(三)264
冯玉祥题联	(四)160	佛坪厅禁止捞取冲放木材章程碑	(四) 14
		佛坪厅同知劝建庙宇学校碑	(三)310

佛坪厅严禁乱砍山场林木告示碑　　（三）279
佛坪厅重修文庙并增置乡贤名宦祠碑记　（三）308
佛坪迎秀书院告示碑　　（三）314
佛坪营暨两汛公立义举碑　　（三）260
佛说摩利支天经·黄帝阴符经　　（二）111
佛爷崖石碑　　（三）294

fu

夫蒙洪贵造像碑　　（一）69
夫蒙锽墓志　　（一）345
夫蒙氏造像碑　　（一）73
夫蒙文庆造像碑　　（一）27
夫蒙直智等造像碑　　（一）72
夫子庙堂记　　（二）112
鄜畤保障　　（四）155
伏波将军路迢宗造像碑额　　（一）92
伏君妻昝双仁墓志　　（一）40
扶风县城隍庙口社会碑记　　（三）112
扶风县城隍圣神冠服会续书姓名碑记　（三）89
扶风县上鲁马村重修道观幢　　（二）177
扶风元陀罗尼经幢　　（二）189
扶立铁旗杆碑记　　（三）229
浮山灵雨记　　（二）325
符盛暨妻胡氏墓志　　（一）119
福禄财神庙碑　　（三）190
福禄会规约碑　　（四）74
福禄寿三星图　　（三）105
福履绥之　　（三）300
福生里十甲会议记　　（三）265
福寿碑　　（四）129
福严禅院之记　　（二）151
福字碑　　（三）175
福字碑　　（四）144
抚院明文　　（三）6
府学公据　　（二）165
郙阁颂　　（一）5

俯纳边流　　（三）67
俯视神怡　　（三）73
辅昌墓志　　（二）180
辅道景造像　　（一）109
辅国将军柳晋墓志铭　　（一）101
辅兰德造像碑　　（一）79
复翻修五佛庵记　　（四）63
复建福山庙宇碑　　（四）58
复建观音庙碑　　（四）241
复建义学碑　　（四）243
复立庙碣碑记　　（三）154
复祀周公庙记　　（二）179
复唯识廱院记　　（二）119
复像真人像创修静室碑记　　（三）70
复新紫云宫目次序　　（三）284
复兴乡会两试盘费碑记　　（四）68
复修碑林记　　（三）292
复置颜柳碑记　　（三）115
副玉帝　　（四）85
傅铎墓志　　（二）139
傅铎墓志　　（二）256
傅鸣铎墓志　　（四）183
傅氏墓志　　（二）71
傅延周莲蒂形四面造像碑　　（一）93
傅瑛墓志　　（二）214
傅瑛妻宗氏墓志　　（二）237
傅珍宝墓志　　（一）330
傅振商书青山好碑　　（二）331
富平胡太公墓志铭　　（四）228
富平唐陀罗尼经幢　　（二）85
覆刻集王书圣教序及多心经（乙）　（四）134

G

gai

改复文庙上梁文碑　　（二）298

改建蓝田汤峪疗养池碑记　　　（四）222
改建琴鹤堂碑记　　　　　　　（二）290
改建圣母祠碑记　　　　　　　（三）75
改建圣母庙碑后跋　　　　　　（三）76
改建香炉石碑记　　　　　　　（三）135
改修崇圣祠碑记　　　　　　　（三）133
改修街子河公馆记碑　　　　　（四）74
改修文庙门坊记　　　　　　　（三）14
改正庙窠地土碑　　　　　　　（二）283
改作文昌阁奎星楼碑记　　　　（三）209

gan

甘泉里合里十甲议定交粮条规碑　（三）249
甘茹游灵岩寺题诗碑　　　　　（二）275
甘亭十二景诗碑　　　　　　　（三）99
甘雨亭记　　　　　　　　　　（三）139
感德军五台山唱和诗　　　　　（二）136
感德军五台山静应庙敕并加号告词　（二）135
感时伤悲记　　　　　　　　　（三）24
感谢神灵碑　　　　　　　　　（三）294

gao

高秉元墓志　　　　　　　　　（二）262
高彻墓志　　　　　　　　　　（二）309
高发墓志　　　　　　　　　　（三）265
高飞凤墓志　　　　　　　　　（三）83
高峰寺建立施汤碑　　　　　　（三）203
高盖妻刘宝墓志　　　　　　　（一）312
高公德政碑首　　　　　　　　（二）104
高紧墓志　　　　　　　　　　（一）127
高君墓志　　　　　　　　　　（三）29
高君墓志　　　　　　　　　　（三）31
高君妻惠氏墓志　　　　　　　（四）216
高可方墓志　　　　　　　　　（二）47
高克从墓志　　　　　　　　　（二）44
高力士墓志　　　　　　　　　（一）318

高力士神道碑　　　　　　　　（一）327
高谅墓志　　　　　　　　　　（二）28
高隆暨妻王氏合葬墓志　　　　（二）216
高明川妻孙氏墓志　　　　　　（二）337
高明暨妻马氏墓碑　　　　　　（四）21
高木卢墓志　　　　　　　　　（一）277
高乾三先生事略　　　　　　　（四）210
高虬墓志　　　　　　　　　　（一）116
高叡墓志　　　　　　　　　　（一）128
高三城造像碑座　　　　　　　（一）74
高僧护墓志　　　　　　　　　（一）88
高神殿建戏楼碑记　　　　　　（三）49
高士廉莹兆记　　　　　　　　（一）167
高氏墓志　　　　　　　　　　（二）134
高氏墓志　　　　　　　　　　（三）38
高氏懿行碑　　　　　　　　　（四）111
高树勋张良庙题记碑　　　　　（四）215
高万有暨妻魏氏墓碑　　　　　（四）7
高秀雅妻墓碑　　　　　　　　（四）60
高义忠墓志　　　　　　　　　（一）327
高有邻题九成宫诗碑　　　　　（二）152
高元珪墓志　　　　　　　　　（一）314
稿决集字碑　　　　　　　　　（四）177
诰封怀远将军张双鹤碑　　　　（二）293
诰赠骠骑将军碑　　　　　　　（三）246

ge

革除陋规碑　　　　　　　　　（三）190
革除陋规碑　　　　　　　　　（三）208
革除现役陋规德政石　　　　　（三）150
革命纪念公园　　　　　　　　（四）175
格承恩墓志　　　　　　　　　（一）288
格言碑　　　　　　　　　　　（四）231
格言敬劝　　　　　　　　　　（三）132
鬲苟子合邑子廿五人等造像碑　（一）187

葛大纪墓志　　　　　　　　　（二）296
葛桂游显化台太玄洞回文诗碑　（二）277
葛洪狂草纯阳吕真人座前　　　（四）241
葛蔓墓志　　　　　　　　　　（二）280
葛三从暨妻李氏墓表　　　　　（三）314
葛守礼华山诗刻石　　　　　　（三）　9
葛舜臣墓志　　　　　　　　　（二）291
葛曦华山诗刻石　　　　　　　（三）　10

gei

给道官王冲云执照碑　　　　　（二）329

geng

庚游方墓志　　　　　　　　　（二）　58
耕田手诏　　　　　　　　　　（四）243
耕作图碑　　　　　　　　　　（四）142
耿重琇墓志　　　　　　　　　（一）303
耿端人少将纪念碑　　　　　　（四）181
耿恒暨妻张氏周氏合葬墓志　　（三）177
耿君暨妻翟氏合葬墓志　　　　（三）185
耿为暨妻曹氏丁氏杨氏合葬墓志（三）173
耿晏若墓志　　　　　　　　　（三）161
耿兆鹅墓志　　　　　　　　　（三）188

gong

公甫桥　　　　　　　　　　　（四）231
公建义学碑记　　　　　　　　（三）219
公刘墓诗碑　　　　　　　　　（二）258
公孙略墓志　　　　　　　　　（一）　64
公孙猗墓志　　　　　　　　　（一）　38
公选约保禁娼禁赌碑　　　　　（四）　37
公议放水条规五则　　　　　　（四）　81
公议禁止金洋堰一切树木碑　　（四）　38
公议军需局章程碑　　　　　　（四）　14
公置义地碑记　　　　　　　　（四）　76
功垂千古　　　　　　　　　　（四）149

功业垂宇宙　　　　　　　　　（四）214
功与堉长　　　　　　　　　　（四）152
功在名山　　　　　　　　　　（四）　79
宫人鲍氏墓志　　　　　　　　（一）132
宫人卜氏墓志　　　　　　　　（一）140
宫人陈氏墓志　　　　　　　　（一）125
宫人陈氏墓志　　　　　　　　（一）127
宫人陈氏墓志　　　　　　　　（一）129
宫人程氏墓志　　　　　　　　（一）124
宫人丁氏墓志　　　　　　　　（一）134
宫人丁氏墓志　　　　　　　　（一）147
宫人豆卢氏墓志　　　　　　　（一）130
宫人樊氏墓志　　　　　　　　（一）131
宫人房氏墓志　　　　　　　　（一）140
宫人冯氏墓志　　　　　　　　（一）124
宫人郭氏墓志　　　　　　　　（一）125
宫人何氏墓志　　　　　　　　（一）126
宫人何氏墓志　　　　　　　　（一）147
宫人侯氏墓志　　　　　　　　（一）132
宫人姜氏墓志　　　　　　　　（一）137
宫人李氏墓志　　　　　　　　（一）123
宫人李氏墓志　　　　　　　　（一）126
宫人刘氏墓志　　　　　　　　（一）135
宫人刘氏墓志　　　　　　　　（一）141
宫人麻氏墓志　　　　　　　　（一）148
宫人墓志　　　　　　　　　　（一）230
宫人沈氏墓志　　　　　　　　（一）127
宫人司乐刘氏墓志铭并序　　　（一）123
宫人唐氏墓志　　　　　　　　（一）131
宫人唐氏墓志　　　　　　　　（一）141
宫人田氏墓志　　　　　　　　（一）137
宫人韦氏墓志　　　　　　　　（一）127
宫人魏氏墓志　　　　　　　　（一）125
宫人席氏墓志　　　　　　　　（一）130
宫人萧氏墓志　　　　　　　　（一）127

宫人徐氏墓志　　　　　　　（一）139
宫人杨氏墓志　　　　　　　（一）139
宫人元氏墓志　　　　　　　（一）123
宫人元氏墓志　　　　　　　（一）130
宫人朱氏墓志　　　　　　　（一）125
宫人朱氏墓志　　　　　　　（一）120
恭逢皇太后六旬大庆贺诗碑　（四）73
恭建金容碑记　　　　　　　（二）326
恭立神龙显应碑　　　　　　（四）165
恭谒太史祠　　　　　　　　（二）128
巩固山河　　　　　　　　　（四）240
拱极观记　　　　　　　　　（二）142
共护森林碑　　　　　　　　（四）157
共置产业公举乡约碑　　　　（三）251
贡士题名记碑　　　　　　　（二）316
供奉文昌帝君于尊经阁记　　（三）314

gou

沟通秦陇　　　　　　　　　（四）192
缑化龙墓志　　　　　　　　（四）171
缑氏造像残座　　　　　　　（一）100
缑燧神道碑　　　　　　　　（四）117
苟君妻宋玉艳墓志　　　　　（一）135
苟□发愿幢　　　　　　　　（二）290
岣嵝碑　　　　　　　　　　（三）103
笱景墓志　　　　　　　　　（一）47
购置黑龙洞庙产地界四至碑　（四）98

gu

孤魂会记　　　　　　　　　（三）265
孤山禁赌碑　　　　　　　　（四）9
孤山井会碑　　　　　　　　（三）300
古柏行　　　　　　　　　　（二）147
古柏生新翠诗碑　　　　　　（三）82
古昌暨妻雷氏合葬墓志　　　（三）181
古大散关　　　　　　　　　（四）200

古槐记　　　　　　　　　　（三）138
古今训　　　　　　　　　　（四）134
古今一人　　　　　　　　　（四）191
古景福　　　　　　　　　　（三）135
古柳行　　　　　　　　　　（四）241
古楼观说经台图碑　　　　　（四）237
古楼观系牛柏记　　　　　　（二）175
古严疆　　　　　　　　　　（四）245
古云寂寺重修碑　　　　　　（三）7
故刘尚食墓志铭　　　　　　（一）120
顾夒墓志　　　　　　　　　（四）22

gua

瓜里寨会村记事碑　　　　　（四）103

guai

拐里捐资碑　　　　　　　　（四）116

guan

关帝庙碑　　　　　　　　　（三）164
关帝庙碑　　　　　　　　　（四）106
关帝庙残碑　　　　　　　　（四）138
关帝庙改作大门碑记　　　　（三）49
关帝庙记　　　　　　　　　（三）73
关帝庙建庙碑记　　　　　　（三）278
关帝庙捐资碑　　　　　　　（四）238
关帝庙开光布施碑　　　　　（四）161
关帝庙戏楼楹联　　　　　　（四）113
关帝诗竹　　　　　　　　　（三）97
关夫子像赞　　　　　　　　（三）87
关衡墓志　　　　　　　　　（一）254
关明墓志　　　　　　　　　（一）105
关山三条沟石碣　　　　　　（三）278
关圣帝君觉世经　　　　　　（四）133
关圣帝君觉世真经　　　　　（三）231
关圣帝君觉世真经　　　　　（三）323

关圣帝君像 （三）101
关圣帝君训世真经 （三）207
关氏墓志 （二）30
关王庙碑 （三）27
关西夫子 （四）245
关允清圹记 （三）273
关中八景屏 （三）104
观风告示碑 （四）77
观世音像座 （一）83
观音洞碑记 （三）78
观音洞重修碑 （二）167
观音阁设供碑记 （三）100
观音会捐资碑 （四）163
观音会捐资碑 （四）177
观音莲台图 （三）277
观音庙碑 （四）112
观音庙女善缘碑记 （四）41
观音庙戏台楹联 （四）113
观昭陵六骏 （三）26
官箴碑 （三）247
官庄里公议条规记 （三）291
管道升书修竹赋碑 （二）190
毌丘令恭砖墓志 （一）277

guang

光复莲花寺碑 （二）276
光国寺蒙汉合文圣旨碑 （二）181
光济寺碑 （四）120
光济寺诗碑 （四）242
光禄大夫碑 （三）247
光绪三年龙兴寺碑 （四）47
广教禅院牒碑 （二）147
广教寺残碑 （二）167
广林指路碑 （三）312
广明元年陀罗尼经幢 （二）81

广武将军□产碑 （一）11
广严院常住地土之记 （二）189
广植蚕桑谕 （三）213

gui

归弘简墓志 （二）52
归弘简妻范氏墓志 （二）39
归去好碑 （二）300
圭峰定慧禅师碑 （二）54
龟蛇碑 （二）197
癸夏署中遣怀 （三）124
贵华东墓志 （四）119

gun

“衮雪”摩崖 （一）9

guo

郭传则墓志 （二）63
郭登纪行诗碑 （二）200
郭福田暨妻李氏墓碑 （四）196
郭公仰山世行传略 （四）189
郭功墓志 （一）254
郭行墓志 （二）96
郭怀玉暨妻元氏合葬墓志 （四）121
郭怀则墓志 （一）293
郭家庙碑 （一）319
郭骞妻苗氏墓志 （二）62
郭敬墓志 （一）145
郭敬善墓志 （一）179
郭均临九成宫醴泉铭 （三）288
郭君夫人墓葬刻石 （一）8
郭君墓志 （三）60
郭君妻赵氏墓志 （一）349
郭克勤墓志 （二）74
郭克全墓志 （二）74
郭丽墓志 （一）193

郭留庆墓志　　　　　　　（一）288
郭鲁胜造像碑　　　　　　（一）22
郭乱颐造像碑　　　　　　（一）88
郭沫若题词碑　　　　　　（四）198
郭母牛氏墓志　　　　　　（三）46
郭羌造像碑　　　　　　　（一）114
郭仁墓志　　　　　　　　（一）253
郭荣碑　　　　　　　　　（一）144
郭儒村遗爱记碑　　　　　（二）191
郭瑞荫神道碑　　　　　　（四）226
郭少辉墓志　　　　　　　（二）105
郭绅墓志　　　　　　　　（三）39
郭氏捐设义馆重修碑记　　（四）30
郭氏先灵神主碑　　　　　（三）326
郭世芳题诗碑　　　　　　（四）177
郭世贵暨妻朱氏墓碑　　　（三）194
郭世元辋川图题跋　　　　（三）34
郭顺墓志　　　　　　　　（二）81
郭司经题残联　　　　　　（四）132
郭太夫人墓志　　　　　　（一）330
郭通墓志　　　　　　　　（一）211
郭惟良暨妻王氏合葬墓志　（二）12
郭文喜墓志　　　　　　　（一）306
郭希仙墓志　　　　　　　（一）332
郭显墓志　　　　　　　　（一）34
郭献忠墓志　　　　　　　（二）28
郭熊飞周乐题马嵬驿诗碣　（三）262
郭宣妻贾氏墓志　　　　　（一）311
郭瘂夫墓志　　　　　　　（三）193
郭药树墓志　　　　　　　（一）191
郭逸墓志　　　　　　　　（一）255
郭懿暨妻冯氏墓志　　　　（一）199
郭胤墓志　　　　　　　　（一）339
郭英奇墓志　　　　　　　（一）309
郭元通墓葬纪年刻石　　　（一）2

郭远墓志　　　　　　　　（一）344
郭仲理画像刻石　　　　　（一）7
郭子明德教碑　　　　　　（四）62
郭子仪题联　　　　　　　（四）225
郭宗敏墓志　　　　　　　（二）180
国家至上　　　　　　　　（四）205
虢王李凤妃刘氏册文　　　（一）201
虢王李凤青州刺史文　　　（一）202
虢王李凤宋州刺史文　　　（一）201
果亲王绘孔子像　　　　　（三）115
果亲王即景诗（甲）　　　（三）118
果亲王即景诗（乙）　　　（三）118
果亲王题诗碑（丙）　　　（三）118
果亲王题诗碑（甲）　　　（三）113
果亲王题诗碑（乙）　　　（三）114
果亲王咏华山诗碑　　　　（三）115
过杜工部祠题咏碑　　　　（二）211
过马嵬咏古十首　　　　　（三）154
过秦楼　　　　　　　　　（四）235
过五丈原诸葛忠武祠　　　（二）270
过雄石峡口占一律　　　　（三）30
过延绥有作次唐校书郎韦庄韵（四）107
过之翰祭胡励生碑　　　　（四）178

H

hai

海禅师墓志　　　　　　　（一）172
海潮堂砌基碑记　　　　　（三）122
海潮堂长灯记　　　　　　（三）87
海上方碑　　　　　　　　（二）286

han

韩宝才墓志　　　　　　　（一）199
韩城重修儒学记碑　　　　（二）211
韩城隍庙记碑　　　　　　（二）303

韩城会馆碑记	（三）149	韩震墓志	（一）　51
韩城文庙下马碑	（四）245	韩仲良碑	（一）166
韩城县常平仓碑记	（三）301	韩子谦暨妻陈氏合葬墓志	（四）227
韩城县重修庙学碑	（二）200	韩自明赐紫大德仙宫志	（二）　97
韩城县令为文庙灯围被窃告示碑	（四）　24	韩自明墓志	（二）　29
韩城县儒学进士举人题名记碑	（二）316	寒山诗画碑	（二）168
韩城县学重修记	（二）314	汉丞相酂侯萧公墓	（四）237
韩城县置学田记	（三）110	汉丞相诸葛忠武侯墓记	（三）198
韩城修学记碑	（二）239	汉丞相诸葛忠武侯之真墓	（四）150
韩福魁墓表	（四）185	汉蕃埋瘗碑	（二）132
韩公才墓志	（二）134	汉夫子风竹	（四）130
韩公考正位次碑	（三）　69	汉夫子雨竹	（四）130
韩光臻题联摩崖	（四）188	汉伏波将军马公墓	（三）　86
韩国信墓志	（二）　21	汉黄征君祠记	（三）197
韩家河严防南山凿石启土挽炭碑记	（三）300	汉惠帝安陵	（三）158
韩介卿墓志	（二）130	汉景帝阳陵	（三）159
韩涓墓志	（一）336	汉留侯辟谷处	（二）302
韩履宠墓碑	（三）251	汉蒙一家	（四）212
韩木兰墓志	（一）　85	汉台碑	（三）120
韩瑞墓志	（二）184	汉台新建竹林阁赋	（四）169
韩山奕应侯祈雨感应碑	（二）184	汉太史公世系碑	（二）289
韩氏贞节碑	（三）279	汉太史令司马公祠墓碑记	（三）　68
韩氏宗祠地产及条规碑	（四）　82	汉太史司马公墓碑	（三）138
韩氏宗祠置地碑	（四）　97	汉太尉李公神道	（二）149
韩世忠碑记	（三）147	汉太尉祖考伯起公神位	（三）　95
韩世忠庙碑	（三）175	汉武仙台碑	（二）267
韩淑贤墓志	（二）224	汉郃阳令曹全碑	（一）　6
韩肃太夫人赵楚俊墓志	（一）350	汉阴八景碑	（四）239
韩素公孝行碑	（三）　61	汉阴修城记	（三）223
韩王妃杜氏墓志	（一）303	汉隃糜县	（三）　45
韩孝恭玄堂志	（二）　59	汉张留侯辟谷处	（三）237
韩延超墓志	（二）113	汉中府募化功德芳名列表	（四）234
韩弇妻韦氏墓志	（一）347	汉中府批示武侯祠呈文碑	（四）　54
韩应墓志	（二）130	汉中府儒学地基图碑	（二）205
韩裕墓志	（二）335	汉中府文庙经幢	（四）201

汉中府西乡县重修庙学记 （二）233

汉中府新编洵阳县双獭里名记 （二）220

汉中府新建城西枕流亭记 （二）220

汉中府新建庙学记 （二）205

汉中府修补城垣碑 （三）224

汉中府修城记 （二）220

汉中府修学庙记 （二）220

汉中绥靖司令部布告碑 （四）191

汉中知府何承熙游记碑 （三）249

汉忠武侯诸葛公八阵图注说 （四）11

汉诸葛武侯庙堂碑记 （三）73

汉诸葛武侯之墓 （三）116

翰坛天锷 （四）241

hang

杭州府临安知县张顾恒供犀灯长炬

银碑记 （三）66

hao

好好的保育儿童 （四）208

郝伏愿墓志 （一）128

郝克鉴暨妻冯氏墓志 （三）147

郝茂光暨妻孙氏墓志 （二）15

郝启宽神道碑 （四）79

郝氏圹志 （三）22

郝守业王儒游灵岩寺题皱眉罗汉诗碑（二）275

郝四墓志 （一）299

郝同人暨妻卢氏墓碑 （四）86

郝学诗暨妻张氏合葬墓志 （三）240

郝璋墓志 （一）248

浩然亭 （四）211

浩然亭碑记 （四）200

he

合村老少等造像碑 （一）120

合龙山碑记 （三）81

合龙山重立三月三香烟会碑记 （三）221

合龙山创建接引寺记 （二）302

合龙山地粮记 （二）317

合龙山祖师庙题联 （四）232

合社碑记 （四）155

合社条规碑记 （四）84

合阳三官庙碑铭 （三）65

合阳县裁革地耗开一切陋规碑记 （四）180

合阳县城隍庙增建长廊记 （三）63

合阳县重兴戒香寺记 （二）132

合阳县南王村新建□青石殿记碑 （二）298

合阳县武童试卷 （四）11

合邑二十八里值年里长募捐碑 （四）27

合邑四十四里崇祀邑侯靖公碑记 （三）265

合邑一百七十人等造像碑 （一）76

合右邑子七十人造像碑 （一）59

合诸邑子七十人等造像碑 （一）68

何安墓碑 （四）114

何栟姬王桂华墓志 （二）76

何承燕过马嵬诗碣 （三）205

何楚章墓志 （二）67

何德璘墓志 （二）107

何德墓志 （一）311

何刚墓志 （一）183

何根山暨妻李氏墓碑 （四）212

何君墓志 （二）111

何母杨氏苦节碑记 （四）156

何全福妻苏氏神道碑 （三）282

何遂墓志 （二）68

何雄墓志 （一）111

何毅木墓志 （二）35

何仲钧题字 （二）156

和伏庆等造像碑座 （一）63

和林则徐游华山诗 （三）292

和落星石原韵 （四）97

和识达造像碑残座　（一）84
和邃墓志　（一）41
和运墓志　（一）279
和曹公子排律　（四）98
郃阳悼安王妃冯氏圹志　（二）219
河山千古　（四）55
河心夹地碑记　（四）158
贺拔文昞妻李哀墓志　（一）86
贺从章墓志　（二）34
贺璜墓碑　（四）10
贺兰敏之墓志　（一）250
贺兰祥墓志　（一）80
贺兰祥妻刘氏墓志　（一）99
贺兰淹墓志　（一）181
贺仁杰墓志　（二）178
贺若谊碑　（一）111
贺胜墓志　（二）182
贺氏五亩陵记　（三）239
贺寿慈题联　（四）112
贺雅堂暨妻王氏墓志　（四）78
贺台如暨妻杜氏合葬墓志　（四）63
贺子权暨妻王氏合葬墓志　（四）195
赫连悦墓志　（一）50
赫连子悦墓志　（一）88
赫连子悦妻闾炫墓志　（一）82
鹤洲楼观题咏碑　（二）298

hei

黑池镇西门外碑　（三）134
黑龙庙社境界碑　（四）159

heng

横云　（四）41
衡琳墓志　（一）155

hong

弘文宣化　（三）118
弘治九年诗碑　（二）217
弘治元年祭周陵碑　（二）213
红军石刻标语　（四）186
红军石刻标语　（四）187
红军石刻标语　（四）187
红军石刻标语　（四）187
红军石刻标语　（四）187
红军石刻标语　（四）187
红军石刻标语　（四）187
红军石刻标语　（四）188
红军石刻标语　（四）188
红军石刻标语　（四）188
红军石刻标语　（四）188
红军石刻标语　（四）193
红军石刻标语　（四）193
红军石刻标语　（四）193
红军石刻标语　（四）194
红军石刻标语　（四）194
红军石刻标语　（四）194
红军石刻标语　（四）194
红军石刻标语　（四）194
红军石刻标语　（四）194
红军石刻标语　（四）194
红军石刻标语　（四）194
红石峡题名碑　（四）106
红石峡题名碑记　（三）74
红石峡重修观音碑　（二）213
宏不器家传　（三）311
洪范偕诗碣　（二）185
洪福院牒　（二）148
洪敬夫过马嵬题诗碑　（四）136
洪武榜谕碑　（二）193

洪武四年祭周陵碑　　　　（二）192
洪武学校条规碑　　　　　（二）192
洪钟乾明寺题诗碑　　　　（二）225

hou

侯訢墓志　　　　　　　　（二）120
侯定妻窦娘子墓志　　　　（一）149
侯刚墓志　　　　　　　　（一）39
侯季父墓表　　　　　　　（二）242
侯介墓志　　　　　　　　（二）219
侯久道墓志　　　　　　　（三）13
侯君妻张氏墓志　　　　　（一）17
侯僧伽墓志　　　　　　　（一）67
侯氏世德碑　　　　　　　（二）260
侯述职题辞并序　　　　　（三）317
侯廷选墓志　　　　　　　（四）99
侯欣然暨妻赵氏墓碑　　　（四）157
侯长禧题诗碑　　　　　　（三）193
侯肇暨妻古氏墓志　　　　（一）109
后汉班固西都赋　　　　　（三）121
后稷祠　　　　　　　　　（三）53

hu

忽吟暨妻合葬墓志　　　　（二）330
胡超马嵬有感诗碣　　　　（三）286
胡超武侯祠题诗碑　　　　（三）283
胡超张良庙题诗碑　　　　（三）284
胡德彦胡宗琦墓碑　　　　（四）3
胡公泉创建石栏记　　　　（二）333
胡公神道碑记　　　　　　（二）117
胡公愿墓志　　　　　　　（一）269
胡焕堂暨妻陈氏合葬墓志　（四）55
胡会施汤碑记　　　　　　（三）50
胡君墓志盖　　　　　　　（一）142
胡君妻成氏墓志　　　　　（一）317

胡君妻雍氏墓志　　　　　（二）15
胡恪墓志　　　　　　　　（一）270
胡仁甫墓志　　　　　　　（四）230
胡尚礼暨妻石氏薛氏高氏合葬墓志（二）296
胡氏墓志　　　　　　　　（二）104
胡文蔚之妻陈氏贞孝碑　　（四）107
胡珣神道碑　　　　　　　（二）20
胡星垣题诗碑　　　　　　（四）145
胡彦麟母吴氏墓志　　　　（四）149
胡永暨妻张氏墓志　　　　（一）146
胡兆兰暨妻曹氏墓碑　　　（四）66
胡正启暨妻田氏墓碑　　　（四）75
斛斯政则墓志　　　　　　（一）194
湖广会馆碑记　　　　　　（三）218
虎山碑　　　　　　　　　（四）192
虎头桥碑　　　　　　　　（四）188
户县焦将磨渠水利词案碑　（三）212
户县钟楼石匾额　　　　　（三）17
护持大悲禅院叙事记　　　（四）220
扈氏先茔碑　　　　　　　（三）176
鄠县罗汉寺重修记碑　　　（二）236
鄠县孟襄图书楼记　　　　（四）218
鄠县明道先生庙碑　　　　（二）217
鄠县重修庙学碑记　　　　（二）310

hua

花甲重周寿字　　　　　　（四）24
花母孟氏墓志　　　　　　（三）182
花振兴暨妻杨氏合葬墓志　（三）227
华百石都训造碑　　　　　（一）10
华藏庄严世界海图　　　　（二）179
华妙能祔葬墓志　　　　　（二）218
华山记　　　　　　　　　（三）140
华山诗十六首　　　　　　（三）93
华夷天堑　　　　　　　　（二）328
华夷图　　　　　　　　　（二）144

华阴王氏家庙碑记　　　　　（三）52
华阴县重修西岳庙记　　　　（二）316
华阴杨松轩先生墓表　　　　（四）186
华岳精享昭应之碑　　　　　（一）260
华岳楼　　　　　　　　　　（四）189
华岳颂碑　　　　　　　　　（一）85
华岳题名记　　　　　　　　（三）88
华州防御完颜奉国二诗　　　（二）156
化度寺残碑　　　　　　　　（三）83

huai

怀山好碑　　　　　　　　　（二）283
怀舍弟子由　　　　　　　　（四）138
怀素藏真律公帖　　　　　　（二）98
怀素草书千字文　　　　　　（二）98
淮安定公墓志盖　　　　　　（一）142
淮阴陈寿登授书楼　　　　　（四）84
槐阴馆　　　　　　　　　　（四）93

huan

还我河山　　　　　　　　　（四）201
还我河山　　　　　　　　　（四）212
环平墓志　　　　　　　　　（二）50
环山抱水　　　　　　　　　（三）283
桓表墓志　　　　　　　　　（一）189
桓义成墓志　　　　　　　　（一）303
宦姑滩义渡碑记　　　　　　（四）13
浣溪沙·渡泾　　　　　　　（二）252

huang

荒乱碑　　　　　　　　　　（四）88
荒岁歌碑　　　　　　　　　（四）50
皇甫诞碑　　　　　　　　　（一）160
皇甫楷造阿弥陀佛像碑　　　（一）148
皇甫忍墓志　　　　　　　　（一）104
皇甫武达墓志　　　　　　　（一）209

皇甫绪墓志　　　　　　　　（一）177
皇甫瑗墓志　　　　　　　　（一）227
皇后庙碑　　　　　　　　　（三）306
皇明圣谕·劝世歌　　　　　（三）12
皇清大佛寺碑记　　　　　　（四）140
皇清诰授德配老宜人墓志　　（四）119
皇清新兴寺碑记　　　　　　（四）79
皇太子阔端祝文　　　　　　（二）159
黄朝麟德政碑记　　　　　　（三）108
黄帝庙除免税粮记　　　　　（二）273
黄帝手植柏　　　　　　　　（四）211
黄堆南堡续修中路碑记　　　（四）170
黄淦暨妻刘氏墓碑　　　　　（四）53
黄浩然墓碑　　　　　　　　（四）168
黄河三界图　　　　　　　　（三）298
黄河图说碑　　　　　　　　（二）247
黄季长墓志　　　　　　　　（二）44
黄家村契约碑　　　　　　　（四）113
黄家湃用水告示碑　　　　　（四）71
黄老始祖碣　　　　　　　　（三）238
黄润墓志　　　　　　　　　（二）228
黄山宫观音菩萨碑　　　　　（四）40
黄庭坚诗　　　　　　　　　（三）325
黄庭坚苏轼题记刻石　　　　（四）243
黄文轩德教碑　　　　　　　（四）165
黄宣楫暨妻冯氏墓碑　　　　（四）13
黄宣钦墓碑　　　　　　　　（四）13
黄蕴锦楼观题咏　　　　　　（三）303
黄蕴锦仙游寺题咏　　　　　（三）302
黄镇墓志　　　　　　　　　（三）211

hui

恢天禅师功德碑记　　　　　（三）146
晖福寺碑　　　　　　　　　（一）13
回纥琼墓志　　　　　　　　（一）317
回心寺记　　　　　　　　　（四）222

回元观钟楼铭 （二）35
会办全陕厘税总局告示碑 （四）66
会昌二年金刚经幢 （二）40
会馆补修清庙捐资碑记 （四）67
惠公神道碑 （三）139
惠济院碟 （二）150
惠介夫暨妻简氏合葬墓志 （三）199
惠林和尚碑 （二）191
惠瑞芝墓志 （四）245
惠三生致命处碑 （四）31
惠文斋墓志 （三）232
惠元士墓志 （三）150
惠琢彰墓志 （三）168
慧日寺碑 （二）97

hun

混元口天传法教主像碑 （二）261

huo

火帝真君胜会碑记 （四）76
霍休墓志 （一）178
豁免畜税碑 （四）80

J

ji

积善碑 （二）231
姬买勗墓志 （一）64
姬温墓志 （一）205
嵇棨墓志 （二）262
嵇瑢墓志 （二）218
嵇润暨妻张氏李氏合葬墓志 （二）254
嵇润墓志 （二）240
嵇棠合葬墓志 （二）230
吉静中马嵬怀古诗碑 （二）235
吉人骥暨妻高氏合葬墓志 （四）181

吉同钧德教碑 （四）171
吉同钧圹志 （四）164
吉喜富暨妻张氏合葬墓志 （三）295
吉允迪暨妻王氏墓志盖 （三）54
吉长命造像碑 （一）65
集陈抟书十字联碑 （三）25
集古梅花诗 （三）100
集圣教字诗 （二）275
集王圣教序碑 （一）197
集禊帖 （三）199
集字魁星点斗图碑 （四）42
计开板木厢各义商捐数 （三）310
计开补修清凉寺出入清单 （四）44
计开铺户各义商捐数 （三）310
计开绅耆粮户各义士义民捐数 （三）310
计开书院花用条规碑 （四）59
计开书院义田地处所租稞数目 （三）262
计开新制山地文契 （四）159
计开札照并山场条规碑 （三）257
记地经税碑 （三）287
记述灵岩寺功德碑 （三）114
纪洪暨妻李氏合葬墓志 （二）256
纪会墓志 （一）280
纪事碑 （四）245
纪益墓志 （二）336
纪溁暨妻阎氏合葬墓志 （二）230
纪溁墓志 （二）227
纪应麟暨席氏合葬墓志 （三）40
纪元凯墓志 （三）40
纪占吾墓志 （二）315
继美亭者崇祀碑 （四）91
祭告礼成恭纪 （三）94
祭刘懋五言十章诗石 （三）14
祭文宣王文碑 （二）221
祭阎本碑 （二）208
祭周陵碑(甲) （四）246

祭周陵碑(乙)　　　　　　　　(四)246
祭诸葛武侯文碑　　　　　　　(三)92
寄题子长先生墓　　　　　　　(三)54
寄赠梦英大师　　　　　　　　(二)113
寂照和上碑　　　　　　　　　(二)39
冀书堂墓志　　　　　　　　　(三)211

jia

加封文昌帝君碑　　　　　　　(二)180
加圣号诏碑　　　　　　　　　(二)179
葭州神木府谷朝山口经补修各庙
　功德碑记　　　　　　　　　(三)121
嘉靖三十九年阙名碑　　　　　(二)269
嘉靖三十九年岁贡题名碑　　　(二)269
嘉靖三十五年祭黄帝陵碑　　　(二)265
嘉靖三十一年祭黄帝陵碑　　　(二)260
嘉靖十年祭黄帝陵碑　　　　　(二)244
嘉靖元年祭汉阳陵碑　　　　　(二)235
嘉靖元年祭周陵碑　　　　　　(二)236
嘉靖元年祭周武王碑　　　　　(二)236
嘉令恤典碑　　　　　　　　　(三)295
嘉庆二十四年祭黄帝陵碑　　　(三)232
嘉庆二十四年祭周陵碑　　　　(三)232
嘉庆十四年祭周陵碑　　　　　(三)214
嘉庆十四年建修卷棚碑　　　　(三)213
嘉庆五年祭华山碑　　　　　　(三)199
嘉庆五年祭周陵碑　　　　　　(三)200
嘉庆元年祭周陵碑　　　　　　(三)193
嘉生题记刻石　　　　　　　　(四)244
夹门子荷叶坝两牌绅粮捐资兴学记(四)177
夹门子小学校碑记　　　　　　(四)215
贾光妻陈氏墓志　　　　　　　(二)22
贾汉复修栈记　　　　　　　　(三)52
贾会瀛暨妻朱氏王氏墓碑　　　(四)58
贾季卿墓志　　　　　　　　　(一)279

贾经儒母墓志　　　　　　　　(三)169
贾经儒墓志　　　　　　　　　(三)192
贾君墓志　　　　　　　　　　(一)272
贾君墓志　　　　　　　　　　(二)15
贾三德复通石门题记摩崖　　　(一)19
贾尚书补石经孟子诗　　　　　(三)54
贾绍墓志　　　　　　　　　　(一)221
贾温墓志　　　　　　　　　　(二)32
贾武墓志　　　　　　　　　　(一)230
贾孝卿墓葬刻石　　　　　　　(一)7
贾馨墓碑　　　　　　　　　　(三)222
贾雄墓志　　　　　　　　　　(二)34
贾扬泰暨妻萧氏合葬墓表　　　(三)226
贾云中圹记　　　　　　　　　(三)249
贾振邦墓志　　　　　　　　　(四)18
贾宗成墓志　　　　　　　　　(二)141
假延信妻骆氏墓志　　　　　　(二)2

jian

监典籍允卿李公墓志　　　　　(四)136
监修大佛寺题名碑　　　　　　(四)140
监修一步崖碑记　　　　　　　(四)69
减免台车往返差费用记事碑　　(四)20
减钱粮碑　　　　　　　　　　(四)84
简云璧墓志　　　　　　　　　(三)122
建德六年碑　　　　　　　　　(一)90
建红山寺殿并铸铜佛像记碑　　(二)219
建护郇阁颂记　　　　　　　　(四)174
建立关帝庙碑记　　　　　　　(四)103
建像记碑　　　　　　　　　　(二)219
建修八龙庙前回心桥亭碑记　　(四)65
建修八蜡神祠碑记　　　　　　(三)120
建修财神庙记　　　　　　　　(四)121
建修陈家沟兴佛寺佛殿墙碑记　(三)304
建修方氏宗祠碑记　　　　　　(四)151

建修高陵县商会碑记	(四)170	姜嫄圣母墓	(四) 47
建修湖广会馆引	(三)206	姜兆璜墓志	(三)252
建修龙头山朝阳观戏楼碑记	(四)168	讲华严法界观宣碑	(二)171
建修弥勒佛四大尊王碑序	(三)194	讲院种柏记	(二)272
建修土地祠戏楼碑序	(四) 15	奖开龙首渠敕	(二)116
建修义渡序	(三)280	蒋惠春墓志	(二)211
建营志碑	(三)238	蒋君墓志盖	(二) 92
建造醮盆石柱	(二)260	蒋奎佑暨妻吕氏田氏合葬墓志	(四) 23
建造龙门洞景福山碑	(二)325	蒋荣斋暨妻吕氏合葬墓志	(四) 11
建真武朝阳观记	(二)266	蒋义忠墓志	(一)252
建置景福山门记	(三)182	绛阿鲁等合邑造像碑	(一) 78
涧池铺捐资碑	(四)239		

jiang

		jiao	
江朝宗题诗碑	(四)231	郊祀歌	(四) 10
江朝宗题诗碑(甲)	(四) 77	焦芳谷暨妻严氏合葬墓志	(四) 94
江朝宗题诗碑(乙)	(四) 77	焦伏安佛教造像碑	(一) 63
江公桥碑	(三)307	焦君墓志盖	(二) 92
江南重浚吴淞江碑	(三)240	焦君妻杨媛墓志	(一)185
江士松题诗碑	(三)304	焦勉兹神道碑	(四) 71
江士汪妻张氏墓志	(一)336	焦式彬暨妻高氏田氏墓碑	(四) 15
将军山重修满庙神像碑	(三)188	焦仙芝墓志	(二) 41
将兰公墓志	(二)101	焦相栋神道碑	(四) 52
姜伯福继母杨氏碑	(四) 20	教稼名区匾	(三)272
姜从善墓砖	(二)174	教稼台	(四)200
姜简碑	(一)168	教一旅大礼堂落成记	(四)218
姜君墓志	(三) 26		
姜开墓志	(一)197	**jie**	
姜妙明圹志	(二)202	节孝碑	(三) 35
姜圣母后稷新栽树木记	(三) 96	婕妤三品亡尼墓志	(一)185
姜嫄碑	(一)314	解放日报	(四)211
姜嫄公刘新庙碑	(一)338	戒诚寺坂比丘尼陀罗尼影幢	(二) 21
姜嫄圣母布施修理记	(三)283	戒石铭碑	(二)196
姜嫄圣母感应记	(三)266	芥藏子词碑	(四)132
姜嫄圣母记	(三)198	**jin**	
		金法门寺藏经碑	(二)155

金刚经启请碑　　　　　　　　　　（二）313
金渠镇水利诉讼碑　　　　　　　　（四）141
金台观创修鸣凤楼暨改建雨傍山碑　（四）156
金台观创修太皇宫序　　　　　　　（四）166
金台观全图碑　　　　　　　　　　（四）182
金汤社明德会续德会移建东营殿宇记（三）291
金汤吐秀　　　　　　　　　　　　（二）328
金汤永奠　　　　　　　　　　　　（三）93
金仙公主北方精石　　　　　　　　（一）283
金仙长公主碑　　　　　　　　　　（一）283
金仙长公主墓志　　　　　　　　　（一）283
金洋堰　　　　　　　　　　　　　（四）193
金洋堰重整条规碑　　　　　　　　（四）173
金洋堰重整堰规振兴水利碑略　　　（四）193
金洋堰公议除弊条款碑序　　　　　（四）75
金洋堰祭神灭蝗碑　　　　　　　　（四）68
金洋堰禁捕鱼布告碑　　　　　　　（四）148
金洋堰庙修戏房序　　　　　　　　（四）73
金烛和尚焚身感应之碑　　　　　　（二）156
金妆碑记　　　　　　　　　　　　（三）244
金妆碑记　　　　　　　　　　　　（四）240
金妆地藏十王碑记　　　　　　　　（三）68
金妆正殿募缘碑记　　　　　　　　（三）90
襟山带河　　　　　　　　　　　　（三）51
锦阳川图　　　　　　　　　　　　（三）77
进贤门　　　　　　　　　　　　　（三）177
进仪校尉韦公墓碑　　　　　　　　（二）192
晋双墓碑　　　　　　　　　　　　（四）75
"晋溪杂咏"摩崖刻石　　　　　　　（二）241
晋兴邑朝山姓氏碑记　　　　　　　（三）79
晋永安侯墓刻石　　　　　　　　　（一）12
靳稽墓志　　　　　　　　　　　　（一）175
禁采兰草碑记　　　　　　　　　　（三）109
禁差索重刊裁免牛税碑　　　　　　（四）47
禁差役讹诈告示碑　　　　　　　　（四）92

禁航运流弊以安行商碑　　　　　　（四）38
禁砍耳朹碑　　　　　　　　　　　（四）162
禁烧山伐树碑　　　　　　　　　　（四）150
禁尸家讹索船户碑　　　　　　　　（四）56
禁挖山河堰堤碑　　　　　　　　　（三）202
禁诈乡民碑　　　　　　　　　　　（四）27
禁止金粟山取石碑　　　　　　　　（三）139

jing

京兆府重修府学记　　　　　　　　（二）146
京兆府府学新移石经记　　　　　　（二）128
京兆府提学所帖　　　　　　　　　（二）152
京兆府学教授题名记　　　　　　　（二）155
京兆府□□善感禅院新井记　　　　（二）124
泾川五渠之记　　　　　　　　　　（二）249
泾惠渠颂并序　　　　　　　　　　（四）196
泾阳县通济渠记碑　　　　　　　　（二）231
经锄堂法帖　　　　　　　　　　　（三）325
荆从皋墓志　　　　　　　　　　　（二）72
旌表处士赵建业之妻韩氏神道碑　　（三）293
旌表孝子李得成碑　　　　　　　　（二）194
井德用道行碑　　　　　　　　　　（二）185
井时望墓碑　　　　　　　　　　　（三）262
井勿幕夫人墓表　　　　　　　　　（四）229
井岳秀墓华表　　　　　　　　　　（四）199
景福眷属输金自修客厅记　　　　　（三）139
景福山香火田地界碑　　　　　　　（四）221
景君墓碑　　　　　　　　　　　　（三）277
景楠妻刘氏节孝碑　　　　　　　　（四）143
景泰元年祭黄帝陵碑　　　　　　　（二）197
景秀岩妻张氏节孝碑　　　　　　　（四）115
景祐四年陀罗尼经幢　　　　　　　（二）118
景在中德教碑　　　　　　　　　　（四）3
警赌碑　　　　　　　　　　　　　（三）319
净光院牒文　　　　　　　　　　　（二）152

净业法师塔铭　　　　　　　　　（一）266
净住寺碑　　　　　　　　　　　　（二）98
敬奉墓志　　　　　　　　　　　　（一）296
敬胜者吉　　　　　　　　　　　　（四）142
敬氏夫人墓志　　　　　　　　　　（一）240
敬氏墓志　　　　　　　　　　　　（二）41
敬太芝墓志　　　　　　　　　　　（一）350
敬献城隍神碑　　　　　　　　　　（四）53
敬献石桌记　　　　　　　　　　　（四）39
敬业图书馆　　　　　　　　　　　（四）184
敬一箴有序碑　　　　　　　　　　（二）239
静庵读书之则　　　　　　　　　　（四）39
静明宫土地四至执照碑　　　　　　（二）182
静泉山八景　　　　　　　　　　　（三）136

jiu

究整粮行碑　　　　　　　　　　　（四）166
九成宫醴泉铭　　　　　　　　　　（三）123
九华观静□师藏形记　　　　　　　（二）1
九九消寒图碑　　　　　　　　　　（二）213
九龙泉　　　　　　　　　　　　　（四）238
酒奠梁　　　　　　　　　　　　　（四）199
救济贫民记　　　　　　　　　　　（三）102
鹫岭　　　　　　　　　　　　　　（四）117

ju

菊记　　　　　　　　　　　　　　（二）272
菊帖　　　　　　　　　　　　　　（三）80
菊图碑　　　　　　　　　　　　　（四）135
巨公墓碑　　　　　　　　　　　　（二）279
俱慈顺墓志　　　　　　　　　　　（一）337
聚仙桥　　　　　　　　　　　　　（四）244

juan

捐济茕民碑记　　　　　　　　　　（三）239

捐建郴州会馆碑　　　　　　　　　（四）57
捐建玉泉书院膏火碑记　　　　　　（三）288
捐款碑记　　　　　　　　　　　　（三）202
捐修宜禄学署碑　　　　　　　　　（四）141
捐修玉泉书院碑记　　　　　　　　（三）288
捐银碑　　　　　　　　　　　　　（四）238
捐置养济院记　　　　　　　　　　（四）30
捐置张念先君遗族田产记　　　　　（四）169
捐猪酒税公本碑　　　　　　　　　（四）51
捐助地亩碑记　　　　　　　　　　（三）300
捐资碑　　　　　　　　　　　　　（四）112

jun

军需局设立条规碑记　　　　　　　（三）194
僬蒙文姬嫦姬娥合邑卅一人造像碑　（一）55

K

kai

开成石经　　　　　　　　　　　　（二）36
开成石经角柱题名题字（甲）　　　（二）36
开成石经角柱题名题字（乙）　　　（二）37
开成四年陀罗尼经幢（甲）　　　　（二）38
开成四年陀罗尼经幢（乙）　　　　（二）38
开地约保碑　　　　　　　　　　　（四）121
开广惠渠碑　　　　　　　　　　　（二）202
开皇五年造像碑　　　　　　　　　（一）101
开元二十八年陀罗尼经幢　　　　　（一）288
开元十六年陀罗尼经幢　　　　　　（一）274
开元十一年陀罗尼经幢　　　　　　（一）265
开元寺八景图记　　　　　　　　　（三）172
开元寺碑　　　　　　　　　　　　（二）189

kan

勘定庙界碑　　　　　　　　　　　（四）27

kang

康成此墓志　　　　　　　　　（二）109

康承统妻马氏节孝碑　　　　　（三）267

康海草书题诗碑　　　　　　　（二）237

康海丞墓志　　　　　　　　　（四）160

康黄头造像碑座　　　　　　　（一） 13

康晖墓志　　　　　　　　　　（一）319

康景世墓志　　　　　　　　　（二）221

康母胡氏墓表　　　　　　　　（四） 12

康氏墓碣　　　　　　　　　　（四）212

康氏墓志　　　　　　　　　　（一）317

康氏祖坟碑记　　　　　　　　（三） 93

康熙赐佛伦诗画扇面　　　　　（三）104

康熙赐吴赫临董其昌书　　　　（三）102

康熙赐吴赫临米芾书　　　　　（三）102

康熙二十二年氏族颂祖记事碑　（三） 68

康熙二十七年祭黄帝陵碑　　　（三） 71

康熙二十七年祭周陵碑（甲）　（三） 72

康熙二十七年祭周陵碑（乙）　（三） 72

康熙二十一年祭黄帝陵碑　　　（三） 66

康熙二十一年祭周陵碑　　　　（三） 66

康熙年尧山庙布施碑　　　　　（三）102

康熙七年祭周陵碑　　　　　　（三） 57

康熙千字文　　　　　　　　　（三） 64

康熙三十五年祭黄帝陵碑　　　（三） 76

康熙十四年祭周陵碑　　　　　（三） 62

康熙十五年祭周陵碑　　　　　（三） 63

康熙四十八年祭华山碑　　　　（三） 91

康熙四十八年祭黄帝陵碑　　　（三） 91

康熙四十二年祭黄帝陵碑　　　（三） 85

康熙四十二年祭周陵碑　　　　（三） 86

康熙五十八年祭黄帝陵碑　　　（三） 98

康熙五十八年祭黄帝陵诗碑　　（三） 98

康熙五十二年祭黄帝陵碑　　　（三） 94

康熙五十二年祭周陵碑　　　　（三） 95

康先妃四面造像碑　　　　　　（一） 95

康孝义墓志　　　　　　　　　（一）323

康雪松墓志　　　　　　　　　（二）247

康一口携门人题灵岩寺诗　　　（二）168

康志达墓志　　　　　　　　　（二） 19

康子厚墓志　　　　　　　　　（四）243

抗战阵亡将士忠魂碑　　　　　（四）210

ke

柯道敦暨妻蔡氏合葬墓碑　　　（三）289

柯荔阶暨妻李氏墓碑　　　　　（四）181

柯运铺墓碑　　　　　　　　　（三）301

柯振荣暨妻邓氏汪氏墓碑　　　（四） 55

可以兴观　　　　　　　　　　（四）203

恪守新定差徭章程碑记　　　　（四） 71

恪遵章程　　　　　　　　　　（三）200

ken

恳圣颁匾碑　　　　　　　　　（三）156

kong

孔麟锡墓志　　　　　　　　　（三） 84

孔明公园成立记事题诗碑　　　（四）185

孔氏懿德与卜葬事纪略　　　　（四） 86

孔颖达碑　　　　　　　　　　（一）158

孔子庙堂之碑　　　　　　　　（一）145

孔子题名碑　　　　　　　　　（四）233

kou

寇秉正墓志　　　　　　　　　（三）211

寇炽墓志　　　　　　　　　　（一） 91

寇炽妻姜敬亲墓志　　　　　　（一） 98

寇东岩墓志　　　　　　　　　（四） 33

寇霄墓志　　　　　　　　　　（一） 50

寇旸区暨妻权氏宁氏李氏合葬墓志（三） 8

寇准像碑 （二）231

寇卓墓志 （四）175

kui

魁盛老店捐资碑 （三）220

魁星楼记 （三）227

愧无忠孝报朝廷 （三）84

kun

昆山律师衣钵塔 （三）246

昆仲联芳 （四）142

kuo

扩道榜文 （三）235

L

lai

来和墓志 （一）105

赖恺元等过张良庙题记碑 （四）215

赖能发功德碑 （三）143

lan

兰草四屏 （四）85

兰草图 （三）325

兰亭记碑 （三）316

兰英墓志 （二）67

蓝川先生墓表 （四）203

蓝田唐陀罗尼经幢 （二）87

蓝田县重修孔子庙记 （二）121

蓝田县重修庙记碑 （二）226

蓝田县重修庙学记 （三）133

蓝田县重修玄圣文宣王庙记 （二）116

蓝田县吕氏培修四献祠碑 （四）25

lang

朗宁公主墓志 （二）68

lao

老君显见碑 （一）290

老君坐像残石 （一）100

涝店筑堰碑记 （四）50

lei

雷百顺暨妻屈氏墓碑 （四）30

雷春轩神道碑 （四）108

雷存德暨妻金氏合葬墓碑 （四）69

雷德谊墓志 （二）164

雷登阁暨妻王崔潘氏合葬墓志 （四）146

雷鼎甲墓志 （三）247

雷伏爱造像碑 （一）192

雷恒墓志 （三）111

雷家台重修城池碑记 （四）32

雷捷三墓志盖 （四）128

雷近溪墓志 （二）276

雷九皋暨妻侯氏合葬墓志 （四）22

雷君墓志盖 （二）95

雷君妻宋氏墓志 （一）298

雷况墓志 （二）82

雷两园暨妻李氏合葬墓志 （三）316

雷茂兰墓志 （四）122

雷明香造像碑 （一）87

雷墨暨妻李氏合葬墓志 （三）314

雷母王氏墓志 （三）13

雷荣祖造像碑 （一）68

雷神洞碑 （二）283

雷声妻蒙氏墓志 （三）279

雷始奋暨妻孔氏墓志 （二）334

雷始声合葬墓志 （二）318

雷氏始祖碑文 （三）74

雷氏五十人造像碑 （一）61

雷氏造像碑 （一）49

雷氏造像碑 （一）57

雷思村墓志　　　　　　　　　（二）271

雷通墓志　　　　　　　　　　（三）　1

雷文伯造像碑座　　　　　　　（一）79

雷香妙造像碑　　　　　　　　（一）102

雷学谦题诗碑　　　　　　　　（四）120

雷学谦题诗碑　　　　　　　　（四）242

雷学谦题诗碑　　　　　　　　（四）244

雷洵墓志　　　　　　　　　　（一）314

雷彦芬妻冯氏墓志　　　　　　（一）334

雷尧南墓志　　　　　　　　　（四）52

雷于霖墓志　　　　　　　　　（三）57

雷育芝摩崖题诗并序　　　　　（三）283

雷园旧迹　　　　　　　　　　（三）77

雷珍暨妻张氏王氏合葬墓志　　（三）142

雷钟蓝暨妻辛氏合葬墓志　　　（三）22

雷庄镇立石记　　　　　　　　（二）273

leng

"冷香"题字残碑　　　　　　　（二）168

li

骊山温泉作　　　　　　　　　（三）118

黎庶昌祭武侯墓碑　　　　　　（四）62

礼部保护庙产碑　　　　　　　（三）145

礼记碑　　　　　　　　　　　（四）240

礼泉古仪门寺重□□□□记　　（二）285

李安坡妻萧氏墓志　　　　　　（二）259

李八名地界碑　　　　　　　　（二）152

李柏故里碑　　　　　　　　　（四）109

李邦直墓志　　　　　　　　　（二）131

李苞通阁道题记摩崖　　　　　（一）　9

李宾客妻第五雅淑墓志　　　　（一）345

李伯明墓志　　　　　　　　　（四）117

李灿墓志　　　　　　　　　　（三）42

李长雄墓志　　　　　　　　　（一）244

李畅碑　　　　　　　　　　　（一）176

李潮妻贺氏墓志　　　　　　　（二）145

李臣墓志　　　　　　　　　　（一）301

李成桂暨妻余氏合葬墓志　　　（三）17

李诚甫暨妻董氏墓志盖　　　　（四）123

李承乾碑　　　　　　　　　　（一）286

李承乾墓志　　　　　　　　　（一）286

李澄霞墓志　　　　　　　　　（一）226

李崇望妻王氏墓志　　　　　　（一）230

李慈墓志　　　　　　　　　　（二）85

李悰墓志　　　　　　　　　　（一）259

李大成妻安氏墓志　　　　　　（三）279

李淡泉神道碑　　　　　　　　（三）131

李得伦妻曹氏神道碑　　　　　（四）14

李德性自述碑　　　　　　　　（二）317

李德义墓志　　　　　　　　　（二）37

李狄门德教碑　　　　　　　　（四）32

李鼎墓碑　　　　　　　　　　（二）254

李东圆暨妻梁氏阡表　　　　　（四）207

李法满墓志　　　　　　　　　（一）204

李芳桂题诗　　　　　　　　　（二）169

李凤妃刘氏墓志　　　　　　　（一）201

李凤墓志　　　　　　　　　　（一）201

李夫人墓志盖　　　　　　　　（一）58

李福妃宇文修多罗墓志　　　　（一）178

李福墓志　　　　　　　　　　（一）196

李复心墓碑　　　　　　　　　（四）85

李高墓志　　　　　　　　　　（一）202

李镐墓志　　　　　　　　　　（一）315

李公墓志盖　　　　　　　　　（四）116

李公妻何氏墓志　　　　　　　（一）294

李公修治成绩碑　　　　　　　（二）255

李公政墓志　　　　　　　　　（二）69

李拱暨妻王氏韩氏张氏合葬墓志（二）329

李拱题诗碑　　　　　　　　　（二）185

李固墓碑	（三）159	李君墓志盖	（二）89
李光弼神道碑	（一）321	李君墓志盖	（二）91
李国富暨妻王氏墓碑	（四）46	李君墓志盖	（二）93
李海题诗碑	（二）282	李君妻安氏墓志	（二）49
李行莘墓志	（二）78	李君妻戴氏墓志	（二）34
李和墓志	（一）97	李君妻段慈顺墓志	（一）290
李黑城造像碑	（一）49	李君妻高氏墓志	（一）322
李弘庆墓志	（二）53	李君妻刘氏墓志	（一）255
李弘易墓志	（二）63	李君妻刘氏墓志	（一）340
李花山墓志	（一）252	李君妻卢氏墓志	（二）14
李怀墓志	（一）278	李君妻马氏墓志盖	（二）89
李怀肃妻李氏墓志	（一）244	李君妻王氏墓志	（二）13
李晦碑	（一）224	李君妻王氏墓志	（二）37
李济墓志	（二）21	李君妻杨十戒墓志	（一）155
李勋碑	（一）208	李君妻庾氏墓志	（二）30
李勋墓志	（一）195	李君妻赵氏墓志	（二）66
李勋妻墓志盖	（一）178	李君谊墓志	（二）58
李稷墓志	（二）30	李君政妻阳长先墓志	（二）88
李简妻暴氏墓志	（二）55	李恪墓志	（一）164
李今楹墓志	（四）55	李兰亭夫妇合葬墓碑	（三）174
李僅墓志	（一）332	李立言墓志	（一）148
李谨行墓志	（一）220	李丽质碑	（一）154
李谨斋墓志	（三）152	李丽质墓志	（一）154
李进打石香炉碑	（二）246	李联芳政绩碑	（二）326
李经墓志	（二）32	李良材暨妻马氏合葬墓志	（四）186
李景春书千字文	（三）51	李良金墓志	（一）322
李景训墓志	（三）54	李良墓志	（二）23
李敬碑	（一）184	李良有暨妻侯氏墓碑	（四）15
李敬实墓志	（二）59	李麟趾圹志	（四）169
李靖碑	（一）173	李凌阁墓志	（四）137
李炯然题汉太史司马迁祠碑诗	（二）204	李令崇墓志	（二）83
李榘兰墓志	（一）25	李隆宝纪念碑	（四）225
李君表	（一）4	李论女墓志	（一）322
李君墓表	（四）40	李满藏墓志	（一）222
李君墓志	（三）215	李茂妻王洪墓志	（一）150

李瑁第六女墓志　　　　　　（一）315
李孟常碑　　　　　　　　　（一）188
李愍碑　　　　　　　　　　（一）160
李母刘氏墓志盖　　　　　　（四）139
李讷墓志　　　　　　　　　（一）276
李念祖功德碑　　　　　　　（四）　4
李攀蟾暨妻姚氏合葬墓志　　（三）18
李普暨妻□氏墓志　　　　　（一）197
李启兰神道碑　　　　　　　（四）108
李启诏暨妻花氏合葬墓志　　（四）　2
李㧑墓志　　　　　　　　　（一）205
李谦暨妻合葬墓志　　　　　（三）143
李虔墓志　　　　　　　　　（二）57
李钦暨妻张氏墓志　　　　　（一）108
李珚妻金氏墓志　　　　　　（二）64
李仁宝墓志　　　　　　　　（二）108
李日荣墓志　　　　　　　　（二）　6
李荣妻常氏墓志　　　　　　（二）38
李溶墓志　　　　　　　　　（二）38
李蕤墓志　　　　　　　　　（一）17
李瑞臣德教碑　　　　　　　（四）16
李山宝墓志　　　　　　　　（一）349
李珊暨妻刘氏合葬墓志　　　（二）283
李善墓碑　　　　　　　　　（二）214
李善容墓志　　　　　　　　（四）136
李善长暨妻刘氏合葬墓志　　（三）263
李赡墓志　　　　　　　　　（二）20
李赡妻萧氏墓志　　　　　　（二）10
李绍墓志　　　　　　　　　（一）152
李审规重迁墓志　　　　　　（二）75
李昚交墓志　　　　　　　　（一）277
李慎妻陆氏碑　　　　　　　（一）187
李升庵妻郝氏墓志　　　　　（三）310
李晟神道碑　　　　　　　　（二）26
李石麾志铭　　　　　　　　（四）118
李时馨等十六人题名碑　　　（三）25
李使君碑　　　　　　　　　（一）144
李氏哭夫词有引　　　　　　（三）23
李氏墓碑　　　　　　　　　（四）216
李氏墓志　　　　　　　　　（二）28
李氏墓志　　　　　　　　　（二）29
李氏墓志　　　　　　　　　（二）58
李氏墓志　　　　　　　　　（二）78
李氏墓志　　　　　　　　　（二）139
李氏墓志　　　　　　　　　（二）196
李氏墓志　　　　　　　　　（三）39
李氏墓志　　　　　　　　　（三）277
李氏墓志　　　　　　　　　（三）282
李氏墓志盖　　　　　　　　（二）86
李氏墓志盖　　　　　　　　（二）90
李氏墓志盖　　　　　　　　（二）91
李氏墓志盖　　　　　　　　（二）93
李氏墓志盖　　　　　　　　（二）95
李寿墓志　　　　　　　　　（一）147
李叔夏墓志　　　　　　　　（二）33
李淑碑　　　　　　　　　　（一）176
李术墓志　　　　　　　　　（二）12
李澍懿行碑　　　　　　　　（四）115
李爽墓志　　　　　　　　　（一）190
李思摩墓志　　　　　　　　（一）157
李思摩妻统毗伽可贺敦延陁墓志　（一）158
李思训神道碑　　　　　　　（一）260
李思元墓志　　　　　　　　（一）298
李思贞墓志　　　　　　　　（一）242
李嗣庄墓志　　　　　　　　（一）262
李璲墓志　　　　　　　　　（一）301
李昙信兄弟等造像碑　　　　（一）80
李天长墓志　　　　　　　　（三）174
李庭家墓志　　　　　　　　（一）280
李侹墓志　　　　　　　　　（二）79

李挺墓志 (一) 66
李挺妻刘幼妃墓志 (一) 65
李挺妻元季聪墓志 (一) 66
李通进墓志 (一)341
李推贤墓志 (二) 77
李婉顺墓志 (一)178
李琬第八女墓志 (一)305
李万端墓志 (一)175
李微墓志 (一)282
李文都墓志 (一)120
李文敏祖母李氏墓志 (四) 93
李文益墓志 (二) 52
李汶墓志 (二) 78
李�暨妻齐氏墓志 (一)208
李锡类暨妻张氏墓碑 (四) 52
李锡类墓碑 (四)150
李仙蕙墓志 (一)245
李贤墓志 (一)244
李贤墓志 (一)253
李贤妻郑氏墓志 (二) 23
李岘妻独孤峻墓志 (一)311
李相妻司马和墓志 (一)319
李兴仁墓志 (四) 25
李秀琮墓志 (一)340
李秀芳墓表 (三)315
李秀炎墓志 (二) 11
李虚中墓志 (二) 11
李玄德墓志 (一)312
李玄济墓志 (一)166
李雪木祠堂碑 (四)212
李雪木祠义学碑 (四)107
李繡墓志 (二) 7
李训妻王氏墓志 (一)311
李延光墓志 (一)261
李琰第五女墓志 (一)308

李雁行暨妻赵氏墓碑 (四)153
李烨然识云麾将军碑帖 (三) 36
李仪墓碑 (四)139
李夷简家庙碑 (二) 18
李乂庵神道碑 (三)313
李裔墓志 (二) 80
李荫春暨妻冯氏合葬墓志 (三)230
李英墓碑 (三)226
李英墓志 (二)225
李盈墓志 (一)319
李应禧墓志 (二)276
李应玄墓志 (二) 24
李应众等四代合葬墓碑 (三)213
李映墓志 (二) 55
李渝妻王氏墓志 (一)348
李雨田墓表 (四)230
李玉堂暨妻王氏神道碑 (四)176
李元玢墓志 (二) 46
李元昌墓志 (一)154
李元方妻长乐县君墓志 (一)153
李元光墓志 (一)339
李元礼妻罗观照墓志 (一)212
李元谅碑 (一)335
李元龙墓志 (三)307
李元则墓志 (一)293
李云樵墓志 (四)136
李允恭墓志 (三)223
李赞翁暨妻孙氏合葬墓志 (四)122
李则政墓志 (一)236
李章题草堂逍遥寺碑 (二)131
李贞碑 (一)260
李贞墓志 (一)259
李贞墓志 (一)292
李真墓志 (二)309
李真人成道记碑 (二)177

李震墓志　　　　　　　　　　　　（一）185

李震墓志　　　　　　　　　　　　（一）325

李震妻王氏墓志　　　　　　　　　（一）218

李整墓志　　　　　　　　　　　　（一）174

李正暨妻史氏合葬墓志　　　　　　（二）281

李政墓志　　　　　　　　　　　　（一）175

李知本墓志　　　　　　　　　　　（一）171

李志览墓志　　　　　　　　　　　（一）237

李秩云买地碑　　　　　　　　　　（三）320

李智妻高氏节孝碑　　　　　　　　（四）112

李智员墓志　　　　　　　　　　　（一）165

李忠义墓志　　　　　　　　　　　（一）304

李仲甫暨妻崔氏田氏墓志　　　　　（二）75

李周李邵杨致祥种古弟诊联双桧碑　（二）129

李竹村墓碑　　　　　　　　　　　（四）140

李著墓志　　　　　　　　　　　　（一）286

李子庸墓志　　　　　　　　　　　（二）338

李宗福墓表　　　　　　　　　　　（四）143

李宗师墓志　　　　　　　　　　　（二）132

李□□题诗　　　　　　　　　　　（二）168

李□倩墓志　　　　　　　　　　　（一）343

力挽狂澜　　　　　　　　　　　　（四）166

历代名医神碑　　　　　　　　　　（二）253

历代名医图碑　　　　　　　　　　（二）187

立请住持大悲寺碑记　　　　　　　（三）115

立社卖山文约碑　　　　　　　　　（三）223

立施水田山地文契　　　　　　　　（四）58

立铁旗杆志　　　　　　　　　　　（三）194

吏部札付碑　　　　　　　　　　　（二）235

吏隐堂题记　　　　　　　　　　　（二）139

例授贡生荣庭张公神道碑　　　　　（四）183

荔非伏猥等千佛造像碑　　　　　　（一）61

荔非屈利等造像碑　　　　　　　　（一）61

栗况墓志　　　　　　　　　　　　（一）335

lian

莲峰真逸绝句二首　　　　　　　　（二）151

联保甲以弭盗贼　　　　　　　　　（三）284

濂溪先生近思录摘要　　　　　　　（三）85

liang

良石村关帝庙碑（甲）　　　　　　（三）49

良石村关帝庙碑（乙）　　　　　　（三）49

梁才墓志　　　　　　　　　　　　（一）238

梁琮墓志　　　　　　　　　　　　（一）253

梁道贵四面四门塔造像碑　　　　　（一）122

梁国璧暨妻任氏合葬墓志　　　　　（三）234

梁化凤暨妻张氏合葬墓志盖　　　　（三）92

梁捷三墓志　　　　　　　　　　　（四）127

梁璟题诗碑　　　　　　　　　　　（二）205

梁君墓志盖　　　　　　　　　　　（二）89

梁匡仁神道碑　　　　　　　　　　（二）47

梁禄墓志　　　　　　　　　　　　（二）254

梁明达墓志　　　　　　　　　　　（一）144

梁仁裕碑额　　　　　　　　　　　（二）105

梁升卿墓志　　　　　　　　　　　（一）333

梁师亮墓志　　　　　　　　　　　（一）234

梁氏墓表　　　　　　　　　　　　（三）292

梁氏茔墓记　　　　　　　　　　　（三）239

梁式墓志　　　　　　　　　　　　（一）264

梁守谦功德碑　　　　　　　　　　（二）20

梁守一买地券　　　　　　　　　　（二）193

梁嗣鼎墓志　　　　　　　　　　　（一）91

梁坦墓志　　　　　　　　　　　　（一）98

梁天保墓碑　　　　　　　　　　　（四）8

梁星源神道碑　　　　　　　　　　（四）5

梁兴都墓志　　　　　　　　　　　（一）177

梁一亮任职公文碑　　　　　　　　（三）111

梁邕墓志　　　　　　　　　　　　（一）98

梁元翰墓志　　　　　　　　　　　（二）42

梁忠奏章碑　　　　　　　　（二）339
梁舟题诗　　　　　　　　　（二）168
两堡水利碑　　　　　　　　（四）144

liao

辽东太守墓葬纪年刻石　　　（一）　1
了然子同尊师冠履墓志　　　（二）160
廖琡墓志　　　　　　　　　（二）213
廖游卿墓志　　　　　　　　（二）29

lie

列屏云塞　　　　　　　　　（三）123
烈士纪念碑　　　　　　　　（四）202

lin

林伯渠为谢子长陵题词碑　　（四）220
林具瞻墓志　　　　　　　　（二）301
林延龄题联　　　　　　　　（四）146
林则徐题杨太真墓诗碣　　　（三）253
临池臆说　　　　　　　　　（三）234
临定武兰亭序　　　　　　　（三）164
临济宗派碑　　　　　　　　（二）262
临潼王氏北迁表　　　　　　（四）218
临颜真卿与郭仆射书　　　　（三）153
霖大师功德碑　　　　　　　（二）187
霖雨苍生　　　　　　　　　（四）69
麟游县改建庙学记碑　　　　（二）221
蔺备如夫妇墓碑　　　　　　（三）256
蔺国桢夫妇墓碑　　　　　　（四）24
蔺良珍墓志　　　　　　　　（三）274
蔺天开墓碑　　　　　　　　（三）165
蔺元亮墓志　　　　　　　　（一）301

ling

灵感观音殿碑　　　　　　　（二）210

灵湫广济　　　　　　　　　（三）237
灵仙崖记　　　　　　　　　（四）116
灵崖胜景　　　　　　　　　（二）170
灵崖叙别记摩崖刻石　　　　（二）156
灵岩　　　　　　　　　　　（二）169
灵岩创修神祠记　　　　　　（三）32
灵岩滴翠　　　　　　　　　（四）185
灵岩寺常输地界碑　　　　　（三）153
灵岩寺地界碑　　　　　　　（三）215
灵岩寺记事碑　　　　　　　（三）171
灵岩寺江钱宪副会饮碑　　　（二）246
灵岩寺捐资纪事碑　　　　　（三）110
灵岩寺摩崖　　　　　　　　（四）236
灵岩寺任霈枝残碑　　　　　（四）161
灵岩寺题记碑　　　　　　　（四）227
灵岩寺药水洞摩崖　　　　　（二）254
灵岩寺游记碑　　　　　　　（四）118
灵岩寺游记碑　　　　　　　（四）236
灵异记　　　　　　　　　　（三）45
灵应寺石联　　　　　　　　（四）226
灵佑记　　　　　　　　　　（二）330
灵芝亭记　　　　　　　　　（二）214
凌树棠题联　　　　　　　　（四）232

liu

刘阿素墓志　　　　　　　　（一）29
刘宝暨妻王氏墓志　　　　　（一）119
刘宝善题字碑　　　　　　　（四）158
刘保墓志　　　　　　　　　（一）252
刘本聪墓碑　　　　　　　　（四）61
刘超妻张氏墓志　　　　　　（二）10
刘成宇暨妻郭氏王氏合葬墓志　（三）120
刘初墓志　　　　　　　　　（一）220
刘厨子辩　　　　　　　　　（三）195
刘大鲲暨妻史氏杨氏赵氏合葬墓志　（三）255

刘大勋暨妻王氏合葬墓志　（三）230
刘大银墓碑　（四）44
刘德墓志　（一）126
刘德章女墓志　（二）77
刘东周妻徐氏墓志　（二）315
刘多墓志　（一）114
刘伐等二十八人造像碑　（一）110
刘扶买地券　（二）328
刘府君墓志　（一）261
刘镐澄墓志　（一）328
刘公墓碑　（四）145
刘拱题记　（二）169
刘古愚墓志　（四）87
刘贵暨妻张氏墓志　（一）178
刘海戏蟾画碑　（四）48
刘汉儒题诗　（三）50
刘瀚墓志　（二）248
刘合仑衣钵塔铭　（三）246
刘厚基游雄山寺题诗　（四）42
刘华墓志　（一）193
刘基昌妻王氏墓志　（三）134
刘嘉庆墓志　（一）276
刘鉴墓志　（二）216
刘鉴妻李氏墓志　（二）221
刘敬瑭墓志　（二）107
刘聚墓志　（二）207
刘君墓志盖　（二）92
刘君墓志盖　（三）37
刘君妻李氏墓志　（二）84
刘君妻骆氏墓志　（二）4
刘君妻马氏墓志　（二）43
刘君妻宋氏墓志　（二）12
刘君妻张氏墓志　（一）164
刘君之墓志盖　（二）91
刘潘墓志　（一）278

刘可信暨妻王氏合葬墓志　（三）223
刘宽墓志　（二）83
刘洛仁造像碑　（一）191
刘马旗地界碑　（二）304
刘满墓志　（一）225
刘孟坚墓志　（二）118
刘沔碑　（二）100
刘敏英墓志　（四）136
刘母韩孺人墓表　（四）180
刘母韩氏墓志　（二）230
刘母何氏墓碑　（四）88
刘母李氏之墓　（四）15
刘母李太君八十有三寿序　（四）198
刘男俗造像碑　（一）84
刘娘子墓志　（一）155
刘齐生墓志　（三）95
刘奇秀墓志　（一）342
刘卿墓碑　（三）2
刘全淑墓　（二）131
刘诠修紫台题记　（二）152
刘让墓志　（二）62
刘荣墓碑　（四）106
刘儒墓志　（二）248
刘尚神道碑　（二）175
刘绍暨妻郭氏墓志　（一）111
刘诜墓志　（二）123
刘神墓志　（一）223
刘升朝墓志　（一）341
刘生辉妻王氏节孝碑　（四）229
刘生云夫妇神道碑　（四）130
刘师仁等造像碑　（一）200
刘始造像残碑　（一）63
刘士环墓志　（二）39
刘士准墓志　（二）48
刘氏家族墓碑　（三）254

刘氏墓记 （二）27 刘应寿暨妻黄氏墓碑 （四）13

刘氏墓志 （二）52 刘墉书帖 （三）282

刘氏墓志 （二）83 刘友德夫妇合葬墓志 （三）153

刘氏墓志 （二）313 刘雨亭墓志 （四）169

刘氏墓志 （四）73 刘璃暨妻韩氏孙氏合葬墓志 （二）252

刘氏墓志盖 （二）87 刘元爽墓志 （二）93

刘氏墓志盖 （二）93 刘云祥妻递氏节苦碑 （四）154

刘氏造像碑 （一）15 刘泽墓塔铭 （三）69

刘氏贞节坊 （三）324 刘长谱暨妻汪氏墓碑 （四）157

刘世荣墓志 （一）112 刘至善碑 （四）196

刘世通妻王氏墓志 （一）161 刘智暨妻孙氏墓志 （一）293

刘世熙圹记 （四）199 刘子达造像碑 （一）113

刘适如暨妻高氏墓表 （四）128 刘子厚墓志 （三）291

刘松诗碑 （二）284 刘子占墓志 （一）183

刘天援行状碑 （四）148 刘宗道买地券 （二）150

刘惟正墓志 （一）267 刘宗墓志 （二）133

刘维隆暨妻张氏合葬墓志 （三）153 刘足民墓表 （四）178

刘维懋暨妻许氏高氏合葬墓志 （三）211 留坝营游府安民告示碑 （四）103

刘玺圹记 （三）311 留凤关记 （四）139

刘细利造像碑 （一）177 留侯祠题诗碑 （四）94

刘侠墓志 （一）103 留侯庙常住地界碑记 （三）243

刘先三墓志 （四）109 留侯庙接管沔邑武侯祠墓碑 （四）30

刘先三懿行碑 （四）109 留题乾初洞诗 （二）121

刘相墓志 （一）164 留题太阳山圣灯龛诗 （二）121

刘祥综墓碑 （四）97 留题玉华宫 （二）136

刘孝节墓志 （一）186 流沙蓬岛 （四）212

刘延溪墓志 （三）27 流觞池 （二）324

刘堰母墓志 （三）16 柳明逸墓志 （一）234

刘养衷暨妻朱氏合葬墓志 （三）14 柳树坪新建义学碑 （四）53

刘耀廷墓志 （四）64 柳彦妻李令晖墓志 （一）252

刘以正墓志 （二）287 柳昱墓志 （一）348

刘溢墓志 （二）7 柳昱妻宜都公主墓志 （一）348

刘翼模墓志 （三）274 六品宫人墓志 （一）141

刘渼涮墓志 （二）39 六社布施碑 （三）281

刘应道墓志 （一）213 六艺折中 （三）205

long

龙洞记　　　　　　　　　　　　　　（二）142

龙洞渠铁眼斗用水告示碑　　　　　　（三）233

龙门洞布施碑　　　　　　　　　　　（三）106

龙门洞常住碑记　　　　　　　　　　（三）96

龙门洞常住地亩碑记　　　　　　　　（三）80

龙门洞朝山建醮碑　　　　　　　　　（三）85

龙门洞朝山建醮碑记　　　　　　　　（三）98

龙门洞朝山进香碑　　　　　　　　　（三）267

龙门洞地亩碑记　　　　　　　　　　（三）76

龙门洞诗碑　　　　　　　　　　　　（三）76

龙门会课别记　　　　　　　　　　　（三）107

龙蟠虎踞　　　　　　　　　　　　　（二）293

龙泉寺普济禅院碑　　　　　　　　　（二）115

龙首坝碑　　　　　　　　　　　　　（四）193

龙首纹碑　　　　　　　　　　　　　（四）142

龙台观建修碑　　　　　　　　　　　（二）327

龙田夫妇合葬墓碑　　　　　　　　　（三）27

龙王庙碑　　　　　　　　　　　　　（四）101

龙王庙秘方碑　　　　　　　　　　　（四）176

龙兴寺碑记　　　　　　　　　　　　（三）5

龙兴寺记碑　　　　　　　　　　　　（二）258

龙兴寺舍粮碑记　　　　　　　　　　（三）122

龙兴寺修殿塑神像碑　　　　　　　　（四）138

龙兴寺重修法幢　　　　　　　　　　（四）23

龙阳观玉真清妙真人本行记　　　　　（二）161

隆阐法师碑　　　　　　　　　　　　（一）294

隆庆四年祭黄帝陵碑　　　　　　　　（二）283

隆氏圹记　　　　　　　　　　　　　（三）239

隆兴寺碑　　　　　　　　　　　　　（三）27

隆兴寺碑记　　　　　　　　　　　　（二）112

陇州儒学科第题名记　　　　　　　　（二）207

陇州增修学宫碑　　　　　　　　　　（二）322

lou

娄公献殿碑　　　　　　　　　　　　（二）289

娄敬修道处碑　　　　　　　　　　　（二）327

楼观大宗圣宫重修说经台记　　　　　（二）179

楼观改名顺天兴国观牒刻石　　　　　（二）119

楼观题诗碑　　　　　　　　　　　　（四）125

楼观先师传碑　　　　　　　　　　　（二）174

楼山庙记　　　　　　　　　　　　　（四）97

漏泽园砖铭　　　　　　　　　　　　（二）135

漏泽园砖铭　　　　　　　　　　　　（二）136

漏泽园砖铭　　　　　　　　　　　　（二）136

lu

卢岑改葬墓志　　　　　　　　　　　（二）35

卢俚第三女十七娘墓志　　　　　　　（一）339

卢弘本墓志　　　　　　　　　　　　（二）56

卢涣摩崖造像记　　　　　　　　　　（一）265

卢满墓志　　　　　　　　　　　　　（一）288

卢启发暨妻朱氏墓碑　　　　　　　　（四）58

卢士隆墓志　　　　　　　　　　　　（二）123

卢文机墓志　　　　　　　　　　　　（一）116

卢询书翰　　　　　　　　　　　　　（三）191

卢谊兄弟造像碑　　　　　　　　　　（一）108

卢之翰墓志　　　　　　　　　　　　（一）341

卢之翰妻韦氏墓志　　　　　　　　　（一）297

鲁慈墓志　　　　　　　　　　　　　（一）183

鲁君妻裴氏墓志　　　　　　　　　　（一）316

鲁谦墓志　　　　　　　　　　　　　（二）56

鲁卿墓志　　　　　　　　　　　　　（二）334

鲁儒道教造像碑　　　　　　　　　　（二）142

鲁司寇孔子像碑　　　　　　　　　　（二）273

甪里先生隐处　　　　　　　　　　　（三）129

陆昂题记碑　　　　　　　　　　　　（四）227

陆公德政碑　　　　　　　　　　　　（四）32

陆贾墓碑　　　　　　　　　　　　　（三）158

陆军医院建筑记事　　　　　　　　　（四）195

陆陇其书对联　　　　　　　　　　　（三）311

陆邑墓志　　　　　　　　　　　　　（一）329

陆贞惠墓志　　　　　　　　　（一）200
陆振墓志　　　　　　　　　　（一）308
陆众妻杨氏墓志　　　　　　　（一）325
录开化集诗碑　　　　　　　　（四）201
录写禁条旧文规式　　　　　　（四）117
路车墓志　　　　　　　　　　（二）307
路从广暨妻杨氏合葬墓志　　　（三）19
路德墓志　　　　　　　　　　（四）126
路谋至暨妻孔氏碑　　　　　　（四）71
路母杨氏合葬墓志　　　　　　（二）325
路全交墓志　　　　　　　　　（二）53
路氏墓志　　　　　　　　　　（四）117
路世光暨妻杨氏雷氏董氏合葬墓志（三）99
路小舫暨妻萧氏合葬墓志　　　（四）126
路云达暨妻田氏赵氏合葬墓志　（二）288
路致祥墓碑　　　　　　　　　（四）86
路致祥寿藏表　　　　　　　　（四）64
潞树生墓志　　　　　　　　　（一）287
鹭涛凤彩　　　　　　　　　　（三）51

luo

罗德新题联　　　　　　　　　（四）208
罗汉寺全图碑　　　　　　　　（二）278
罗怀玉道号记碑　　　　　　　（二）185
罗寄墓志　　　　　　　　　　（二）94
罗人琮书东岳庙碑　　　　　　（三）33
罗山寺村柏树建墩记　　　　　（三）47
罗士则墓志　　　　　　　　　（二）45
罗氏买地券　　　　　　　　　（四）232
罗秀书游石门题诗碑　　　　　（四）35
罗阳郡君朱氏墓志　　　　　　（二）242
罗再昌买地券　　　　　　　　（二）146
罗振世暨妻孙氏墓碑　　　　　（四）101
罗直温墓志　　　　　　　　　（二）143
洛南县革除杂差碑　　　　　　（三）297
洛神赋　　　　　　　　　　　（四）39

骆玄运墓志　　　　　　　　　（一）234

lü

闾佰陇造像残碑　　　　　　　（一）94
闾伯昇暨妻元仲英墓志　　　　（一）64
闾君妻段氏德铭　　　　　　　（二）9
闾丘资深等题记　　　　　　　（二）154
闾守元墓志　　　　　　　　　（一）321
闾知诚墓志　　　　　　　　　（二）57
吕崇一墓志　　　　　　　　　（一）342
吕纯阳狂草　　　　　　　　　（二）85
吕大器碑　　　　　　　　　　（二）168
吕大器题记　　　　　　　　　（二）168
吕道仁妻王凝华墓志　　　　　（一）156
吕伏光墓志　　　　　　　　　（一）267
吕胡暨妻李氏墓志　　　　　　（一）123
吕君墓志　　　　　　　　　　（二）84
吕氏墓志盖　　　　　　　　　（二）88
吕思礼墓志　　　　　　　　　（一）108
吕思颜造像碑　　　　　　　　（一）86
吕松年题联　　　　　　　　　（四）24
吕他墓表　　　　　　　　　　（一）11
吕昙墓志　　　　　　　　　　（一）121
吕文达暨妻边氏墓志　　　　　（一）193
吕遥墓志　　　　　　　　　　（一）333
吕允升暨妻陈氏杨氏薛氏合葬墓志（三）24
吕宅权召村重修圣母关帝庙碑　（三）266
吕志本墓志　　　　　　　　　（一）229

lue

略阳县公议嘉陵江航运章程碑　（三）322
略阳县医院陈时雨等摩崖题刻　（四）177

M

ma

麻邦宁寄题九成宫诗碑　　　　（二）155

麻元泰妻梁氏墓志　　　　　　（一）332

马伯仁暨妻宋氏墓志　　　　　（一）147

马畅镇捐资碑　　　　　　　　（四）65

马称心墓志　　　　　　　　　（一）131

马诚懿行碑　　　　　　　　　（四）103

马骢墓志　　　　　　　　　　（二）242

马大使墓志　　　　　　　　　（二）19

马道德墓志　　　　　　　　　（一）223

马端墓志　　　　　　　　　　（二）124

马幹墓志　　　　　　　　　　（一）345

马广滩地碑记　　　　　　　　（四）103

马汉双暨妻李氏郭氏合葬墓志　（四）144

马浩墓志　　　　　　　　　　（一）341

马景魁墓志　　　　　　　　　（二）217

马君墓志盖　　　　　　　　　（二）88

马考颜墓志　　　　　　　　　（二）12

马理游洪堰诗碑　　　　　　　（二）246

马璘碑　　　　　　　　　　　（一）328

马倩墓志　　　　　　　　　　（二）11

马荣茂墓志　　　　　　　　　（一）83

马如龙墓志　　　　　　　　　（三）83

马汝龙暨妻杨氏墓志　　　　　（二）332

马少敏墓志　　　　　　　　　（一）118

马少敏妻张妃墓志　　　　　　（一）149

马氏张氏墓碑　　　　　　　　（四）102

马氏祖宗祭祀碑　　　　　　　（四）239

马世英墓碑　　　　　　　　　（四）199

马守清懿行碑　　　　　　　　（四）176

马天应妻刘氏贞节碑　　　　　（三）296

马万斌墓志　　　　　　　　　（四）60

马嵬怀古二首　　　　　　　　（三）166

马嵬怀古十二首诗碑　　　　　（三）317

马嵬坡八首　　　　　　　　　（四）46

马文炳德教碑　　　　　　　　（四）183

马文静墓志　　　　　　　　　（一）279

马文礼郑儒人墓碑　　　　　　（四）77

马孝妇墓碑　　　　　　　　　（四）137

马馨等十六人题名碑　　　　　（三）191

马岫旭暨妻李氏合葬墓志　　　（三）40

马英粲墓志　　　　　　　　　（二）8

马元场墓志　　　　　　　　　（一）313

马援墓碑　　　　　　　　　　（三）144

马援墓碑　　　　　　　　　　（三）157

马稑夫人张姜墓志　　　　　　（一）119

马稑墓志　　　　　　　　　　（一）113

马众庶造像碑　　　　　　　　（一）85

马周碑　　　　　　　　　　　（一）200

马自强墓志　　　　　　　　　（二）292

mai

买山义行记　　　　　　　　　（四）17

卖地碣　　　　　　　　　　　（三）229

man

满文残碑　　　　　　　　　　（三）99

漫泉水利章程碑　　　　　　　（四）64

mao

毛伯良妻杨氏墓志　　　　　　（二）6

毛侯造像　　　　　　　　　　（一）99

毛明胜造像碑　　　　　　　　（一）86

毛汶墓志　　　　　　　　　　（二）107

毛泽东为谢子长题词碑　　　　（四）197

mei

梅花堂碑　　　　　　　　　　（二）200

梅兰竹菊画碑　　　　　　　　（四）139

梅图碑　　　　　　　　　　　（四）130

梅雪轩书晦翁不自弃文碑　　　（二）322

梅泽说之诗碑　　　　　　　　（二）133

美原神泉诗序　　　　　　　　（一）222

渼陂空翠堂记　　　　　　　　（二）279

men

沔阳宫捐资碑	(四)153

meng

蒙汉文合刻令旨碑	(二)173
蒙君墓碑	(三)244
蒙恬墓碑	(三)128
蒙学谦墓志	(三)186
盟心处	(四)178
孟宾墓志	(一)310
孟姜女哭泉祠碑	(二)217
孟氏圹志	(二)255
孟显达碑	(一)114
孟孝立墓志	(一)273
孟孝敏妻刘氏墓志	(一)127
孟秀荣墓志	(二) 50
孟玉泉夫妇合葬墓志	(二)302
孟玉塔铭	(一)249
孟子	(三) 53
孟子序	(三) 54
孟宗翁暨妻张氏合葬墓志	(四)123

mi

弥家川关帝庙碑	(三)218
弥姐后德合邑卅人等造像碑	(一)102
弥姐亮墓志	(一)315
弥姐显明造像碑	(一) 97
弥直斋墓志	(三)170
米芾"第一山"刻石	(二)170
米芾四屏碑	(二)171
米继芬墓志	(二) 1
米景章先生传	(三)206
米宗芾暨妻张氏合葬墓志	(三)188

mian

沔县正堂严禁侵吞庙产碑	(四) 32

沔邑士庶捐赀积会春秋祭赛序	(三)249

miao

苗蕃墓志	(二) 3
苗君妻张氏玄堂志	(二) 39
苗宁墓志	(一)279
苗清墓志	(二)138
妙得庵香灯赡养碑记	(三)151
妙法莲华经观世音菩萨普门品	(四)132
庙学重修记碑	(二)199
庙子垭公议乡规碑	(四) 44

min

民国得道八路军故医官之墓	(四)223
民国略阳知事题记	(四)227
民族英雄	(四)205

ming

名山仙境	(四)221
明崇祯八年求雨告天表	(三) 18
明道书院碑记	(三)150
明道书院捐补膏火碑记	(三)257
明德受记碑	(三) 25
明豆子蚌崩砖刻	(三) 32
明高士小塘东郡暨配王氏合葬墓志盖	(三) 34
明觉石幢	(一)334
明科第题名碑	(二)251
明伦堂工竣碑	(三) 96
明闰秋墓碑	(四)112
明舍水之人多积福砖刻	(三) 33
明石马槽题记	(三) 39
明四月初八佛会砖刻	(三) 33
明塔上缺米面砖刻	(三) 32
明天启元年祭汉阳陵碑	(三) 2
明天启元年祭周武王碑	(三) 2
明西安赡学田颂碑	(二)193

明信士李薰砖刻　　　　　　　（三）32
明云腾墓志　　　　　　　　　（一）136
命张来泰执吾老洞事公文碑　　（三）151

miu

缪庭柱题诗碑　　　　　　　　（四）237

mo

摹九成宫醴泉铭　　　　　　　（三）191
摹刻汉裴岑纪功碑等四种　　　（三）177
摹刻石门铭碑　　　　　　　　（四）203
摩诘辋川图春景碑　　　　　　（二）244
摩诘辋川图冬景碑　　　　　　（二）244
摩诘辋川图秋景碑　　　　　　（二）244
摩诘辋川图夏景碑　　　　　　（二）244
磨渠河词案碑　　　　　　　　（三）285
秣陵旅舍送会稽章生诗帖　　　（三）83
墨绣堂法帖碑　　　　　　　　（二）277
默佑全军　　　　　　　　　　（四）150

mu

牡丹记序　　　　　　　　　　（二）169
牧爱堂　　　　　　　　　　　（二）198
牧马图碑　　　　　　　　　　（四）243
牧牛图　　　　　　　　　　　（二）145
募捐碑　　　　　　　　　　　（三）215
募修紫阳炉子滩疏　　　　　　（三）277
募缘包彻白衣堂碑记　　　　　（三）82
慕容瑰墓志　　　　　　　　　（二）16
慕容曦皓墓志　　　　　　　　（一）322
暮春游牛头寺隐括　　　　　　（三）102
穆辅虞墓志　　　　　　　　　（三）162
穆辅虞妻萧氏墓志　　　　　　（三）196
穆䁝墓志　　　　　　　　　　（三）195
穆君墓志盖　　　　　　　　　（一）58
穆君妻元洛神墓志　　　　　　（一）45

穆亮墓志　　　　　　　　　　（一）16
穆亮妻尉太妃墓志　　　　　　（一）28
穆侍贤题联　　　　　　　　　（四）89
穆彦墓志　　　　　　　　　　（一）49
穆纂墓志　　　　　　　　　　（一）30

N

na

纳尔珠噶巴图鲁三德功绩碑　　（三）167
纳会信士碑　　　　　　　　　（四）63

nai

耐心培养小孩子　　　　　　　（四）208

nan

南百里坊新建后土祠记　　　　（三）63
南柄墓志　　　　　　　　　　（二）328
南蔡庄奉令免支差车碑记　　　（四）206
南城更建关帝庙记　　　　　　（三）57
南方精石　　　　　　　　　　（二）95
南甘卿墓志　　　　　　　　　（四）201
南海吴荣光题诗碑　　　　　　（三）236
南母墓志　　　　　　　　　　（二）334
南市　　　　　　　　　　　　（四）214
南文蔚墓志　　　　　　　　　（三）13
南五社恒德会重建戏台捐金碑记（三）289
南五社聚德会乡老捐资碑　　　（三）302
南岳宣义大师梦英十八体书　　（二）110
南寨村潦池占地碑　　　　　　（三）208
南郑地方惜字纸募捐疏碑　　　（四）168
南郑县八角山教案碑　　　　　（四）77

nei

内府建校碑记　　　　　　　　（四）123

ni

尼惠因墓志 　　　　　　　　（一）346
尼那提墓志 　　　　　　　　（一）129
尼真如墓志 　　　　　　　　（一）205
倪达寿墓碑 　　　　　　　　（四）170
倪端櫖暨妻刘氏墓碑 　　　　（四）213
倪加泮墓碑 　　　　　　　　（三）320
倪统墓碑 　　　　　　　　　（四）95
倪宗旰墓碑 　　　　　　　　（四）247

nie

聂登义墓碑 　　　　　　　　（四）152
聂凤岗墓碑 　　　　　　　　（四）179
聂龙灵暨妻徐氏墓碑 　　　　（四）179
聂先堂墓碑 　　　　　　　　（四）29

ning

宁国院牒 　　　　　　　　　（二）147
宁静致远 　　　　　　　　　（三）79
宁静致远 　　　　　　　　　（四）221
宁懋墓志 　　　　　　　　　（一）42
宁羌教案碑 　　　　　　　　（四）87
宁羌知州告示牌 　　　　　　（四）70
宁羌州里程碑 　　　　　　　（四）235
宁羌州知州整饬驿站告示碑 　（三）276
宁强中正桥落成志庆 　　　　（四）221
宁陕厅建黄州会馆碑 　　　　（四）38
宁陕县学务汇刊碑 　　　　　（四）182

niu

牛宝墓志 　　　　　　　　　（一）216
牛崇墓志 　　　　　　　　　（一）206
牛斗书法碑帖 　　　　　　　（三）33
牛方大墓志 　　　　　　　　（一）138
牛感墓志 　　　　　　　　　（一）217

牛耕图碑 　　　　　　　　　（三）315
牛公浦妻陈氏墓志 　　　　　（二）2
牛弘第三女牛晖墓志 　　　　（一）130
牛弘景清碑 　　　　　　　　（四）142
牛季平墓葬纪年刻石 　　　　（一）4
牛进达碑 　　　　　　　　　（一）162
牛进达墓志 　　　　　　　　（一）162
牛敬福墓志 　　　　　　　　（一）320
牛君墓志盖 　　　　　　　　（二）87
牛君墓志盖 　　　　　　　　（三）37
牛母邵氏墓志 　　　　　　　（三）19
牛山庙碑 　　　　　　　　　（三）169
牛山庙祈雨碑 　　　　　　　（三）222
牛氏墓表 　　　　　　　　　（三）205
牛首山保勇团碑记 　　　　　（三）20
牛蹄铺修路碑 　　　　　　　（三）323
牛王沟禁山碑 　　　　　　　（四）61
牛维良墓志 　　　　　　　　（三）7
牛兴墓志 　　　　　　　　　（一）252
牛遇墓志 　　　　　　　　　（一）234
牛奘墓志 　　　　　　　　　（一）268

nuan

暖泉寺地震记事碑 　　　　　（二）305

P

pan

潘笃敬暨妻瞿氏墓碑 　　　　（四）68
潘公暨妻魏氏合葬墓志 　　　（四）139
潘龟符墓志 　　　　　　　　（二）135
潘君妻阴氏墓志 　　　　　　（二）135
潘良臣暨妻棠氏合葬墓碑 　　（三）264
潘母高氏墓碑 　　　　　　　（四）48
潘母朱氏墓碑 　　　　　　　（四）49
潘容德望碑 　　　　　　　　（四）73

潘世毅墓碑　　　　　　　　　（四）48
潘一良墓碑　　　　　　　　　（三）215
磐石千秋　　　　　　　　　　（四）78

pang

庞崇简墓志　　　　　　　　　（二）71
庞家店重修佛殿碑　　　　　　（三）318
庞履冰墓志　　　　　　　　　（一）332
庞胜过司马迁墓题诗碑　　　　（二）201

pao

炮楼村墓碑　　　　　　　　　（三）263

pei

陪娄少府游灵岩同游唱和诗　　（四）118
培池记　　　　　　　　　　　（三）319
培风堂诗　　　　　　　　　　（三）101
培修汉丞相忠武乡侯祠记　　　（四）147
培养我们的新生力量　　　　　（四）207
培植守护山林告示碑　　　　　（三）307
培植学校碑记　　　　　　　　（三）90
赔碑罚酒以端习行碑　　　　　（四）86
裴复墓志　　　　　　　　　　（二）4
裴行著墓志　　　　　　　　　（二）47
裴衡墓志　　　　　　　　　　（一）342
裴瑾墓志　　　　　　　　　　（一）284
裴君墓志盖　　　　　　　　　（二）91
裴君妻元氏墓志　　　　　　　（一）344
裴起墓志　　　　　　　　　　（二）33
裴升庵暨妻郭氏墓表　　　　　（四）20
裴太墓志　　　　　　　　　　（二）48
裴闻一墓志　　　　　　　　　（一）288
裴炎妻刘氏墓志　　　　　　　（一）177
裴艺碑　　　　　　　　　　　（一）160

peng

彭国太妃王氏墓志　　　　　　（一）180

彭建明暨妻李氏墓碑　　　　　（四）41
彭进□造像碑　　　　　　　　（一）21
彭君神道碑　　　　　　　　　（二）29
彭仲翔碑　　　　　　　　　　（四）176
蓬莱胜境　　　　　　　　　　（四）182
蓬莱仙岛　　　　　　　　　　（四）36

pi

批准王氏增补祠规告示碑　　　（四）81
匹娄欢墓志　　　　　　　　　（一）87

ping

平安富贵图碑　　　　　　　　（四）67
平定青海告成太学碑　　　　　（三）108
平定朔漠告成太学碑　　　　　（三）87
平分秋色　　　　　　　　　　（四）136
平利教案告示碑　　　　　　　（四）86
平利五峰书院碑　　　　　　　（三）44
平利镇坪二县勘定界碑　　　　（四）168
平利知县颁布秋河义仓条规牌示碑（四）66
平凉府纪恩碑　　　　　　　　（三）184
平山书道德碑　　　　　　　　（四）237
平西王属官捐资碑　　　　　　（三）47
平邑科目提名记　　　　　　　（三）315
屏藩是寄　　　　　　　　　　（四）104

po

破丑氏墓志　　　　　　　　　（二）106

pu

仆仆红尘寓六骸　　　　　　　（三）190
菩萨庙告示碑　　　　　　　　（三）3
蒲城王氏祠堂碑　　　　　　　（二）187
蒲城县崇寿禅院修十二劫塔记　（三）23
蒲恒山墓碑　　　　　　　　　（四）34
蒲引年德行碑　　　　　　　　（四）43

普济群婴　　　　　　　　（三）197

普康公主墓志　　　　　　（二）66

普通塔碑　　　　　　　　（二）194

普通塔记　　　　　　　　（二）119

普照寺大殿捐资碑　　　　（三）78

普照寺大佛殿光前烈记　　（三）249

普照寺大佛殿前光前烈碑记（三）248

普照寺大佛殿前光前烈记　（三）249

普照寺大佛殿耀后世碑　　（三）248

普照寺大佛殿耀后世碑记　（三）248

普照寺大佛殿耀后世碑记　（三）248

普照寺神楼碑　　　　　　（三）169

Q

qi

七里山川助缘碑记　　　　（三）298

七里湾重修庙成书以纪事　（三）201

七品宫人墓志盖　　　　　（二）91

七品墓志盖　　　　　　　（二）103

七七抗战阵亡将士纪念碑　（四）209

七十六人等造像碑　　　　（一）70

栖禅寺新修水磨记　　　　（二）118

齐德元暨妻李氏墓碑　　　（四）72

齐德周暨妻褚氏墓碑　　　（四）37

齐盖阿真造像碑　　　　　（一）63

齐汉纬墓志　　　　　　　（三）275

齐汉佐暨妻魏氏墓志　　　（三）304

齐进和妻张氏碑　　　　　（四）30

齐母胡君捐修养素书院明经洞记（三）165

齐母庞氏墓碑　　　　　　（四）28

齐三贵家业地亩记　　　　（三）253

齐士贵暨妻薛氏墓碑　　　（四）204

祁静一传道碑　　　　　　（四）52

祁静一功德碑　　　　　　（四）52

祁日进墓志　　　　　　　（一）329

祁宪直墓志　　　　　　　（二）28

岐慈墓志　　　　　　　　（一）207

岐山县嘉奖抗回捻碑记　　（四）28

其犹龙乎　　　　　　　　（四）191

奇人奇地　　　　　　　　（四）201

祈祷有感助缘新寺记碑　　（二）196

祈应灵雨碑　　　　　　　（三）188

祈雨感应碑　　　　　　　（三）164

锜麻仁合家一百廿九人造像碑（一）30

锜氏合邑廿人等造像碑　　（一）28

乞伏宝墓志　　　　　　　（一）53

乞伏龙瓈墓志　　　　　　（一）89

启圣祠碑　　　　　　　　（三）95

起建藏经阁功德碑　　　　（二）337

弃恶从善箴言残碑　　　　（三）130

契苾君墓志　　　　　　　（二）104

契苾李中郎墓志　　　　　（一）296

契苾明碑　　　　　　　　（一）254

憩龙泉摩崖题刻　　　　　（二）238

qian

千佛造像碑（甲）　　　　（一）77

千佛造像碑（乙）　　　　（一）78

千刚字刻石　　　　　　　（二）89

千工堰碑　　　　　　　　（三）70

千金宝要碑　　　　　　　（二）286

千手千眼佛祖买地碑记　　（三）284

千字箴　　　　　　　　　（三）98

迁建石婆庙碑记　　　　　（三）244

扬先茔记　　　　　　　　（二）115

骞君妻郑氏墓志　　　　　（一）299

骞如珪墓志　　　　　　　（一）277

骞绍业墓志　　　　　　　（一）239

骞氏长门牛首山南元岭坡祖坟碑记（三）230

骞思泰墓志　　　　　　　（一）262

骞思玄墓志　　　　　　　（一）277

骞思愸墓志 （一）251

谦卦碑 （三）292

前代进士举人题名碑 （二）269

前坊州太守盛公玉华宫题记 （二）130

前后出师表跋 （四）49

前清例赠孺人李母张慈君之神道碑 （四）218

钱乌娘墓志 （二）79

钳耳保炽造像碑 （一）106

乾隆二年祭黄帝陵碑 （三）119

乾隆二年祭周陵碑 （三）120

乾隆二十年祭黄帝陵碑 （三）137

乾隆二十年祭周陵碑 （三）138

乾隆二十七年祭华山碑 （三）143

乾隆二十五年祭华山碑 （三）141

乾隆二十五年祭黄帝陵碑 （三）141

乾隆二十五年祭周陵碑 （三）141

乾隆三十七年祭黄帝陵碑 （三）151

乾隆三十七年祭周陵碑 （三）152

乾隆圣旨碑 （三）192

乾隆十七年祭黄帝陵碑 （三）134

乾隆十七年祭周陵碑 （三）134

乾隆十七年致祭西岳庙碑 （三）134

乾隆十三年祭华山碑 （三）129

乾隆十四年祭黄帝陵碑 （三）130

乾隆四十五年祭黄帝陵碑 （三）166

乾隆四十五年祭周陵碑 （三）167

乾隆四十一年祭黄帝陵碑 （三）158

乾隆四十一年祭周陵碑 （三）162

乾隆太白庙御诗碑 （三）164

乾隆五十年祭华山碑 （三）175

乾隆五十年祭周陵碑 （三）175

乾隆元年祭周陵碑 （三）119

乾明寺记碑 （二）150

乾县唐陀罗尼经幢(丙) （二）100

乾县唐陀罗尼经幢(甲) （二）100

乾县唐陀罗尼经幢(乙) （二）100

乾县西南区孔教分会碑记 （四）165

乾县中山公园落成记 （四）179

qiang

强大忠墓志 （三）111

强君墓志 （三）22

强克捷碑 （三）225

qiao

乔进璠游灵岩寺诗碑 （二）331

乔云峰暨妻徐氏合葬墓志 （四）227

乔蕴辉题诗 （三）317

桥华山人书碑 （三）209

桥陵圣境 （四）190

桥山龙驭碑 （二）248

桥绍墓志 （一）100

qin

钦赐八品寿官□山公碑 （四）110

亲民学校纪念碑 （四）214

秦朝俭墓志 （二）14

秦承恩墓志 （二）3

秦琮墓志 （一）229

秦公妻刘氏墓志 （一）265

秦公妻孟氏墓志 （一）337

秦洪墓志 （一）38

秦惠王继妃稥兰圹志 （二）215

秦继周暨妻申氏合葬墓表 （二）278

秦聚奎题咏碑 （二）324

秦君夫妇墓碑 （三）264

秦君妻李氏墓志 （二）6

秦君妻杨氏墓志 （二）4

秦岭标志碑 （四）207

秦孺人墓碑 （三）317

秦僧寿造像碑 （一）67

秦希忠暨妻刘氏合葬墓志 （二）338
秦域村八社重修诸神庙序 （四）31
秦贞墓志 （一）163
秦中桥妻李氏墓志 （二）319
秦中杂咏十首 （三）125
秦自省墓志 （二）299
琴鹤主人摩崖题记 （二）225
琴吟自叙 （一）6
禽昌伯妻宇文氏墓志 （一）116
沁园春·渡渭 （二）252

qing

青莲入朝图碑 （四）134
青门帖 （三）67
青苗冰雹会碑记 （四）83
青山好碑 （二）301
青山寺文约碑 （四）56
青石崖重修碑记 （四）180
青霄山圣母宫石碑 （三）312
青源县主镇墓石 （二）97
清川记碑 （四）138
清川修泉记 （四）80
清风来故人 （三）227
清故处士瑚三希先生祝文 （三）277
清故康母巩氏墓碣 （四）62
清官第弍 （四）165
清河崔氏墓志 （一）19
清记文昌武曲星名人碑 （三）247
清凉庵碑 （三）189
清凉宝山 （四）201
清凉佛地 （四）201
清凉寺重铸钟碑 （四）143
清凉寺助缘碑 （三）279
清明境水 （四）123
清宁寺佛祖娘娘庙重修碑 （三）185
清湫太白庙碑 （三）29

清岁进士折尚忠功德碑 （四）180
清相魁范公墓碑赞 （三）137
清信造像碑（甲） （一）96
清信造像碑（乙） （一）96
清真寺 （四）207
清真寺创立碑 （三）182
请修兴安六堤奏 （三）150
庆山寺舍利塔记 （一）289

qiu

丘处机内传碑 （二）184
丘君妻刘至柔墓志 （一）313
丘君妻柳氏墓志 （二）48
丘协暨妻郗氏墓志 （一）215
丘哲墓志 （一）47
丘哲妻鲜于仲儿墓志 （一）39
丘祖青天歌 （三）107
秋日同诸君子游太玄宫韵 （三）41
秋祀诸葛丞相祠堂恭纪 （三）273
秋兴 （四）4
仇臣生造像碑 （一）36
仇千光照墓志 （一）344
仇氏墓志 （二）49
仇文义妻王氏墓志 （二）49
裘行简咏马嵬诗碣 （三）201

qu

屈公墓志盖 （四）115
屈嘉暨妻李氏仲氏合葬墓志 （二）315
屈凌墓志 （四）213
屈氏放赈碑 （四）145
屈同宇墓志 （二）330
屈文兴墓志 （三）130
屈元寿墓志 （一）306
屈直墓志 （二）245
屈仲翔墓碑 （三）195

祛倦魔文碑　　　　　　　　　　　（二）298
瞿頡题诗碑　　　　　　　　　　　（三）209
瞿昙撰墓志　　　　　　　　　　　（一）327
曲南张氏祖茔碣铭碑　　　　　　　（三） 29
曲石寄庐　　　　　　　　　　　　（四）152
曲氏墓志盖　　　　　　　　　　　（二） 96

quan

权邦彦为鸠摩罗什舍利塔而作偈言（二）139
权凑夫妇墓志幢　　　　　　　　　（二） 32
权德舆颂师德教碑　　　　　　　　（二） 18
权氏二分碑记　　　　　　　　　　（三）135
权通墓志　　　　　　　　　　　　（一）249
权万春墓志　　　　　　　　　　　（一）157
权文昇墓志　　　　　　　　　　　（一）180
权秀墓志　　　　　　　　　　　　（一）337
权滋蓭墓志　　　　　　　　　　　（三）171
全国慰劳总会过张良庙题名碑　　　（四）214
拳石堂草诀百韵歌　　　　　　　　（三） 89
劝弟篇　　　　　　　　　　　　　（四）205
劝农俚歌四章　　　　　　　　　　（三）117
劝慎刑文并序　　　　　　　　　　（二）117
劝孝文　　　　　　　　　　　　　（三）299
劝信篇　　　　　　　　　　　　　（四）205
劝学词　　　　　　　　　　　　　（三） 81
劝忠篇　　　　　　　　　　　　　（四）205

qun

群书碑　　　　　　　　　　　　　（三）316

R

ran

冉店乡立集公约碑　　　　　　　　（四）143
冉希无懿行碑　　　　　　　　　　（四）179

rao

饶益寺题记　　　　　　　　　　　（四）236

ren

人物安宁　　　　　　　　　　　　（四）241
仁寿三年造像碑　　　　　　　　　（一）117
仁寿四年造像碑　　　　　　　　　（一）118
仁寿元年舍利塔记（甲）　　　　　（一）116
仁寿元年舍利塔记（乙）　　　　　（一）116
任操墓志　　　　　　　　　　　　（一）237
任春墓志　　　　　　　　　　　　（三）300
任春同墓志盖　　　　　　　　　　（四）122
任府君夫妇墓碑　　　　　　　　　（三）317
任公孚暨妻田氏陈氏合葬墓志　　　（三）153
任珪墓志　　　　　　　　　　　　（一）258
任景述墓志　　　　　　　　　　　（二）107
任君墓葬纪年刻石　　　　　　　　（一） 3
任令琏妻刘氏墓志　　　　　　　　（一）348
任佩暨妻楚氏合葬墓志　　　　　　（二）325
任霈枝观李公自述题记石刻　　　　（四）161
任霈枝济世良方碑　　　　　　　　（四）161
任霈枝题诗碑　　　　　　　　　　（四）155
任霈枝游记摩崖　　　　　　　　　（四）160
任遂良墓志　　　　　　　　　　　（一）278
任天锡墓碑　　　　　　　　　　　（二）150
任廷贵兰草图碑　　　　　　　　　（四） 70
任廷贵题联　　　　　　　　　　　（四） 70
任先墓志　　　　　　　　　　　　（一） 89
任孝孙墓葬纪年刻石　　　　　　　（一） 2
任智才墓志　　　　　　　　　　　（一）223
认粮齐目碑　　　　　　　　　　　（四）100

ri

日月常明　　　　　　　　　　　　（三）168

rong

荣恩 (三)236

ru

如海造像碑 (一)146
茹洪墓志 (一) 96
茹义恩墓志 (一)275
入祠祭文 (三)295
入潼关诗 (四)123

ruan

阮林墓志 (二)197

rui

瑞莲诗图碑 (二)216

run

润德泉记 (二) 45
润德泉记 (三)124

S

sa

撒鸣莹墓碑 (三)221

sai

塞北江南 (四)104
塞北天险 (四)105

san

三藏无畏不空法师塔铭 (一)285
三朝武当山建醮碑 (三) 76
三帝庙碑记 (四) 9
三坟记碑 (一)321
三官庙西社重修并序 (三)259

三后祠祭文碑 (二)308
三教问答会名碑 (二)195
三阶大德禅师 (二) 99
三清殿记碑 (二)189
三山拱翠 (四)183
三社庙化地碑 (三)295
三社重修三义庙碑记 (四) 59
三圣庙立会碑记 (三)155
三台山修三圣庙碑 (四) 73
三台寺禁匪害护庙产告示碑 (三)286
三体石经残石(甲) (一) 9
三体石经残石(乙) (一) 9
三体阴符经 (二)110
三田祠记碑 (二)304
三王殿记碑 (二)314
三贤祠创治章程碑记 (四) 4
三县邑子二百五十人造像碑 (一) 33
三友图 (三)128
三元图 (三)125
三原城隍庙新铸神像铭 (二)263
三原重饬城隍庙碑记 (三) 10
三原县城隍庙经幢 (四)246
三原县城隍庙捐资碑(甲) (四)245
三原县城隍庙捐资碑(乙) (四)246
三原县告示碑 (三)280
三原县正堂程碑 (三)220

sang

桑正荣墓碑 (四) 19

seng

僧伽墓志 (二) 68
僧灵晏墓志 (二) 56
僧任崇鼎塔铭 (二)164
僧实贶墓志盖 (二) 96

僧宪超塔铭　　　　　　　　　（二） 16

僧彦修草书　　　　　　　　　（二）120

僧肇碑记　　　　　　　　　　（三）114

sha

沙门静己书偈碑　　　　　　　（二）115

shan

山川坛　　　　　　　　　　　（三）136

山高水长　　　　　　　　　　（三） 53

山高仙灵　　　　　　　　　　（四）185

山河巩固　　　　　　　　　　（四） 78

山河堰落成记摩崖　　　　　　（二）153

山河堰水利管理协议碑　　　　（三）206

山环水匝古绥州题诗及跋碣　　（三）152

山晖墓志　　　　　　　　　　（一） 21

山徽墓志　　　　　　　　　　（一） 48

山如仁墓碑　　　　　　　　　（四）183

山陕会馆　　　　　　　　　　（三）207

山陕滩界碑记　　　　　　　　（四）122

山水奇观　　　　　　　　　　（四）109

山水清音　　　　　　　　　　（四）104

山水竹之间　　　　　　　　　（四） 29

山阳钟铭　　　　　　　　　　（二）209

山一　　　　　　　　　　　　（三）213

陕南边防总司令吴布告　　　　（四）158

陕西藩署增置颜柳碑记　　　　（四） 68

陕西葭州白云山东岳庙碑　　　（三）113

陕西省立安康中学树人楼碑记　（四）197

陕西新城记　　　　　　　　　（四）176

陕西新城小碑林记　　　　　　（四）178

陕西学校儒生颂德之碑　　　　（二）166

单腾霄暨妻杨氏合葬墓志　　　（三） 9

单英儒墓志　　　　　　　　　（一） 89

单应元书对联碑　　　　　　　（二）292

善惠玄懿碑　　　　　　　　　（二） 97

善士朝山碑　　　　　　　　　（三） 70

善士胡大朝创修石路碑　　　　（三）223

善信助缘碑　　　　　　　　　（三）282

鄯乾墓志　　　　　　　　　　（一） 20

赡学田记　　　　　　　　　　（二）163

shang

商洛道示碑　　　　　　　　　（三） 26

上官氏造像碑　　　　　　　　（一） 74

上官子业造像碑　　　　　　　（一）122

上洛县主朱氏圹志　　　　　　（二）203

上善池　　　　　　　　　　　（二）190

上善化王公神道碑　　　　　　（二）189

上宪新定武功县差徭局章程　　（四） 64

尚冲和生录序碑　　　　　　　（二）318

尚弘简墓志　　　　　　　　　（二） 67

尚家坝均纳酒税免差索碑　　　（四） 51

尚年伯墓志　　　　　　　　　（四）139

shao

召伯甘棠图　　　　　　　　　（三）299

邵仁庵墓志　　　　　　　　　（四） 97

邵真墓志　　　　　　　　　　（一） 29

she

折继闵神道碑　　　　　　　　（二）140

折可存墓志　　　　　　　　　（二）144

折可行神道碑　　　　　　　　（二）140

折娄惠墓志　　　　　　　　　（一）213

折惟忠妾李氏墓志　　　　　　（二）138

折彦文妻曹氏墓志　　　　　　（二）144

舍利塔下铭　　　　　　　　　（一）115

设醮开光碑　　　　　　　　　（三）208

shen

申氏墓志　　　　　　　　　　（二） 74

申屠践忠墓志　　　　　　　（一）263
申屠林墓志　　　　　　　　（一）214
申屠元礼墓志　　　　　　　（一）258
深沉节制匾额　　　　　　　（三）78
深沉智勇　　　　　　　　　（三）268
神龟二年造像碑（甲）　　　（一）25
神龟二年造像碑（乙）　　　（一）26
神龟三年造像碑　　　　　　（一）28
神龟元年千佛造像碑　　　　（一）24
神灵远护碑　　　　　　　　（四）172
神仙福地　　　　　　　　　（四）209
沈堡暨妻陆氏合葬墓志　　　（三）172
沈麟妻郑氏墓志　　　　　　（二）261
沈麒暨妻郑氏胡氏合葬墓志　（二）263
沈氏懿行碑　　　　　　　　（四）46
沈鹇英墓碑　　　　　　　　（四）33
慎刑箴并序　　　　　　　　（二）117

sheng

省疚　　　　　　　　　　　（三）228
省雄方障　　　　　　　　　（四）114
圣驾西巡恭赋　　　　　　　（三）104
圣姥碑　　　　　　　　　　（三）148
圣庙新增内外石栏碑　　　　（二）305
圣母殿碑　　　　　　　　　（二）308
圣母殿长明灯碑　　　　　　（三）195
圣母庙并山门墙垣增修碑记　（三）295
圣母元君碑　　　　　　　　（三）147
圣亲殿成碑记　　　　　　　（二）315
圣位陈设图　　　　　　　　（三）17
圣谕碑　　　　　　　　　　（二）242
圣谕图碑　　　　　　　　　（二）300
圣旨加封师真碑　　　　　　（二）181
胜利台记　　　　　　　　　（四）222
盛惇崇行书对联　　　　　　（三）214

盛惇崇行书四条屏　　　　　（三）214
盛惇崇临东坡书　　　　　　（三）235
盛惇崇书对联　　　　　　　（三）217
盛君墓志　　　　　　　　　（三）33
盛讬墓志　　　　　　　　　（三）15
盛寿山暨妻郭氏合葬墓志　　（四）117
盛以恒暨妻赵氏合葬墓志　　（三）46

shi

师弼墓志　　　　　　　　　（二）174
师大娘塔铭　　　　　　　　（一）261
师弘礼墓志　　　　　　　　（二）81
师懋公捐学碑　　　　　　　（三）211
师全介墓志　　　　　　　　（二）65
师氏五大夫传　　　　　　　（三）180
师彦公捐学碑　　　　　　　（三）210
师长正先暨全体将士纪念碑　（四）228
师子岩题刻　　　　　　　　（二）138
师祖黄公祠堂记　　　　　　（三）95
施茶碑序　　　　　　　　　（三）106
施饭碑记　　　　　　　　　（三）45
施公德政碑　　　　　　　　（四）63
施粥会碑　　　　　　　　　（三）312
十八学士进京图　　　　　　（二）169
十祷有应志谢碑　　　　　　（二）311
十二堡祈雨碑　　　　　　　（四）230
十方捐资会长姓名碑　　　　（四）6
十三人造像碑　　　　　　　（一）104
十四字养生诀刻石　　　　　（三）35
石凤造像碑　　　　　　　　（一）112
石佛堂石窟修造创立碑　　　（二）328
石鼓文　　　　　　　　　　（三）48
石珩行书座右箴　　　　　　（三）235
"石虎"摩崖　　　　　　　　（一）8
石君墓志盖　　　　　　　　（二）88

石刻收藏记　　　　　　　　　（四）222
石门道记　　　　　　　　　　（四）34
石门铭　　　　　　　　　　　（一）18
"石门"摩崖　　　　　　　　（一）8
石门颂　　　　　　　　　　　（一）4
石砌土主庙神道碑记　　　　　（三）61
石倩陀罗尼真言兼神道碑　　　（二）17
石生玉墓志　　　　　　　　　（三）324
石台孝经　　　　　　　　　　（一）298
石溪和尚道行碑　　　　　　　（二）188
石彦辞墓志　　　　　　　　　（二）106
石永德墓志　　　　　　　　　（三）185
石真人墓碑　　　　　　　　　（三）213
石志坚道行记碑　　　　　　　（二）173
时雨亭　　　　　　　　　　　（二）228
时珌墓志　　　　　　　　　　（一）90
实事求是　　　　　　　　　　（四）216
史承式墓志　　　　　　　　　（一）343
史次乾德教碑　　　　　　　　（四）153
史德性烈士传碑　　　　　　　（四）154
史华仕暨妻冯氏合葬墓志　　　（二）335
史华严暨妻张氏宁氏合葬墓志　（二）251
史怀训墓志　　　　　　　　　（一）238
史锦堂暨妻党氏合葬墓志　　　（四）147
史君妻契苾氏墓志　　　　　　（一）263
史君天时纪念碑　　　　　　　（四）224
史明墓志　　　　　　　　　　（一）229
史母刘氏墓志　　　　　　　　（三）197
史儒俊题诗碑　　　　　　　　（四）149
史善法墓志　　　　　　　　　（一）240
史绳武墓志　　　　　　　　　（三）161
史氏墓志　　　　　　　　　　（二）99
史思礼墓志　　　　　　　　　（一）296
史曜墓志　　　　　　　　　　（一）293
示学并跋　　　　　　　　　　（三）317

市集米粮油交易章程告示碑　　（四）74
式好堂藏帖　　　　　　　　　（三）191
试资记碑　　　　　　　　　　（四）82
逝者如斯　　　　　　　　　　（三）283
释超寂墓志　　　　　　　　　（一）342
释迦牟尼造像碑座　　　　　　（一）221
释迦如来真身舍利石棺铭　　　（二）153
释迦头像　　　　　　　　　　（二）94

shou

守贞和尚法范(甲)　　　　　　（四）126
守贞和尚法范(乙)　　　　　　（四）127
守贞上人圆觉　　　　　　　　（四）127
守真和尚塔铭　　　　　　　　（三）260
守真和尚塔铭(甲)　　　　　　（四）126
守真和尚塔铭(乙)　　　　　　（四）126
守真和尚圆觉　　　　　　　　（四）127
寿庵堂碑　　　　　　　　　　（四）198
寿圣寺住持碑　　　　　　　　（二）189
寿石府君北原迁表　　　　　　（四）245
寿萱碑　　　　　　　　　　　（二）230
授时幢　　　　　　　　　　　（二）93

shu

书法点窍碑　　　　　　　　　（三）316
书富平县贞妇温王氏事　　　　（三）240
书院捐输碑　　　　　　　　　（四）64
书院捐输碑记　　　　　　　　（四）10
书院条规碑　　　　　　　　　（四）21
叔孙协墓志　　　　　　　　　（一）29
舒史军墓志　　　　　　　　　（一）70
蜀河口黄州会馆罗姓卖房还账碑（四）46
蜀河唐姓出卖铺面还账碑　　　（四）45
述复孔子颜子神位　　　　　　（四）243
述圣纪　　　　　　　　　　　（一）216
述圣颂碑　　　　　　　　　　（一）269

竖轩记碑 (二)321
竖尧山圣母旗杆碑 (三)144

shuai

帅正堂漫成诗碑 (二)188

shuang

双树轮囷五百年诗碑 (二)137

shui

水东书院诗文碑 (三)48
水镜堂 (三)104
水流花开 (三)180
水绕山环 (四)149
水调歌头词 (三)38
水仙图碑 (四)142
睡佛寺地亩记事碑 (三)134

shun

顺治八年祭周陵碑 (三)44

shuo

说经台梁公道行碑铭 (三)127
说经台谒老子像 (三)222
朔望自警誓词碑 (二)267

si

司空俭墓志 (一)236
司理史公命建碑亭小记 (三)5
司马㑋墓志 (二)33
司马芳碑 (一)11
司马衬红墓葬纪年刻石 (一)4
司马光赵抃格言碑 (四)133
司马缄妻怀德县主墓志 (一)205
司马坡前拜汉墟诗碑 (三)61
司马叡墓志 (一)159

司马太史庙诗二首 (二)121
"司民鉴政"石枋 (二)339
司徒氏墓志铭并序 (一)284
四壁韩原峻诗碑 (三)222
四川峨眉山碑 (三)183
四川绥定府太平县设立船规告示碑 (四)11
四方会行碑 (三)268
四吕官衔碑 (二)143
四门塔碑 (一)94
四贤人画像碑 (二)217
四修斜峪关三义官碑 (四)108
寺东青龙泉碑记 (三)281
似先义逸墓志 (二)48
祀太玄妙应真人记碑 (二)184

song

松柏碑记 (二)324
松河口义渡碑 (四)45
松君墓志 (二)13
松韶雅韵图碑 (二)274
松石 (四)244
松雪堂法书碑 (二)177
松岩大禅师塔记 (三)306
耸秀 (四)81
宋秉彝墓志 (四)17
宋伯康墓志 (二)61
宋德文墓碑 (四)110
宋德元记 (二)121
宋敦墓志 (一)162
宋法买地券 (三)8
宋法墓志 (三)8
宋复元墓志 (二)297
宋公妻章令信墓志 (一)312
宋光甫墓志 (四)188
宋虎墓志 (一)101
宋进士杨砺墓 (三)161

宋靖康二年残经幢　　　　　　（二）143

宋靖康元年题记碑　　　　　　（二）142

宋庆墓志　　　　　　　　　　（一）287

宋球等留题玉华山诗碑　　　　（二）122

宋儒范氏心箴碑　　　　　　　（二）240

宋尚书省牒碑　　　　　　　　（二）134

宋师襄生祠碑　　　　　　　　（三）62

宋寔墓志　　　　　　　　　　（二）274

宋思昕墓志　　　　　　　　　（二）183

宋天师诗碑　　　　　　　　　（二）184

宋文圃墓志　　　　　　　　　（三）307

宋显德教碑　　　　　　　　　（三）152

宋修西岳金天王碑铭　　　　　（二）271

宋宣和四年题刻　　　　　　　（二）141

宋曜墓志　　　　　　　　　　（二）6

宋应墓志　　　　　　　　　　（一）312

宋永贵墓志　　　　　　　　　（一）138

宋治进题诗碑　　　　　　　　（四）226

送子观音像　　　　　　　　　（三）103

颂学翁诗碑　　　　　　　　　（三）95

颂沼亭封公诗　　　　　　　　（三）147

sou

搜遗书并序　　　　　　　　　（三）71

su

苏慈墓志　　　　　　　　　　（一）118

苏瓛碑　　　　　　　　　　　（二）103

苏君墓志盖　　　　　　　　　（二）95

苏君墓志盖　　　　　　　　　（二）100

苏君墓志盖　　　　　　　　　（二）101

苏丰国等造像座　　　　　　　（一）107

苏谅妻马氏墓志　　　　　　　（二）76

苏民困事碑　　　　　　　　　（四）138

苏平轩夫妇墓碑　　　　　　　（四）219

苏氏笔法论　　　　　　　　　（三）231

苏轼画梅碑　　　　　　　　　（四）238

苏轼画像碑　　　　　　　　　（三）62

苏轼楼观题记　　　　　　　　（二）127

苏轼题字碑　　　　　　　　　（四）118

苏屯墓志　　　　　　　　　　（一）41

苏威妻宇文氏墓志　　　　　　（一）139

苏献琮暨妻杨氏合葬墓志　　　（四）4

苏孝慈墓志跋文碑　　　　　　（四）66

苏兴墓志　　　　　　　　　　（一）165

苏永安墓志　　　　　　　　　（一）145

速报祠碑文　　　　　　　　　（三）136

宿智果寺诗碑　　　　　　　　（二）321

sui

虽死犹生　　　　　　　　　　（四）206

绥德唐陀罗尼经幢　　　　　　（二）105

绥州怀古次韵　　　　　　　　（四）99

隋代四面造像碑　　　　　　　（一）142

隋宫人司膳六品贾氏墓志铭　　（一）123

隋故西戎碑　　　　　　　　　（一）142

隋舍利宝塔铭　　　　　　　　（一）119

隋文帝故里碑　　　　　　　　（四）242

随清娱墓志　　　　　　　　　（三）48

sun

孙爱君女士之墓　　　　　　　（四）232

孙承嗣墓志　　　　　　　　　（一）285

孙承嗣妻高氏墓志　　　　　　（一）258

孙大亨捐银碑　　　　　　　　（三）123

孙凤墓碑　　　　　　　　　　（四）5

孙公暨妻李氏马氏雷氏合葬墓志（四）55

孙公祖捐书记碑　　　　　　　（四）88

孙观墓志　　　　　　　　　　（一）111

孙加印暨妻申氏合葬墓志　　　（三）64

孙家祥墓碑　　　　　　　　　（四）103

孙进墓志　　　　　　　　　　（一）321

孙君德行碑	（三）287	锁龙寺重修戏台碑	（三）210
孙君妻王氏墓碑	（四）240		
孙莲峰德教碑	（三）321	**T**	
孙悉暨妻马氏合葬墓志	（二）201	**tai**	
孙能宽箴言二则	（三）113		
孙仁吾墓志	（三）21	台子山庙碑	（四）109
孙荣族造像碑	（一）113	太白庙碑	（三）175
孙汝绍暨妻潘氏合葬墓志	（二）291	太白全图	（三）81
孙氏夫妇墓碑	（四）104	太白山行纪	（三）227
孙氏墓志	（一）299	太白山全图	（三）117
孙氏墓志	（二）119	太夫人墓志盖	（二）87
孙氏墓志	（三）91	太华全图	（三）81
孙氏墓志	（四）118	太华全图	（三）81
孙淑墓志	（二）211	太华山记	（三）72
孙竦等题名碑	（二）133	太极图说碑	（四）124
孙文胜暨妻罗氏合葬墓志	（二）233	太清观八景碑	（四）241
孙希岩妻刘氏墓志	（一）325	太清观牒	（二）148
孙玺遗烈碑	（二）227	太山庙补修圣殿重修□楼碑记	（四）16
孙玺遇害记事碑	（二）228	太上感应篇	（三）67
孙仰田暨妻薛氏墓志	（三）31	太上感应篇	（三）172
孙耀辉墓志	（四）124	太上感应篇	（三）208
孙应鳌华山诗碑	（二）272	太上老君常清静经	（二）112
孙昭谏墓志	（二）133	太上三元经碑	（二）286
孙昭谏妻范氏墓志	（二）133	太上神位碑	（四）59
孙真人福寿论	（二）160	太史公墓	（四）1
孙真人三方碑	（二）253	太史公世家	（三）60
孙真人四言古诗碑	（二）271	太玄妙应真人叹世吟碑	（二）196
孙真人祀殿记	（二）268	太阳山乾初洞摩岩石刻	（二）117
孙真人先茔碑	（四）35	太乙书院碑	（四）76
孙振基墓志	（二）333	太子千秋题名碑	（三）86
孙竹青墓表	（四）214	泰定二年禁伐黄陵圣旨碑	（二）182
		泰和四年陀罗尼经幢	（二）155
suo		泰山石敢当	（四）145
索崇墓志	（一）268	**tan**	
索处士墓志盖	（二）90		
索玄爱墓志	（一）349	谭氏族规碑	（四）72

谭元吉玄堂志　　　　　　（二）114
谭原墓志　　　　　　　　（二）245
檀宾墓志　　　　　　　　（一）35
檀山安众寺宗派图　　　　（二）147
檀越主鱼志　　　　　　　（二）122

tang

汤敬叔墓志　　　　　　　（二）224
唐安公主墓志　　　　　　（一）333
唐豳州昭仁寺碑跋　　　　（三）244
唐敕封孙真人故宅　　　　（三）60
唐重修内侍省碑　　　　　（二）82
唐祠纪事　　　　　　　　（三）15
唐代功臣赞像碑　　　　　（二）128
唐代国长公主碑　　　　　（一）281
唐德业寺亡尼墓志　　　　（一）241
唐狄仁杰墓　　　　　　　（三）163
唐端墓志　　　　　　　　（一）267
唐段府君神道碑　　　　　（一）329
唐法门惠恭大德之碑　　　（一）224
唐高宗乾陵　　　　　　　（三）163
唐公车湃水利碑　　　　　（三）241
唐故含元宫八品墓志　　　（一）211
唐故秦养祖夫人墓志　　　（一）154
唐故薛孝廉墓志　　　　　（二）20
唐虢王李凤册文　　　　　（一）201
唐河上碑　　　　　　　　（一）211
唐河上墓志　　　　　　　（一）210
唐鸿序母何氏墓志　　　　（四）38
唐鸿序墓志　　　　　　　（四）75
唐化功修理宗祠碑　　　　（四）88
唐嘉会妻元万子墓志　　　（一）173
唐俭碑　　　　　　　　　（一）291
唐俭墓志　　　　　　　　（一）169
唐句　　　　　　　　　　（三）104

唐开元二十九年石函　　　（一）289
唐凉国长公主神道碑　　　（一）266
唐龙诗碑　　　　　　　　（二）312
唐穆宗光陵　　　　　　　（三）160
唐让帝惠陵　　　　　　　（三）159
唐睿宗妃王芳媚墓志　　　（一）297
唐睿宗桥陵　　　　　　　（三）160
唐尚书省郎官题名石柱　　（二）57
唐少林寺戒坛铭有序　　　（四）44
唐石经补字碑　　　　　　（二）301
唐士雅墓志　　　　　　　（三）264
唐氏宗祠碑　　　　　　　（三）261
唐氏宗祠自叙碑　　　　　（四）54
唐世荣墓志　　　　　　　（一）138
唐思礼墓志　　　　　　　（二）73
唐嗣桐墓碑　　　　　　　（四）195
唐太极宫残图　　　　　　（二）126
唐太宗赐真人颂　　　　　（二）160
唐太宗妃韦珪墓志　　　　（一）187
唐廷铨墓志　　　　　　　（四）1
唐廷宰妻王氏墓志　　　　（四）26
唐廷诏母第五氏墓志　　　（四）16
唐廷诏墓志　　　　　　　（三）280
唐廷佐圹记　　　　　　　（三）326
唐文德墓碑　　　　　　　（四）92
唐郎国长公主神道碑　　　（一）268
唐僖宗幸蜀经马嵬诗碣　　（三）163
唐宪宗景陵　　　　　　　（三）160
唐兴庆宫图　　　　　　　（二）125
唐玄宗御制西岳华山碑铭　（一）268
唐学朝镇压祖坟悔罪碑　　（三）315
唐耀墓志　　　　　　　　（一）42
唐玉真墓志　　　　　　　（二）195
唐元宗泰陵　　　　　　　（三）160
唐昭告华岳碑　　　　　　（一）293

tao

掏大禹神泉祷雨灵应碑序	(三)143
桃花洞置地文约碑	(四) 34
桃林山庄	(四)227
桃渠村修庙碑	(四)138
陶后兴墓志	(一)174
陶母孙孺人与璿公并立祖墓记	(三)176
陶权墓碑	(四) 16
陶廷杰书对联	(三)296
陶廷杰书格言	(三)296
陶心晨墓志	(四)118

te

特赐大觉禅院故牒碑	(一) 92
特赐耀州五台山静明宫并加真人号记	(二)162
特授碑	(四)119
特授陇州正堂加五级纪录十次久 　为出示晓谕	(四) 1

teng

滕太守德政去思碑	(三) 75
滕印仲德政碑	(四)172

ti

剔积弊碑	(三)198
题白云山瑞芝阁	(三) 1
题楮慧龙章云篆诗文碑	(二)141
题洞中修真记碑	(二)311
题汉太史司马子长墓二首	(三) 96
题马嵬杨太真墓并序	(四)202
题司马迁祠墓	(三) 59
题太史公祠墓(甲)	(三) 59
题太史公祠墓(乙)	(三) 59
题万佛岩和韵	(二)275
题武侯墓碑	(三)202

题仙游寺碑	(三)229
题杨妃墓	(四) 83
题咏蒲城尧山诗碑	(三) 36

tian

天边锁钥	(四)104
天成雄秀	(三)162
天地冥阳水路神祇殿碑记	(二)278
天地正气	(四) 60
天地正气	(四)205
天和五年四面造像碑	(一) 86
天井渠图碑	(四)129
天宁寺功德碑	(二)203
天齐庙碑(丙)	(四)135
天齐庙碑(甲)	(四)135
天齐庙碑(乙)	(四)135
天谯会碑	(四)191
天师符	(四) 61
天顺六年祭黄帝陵碑	(二)199
天台胜迹汇志	(四)203
天外奇峰	(四) 36
"天下第一福地"碑	(二)170
天限南北	(二)322
天柱山重修戏楼碑	(四) 7
天柱山庙会公议章程告示碑	(四) 73
添修孙真人廊碑	(二)307
田保洛墓志	(一)117
田秉炎墓志	(三)250
田伯程暨妻周氏墓志	(三)192
田德元墓志	(一)126
田鲂墓葬纪年刻石	(一) 1
田福仙墓志	(一)305
田赋碑	(四)124
田光山妻李氏墓志	(一)128
田行达墓志	(一)140

田行源墓志　　　　　　　　　　（二）58
田厚甫暨妻王氏墓志　　　　　　（四）207
田君墓志盖　　　　　　　　　　（二）90
田君妻窦琰墓志　　　　　　　　（一）228
田宽业墓志　　　　　　　　　　（三）226
田老夫子教泽碑　　　　　　　　（三）209
田母张氏墓志　　　　　　　　　（二）199
田钦若暨妻杨氏合葬墓志　　　　（四）129
田仁汪墓志　　　　　　　　　　（一）186
田僧墓志　　　　　　　　　　　（一）225
田生墓志　　　　　　　　　　　（一）191
田师巽妻张氏墓志　　　　　　　（二）60
田氏墓志　　　　　　　　　　　（三）314
田氏墓志盖　　　　　　　　　　（二）100
田氏先茔碑　　　　　　　　　　（四）111
田文成墓葬纪年刻石　　　　　　（一）3
田文雅墓志　　　　　　　　　　（二）61
田无易墓志　　　　　　　　　　（一）292
田元墓志　　　　　　　　　　　（一）259
田元族造像碑　　　　　　　　　（一）81
田悦暨妻赵氏墓志　　　　　　　（一）103
田占墓志　　　　　　　　　　　（二）8

tie

铁佛崇文塔寺常住田供众记　　　（三）48
铁溪堰放水条规碑　　　　　　　（三）184
铁业定价制度碑　　　　　　　　（三）218

ting

庭柯篇并序　　　　　　　　　　（三）161

tong

通边野赵二镇灯会碑记　　　　　（三）131
通三氏刊石　　　　　　　　　　（四）72
通微真人传碑　　　　　　　　　（二）191
同尘洪妙真人李尊师道行碑　　　（二）164

同官县令整饬炭窑风纪告示碑　　（三）320
同国政墓志　　　　　　　　　　（二）50
同锦堂暨妻韩氏杨氏合葬墓志　　（三）271
同君暨妻李氏党氏墓志　　　　　（四）44
同君暨妻杨氏墓志盖　　　　　　（三）36
同慜暨妻杨氏合葬墓志　　　　　（二）216
同让暨妻李氏墓表　　　　　　　（四）161
同文宴碑记　　　　　　　　　　（三）294
同亚元暨妻罗氏杨氏合葬墓志　　（四）124
同占鳌暨妻潘氏合葬墓志　　　　（三）274
同治十二年祭周陵碑　　　　　　（四）40
同州长兴万寿禅院　　　　　　　（二）136
同州澄城县柏社重修普照禅院
　碑记　　　　　　　　　　　　（二）154
同州重修州廨记　　　　　　　　（二）239
同州府县饶评定裁剪差徭新草
　十四条　　　　　　　　　　　（四）50
同州圣教序碑　　　　　　　　　（一）182
桐阁先生李公墓表　　　　　　　（四）8
童妙真圹志　　　　　　　　　　（二）207
童年仁童年义墓碑　　　　　　　（四）192
童慎思墓碑　　　　　　　　　　（四）3
童子拜观音图　　　　　　　　　（三）89
潼关　　　　　　　　　　　　　（四）124
统计学租小引　　　　　　　　　（三）189

tu

屠苏庵　　　　　　　　　　　　（三）213
吐谷浑玑墓志　　　　　　　　　（一）23
吐谷浑氏墓志　　　　　　　　　（一）43

tuan

团勇阵亡碑记　　　　　　　　　（四）56

tuo

驼峰山重修三圣庙碑记　　　　　（三）270

拓拔寂墓志	(一)285
拓拔育墓志	(一)78
拓跋虎墓志	(一)83
拓跋濬妻于仙姬墓志	(一)39
拓文运墓志	(三)74

W

wan

万方田白石土地祠题刻	(四)41
万峰寺龙王庙祈雨碑	(三)165
万福洞题名碑	(二)338
万工堰碑	(三)132
万鹤山重修庙祠碑记	(四)22
万鉴墓志	(一)255
万里长城碑	(二)299
万历二十八年祭黄帝陵碑	(二)313
万历九年敕谕李维桢陕西各府州县学碑	(二)294
万历六年敕谕碑	(二)291
万历七年圣旨碑	(二)292
万历三十二年石马槽碑	(二)320
万历三十年圣旨碑	(二)317
万历十五年经幢	(二)300
万历四十七年祭华山碑	(二)337
万历元年祭周武王碑	(二)287
万柳堤记	(三)73
万平远墓志	(三)246
万齐岳墓志	(一)334
万圣洞石匾	(二)339
万寿宫建筑图碑	(二)190
万寿寺陀罗尼经幢	(三)15
万桃胜会题名碑记	(三)86
万义同归	(三)276

wang

汪承经暨妻吴氏墓碑	(四)150

汪氏墓碑	(三)253
汪先第暨妻胡氏墓碑	(四)26
汪之元画竹	(三)93
亡父鲁泽墓碑	(一)6
亡宫八品墓志	(一)195
亡宫八品墓志	(一)228
亡宫八品墓志	(一)231
亡宫八品墓志	(一)270
亡宫八品墓志	(一)279
亡宫八品墓志	(一)281
亡宫九品墓志	(一)198
亡宫九品墓志	(一)199
亡宫九品墓志	(一)208
亡宫九品墓志	(一)230
亡宫九品墓志	(一)255
亡宫九品墓志	(二)94
亡宫九品墓志	(二)96
亡宫六品墓志	(一)192
亡宫墓志	(一)210
亡宫墓志	(一)282
亡宫墓志	(一)283
亡宫七品墓志	(一)207
亡宫七品墓志	(一)208
亡宫七品墓志	(一)230
亡宫七品墓志	(一)242
亡宫七品墓志	(一)242
亡宫七品墓志	(一)243
亡宫七品墓志	(一)246
亡宫七品墓志	(一)271
亡宫七品墓志	(一)318
亡宫三品墓志	(一)240
亡宫五品墓志	(一)171
亡宫五品墓志	(一)231
亡宫五品墓志	(一)242
亡九品墓志盖	(二)92

亡尼法矩墓志	(一)217	王大炽暨妻黄氏合葬墓志	(四)　1
亡尼法通墓志	(一)217	王大方墓志	(一)199
亡尼金氏墓志	(一)225	王大礼墓志	(一)194
亡尼明选墓志	(一)218	王大礼墓志	(一)195
亡尼墓志	(二)102	王大勋懿行碑	(四)207
亡尼墓志	(二)102	王大耀妻田氏节孝铭	(三)268
亡尼墓志	(二)103	王道士墓碑	(三)256
亡尼墓志	(二)104	王得元墓葬纪年刻石	(一)　2
亡尼七品墓志	(一)193	王鼎摹兰亭序碑	(三)269
亡尼七品墓志	(一)208	王鼎墓志	(三)298
亡尼七品墓志	(一)211	王定墓志	(一)232
亡尼七品墓志	(一)212	王定勤等书法碑帖	(四)119
亡尼七品墓志	(一)212	王东溪墓志	(三)276
亡尼七品墓志盖	(二)101	王洞明墓志	(二)72
亡尼七品墓志盖	(二)101	王斗机暨妻郭氏合葬墓志	(三)97
亡尼七品墓志盖	(二)101	王端墓志	(一)241
亡尼七品墓志盖	(二)101	王铎题董其昌画	(三)43
亡尼七品墓志盖	(二)102	王方大墓志	(一)180
亡尼七品墓志盖	(二)102	王丰川墓碑	(三)122
亡尼七品墓志盖	(二)103	王封川布施碑记	(三)271
亡尼七品墓志盖	(二)103	王凤岗妻夏氏慈惠路碑	(四)94
王阿贵墓志	(二)38	王夫人墓志	(一)229
王安仁等题诗碑	(二)293	王伏兴妻吕氏墓志	(一)155
王宝宝墓碑	(三)160	王扶黎造像残碑	(一)73
王伯实暨妻马氏阡表	(四)213	王感墓志	(一)228
王步瀛德教碑	(四)199	王感墓志	(一)231
王长愿造像碑	(一)112	王公操墓志	(二)79
王朝壅墓志	(二)250	王公祠堂记	(三)73
王成墓志	(一)149	王公夫妇墓碑	(四)111
王乘乾树柏记	(三)70	王公妻李二娘墓志	(一)306
王崇俊墓志	(一)338	王公素墓志	(二)58
王处士暨妻程氏墓碑	(三)304	王公行传叙碑	(四)26
王玭墓志	(一)315	王光晖题联	(四)190
王赐弟妻吕氏墓碑	(三)313	王光墓志	(一)132
王琮暨妻璩氏合葬墓志	(二)263	王规墓志	(一)206

王贵暨妻孙氏合葬墓志	(二)225	王君暨妻张氏墓碑	(四)100
王衮墓志	(一)136	王君墓志	(二) 87
王国宝墓志	(二)309	王君墓志	(三)193
王国武墓志	(二)297	王君墓志	(四)123
王国珍墓志	(三) 10	王君墓志盖	(二) 90
王和穆造像座	(一)109	王君墓志盖	(二) 92
王弘墓志	(一)135	王君墓志盖	(二) 93
王会岁寒三咏诗序碑	(二)191	王君墓志盖	(二) 95
王诲墓志	(一)237	王君墓志盖	(四)121
王翙卿夫妇墓碑	(四) 90	王君妻成公氏墓志	(一)128
王积功妻周氏节孝碑	(四) 58	王君妻崔氏墓志	(一)276
王基墓志	(一) 33	王君妻独孤氏墓志	(一)262
王季初墓志	(二) 80	王君妻张氏墓志	(二) 78
王家发墓碑	(四) 88	王俊墓志	(二) 9
王驾墓志	(一)344	王俊儒施地题记	(三)194
王节妇碑	(三)285	王雷氏墓碑	(四)106
王杰后人捐学碑	(三)210	王理富暨妻胡氏墓碑	(四)172
王杰墓志盖	(三)207	王丽亭暨妻原氏合葬墓志	(三)243
王进德墓碑	(四)167	王莲洲墓志盖	(三) 31
王进德书西铭碑	(二)327	王梁汉墓志	(三)196
王泾墓志	(二)253	王灵仙墓志	(一)152
王景清墓志	(三)281	王纶墓志	(二)259
王劲哉剿匪纪念碑	(四)190	王论文德行碑	(四) 4
王静斋墓碑	(三)196	王猛墓志	(一)107
王静斋墓志	(三)196	王梦赏母谭氏墓志	(三)285
王居士砖塔铭	(一)170	王梦祖墓志	(三)196
王举墓志	(一)256	王敏碑	(三)258
王涓墓志	(二) 16	王明哲墓志	(二) 25
王军门碑	(三)199	王母丁贞女传	(三)155
王君愕墓志	(一)155	王母黄氏墓碑	(四) 62
王君愕妻张廉穆墓志	(一)167	王母刘氏墓志	(四)123
王君夫妇合葬墓志	(三)179	王母郑氏墓碑	(四)153
王君季女墓志	(二) 26	王南沣墓志	(二)257
王君暨妻刘氏合葬墓志盖	(三) 31	王女赐造像座	(一)102
王君暨妻任氏合葬墓碑	(三)135	王聘斋墓志	(四)147

王岐暨妻刘氏合葬墓志　　　　（三） 11
王千波暨妻杨氏蕉氏刘氏张氏
　合葬墓志　　　　　　　　　（四）120
王谦暨妻素和氏墓志　　　　　（一）169
王潜墓志　　　　　　　　　　（一）312
王顷波墓志　　　　　　　　　（三）276
王求古墓志　　　　　　　　　（一）343
王求舄墓志　　　　　　　　　（一）343
王诠墓志　　　　　　　　　　（一）232
王仁淑墓志　　　　　　　　　（一）287
王荣暨妻刘氏墓志　　　　　　（一）118
王容溪墓志　　　　　　　　　（四）127
王叡妻刘氏墓志　　　　　　　（一）265
王润墓志　　　　　　　　　　（一）306
王三品墓志　　　　　　　　　（三） 35
王绍轩墓碑　　　　　　　　　（四）125
王慎墓志　　　　　　　　　　（一）227
王升暨妻陈氏合葬墓志　　　　（二）256
王昇墓志　　　　　　　　　　（二） 10
王圣序墓葬纪年刻石　　　　　（一） 3
王师塔铭序　　　　　　　　　（三）317
王时熏题诗　　　　　　　　　（三）158
王士祯诗碑　　　　　　　　　（三） 77
王士祯题诗碑　　　　　　　　（四）122
王氏祠堂记　　　　　　　　　（三） 93
王氏父子圹志　　　　　　　　（二）229
王氏妇口氏墓志　　　　　　　（一）187
王氏墓志　　　　　　　　　　（二） 53
王氏墓志　　　　　　　　　　（二） 72
王氏墓志　　　　　　　　　　（二） 75
王氏墓志　　　　　　　　　　（二）136
王氏墓志　　　　　　　　　　（二）231
王氏墓志　　　　　　　　　　（四）123
王氏墓志盖　　　　　　　　　（二） 87
王氏女十六娘墓志　　　　　　（二） 46

王氏神道碑　　　　　　　　　（四） 99
王氏五门记墓碑　　　　　　　（四） 38
王氏兄弟造像碑　　　　　　　（一） 31
王氏祖茔碑记　　　　　　　　（三）309
王世琛墓志　　　　　　　　　（一）139
王世禄墓表　　　　　　　　　（四）216
王世镗书急就章　　　　　　　（四）172
王世瑛游灵岩寺题诗碑　　　　（四）232
王仕恭墓志　　　　　　　　　（一）106
王市保王敬宾造像碑　　　　　（一） 60
王守节墓志　　　　　　　　　（一）309
王守言墓志　　　　　　　　　（一）294
王叔宁墓志　　　　　　　　　（二） 13
王思庄墓志　　　　　　　　　（一）304
王肃斋墓志盖　　　　　　　　（三） 31
王太真墓志　　　　　　　　　（二） 64
王天德墓志　　　　　　　　　（四） 12
王斑墓表　　　　　　　　　　（三）167
王同人墓志　　　　　　　　　（一）275
王万箱暨妻冯氏墓碑　　　　　（三）205
王威墓葬刻石　　　　　　　　（一） 7
王维画竹（甲）　　　　　　　（二）129
王维画竹（乙）　　　　　　　（二）129
王维桢墓志　　　　　　　　　（三） 30
王卫暨妻李氏魏氏合葬墓志　　（二）322
王文叡墓志　　　　　　　　　（一）244
王武墓志　　　　　　　　　　（一）163
王锡命暨妻员氏合葬墓志　　　（四）118
王熙墓志　　　　　　　　　　（二）141
王玺墓表　　　　　　　　　　（二）215
王玺妻巩氏墓志　　　　　　　（二）229
王仙之墓志　　　　　　　　　（二） 22
王枕女造像碑　　　　　　　　（二） 94
王贤墓志　　　　　　　　　　（一）214
王晛墓志　　　　　　　　　　（一）281

王香仁墓志　　　　　　　　　　（一）125
王象岩暨妻孟氏合葬墓志盖　　　（三）35
王小小造像记　　　　　　　　　（二）106
王小竹墓志　　　　　　　　　　（四）69
王孝伦妻裴顺昭墓志　　　　　　（一）174
王效墓志　　　　　　　　　　　（二）251
王偕墓志　　　　　　　　　　　（一）338
王忻造像碑　　　　　　　　　　（一）84
王信法墓碑　　　　　　　　　　（三）256
王兴隆暨妻张氏墓碑　　　　　　（四）101
王秀墓志　　　　　　　　　　　（一）307
王玄度墓志　　　　　　　　　　（一）248
王雪樵题联　　　　　　　　　　（四）210
王勋暨妻孟氏合葬墓志　　　　　（二）212
王训妻李氏墓志　　　　　　　　（一）329
王亚魁上梁文序碑　　　　　　　（二）310
王延年墓志　　　　　　　　　　（二）141
王阳明等格言碑　　　　　　　　（三）97
王一奎题诗碑　　　　　　　　　（四）237
王怡政墓志　　　　　　　　　　（二）53
王遗女墓志　　　　　　　　　　（一）30
王义立墓志　　　　　　　　　　（二）108
王义如夫妇墓碑　　　　　　　　（四）115
王翊墓志　　　　　　　　　　　（一）47
王翊元暨妻李灵素合葬墓志　　　（二）47
王永兴等四面像主造像碑　　　　（一）73
王颐墓志　　　　　　　　　　　（二）45
王幼虞墓志　　　　　　　　　　（二）77
王玙墓志　　　　　　　　　　　（三）26
王羽卿暨妻李氏段氏合葬墓志　　（三）142
王元贞墓志　　　　　　　　　　（二）59
王元正诰命碑　　　　　　　　　（二）279
王媛墓志　　　　　　　　　　　（二）10
王悦暨妻郭氏墓志　　　　　　　（一）53
王真寿护观记碑　　　　　　　　（二）324

王祯墓志　　　　　　　　　　　（一）22
王振江墓志　　　　　　　　　　（三）254
王之谦墓志　　　　　　　　　　（三）316
王志义墓志　　　　　　　　　　（三）165
王志用墓志　　　　　　　　　　（二）37
王质庵墓志　　　　　　　　　　（二）243
王治临玄秘塔碑　　　　　　　　（四）134
王治墓志　　　　　　　　　　　（一）157
王致明墓志　　　　　　　　　　（二）132
王忠亲墓志　　　　　　　　　　（一）349
王仲山母魏氏墓志　　　　　　　（三）305
王竹轩暨妻吕氏合葬墓志　　　　（三）190
王庄墓志　　　　　　　　　　　（二）287
王子荣造像碑　　　　　　　　　（一）92
王子慎妻常氏墓志　　　　　　　（一）148
王宗道暨妻刘氏合葬墓志　　　　（三）30
王祖墓志　　　　　　　　　　　（一）280
王最墓志　　　　　　　　　　　（一）253
王作梅先生德教碑　　　　　　　（三）112
辋川集碑　　　　　　　　　　　（四）124
辋川题跋碑　　　　　　　　　　（四）125
辋川图碑　　　　　　　　　　　（三）316
辋川图碑　　　　　　　　　　　（四）125
辋川图赋　　　　　　　　　　　（三）35
辋川真迹图碑　　　　　　　　　（二）333
望华岳　　　　　　　　　　　　（四）130
望太白积雪　　　　　　　　　　（三）118
望仙坪碑　　　　　　　　　　　（三）90
望仙坪志　　　　　　　　　　　（三）305

wei

威震九边　　　　　　　　　　　（四）65
威镇紫塞　　　　　　　　　　　（四）114
韦柏夷墓志　　　　　　　　　　（二）15
韦本立墓志　　　　　　　　　　（二）1

韦长卿墓志　　　　　　　　（一）294
韦承庆墓志　　　　　　　　（一）243
韦承素暨妻合葬墓志　　　　（二）80
韦承素墓志　　　　　　　　（二）43
韦承素妻薛氏墓志　　　　　（二）45
韦城县主韦氏墓志　　　　　（一）247
韦定郎墓志　　　　　　　　（二）73
韦定言墓志　　　　　　　　（二）55
韦端玄堂志　　　　　　　　（二）17
韦方墓志　　　　　　　　　（二）27
韦沨墓志　　　　　　　　　（二）8
韦讽墓志　　　　　　　　　（一）317
韦甫墓志　　　　　　　　　（一）347
韦光闰暨妻宋氏墓志　　　　（一）316
韦暵妻薛琰墓志　　　　　　（二）15
韦翰墓志　　　　　　　　　（一）286
韦弘表暨妻尹氏墓志　　　　（一）209
韦涣侧室李越客墓志　　　　（二）65
韦晃墓志　　　　　　　　　（一）263
韦洄墓志　　　　　　　　　（二）54
韦及墓志　　　　　　　　　（二）17
韦及妻柳氏墓志　　　　　　（二）19
韦藉墓志　　　　　　　　　（一）336
韦几墓志　　　　　　　　　（一）158
韦泂墓志　　　　　　　　　（一）247
韦君暨妻李氏合葬墓志　　　（二）287
韦君墓志　　　　　　　　　（二）17
韦君墓志盖　　　　　　　　（二）88
韦君墓志盖　　　　　　　　（二）89
韦君墓志盖　　　　　　　　（二）91
韦君妻尔朱氏墓志　　　　　（一）207
韦君妻皇甫维摩墓志　　　　（一）247
韦君妻李珪墓志　　　　　　（二）79
韦君妻李氏墓志　　　　　　（一）282
韦君妻王琬墓志　　　　　　（一）215

韦君妻薛氏墓志　　　　　　（二）77
韦君妻郑氏墓志　　　　　　（二）5
韦俊墓志　　　　　　　　　（一）183
韦隆妻梁氏墓志　　　　　　（一）66
韦孟明墓志　　　　　　　　（二）4
韦孟明妻元氏墓志　　　　　（一）350
韦勉墓志　　　　　　　　　（一）268
韦尼子墓志　　　　　　　　（一）168
韦庆本墓志　　　　　　　　（一）204
韦庆嗣墓志　　　　　　　　（一）154
韦庆□墓志　　　　　　　　（二）83
韦慎名墓志　　　　　　　　（一）273
韦慎名妻刘约墓志　　　　　（一）284
韦师哲墓志　　　　　　　　（二）5
韦识墓志　　　　　　　　　（二）55
韦舒墓志　　　　　　　　　（一）87
韦琪墓志　　　　　　　　　（一）222
韦琪妻杜氏墓志　　　　　　（一）239
韦挺墓志　　　　　　　　　（二）22
韦挺妻柏苕墓志　　　　　　（二）56
韦希舟墓志　　　　　　　　（一）270
韦孝忠墓志　　　　　　　　（一）195
韦孝忠妻杜大德墓志　　　　（一）207
韦行规等游记摩崖石刻　　　（二）35
韦行立暨妻卢公寀合葬墓志　（二）35
韦行立墓志　　　　　　　　（二）26
韦行全墓志　　　　　　　　（二）16
韦顼墓志　　　　　　　　　（一）259
韦顼妻裴觉墓志　　　　　　（一）249
韦滑墓镇墓文　　　　　　　（二）84
韦雪松题诗碑　　　　　　　（四）216
韦询墓志　　　　　　　　　（二）79
韦洵墓志　　　　　　　　　（一）247
韦巽墓志　　　　　　　　　（一）305
韦巽墓志　　　　　　　　　（一）348

韦沂墓志	（二）286
韦愔墓志	（一）235
韦昱墓志	（一）221
韦彧墓志	（一） 39
韦彧妻柳敬怜墓铭	（一） 69
韦豫墓志	（一）310
韦韫妻源端墓志	（一）295
韦瓒墓志	（二） 60
韦正贯墓志	（二） 51
韦正己墓志	（一）295
韦直妻李氏墓志	（二） 11
韦制锦暨妻曹氏张氏孙氏合葬	
墓志	（三） 96
为善最乐	（三）189
为亡女造等身观音立像碑	（一）143
为中正桥落成题	（四）222
“惟居上”刻石	（一） 7
维修关帝庙纪事碑	（三）198
维修河堤保全庙产告示碑	（四） 60
苇园渠碑	（三）322
卫曾道墓志	（二）333
卫国华墓志	（二） 27
卫焕章暨妻孙氏合葬墓志	（三）180
卫嘉进墓志	（二） 23
卫疆紫塞题刻	（三） 25
卫康墓志	（二）102
渭河桥	（四）225
渭河桥兴建碑	（四）225
渭惠渠放水典礼志盛	（四）195
渭南县永不支差碑	（四）159
渭邑差局改减季银碑记	（四） 6
魏博题诗碑	（二）306
魏奉璋墓志	（二）321
魏功墓志	（二）268
魏故南秦刺史成君碑	（一） 83

魏洪达十级浮图造像碑	（一） 93
魏惠奴墓志	（一）304
魏君妻韦氏墓志	（二） 69
魏君妻赵氏墓志	（二） 43
魏伦墓志	（一）171
魏邈墓志	（二） 7
魏天佑墓志	（三）261
魏文朗造像碑	（一） 12
魏文胭造像碑	（一） 14
魏文绍墓志	（二） 68
魏孝本墓志	（二） 70
魏元三年荔菲造像碑	（一） 72
魏直轩暨妻李氏合葬墓志	（三） 12

wen

温纪墓志	（一）282
温君妻李氏墓志	（二） 74
温氏列宗墓表	（四）171
温思暕墓志	（一）231
温彦博碑	（一）150
温彦博碑	（二）102
温滋生墓碑	（三）297
文安公主墓志	（二） 24
文昌常君劝敬字纸文碣	（四）232
文昌帝君碑	（四） 94
文昌帝君遏欲文碑	（四） 63
文昌帝君觉世文	（三）208
文昌帝君劝孝文	（三）172
文昌帝君石经碑	（三）100
文昌帝君颂	（四）242
文昌帝君阴骘文	（三）172
文昌帝君阴骘文	（三）203
文昌帝君阴骘文	（三）275
文昌帝君阴骘文	（三）323
文昌帝君阴骘文	（四） 34

文昌帝君阴骘文　　　　　　（四）128
文昌帝君阴骘文　　　　　　（四）129
文昌阁告成即事漫咏　　　　（三）59
文昌阁记　　　　　　　　　（三）196
文昌宫会规碑记　　　　　　（四）7
文昌宫记事碑　　　　　　　（三）178
文昌宫记事碑　　　　　　　（三）179
文复敦墓志　　　　　　　　（三）117
文赋　　　　　　　　　　　（三）240
文恭墓碑　　　　　　　　　（四）21
文汇楼石萃室落成记碑　　　（四）223
文君墓碑　　　　　　　　　（三）272
文庙崇祀位次之图　　　　　（三）117
文庙大成殿重建碑　　　　　（三）242
文庙释奠记　　　　　　　　（二）166
文庙西岳庙南坛残碑　　　　（二）331
文庙下马残碑　　　　　　　（四）239
文明之祖　　　　　　　　　（四）227
文泉记　　　　　　　　　　（四）57
文始殿碑　　　　　　　　　（二）190
文氏墓碑　　　　　　　　　（三）214
文武官员至此下马碑　　　　（三）27
文延师兄功果赞并遗嘱条规碑（三）294
文与可画竹　　　　　　　　（二）127
文昭墓志　　　　　　　　　（三）126
文正书院残碑　　　　　　　（二）247
文徵明诗记　　　　　　　　（三）40
问松　　　　　　　　　　　（四）209
汶水河官渡碑　　　　　　　（三）313

wu

乌阶墓志　　　　　　　　　（二）323
乌昇墓志　　　　　　　　　（二）295
无量山祖师神钟碑记　　　　（三）281
无量祖师像碑　　　　　　　（二）274

无名墓志　　　　　　　　　（三）34
无名氏摩崖题联　　　　　　（四）244
无名氏墓志　　　　　　　　（四）245
无名英烈纪念碑　　　　　　（四）217
无铭魏碑　　　　　　　　　（一）77
无影城并引　　　　　　　　（三）222
无字碑　　　　　　　　　　（一）243
吾老洞汉白玉匾　　　　　　（三）65
吾老洞四址山图刻石　　　　（三）127
吴本立墓志　　　　　　　　（一）243
吴楒兄弟造像碑　　　　　　（一）59
吴侧之妻闫氏墓碑　　　　　（三）299
吴大澂篆书题刻　　　　　　（四）42
吴道子人物山水画碑　　　　（四）139
吴德廊妻赵氏墓志　　　　　（二）64
吴萼轩暨妻张氏合葬墓碑　　（三）312
吴萼轩墓表　　　　　　　　（三）312
吴公墓志盖　　　　　　　　（一）56
吴光墓志　　　　　　　　　（一）23
吴汉章暨妻姚氏李氏高氏合葬
　墓碑　　　　　　　　　　（四）57
吴汉章墓表　　　　　　　　（四）57
吴瀚暨妻王氏合葬墓志　　　（三）148
吴瀚题诗碑　　　　　　　　（四）241
吴浩然暨妻员氏刘氏合葬墓志（三）125
吴黑闼碑　　　　　　　　　（一）193
吴弘简妻李氏墓志　　　　　（二）18
吴降妻李绍仁墓志　　　　　（二）36
吴君墓志　　　　　　　　　（二）83
吴君墓志盖　　　　　　　　（二）86
吴君妻独孤氏墓志　　　　　（一）326
吴令俊墓志　　　　　　　　（二）104
吴仁淮暨妻张氏墓碑　　　　（四）106
吴芮暨妻薛氏合葬墓志　　　（三）136
吴山寺清凉院残碑　　　　　（二）164

吴士恒墓志　　　　　　　　　（二）52
吴氏节孝碑　　　　　　　　　（四）108
吴氏纠宗碑　　　　　　　　　（二）182
吴氏墓志　　　　　　　　　　（二）62
吴氏女波奈罗墓志　　　　　　（一）209
吴守忠墓志　　　　　　　　　（一）302
吴天生造像　　　　　　　　　（一）119
吴巽墓志　　　　　　　　　　（一）302
吴毓英等碑帖　　　　　　　　（四）243
吴元勉墓志　　　　　　　　　（二）43
吴忠嗣墓志　　　　　　　　　（二）157
吴宗仪登白云山诗碑　　　　　（二）334
五瀵泉铭又序　　　　　　　　（三）82
五风十雨　　　　　　　　　　（四）225
五栗山人题诗碑　　　　　　　（二）244
五烈女墓表　　　　　　　　　（三）55
五门堰惩罚伐树碑　　　　　　（四）156
五门堰重修二洞创修西河截堤记（四）191
五门堰创置田亩碑　　　　　　（三）234
五门堰复查田亩记　　　　　　（四）46
五门堰改造碑　　　　　　　　（四）160
五门堰水案碑　　　　　　　　（四）167
五门堰田户集资举办张公纪念会
　碑记　　　　　　　　　　（四）163
五门堰土地裁决告示碑　　　　（四）150
五门堰章程碑　　　　　　　　（四）228
五泉野人题诗　　　　　　　　（二）160
五圣祠献殿乐楼碑记　　　　　（四）141
五台山北道院创修献殿碑记　　（三）205
五台山静明宫记　　　　　　　（二）279
五台山静明宫瑞槐记　　　　　（二）185
五台山名碑　　　　　　　　　（二）271
五丈原怀古诗碑　　　　　　　（三）229
五丈原谒忠武祠并序　　　　　（三）225
五箴并叙　　　　　　　　　　（二）142

伍福过汉太史司马迁墓题诗碑　（二）201
武伴仙暨妻郭氏赵氏合葬墓志　（三）258
武本墓志　　　　　　　　　　（一）256
武部太守等题名残碑　　　　　（一）8
武成墓志　　　　　　　　　　（二）234
武得先卖地契　　　　　　　　（二）117
武夫人墓志　　　　　　　　　（一）300
武侯祠庙产田亩纪事碑　　　　（三）243
武侯祠墓修葺纪事碑　　　　　（三）116
武侯祠琴室纪略　　　　　　　（三）207
武侯墓碑　　　　　　　　　　（二）307
武侯墓碑　　　　　　　　　　（二）312
武侯墓定章碑　　　　　　　　（四）149
武侯新庙碑　　　　　　　　　（一）339
武令珪墓志　　　　　　　　　（一）285
武令漳墓志　　　　　　　　　（一）310
武梦龄墓志　　　　　　　　　（二）140
武士穆墓志　　　　　　　　　（二）10
武氏记碑　　　　　　　　　　（二）194
武嗣宗墓志　　　　　　　　　（一）245
武希玄墓志　　　　　　　　　（一）161
武懿宗墓志　　　　　　　　　（一）245
武元正墓志　　　　　　　　　（二）146
武则天母杨氏碑　　　　　　　（一）239
武征墓志　　　　　　　　　　（一）233
武自和墓志　　　　　　　　　（二）40
悟真澄静灵妙大师碑　　　　　（二）184

X

xi

西安碑林鸟瞰图碑　　　　　　（四）204
西安府碑洞石刻目录　　　　　（三）133
西方极乐世界图碑　　　　　　（二）199
西宫二品昭仪墓志　　　　　　（一）216
西行记碑　　　　　　　　　　（二）183

西河府君墓志盖	（二）	89
西河圜阳郭季妃之椁刻石	（一）	8
西湖书院诗文画碑	（三）	47
西骆谷龙化桥碑记	（三）	113
西门护城河碑	（四）	29
西门戏楼楹联	（四）	113
西铭及长安杂咏	（三）	86
西南村朝武当全会立碑记	（三）	72
西宁寺庙门楹联	（三）	93
西山龙母庙碑记	（三）	145
西社创建佛堂小引	（三）	127
西魏恭帝二年造像碑	（一）	71
西魏四面造像碑（丙）	（一）	77
西魏四面造像碑（甲）	（一）	76
西魏四面造像碑（乙）	（一）	76
西乡县政府布告	（四）	224
西乡县知事等尊孔碑	（四）	174
西厢记画像碑	（四）	242
西岳庙碑	（三）	136
西岳庙签文碑	（三）	110
郗允中暨妻刘氏合葬墓志	（二）	306
奚真墓志	（一）	33
奚智墓志	（一）	18
惜字规条	（四）	133
惜字纸碑	（四）	63
溪壑回春	（四）	80
溪山园林图碑	（四）	235
僖恭墓志	（一）	146
熹平石经周易残石	（一）	5
席德将墓志	（一）	129
席有儒云盖寺题诗碑	（二）	171
洗肠泉刻石	（三）	293
洗心池	（四）	234
洗心涤虑	（四）	234
喜雨诗并记	（三）	155
喜雨亭记	（三）	122
喜折月桂	（四）	130

xia

下凉泉村香幢	（二）	319
下五洞底及增修倒龙门碑记	（四）	158
夏侯董祭等七十人造像碑	（一）	103
夏侯僧□合邑造像碑	（一）	60
夏侯绚墓志	（一）	166
夏侯绚妻李淑姿墓志	（一）	198
夏建寅题诗碑	（四）	200
夏阳县主志	（二）	215

xian

仙洞异香记	（二）	121
仙鹤纹碑	（四）	142
仙人唐君之碑	（一）	6
仙游观牒文碑	（二）	167
仙游寺路桥功德碑	（三）	310
仙游寺守贞和尚法范	（四）	126
仙游寺守贞和尚塔铭	（四）	126
仙游寺守真和尚塔铭	（三）	250
仙游寺小记	（三）	244
先圣行教小影碑	（四）	120
先贤闵子等文神位	（四）	245
闲居乐歌碑	（二）	339
咸丰六年墓志	（四）	8
咸通二年陀罗尼经幢	（二）	62
咸通启送岐阳真身志文	（二）	76
咸通十五年陀罗尼经幢	（二）	75
咸阳怀古	（四）	97
显妣李氏墓志盖并买地券	（二）	291
显景春祖父母墓碑	（三）	323
显可知墓碑	（三）	323
显应碑	（二）	325
显月寺补修功德碑	（三）	214
鲜于侁、孙云锦题诗词	（二）	170

鲜于侁游灵岩诗　　　　　　　（二）122
县界碑　　　　　　　　　　　　（二）218
县正堂李锡鋆捐俸银碑　　　　　（四）27

xiang

乡贡进士碑　　　　　　　　　　（二）232
乡贤公讳神位　　　　　　　　　（四）180
乡约公直同议碑　　　　　　　　（四）2
香节图　　　　　　　　　　　　（三）82
香雪堂碑　　　　　　　　　　　（二）167
香雪斋雁字回文诗碑　　　　　　（三）237
香严山乾元观碑　　　　　　　　（四）116
香严寺重理增修碑序　　　　　　（三）185
香严寺创修碑记　　　　　　　　（四）3
香严寺养赡地执照引　　　　　　（三）78
相桥街市复兴记　　　　　　　　（四）217

xiao

萧滨墓志　　　　　　　　　　　（一）137
萧寡尤墓志　　　　　　　　　　（一）270
萧寡尤妻卢婉墓志　　　　　　　（一）231
萧沉墓志　　　　　　　　　　　（一）134
萧行群墓志　　　　　　　　　　（二）69
萧何庙村建修神堂记　　　　　　（四）162
萧何墓碑　　　　　　　　　　　（三）127
萧怀举墓志　　　　　　　　　　（一）212
萧季江墓志　　　　　　　　　　（一）340
萧君妻田氏墓志　　　　　　　　（二）14
萧君妻张氏墓志　　　　　　　　（二）11
萧妙瑜墓志　　　　　　　　　　（一）121
萧翘墓志　　　　　　　　　　　（一）134
萧荣迁墓碑　　　　　　　　　　（四）144
萧如兰暨妻刘氏纪氏合葬墓志　　（三）13
萧绍墓志　　　　　　　　　　　（一）117
萧氏先茔碑　　　　　　　　　　（三）272
萧西丞杨季石纪念碑　　　　　　（四）158

萧玄彻墓志　　　　　　　　　　（一）149
萧慰墓志　　　　　　　　　　　（一）249
萧愚亭德政碑　　　　　　　　　（四）160
萧愚亭先生墓志　　　　　　　　（四）160
小碑林记　　　　　　　　　　　（四）181
小儿城城隍庙碑　　　　　　　　（三）218
小黄河图碑　　　　　　　　　　（二）247
小兰亭　　　　　　　　　　　　（四）203
小三友图　　　　　　　　　　　（三）206
小字兰亭序　　　　　　　　　　（四）39
孝昌三年造像碑　　　　　　　　（一）41
孝感神应记　　　　　　　　　　（二）266
孝经堂记碑　　　　　　　　　　（二）217
孝义川新修城隍庙记　　　　　　（三）193
孝义里醮盆记碑　　　　　　　　（二）223
孝庄皇后升祔太庙礼成碑记　　　（三）72
孝子李澄传　　　　　　　　　　（三）58
孝宗皇帝挽词碑　　　　　　　　（二）223

xie

歇马塬新修二郎殿碑　　　　　　（三）233
解方保墓志　　　　　　　　　　（一）124
解居易墓志　　　　　　　　　　（三）43
解梁汉将军关侯庙复旧规记　　　（三）87
解舜墓志　　　　　　　　　　　（一）308
解忧勋墓志　　　　　　　　　　（四）25
解昭德墓志　　　　　　　　　　（一）227
谢寿墓志　　　　　　　　　　　（二）41
谢太君恩义碑　　　　　　　　　（三）148
谢文智墓志　　　　　　　　　　（一）240
谢永进造像碑　　　　　　　　　（一）75
谢岳暨妻关氏墓志　　　　　　　（一）110
谢詹墓志　　　　　　　　　　　（一）346

xin

心经白衣经并像碑　　　　　　　（二）310

心学图碑 （三） 36

辛苌墓志 （一） 62

辛公妻韦宪英墓志 （一）274

辛桂暨妻孙氏合葬墓志 （三）144

辛节墓志 （一）246

新安里清革合里空粮碑记 （四）160

新颁五门堰章程碑记 （四） 85

新城长公主墓志 （一）182

新创合龙山宝塔记 （二）303

新的战士在孕育中 （四）208

新汉太史司马子长庙垣门坊记 （三） 19

新建安善团记 （三） 21

新建白云山石旗杆碑 （四） 83

新建成氏家祠碑 （三）320

新建祠堂碑记 （四） 71

新建佛祖菩萨殿序 （三）239

新建伏魔大帝庙记碑 （三） 6

新建高公桥碑 （二）311

新建观音菩萨庙碑 （三） 99

新建回复滩祖师殿显灵碑记 （二）243

新建集禖宫记 （二）305

新建琉璃照壁碣 （二）295

新建楼观台碑亭记 （三）249

新建庙前献殿记 （三） 62

新建屏垣池栏泊学署记 （三） 9

新建七贤堂记残碑 （二）171

新建三河口总局碑记 （四） 15

新建三肖殿碑 （四）112

新建圣母娘娘庙碑记 （三）228

新建瘟神殿记碑 （三）137

新建瘟神殿捐资碑 （三）137

新建西山圣母行宫楼窑碑记 （三）119

新建玄帝行宫碑 （二）302

新建右王殿碑记 （三）224

新建真人洞碑记 （二）308

新建□佛祖观音庙记序碑 （三）137

新开广惠渠记 （二）202

新开通济渠记 （二）201

新立初级兼强迫学校序 （四）199

新立赛神会并合社及禁丐乞盗窃
碑记 （三）306

新设圣水寺义学碑序 （四） 81

新生免出学费章程碑 （四） 77

新修沔县考院碑 （三）302

新修三官庙碑记 （三）302

新修石堰碑记 （三） 73

新修太史公庙记 （二）142

新修唐太宗庙碑 （二）112

新修唐宪宗庙碑 （二）111

新修唐玄宗碑 （二）111

新修文昌宫记碑 （二）288

新修玄圣文宣王庙大门记 （二）115

新修周武王庙碑 （二）111

新译三藏圣教序 （二）113

新凿通济渠记碑 （二）232

新增西岳庙神像碑 （三） 65

新置玉泉书院桌凳记 （三）310

新庄诸地庙碑记 （四）107

xing

兴安魏孝子碑 （三）219

兴办城隍庙会碑 （四） 84

兴福寺残碑 （一）263

兴复五义学碑记 （三） 68

兴国禅院牒 （二）167

兴国寺牒 （二）149

兴化禅院免粮碑 （三）235

兴教百塔禅寺碑 （二）214

兴龙禅寺碑记 （三） 74

兴隆寺地界碑 （三）321

兴隆寺经幢　　　　　　　　　　（二）37
兴宁寺重修碑记　　　　　　　　（四）7
兴平县孔庙重修记　　　　　　　（二）294
兴庆池禊宴诗　　　　　　　　　（二）119
兴仁义学碑记　　　　　　　　　（四）59
兴学碑　　　　　　　　　　　　（四）217
星石铭　　　　　　　　　　　　（二）273
行道铭　　　　　　　　　　　　（三）236
邢君妻墓志　　　　　　　　　　（二）25
邢骏观墓碑　　　　　　　　　　（四）44
邢峦妻元纯陀墓志　　　　　　　（一）48
邢如峰暨妻白氏合葬墓志　　　　（四）157
邢文成暨妻张氏合葬墓碑　　　　（四）59
邢文益暨妻齐氏合葬墓碑　　　　（四）82
邢云路诗碣　　　　　　　　　　（二）326
性学禅师墓碑　　　　　　　　　（三）259

xiong

雄流万里　　　　　　　　　　　（三）10
雄山寺三教殿内补塑重妆合堂圣
　像碑记　　　　　　　　　　　（三）79
雄山寺香火养赡地碑记　　　　　（三）145
雄石峡记　　　　　　　　　　　（四）90
雄石峡张公创开水磨碑记　　　　（三）63
雄吞边际　　　　　　　　　　　（三）30
雄镇三秦　　　　　　　　　　　（四）104
雄峙金城　　　　　　　　　　　（三）74
熊承珩暨妻石氏墓碑　　　　　　（四）29
熊承玥墓碑　　　　　　　　　　（四）46
熊恒泰题诗　　　　　　　　　　（三）318
熊会昌游灵岩寺题诗碑　　　　　（四）146
熊母石氏墓碑　　　　　　　　　（四）32
熊田暨妻吕氏墓碑　　　　　　　（四）109
熊祖河暨妻蔡氏张氏墓碑　　　　（四）152

xiu

修补龙门洞碑　　　　　　　　　（四）239

修补文庙碑记　　　　　　　　　（四）166
修补永庆桥香钱碑记　　　　　　（四）24
修城隍庙碑记　　　　　　　　　（三）18
修大禹庙捐资碑　　　　　　　　（四）147
修度世堂碑记　　　　　　　　　（四）94
修渡船及章程碑　　　　　　　　（四）138
修佛记　　　　　　　　　　　　（二）328
修观音峡路碑记　　　　　　　　（三）220
修黑龙洞廊房拜殿碑　　　　　　（四）98
修建洞阳宫碑记　　　　　　　　（四）166
修建雷祖殿碑　　　　　　　　　（二）307
修建龙王庙及里长所记　　　　　（三）232
修建湫神庙碑　　　　　　　　　（三）217
修建蜀河口黄州会馆碑　　　　　（四）45
修建天台山岱顶石殿碑　　　　　（二）257
修建天台山汤房碑　　　　　　　（三）113
修建文庙碑记　　　　　　　　　（三）39
修建校舍碑　　　　　　　　　　（四）218
修建兴龙寺碑洞记　　　　　　　（二）222
修建玄天上帝庙碑　　　　　　　（二）290
修建药王洞功德记事碑　　　　　（四）20
修理祠堂碑记　　　　　　　　　（四）204
修理大成殿碑记　　　　　　　　（四）72
修理道院记　　　　　　　　　　（三）204
修理天池山之真观圣殿落成记碑　（二）246
修路残碑　　　　　　　　　　　（四）239
修墙记　　　　　　　　　　　　（三）196
修桥碑　　　　　　　　　　　　（四）105
修渠记　　　　　　　　　　　　（三）58
修神场山门阎王匾碑　　　　　　（三）199
修生里纳粮条规碑　　　　　　　（三）294
修圣母庙碑记　　　　　　　　　（三）108
修太山庙三圣殿龙兴寺碑　　　　（四）32
修太玄洞碑文　　　　　　　　　（二）250
修太玄洞戏楼碑记　　　　　　　（四）8
修唐杨贵妃墓　　　　　　　　　（三）46

修土地庙碑记	（三）321	
修武侯祠捐资碑	（三）156	
修武侯祠墓碑	（二）227	
修西协记	（二）251	
修学碑记	（三）146	
修杨家沟古道功德碑	（三）214	
修栈道记诗	（三） 53	
修昭仁寺碑亭记	（四）141	
修筑华阴城垣碑记	（三）132	
修筑沔县城垣河堤碑	（三）290	
修筑西崖碑记	（三）125	

xu

虚中君子	（三） 80	
徐承嗣墓志	（一）295	
徐淡园墓志	（四） 23	
徐怀隐墓志	（一）314	
徐槐安墓志	（三）117	
徐景晖造像碑	（一）104	
徐君妻菅洛墓碑	（一） 10	
徐可钦墓志	（四） 18	
徐恪敏墓志	（三） 61	
徐宽墓志	（二）177	
徐罗母薛氏墓志	（一）192	
徐买墓志	（一）232	
徐母周氏墓志	（二）313	
徐仁合葬墓志	（二）289	
徐盛泰墓碑	（三）256	
徐氏买地券	（二）151	
徐氏殉难记	（四） 23	
徐仕升等诗碑	（二）327	
徐思倩墓志	（一）347	
徐通久题诗碑	（四）119	
徐万壁题诗碑	（二）253	
徐文彩墓碑	（四）181	

徐先启暨妻徐氏墓碑	（四） 37	
徐秀龙暨妻易氏墓碑	（四） 31	
徐永泉墓志	（三）168	
徐用检关士同年会诗碑	（二）290	
徐兆璜暨妻冉氏合葬墓志	（三）164	
徐兆兰德政碑	（四） 83	
徐正发暨妻尹氏墓碑	（四） 64	
徐芷生公祖培植书院碑记	（四） 53	
许伯墓葬纪年刻石	（一） 3	
许崇艺妻弓氏墓志	（一）209	
许从龙请兵纪略	（三）110	
许古溪合葬墓志	（二）301	
许君暨妻杨氏墓志	（一）249	
许丽京题诗并序	（三）293	
许洛仁碑	（一）182	
许世志墓碑	（四）246	
许遂忠墓志	（二） 25	
许宗鲁和横渠祠诗碑	（三） 30	
许宗鲁书千字文碑	（二）264	
续祭城隍碑文	（四） 88	
续建白云山榆林会馆碑记	（四） 95	
续刻贺复斋先生墓表并序	（四）186	
续修将军硐神像序	（四）139	
续修郊禖殿记	（四） 19	
续修魁星庙碑	（三）187	
续修文庙碑记	（三）319	

xuan

轩辕黄帝庙重修记	（三） 1	
轩辕庙	（四）227	
宣德元年祭黄帝陵碑	（二）195	
宣统二年重修城垣圣庙碑	（四） 97	
玄帝庙碑	（三） 63	
玄秘塔碑	（二） 40	
玄圣文宣王赞并序	（二）114	

玄天上帝碑 （二）316
玄天上帝祖师碑记 （二）309
玄元皇帝灵应颂碑 （一）292

xue

薛保兴墓志 （一）125
薛秉辰墓志 （四）171
薛苌元四面造像碑 （一）141
薛承荣墓志 （三） 4
薛崇简墓志 （一）270
薛国平墓志 （二）306
薛弘实墓志 （二） 30
薛君墓志盖 （二） 93
薛莫暨妻史氏墓志 （一）274
薛母王氏墓志 （三）184
薛绍彭书大中题楼观诗刻石 （二）127
薛绍彭书王工部题楼观诗 （二）134
薛绍彭书薛周题楼观浮刻石 （二）127
薛氏夫人墓志 （一）241
薛氏家谱并规条序 （三）206
薛氏墓碑 （三）225
薛氏墓志 （三）170
薛氏祖茔碑 （四） 5
薛收碑 （一）168
薛太仪墓志 （二） 67
薛同术墓志 （二）310
薛孝通墓志 （一） 53
薛玄则墓志 （一）180
薛毓蓁暨妻王氏合葬墓志 （三）107
薛元超墓志 （一）220
薛赜墓志 （一）156
薛振修墓志 （三）175
薛之屏暨妻吉氏合葬墓志 （三） 16
学工记事 （三） 23
学宫店房地亩粮石数目碑记 （三）255

学古之道碑 （四） 32
学规碑 （三）231
学规碑（丙） （三） 44
学规碑（甲） （三） 44
学规碑（乙） （三） 44
学宪武公德政去思碑 （三） 79
雪庵浦光诗碑（甲） （二）186
雪庵溥光诗碑（乙） （二）187

xun

旬阳县东界碑 （二）252
旬阳县风俗碑 （四） 30
旬阳县署九房公议成规碑 （四） 5
旬阳县长恭录冯玉祥口号碑 （四）176
旬阳新修试院记 （四） 76
旬阳知县严禁埠头讹索过往船户
　告示碑 （四） 29
洵江书院碑记 （四） 57
洵阳县重建儒学记 （二）333
洵阳知县沈天祥墓碑 （四） 59
训诫箴言碑 （二）278

Y

ya

哑柏镇玄帝祠碑 （二）259
雅坡村肆族捐银碑 （三）221

yan

燕公墓基记碑 （四）106
燕伋望鲁台 （四）180
延昌寺宗派图 （二）148
延古堂咏物诗刻 （三）111
延陵镇墓石 （二）102
闫常矗暨妻屈氏墓碑 （三）195
闫方伯墓碑 （四）241

闫家庵火星庙碑　　　　　　（三）296
闫锦衣□□□□□墓志　　　（三）26
闫君暨妻曹氏墓碑　　　　　（三）309
闫君暨妻刘氏合葬墓志　　　（三）28
闫君墓志　　　　　　　　　（三）28
闫君墓志盖　　　　　　　　（三）29
闫蒲溪墓碑　　　　　　　　（三）28
闫唧凤墓志　　　　　　　　（三）8
闫永祥墓碑　　　　　　　　（四）117
闫仲宇墓志　　　　　　　　（二）226
闫仲宇墓志盖　　　　　　　（三）28
闫子节墓志盖　　　　　　　（三）29
严存信暨妻杨氏墓碑　　　　（四）167
严禁差役索诈告示碑　　　　（三）306
严禁匪类告示碑　　　　　　（三）258
严禁借盐课加耗勒索农民碑　（三）186
严禁诱赌碑　　　　　　　　（四）91
严君暨妻张氏宁氏墓志　　　（三）32
严令元墓志　　　　　　　　（一）302
严明府妻任氏墓志　　　　　（一）245
严母刘孺人墓碑记　　　　　（三）209
严全良墓碑　　　　　　　　（三）151
严如煜游灵岩寺诗碑　　　　（四）117
严识玄墓志　　　　　　　　（一）258
严氏避难午子山碑　　　　　（三）65
严氏阖族先茔碑记　　　　　（三）263
严氏墓志　　　　　　　　　（二）135
严氏长门先茔碑记　　　　　（四）207
严世墓志　　　　　　　　　（一）229
严嵩祭王槐野碑　　　　　　（二）269
严温妻王氏墓碑　　　　　　（四）107
严文轩纪念碑　　　　　　　（四）146
严宪题汉太史司马迁祠碑　　（二）203
严有邻墓志　　　　　　　　（二）113
严裕汉神道碑　　　　　　　（四）168

严愈墓志　　　　　　　　　（二）41
严愈妻李氏墓志　　　　　　（二）32
严元贵墓志　　　　　　　　（一）135
严运光妻杨氏墓表　　　　　（三）151
岩赫具瞻　　　　　　　　　（三）65
岩壑金汤　　　　　　　　　（二）323
岩疆丽览　　　　　　　　　（三）162
岩穴仙境　　　　　　　　　（三）173
阎本墓碑　　　　　　　　　（三）40
阎本墓志　　　　　　　　　（二）209
阎秉庚题诗碑　　　　　　　（三）309
阎承恩暨妻张氏陈氏合葬墓志（二）270
阎公墓志　　　　　　　　　（二）317
阎公奏封德应侯碑　　　　　（二）126
阎炅墓志　　　　　　　　　（一）235
阎静乐墓碑　　　　　　　　（二）282
阎君妻仲氏墓志　　　　　　（二）235
阎俊池墓碑　　　　　　　　（三）15
阎烈轩墓志　　　　　　　　（三）15
阎母费氏杨氏墓志　　　　　（二）265
阎让暨妻刘氏合葬墓志　　　（二）267
阎让暨妻张氏合葬墓志　　　（二）250
阎氏东户二门谱牒记　　　　（三）276
阎叔汶妻米氏墓志　　　　　（二）49
阎维翰墓志　　　　　　　　（四）185
阎闾墓志　　　　　　　　　（二）302
阎永连墓表　　　　　　　　（四）72
阎诏墓志　　　　　　　　　（二）257
阎卓墓志　　　　　　　　　（二）235
颜茂暨妻倪氏合葬墓志　　　（二）238
颜勤礼神道碑　　　　　　　（一）328
颜惟贞碑　　　　　　　　　（一）330
颜真卿金天王庙题记　　　　（一）315
剡国长公主墓志　　　　　　（一）334
晏袤释鄐君开通褒斜道摩崖　（二）153

晏衺释潘宗伯韩仲元造桥阁题记
　　摩崖　　　　　　　　　　（二）154
晏曜墓志　　　　　　　　　　（二）56

yang

阳洪店村重修兴国禅院记碑　　（二）210
阳君墓志盖　　　　　　　　　（二）90
阳明先生文明书院教条碑　　　（二）243
阳暝先造像碑　　　　　　　　（一）143
杨阿洪墓碑　　　　　　　　　（四）13
杨阿难墓志　　　　　　　　　（一）19
杨阿绍造像碑　　　　　　　　（一）15
杨保元妻元氏墓志　　　　　　（一）69
杨播墓志　　　　　　　　　　（一）23
杨畅墓志　　　　　　　　　　（一）103
杨朝宗暨妻戴氏骆氏合葬墓志　（二）264
杨从仪墓志碑　　　　　　　　（二）149
杨村里纳粮条规碑　　　　　　（三）265
杨大娘墓志　　　　　　　　　（一）289
杨大仕墓碑　　　　　　　　　（三）166
杨德墓志　　　　　　　　　　（一）122
杨德巷墓碑　　　　　　　　　（三）276
杨点墓志　　　　　　　　　　（一）275
杨鼎瑞题诗碑　　　　　　　　（三）25
杨遁墓志　　　　　　　　　　（一）52
杨葶墓志　　　　　　　　　　（二）4
杨法暝夫妇造像碑　　　　　　（一）34
杨芳题诗碑　　　　　　　　　（三）268
杨奋扬墓志　　　　　　　　　（三）238
杨凤墓志　　　　　　　　　　（二）226
杨公德政碑　　　　　　　　　（三）162
杨公墓碑　　　　　　　　　　（四）13
杨光显暨妻李氏合葬墓志　　　（三）94
杨广智造像碑　　　　　　　　（一）89
杨宏墓志　　　　　　　　　　（二）254

杨洪素墓志　　　　　　　　　（一）297
杨淮杨弼表　　　　　　　　　（一）5
杨夬墓碑　　　　　　　　　　（二）162
杨会墓志　　　　　　　　　　（一）282
杨惠墓志　　　　　　　　　　（一）299
杨基墓志　　　　　　　　　　（一）233
杨继盛对联碑　　　　　　　　（二）278
杨家村石碑　　　　　　　　　（三）131
杨玠墓志　　　　　　　　　　（二）318
杨近岳墓志　　　　　　　　　（二）308
杨敬斋暨妻合葬墓志　　　　　（四）125
杨静塘夫妇合葬墓志　　　　　（三）269
杨居实墓志　　　　　　　　　（一）257
杨居实墓志　　　　　　　　　（二）61
杨君墓志　　　　　　　　　　（二）247
杨君墓志盖　　　　　　　　　（一）56
杨君墓志盖　　　　　　　　　（二）92
杨君墓志盖　　　　　　　　　（二）92
杨君妻高氏墓志　　　　　　　（一）340
杨君妻高氏墓志　　　　　　　（二）102
杨君妻左氏墓志　　　　　　　（二）77
杨侃墓志　　　　　　　　　　（一）52
杨礼合葬墓志　　　　　　　　（二）223
杨立暨妻宇文氏合葬墓志　　　（二）272
杨立墓志　　　　　　　　　　（二）257
杨良瑶神道碑　　　　　　　　（二）2
杨缦黑造像碑　　　　　　　　（一）15
杨孟元墓葬纪年石刻　　　　　（一）2
杨敏墓志　　　　　　　　　　（一）159
杨敏墓志　　　　　　　　　　（一）159
杨明卿暨妻王氏姬氏行述　　　（四）1
杨母郭氏墓志　　　　　　　　（二）231
杨母何氏墓志　　　　　　　　（二）318
杨母黄氏墓碑　　　　　　　　（四）5
杨母姜氏墓碑　　　　　　　　（四）182

杨母刘氏墓志	（二）208	杨文卿暨妻习氏阡表	（四）156
杨母孙氏节孝碑	（四）81	杨武妻郭氏葛氏墓志	（二）226
杨母王氏墓志	（二）332	杨希贤墓志	（二）299
杨母郑氏墓碑	（四）105	杨先生墓志盖	（三）29
杨穆墓志	（一）57	杨象暨妻田氏合葬墓志	（三）24
杨能造像	（一）114	杨孝恭碑	（一）272
杨批德政碑	（四）90	杨秀墓志	（一）124
杨企暨妻张氏合葬墓志	（二）234	杨秀墓志	（一）325
杨乾墓志	（一）38	杨玄略墓志	（二）64
杨全墓志	（二）232	杨珣碑	（一）309
杨仁天墓志	（四）210	杨耀海妻刘氏墓表	（四）157
杨如桂暨妻王氏高氏合葬墓志	（三）23	杨义菴功德碑	（三）202
杨汝秋墓志	（二）307	杨峰暨妻梁氏合葬墓志	（二）20
杨汝愚墓志	（四）129	杨翼贯墓志	（二）19
杨绍程墓志	（二）334	杨翼武墓志	（三）269
杨士贵铭记	（一）115	杨翼武妻王氏墓志	（三）246
杨士真墓志	（二）24	杨胤季女墓志	（一）25
杨氏祭先祠记碑	（四）1	杨颖墓志	（一）20
杨氏墓碑	（四）241	杨余庆墓志	（二）303
杨氏墓志	（一）30	杨元素墓志	（二）31
杨氏墓志	（二）66	杨元贞碑	（四）228
杨氏墓志	（二）71	杨再思墓碑	（一）250
杨氏墓志盖	（二）92	杨增龙墓表	（四）168
杨氏墓志盖	（四）121	杨肇基为幼子祈圣母娘娘碑记	（三）89
杨氏神道碑	（四）115	杨真暨妻王氏墓志	（一）105
杨舒墓志	（一）23	杨震鹭墓碑	（四）108
杨顺墓志	（一）51	杨震墓碑	（四）122
杨顺妻吕法胜墓志	（一）34	杨执一墓志	（一）271
杨素墓志	（一）121	杨执一妻独孤开墓志	（一）257
杨邃园墓志	（四）144	杨志廉妻刘氏墓志	（一）349
杨太守存爱碑记	（三）259	杨志先造像座	（一）80
杨泰墓志	（一）24	杨致齐墓志	（三）272
杨万荣墓志	（一）337	杨舟暨妻李氏合葬墓志	（三）151
杨暐墓志	（一）46	杨准墓志	（二）30
杨温墓志	（一）152	杨姿造四门塔顶造像碑	（一）93

杨子白墓志	（三）143
杨子荣墓表	（四）170
杨□泉墓碑	（三）28
洋溪河禁烧山伐树碑	（四）95
洋州八景诗碑	（四）55
洋州三十景碑	（二）172
仰天池残碑	（三）9
养虚斋铭	（三）102

yao

邀福祀神城隍输金赛会碑	（四）77
尧山庙碑	（三）44
尧山偶出神泉记碑	（三）14
尧山圣母降雨灵验碑	（四）189
姚伯多兄弟等造像碑	（一）14
姚常一塔铭	（二）2
姚存古墓志	（二）33
姚君墓志	（四）121
姚可任暨妻任氏合葬墓志	（三）21
姚明德暨妻庞氏墓志	（三）137
姚母党氏墓志	（四）228
姚秦三藏法师鸠摩罗什舍利塔碑	（二）105
姚奭墓志	（二）123
姚太墓志	（一）131
姚香亭妻王氏节孝碑	（四）176
姚选暨妻柳氏合葬墓志	（二）277
姚贞谅墓志	（一）320
姚质菴墓碑	（三）245
药方碑	（二）252
药水窟名胜画图记	（一）291
药王财神两祠重修记	（三）220
药王洞碑	（四）184
药王洞捐资碑（甲）	（四）240
药王洞捐资碑（乙）	（四）240
药王庙祭文碑	（三）12

药王山唐陀罗尼经幢（甲）	（二）94
药王山唐陀罗尼经幢（乙）	（二）94
药言墓志	（一）254
药元墓志	（一）300
耀吾姜君重修耀州五台山暨诸神像祠序	（三）55
耀州重建庙学之记	（二）206
耀州创建准提菩萨庵记	（三）43
耀州淳化县御制学校八行八刑之碑	（二）137
耀州华原县五台山孙真人祠记	（二）149
耀州吕公先生记	（二）151
耀州听选官致仕官表碑	（二）260
耀州五台山静明宫创建四帝二后行宫记	（二）48
耀州五台山静应庙记	（二）134
耀州五台山孙真人寝宫及墙垣告成记	（三）59
耀州五台山汤会碑记	（三）56
耀州五台山图	（三）48
耀州新修尊圣庙门庑记	（二）181
耀州修景范堂记	（二）285

ye

耶律世昌墓志	（二）182
耶稣教士山如仁山淑贞碑	（四）147
野鹤观翻修殿宇装演神像碑记	（四）17
叶合清墓志	（四）228
叶孟南暨妻崔氏合葬墓志	（二）265
谒汉丞相诸葛忠武武乡侯墓	（四）66
谒横渠先生有作	（二）251
谒华岳庙诗	（二）1
谒华岳神	（二）294
谒留侯祠	（四）198
谒桥陵诗碑	（四）111
谒司马子长祠	（二）125

谒太史公祠墓	(三)156	义山碑	(四)140
谒太史公墓	(四) 43	义祀感格记碑	(二)285
谒太史公墓碑	(二)284	义田条规	(四) 26
谒五丈原忠武祠	(四) 53	义田学田条规碑	(三)243
谒武侯祠	(三)126	义勇武安王神像记碑	(二)227
谒武侯庙诗	(三)197	义勇武安□风伯雨师碑	(二)185
谒武侯墓诗碑	(二)298	义塚碑	(四)141
谒武侯墓题诗碑	(三)203	屹然残碑	(四)129
谒武乡侯祠	(四)236	邑丰阳建龙河观记	(三) 6
谒武乡侯墓四诗	(三)203	邑子一百人等造像碑	(一) 81
谒小瞿塘庙诗	(三)201	易光夫题诗碑	(二)157
谒岳庙文	(一)326	易系辞碑	(二)250
谒张良庙	(四)234	峄山刻石	(一) 1
谒周公庙碑	(四)116	奕湘为武侯祠题诗碑	(三)318
谒诸葛武乡侯墓	(三)278	奕应侯神诞虔设祭祀碑记	(四) 9
		奕应楼神殿碑记	(二)178

yi

		益门雄镇石匾	(二)220
一笔虎字碑	(四) 7	逸我山房帖	(三) 57
一笔虎字碑	(四) 28	瘗玉门楣	(三)274
一笔寿字	(三)298		
一笔寿字碑	(四) 33	**yin**	
伊尹庙诗	(四)120	阴彦墓志	(一)226
医方碑(甲)	(四)242	殷化行临兰亭序碑	(四)135
医方碑(乙)	(四)242	殷氏墓志	(四)138
仪凤三年四面造像碑	(一)209	殷氏墓志盖	(四)137
仪制令碑	(二)151	银粮减耗碑记	(四) 51
贻古堂帖	(三)311	尹君妻王氏墓志	(一)140
移建关帝圣庙赵二郎神庙碑记	(四)120	尹任墓葬纪年刻石	(一) 3
移建关圣帝赵二郎神庙碑	(三)159	尹伸书张载西铭碑	(二)336
移修吴岳庙碑	(三)154	尹振麟咏瓜道人诗	(三)236
遗置家具重修碑记	(四)240	尹志平碑	(二)175
乙速孤行俨碑	(一)269	尹壮图行书四屏	(三)258
乙速孤行俨妻贺若氏墓志	(一)232	尹尊师碑	(一)257
以廉银置买田地取租碑记	(二)310	引泉水记事碣	(二)314
义公和尚塔铭	(二)175	饮中八仙歌	(三) 24

印公开堂疏碑　　　　　　　　（二）157

ying

英和题跋暨刘墉手迹　　　　　（三）224
英祥题诗碑　　　　　　　　　（四）43
英雄蝉蜕　　　　　　　　　　（四）69
英雄神仙　　　　　　　　　　（四）154
英雄神仙　　　　　　　　　　（四）197
英雄退步即神仙　　　　　　　（四）234
迎风坝义渡碑　　　　　　　　（四）69

yong

雍正二年祭黄帝陵碑　　　　　（三）106
雍正十二年重修轩辕庙碑　　　（三）114
雍正十三年祭黄帝陵碑　　　　（三）116
雍正元年祭华山碑　　　　　　（三）105
雍正元年祭黄帝陵碑　　　　　（三）105
雍正元年祭周陵碑　　　　　　（三）106
雍智云墓志　　　　　　　　　（一）289
"永保封疆"题字碑　　　　　　（二）237
永不牧羊　　　　　　　　　　（三）263
永昌元年陀罗尼经幢　　　　　（一）224
永古不易　　　　　　　　　　（三）290
永固金汤　　　　　　　　　　（四）246
永乐十二年祭黄帝陵碑　　　　（二）194
永宁堡合社增修观音洞记　　　（三）255
永寿王诗翰刻石　　　　　　　（二）233
永寿县治迁移史略　　　　　　（四）219
永兴二年造像碑　　　　　　　（一）55
永字八法碑　　　　　　　　　（四）105
咏贾公削平栈道歌　　　　　　（三）103
咏贾开修栈道诗　　　　　　　（三）55
咏马嵬吊贵妃诗　　　　　　　（三）192
咏圣水寺诗碑　　　　　　　　（四）209
咏土窑次东楼主人韵　　　　　（四）99
咏五丈原诗碑　　　　　　　　（二）295

you

优昙禅师塔铭　　　　　　　　（一）210
幽堂　　　　　　　　　　　　（四）246
游白云山次韵　　　　　　　　（三）4
游城南诗十首　　　　　　　　（三）77
游钓台记　　　　　　　　　　（三）7
游钓台诗碑　　　　　　　　　（四）72
游圭峰草堂　　　　　　　　　（二）156
游红石峡诗　　　　　　　　　（三）207
游华山诗并序　　　　　　　　（三）292
游金台观追次前徐中丞韵　　　（二）245
游灵岩寺　　　　　　　　　　（二）158
游灵岩寺长歌　　　　　　　　（三）175
游灵岩寺集毛诗　　　　　　　（三）173
游灵岩寺记　　　　　　　　　（二）256
游灵岩寺偶成　　　　　　　　（三）31
游灵岩寺拓郙阁铭摹本　　　　（三）180
游龙门　　　　　　　　　　　（二）326
游青莲山诗碑　　　　　　　　（三）233
游师雄过九成宫故址题诗碑　　（二）128
游师雄墓志　　　　　　　　　（二）132
游师雄题赵光辅画碑　　　　　（二）171
游师雄谒富平县七陵题记　　　（二）130
游石宫寺题记碑　　　　　　　（二）232
游孙真人太玄洞　　　　　　　（二）268
游天冠山诗碑　　　　　　　　（三）66
游辋川歌　　　　　　　　　　（四）125
游辋川记　　　　　　　　　　（三）34
游贤山寺记　　　　　　　　　（二）246
游香溪洞记　　　　　　　　　（四）98
游雄山寺碑　　　　　　　　　（四）177
游雄山寺碑　　　　　　　　　（四）240
游尧山诗碑　　　　　　　　　（二）237
游药水寺　　　　　　　　　　（二）120
游玉华山记碑　　　　　　　　（二）122

游中条山果老洞碑　　　　　　（四）154
游终南山杂咏　　　　　　　　（二）134
蟒蜒渠水利词案碑记　　　　　（三）101
有邰马氏新茔中宫记　　　　　（三）251
有邰书院碑记　　　　　　　　（三）157
佑文公墓志　　　　　　　　　（三）187

yu

于璠题司马迁墓诗碑　　　　　（二）201
于君墓志　　　　　　　　　　（二）124
于君妻和醜仁墓志　　　　　　（一）53
于君妻韦耶书墓志　　　　　　（一）144
于母房氏行述　　　　　　　　（四）190
于尚范墓志　　　　　　　　　（一）255
于贤墓志　　　　　　　　　　（一）221
于孝显碑　　　　　　　　　　（一）151
于隐墓志　　　　　　　　　　（一）226
于右任书翰碑　　　　　　　　（四）202
于右任题诗碑　　　　　　　　（四）172
于右任题诗碑　　　　　　　　（四）231
于右任张良庙题联　　　　　　（四）148
于纂墓志　　　　　　　　　　（一）40
于纂墓志　　　　　　　　　　（一）42
余炳焘等题记　　　　　　　　（四）236
余谠书格言（甲）　　　　　　（三）38
余谠书格言（乙）　　　　　　（三）38
余嗣派墓志　　　　　　　　　（四）31
余子俊奏文碑　　　　　　　　（二）206
鱼篮观音图碑　　　　　　　　（二）197
鱼龙变化碑　　　　　　　　　（二）231
鱼龙溪夫妇合葬墓志　　　　　（三）230
俞氏墓志　　　　　　　　　　（二）71
俞俞斋杂刻　　　　　　　　　（四）93
榆关雄峙　　　　　　　　　　（四）41
榆林朝山讽经碑记　　　　　　（三）80

榆林重修三官殿过仙桥碑记　　（四）148
榆林第三会朝山题名碑记　　　（三）87
榆林卫李教授墓志盖　　　　　（三）31
榆塞雄关　　　　　　　　　　（三）5
榆谿胜地　　　　　　　　　　（四）42
与时并进　　　　　　　　　　（四）223
宇文端墓志　　　　　　　　　（一）78
宇文瓘墓志　　　　　　　　　（一）90
宇文君妻白氏墓志　　　　　　（一）307
宇文士及碑　　　　　　　　　（一）153
宇文氏墓志盖　　　　　　　　（二）96
宇文思约墓志　　　　　　　　（一）199
宇文子贡墓志　　　　　　　　（一）324
羽林郎墓葬刻石　　　　　　　（一）7
禹迹磨崖　　　　　　　　　　（三）67
禹迹图　　　　　　　　　　　（二）144
禹庙歌舞台碑记　　　　　　　（三）49
庾君妻萧氏墓志　　　　　　　（二）50
玉宸宫记　　　　　　　　　　（二）166
玉皇洞碣　　　　　　　　　　（四）49
"玉盆"摩崖　　　　　　　　　（一）8
郁久闾伏仁墓志　　　　　　　（一）101
育婴会碑　　　　　　　　　　（四）31
谕赐碑文　　　　　　　　　　（三）295
谕祭李僡文　　　　　　　　　（四）2
谕陕西官师诸生檄碑　　　　　（二）272
御笔手诏　　　　　　　　　　（二）139
御前诸军都统制致仕彭杲事实碑　（二）152
御史台精舍碑　　　　　　　　（一）264
御书大宝箴　　　　　　　　　（三）80
御书法帖　　　　　　　　　　（三）103
御书高松赋　　　　　　　　　（三）83
御制耕织图序并诗　　　　　　（三）77
御制古文渊鉴序　　　　　　　（三）69
御制朋党论　　　　　　　　　（三）106

御制平定回部告成太学碑文	(三)140	元和十一年陀罗尼经幢	(二) 14
御制平定金川告成太学碑文	(三)130	元宏妃赵充华墓志	(一) 20
御制平定两金川告成太学碑文	(三)157	元怀晖墓志	(一)330
御制平定准噶尔告成太学碑文	(三)138	元焕墓志	(一) 37
御制平定准噶尔告成太学碑文	(三)144	元晖墓志	(一) 27
御制训饬士子文(丙)	(三) 84	元诲墓志	(一) 51
御制训饬士子文(丁)	(三) 84	元继墓志	(一) 47
御制训饬士子文(甲)	(三) 84	元嘉十九年阁道碑	(一) 13
御制训饬士子文(戊)	(三) 85	元简墓志	(一) 14
御制训饬士子文(乙)	(三) 84	元鉴墓志	(一) 17
尉迟阿道墓志	(一)305	元举墓志	(一) 46
尉迟敬德碑	(一)175	元举墓志	(一) 46
尉迟敬德墓志	(一)176	元均之墓志	(一) 44
尉迟敬德妻苏妼墓志	(一)175	元君墓志盖	(一) 58
		元君妻崔暹墓志	(一)122
yuan		元君妻李艳华墓志	(一) 65
渊静解先生传赞碑	(二)210	元君妻裴氏墓志	(二) 17
渊明诗记碑	(二)196	元君妻赵光墓志	(一) 29
元宝月墓志	(一) 36	元恺门	(四)225
元保洛墓志	(一) 19	元恪妃王普贤墓志	(一) 20
元弼墓志	(一) 14	元恪嫔李氏墓志	(一) 39
元弼墓志	(一) 50	元馗墓志	(一) 52
元斌墓志	(一) 32	元朗墓志	(一) 40
元璨墓志	(一) 35	元礼之墓志	(一) 46
元澄妃李氏墓志	(一) 16	元理墓志	(一) 13
元重华墓志	(一)340	元灵曜墓志	(一) 33
元崇业墓志	(一) 35	元孟辉墓志	(一) 28
元大亮墓志	(一)248	元谧妃冯会墓志	(二) 22
元帝洞重修记	(三)215	"元年三月"残碑	(一) 9
元范妻郑令妃墓志	(一)106	元宁墓志	(一) 35
元公墓志盖	(一) 58	元平墓志	(一) 35
元广墓志	(一) 23	元清宫记碑	(二)178
元瑰墓志	(一)322	元悛墓志	(一) 44
元轨墓志	(一)147	元融妃穆氏墓志	(一) 19
元汉建信侯庙碑	(二)191	元融墓志	(一) 41

元升进墓志	（二）42	元瑗墓志	（一）58
元师奖墓志	（一）221	元瞻墓志	（一）45
元始玉清宫碑	（二）176	元湛墓志	（一）43
元寿安妃卢兰墓志	（一）91	元桢墓志	（一）13
元爽墓志	（一）54	元周安墓志	（一）43
元顺墓志	（一）44	元子邃墓志	（一）71
元嵩墓志	（一）17	元子永墓志	（一）45
元肃墓志	（一）54	元子直墓志	（一）36
元泰安墓志	（一）15	袁鼎铉暨妻杨氏合葬墓碑	（三）186
元谭墓志	（一）42	袁神墓志	（一）165
元谭妻司马氏墓志	（一）33	袁神荫造像碑	（一）102
元天穆墓志	（一）50	袁氏祔闫仲宇墓志	（三）28
元珽墓志	（一）38	袁氏墓志	（四）61
元珽妻穆玉容墓志	（一）26	袁养和墓碑	（三）186
元袭墓志	（一）53	原承光暨妻曹氏合葬墓志	（三）189
元仙墓志	（一）32	原富春墓志	（三）251
元歘墓志	（一）43	原母张氏墓志	（四）128
元信墓志	（一）44	原相吉墓志	（三）195
元秀墓志	（一）32	原愔暨妻王氏合葬墓志	（三）146
元顼墓志	（一）52	原印心德行碑	（四）76
元诩妃卢令媛墓志	（一）31	原玉山暨妻合葬墓志	（三）204
元玄贵造石弥勒立像	（一）246	原孕昆暨妻屈氏耿氏石氏合葬墓志	（三）16
元讯墓志	（二）125	援川军布告	（四）163
元琰妻韦金墓志	（一）217	源君妻赵懿懿墓志	（一）188
元遥暨妻梁氏墓志	（一）26	源磨耶圹记	（一）69
元遥墓志	（一）24		
元液墓志	（一）49	**yue**	
元彝墓志	（一）45		
元义华墓志	（一）37	月池靖地方安乡间告示碑	（四）78
元愔墓志	（一）44	月桂赋碑	（二）218
元引墓志	（一）32	月山伏鲁子祠堂记	（二）160
元祐墓碑	（四）115	月台	（四）98
元诱墓志	（一）37	乐伎演乐图碑	（二）87
元诱妻冯氏墓志	（一）16	乐君墓葬纪年刻石	（一）2
元诱妻薛伯徽墓志	（一）37	乐君妻成氏墓志	（二）44
元原平妻王氏墓志	（一）19	乐王端暨妻支同氏墓志	（一）226
		岳莲灵澍	（三）156

越国太妃燕氏碑　　　　　　　（一）198
越国太妃燕氏墓志　　　　　　（一）197

yun

云川八景诗碑　　　　　　　　（四）200
"云房"题刻　　　　　　　　　（二）154
云光上人塔铭并序　　　　　　（四）235
云航塔铭颂　　　　　　　　　（三）27
云门寺法懃禅师墓志　　　　　（一）81
云门寺广才和尚墓碑　　　　　（四）16
云山苍苍　　　　　　　　　　（四）184
云室　　　　　　　　　　　　（四）98
云梯　　　　　　　　　　　　（四）93
云雾寺创修殿宇碑　　　　　　（四）140
云轩　　　　　　　　　　　　（三）26
云阳镇城隍庙碑　　　　　　　（四）70
云长墓志　　　　　　　　　　（一）215
员昂暨妻李氏合葬墓志　　　　（二）288
员登甲墓志　　　　　　　　　（四）18
员登科墓志　　　　　　　　　（四）20
员登魁墓志　　　　　　　　　（四）68
员桂选墓志　　　　　　　　　（四）92
员建德暨妻刘氏墓表　　　　　（四）154
员金庵迁葬墓志　　　　　　　（四）54
员景安墓志　　　　　　　　　（四）18
员母雷氏圹记　　　　　　　　（四）159
员母李氏墓志　　　　　　　　（四）35
员琦墓志　　　　　　　　　　（四）85
员汝舟墓志　　　　　　　　　（三）289
员善庵墓志　　　　　　　　　（四）161
员一元暨妻丁氏合葬墓志　　　（二）300

Z

za

杂咏四首　　　　　　　　　　（三）95

zai

栽种松柏圣旨碑　　　　　　　（二）121
再宿宜君　　　　　　　　　　（四）131

zan

赞留侯　　　　　　　　　　　（四）222

zang

臧怀恪神道碑　　　　　　　　（一）323
臧怀亮墓志　　　　　　　　　（一）307
臧一墓志　　　　　　　　　　（一）300
臧允恭墓志　　　　　　　　　（二）69
葬僧塔铭　　　　　　　　　　（二）97

zao

凿千万佛洞记碑　　　　　　　（二）288
凿石梁滩险矶并修石路碑　　　（三）167
凿修八卦宝盖藻井碑记　　　　（三）8
造化现成　　　　　　　　　　（四）209
造像记碑　　　　　　　　　　（二）322

zeng

曾祖父母晋赠碑　　　　　　　（三）272
增补天台庙宇碑　　　　　　　（四）91
增订五门堰善后章程碑记　　　（四）84
增广太史公祭田记　　　　　　（三）62
增加义举碑　　　　　　　　　（四）128
增建东岳圣帝两配殿碑记　　　（三）106
增建万佛岩佛塔记　　　　　　（二）238
增修大悲禅院碑　　　　　　　（三）115
增修东山洞记　　　　　　　　（二）305
增修汉博望侯张公墓道碑记　　（四）204
增修汉荆王祠记　　　　　　　（二）316
增修说经台碑　　　　　　　　（三）253
增修四献祠芸阁学舍记　　　　（四）162

增修五丈原武侯庙记 （三）258
增修献殿碑 （三）218
增修香严寺碑记 （四） 25
增修香严寺碑记 （四） 49
增修尧山功德碑 （三） 93
增修尧山庙碑 （四） 12
增修祖茔大略记 （二）296
增筑武侯真墓碑 （四）151
赠李垂街父母敕命碑 （二）322

zha

蜡庙残碑 （二）331

zhai

翟德墓志 （一）274
翟洪景墓志 （一）318
翟庆全墓志 （二） 66
翟突娑墓志 （一）136
翟邑侯重修太史庙记 （三） 75
砦庙吟 （三） 57

zhan

詹通齐墓志 （四）206
栈道歌 （三） 56
栈道杂诗碑 （四）100

zhang

张阿难碑 （一）196
张安姬墓志 （一） 30
张安世造像碑 （一） 25
张百药等游灵岩寺摩崖刻石 （二）124
张邦俊赠解额疏碑 （二）328
张弼狂草碑 （四）146
张秉愚等十人题名碑 （三）191
张秉直墓碑 （四） 43
张伯良陕军德政碑 （四）159

张卜暨妻张氏彭氏懿行碑 （四）181
张昶暨妻朱氏合葬墓志 （二）224
张朝清墓志 （一）346
张朝清墓志 （二） 8
张臣合墓志 （一）190
张成因买地蒟 （三）125
张承先懿行碑 （四）137
张楚林墓表 （四）190
张聪等奏刻五箴碑 （二）242
张聪生暨妻赵氏合葬墓志 （三）177
张聪贤德政碑 （三）267
张琮碑 （一）151
张大元布施碑 （三）271
张道墓志 （一）215
张道夷书阴符经碑 （二）181
张德墓志 （一）233
张德墓志 （二）239
张德之墓志 （二） 40
张登山墓志 （一）313
张东白圹记 （四）162
张东白先生手翰 （三）261
张笃生等题诗碑 （三）318
张耳臣墓碑 （三）253
张法曹妻萧氏墓志 （一）190
张飞拴马处 （四）205
张凤仪墓志 （三）290
张伏敬墓志 （一）126
张附翱暨妻田氏合葬墓志 （二）259
张公创建白水外城记 （二）276
张公祠堂记 （三）112
张公妻荆肆墓志 （一）346
张公妻李氏墓碑 （四） 24
张公神位碑 （四）115
张公太学义修道院记 （三）113
张拱枢题诗 （三）289

张灌园墓碑	（四）186	张君妻宗氏墓志	（二）	9
张国清墓志	（二） 72	张君如暨妻焦氏乌氏墓表	（四）215	
张国英请增解额碑	（三） 41	张濬墓志	（一）137	
张和仁造像碑	（一）110	张堪贡墓志	（一）329	
张珩题诗碑	（二）249	张轲墓志	（一）132	
张弘襟妻王氏阎氏合葬墓志	（四）100	张可仪暨妻邢氏合葬墓碑	（三）170	
张宏献夫妇墓碑	（四）102	张昆玉懿行碑	（四）102	
张侯墓志	（一）242	张来泰墓碑	（三）247	
张怗墓志	（二） 16	张礼暨妻罗氏墓志	（一）105	
张涣墓志	（二） 7	张立位暨妻孙氏墓碑	（三）293	
张焕斗兰竹图	（三）191	张良辅墓志	（二） 12	
张稽古墓志	（二）319	张良庙捐俸功德碑	（四）235	
张季常夫妻墓碑	（四）111	张良庙捐资碑	（三） 78	
张俭暨妻胡氏墓志	（一）117	张亮墓志	（一）297	
张骞墓碑	（三）159	张亮题诗碑	（四）226	
张骞墓碑	（四）145	张邻壁等题诗碑	（四）119	
张渐墓志	（二） 42	张令问妻臧氏墓志	（一）287	
张鉴堂墓表	（三）298	张鲁氏墓志	（三） 1	
张囧妻苏恒墓志	（一）129	张乱国造像碑	（一） 21	
张迥兴造像碑	（一） 62	张孟襄先生墓志铭	（四）223	
张居翰墓志	（二）106	张明进墓志	（一）347	
张君德行碑	（四）116	张明学记其师修庙碑	（四）235	
张君夫妇墓碑	（四） 18	张暯周造像碑	（一） 70	
张君暨妻解氏合葬墓志	（二） 57	张母任氏墓志	（二）256	
张君墓碑	（三）219	张乃鹤妻冯氏墓表	（四） 89	
张君墓志	（一）235	张乃华外祖母朱氏墓碑	（四）215	
张君墓志	（二） 99	张难墓志	（一）181	
张君墓志	（二）154	张宁墓志	（一） 54	
张君墓志盖	（一） 59	张宁墓志	（二） 3	
张君墓志盖	（二） 87	张鹏翅墓志	（三）269	
张君墓志盖	（二） 90	张鹏飞妻赵氏节孝碑	（三）322	
张君墓志盖	（二）100	张鹏翮题诗碑	（四）237	
张君妻吕氏墓志	（二） 15	张平轩暨妻合葬墓志	（三）307	
张君妻王氏墓志	（二） 68	张柒等造像碑	（一）100	
张君妻姚氏墓志	（一）335	张企留题诗碑	（四）191	

张绮墓志	（二）264	张氏墓志	（三）270
张谦墓志	（二）61	张氏墓志盖	（二）88
张谦墓志	（二）178	张氏女造像碑	（一）106
张乔墓志	（一）124	张氏神道碑	（四）145
张青云暨妻吴氏墓志	（四）4	张氏五世祖墓碑	（三）179
张清迁葬砖志	（二）139	张氏祖碑	（四）114
张庆清墓志	（三）216	张世观题诗	（三）318
张去奢墓志	（一）301	张世国暨妻郭氏合葬墓志	（二）293
张去逸墓志	（一）302	张寿墓志	（一）133
张荣恩墓志	（二）32	张树生墓志	（一）227
张如南妻郭氏节孝碑	（三）322	张澍墓志	（二）297
张叡暨妻杨氏墓志	（一）149	张思毅题诗碑	（四）48
张三丰瓜皮书碑	（四）182	张四胡墓志	（一）313
张三丰瓜皮题诗碑	（四）193	张四维暨妻杨氏合葬墓志	（三）261
张三丰诗碑	（三）65	张泰运暨妻陈氏合葬墓志	（二）332
张三丰书永乐、天顺帝语碣碑	（二）293	张泰运墓志	（二）330
张三丰遗迹记碑	（二）199	张惕生先生纪寿碑	（四）223
张僧妙法师碑	（一）89	张天桂墓志	（三）303
张善愿造像	（一）94	张通明墓志	（二）31
张少庚妾向氏墓碑	（四）76	张通妻陶贵墓志	（一）112
张邵墓志	（二）76	张妥夫妻墓碑	（四）226
张绍芳暨妻阎氏合葬墓志	（二）292	张万福造像碑	（一）75
张绍芳妻王氏墓志	（二）327	张惟一等祈雨记	（一）316
张绍芳妻阎氏墓志	（二）267	张惟则墓志	（二）34
张昇荣碑	（四）96	张维新吊汉太史公墓诗碑	（二）286
张士贵墓志	（一）170	张维岳神道碑	（一）338
张士贵妻岐氏墓志盖	（一）170	张伟庵处士家传	（四）131
张士佩著作碑	（二）319	张文奎墓志	（二）258
张氏后裔碑	（四）50	张文卿墓葬纪年刻石	（一）2
张氏墓志	（一）157	张文中合葬墓志	（二）236
张氏墓志	（一）304	张五暨妻郭氏墓碑	（四）137
张氏墓志	（二）18	张希见墓志	（一）333
张氏墓志	（二）66	张希进妻申屠氏墓志	（二）21
张氏墓志	（二）249	张喜墓志	（二）131
张氏墓志	（二）323	张贤墓碑	（二）258

张弦暨妻呼氏合葬墓志	（二）240	张治家暨妻杨氏合葬墓志	（四）191
张晓岚墓碑	（四）9	张智慧墓志	（一）192
张信齐神道碑	（四）245	张仲宾暨妻刘氏墓志	（一）153
张兴运暨妻阴氏合葬墓志	（三）245	张仲荀抄高僧传序	（二）110
张旭千字文	（二）126	张子故里	（四）232
张绪母李氏节操传	（三）157	张子嘉张鲁岑纪念碑	（四）224
张学海暨妻李氏雷氏合葬墓志	（三）297	张宗华暨妻张氏合窆墓志	（三）152
张学墓志	（二）275	张宗惠妻杨氏圹志	（二）200
张彦琳妻王氏墓志	（二）60	张宗良暨妻花氏墓志	（三）142
张业暨妻路氏墓志	（一）129	张宗载墓志	（三）142
张沂墓志	（二）263	张宗振墓志	（三）178
张宜墓志	（一）24	章惇题名碑	（二）122
张胤碑	（一）173	章怀恩墓碑	（四）64
张英题诗碑	（四）233	章熙墓志	（四）138
张应升诗碑	（二）332	彰善瘅恶	（三）301
张永昌墓碑	（一）12	长孙君妻段简璧墓志	（一）163
张永贵造像座	（一）82	长孙弄珪墓志	（一）171
张玉廷墓碑	（四）102	长孙瑱墓志	（一）21
张元淳游记碑	（四）236		
张元涮墓志	（二）74	**zhao**	
张元顺墓碑	（三）294	招圣寺大德慧坚禅师碑	（二）1
张元忠妻令狐氏墓志	（一）309	昭成窦后南方精石	（一）291
张原继夫妇墓碑	（三）278	昭成窦后西方精石	（一）291
张沄暨妻朱氏合葬圹志	（二）229	昭陵六骏碑	（二）127
张载东西铭碑	（三）235	诏示岳镇河渎碑	（二）192
张载墓碑	（四）100	赵阿师墓志	（一）204
张澡暨妻赵氏墓志	（三）40	赵长龄咏贵妃墓诗碑	（四）26
张赵氏墓碑	（四）102	赵长述墓志	（一）112
张贞生墓志	（三）216	赵超宗墓志	（一）18
张整墓志	（一）16	赵超宗妻王氏墓志	（一）62
张祉繁题诗碑	（四）211	赵呈泰墓志	（三）303
张祉繁题诗碑	（四）211	赵承祖墓志	（三）167
张志超题诗碑	（三）145	赵端甫墓表	（四）198
张志桐妻潘善利墓志	（一）137	赵芬残石	（一）143
张治道暨妻田氏陈氏卞氏合葬 墓志	（二）266	赵奉祖题诗碑	（四）14
		赵高墓志	（一）168

赵公德妻杨氏墓志　　　　　　　（四）121
赵公瑾墓志　　　　　　　　　　（二）183
赵关建堡议碑　　　　　　　　　（二）277
赵贯暨妻卢氏吴氏墓志　　　　　（二）59
赵光田墓志　　　　　　　　　　（三）62
赵国瑞墓志　　　　　　　　　　（三）244
赵行墓志　　　　　　　　　　　（二）96
赵弘济墓志　　　　　　　　　　（二）248
赵虎臣墓志　　　　　　　　　　（四）36
赵化题诗碑　　　　　　　　　　（四）239
赵怀珍夫妇墓碑　　　　　　　　（三）276
赵惠墓志　　　　　　　　　　　（一）107
赵继声墓志　　　　　　　　　　（四）167
赵近臣暨妻马氏合葬墓志　　　　（二）317
赵君墓志　　　　　　　　　　　（二）103
赵君墓志盖　　　　　　　　　　（二）95
赵君妻成果墓志　　　　　　　　（一）268
赵君妻李氏墓志　　　　　　　　（二）22
赵浚暨妻王氏赵氏合葬墓志　　　（三）22
赵可行墓志　　　　　　　　　　（三）6
赵林一墓志　　　　　　　　　　（四）47
赵聆暨妻王氏合葬墓志　　　　　（三）157
赵隆墓志　　　　　　　　　　　（一）150
赵洛暨妻李氏张氏墓志　　　　　（一）179
赵敏张力仁诗碑　　　　　　　　（四）158
赵明墓志　　　　　　　　　　　（一）300
赵母曹氏墓表　　　　　　　　　（四）198
赵母董氏墓志　　　　　　　　　（四）148
赵凝墓志　　　　　　　　　　　（三）260
赵屏国墓志　　　　　　　　　　（三）9
赵璞暨妻齐氏合葬墓志　　　　　（四）50
赵群墓志　　　　　　　　　　　（二）46
赵让墓志　　　　　　　　　　　（二）212
赵绳武墓志　　　　　　　　　　（三）133
赵石墓志　　　　　　　　　　　（二）54

赵时吉墓志　　　　　　　　　　（三）39
赵氏墓碑　　　　　　　　　　　（一）10
赵氏墓志　　　　　　　　　　　（二）13
赵氏墓志　　　　　　　　　　　（二）54
赵氏墓志盖　　　　　　　　　　（二）90
赵氏贞节碑　　　　　　　　　　（三）178
赵仕良墓志　　　　　　　　　　（二）51
赵寿山母曹氏墓志　　　　　　　（四）196
赵挽祭唐刘公文　　　　　　　　（三）2
赵温惠墓碑　　　　　　　　　　（三）297
赵文敏公八札真迹　　　　　　　（四）46
赵文信墓志　　　　　　　　　　（二）43
赵文雅妻边氏墓志　　　　　　　（一）208
赵文子祠碑　　　　　　　　　　（三）257
赵希璜题诗碑　　　　　　　　　（四）122
赵习铭暨妻王氏张氏及子赵饶秀碑（四）96
赵喜记等游留侯庙题刻　　　　　（四）212
赵闲闲诗碑　　　　　　　　　　（二）158
赵孝顺墓碑　　　　　　　　　　（四）218
赵孝颙墓志　　　　　　　　　　（一）203
赵心泉德政碑　　　　　　　　　（四）86
赵惺暨妻陈氏合葬墓志　　　　　（三）184
赵玄敏墓志　　　　　　　　　　（一）265
赵一韩墓志　　　　　　　　　　（三）52
赵一普许愿碑　　　　　　　　　（三）74
赵宜暄临赵孟𫖯乐志论　　　　　（三）210
赵义墓志　　　　　　　　　　　（一）212
赵应矩墓表　　　　　　　　　　（三）144
赵鱼时过雁塔寺有感诗碑　　　　（二）280
赵玉妻张氏墓志　　　　　　　　（一）156
赵玉亭暨妻谢氏合葬墓志　　　　（四）120
赵元凯墓志　　　　　　　　　　（二）269
赵元震暨妻阎氏阡表　　　　　　（四）165
赵悦墓志　　　　　　　　　　　（一）71
赵允昌题诗　　　　　　　　　　（三）41

知县康行倜捐金买地取租助学碑记 （三）88
知县题名碑 （四）237
知止 （四）218
执失奉节墓志 （一）172
执失善光墓志 （一）266
直罗县记事碑 （二）166
指路碑 （三）194
至圣先师孔子赞（甲） （三）70
至圣先师孔子赞（乙） （三）70
至正三年圣旨碑 （二）185
挚行基墓志 （一）188
致祭刘懋石 （三）14
智该法师碑 （一）151
智果寺补修第九次助缘信士碑记 （四）242
智惠墓志 （一）238
智隆造像碑 （一）142
智永真草千字文碑 （二）137
置田营租碑记 （三）112

zhong

中池河靖地方告示碑 （三）251
中共西北中央局为谢子长陵题词碑 （四）220
中和碑 （二）257
中华天柱 （三）8
中皇山女娲氏庙碑记 （三）121
中书门下牒凤翔府碑 （二）167
中书门下牒永兴军 （二）118
中书劄子 （二）118
中外一统 （三）51
中西两社乡老捐银碑 （四）151
忠烈大家碑记 （四）28
忠清粹德之碑 （二）159
忠武侯梁父吟琴吟碑 （三）201
忠孝节廉碑 （三）42
忠宣李公请状碑 （二）182

终南道阓行缘记碑 （二）213
终南山古楼观宗圣宫之图碑 （二）162
终南游记自序 （三）4
钟思齐德行碑 （三）169
钟资万墓碑 （四）92
众和村创修菩萨殿及山门楼碑记 （四）211
众善奉行 （四）243
众善舍斋文序 （三）129

zhou

州志补编南丰山记 （三）184
周保清题联 （四）42
周博候墓志 （三）320
周存斋妻廖氏墓志 （三）260
周大夫关尹喜墓碑 （三）246
周道务妻李孟姜墓志 （一）216
周公暨妻武氏合葬墓志盖 （三）34
周公庙润德泉复涌记 （二）172
周公圣水 （三）10
周护碑 （一）172
周惠墓志 （一）327
周急墓志 （一）292
周景夫妇合葬墓志 （二）251
周燨暨妻李氏合葬墓志 （四）128
周康泰母李氏墓志 （三）305
周克新墓志 （二）243
周夔题诗碑 （二）183
周老子墓 （三）160
周孟瑶墓志 （二）78
周妙真墓志 （二）221
周鸣河暨妻姚氏合葬墓志 （三）72
周母王氏墓志 （四）78
周氏祠堂重修叙铭 （三）243
周思忠墓志 （一）296
周太王陵 （三）171

周堂暨妻王氏合葬墓志　　　　（二）222
周王季陵　　　　　　　　　　（三）50
周王季陵　　　　　　　　　　（三）161
周旺夫妇合葬墓志　　　　　　（二）208
周文武成康庙碑　　　　　　　（二）245
周文郁墓志　　　　　　　　　（三）16
周雯兰草图碑　　　　　　　　（四）134
周武德皇后志铭　　　　　　　（一）98
周先贤燕子墓碑　　　　　　　（三）290
周晓墓志　　　　　　　　　　（一）316
周延镜游灵岩寺记碑　　　　　（二）338
周印楠德政碑记　　　　　　　（四）89
周爱谡圹志　　　　　　　　　（四）180
周仲仁暨妻张氏丘氏合葬墓志　（二）259
鳌屋临川堡两会买畜免税碑　　（四）189
鳌屋骆侯重修鄠县文庙碑记　　（三）50

zhu

朱秉梗暨妻田氏合葬圹志　　　（二）281
朱秉橘暨妻王氏圹志　　　　　（二）234
朱秉楸圹志　　　　　　　　　（二）290
朱昌颐题联　　　　　　　　　（四）22
朱诚浍圹志　　　　　　　　　（二）219
朱诚洌圹志　　　　　　　　　（二）250
朱诚涩圹志　　　　　　　　　（二）228
朱诚流暨妻杨氏合葬圹志　　　（二）214
朱诚汗妻丁氏圹志　　　　　　（二）264
朱诚溦暨妻任氏合葬圹志　　　（二）220
朱承恩德政碑　　　　　　　　（四）80
朱存机圹志　　　　　　　　　（三）23
朱达墓碣　　　　　　　　　　（二）84
朱德为谢子长陵题词碑　　　　（四）221
朱登癸墓碑　　　　　　　　　（三）241
朱公镶圹志　　　　　　　　　（二）198
朱公铄圹志　　　　　　　　　（二）206

朱公镞圹志　　　　　　　　　（二）214
朱公镗妃刘淑贞圹志　　　　　（二）202
朱公镗圹志　　　　　　　　　（二）204
朱公铤圹志　　　　　　　　　（二）204
朱公镕暨妻雷氏合葬圹志　　　（二）240
朱公镕圹志　　　　　　　　　（二）216
朱国宗墓碑　　　　　　　　　（四）47
朱华荣墓碑　　　　　　　　　（四）45
朱怀压妻彭氏杨氏圹志　　　　（二）265
朱建基暨妻马氏合葬墓志　　　（三）171
朱近池暨妻刘氏合葬墓志　　　（二）304
朱敬鈇暨妻张氏合葬墓志　　　（三）4
朱敬鑑草书千字文碑　　　　　（二）312
朱敬鑑书般若心经碑　　　　　（二）312
朱敬鑑书金丹四百字碑　　　　（二）312
朱敬鑑书金刚经碑　　　　　　（二）320
朱君暨妻孙氏合葬墓志盖　　　（三）37
朱君暨妻尤氏合葬墓志盖　　　（三）36
朱君暨妻张氏合葬墓志盖　　　（三）37
朱君妻雷定真墓志　　　　　　（一）324
朱良琦墓碑　　　　　　　　　（四）29
朱灵齐墓志　　　　　　　　　（三）319
朱灵斋墓志　　　　　　　　　（三）234
朱龙妻任氏墓志　　　　　　　（一）69
朱母彭氏墓碑　　　　　　　　（四）74
朱启亮暨妻谌氏合葬墓碑　　　（四）172
朱启万暨妻杜氏墓碑　　　　　（四）37
朱氏墓志　　　　　　　　　　（三）143
朱庭玘墓志　　　　　　　　　（二）5
朱望辉墓志盖　　　　　　　　（三）34
朱惟焌暨妻刘氏合葬墓志　　　（二）320
朱惟燦墓志　　　　　　　　　（二）268
朱惟烊墓志　　　　　　　　　（二）335
朱惟烊妻胡氏墓志　　　　　　（二）326
朱惟焣暨妻张氏合葬墓志　　　（三）12

朱惟蹩暨妻黄氏合葬墓志　　　　　（三）　 7
朱惟蹩暨妻黄氏墓志　　　　　　　（二）334
朱惟烜暨妻李氏合葬墓志　　　　　（二）306
朱惟熠墓志　　　　　　　　　　　（二）299
朱祥妻蔺氏龛铭　　　　　　　　　（一）305
朱象先墓碑　　　　　　　　　　　（二）178
朱兴隆暨妻刘氏墓碑　　　　　　　（四）192
朱谊淮妻王氏墓志　　　　　　　　（二）324
朱玉瓒墓碑　　　　　　　　　　　（三）252
朱元昊墓志　　　　　　　　　　　（一）308
朱元龙暨妻李氏合葬墓志　　　　　（三） 15
朱元有墓碑　　　　　　　　　　　（四）168
朱子家训　　　　　　　　　　　　（三）110
朱子桥将军碑文　　　　　　　　　（四）223
朱子桥墓志　　　　　　　　　　　（四）213
朱子治家格言　　　　　　　　　　（三）178
诸佛舍利宝塔碑额　　　　　　　　（一）141
诸葛亮前后出师表　　　　　　　　（三）199
诸葛武侯神位碑　　　　　　　　　（三）204
诸公游药水崖　　　　　　　　　　（二）147
诸家评张□□书法刻石　　　　　　（四）236
诸邑子等造像碑　　　　　　　　　（一） 61
诸邑子五十人造像碑　　　　　　　（一） 99
竹菊图碑　　　　　　　　　　　　（四）131
竹兰图碑　　　　　　　　　　　　（二）236
竹林寺重修碑记　　　　　　　　　（四） 65
竹雀图碑　　　　　　　　　　　　（四）238
助修清真古寺碑记　　　　　　　　（四） 36
住持僧人印库及徒空性捐银碑　　　（三）220
注岣嵝碑　　　　　　　　　　　　（三）103
祝允明书乐志论碑　　　　　　　　（二）215
筑修城堡碑　　　　　　　　　　　（三） 18

zhuan

篆书道德经碑　　　　　　　　　　（二）174

篆书目录偏旁字源五百四十部　　　（二）114
篆书千字文碑　　　　　　　　　　（二）109
篆字三星图　　　　　　　　　　　（三）131

zhuang

妆关帝神像碑　　　　　　　　　　（三）190
妆画真人殿宇碑记　　　　　　　　（三） 56

zhuo

"卓异等伦"残石　　　　　　　　（一）　 9
酌改摊派六里差徭章程碑记　　　　（四） 34

zi

子房山山场地界碑　　　　　　　　（三）221
梓潼文昌帝君阴骘文　　　　　　　（三）123
紫柏留仙　　　　　　　　　　　　（四）197
紫柏山免粮记　　　　　　　　　　（三） 11
紫柏中峰　　　　　　　　　　　　（四）190
紫平阳墓志盖　　　　　　　　　　（二）138
紫台胜景　　　　　　　　　　　　（三）166
紫阳县严禁匪徒乘机抢取客货告示碑（三）293
紫阳县正堂告示碑　　　　　　　　（三）268

zong

宗祠地产碑　　　　　　　　　　　（四） 20
宗圣宫铜章石兽铭　　　　　　　　（二）284
宗氏源流碑　　　　　　　　　　　（二）255
宗延英墓志　　　　　　　　　　　（二）126

zou

邹应黉暨妻张氏合葬墓志　　　　　（三） 13
邹应龙母墓志　　　　　　　　　　（三） 39

zu

祖师田真人传　　　　　　　　　　（三）234
祖士衡墓志　　　　　　　　　　　（二）123

首字阙者附后

二、全称音序索引

A

an

安定胡府君墓志　　　　　　　　（一）146
安定郡夫人胡氏墓志　　　　　　（二）104

B

ba

八品亡宫年卌墓志铭并序　　　　（一）270
八品亡宫志文一首并序　　　　　（一）231

bai

白衣大悲五印心陀罗尼经　　　　（二）310
白云山起建藏经台阁会首功德疏　（二）337
白云山新建四圣宫前后山门东廊房
　并重建诸殿阁装塑神像簿培神仙
　洞城坎戏房碑记　　　　　　　（四）243
白云山祖师庙吴堡县头会捐修七圣
　楼乐楼社窑纪念碑序　　　　　（四）215
百丈堰新建高公桥碑记　　　　　（二）311

ban

般若波罗蜜多心经　　　　　　　（二）310

ben

本台掌院冲虚元顺张真人墓　　　（三）294

biao

骠骑将军肃斋王公墓志铭　　　　（三）31

bie

别驾韩公考正位次记　　　　　　（三）69

bin

邠国公功德铭并序　　　　　　　（二）20
邠宁节度使检校司徒陇西李公长女
　墓志并序　　　　　　　　　　（二）28

bing

兵部侍郎甄公墓志铭　　　　　　（三）28
兵宪张公创建白水外城记　　　　（二）276

bu

补葺白云山神路并改修乐楼碑记　（四）65

C

cang

仓渡镇回约蓝均德显全□合镇回民
　等全立碑记　　　　　　　　　（四）14

cao

曹大老爷减收仓粮除清遗弊德政碑　（四）9

chang

昌黎韩公才墓　　　　　　　　　（二）134

chao

朝散大夫董君墓志铭　　　　　　（二）94

che

车度里居民修建玄天上帝庙碑　　（二）290

cheng

城固县令清查五门堰并修定章程碑记（四）228

城隍庙建立正殿宝座寝宫左廊碑 （三）3

城内北街三圣会重修三圣殿并创建
瘟神庙碑记 （三）281

chi

持调三原县正堂候补分府加七级记
录八次程 （三）220

敕封大智圆正圣僧禅师僧肇碑记 （三）114

敕封妙应真人圣神之先茔 （四）35

敕封儒人佺媳李氏墓志 （三）277

敕封修职郎慎思童公德义碑 （四）3

敕封征仕郎白峰暨配孺人阎氏黄氏
王氏合葬墓志铭 （三）2

敕旌处士张鹏飞室人赵氏节孝碑 （三）322

敕旌处士张如南室人郭氏节孝碑 （三）322

敕旌节孝何祖母苏孺人神道记 （三）282

敕旌节孝马孺人小传 （三）267

敕旌孝子例赠永德郎举孝廉方正
给六品顶带大学生义菴杨公宾
行碑记 （三）202

敕授文林郎三原县正堂加六级纪录
十二次陆 （三）280

敕授文林郎山西汾州府介休县知县
象岩王公孺人孟氏合葬墓志铭 （三）35

敕赠孺人郭氏继室葛氏墓志铭 （二）226

敕赠文林郎监察御史散庵杨公合葬
墓志铭 （二）223

chong

重修白云山关帝及五祖七真诸君
庙碑 （四）162

重修白云山五龙捧圣宫南北祖师观
音庙碑记 （三）309

重修本村神庙创修沙河石桥记 （二）306

重修城隍庙寝殿创建无梁门明禋
亭记 （二）261

重修大普济禅寺万佛岩楼记 （二）238

重修斗母宫五瘟灵官铁尾殿施财众
信刻列于左 （三）141

重修古楼观宗圣宫下院延生观记 （二）236

重修汉丞相诸葛武乡侯墓成敬题 （三）202

重修汉丞相诸葛忠武侯祠墓记 （二）304

重修汉丞相诸葛忠武侯庙记 （二）211

重修汉太史司马祠记 （二）180

重修合邑士庶人等尊奉御旨革除现
役陋规德政石 （三）190

重修略阳县灵岩寺正殿偏桥碑记 （三）1

重修普明香严青霄山里外圣母宫
碑记 （三）312

重修漆浒左赠君生祠记 （三）6

重修山神庙暨照壁栏墙碑记 （三）197

重修神庙神洞神楼神塔并创建享
殿围墙碑记 （三）239

重修十大名医神殿并过风楼暨诸
工碑记 （三）170

重修宋张横渠先生祠堂并立书院
碑记 （三）173

重修太清观老君三官四圣殿碑记 （三）242

重修太史庙南埝墙并文星阁及羊
城序 （四）12

重修太史司马庙记 （二）196

重修天台山定慧寺佛殿暨观音菩
萨圣母娘娘殿碑记 （四）86

重修文庙暨恭制礼器纱灯公项碑记 （三）178

重修午子上观寝宫并立万年灯碑序 （四）49

重修邑城隍庙献殿钟鼓楼暨道院记 （二）336

重修云阳镇城隍庙献殿山门乐楼献
楼廊院各工碑记 （四）70

重修周公庙赋并序 （二）130

重建韩城县学尊经阁并移修敬一亭
约礼斋泮池门坊墙垣记 （三）96

chu

处士昌吾杨公暨元配李氏合葬墓
　　志铭　　　　　　　　　　　（三）94
处士郭福田暨德配李儒人之墓　（四）196
处士马公讳天应之妻刘氏贞节碑（三）296
处士马公墓志铭　　　　　　　（四）60
处士眷宾范公墓碑　　　　　　（三）88
处士王君维伸墓表　　　　　　（三）167
处士希忠秦公暨配刘孺人合葬墓
　　志表　　　　　　　　　　　（二）338
处士象庵张公暨元配邢孺人合葬
　　之墓　　　　　　　　　　　（三）170
处士蕴王赵璞暨德配齐氏墓志　（四）50
处士赵公墓志铭　　　　　　　（二）212

chuang

创建大道迎祥宫之碑　　　　　（二）172
创建元天上帝真武行宫碑记　　（三）204
创刻明仁厚陈公石门汤泉洗病时
　　辰碑　　　　　　　　　　　（四）90
创立云蒙书堂万寿宫小魁川悟真
　　观地亩碑记　　　　　　　　（三）210
创修无生老母观音菩萨女清菩萨
　　碑记　　　　　　　　　　　（四）84

ci

赐进士出身文林郎校河南开封府
　　尉氏县知县淡泉李公神道碑　（三）131
赐进士及第诰授光禄大夫太子太
　　保晋太子太傅经筵讲官南书房
　　供奉尚书房总师傅军机大臣紫
　　光阁功臣东阁大学士兼管礼部
　　事务予告在籍食奉赠太子太师
　　入祀贤良祠王文端公墓志铭　（三）207
赐同进士出身诰授奉直大夫河南

裕州休致知州云峰文公墓志　　（三）126

cui

崔母阎太孺人懿行叙　　　　　（四）219

D

da

大朝故京兆总管府奏差提领经历段
　　君墓志铭并序　　　　　　　（二）163
大代宕昌公晖福寺碑　　　　　（一）13
大德处仕陈公初合李孺人之墓　（四）119
大德望东圆李公暨德配梁孺人后山
　　阡表　　　　　　　　　　　（四）207
大德益轩蒙公墓志铭　　　　　（三）186
大闺范曹老孺人芳躅神道碑记　（四）14
大将军昌乐公府司土行参军张通妻
　　陶墓志　　　　　　　　　　（一）112
大将军□□□华山郡开国公吴公
　　墓志　　　　　　　　　　　（一）56
大金故绥德监酒武公墓志铭　　（二）146
大晋故定难军节度副使光禄大夫检
　　校太保兼御史大夫上柱国开国男
　　食邑三百户彭城刘公墓志铭　（二）107
大晋故定难军节度判官兼掌书记朝
　　议郎检校尚书水部员外郎兼侍御
　　史柱国赐绯鱼袋荥阳毛公墓志铭（二）107
大晋国故夏银绥宥等州观察支使将
　　仕郎试大理评事赐绯鱼袋南阳郡
　　何公墓志铭并序　　　　　　（二）107
大晋绥州故刺史金紫光禄大夫检校
　　太保兼御史大夫上柱国李公墓志
　　铭并序　　　　　　　　　　（二）108
大阈范杨母孙老孺人节孝碑铭　（四）81
大梁上柱国阳邑僖公墓志铭　　（一）146
大龙兴寺崇福法师塔铭并序　　（一）262

大明邻学生纪公墓志铭　　　　　（二）315

大明敕封太孺人张母鲁氏墓志铭　（三）　1

大明敕修汉丞相诸葛武乡忠武侯祠
　　墓碑铭　　　　　　　　　　（二）227

大明迪功郎张先生合葬墓志铭　　（二）236

大明奉国将军淑人合葬圹志铭　　（二）214

大明奉政大夫山西按察司佥事友山
　　先生王公墓志铭　　　　　　（二）250

大明诰封都指挥同知廖公夫人孙氏
　　墓志铭　　　　　　　　　　（二）211

大明诰封明威将军王公配恭人陈氏
　　合葬墓志铭　　　　　　　　（二）256

大明诰封淑人杨母何氏墓志铭　　（二）318

大明故处士同君孺人杨氏合葬墓
　　志铭　　　　　　　　　　　（二）216

大明故处士同君孺人杨氏合葬墓
　　志铭　　　　　　　　　　　（三）36

大明故明威将军指挥佥事刘公墓
　　志铭　　　　　　　　　　　（二）207

大明故山西平阳府蒙城驿驿丞狄
　　公墓志铭　　　　　　　　　（二）225

大明故太安人李氏墓志铭　　　　（二）221

大明故邑学生石月屈公暨配孺人
　　李氏仲氏合葬墓志铭　　　　（二）315

大明故昭信校尉护卫王氏父子圹
　　志铭　　　　　　　　　　　（二）229

大明故周公夫妇合葬墓志铭　　　（二）208

大明光禄大夫太子太保兵部尚书
　　兼提督京营军务赠太子太傅闫
　　公之墓　　　　　　　　　　（三）28

大明国乾州阳洪店村重修兴国禅
　　院记　　　　　　　　　　　（二）210

大明邰阳王妃刘氏圹志　　　　　（二）202

大明嘉议大夫户部右侍郎阎公墓
　　志铭　　　　　　　　　　　（二）209

大明临潼王府辅国将军庸斋夫人田
　　氏合葬圹志铭　　　　　　　（二）281

大明秦府承奉正侯公墓志铭　　　（二）219

大明秦府郃阳惠恭王圹志铭　　　（二）204

大明山西乐平教谕狄公孺人陈氏合
　　葬墓志铭　　　　　　　　　（二）237

大明上洛县主圹志铭　　　　　　（二）203

大明文林郎山西灵丘县致仕知县竹
　　石阁公配孺人张氏陈氏合葬墓志
　　铭　　　　　　　　　　　　（二）270

大明兴平安僖王圹志　　　　　　（二）206

大明永寿康定王圹志　　　　　　（二）204

大明永寿王府辅国将军公鉊圹志铭（二）216

大明永寿王府镇国将军夫人姜氏
　　圹志　　　　　　　　　　　（二）202

大明永寿王府镇国将军公铼圹志　（二）214

大明昭毅将军陕西都司都指挥佥
　　事序斋杨公配淑人宇文氏合葬
　　墓志铭　　　　　　　　　　（二）272

大明昭毅将军陕西都司都指挥佥事
　　杨伯子墓志铭　　　　　　　（二）257

大明镇国将军圹志　　　　　　　（二）198

大明中顺大夫凤山阁公宜人张氏合
　　葬墓志铭　　　　　　　　　（二）250

大明中顺大夫山西太原府知府凤山
　　阁公恭人刘氏合葬墓志铭　　（二）267

大明宗室辅国将军桧参圹志　　　（二）250

大明宗室辅国将军圹志铭　　　　（二）228

大明宗室辅国将军朱公鉊夫人雷氏
　　合葬圹志　　　　　　　　　（二）240

大明宗室故镇国将军夫人童氏圹志（二）207

大明宗室华源郡君合葬圹志　　　（二）229

大明宗室秦藩永兴王府奉国中尉安
　　人刘氏合葬墓志铭　　　　　（二）304

大明宗室秦景王圹志　　　　　　（三）23

大明宗室永寿郡支镇国中尉榴亭公
　　配恭人刘氏合葬墓志铭　　　　（二）320
大清诰封骠骑将军原任浙江黄岩水
　　师右路副总兵都督佥事谦庵孙公
　　暨配申夫人合葬志铭　　　　　（三）64
大清故医宏不器家传碑文谨序　　（三）311
大清国陕西西安府乾州涘头里章留
　　村重修玉皇庙碑记　　　　　　（三）105
大清候铨直隶分州梁公王任氏合葬
　　墓志铭　　　　　　　　　　　（三）234
大清理学名儒丰川王先生之墓　　（三）122
大清平凉府静隆州县通边野赵二镇
　　灯会碑记　　　　　　　　　　（三）131
大清天下陕西兴安府安康县河北岸
　　香獐铺将军山重修满庙神像碑序（三）188
大清御制遣祭文武二王陵文　　　（三）44
大硕德公刘老先生老大人之墓碑　（四）145
大司马巡抚陕西鄂公兴复五义学碑
　　记　　　　　　　　　　　　　（三）68
大宋故凤翔终南山上清太平宫主宗
　　道大师赐紫谭君玄堂志铭并序　（二）114
大宋故侯府君訴墓志铭　　　　　（二）120
大宋故江陵府节度推官宣德郎试大
　　理评事范阳卢公墓志铭　　　　（二）123
大宋故推诚翊戴功臣感德军节度观
　　察留后光禄大夫检校太傅知定州
　　军州事充本州马步军部署管内制
　　置营田使兼御史大夫上柱国安定
　　郡开国公食邑五千八百户实封六
　　百户赠太尉安公墓志铭并序　　（二）114
大宋华州蒲城县创建修孚泽庙昭祐
　　显圣王行宫碑　　　　　　　　（二）143
大宋京兆府户县逍遥栖禅寺新修水
　　磨记　　　　　　　　　　　　（二）118
大宋摄夏州观察支使何公墓志并序（二）111

大宋孙夫人墓志铭并序　　　　　（二）119
大宋新修唐太宗庙碑铭并序　　　（二）112
大宋新修唐宪宗庙碑铭　　　　　（二）111
大宋新修唐玄宗庙碑铭并序　　　（二）111
大宋新修周武王庙碑铭并序　　　（二）111
大宋新译三藏圣教序　　　　　　（二）113
大宋永兴军新修玄圣文宣王庙
　　大门记　　　　　　　　　　　（二）115
大宋昭德军故韩府君墓志铭并序　（二）113
大宋镇西军留青村税户葬主邓珣
　　墓志记并序　　　　　　　　　（二）116
大隋安僖公李使君碑　　　　　　（一）144
大隋大将军尚书右仆射淮安定公
　　墓铭　　　　　　　　　　　　（一）142
大隋大业十二年闰五月九日薨于
　　河南郡洛阳县章善里故张主簿
　　墓铭　　　　　　　　　　　　（一）137
大隋宫人采女田氏墓志铭并序　　（一）137
大隋宫人故司陈氏六品墓志铭　　（一）125
大隋宫人司膳丁氏墓志铭并序　　（一）134
大隋故荡边将军信州典签马君墓
　　志铭　　　　　　　　　　　　（一）113
大隋故扶风郡陈仓县令曹君之墓志（一）133
大隋故枹罕郡主簿皇甫公墓志铭
　　并序　　　　　　　　　　　　（一）177
大隋故宫人常泰夫人墓志铭并序　（一）140
大隋故宫人六品墓志铭并序　　　（一）141
大隋故宫人六品御女唐氏墓志铭
　　并序　　　　　　　　　　　　（一）141
大隋故宫人司计刘氏铭并序　　　（一）141
大隋故河堤使者西河公窦君墓志　（一）139
大隋故上开府徐州总管边城郡开
　　国公尔朱公墓志铭　　　　　　（一）107
大隋金紫光禄大夫萧岑孙内宫堂
　　姪故萧滨之铭　　　　　　　　（一）137

大隋京兆郡华原县故高叡墓志铭 （一）128

大隋开府仪同三司安定公王君之
墓志 （一）107

大隋开皇八年岁次戊申七月戊辰朔
十七日甲申故渡辽将军上柱国普安
公司兵参军事洛州宗卫长史杨君
墓志铭 （一）103

大隋开皇九年岁次己酉十一月庚寅
朔十九日戊申熊州长史皇甫公墓
志铭 （一）104

大隋开皇九年岁次己酉十月辛酉朔
廿五日乙酉故曜武将军虎贲内郎
将关君墓志铭 （一）105

大隋开皇十四年十月廿三日息州梁
安郡守侯公铭 （一）109

大隋开皇五年岁次乙巳八月乙酉朔
十二日丙申葬于城南高阳原使持
节仪同三司内常侍故宋虎墓志 （一）101

大隋梁武陵王记室参军之墓志 （一）111

大隋纳言上柱国光禄大夫司徒公尚
书令太子太师太尉公楚景武公墓
志铭并序 （一）121

大隋骠骑将军右光禄襄州别驾兼长
史平舒子刘公墓志 （一）103

大隋前纳言开府仪同三司光禄大夫
房公苏威妻夫人宇文氏墓志 （一）139

大隋仁寿三年骠骑大将军散骑常侍
淮阳郡守张府君胡夫人等墓志 （一）117

大隋上柱国滕王常侍何君之志 （一）111

大隋使持节大将军工兵二部尚书司
农太府卿太子左右卫率右庶子洪
吉江虔饶袁抚七州诸军事洪州总
管安平安公故苏使君之墓志铭 （一）118

大隋使持节上柱国德广郡开国公李
史君之墓志铭 （一） 97

大隋使持节柱国灵州总管海陵郡贺
若使君之碑 （一）111

大隋太师上柱国凉国景公夫人刘氏
墓志铭 （一） 99

大隋田君墓志铭 （一）117

大隋殄寇将军奋武尉右屯卫步兵校
尉解府君之墓志 （一）124

大隋威烈将军右员外侍郎刘府君
墓志 （一）111

大隋营东都土工副监男孟孝敏妻
刘氏 （一）127

大隋越国夫人郑氏墓志 （一）115

大隋真化道场尼那提墓志之铭 （一）129

大唐阿史那瀚海夫人墓志铭 （二）104

大唐安定里长者焦君夫人杨氏墓志 （一）185

大唐安国寺故内外临坛大德寂照和
上碑铭并序 （二） 39

大唐朝议郎行内侍省宫闱局丞上柱
国公士杜君墓志并序 （一）272

大唐朝议郎前行司农寺太仓署令上
柱国萧公故夫人田氏墓志铭并序 （二） 14

大唐车光倩墓志铭并序 （二） 99

大唐澄心寺尼故优昙禅师之塔铭
并序 （一）210

大唐崇福寺故僧录灵晏墓志铭并序 （二） 56

大唐崇敬寺内外临坛尼大德杜和尚
墓志铭并序 （二） 31

大唐处士达奚公墓志铭并序 （一）255

大唐德业寺故尼法矩墓志铭并序 （一）217

大唐登仕郎行内侍省掖庭局宫教博
士员外置同正员上柱国钜鹿魏公
夫人韦氏墓志铭并序 （二） 69

大唐法云寺尼辩惠禅师神道志铭
并序 （一）312

大唐范府君墓志铭并序 （一）278

大唐甘露寺故尼真如之柩　　　　　（一）205
大唐故安北都护格君墓志铭　　　　（一）288
大唐故安王墓志铭并序　　　　　　（二）38
大唐故白府君墓志铭　　　　　　　（二）54
大唐故抱德幽栖举吏部常选天水赵
　　君志铭并序　　　　　　　　　（一）271
大唐故暴府君墓志铭并序　　　　　（一）278
大唐故北海郡晏府君之墓志铭并序　（二）56
大唐故兵部常选富阳孙君墓志铭
　　并序　　　　　　　　　　　　（一）285
大唐故并州太原府折冲郑府君墓志
　　铭并序　　　　　　　　　　　（一）222
大唐故勃逆宫人志文并序　　　　　（一）251
大唐故亳州山桑县令温公墓志铭
　　并序　　　　　　　　　　　　（一）282
大唐故曹州刺史韦府君夫人晋原
　　郡君王氏墓志铭并序　　　　　（一）215
大唐故常州长史韦君墓志铭并序　　（一）183
大唐故朝大夫吕文达及夫人边氏
　　墓志铭　　　　　　　　　　　（一）193
大唐故朝请大夫行嘉州长史上柱
　　国萧府君墓志铭并序　　　　　（一）270
大唐故朝请大夫内侍省内给事京兆
　　韦公广平县君宋夫人墓志并序　（一）316
大唐故朝请郎□梁州都督府参军事
　　平原县开国男杨府君墓志铭并序　（一）257
大唐故朝散大夫行少府监中尚署令
　　王府君墓志铭并序　　　　　　（一）232
大唐故朝散大夫岐君墓志铭并序　　（一）207
大唐故朝散大夫上护军行魏州武圣
　　县令蒋府君墓志铭并序　　　　（一）252
大唐故朝散大夫守沁州刺史冯公
　　之碑　　　　　　　　　　　　（一）266
大唐故朝散大夫守昭陵令护军姬府
　　君墓志铭并序　　　　　　　　（一）205

大唐故朝散大夫王伏兴妻吕府君
　　之铭　　　　　　　　　　　　（一）155
大唐故朝散大夫盐州长史豫汾二州
　　司马安阳县男崔府君墓志铭并序　（一）213
大唐故朝散大夫□君墓志铭并序　　（一）188
大唐故朝议大夫试沂州司马荥阳郡
　　郑府君墓志铭并序　　　　　　（二）23
大唐故朝议大夫行内侍省内府令员
　　外置同正员上柱国赐紫金鱼袋王
　　公墓志铭并序　　　　　　　　（二）79
大唐故朝议大夫行尚书兵部郎中上
　　柱国冯翊严府君墓志铭并序　　（一）258
大唐故朝议郎试少府监丞赐紫金鱼
　　袋李府君墓志　　　　　　　　（二）11
大唐故朝议郎行河南府士曹参军敦
　　煌张公墓志　　　　　　　　　（二）99
大唐故朝议郎行婺州司仓参军事柱
　　国韦府君墓志铭并序　　　　　（一）263
大唐故朝议郎行徐州长史成公府君
　　墓志铭并序　　　　　　　　　（一）214
大唐故长城府果毅太原王府君墓
　　志铭　　　　　　　　　　　　（一）312
大唐故长乐公主墓志铭　　　　　　（一）154
大唐故长乐公主之碑　　　　　　　（一）154
大唐故丞务郎段府君墓志铭并序　　（一）189
大唐故处士陈君墓志铭并序　　　　（一）280
大唐故处士董君墓志铭并序　　　　（一）164
大唐故处士郭公墓志铭并序　　　　（二）28
大唐故处士京兆田君墓志铭并序　　（一）191
大唐故处士陪戎副尉雷君墓志铭
　　并序　　　　　　　　　　　　（一）314
大唐故处士王君墓志铭并序　　　　（一）214
大唐故处士颍川陈君墓志铭并序　　（一）215
大唐故处士挚君墓志　　　　　　　（一）188
大唐故大将军凉国公契苾府君之碑　（一）254

大唐故大智禅师碑铭并序 （一）284
大唐故代国长公主碑 （一）281
大唐故道州长史汲郡尚府君墓志铭
　　并序 （二）67
大唐故德静县令赵有君墓志铭并序 （一）265
大唐故德业寺亡尼七品墓志 （一）211
大唐故殿中少监上柱国唐府君墓志铭
　　并序 （一）210
大唐故殿中侍御史陇西李府君墓志铭
　　并序 （二）11
大唐故殿中侍御史内供奉赐绯鱼袋
　　陆公墓志铭并序 （一）329
大唐故定远将军同州连邑府折冲都
　　尉兼仗内供奉扶风茹君墓志铭并
　　序 （一）275
大唐故董夫人墓志铭 （一）180
大唐故都水监独孤丞长女墓志并序 （一）224
大唐故窦府君墓志铭 （二）91
大唐故翻经大德益州多宝寺道因法
　　师碑文并序 （一）181
大唐故丰州永丰县令京兆韦府君墓
　　志铭并序 （一）195
大唐故丰州永丰县令韦府君夫人杜
　　氏墓志铭并序 （一）207
大唐故奉义郎行洪州南昌县丞杨府
　　君墓志铭并序 （二）24
大唐故夫人李氏墓志 （二）90
大唐故夫人张氏墓志 （二）88
大唐故扶风马府君墓志铭并序 （二）11
大唐故府君东平郡吕氏墓志铭并序 （一）342
大唐故辅国大将军行左龙武军将军
　　知军事兼光禄卿扶风县开国伯上
　　柱国冯府君墓志 （一）333
大唐故辅国大将军荆州都督虢国公
　　张公墓志铭并序 （一）170

大唐故辅国大将军荆州都督上柱国
　　嘉川襄公周君碑文 （一）172
大唐故辅国大将军上柱国虢国公男
　　故右卫长上校尉上柱国张君母樊
　　氏墓铭并序 （一）180
大唐故宫人丁氏墓志 （一）147
大唐故宫人司制何氏墓志 （一）147
大唐故冠军将军左羽林军大将军东
　　莞郡开国公上柱国臧府君墓志铭
　　并序 （一）307
大唐故光禄大夫工部尚书使持节都
　　督荆州刺史驸马都尉上柱国莘安
　　公窦公墓志铭并序 （一）158
大唐故郭府君夫人赵氏墓志铭并序 （一）349
大唐故郭府君墓志铭 （一）253
大唐故郭君墓志铭并序 （一）191
大唐故郭君墓志铭并序 （一）293
大唐故国子祭酒鲁郡太守（下缺）嗣
　　韩王妃京兆杜氏墓志并序 （一）303
大唐故虢国夫人岐氏墓志铭 （一）170
大唐故韩君之墓志 （一）199
大唐故汉州司马朝散大夫庞府君墓
　　志铭并序 （一）332
大唐故瀚海都督右领军卫大将军经
　　略军使回纥府君墓志铭并序 （一）317
大唐故和上大善知识轮自在志铭
　　并序 （一）280
大唐故河东关氏墓志铭并序 （二）30
大唐故贺兰都督墓志并序 （一）250
大唐故恒山愍王荆州诸军事荆州大
　　都督墓志铭 （一）286
大唐故洪州都督府长史韦君墓志
　　并序 （一）204
大唐故洪州都督府长史韦君墓志铭
　　并序 （二）83

大唐故户曹骑都尉支府君墓志铭　　（一）163

大唐故华阴郡参军韦府君墓志铭
　　并序　　（一）295

大唐故怀德县主墓志铭并序　　（一）205

大唐故怀州刺史赠特进耿国公武府
　　君墓志铭并序　　（一）245

大唐故淮南大长公主墓志铭并序　　（一）226

大唐故淮阳公主墓志铭并序　　（一）252

大唐故黄门侍郎兼修国史赠礼部尚
　　书上柱国扶阳县开国子韦府君墓
　　志铭并序　　（一）243

大唐故积石道经略大使右卫员外大
　　将军检校右羽林军兼检校廓州刺
　　史上柱国燕国公赠镇军大将军幽
　　州刺史墓志　　（一）220

大唐故纪王府主簿李君墓志铭并序　　（一）166

大唐故监门长上校尉折娄府君之墓
　　志并序　　（一）213

大唐故将军张公之碑　　（一）196

大唐故蒋府君墓志铭　　（二）92

大唐故焦府君墓志铭　　（二）92

大唐故节度押衙充监军衙马步都知
　　兵马使并知衙事银青□□大夫检
　　校太子宾客兼侍御史上柱国颍川
　　郡陈府君墓志铭并序　　（二）70

大唐故婕妤三品亡尼墓志铭并序　　（一）185

大唐故金仙长公主神道碑铭并序　　（一）283

大唐故金仙长公主志石铭并序　　（一）283

大唐故金紫光禄大夫郭府君墓志铭
　　并序　　（一）211

大唐故金紫光禄大夫行鄜州刺史赠
　　户部尚书上柱国河东忠公杨府君
　　墓志铭并序　　（一）271

大唐故金紫光禄大夫行潭州别驾上
　　柱国扶风郡开国公马府君墓志铭

　　并序　　（一）341

大唐故军器使银青光禄大夫行内侍
　　省内给事赠内侍上柱国陇西县开
　　国男食邑三百户赐紫金鱼袋李府
　　君墓志铭并序　　（二）59

大唐故开府仪同三司鄂国公尉迟君
　　墓志并序　　（一）176

大唐故开府仪同三司兼内侍监上柱
　　国齐国公赠扬州大都督高公墓志
　　铭并序　　（一）318

大唐故开府仪同三司尚书右仆射上
　　柱国赠司徒并州都督申文献公之
　　茔兆记　　（一）167

大唐故开府仪同三司尚书左仆射上
　　柱国赠司空芮国元公豆卢府君之
　　碑并序　　（一）250

大唐故开府仪同三司试殿中监上柱
　　国王府君墓志铭并序　　（一）349

大唐故开府仪同三司特进户部尚书
　　上柱国莒国公唐君墓志铭并序　　（一）169

大唐故开府仪同三司赠扬州大都督
　　陪葬泰陵高公神道碑并序　　（一）327

大唐故康夫人墓志铭并序　　（一）317

大唐故恪墓志铭并序　　（一）164

大唐故兰陵长公主碑铭并序　　（一）176

大唐故礼部尚书姜府君之碑　　（一）314

大唐故礼部尚书张府君之碑　　（一）173

大唐故李府君墓志　　（二）6

大唐故李府君墓志铭　　（二）93

大唐故梁府君墓志铭　　（二）89

大唐故临川郡长公主墓志铭并序　　（一）216

大唐故灵州都督府灵武县令宇文明
　　府公墓志铭序　　（一）199

大唐故灵州武略府别将赏紫金鱼袋
　　上柱国任公墓志并序　　（一）278

大唐故刘夫人墓志铭　　　　　　　　（二）87
大唐故刘夫人墓志铭　　　　　　　　（二）93
大唐故刘府君墓志铭　　　　　　　　（二）92
大唐故刘君合葬墓志铭并序　　　　　（一）293
大唐故隆州司法独孤府君墓志铭
　　并序　　　　　　　　　　　　（一）200
大唐故隆州司户参军事王君及夫人
　　素和氏墓志铭并序　　　　　　（一）169
大唐故陇西李夫人墓志铭并序　　　　（一）326
大唐故陇西李氏墓志　　　　　　　　（二）93
大唐故庐江潜人何毅木墓志铭并序　　（二）35
大唐故泸州都督府参军韦君墓志铭
　　并序　　　　　　　　　　　　（一）221
大唐故陆府君墓志并序　　　　　　　（一）308
大唐故洛交郡大同府果毅丘府君夫
　　人彭城刘氏墓志铭并序　　　　（一）313
大唐故马府君墓志铭　　　　　　　　（一）223
大唐故马府君墓志铭　　　　　　　　（二）88
大唐故秘书少监刘府君墓志铭并序　　（一）213
大唐故岷州基城县令赵府君墓志铭
　　并序　　　　　　　　　　　　（二）103
大唐故明威将军检校左威卫将军赠
　　使持节陈留郡诸军事陈留郡太守
　　上柱国高府君墓志铭并序　　　（一）314
大唐故明威将军守左龙武军中郎将
　　上柱国徐府君墓志铭并序　　　（一）295
大唐故明威将军太子左司御卫率护
　　军井陉县开国公刘府君墓志铭　（一）186
大唐故洺州曲周县令纪府君墓志
　　并序　　　　　　　　　　　　（一）280
大唐故睦州刺史夏侯府君夫人李氏
　　墓志铭并序　　　　　　　　　（一）198
大唐故南阳张氏墓志铭并序　　　　　（一）336
大唐故内侍伯段君妻高夫人墓志铭
　　并序　　　　　　　　　　　　（一）189

大唐故内侍省内寺伯段君墓志铭　　　（一）179
大唐故内侍省文直省掌枢密马府君
　　墓志铭并序　　　　　　　　　（二）8
大唐故内寺伯祁府君墓志铭并序　　　（一）329
大唐故念弥陀佛诵弥陀经行者包府
　　君墓志铭并序　　　　　　　　（一）214
大唐故宁将军河东郡盐海府折冲
　　都尉致仕桓府君墓志铭并序　　（一）303
大唐故宁远将军上柱国左领军卫长
　　城府折冲都尉皇甫君墓志并序　（一）209
大唐故宁远将军守右金吾卫平阳郡
　　羊邑府折冲都尉员外置同正员解
　　府君墓志铭并序　　　　　　　（一）308
大唐故牛府君墓志铭　　　　　　　　（二）87
大唐故陪戎校尉万府君墓志铭并序　　（一）255
大唐故陪戎校尉辛公之墓志　　　　　（一）246
大唐故裴府君墓志铭　　　　　　　　（二）91
大唐故彭城国夫人刘氏墓志铭并序　　（一）155
大唐故彭国太妃王氏墓志铭　　　　　（一）180
大唐故邠国夫人段氏墓志铭并序　　　（一）163
大唐故濮阳郡吴夫人墓志铭　　　　　（二）62
大唐故普安郡司马韦君墓志铭并序　　（一）310
大唐故七品亡宫志文　　　　　　　　（一）271
大唐故岐州雍县丞皇甫府君墓志铭
　　并序　　　　　　　　　　　　（一）227
大唐故骑都尉濮州濮阳县令于君之
　　碑　　　　　　　　　　　　　（一）151
大唐故骑都尉翟府君墓志铭　　　　　（一）318
大唐故蕲州蕲春县尉孟府君墓志铭
　　并序　　　　　　　　　　　　（一）273
大唐故清河房忠公神道之碑　　　　　（一）218
大唐故清河公主碑　　　　　　　　　（一）184
大唐故清河张府君墓志铭并序　　　　（二）32
大唐故秋官尚书河间公之碑　　　　　（一）224
大唐故任公夫人刘氏墓志铭并序　　　（一）348

大唐故三品吏部常选契苾府君墓志　（二）104

大唐故僧实贻墓志铭　　　　　　　（二）96

大唐故沙州刺史李府君墓志铭并序　（一）242

大唐故刹国大长公主墓志铭并序　　（一）334

大唐故刹王墓志铭并序　　　　　　（二）32

大唐故上骑都尉方府君夫人张氏墓
　志并序　　　　　　　　　　　　（一）214

大唐故上骑都尉刘君墓志铭并序　　（一）178

大唐故上骑都尉权公之墓志并序　　（一）249

大唐故上柱国胡府君墓志铭并序　　（一）269

大唐故上柱国刘公之墓志　　　　　（一）252

大唐故上柱国内给事李之碑　　　　（一）160

大唐故上柱国牛□□□□并序　　　（一）252

大唐故上柱国王君墓志铭并序　　　（一）248

大唐故尚党郡夫人樊氏墓志铭并序　（二）65

大唐故尚书祠部主事巨鹿耿公墓志
　铭一首并序　　　　　　　　　　（一）303

大唐故尚书右仆射特进开府仪同三
　司上柱国赠司徒并州都督卫景武
　公之碑　　　　　　　　　　　　（一）173

大唐故尚书左仆射司空太子太傅上
　柱国赠太尉并州都督梁文昭公之
　碑文　　　　　　　　　　　　　（一）164

大唐故尚药奉御上柱国吴君墓志铭
　并序　　　　　　　　　　　　　（一）243

大唐故少府监范阳县伯张公墓志铭
　并序　　　　　　　　　　　　　（一）301

大唐故十学士太子中舍人上柱国河
　间县开国男赠率更令刘府君墓志　（一）278

大唐故使持节八州诸军事洪州都督
　上柱国濮阳郡开国公吴府君之碑
　并序　　　　　　　　　　　　　（一）193

大唐故使持节崇州诸军事崇州刺史
　李府君之碑　　　　　　　　　　（一）176

大唐故使持节青州诸军事青州刺史

上柱国赠司徒扬州大都督虢庄王
　墓志铭并序　　　　　　　　　　（一）201

大唐故使持节泗州诸军事泗州刺史
　魏府君墓志铭并序　　　　　　　（一）171

大唐故使持节歙州诸军事歙州刺史
　驸马都尉王君墓志铭并序　　　　（一）194

大唐故朔方节度掌书记殿中侍御史
　昌黎韩君夫人京兆韦氏墓志铭　　（一）347

大唐故朔方左衙副兵马使前中受降
　城使同节度副使开府仪同三司试
　秘书监临洮郡开国公上柱国元府
　君之墓志铭并序　　　　　　　　（一）330

大唐故司空上柱国赠太尉英贞武公
　碑　　　　　　　　　　　　　　（一）208

大唐故司空太子太师赠太尉扬州大
　都督上柱国英国公勣墓志铭并序　（一）195

大唐故司空文贞公苏府君璥之碑　　（二）103

大唐故司农寺京苑总监副监梁公墓
　志铭并序　　　　　　　　　　　（一）253

大唐故司徒并州都督鄂国忠武公
　之碑　　　　　　　　　　　　　（一）175

大唐故司徒公并州都督上柱国鄂国
　公夫人苏氏墓志铭并序　　　　　（一）175

大唐故四品子尉迟府君墓志铭并序　（一）305

大唐故苏府君墓志铭　　　　　　　（二）95

大唐故苏君之墓志铭　　　　　　　（二）101

大唐故索处士墓志铭　　　　　　　（二）90

大唐故索君墓志并序　　　　　　　（一）268

大唐故太夫人墓志铭　　　　　　　（二）87

大唐故太仆寺长泽监轻车都尉胡府
　君墓志铭　　　　　　　　　　　（一）270

大唐故太原府竹马府折冲都尉上柱
　国清河郡张府君墓志铭并序　　　（一）346

大唐故太原王孟玉塔铭　　　　　　（一）249

大唐故太中大夫守汴州刺史荥阳县

开国男郑府君墓志铭并序　　　（一）258

大唐故太子少师中书令开府仪同三
　司并州都督上柱国固安昭公崔公
　碑　　　　　　　　　　　　　（一）169

大唐故太子太傅豫州刺史越王之碑　（一）260

大唐故太子右庶子银青光禄大夫国
　子祭酒上护军曲阜宪公孔公碑铭　（一）158

大唐故太子右司御卫率杞国公窦府
　君墓志铭　　　　　　　　　　（一）190

大唐故太子中舍人蓚县公夫人魏郡
　君长孙氏墓志铭并序　　　　　（一）171

大唐故泰州诸军事泰州刺史侯使君
　夫人窦氏墓志　　　　　　　　（一）149

大唐故讨击使游击将军上柱国赐紫
　金鱼袋弘农杨公墓志铭并序　　（二）19

大唐故特进观国公杨君墓志　　　（一）152

大唐故特进兼试太常卿上柱国陈府
　君墓志铭并序　　　　　　　　（一）335

大唐故特进十姓可汗濛池大都护上
　柱国阿史那府君墓志铭并序　　（一）275

大唐故特进右监门卫大将军静边州
　都督西平郡开国公拓拔公墓志铭
　并序　　　　　　　　　　　　（一）285

大唐故特进右卫大将军雁门郡开国
　公俾失公墓志铭并序　　　　　（一）287

大唐故田府君墓志铭　　　　　　（二）90

大唐故田府君墓志铭并序　　　　（一）292

大唐故田君墓志铭并序　　　　　（一）259

大唐故通议大夫行内侍省给事上柱
　国太原王府君墓志铭并序　　　（一）281

大唐故通议大夫使持节都督鄯河兰
　廓缘淳丽津超罕永定等一十二州
　诸军事守鄯州刺史上柱国新蔡县
　开国男河源道经略副使元府君之
　墓志铭并序　　　　　　　　　（一）221

大唐故万泉县主薛氏墓志铭并序　（一）251

大唐故亡宫八品墓志并序　　　　（一）281

大唐故亡宫八品墓志铭并序　　　（一）195

大唐故亡宫九品墓志　　　　　　（一）255

大唐故亡宫九品墓志　　　　　　（二）94

大唐故亡宫九品墓志　　　　　　（二）96

大唐故亡宫九品墓志并序　　　　（一）198

大唐故亡宫九品墓志铭并序　　　（一）208

大唐故亡宫六品墓志并序　　　　（一）192

大唐故亡宫墓志铭并序　　　　　（一）210

大唐故亡宫七品并序　　　　　　（一）242

大唐故亡宫七品墓志铭　　　　　（一）207

大唐故亡宫七品墓志铭并序　　　（一）243

大唐故亡宫三品尼金氏之枢　　　（一）225

大唐故亡宫五品墓志铭　　　　　（一）171

大唐故亡尼七品大城墓志铭并序　（一）208

大唐故亡尼七品墓　　　　　　　（二）101

大唐故亡尼七品墓志　　　　　　（二）101

大唐故亡尼七品墓志　　　　　　（二）101

大唐故亡尼七品墓志　　　　　　（二）102

大唐故亡尼七品墓志　　　　　　（二）102

大唐故亡尼七品墓志　　　　　　（二）103

大唐故亡尼七品志文　　　　　　（一）193

大唐故亡尼七品志文并序　　　　（一）212

大唐故王夫人墓志铭并序　　　　（二）10

大唐故王府君墓志铭　　　　　　（二）87

大唐故王府君墓志铭　　　　　　（二）92

大唐故王府君墓志铭　　　　　　（二）93

大唐故王府君墓志铭　　　　　　（二）95

大唐故王府君墓志铭并序　　　　（一）344

大唐故王君墓志铭并序　　　　　（一）280

大唐故王君墓志之铭　　　　　　（二）90

大唐故王子慎妻常氏夫人之墓志　（一）148

大唐故韦定郎之墓记　　　　　　（二）73

大唐故韦府君墓志铭　　　　　　（二）91

大唐故魏国太夫人河东裴氏墓志
　　并序　　　　　　　　　　　（一）249
大唐故文安公主墓志铭并序　　　（二）24
大唐故文帝昭容韦氏墓志铭并序　（一）168
大唐故文林郎京兆杜君墓志铭　　（一）219
大唐故文林郎守将作监左校署丞员
　　同正云骑尉河内间公墓志铭并序（一）321
大唐故闻喜县君河东裴氏墓志铭
　　并序　　　　　　　　　　　（一）246
大唐故吴府君墓志铭　　　　　　（二）86
大唐故吴府君墓志铭并序　　　　（二）52
大唐故武骑尉赵文雅妻万岁乡君边
　　夫人墓志并序　　　　　　　（一）208
大唐故武威郡石府君陀罗尼真言兼
　　神道丘坟远近铭记并序　　　（二）17
大唐故西宫二品昭仪志铭并序　　（一）216
大唐故西州司马上骑都尉吴府君之
　　碑铭并序　　　　　　　　　（二）83
大唐故夏州节度押衙兼洪门四镇都
　　知兵马使银青光禄大夫检校太子
　　宾客殿中侍御史上柱国谯郡曹公
　　墓志铭并序　　　　　　　　（二）73
大唐故夏州节度押衙银青光禄大夫
　　检校太子宾客兼殿中侍御史上柱
　　国东莞郡臧府君墓志铭并序　（二）69
大唐故乡贡进士段府君墓志铭并序（二）72
大唐故襄城县主墓志铭并序　　　（一）252
大唐故骁骑尉王君墓志之铭　　　（一）206
大唐故新城长公主墓志铭并序　　（一）182
大唐故兴教府左果毅都尉上柱国河
　　南元公墓志铭并序　　　　　（一）248
大唐故徐州丰县尉河间刘公墓志铭
　　并序　　　　　　　　　　　（一）267
大唐故宣德郎皇太子侍医程府君墓
　　志铭　　　　　　　　　　　（一）206

大唐故宣德郎庆州马岭县令会稽严
　　府君墓志铭并序　　　　　　（一）302
大唐故宣威将军右骁卫翊府左郎将
　　上柱国李府君墓志铭并序　　（二）33
大唐故宣州司功参军魏府君墓志铭
　　并序　　　　　　　　　　　（二）7
大唐故薛府君墓志铭　　　　　　（二）93
大唐故阳府君墓志盖　　　　　　（二）90
大唐故杨府君墓志铭　　　　　　（二）92
大唐故杨府君墓志铭　　　　　　（二）92
大唐故谒者台员外郎骑都尉刘初墓
　　志铭　　　　　　　　　　　（一）220
大唐故宜都公主墓志铭并序　　　（一）348
大唐故益州大都督府士曹参军事骞
　　君墓志铭并序　　　　　　　（一）262
大唐故益州都督府法曹大理丞毕君
　　墓志铭　　　　　　　　　　（一）167
大唐故翊卫武骑尉梁君墓志铭并序（一）264
大唐故银青光禄大夫检校礼部尚书
　　使持节梓州诸军事兼梓州刺史御
　　史大夫充剑南东川节度副大使知
　　节度事管内观察处置静戎军等使
　　上柱国长乐县开国公食邑一千户
　　赠礼部尚书冯公神道碑铭并序　（二）36
大唐故银青光禄大夫检校太子宾客
　　上柱国阳武县开国子充右神策军
　　衙前正将专知两市回易武威贾公
　　墓志铭有序　　　　　　　　（二）32
大唐故银青光禄大夫检校右散骑常
　　侍使持节沧州诸军事兼沧州刺史
　　御史大夫充义昌军节度沧齐德等
　　州观察处置使上柱国始平县开国
　　伯食邑七百户赠工部尚书汝阳郡
　　荆公墓志铭并序　　　　　　（二）72
大唐故银青光禄大夫彭州刺史上柱

国京兆韦府君墓志并序 （一）273

大唐故银青光禄大夫彭州刺史韦府
君故夫人彭城刘氏墓志铭并序 （一）284

大唐故银青光禄大夫秦州刺史李府
君夫人渤海郡太夫人高氏墓志铭
并序 （一）322

大唐故银青光禄大夫使持节洮州都
督李府君墓志铭并序 （一）277

大唐故银青光禄大夫守司刑太常伯
李公墓志铭并序 （一）190

大唐故银青光禄大夫守太子詹事赠
幽州大都督上柱国嗣道王墓志铭
并序 （一）282

大唐故银青光禄大夫蜀王府长史索
府君墓纪铭并序 （一）349

大唐故银青光禄大夫太仆卿驸马都
尉中山郡开国公豆卢公墓志铭并
序 （一）295

大唐故银青光禄大夫卫尉卿扶阳县
开国公护军韦公墓志铭并序 （一）259

大唐故银青光禄大夫行殿中少监驸
马都尉赠工部尚书河东柳府君墓
志铭并序 （一）348

大唐故银青光禄大夫行黄门侍郎赠
礼部尚书韦府君墓志铭 （二）89

大唐故银青光禄大夫行内侍上柱国
赠左监门将军太原王府君墓志铭
并序 （一）244

大唐故银青光禄大夫行左监门卫将
军上柱国王府君妻彭城郡夫人刘
氏墓志铭 （一）265

大唐故鹰扬尉兵曹瑯琊王府君故夫
人河南独孤氏墓志并序 （一）262

大唐故荥阳郡夫人郑氏墓志铭并序 （二）23

大唐故营幕使判官登仕郎内侍省掖

庭局宫教博士上柱国刘公墓志铭
并序 （二）39

大唐故营州都督上柱国梁郡公元子
朝请郎薛君之墓志铭并序 （一）180

大唐故雍北府果毅都尉萧君墓志铭 （一）212

大唐故雍王墓志铭并序 （一）244

大唐故雍王赠章怀太子墓志铭并序 （一）253

大唐故雍州新丰县令朝议郎上柱国
司空府君墓志铭并序 （一）236

大唐故幽州卢龙节度监军宣义郎内
侍省掖庭局令员外置同正员上轻
车都尉赐紫金鱼袋陇西董府君墓
志铭并序 （二）13

大唐故游击将军郭公墓志并序 （一）255

大唐故游击将军泾州四门府折冲上
柱国赐紫金鱼袋河东娥府君墓志
铭并序 （二）25

大唐故游击将军守庆王府左亲事典
军员外置同正员别敕右羽林军长
上上柱国吴府君墓志铭并序 （一）302

大唐故游击将军永丰镇将王君之墓
志铭 （一）163

大唐故游击将军右卫翊府郎将燕然
军副使别君府墓志铭并序 （一）256

大唐故游击将军正议大夫梁府墓
志铭并序 （一）177

大唐故游骑将军上柱国广饶县开国
公杨君墓志 （一）159

大唐故右监门卫大将军上柱国赠凉
州都督清河恭公斛斯府君之墓志
铭并序 （一）194

大唐故右监门卫将军上柱国朔方郡
开国公兼尚食内供奉执失府君墓
志铭并序 （一）266

大唐故右领军常乐府果毅执失府君

墓志铭 （一）172

大唐故右神策军护军副使朝散大夫
　行内侍省掖庭局令员外置同正员
　上柱国赐紫金鱼袋阎府君墓志铭
　并序 （二）57

大唐故右屯卫郎将阿史那婆罗门墓
　志铭并序 （一）162

大唐故右屯卫翊府右郎将阿史那勿
　施墓志并序 （一）264

大唐故右威卫兵曹参军吴府君墓志
　铭并序 （一）302

大唐故右威卫大将军上柱国汉东郡
　开国公李公碑铭并序 （一）188

大唐故右威卫将军上柱国安府君墓
　志铭并序 （一）219

大唐故右威卫将军武威安公故妻新
　息郡夫人下邳翟氏墓志铭并序 （一）273

大唐故右卫翊二府杜君墓志铭 （一）257

大唐故右武卫大将军使持节都督凉
　甘肃伊瓜沙等六州诸军事凉州刺
　史上柱国同安郡开国公郑府君墓
　志铭并序 （一）183

大唐故右武卫大将军赠兵部尚书李
　思摩妻统毗伽可贺敦延陁墓志铭
　序 （一）158

大唐故右武卫大将军赠兵部尚书谥
　曰顺李君墓志铭并序 （一）157

大唐故右武卫将军上柱国乙速孤府
　君碑铭并序 （一）269

大唐故右骁卫大将军雁门县开国公
　上柱国左万骑使河东薛君故武昌
　郡夫人史氏合葬墓志铭并序 （一）274

大唐故右勋卫王君墓志 （一）152

大唐故右勋卫宣城公武君墓志铭 （一）161

大唐故右羽林军正将杨君墓志铭 （二）31

大唐故御侮校尉杜府君夫人鱼氏墓
　志铭并序 （一）264

大唐故元从朝请大夫守内侍省内常
　侍员外置同正员上柱国赐紫金鱼
　袋赠右监门卫将军阎公故武威郡
　夫人段氏法号功德山德铭并序 （二）9

大唐故元从朝议郎行内侍省内府局
　令上柱国刘公墓志铭并序 （一）342

大唐故员外散骑侍郎上洛侯郭墓志
　铭并序 （一）179

大唐故袁州别驾薛府君墓志铭并序 （一）270

大唐故原州太谷戍主彭城刘府君墓
　志铭并序 （一）261

大唐故越国太妃燕氏墓志铭并序 （一）197

大唐故云麾将军行右龙武军将军上
　柱国陇西县开国伯李府君墓志铭
　并序 （一）312

大唐故云麾将军行左龙武将军员外置
　同正员上柱国田府君墓志铭并序 （一）305

大唐故云麾将军右龙武军大将军上
　柱国封芥休县开国男王府君墓志
　铭并序 （一）304

大唐故云麾将军右龙武军将军同正
　上柱国南浦县开国男屈府君墓志
　铭并序 （一）306

大唐故云麾将军左威卫将军上柱国
　天兵行军副大使兼招慰三姓葛逻禄
　使炽俟府君墓志铭并序 （一）283

大唐故云麾将军左骁卫将军员外置
　同正员上柱国琅邪县开国公内带
　弓箭射生供奉王府君墓志并序 （一）294

大唐故赠朝散大夫奚官局令赐绯鱼
　袋杨公故夫人左太君墓志铭并序 （二）77

大唐故赠司空荆州大都督上柱国赵
　王墓志铭 （一）196

大唐故赠司徒虢王妃刘氏墓志铭　　（一）201
大唐故赠左武卫翊府左郎将康府君
　　墓志铭并序　　（一）319
大唐故詹事府司直赵君墓志铭并序　（一）212
大唐故张府君墓志铭　　（二）90
大唐故昭武校尉上护军田府君墓志
　　铭并序　　（一）225
大唐故赵夫人墓志铭　　（二）90
大唐故镇军大将军行右骁卫大将军
　　上柱国岳阳郡开国公范公墓志铭
　　并序　　（一）289
大唐故正议大夫使持节兼泉州刺史
　　潞城公墓志铭并序　　（一）190
大唐故郑府君墓志铭　　（二）89
大唐故郑公墓志铭并序　　（一）320
大唐故中大夫使持节廓州诸军事廓
　　州刺史上柱国崔公墓志铭并序　（一）272
大唐故中大夫行盛王府咨议直集贤
　　院朱府君墓志铭并序　　（一）308
大唐故中大夫紫府观道士薛先生墓
　　志铭并序　　（一）156
大唐故中散大夫行内常侍冯府君墓
　　志铭并序　　（一）219
大唐故中书令高唐马公之碑　　（一）200
大唐故中书令兼检校太子左庶子户
　　部尚书汾阴男赠光禄大夫使持节
　　都督秦成武渭四州诸军事秦州刺
　　史薛公墓志铭并序　　（一）220
大唐故忠武将军行左武卫郎将阿史
　　那伽那墓志铭并序　　（一）196
大唐故周府君墓志铭并序　　（一）292
大唐故周旷野将军李茂妻王氏墓
　　志铭　　（一）150
大唐故壮武将军守左威卫大将军兼
　　五原太守郭府君墓志铭并序　　（一）309

大唐故壮武将军行□龙武军翊府中
　　郎将周公墓志铭并序　　（一）296
大唐故资敬寺尼法云墓志铭并序　（一）256
大唐故梓州刺史赠使持节都督幽州
　　诸军事幽州刺史李公墓志铭并序　（一）185
大唐故宗圣观主银青光禄大夫尹尊
　　师碑并序　　（一）257
大唐故宗正卿右翊卫大将军河北道
　　行台左仆射左武卫大将军玄戈军
　　将开府仪同三司上柱国司空公淮
　　安靖王墓志　　（一）147
大唐故左监门将军衡智瑒墓志　　（一）155
大唐故左监门率上柱国李府君墓志
　　铭并序　　（一）244
大唐故左金吾大将军上柱国梁君
　　之碑　　（二）105
大唐故左领军卫将军城国公姜府
　　君碑　　（一）168
大唐故左戎卫大将军兼太子左典戎
　　卫率赠荆州都督上柱国怀宁县开
　　国襄公杜公碑　　（一）184
大唐故左卫亲卫上柱国扶风马府君
　　墓志铭并叙　　（一）279
大唐故左武卫大将军赠太子宾客白
　　公神道碑铭并序　　（一）320
大唐故左武卫中候马府君墓志铭
　　并序　　（一）313
大唐故左相兼兵部尚书集贤院弘文
　　馆学士崇玄馆大学士上柱国许国
　　公陈府君墓志　　（一）320
大唐故左骁卫大将军上柱国云中县
　　开国公曹府君墓志铭并序　　（一）189
大唐故左骁卫大将军幽州都督琅邪
　　公墓志　　（一）162
大唐故左骁卫大将军幽州都督上柱

国琅邪郡开国公牛公碑铭并序　　（一）162

大唐故□京内仓使朝议郎行内侍省
　　内府局令员外置同正员上柱国赐
　　绯鱼袋扶风郡马府君墓志铭并序　（二）19

大唐故□武将军行左骁卫翊府中郎
　　将阿史那哲墓志并序　　　　　　（一）265

大唐何府君之墓志　　　　　　　　（一）183

大唐和州司马博陵崔府君墓志铭并
　　序　　　　　　　　　　　　　　（一）318

大唐荷恩寺故大德敕谥号法津禅师
　　墓志铭并序　　　　　　　　　　（一）323

大唐荷恩寺故大德法律禅师塔铭
　　并序　　　　　　　　　　　　　（二）2

大唐华严寺杜顺和尚行记　　　　　（二）51

大唐华原县丞王公故美人李氏墓志
　　铭并序　　　　　　　　　　　　（一）306

大唐华州郑县故骁骑尉赵君墓志铭
　　并序　　　　　　　　　　　　　（一）179

大唐回元观钟楼铭并序　　　　　　（二）35

大唐济阴郡考城县尉韦韫故夫人河
　　南源氏墓志铭并序　　　　　　　（一）295

大唐纪国公世子段府君夫人独孤氏
　　墓志　　　　　　　　　　　　　（一）150

大唐监察御史裴炎故妻刘氏墓志铭
　　并序　　　　　　　　　　　　　（一）177

大唐将仕郎守洪州都督府仓曹参军
　　翰林待诏荥阳毛公故夫人弘农杨
　　氏墓志铭并序　　　　　　　　　（二）6

大唐戒诚寺坂比丘尼佛顶尊胜陀罗
　　尼影幢并序　　　　　　　　　　（二）21

大唐京师道德寺故大禅师大法师之
　　碑　　　　　　　　　　　　　　（二）97

大唐京兆府金城县尉王君故妻清河
　　崔氏之志　　　　　　　　　　　（一）276

大唐净域寺故大德法藏禅师塔铭

并序　　　　　　　　　　　　　（一）256

大唐故崔府君墓志铭　　　　　　　（二）87

大唐开元天宝圣文神武皇帝注孝
　　经台　　　　　　　　　　　　　（一）298

大唐会稽郡贺府君墓志铭　　　　　（二）34

大唐李君墓志铭并序　　　　　　　（一）298

大唐灵化寺故大德智该法师之碑　　（一）151

大唐零起寺比丘明觉石幢铭并序　　（一）334

大唐刘公故夫人张氏墓志铭并序　　（二）10

大唐刘应道妻故闻喜县主墓志　　　（一）178

大唐龙兴大德香积寺主净业法师灵
　　塔铭并序　　　　　　　　　　　（一）266

大唐陇西李夫人墓志铭并序　　　　（二）19

大唐陇州吴山县令赵君故夫人成氏
　　墓志铭并序　　　　　　　　　　（一）268

大唐潞州刺史湖城府君杨公夫人平
　　郡大夫人高氏墓志铭　　　　　　（二）102

大唐潞州刺史司徒公故徐王元礼姬
　　罗氏墓志铭并序　　　　　　　　（一）212

大唐尼慈和禅师墓志铭并序　　　　（一）280

大唐宁远将军守左金吾卫翊府中郎
　　将上柱国赐紫金鱼袋李公墓志铭
　　并序　　　　　　　　　　　　　（一）315

大唐骠骑大将军益州大都督上柱国
　　卢国公程使君墓志铭并序　　　　（一）186

大唐前安州都督府参军元琰妻韦志
　　铭并序　　　　　　　　　　　　（一）217

大唐前果州相如县尉赵郡李公故夫
　　人何氏墓志铭并序　　　　　　　（一）294

大唐前莫王帐内故李府君墓志铭
　　并序　　　　　　　　　　　　　（一）222

大唐清河张令问妻东莞臧氏之铭　　（一）287

大唐庆国故细人孙氏墓志铭并序　　（一）299

大唐荣王故第八女墓志铭并序　　　（一）305

大唐睿宗大圣真皇帝贤妃王氏墓志

铭并序　　　　　　　　　　　（一）297
大唐三藏圣教序　　　　　　　（一）197
大唐上都福寿寺内大德简公墓志　（二）71
大唐上开府贺兰宽长史故苏君之
　墓志　　　　　　　　　　　（一）145
大唐上仪同三司萧府君墓志铭　（一）149
大唐尚服李氏墓志铭　　　　　（二）86
大唐实际寺故寺主怀恽奉敕赠隆阐
　大法师碑铭并序　　　　　　（一）294
大唐寿王故第六女赠清源县主墓志
　铭并序　　　　　　　　　　（一）315
大唐太史丞袁君之墓志铭　　　（一）165
大唐太尉兼侍中临淮武穆王赠太保
　李公神道碑　　　　　　　　（一）321
大唐太原郭公墓志铭并序　　　（二）81
大唐太子故左内率河内司马公墓志
　铭并序　　　　　　　　　　（一）159
大唐太子少保上柱国颍川定公之碑（一）166
大唐太宗文皇帝故贵妃纪国太妃韦
　氏墓志铭并序　　　　　　　（一）187
大唐太宗文皇帝制三藏圣教序　（一）182
大唐天水权府君及夫人陇西李氏佛
　顶尊胜陀罗尼影幢铭并序　　（二）32
大唐同州白水县故轻车都尉张府君
　墓志并序　　　　　　　　　（一）242
大唐万年县刘居士墓志　　　　（一）164
大唐亡宫九品墓志铭并序　　　（一）199
大唐亡宫七品铭并序　　　　　（一）242
大唐亡宫七品墓志铭并序　　　（一）208
大唐亡宫七品志铭并序　　　　（一）246
大唐亡九品墓志之铭　　　　　（二）92
大唐亡尼七品墓志　　　　　　（二）101
大唐卫尉寺少卿安公故妻宇文氏墓
　志铭并序　　　　　　　　　（一）307
大唐五品亡宫墓志铭并序　　　（一）242

大唐五通观威仪兼观主冯仙师墓志
　铭并序　　　　　　　　　　（二）6
大唐武州将利县令吕道仁妻王夫人
　墓志铭并序　　　　　　　　（一）156
大唐西京千福寺多宝佛塔感应碑文（一）309
大唐西京千福寺多宝佛塔感应碑文（四）231
大唐郎国长公主神道碑铭　　　（一）268
大唐夏绥银宥等州节度左厢兵马使
　正议大夫检校太子宾客上柱国食
　邑三千户故渤海高公墓志　　（二）28
大唐荥阳郑氏董夫人墓志铭　　（一）281
大唐宣化寺故比丘尼法琬法师碑　（一）250
大唐益州郫县令于君妻故韦夫人
　墓志　　　　　　　　　　　（一）144
大唐英国夫人墓志铭　　　　　（一）178
大唐英武军使开府仪同三司兼太常
　卿上柱国萧国公论第八女所生夫
　人墓志　　　　　　　　　　（一）322
大唐雍州长安县故宋君墓志　　（一）162
大唐雍州万年县故赵君墓志铭　（一）150
大唐雍州万年县刘君之墓志　　（二）91
大唐雍州咸阳县延陵乡故人建节尉
　赵孝颙墓志石一合　　　　　（一）203
大唐永昌元年岁次庚戌朔十月廿三
　日壬申故汾州隰城县丞刘府君之
　墓志铭　　　　　　　　　　（一）225
大唐永泰公主志石文　　　　　（一）245
大唐右卫翊卫兵部常选富阳孙承嗣
　故妻渤海高氏墓志铭并序　　（一）258
大唐御史台精舍碑铭并序　　　（一）264
大唐越国故太妃燕氏之碑铭　　（一）198
大唐赠晋州刺史顺义公碑铭　　（一）160
大唐赠吏部尚书益州大都督汝南郡
　王韦府君墓志铭并序　　　　（一）247
大唐赠南川县主墓志铭并序　　（一）308

大唐赠韦城县主韦氏墓志铭并序　　（一）247

大唐赠卫尉卿并州大都督淮阳郡王

　　京兆韦府君墓志铭　　（一）247

大唐赵王故妃宇文氏墓志铭　　（一）178

大唐赵玉内人故张氏墓志铭并序　　（一）156

大唐贞观廿一年岁次丁未朝散大夫

　　王正宰墓志　　（一）157

大唐镇陇右节度使右仆射李公懋功

　　昭德颂　　（一）335

大唐中书省主事乐安孙府君墓志铭

　　并序　　（一）321

大唐周司筵故刘肆海墓志　　（二）83

大唐左肆府故车骑将军贺兰君墓志　　（一）181

大唐左卫高思府果毅都尉长上谯国

　　公夫人武氏墓志　　（一）256

大魏丞相江阳王墓志铭　　（一）47

大魏高祖九嫔赵充华墓志　　（一）20

大魏宫内司高唐县君杨氏墓志　　（一）30

大魏故宣威将军白水太守小剑戍主

　　元公墓志铭　　（一）35

大魏故元君墓志铭　　（一）58

大魏故左军领御仗左右西川子赠龙

　　骧将军洛州刺史长孙史君之墓志　　（一）21

大魏景明元年岁次庚辰十一月丁酉朔

　　十九日乙卯景穆皇帝之孙使持节

　　侍中征南大将军都督五州诸军事

　　青雍二州刺史故京兆康王之第四

　　子广平内史前河间王元泰安讳定

　　君墓志铭　　（一）15

大魏龙骧将军崇训太仆少卿中给事

　　中明堂将伏君妻昝氏墓志铭　　（一）40

大魏清川侯杨君墓志　　（一）56

大魏孝昌二年八月十八日故乞银曹

　　比和真曹匹纥曹四曹尚书奏事给

　　事洛州刺史河南河阴丘使君之长

子威远将军太尉府功曹参军之命

　　妇鲜于氏墓志　　（一）39

大魏殷州刺史崔公墓志铭　　（一）22

大魏永熙二年岁次癸丑八月丁巳朔

　　廿八日甲申故持节督南岐州诸军

　　事前将军南岐州刺史张君之墓志　　（一）54

大魏元宗正夫人司马氏志铭　　（一）33

大魏正光二年岁在辛丑三月己巳朔

　　二十九日丁酉宫第一品张墓志铭　　（一）30

大魏正光元年岁在庚子魏宫内大监

　　刘阿素墓志铭　　（一）29

大乡望勉斋葛公及德配李氏墓表　　（三）314

大学归博士亡妻顺阳范氏墓志　　（二）39

大学士惺园王公捐银置田取租碑　　（三）210

大燕故处士徐君墓志铭并序　　（一）314

大元重修古楼观宗圣宫记　　（二）161

大元故安西路耀州尹耶律君墓志铭　　（二）182

大元故奉议大夫耀州知州冯公墓志铭　　（二）172

大元故奉直大夫南阳屯田副总管张

　　公墓志铭　　（二）178

大元故光禄大夫平章政事商议陕西

　　等处行中书省事贺公墓志铭并序　　（二）178

大元故进义副尉青涧县主簿雷君墓

　　志铭并叙　　（二）164

大元故京兆路知府刘侯神道碑铭

　　并序　　（二）175

大元故师君墓志铭　　（二）174

大元故中书左丞相开府仪同三司上

　　柱国赠推忠宣力保德功臣太傅谥

　　惠悯贺秦国公墓志铭　　（二）182

大元故□□□□□□□□□□□

　　和尚琼公道行碑　　（二）188

大元国京兆府重修宣圣庙记　　（二）165

大元国乾州奉天县赵厚村重修东岳

　　庙记　　（二）173

大元清和妙道广化真人尹宗师道行
　之碑　　　　　　　　　　　　　　（二）175
大中华民国志士严文轩先生纪念碑　（四）146
大周八品亡宫墓志并序　　　　　　（一）228
大周朝请大夫行雍州录事参军崔君
　故太夫人太原王氏墓志并序　　　（一）239
大周朝散大夫行蜀州司法参军于君
　墓志铭并序　　　　　　　　　　（一）226
大周大都督同州萨保安君墓志铭　　（一）91
大周故安公墓志　　　　　　　　　（一）233
大周故贝州清河县尉柱国房府君墓
　志铭并序　　　　　　　　　　　（一）236
大周故常州司法参军事上柱国李府
　君墓志铭并序　　　　　　　　　（一）236
大周故朝散大夫遂州司马董君夫人
　天水县君赵氏墓志铭并序　　　　（一）235
大周故朝散大夫行洛州陆浑县令韦
　府君墓志铭并序　　　　　　　　（一）235
大周故朝散大夫赵州瘿陶县令成府
　君墓志铭并序　　　　　　　　　（一）228
大周故朝议大夫上柱国前赵州司马
　李府君墓志铭并序　　　　　　　（一）237
大周故处士董君墓志铭并序　　　　（一）238
大周故定远将军行并州昊陵开明镇
　将上柱国武君墓志并序　　　　　（一）233
大周故雷府君墓志铭　　　　　　　（二）95
大周故梁公之墓志　　　　　　　　（一）238
大周故潞州王君墓志铭　　　　　　（一）237
大周故吕将军墓志铭　　　　　　　（一）229
大周故七品墓志　　　　　　　　　（二）103
大周故妻河东太原王氏王夫人墓志　（一）229
大周故前贝州司马柳府君墓志铭并序（一）234
大周故秦君墓志铭　　　　　　　　（一）229
大周故庆州司马解府君墓志铭并序　（一）227
大周故上柱国贾公墓志　　　　　　（一）230

大周故上柱国同昌军总管阴府君墓
　志铭并序　　　　　　　　　　　（一）226
大周故上柱国徐公墓志　　　　　　（一）232
大周故上柱国杨公墓志并序　　　　（一）233
大周故上柱国张公之墓志并序　　　（一）233
大周故亡尼墓志　　　　　　　　　（二）102
大周故亡尼墓志　　　　　　　　　（二）103
大周故亡尼七品墓志　　　　　　　（二）103
大周故云骑尉王府君墓志铭　　　　（一）231
大周故张君墓志铭　　　　　　　　（二）100
大周故昭武校尉并州上封戍主谢公
　墓志铭并序　　　　　　　　　　（一）240
大周故赵府君墓志铭　　　　　　　（二）95
大周故珍州荣德县丞梁君墓志铭
　并序　　　　　　　　　　　　　（一）234
大周国故苏君墓志铭　　　　　　　（二）100
大周前益州什邡萧主簿夫人卢氏墓
　志铭并序　　　　　　　　　　　（一）231
大周上骑都尉安兴孙墓志铭并序　　（一）225
大周使持节少傅大将军大都督恒夏
　灵银长五州诸军事恒州刺史普安
　壮公墓志铭　　　　　　　　　　（一）87
大周使持仪同大将军安州总管
　府长史治随州刺史建安子宇文
　瓘墓志　　　　　　　　　　　　（一）90
大周唐故处士骆府君墓志铭并序　　（一）234
大周王君墓志铭并序　　　　　　　（一）241
大周无上孝明高皇后碑铭并序　　　（一）239
大周夏州故处士骁骑尉王君之墓志
　并序　　　　　　　　　　　　　（一）232
大周中大夫使持节万州诸军事万州
　刺史上柱国乙速孤行俨故夫人常
　乐县君贺若氏之墓志铭并序　　　（一）232
大周柱国谯国公夫人故步六孤氏墓
　志铭　　　　　　　　　　　　　（一）88

dai

待赠处士洁清白老大人墓　　　　（三）321

待赠大耆宾成德房公墓志　　　　（三）287

待赠封君显考德巷杨公之墓　　　（三）276

待赠太学生显考荣迁府君萧公之墓　（四）144

待赠显考处士王公妣孺人程氏之墓　（三）304

de

德安徐公暨元配冉硕人合葬墓志铭　（三）164

德业寺故尼明选铭并序　　　　　（一）218

德业寺亡尼七品墓志铭并序　　　（一）217

deng

登葭州白云山问真人遗像漫赋纪之　（二）334

ding

定襄伯郭公纪行诗　　　　　　　（二）200

dong

东母孺人薛氏姜氏合茔兵科给事中

　东公墓志铭　　　　　　　　（三）36

东岳庙重修汉关圣大帝祠总祠圣母

　祠记　　　　　　　　　　　（三）291

董少将振武墓志铭　　　　　　　（四）155

董氏卫夫人墓志铭　　　　　　　（一）134

洞阳宫暨下院扁鹊观来历山林土地

　水田粮石数目价值界限清楚刻石

　永记　　　　　　　　　　　（三）125

dou

豆卢宫人墓志铭并序　　　　　　（一）130

F

fan

樊将军墓铭并序　　　　　　　　（二）255

樊三品宫人墓志铭并序　　　　　（一）131

fang

方伯闫公之墓　　　　　　　　　（四）241

feng

丰庵程公讳万邦暨元配崔孺人合

　葬碑　　　　　　　　　　　（三）303

封承德郎户部主事刘翁墓志铭　　（二）216

冯潘州墓志　　　　　　　　　　（一）275

凤翔府陇州南原杨家滩一会人等建

　修湫神庙宇记载　　　　　　（三）217

奉车都尉振威将军淮南县令刘世荣

　墓志铭　　　　　　　　　　（一）112

奉诚尉校尉崇业府司马张志桐妻潘

　氏墓志铭　　　　　　　　　（一）137

奉政大夫爵楼党公墓志铭　　　　（四）93

fo

佛坪厅同知为迎秀书院山长修金事

　告示碑　　　　　　　　　　（三）314

fu

夫人天水赵氏泰始四年七月三日造　（一）10

伏波将军濮阳县令任先志　　　　（一）89

孚佑帝君纯阳吕祖垂训　　　　　（三）208

复建福山庙宇创建三清阁奎星塔土

　地亭碑记　　　　　　　　　（四）58

复建观音三大士庙暨塑造福禄财神

　纯阳吕祖金龙大王扬四将军十殿

　阎君碑记　　　　　　　　　（四）241

G

gan

感德军五台山静应庙额敕并加号妙

应真人告词　　　　　　　（二）135

gao

高陵县重修钟台记　　　　（二）295
高陵县西南庆安乡里人感戴西岳神
　　碑记　　　　　　　　（三）136
诰封安人员母田太君合葬墓志铭（三）314
诰封樊宜人韩氏墓志铭　　（二）224
诰封奉政大夫山西按察司金事古村
　　葛公墓志铭　　　　　（二）280
诰封奉政大夫山西督学道布政司参
　　议兼按察司金事前礼部仪制清吏
　　司郎中张公暨配宜人王氏继配宜
　　人阎氏合葬墓志铭　　（四）100
诰封恭人党母王太君墓志铭（四）82
诰封户部员外郎王先生勋赠宜人孟
　　氏合葬墓志铭　　　　（二）212
诰封明威将军张公配郭氏夫人合葬
　　墓志铭　　　　　　　（二）293
诰封荣禄大夫镇守大同甘肃固原总
　　兵官都督双峰徐公合葬墓志铭（二）289
诰封通议大夫都察院右副都御史阎
　　公墓碑　　　　　　　（二）282
诰封昭勇将军陕西都司都指挥金事
　　李公配太淑人史氏合葬墓志铭（二）281
诰封正八品刘母何老太君之墓（四）88
诰封中宪大夫户部河南司副郎加三
　　级覃恩加一级乡饮正宾勉兹焦公
　　之神道　　　　　　　（四）71
诰封宗室罗阳郡君墓志铭　（二）242
诰授奉政大夫潼关厅同知钦加知府
　　衔前长安县知县张公入祀名宦碑
　　记　　　　　　　　　（三）267
诰授奉直大夫福建彰化县知县渠南
　　张公墓志铭　　　　　（三）216

诰授通奉大夫花翎布政使衔湖北候
　　补道山西宁武府知府吴君汉章墓
　　表　　　　　　　　　（四）57
诰授武德骑尉蓊轩吴公墓表（三）312
诰授武德骑尉卫守府加二级纪录二
　　次蓊轩吴公暨继配同张宜人合葬
　　之墓　　　　　　　　（三）312
诰赠奉政大夫善长李公暨元配刘宜
　　人合葬墓志铭　　　　（三）263
诰赠奉直大夫蔚州知州信齐张公神
　　道　　　　　　　　　（四）245
诰赠锦衣卫副千户纪君配太宜人阎
　　氏合葬墓志铭　　　　（二）230
诰赠骠骑将军中军都督府都督金事
　　戴公暨夫人侯氏合葬墓志铭（二）282

gong

公孚任君暨配田陈孺人合葬墓志铭（三）153
公葬彭仲翔烈士之碑　　　（四）176
宫人卜氏墓志铭并序　　　（一）140
宫人司言杨氏墓志　　　　（一）139
宫人席氏墓志铭　　　　　（一）130
宫人徐氏墓志铭并序　　　（一）139
恭纪董孺人牛太君墓表铭　（三）205
恭题大司马都宪贾大宗师大人开修
　　栈道一律　　　　　　（三）55
巩昌府陇西县教谕俊池阎公之墓（三）15

gu

古北口参将明川高公志铭　（二）309
古楼观宗圣宫重建三清殿记（二）289
故鲍宫人墓志铭并序　　　（一）132
故朝散大夫行衢州盈川县令韦公墓
　　志铭并序　　　　　　（一）286
故朝议郎掖庭局宫教博士彭城刘府
　　君墓志铭并序　　　　（一）328

故承事郎晋宁路同知解州事徐公墓
　　志铭　　　　　　　　　　　　（二）177
故楚国夫人赠贵妃杨氏墓志铭并序　（二）66
故处士张公孺人杨氏圹志铭　　　　（二）200
故处士张君墓志铭并序　　　　　　（一）149
故大宋国定难军管内都军指挥使康
　　公墓志铭并序　　　　　　　　（二）109
故大唐夏州朔方县刘公之墓志并序　（一）223
故党林豪府军旨　　　　　　　　　（二）81
故德妃王氏墓志铭并序　　　　　　（二）72
故德阳郡金堂县王君墓志铭并序　　（一）307
故飞骑任公之墓志　　　　　　　　（一）237
故夫人李氏墓志　　　　　　　　　（二）196
故扶风高等学堂校长蔡公纪念碑　　（四）230
故宫人典乐姜氏墓志铭并序　　　　（一）137
故宫人司宝陈氏墓志铭并序　　　　（一）131
故汉太史司马公侍妾随清娱墓志铭　（三）48
故河南封公墓志铭并序　　　　　　（二）144
故弘农杨府君墓志铭并序　　　　　（二）4
故弘农杨氏夫人墓志铭并序　　　　（二）71
故洪恩陈公振扬老大人之墓　　　　（三）297
故洪恩先考陈公官讳振明老大人
　　之墓　　　　　　　　　　　　（三）296
故妓人清河张氏墓志　　　　　　　（二）66
故兼司卫正卿田君墓志　　　　　　（一）186
故江陵郡太君高氏墓志　　　　　　（一）340
故门副阮公墓志　　　　　　　　　（二）197
故秘书省校书郎独孤君墓志　　　　（一）346
故明生员周公暨配孺人武氏合葬墓
　　志铭　　　　　　　　　　　　（三）34
故南安郡夫人赠才人仇氏墓志铭
　　并序　　　　　　　　　　　　（二）49
故内侍省内给事假延信故夫人渤海
　　郡君骆氏墓志铭并序　　　　　（二）2
故普安郡王赠工部尚书清河张府君

讳希见墓志铭并序　　　　　　　　（一）333
故普康公主墓志铭并序　　　　　　（二）66
故岐州司法参军郑国公杨公墓志铭
　　并序　　　　　　　　　　　　（一）275
故孺人杨母王氏墓志铭　　　　　　（二）332
故汝南郡君洛阳宗夫人墓志铭并序　（二）9
故使持节都督扬州诸军事安南将军
　　赠车骑大将军领军将军扬州刺史
　　高平刚侯之墓志　　　　　　　（一）17
故使持节卫大将军仪同三司定州刺
　　史俊仪县开国男墓志铭　　　　（一）43
故朔方副元帅防秋兵马使金紫光禄
　　大夫张掖郡王慕容府君墓志铭并
　　序　　　　　　　　　　　　　（二）16
故司隶校尉犍为杨君颂　　　　　　（一）4
故太尉公穆妻尉太妃墓志铭　　　　（一）28
故太原府太谷县尉元君墓志铭并序　（一）340
故唐安公主墓志铭并序　　　　　　（一）333
故田母敕封太儒人张氏墓志铭　　　（二）199
故先妣陈母汪老孺人之墓　　　　　（三）253
故先妣熊母石老孺人之墓　　　　　（四）32
故先妣杨母黄老太君之墓　　　　　（四）5
故先妣杨母姜老孺人之墓　　　　　（四）182
故先妣朱母彭老孺人府君之墓　　　（四）74
故先考陈公惟富老大人先妣陈母孔
　　老孺人之墓　　　　　　　　　（四）192
故先考高翁明老大人先妣高母马老
　　孺人之墓　　　　　　　　　　（四）21
故先考郝公同人老府君先妣郝母卢
　　氏老太君之神道　　　　　　　（四）86
故先考黄公宣楫大人先妣黄母冯老
　　孺人之墓　　　　　　　　　　（四）13
故先考黄公宣钦大人之墓　　　　　（四）13
故先考李公国富大人先妣李母王老
　　孺人之墓　　　　　　　　　　（四）46

故先考刘公应寿大人先妣刘母黄老
　孺人之墓　　　　　　　　　（四）13
故先考聂公凤岗老大人之墓　（四）179
故先考齐公讳士贵老大人先妣齐母
　薛氏老孺人之墓　　　　　　（四）204
故先考童公年仁（义）老大人墓（四）192
故先考徐公讳文彩老大人之墓（四）181
故先考朱公国宗大人之墓　　（四）47
故先考朱公华荣老大人之墓　（四）45
故先考朱公讳启亮老大人先妣朱母
　谌老孺人之墓　　　　　　　（四）172
故先考朱公兴隆老大人先妣朱母刘
　氏老孺人墓　　　　　　　　（四）192
故先祖高翁讳云考讳万有老大人妣
　魏氏老孺人之墓　　　　　　（四）7
故显妣刘母李老孺人之墓　　（四）15
故显妣潘母朱老孺人之墓　　（四）49
故显考蔡公杰法大人显妣蔡母熊老
　孺人之墓　　　　　　　　　（四）3
故显考方公讳伟耀老大人之墓（四）84
故显考胡公讳正启老大人显妣胡母
　田老孺人之墓　　　　　　　（四）75
故显考柯公道敦大人显妣柯母蔡老
　孺人之墓　　　　　　　　　（三）289
故显考倪公讳端樀老大人显妣倪母
　刘老孺人之墓　　　　　　　（四）213
故显考聂公登义老大人之墓　（四）152
故显考聂公讳龙灵老大人显妣聂母
　徐老孺人之墓　　　　　　　（四）179
故显考汪公承经大人显妣汪母吴老
　孺人之合墓　　　　　　　　（四）150
故显考王公家发大人之墓　　（四）88
故显考熊公承珩大人显妣熊母石老
　孺人之墓　　　　　　　　　（四）29
故显考熊公承玥大人之墓　　（四）46

故显考徐公讳正发老大人先妣徐母
　尹老孺人之墓　　　　　　　（四）64
故显考杨阿洪老大人之墓　　（四）13
故显考朱公启万老大人显妣朱母杜
　氏老孺人之墓　　　　　　　（四）37
故显祖公祖河老大人妣熊蔡张老孺
　人之墓　　　　　　　　　　（四）152
故宣城郡司兵参军事杨府君墓志铭
　并叙　　　　　　　　　　　（一）299
故宣武大将军韩公墓志并铭（二）184
故延州安塞军防御使检校左仆射南
　阳白公府君墓志并序　　　　（二）82
故义昌军监军使正议大夫行内侍省
　掖庭局令上柱国赐绯鱼袋渤海高
　公墓志铭并序　　　　　　　（二）44
故驿宰杨公太孺人郭氏墓志铭（二）231
故银青光禄大夫太仆卿上柱国张府
　君墓志铭并序　　　　　　　（一）302
故雍州杜县令赵君墓志铭　　（一）71
故永定破丑夫人墓志文　　　（二）106
故右内率府兵曹郑君墓志铭并序（二）26
故右司御率府录事参军裴君墓志铭
　并叙　　　　　　　　　　　（一）342
故右屯卫将军阿史那公墓志之铭（一）159
故余杭郡录事参军骞府君夫人郑氏
　墓志铭并序　　　　　　　　（一）299
故云麾将军行右龙武军将军上柱国
　清源县开国男王府君墓志文并序（一）309
故曾祖考朱公登癸字壬兆老大人
　之墓　　　　　　　　　　　（三）241
故掌闱麻氏墓志铭　　　　　（一）148
故郑夫人墓志　　　　　　　（一）106
故郑州入学正王君岁寒三咏序（二）191
故左金吾卫引驾仗正将都知检校太
　子宾客上柱国清河县开国男食邑

　　三百户赐紫金鱼袋张公墓志铭文
　　　并序　　　　　　　　　　　（二）34
故左领军卫大将军赐紫金鱼袋上柱
　　国弥姐公墓志铭并序　　　　（一）315
故左卫高思府果毅都尉权君墓志　（一）180

guan

冠军大将军行右卫将军上柱国河东
　　郡开国公杨君亡妻新城郡夫人独
　　孤氏志铭并序　　　　　　　（一）257

guang

光禄寺正卿卢老先生讳询书　　　（三）191
广东翁源县知县任公春墓志铭　　（三）300

guo

国民政府军事参议院参议冯云青先
　　生新建亲民职业学校纪念碑　（四）214
过定军山谒武侯墓一首　　　　　（二）298
过鱼河自述和壁间陈户部嘉言曹公
　　子益园联句排律　　　　　　（四）98

H

han

韩城吉石笙先生德教碑记　　　　（四）171
韩城县襟黄张公增解额疏有引　　（三）41
韩城县襟黄张公赠解额疏　　　　（二）328
韩氏十三世考韩履宠号芸圃行四
　　之墓　　　　　　　　　　　（三）251
汉博望侯张公骞墓　　　　　　　（三）159
汉丞相诸葛忠武侯之墓　　　　　（二）307
汉大中大夫陆公贾墓　　　　　　（三）158
汉定远侯班仲升食邑　　　　　　（三）217
汉伏波将军马公墓　　　　　　　（三）157
汉故司隶校尉京兆尹司马君之碑颂（一）11

汉关内候娄敬修道处　　　　　　（二）327
汉建信侯娄公献殿碑记　　　　　（二）289
汉龙亭侯蔡公伦墓　　　　　　　（三）159
汉龙亭侯蔡伦之墓　　　　　　　（二）319
汉曲逆侯陈公平墓　　　　　　　（三）161
汉太尉李公固墓　　　　　　　　（三）159
汉武都太守李翕析里桥郙阁颂　　（一）5
汉舞阳侯樊将军墓碑　　　　　　（三）159
汉相国萧公讳何神墓　　　　　　（三）127
汉中府白云山城洋两邑复立演戏
　　碑记　　　　　　　　　　　（四）90
汉中府修补城垣内外土城砖城段落
　　丈尺记　　　　　　　　　　（三）224
汉诸葛武侯墓碑记　　　　　　　（二）312

he

合龙山新建玄帝行宫碑记　　　　（二）302
合阳县光国寺蒙汉合文圣旨碑　　（二）181
合阳县邑侯陆公酌减平馀德政碑　（四）32
合邑士庶人等尊奉御旨督□□□通
　　府各大人革除现役陋规德政碑（三）190
郃阳刘公雨亭墓志铭　　　　　　（四）169
郃阳宋光甫先生墓志铭　　　　　（四）188
河间郡太夫人宋氏墓志铭　　　　（二）12
河南任用简任职赵君鹤皋墓志铭
　　并序　　　　　　　　　　　（四）167
和林少穆先生游华岳之韵即题画后
　　并序　　　　　　　　　　　（三）292

hong

弘农杨府君墓志之铭　　　　　　（二）89
弘农杨君墓志并序　　　　　　　（一）297

hou

侯宫人墓志铭　　　　　　　　　（一）132
后宫人五品仗程氏墓志铭　　　　（一）124

后宫人五品司仗冯氏墓志铭　　　　（一）124

候铨布政司经历孝廉方正辉堂张公
　　墓志铭　　　　　　　　　　　（三）216

hu

户县焦将磨渠河永不得灌旱地词案
　　碑记　　　　　　　　　　　　（三）285

户县南甘卿先生墓志铭并序　　　　（四）201

huai

淮南化明县丞夫人故崔氏墓志铭　　（一）122

huan

还虚朱律师增修说经台各功□□山
　　□祖地碑　　　　　　　　　　（三）253

huang

皇朝故河中少尹检校尚书司封郎中
　　兼侍御史柱国赐绯鱼袋韦府君墓
　　志并序　　　　　　　　　　　（二）79

皇朝故中散大夫国子博士棣王侍读
　　范府君墓志铭并序　　　　　　（一）276

皇帝敕谕进士王志　　　　　　　　（二）194

皇明诰封淑人胡氏墓志铭　　　　　（二）326

皇明秦藩辅国将军清溪君侯圹志　　（二）290

皇明秦藩临潼王府镇国中尉恭人彭
　　氏杨氏志　　　　　　　　　　（二）265

皇明秦藩宗室镇国都尉望辉公墓志
　　铭　　　　　　　　　　　　　（三）34

皇明秦府承奉正凤冈张公墓志铭　　（二）263

皇明永寿王府奉国将军诚澈合葬圹
　　志铭　　　　　　　　　　　　（二）220

皇明赠龙虎将军左卫副总兵张公讳
　　立位孙夫人墓碑　　　　　　　（三）293

皇明宗室奉国将军柏崖公配淑人李
　　氏合葬墓志铭　　　　　　　　（二）306

皇明宗室辅国将军暨夫人王氏圹志　（二）234

皇明宗室诰封恭人王氏墓志铭　　　（二）324

皇明宗室郃阳王府诰封奉国将军望
　　鹤公墓志铭　　　　　　　　　（二）335

皇明宗室秦藩永寿王府诰封镇国中
　　尉芳亭公元配恭人黄氏合葬墓志
　　铭　　　　　　　　　　　　　（二）334

皇明宗室秦藩永寿王府诰封镇国中
　　尉芳亭公元配恭人黄氏合葬墓志
　　铭　　　　　　　　　　　　　（三）7

皇明宗室秦国永寿郡诰封镇国中尉
　　恭人张氏墓志铭　　　　　　　（二）323

皇明宗室望山公配夫人张氏合葬墓
　　志铭　　　　　　　　　　　　（三）37

皇明宗室小川公元配尤氏合葬墓
　　志铭　　　　　　　　　　　　（三）36

皇明宗室镇国将军夫人丁氏圹志　　（二）264

皇清勅授八品登仕郎显考潘公讳世
　　毅老府君之墓　　　　　　　　（四）48

皇清敕封旌节孝花母孟孺人墓志铭　（三）182

皇清敕封孺人史母刘孺人墓志铭　　（三）197

皇清敕封孺人显妣党孺人墓志铭　　（四）127

皇清敕封文林郎山东泰安府肥城县
　　知县九韶穆公墓志铭　　　　　（三）162

皇清敕封修职郎例增文林郎太学生
　　静轩行二员公墓志铭　　　　　（四）18

皇清敕封修职郎邑庠生王府君暨配
　　敕赠（封）孺人李（段）太君合葬墓
　　志铭　　　　　　　　　　　　（三）142

皇清敕旌节妇冯太孺人墓表　　　　（四）89

皇清敕旌节孝诰封恭人王太恭人墓
　　志铭　　　　　　　　　　　　（四）26

皇清敕旌节孝例封太宜人员母李太
　　宜人祔葬墓志铭　　　　　　　（四）35

皇清敕旌节孝周显继妣李太孺人
　　墓志　　　　　　　　　　　　（三）305

皇清敕授登仕郎显考潘公讳笃敬府
　君孺人显妣潘母氏瞿老孺人之墓　（四）68
皇清敕授儒林郎分发山西即补布政
　司经历仲笙张公墓志铭　（三）303
皇清敕授儒林郎候铨直隶州州同加
　二级灵齐朱公墓志铭　（三）319
皇清敕授儒林郎候铨公直隶州州同
　加二级通齐詹公墓志铭　（四）206
皇清敕授文林郎福建建宁县知县汉
　公周公暨元配李孺人合葬墓志铭　（四）128
皇清敕授文林郎湖南辰州府沅陵县
　知县诰授儒林郎湖南布政司理问
　浩然吴公暨继配王安人合葬墓志
　铭　（三）148
皇清敕授文林郎山西灵石县知县前
　翰林院庶吉士顾君墓志铭　（四）22
皇清敕授文林郎四川重庆府巴县知
　县赵绩臣先生墓志铭　（三）260
皇清敕授文林郎信甫刘公圹记　（三）311
皇清敕授文林郎原任山东济南府章
　邱县知县继任甘肃皋兰县知县沧
　岚穆公墓志铭　（三）195
皇清敕授文林郎知广东广州府龙门
　县事乡饮大宾静庵黄公墓志铭　（三）211
皇清敕授文林郎知陕西同州府华阴
　县事显考次城府君暨元配陆孺人
　墓志　（三）172
皇清敕授文林郎知县借补长芦海丰
　场盐大使勉斋薛君墓志铭　（三）175
皇清敕授武信骑尉例赠武略骑尉鹏
　程刘公墓志铭　（三）274
皇清敕授乡饮正宾潘公德望碑　（四）73
皇清敕授修职郎汉中府洋县教谕尧
　峰万公墓志　（三）246
皇清敕授修职郎监运知事乡饮大宾
　附置生竹轩王公暨德配吕氏合葬
　墓志铭　（三）190
皇清敕授修职郎县丞衔邑庠生个臣
　李公墓志　（四）136
皇清敕授修职郎原任襄城儒学司训
　瑞六先生苏公暨德配杨孺人合葬
　墓志铭　（四）4
皇清敕授征仕郎四川候补盐大使太
　学生子学杨君墓志铭　（四）129
皇清处士姚公暨孺人庞氏墓志铭　（三）137
皇清处士耀先赵公墓志铭　（三）167
皇清赐进士出身敕授文林郎山西芮
　城县知县月轩唐公墓志铭　（三）280
皇清赐进士出身诰授光禄大夫经筵
　讲官太子太师东阁大学士管理刑
　部事务南书房行走军机大臣赠太
　保谥文恪入祀贤良祠蒲城王公墓
　志铭　（三）298
皇清赐进士出身诰授通议大夫钦加
　二品衔法部郎中韩城吉石笙先生
　生圹志铭　（四）164
皇清赐进士出身诰授资政大夫赏加
　二品衔日讲起居注官翰林院侍讲
　学士加七级周政伯生圹志　（四）180
皇清赐进士出身例封文林郎吏部截
　取知县竹亭王公墓志铭　（三）254
皇清大德望处士伴仙武公暨淑配郭
　赵孺人合葬墓志铭　（三）258
皇清大监元国子监大学生乡饮僎宾
　万川张公暨配李孺人雷孺人合葬
　墓志铭　（三）297
皇清大监元象山花公暨元配杨孺人
　合葬墓志铭　（三）227
皇清大耆德耀庵大仕杨公老□人
　墓碑　（三）166
皇清大硕德士俊白府君墓志铭　（三）256
皇清大学生介夫惠公暨元配简孺人

合葬墓志铭 （三）199

皇清待诰赠乡饮耆宾宅玉屈公墓
志铭 （三）130

皇清待赠处士西园郝太公暨淑配太
孺人张氏合葬墓志铭 （三）240

皇清待赠处士宗翁孟公暨元配孺人
张氏合葬墓志铭 （四）123

皇清待赠故先考陈公讳显应大人先
妣陈母王老孺人二位真性之坟茔 （三）253

皇清待赠故显考贺公讳璜字万名老
大人墓位 （四）10

皇清待赠国子监太学生际昌赵公墓
志铭 （三）303

皇清待赠惠文齐生刘公墓志铭 （三）95

皇清待赠君太学生东塗范公暨元配
雷太君继配王太君雷太君墓志 （三）155

皇清待赠明亭王公暨德配黄孺人合
葬墓志铭 （四）1

皇清待赠孺人陈母陈太君贻徽碑记 （三）224

皇清待赠孺人李母张孺人墓志铭 （三）270

皇清待赠孺人升庵李公德配郝太君
墓志铭 （三）310

皇清待赠孺人太学生茂亭李君继配
冯孺人合葬墓志铭 （三）230

皇清待赠孺人显继妣陈氏之墓 （四）28

皇清待赠孺人薛母王太君墓志铭 （三）184

皇清待赠太学生烈侯田公墓志铭 （三）250

皇清待赠太学生又生古公暨继配雷
孺人合葬墓志铭 （三）181

皇清待赠显考陈公讳思槐老大人
之墓 （三）320

皇清待赠显考倪公加泮老大人墓 （三）320

皇清待赠显考齐公讳德周老大人显
妣齐母元配褚老孺人之墓 （四）37

皇清待赠显考齐公讳汉佐显妣孺人
元配魏氏大人墓志 （三）304

皇清待赠显考文学朱公良琦大人
之墓 （四）29

皇清待赠显考邢公讳文成老大人显
妣邢母张老孺人之合墓 （四）59

皇清待赠显祖井公时望大人之墓 （三）262

皇清待赠乡饮正宾岳父伯明李公太
翁墓志铭 （四）117

皇清待赠庠生赞翁李公暨原配孙孺
人合葬墓志铭 （四）122

皇清待赠邑增广生家严温如府君暨
家慈王孺人合葬墓志铭 （三）146

皇清待赠优庠生乡饮介宾虞亭孙公
墓志铭 （四）124

皇清待赠子明原公暨德配曹孺人合
葬墓志铭 （三）189

皇清登仕郎待赠仁孝明翁郝老先生
暨元配孺人冯氏墓志铭 （三）147

皇清恩赐登仕郎宝翁刘公墓碑记 （四）44

皇清恩赐寿帛字丰亭吉府君暨德配
孺人张太君合葬墓志铭 （三）295

皇清恩赐粟帛太学生子威杨公墓
志铭 （三）238

皇清恩赐乡饮耆宾显考齐公大人
墓志 （三）275

皇清恩给八品寿官顶带守公寇公墓
志铭 （三）211

皇清诰封朝议大夫湖北安陆府知府
孝廉方正容溪王公墓志铭 （四）127

皇清诰封朝议大夫勋卿李君墓铭 （四）137

皇清诰封奉政大夫分省补同知李公
墓志铭 （四）136

皇清诰封奉政大夫候铨州右堂李君
觉生墓志铭 （四）55

皇清诰封奉政大夫晋封朝议大夫韩
城县教谕小竹王公墓志铭 （四）69

皇清诰封奉直大夫布政司经历加二

级海丰同公暨德配潘宜人合葬墓
　志铭　　　　　　　　　　　　（三）274
皇清诰封奉直大夫艺园唐公墓志铭（三）264
皇清诰封恭人王母魏太恭人祔葬墓
　志铭　　　　　　　　　　　　（三）305
皇清诰封恭人元配王恭人墓志　　（三）246
皇清诰封故显妣齐母庞老孺人之墓（四）28
皇清诰封光禄大夫都察院左都御史
　加二级丽亭王公暨德配诰赠一品
　夫人原太夫人合葬墓志铭　　　（三）243
皇清诰封怀远将军杰吾程公墓志铭（三）56
皇清诰封李母刘大宜人墓志　　　（四）139
皇清诰封孺人赵太君杨太孺人墓
　志铭　　　　　　　　　　　　（四）121
皇清诰封淑人程母高太君合葬墓
　志铭　　　　　　　　　　　　（三）75
皇清诰封淑人唐母第五太淑人墓
　志铭　　　　　　　　　　　　（四）16
皇清诰封淑人唐母何太淑人墓志
　铭　　　　　　　　　　　　　（四）38
皇清诰封通奉大夫钦加四品衔赏
　戴花翎分行走郎中邻江唐公墓
　志铭　　　　　　　　　　　　（四）75
皇清诰封通奉大夫议叙道衔加三
　级赏戴花翎敏英刘君墓志铭　　（四）136
皇清诰封修职郎晋封奉政大夫议
　叙国子监典簿庠生式如员公墓
　志铭　　　　　　　　　　　　（四）20
皇清诰封宜人元配袁宜人墓志铭　（四）61
皇清诰封赠安人吴公元配员氏刘氏
　墓志铭　　　　　　　　　　　（三）125
皇清诰封征仕郎翰林院检讨仲晦惠
　老先生之墓志铭　　　　　　　（三）150
皇清诰封中宪大夫晋赠通议大夫鹭
　洲公墓志铭　　　　　　　　　（四）126

皇清诰授朝议大夫前山西五台县知
　县丹亭员公墓志铭　　　　　　（四）92
皇清诰授奉政大夫晋封通议大夫
　山西试用同知附贡生昆峰员公
　墓志铭　　　　　　　　　　　（四）85
皇清诰授奉政大夫晋封中宪大夫
　四川苍溪县知县丁酉科拔贡生
　松泉员公墓志铭　　　　　　　（四）68
皇清诰授奉政大夫晋授中议大夫
　钦加盐运使司衔赏戴花翎候铨
　抚民同知静轩唐公墓志铭　　　（四）1
皇清诰授奉政大夫马边同知亦亭
　高公墓志铭　　　　　　　　　（三）265
皇清诰授奉政大夫特旨交部议叙
　赏戴蓝翎钦加同知衔分省补用
　知县定边县训导乙卯科举人柏
　公沣西先生墓志铭　　　　　　（四）70
皇清诰授奉政大夫同知衔湖南武
　冈州知州署桂阳直隶州知州殉
　难筠庄李公暨德配花宜人合葬
　墓志铭　　　　　　　　　　　（四）2
皇清诰授奉政大夫小舫路公继配
　萧宜人墓志铭　　　　　　　　（四）126
皇清诰授奉直大夫仁庵邵公合葬
　墓志铭　　　　　　　　　　　（四）97
皇清诰授奉直大夫显考徐公鸣玉
　夫人显妣徐母易老宜人合墓　　（四）31
皇清诰授光禄大夫巡抚江西等处地
　方兼理军务都察院右副都御史加
　四级见五马公墓志铭　　　　　（三）83
皇清诰授昭勇将军镇安江南北寿春
　等处地方副总戎官帝赀尚公墓
　铭　　　　　　　　　　　　　（四）139
皇清诰授振威将军楠亭张公暨配吴
　夫人合葬墓志铭　　　　　　　（四）4

皇清诰授振威将军陕西固原提督石
　公墓志铭　　　　　　　　（三）324
皇清诰授中宪大夫光禄寺署正职卿
　李君墓表　　　　　　　　（四）40
皇清诰授中宪大夫例晋通议大夫按
　察使衔赏戴花翎原任山东兖沂曹
　济兵备道前署甘肃布政使司辛巳
　壬午甘肃武关监试官燕庭杨公墓
　志铭　　　　　　　　　　（三）269
皇清诰授中议大夫钦加知府衔候铨
　直隶州州同莀臣府君圹记　（三）326
皇清诰赠朝议大夫台如贺君德配钦
　旌节孝诘封恭人贺母杜太恭人墓
　志铭　　　　　　　　　　（四）63
皇清诰赠儒林郎显考明卿府君太安
　人显妣王太夫人姬太夫人行述（四）1
皇清庚辰科进士绩溪县知县贞庵雷
　公墓志铭　　　　　　　　（三）111
皇清恭志大淑德待赠孺人王老太君
　沈老孺人懿行序　　　　　（四）46
皇清光绪辛卯户县重修文庙记（四）70
皇清国学监生放亭解府君墓志铭（四）25
皇清国子监大学生显考字于田李府
　君墓志　　　　　　　　　（三）307
皇清国子监顷波王公墓志铭　（三）276
皇清国子监太学生近庵刘公暨德配
　王孺人合葬墓志铭　　　　（三）223
皇清国子监太学生乡饮介宾而安李
　公墓志铭　　　　　　　　（三）223
皇清郝公启宽老府君神道　　（四）79
皇清候选儒学训导鲁生孔公墓志铭（三）84
皇清进士崇祀名宦乡贤朝议大夫贵
　州督学少参太上吉公暨元配前奉
　敕旌表贞烈恭人王氏墓志铭（三）54
皇清晋封奉政大夫布政司理问金庵
　员公迁葬墓志铭　　　　　（四）54

皇清晋赠修职郎太学生张公暨孺人
　张氏合窆墓志铭　　　　　（三）152
皇清京学大监元太昌张公暨德配阴
　孺人合葬墓志铭　　　　　（三）245
皇清旌表节孝唐母梁太宜人墓表（三）292
皇清例封安人王母谭太安人墓志铭（三）285
皇清例封诚甫李公德配董孺人墓
　志铭　　　　　　　　　　（四）123
皇清例封文林郎太学生心晨陶公墓
　志铭　　　　　　　　　　（四）118
皇清例封修职郎贡生北崖雷公墓
　志铭　　　　　　　　　　（四）122
皇清例贡生雅堂贺公暨配王孺人墓
　志铭　　　　　　　　　　（四）78
皇清例授承德郎议叙六品衔郡庠优
　增生尧南雷公墓志铭　　　（四）52
皇清例授承德郎州同知玉亭赵公暨
　元配安人谢氏合葬墓志铭　（四）120
皇清例授登仕郎吏部候铨巡政厅永
　泉徐公德配梁孺人墓志铭　（三）168
皇清例授登仕郎吏部候铨州右堂锡
　之陈公墓志铭　　　　　　（四）60
皇清例授登仕佐郎待赠武略骑尉渭
　阳冯君墓志铭　　　　　　（三）220
皇清例授登仕佐郎先考信臣关府君
　圹记　　　　　　　　　　（三）273
皇清例授奉直大夫布政使司经历加
　二级尧阶杜公墓志铭　　　（三）243
皇清例授九品元功田公墓志铭（三）226
皇清例授仕郎候选巡政厅从九品虎
　臣赵公墓志铭　　　　　　（四）36
皇清例授岁进士显考章公怀恩大人
　之墓　　　　　　　　　　（四）64
皇清例授太学生显考黄公讳淦老大
　人显妣黄母刘老孺人之墓　（四）53
皇清例授文林郎己亥恩科经元景章

米公暨元配张孺人合葬志铭　　　（三）188

皇清例授修职郎□□莲塘刘老夫子
　暨德配史杨孺人赵副孺人合葬墓
　志铭　　　　　　　　　　　　　（三）255

皇清例授修职郎公举孝友九皋雷公
　暨德配侯孺人合葬墓志铭　　　　（四）22

皇清例授修职郎郭子明先生德教碑　（四）62

皇清例授修职郎候选县丞庠生果亭
　雷公墓志铭　　　　　　　　　　（三）247

皇清例授修职佐郎安业书院山长狄
　门李老夫子德教碑　　　　　　　（四）32

皇清例授修职佐郎附贡生邃园杨公
　墓志铭　　　　　　　　　　　　（四）144

皇清例授中宪大夫议叙道衔林一赵
　公墓志铭　　　　　　　　　　　（四）47

皇清例修职郎议叙监知事谨斋李公
　墓志铭　　　　　　　　　　　　（三）152

皇清例貤赠文林郎太学生继周耿公
　墓志铭　　　　　　　　　　　　（三）188

皇清例赠登仕佐郎显考刘公孺人显
　妣张氏合葬墓志　　　　　　　　（三）153

皇清例赠登职郎杜公讳发魁老府君
　之神道古陵　　　　　　　　　　（四）79

皇清例赠骑都尉雷公讳存德老大人
　母氏金老恭人墓碑　　　　　　　（四）69

皇清例赠孺人寅轩府君元配显妣朱
　孺人墓志　　　　　　　　　　　（三）143

皇清例赠太孺人显妣潘母高老夫人
　之墓　　　　　　　　　　　　　（四）48

皇清例赠文林郎慕严原公墓志铭　　（三）251

皇清例赠文林郎乡饮介宾太学生林
　辅贾老先生墓志铭　　　　　　　（三）192

皇清例赠文林郎庠生世臣刘公暨德
　配例赠孺人王太君墓志铭　　　　（三）230

皇清例赠武略骑尉振邦雷公之德配

蒙太安人祔葬墓志铭　　　　　　（三）279

皇清例赠修职郎郡庠增广生十洲贾
　公并元配朱孺人继配王孺人墓碑
　铭　　　　　　　　　　　　　　（四）58

皇清例赠修职郎儒学生员杨公暨元
　配孺人李氏合葬墓志铭　　　　　（三）151

皇清例赠修职郎显考王公理富大人
　显妣王母胡老孺人之墓　　　　　（四）172

皇清例赠宜人孙太君墓志铭　　　　（四）118

皇清例赠征仕郎太学生福堂魏公墓
　志铭　　　　　　　　　　　　　（三）261

皇清廪生显考白府君待赠孺人显妣
　田氏郝氏康氏合葬圹记　　　　　（三）91

皇清明经进士张公元配儒人谢太君
　恩义碑　　　　　　　　　　　　（三）148

皇清农政司捷三梁翁墓志铭　　　　（四）127

皇清潘公暨继配魏孺人合葬墓志　　（四）139

皇清钦赐八品寿官显考陶公讳权
　之墓　　　　　　　　　　　　　（四）16

皇清钦加盐知事衔乡饮大宾增广
　生员鼎三员公墓志铭　　　　　　（四）18

皇清儒生员春同公墓志铭　　　　　（四）122

皇清儒士仲善刘公暨配（下阙）　　（三）153

皇清儒学佾礼生吴公字承伯暨德配
　薛孺人合葬墓志铭　　　　　　　（三）136

皇清孺人文母薛太君墓志铭　　　　（三）170

皇清生员席君雷公暨元配孺人张氏
　继配孺人王氏合葬墓志铭　　　　（三）142

皇清待赠显考纯天杨府君暨显妣雷
　孺人合葬墓志铭　　　　　　　　（三）143

皇清待赠修职郎太学生野庵辛公暨
　元配孙孺人合葬墓志铭　　　　　（三）144

皇清太学生成宇刘公暨孺人郭氏继
　配孺人王氏合葬墓志铭　　　　　（三）120

皇清太学生荆峰蔺公墓志铭　　　　（三）274

皇清太学生敬亭徐公墓志铭 （四）18

皇清太学生敬轩李公继配安孺人墓
　　志铭 （三）279

皇清太学生例赠儒林郎锦堂同公暨
　　德配韩孺人杨孺人合葬墓志铭 （三）271

皇清太学生莲峰耿公暨元配曹氏继
　　丁氏杨氏合葬墓志铭 （三）173

皇清太学生钦若田公德配孺人杨太
　　君墓志铭 （四）129

皇清太学生圣阶耿公暨元配张孺人
　　继配周孺人合葬墓志铭 （三）177

皇清太学生石麓李君志铭 （四）118

皇清太学生石公希仁墓志铭 （三）185

皇清太学生乡饮介宾北亭王公暨德
　　配员孺人合葬墓志铭 （四）118

皇清太学生绪统史公墓志铭 （三）161

皇清太学生乙亥乡饮介宾灵斋朱公
　　墓志铭 （三）234

皇清太学生悠久李公墓志铭 （三）174

皇清太学生员子厚刘公安葬墓志铭 （三）291

皇清特授寿官耆宾相魁范公墓碑记 （三）128

皇清王母孺人刘氏墓志铭 （四）123

皇清文学乡饮介宾例封文林郎颐庵
　　张君暨配赵孺人合葬墓志铭 （三）177

皇清武生董君讳文会字尚友暨德配
　　孺人舒氏之墓 （四）150

皇清武生亚元同公暨元配罗氏继配
　　杨氏合葬墓志铭 （四）124

皇清显考卢公启发老府君显妣卢母
　　朱氏老太君之墓 （四）58

皇清显考太学生大饮宾刘府君暨许
　　高孺人合厝墓志 （三）211

皇清乡饮介宾邓公墓志铭 （三）78

皇清乡饮介宾儒学生员石村贾公行
　　四墓志铭 （四）18

皇清乡饮介宾盛川薛公暨孺人王氏
　　合葬墓志铭 （三）107

皇清乡饮介宾太学生乐天宋公墓
　　志铭 （四）17

皇清乡饮介宾太学生先考贾府君
　　圹记 （三）249

皇清乡饮介宾庠生涣若员公墓志铭 （三）289

皇清乡饮耆宾聪若赵公暨德配王
　　孺人合葬墓志铭 （三）157

皇清乡饮耆宾晏若耿公墓志铭 （三）161

皇清乡饮正宾培翁严公讳全良之墓 （三）151

皇清庠生伯业朱公暨配马氏孺人合
　　葬墓志铭 （三）171

皇清庠生乡饮介宾锐夫张公墓志铭 （三）178

皇清新故蓝翎千总沈公讳鹬英墓 （四）33

皇清邑儒学增广生员明翁贾老先生
　　暨配萧孺人墓表 （三）226

皇清邑庠生良贵王公墓志 （四）12

皇清邑庠生相吉原公墓志铭 （三）195

皇清邑庠生仲述赵公墓志铭 （三）133

皇清邑庠优行廪膳生员云九张公墓
　　志铭 （三）269

皇清邑庠增优生显考东溪府君圹志 （三）276

皇清佾礼生员焕章卫公暨配孺人孙
　　氏合葬墓志铭 （三）180

皇清佾礼生员静庵赵公暨德配陈孺
　　人合葬墓志铭 （三）184

皇清貤封宜人阳母刘太宜人墓志铭 （四）73

皇清貤封中宪大夫甘肃知县耀廷刘
　　公墓志 （四）64

皇清貤赠修职郎久庵阎翁墓表 （四）72

皇清羽化恩师王公行五讳信法号律
　　仙之墓 （三）256

皇清羽化李真人讳复心字虚白先师
　　之墓 （四）85

皇清羽化仙师阳喜石真人墓　　　（三）213

皇清中议大夫三品衔军机处存记四
　　川雅州府知府翰林院编修日讲起
　　居注官癸酉科广西正考官劭方崔
　　公墓志铭　　　　　　　　　　（四）91

皇清□贡生兴庵张公暨原配杨孺人
　　合葬墓志铭　　　　　　　　　（三）261

皇宋洋州察推吴君志铭　　　　　（二）157

皇堂叔祖故国子祭酒嗣韩王志文并
　　序　　　　　　　　　　　　　（一）276

皇元制授诸路道教都提点洞阳显道
　　忠贞真人井公道行之碑　　　　（二）185

hui

会办全陕厘税总局严禁白河等处厘
　　卡故意勒揸商贩人等告示碑　　（四）66

J

jia

葭州神木府谷善士朝山碑记　　　（三）70

jian

监修大佛寺官员及董事绅民各工匠
　　姓名碑记　　　　　　　　　　（四）140

建威将军固原军门王公祠堂记　　（三）199

建修青石崖万峰寺龙王庙祈雨碑记（三）165

jiang

将仕郎父周公合葬母孺人王氏墓志（二）222

将仕郎孙公文胜罗氏合葬墓志铭　（二）233

姜渭台秀才墓志铭　　　　　　　（三）252

蒋奎佑暨德配吕田安人合葬墓志铭（四）23

jie

节妇齐公讳进和妻张氏碑　　　　（四）30

节母李太孺人墓碑铭　　　　　　（四）216

节孝胡母吴太孺人墓志铭　　　　（四）149

节孝孺人李氏墓志铭　　　　　　（三）282

jin

金刚般若波罗蜜经金刚经启请　　（二）313

金洋堰重整旧规理处违背条件碑记（四）173

近卿王公墓表　　　　　　　　　（四）216

晋待诏中郎将徐君夫人菅氏之墓碑（一）10

jing

京万善寺故大德比丘尼坚固胜神道
　　咒石　　　　　　　　　　　　（一）293

京兆府参军李公故夫人王氏墓志铭
　　并序　　　　　　　　　　　　（一）348

京兆府重修清凉建福禅院之记碑　（二）110

京兆府会善府右果毅冯府君墓志　（二）84

京兆郡田光山夫人李氏墓志　　　（一）128

泾阳县壬子科崇文塔题名记　　　（二）331

泾阳县夏村里东社牛吕白添修孙真
　　人廊记　　　　　　　　　　　（二）307

经台住持朱象先墓碑　　　　　　（二）178

荆州刺史狄君墓志铭　　　　　　（一）59

旌表处士刘君讳云祥德配逯孺人节
　　苦碑　　　　　　　　　　　　（四）154

旌表奉祀生王凤岗之妻夏氏慈惠
　　路碑　　　　　　　　　　　　（四）94

旌表何母杨太孺人苦节碑记　　　（四）156

旌表节妇儒童王赐弟之妻吕氏之墓（三）313

旌表节孝武祖令吴孺人序碑　　　（四）108

旌表节孝严公讳温德配王孺人之碑（四）107

旌表节孝赵习铭妻王孺人暨子饶秀
　　妻张孺人贞节之碑　　　　　　（四）96

旌表太学生景楠之妻刘氏节孝碑　（四）143

旌表邢母赵孺人贞节碑记　　　　（三）178

景教流行中国碑颂并序　　　　（一）330
静信乡君张夫人墓志铭　　　　（一）149

jiu

九品亡宫墓志铭并序　　　　　（一）230
九品衔刘君适如暨德配高孺人墓表（四）128

ju

举人嗣贤张君墓志铭　　　　　（三）142

juan

捐修宜禄学署以诗落成兼记其事（四）141

jun

郡博士际司杜公墓志铭　　　　（三）236
郡太守罗公捐俸创建书院阖属绅士
　　感戴碑　　　　　　　　　（三）139

K

kai

开府仪同三司湘东公贺拔文晒妻广
　　平郡君李哀谏文　　　　　（一）86
开元天宝圣文神武皇帝梦烈祖玄元
　　皇帝灵应颂并序　　　　　（一）292

ke

刻茂才王子讳乘乾孔庙树柏记　（三）70

kou

寇公墓志铭　　　　　　　　　（四）33

L

lan

蓝田县增修汉荆王祠记　　　　（二）316

lang

琅耶王润墓记铭并叙　　　　　（一）306

lao

老子道德经幢　　　　　　　　（二）176

li

李夫人铭　　　　　　　　　　（一）58
李公夫人贺氏墓志铭　　　　　（二）145
李公墓志铭　　　　　　　　　（四）25
理学真儒萝谷张先生墓碑　　　（四）43
例封武略骑尉崑山郭怀玉暨德配安
　　元太君墓志铭并盖　　　　（四）121
例封征仕郎翰林院检讨武翼大夫署
　　理游击服远惠公神道碑　　（三）139
例授道会司余公嗣派复心正性之
　　墓志　　　　　　　　　　（四）31
例授文林郎庚午科副贡壬午科举人
　　两园雷府君暨妣李太孺人合葬墓
　　志铭　　　　　　　　　　（三）316
例授文林郎雷公墨李太孺人墓志（三）314
例授修职郎佐乡饮大宾大贡元李老
　　夫子讳瑞臣德教碑　　　　（四）16
例授征仕郎明经进士艾公讳瑞林权
　　父大人行述　　　　　　　（四）18
例赠朝议大夫邑庠生员高祖考鼎铉
　　袁公敕旌贤孝贞节应封恭人高祖
　　妣杨氏合葬墓　　　　　　（三）186
例赠登仕郎健庵孙公懿行碑　　（四）5
例赠武信校尉武生显考邢公讳文益
　　老大人孺人显妣邢母齐老孺人合
　　葬之墓　　　　　　　　　（四）82
例赠修职郎甲辰明经进士壬子乡饮
　　大宾字在中景老夫子德教碑（四）3
例赠修职郎武生启兰李公神道碑（四）108

例赠正宾故显考马公文礼妣大母郑
　老孺人之墓 （四）77

lian

莲舌居士蒲城李桐萱先生暨原配马
　孺人墓志铭 （四）186

liang

梁故静难功臣金紫光禄大夫检校司
　空前守右卫金吾卫大将军充街使
　兼御史大夫上柱国武威县开国男
　食邑三百户石府君墓志铭并序 （二）106

long

龙门正宗第十一代羽化恩师讳一良
　潘老仙灵之墓 （三）215
龙门正宗第一十六代昆山刘合仑衣
　钵塔 （三）246
陇西郡李氏夫人墓志 （二）95
陇西李氏墓记 （二）74
陇州龙门景福山玉宸宫记 （二）166

lu

鲁氏子谦墓志铭并序 （二）56
陆军第二百二十三师淳化战役阵亡
　将士纪念碑 （四）219
陆军少将唐嗣桐之墓 （四）195
陆太守夫人杨氏墓志铭 （一）325

luo

洛南县重修孔庙儒学记 （二）319

lv

闾仪同墓志铭 （一）64
吕宅权召村重修圣母关帝庙并戏楼
　碑记 （三）266

M

ma

马夫人墓志序并铭 （一）131

mei

眉县王仙洲先生德教碑 （四）199

min

民国丁丑年正月吉日书云川八景诗 （四）200
民国丁丑五月吉日恭录开化集律诗 （四）201

ming

明安定二守孙公重修万佛岩寺记 （二）281
明兵科左给事中养衷刘公暨元配孺
　人朱氏合葬墓志铭 （三）14
明承德郎湖广宝庆府督粮通判一玄
　路公暨配安人杨氏合葬墓志铭 （三）19
明敕封安人刘氏配主事闫公合葬
　墓志 （三）28
明处士北崖程公配孺人刘氏合葬墓
　志铭 （二）332
明处士洞玄巨公之墓 （二）279
明处士耆宾南泉周公墓志铭 （三）16
明处士柿泉林公墓志铭 （二）301
明处士王公孺人孙氏合葬墓志铭 （二）225
明处士卫鲁庵墓志铭 （二）333
明处士咸宁马景魁墓志铭 （二）217
明处士薛君堡田墓志铭 （二）306
明处士颜公倪氏合葬墓志铭 （二）238
明赐进士第中宪大夫山西平阳府知
　府前承德郎户部主事李公墓志铭 （三）42
明代乡丞华野杨公墓志铭 （二）299
明待诰赠郡庠生姚公配孺人任氏合
　葬墓志铭 （三）21

明登仕佐郎肃藩教授玉庵先生任公
　　配楚孺人合葬墓志铭　　　（二）325
明恩荣官松山刘公配孺人韩氏孙氏
　　合葬墓志铭　　　　　　　（二）252
明恩荣散官东川宋公墓志　　（二）297
明恩荣寿官玉泉孟公合葬墓志铭（二）302
明封安人王氏墓志铭　　　　（二）327
明奉政（下阙）定府同知管宣镇上北
　　路粮储奉旨加四品□□□同宇屈
　　公墓志铭　　　　　　　　（二）330
明奉政大夫河南汝宁府同知龙山沈
　　公配郑氏继胡氏合葬墓志（二）263
明奉政大夫四川叙州府同知容庵路
　　公墓志铭　　　　　　　　（二）307
明奉直大夫云南昆阳州知州青峰张
　　公墓志铭　　　　　　　　（二）264
明奉直大夫知直隶凤阳府亳州翊明
　　张公墓志铭　　　　　　　（二）330
明甘肃游击将军都指挥佥事杜曲刘
　　公墓铭并序　　　　　　　（二）287
明甘肃游击将军都指挥佥事杜曲刘
　　公墓志铭　　　　　　　　（三）37
明诰封明威将军□□佥事□□陈公
　　墓志铭　　　　　　　　　（三）30
明诰封太宜人张母任氏墓志铭（二）256
明诰封武略将军北田王公配宜人李
　　氏魏氏合葬墓志铭　　　　（二）322
明诰封武略将军鲁公欢山墓志铭（二）334
明诰封勋柱国荣禄大夫后军都督府
　　都督同知文冈邹公暨配一品夫人
　　张氏合葬墓志铭　　　　　（三）13
明诰封一品大夫人袁氏祔大司马太
　　傅闫公墓志铭　　　　　　（三）28
明诰封昭勇将军分守宁夏东路左参
　　将南滨王公墓志铭　　　　（二）297

明诰封昭勇将军署都指挥佥事五军
　　营参将前川孙公配淑人潘氏合葬
　　墓志铭　　　　　　　　　（二）291
明诰授镇国将军分守宁夏平虏左参
　　将重寰王公墓志铭　　　　（三）10
明诰赠奉政大夫潞安府同知南峰白
　　公暨配宜人阎氏黄氏王氏合葬
　　志铭　　　　　　　　　　（三）11
明诰赠光禄大夫左都督凤岗王公暨
　　配一品夫人刘氏合葬墓志铭（三）11
明诰赠昭武将军前授礼部儒官馥斋
　　先生李公暨配恭人余氏合葬墓
　　铭　　　　　　　　　　　（三）17
明诰赠中宪大夫直隶真定府知府中
　　桥秦公元配李太恭人墓志铭（二）319
明工部都水清吏司郎中午谷周君配
　　宜人张氏丘氏合葬墓志铭　（二）259
明恭人路母杨氏合葬墓志铭　（二）325
明贡监听选确衷杨公暨配孺人田氏
　　合葬墓志铭　　　　　　　（三）24
明故朝议大夫山东按察司佥事原任
　　户科给事中孙公公墓志铭　（二）333
明故承德郎户部主事山泉阎子之墓（二）235
明故承德郎西城兵马指挥稆公墓
　　志铭　　　　　　　　　　（二）218
明故承直郎刑部四川清吏司主事太
　　微张公合葬墓志铭　　　　（二）266
明故敕封孺人陈氏张母合葬墓志铭（二）332
明故处士张君配呼氏合葬墓志铭（二）240
明故处士周公配孺人合葬墓志铭（二）251
明故大学生员公配李夫人合葬墓
　　志铭　　　　　　　　　　（二）288
明故大学士秦双壑申孺人合葬墓表（二）278
明故狄母周氏墓志铭　　　　（二）221
明故迪功郎山西赵城县判簿赵君墓

志铭　　　　　　　　　　　　　（二）269
明故迪功郎杨公墓志铭　　　　　（二）247
明故迪功郎镇江府知事狄公墓志铭　（二）204
明故迪功郎直隶内黄县丞安坡李公
　　配儒人萧氏之墓　　　　　　（二）259
明故弟狄兰谷配郭氏合葬墓志铭　（二）281
明故封宜人李氏墓志铭　　　　　（三）39
明故封征仕郎中书舍人纪翁墓志铭　（二）227
明故奉政大夫浙江杭州府同知恒斋
　　张公配安人阎氏合葬墓志铭　（二）292
明故奉直大夫安乐州知州乐山薛公
　　墓志铭　　　　　　　　　　（二）310
明故奉直大夫广西永康州知州前敕
　　封文林郎仰山薛公暨配敕封孺人
　　吉氏合葬墓志铭　　　　　　（三）16
明故诰封宗人府亚中大夫仪宾张公
　　合葬墓志铭　　　　　　　　（二）224
明故光禄大夫柱国左军都督府右都
　　督王公墓志铭　　　　　　　（二）251
明故光禄大夫左军都督府都督金事
　　移轩艾公墓志铭　　　　　　（二）286
明故归德府别驾直轩魏公元配李孺
　　人合葬墓志铭　　　　　　　（三）12
明故国子监生东公配石氏孺人合葬
　　墓志铭　　　　　　　　　　（二）257
明故国子监生两溪韦君墓志铭　　（二）286
明故河南府经历敕赠文林郎巩县知
　　县一海原公暨配敕赠屈孺人耿孺
　　人石氏合葬墓志铭　　　　　（三）16
明故河南归德府鹿邑县知县凤墅盛
　　公墓志铭　　　　　　　　　（三）15
明故湖广布政使司左布政使莲洲王
　　公墓志铭　　　　　　　　　（三）31
明故华亭县学生员闫子节之墓　　（三）29
明故继室王氏墓志铭　　　　　　（二）231

明故嘉议大夫都察院左副都御史屈
　　公墓志铭　　　　　　　　　（二）245
明故将仕郎任直隶广平府成安县主
　　簿石泉王公之墓　　　　　　（三）26
明故锦衣卫百户闫公墓志铭　　　（三）28
明故锦衣卫百户闫君墓志铭　　　（三）29
明故进阶大夫辽东太仆少卿赵公墓
　　志铭　　　　　　　　　　　（三）39
明故郡庠生汤敬叔墓志铭　　　　（二）224
明故邻水县主簿东泉姚公配孺人柳
　　氏合葬墓志铭　　　　　　　（二）277
明故明威将军中山魏公墓志铭　　（二）268
明故南京国子监祭酒王公墓志铭　（三）30
明故骠骑将军傅公墓志铭　　　　（二）214
明故秦藩澄城郡主圹志文　　　　（二）210
明故秦府典宝继兰阎公之墓　　　（二）317
明故秦府典服正李公墓志铭　　　（二）225
明故秦府门副张公墓志铭　　　　（二）239
明故荣禄大夫南京中军都督府都督
　　同知致仕容堂杨公墓志铭　　（二）254
明故儒林郎合州同知致仕高公合葬
　　墓志铭　　　　　　　　　　（二）216
明故山东沂州泾府典簿赵公墓志铭　（二）248
明故山西定襄县教谕□泉杨公墓碑　（三）28
明故山西万泉县儒学教谕致仕封文
　　林郎翰林院编修烟山马公墓志铭　（二）242
明故寿官中桥秦公墓志铭　　　　（二）299
明故四川南江县巡检对山杨公墓
　　志铭　　　　　　　　　　　（二）307
明故绥德卫都指挥使傅公瑛夫人宗
　　氏墓志铭　　　　　　　　　（二）237
明故太孺人徐母周氏墓志铭　　　（二）313
明故太学生近溪雷公墓志铭　　　（二）276
明故太子太保兵部尚书闫公墓志铭　（二）226
明故滕县知县哲甫赵君暨配孺人王

氏赵氏合葬墓志铭 （三）22

明故通奉大夫山西布政司右布政使
致仕张公墓碑 （二）258

明故文林郎宁阳县尹纪君孺人李氏
合葬墓志铭 （二）256

明故文林郎青州推府暖泉张公配田
氏合葬墓志铭 （二）259

明故文林郎山西太原府徐沟县大尹
蒲溪闫公墓碑 （三）28

明故文林郎文安县令双溪刘君墓
志铭 （二）248

明故西安右护卫指挥金事嵇君公合
葬墓志铭 （二）230

明故夏阳县主志铭 （二）215

明故乡进士员公配丁夫人合葬墓
志铭 （二）300

明故孝敬勤俭童生阎闾墓志铭 （二）302

明故洵邑致仕郡博李公宾山墓志铭
并盖 （二）276

明故宜人杨母刘氏墓志铭 （二）208

明故义官侯季父墓表 （二）242

明故邑庠生寇子旸区暨配权氏宁氏
李氏合葬墓志铭 （三）8

明故驿宰杨公墓志铭 （二）226

明故峪口李君配刘氏合葬墓志 （二）283

明故长兄义官杨公墓志铭 （二）232

明故昭信校尉朱公安人孙氏合葬墓
志铭 （三）37

明故真隶隆庆卫宣义郎经历司古溪
许公合葬墓志铭 （二）301

明故镇国将军盛公墓志铭 （三）33

明故镇国将军同知陕西都指挥使司
事杨公太淑人华氏祔葬墓志铭 （二）218

明故中军都督府金书实授都督金事
瑞阳萧公暨配夫人刘氏纪氏合葬
墓志铭 （三）13

明故中宪大夫湖广襄阳府知府封通
政使司右通政王公墓表 （二）215

明故中宪大夫襄阳知府封右通政王
公配恭人巩氏墓志铭 （二）229

明故仲兄义官杨公室人张氏合葬墓
志铭 （二）234

明故州学生援授武英殿中书舍人唧
凤闫先生墓志铭 （三）8

明关中名书王公进德之墓 （四）167

明光禄大夫太子太保礼部尚书兼文
渊阁大学士赠少保谥文庄马公墓
志铭 （二）292

明郜侯氏世德之碑 （二）260

明河南归德府通判直轩魏公墓志铭 （二）321

明将仕郎高公墓志铭 （三）31

明将仕佐郎鸿胪寺序班幼庵乌公墓
志铭 （二）323

明教授舜齐王公墓志 （二）309

明节判静庵张公墓志铭 （二）297

明金粟先生窦公配原氏合葬墓志铭 （二）238

明进阶文林郎灵台赵公暨孺人马氏
合葬墓志铭 （二）317

明进阶亚中大夫嘉兴府知府岐东王
先生墓志铭 （二）259

明进士奉政大夫四川检查司检事两
曲王公墓志铭 （三）35

明郡庠生玄所牛公墓志铭 （三）7

明开封府祥符县县丞南公墓志铭 （二）328

明礼部冠带儒士前庵韩公墓志铭 （二）335

明明威将军指挥金事孟南叶君配恭
人崔氏合葬墓志铭 （二）265

明明威将军指挥金事蒲岛嵇公配淑
人张氏暨李氏合葬墓志铭 （二）254

明内阁诰敕房办事试中书舍人磻阳
吕公暨配陈氏杨氏薛氏合葬墓
志铭 （三）24

合葬墓志铭 （二）334

明宣武将军绥德州守备绍烈路公暨
元配恭人杨氏继配恭人雷氏董氏
合葬墓志铭 （三）99

明亚中大夫山西布政使司右参政洛
源杨公墓志铭 （二）334

明庠生马公配杨氏合葬墓志铭 （二）332

明邑令范公创建卜夫子祠记 （三）17

明逸人乾柏韦君暨配李氏合葬墓
志铭 （二）287

明赠光禄大夫上柱国右军都督府奉
敕分守大同平虏城右参将都指挥金
事高峰冯公墓志铭 （二）264

明赠征仕郎翰林院检讨文菴王公配
封太孺人刘氏合葬墓志铭 （三）30

明昭勇将军山东民兵入卫参将署都
指挥金事积庵杨公墓志铭 （二）303

明昭勇将军西安左卫指挥使琢吾杨
君墓志铭 （二）318

明贞节刘母吴硕人墓志铭 （三）16

明真阳知县纪小华墓志铭 （二）336

明正奉大夫山西等处承宣布政使司
左布政使蒲山张公墓志铭 （二）258

明中顺大夫南户部郎中晋阶四品服
俸四川道监察御史强公墓志铭 （三）22

明中宪大夫南京通政使司右通政旭
庵乌公墓志铭 （二）295

明宗室保安王府镇国中尉竹陂墓
志铭 （二）268

N

nan

南阳张君墓志铭并序 （一）181

nv

女冠澄心散人墓志 （二）173

O

ou

偶过佳州适值生辰登白云山留题 （二）336

P

ping

平阳郡故敬府君墓志铭并序 （一）350

pu

普照寺大殿前墙西头碑 （三）169

Q

qi

七品亡宫墓志铭并序 （一）230

齐故侍中车骑大将军开府仪同三司
左仆射吏部尚书太常卿食贝丘县
干赫连公墓志 （一）88

齐故通直散骑常侍赠开府仪同三司
太常卿高君墓志铭 （一）88

齐故武阳县令张君妻苏夫人等墓
志铭 （一）129

齐故员外郎马君志铭 （一）118

齐故征西将上洛县开国男□□□元
子邃墓志铭 （一）71

齐故中坚将军赵州长史李□□妻崔
氏墓志铭 （一）80

齐淮阳王府长兼行参军张君墓志铭 （一）124

齐御史中丞赫连公故夫人闾氏墓
志铭 （一）82

qian

千阳县草碧谷里住持临洪重修兴
信寺记 （二）198

千阳县龙泉普济禅院碑铭并序　　　（二）115
前陈沅陵王故陈府君之墓志　　　　（一）121
前恩赐寿官李公行二暨元配赵氏
　　之墓　　　　　　　　　　　　（四）153
前癸酉科举人柏林雷子暨配杨氏刘
　　氏两室人自志铭　　　　　　　（三）57
前河阳三城节度观察处置等使怀州
　　刺史检校尚书左仆射兼御史大夫
　　澧州长史开国男食邑三千户上柱
　　国李公夫人太原郡君王氏夫人墓
　　铭并序　　　　　　　　　　　（二）37
前清朝议大夫锦堂史公暨德配党恭
　　人合葬墓志铭　　　　　　　　（四）147
前清诰授奉政大夫钦加同知衔四川
　　补用知县光绪壬午副贡剑南雷公
　　暨德配王、崔、潘宜人合葬墓志
　　铭　　　　　　　　　　　　　（四）146
前清旌表节孝诰封一品夫人赵母董
　　太夫人墓志铭　　　　　　　　（四）148
前清例赠武信郎显考刘公讳长谱大
　　人显妣刘母汪老孺人之墓　　　（四）157
前清校尉邢公讳如峰老大人母白氏
　　老孺人二墓合冢　　　　　　　（四）157
前任邑侯王公作祭文祭神灭蝗碑记　（四）68
前三河口商务会会长张公子勤暨德
　　配杨孺人合葬墓志　　　　　　（四）191
前鄜州都督府张法曹故妻萧夫人
　　墓志　　　　　　　　　　　　（一）190
前尚服李法满墓志铭并序　　　　　（一）204
前知桂阳监将仕郎侍御史内供奉
　　李璆夫人京兆金氏墓志铭并序　（二）64
乾隆五十三年二三四社布施碑　　　（三）181
乾隆五十三年七社八社布施碑　　　（三）181
乾县区立第一高等小学校校长文轩
　　黄老夫子德教碑记　　　　　　（四）165

乾州好畤县美川乡北齐社重修洪教
　　院记　　　　　　　　　　　　（二）162

qiao

乔公云峰暨德配徐太夫人合葬墓
　　志铭　　　　　　　　　　　　（四）227

qin

钦赐八品寿官显考恒山蒲府君之墓　（四）34
钦赐郃阳悼安王妃圹志文　　　　　（二）219
钦赐郃阳悼安王圹志文　　　　　　（二）219
钦赐寿官桑公之墓　　　　　　　　（四）19
钦加六品衔例授承德郎显考路公谋
　　至母氏孔老大（夫）人之墓　　（四）71
钦加四品衔在候补道特授佛坪抚民
　　分府荫峤公祖杨大人德政碑　　（四）90
钦命镇守陕西兴安汉羌等处地方挂
　　印总镇都督府纳尔珠噶巴图鲁带
　　功加五等军功纪录二次寻常纪录
　　一次三讳德功绩碑　　　　　　（三）167
秦府承奉正黄公墓志铭　　　　　　（二）228
秦府承奉正康公墓志铭　　　　　　（二）221
秦府门正牛公墓志铭　　　　　　　（三）37
秦府委员闫玺为改正庙寨地土序碑　（二）283
秦府引礼舍人王公配璩氏合葬墓
　　志铭　　　　　　　　　　　　（二）263

qing

青山寺徐姓捐房献地文约碑　　　　（四）56
清赐进士出身诰封文林郎广西怀远
　　县藤县知县暨配诰封郭孺人合葬
　　墓志铭　　　　　　　　　　　（三）97
清赐进士吏部验封司主事汉双马公
　　暨配安人李氏继郭氏合葬墓志铭　（四）144
清待赠荣封陈公讳光族大人之墓　　（三）183
清待赠叔龙李公墓志铭　　　　　　（三）54

清恩贡生阎君幹卿墓志铭　　　（四）185

清封恭人姚母党太恭人墓志铭　（四）228

清封武义都尉星垣白公暨配刘淑人
　合葬墓志铭并序　　　　　　（四）164

清诰封奉政大夫赵府君暨德配阎宜
　人艮原阡表　　　　　　　　（四）165

清诰封宜人原祖母张太宜人墓志铭（四）128

清故长安柏汉章先生墓志铭　　（四）94

清故敕授文林郎内阁中书衔挟选知
　县礼泉县训道加八级记大功次式
　之樊君墓志铭　　　　　　　（四）87

清故处士显考梅岩府君韩公墓表（四）185

清故待诰文林郎法翁赵公墓　　（三）144

清故待赠庠生拓公墓志铭并序　（三）74

清故待赠增广生员仲章韦公暨元配
　曹氏继配张氏孙氏合葬墓志铭（三）96

清故诰授资政大夫赐进士出身日讲
　起居注官文渊阁校理咸安宫总裁
　翰林院侍读学士长安薛君墓志铭（四）171

清故廪贡候选儒学训导翼明高公墓
　志铭　　　　　　　　　　　（三）83

清故宁阳县知县张君墓表　　　（四）190

清故天文生厚宇文公墓志铭　　（三）117

清故显考姚熊公田讳大书慈惠吕
　氏字谨彰老大(孺)人正(淑)性
　之墓位　　　　　　　　　　（四）109

清故显考潘公良臣显妣潘母棠氏
　老大人之墓　　　　　　　　（三）264

清故显考汪公先第大人显妣汪母
　胡老孺人之合墓　　　　　　（四）26

清故显考周翁秦川妣姚氏合葬墓
　志铭　　　　　　　　　　　（三）72

清故乡贡进士乡饮大宾崇祀乡贤
　祠朴园董先生墓志铭　　　　（三）277

清故赠通议大夫都察院右副都御史

和宇赵公暨配赠淑人刘氏王氏继
　孟氏合葬墓志铭　　　　　　（三）52

清光绪旌表处士高秀雅妻墓碑　（四）60

清河崔上师妻封夫人墓志　　　（一）130

清旌表处士姚香亭之妻王氏节孝碑（四）176

清例授修职郎候铨县丞海丞康公墓
　志铭　　　　　　　　　　　（四）160

清例赠八品军功故显考焦公文殿府
　君显妣高孺人田老太君之墓　（四）15

清荣授乡饮介宾钟公讳润乾字资万
　老大人之墓　　　　　　　　（四）92

清授奉政大夫汝材吉公暨德配高宜
　人合葬墓志铭　　　　　　　（四）181

清授奉政大夫五品衔山西候补直隶
　州州判丁酉科拔贡陕西督军省长
　公署咨议李府君圹志　　　　（四）169

清授文林郎候选知县甲午科举人张
　君东白圹记　　　　　　　　（四）162

清授修职郎候铨儒学训导廪贡生善
　庵员君墓志铭　　　　　　　（四）161

清授修职郎显考倪公讳达寿老大人
　之墓　　　　　　　　　　　（四）170

清授征仕郎贡生马老夫子德教碑
　并序　　　　　　　　　　　（四）183

清授中宪大夫晋赠光禄大夫振威将
　军兵部右侍郎河南巡抚候选知府
　增贡生严公神道碑　　　　　（四）168

清授中宪大夫知府衔四川在任候补
　直隶州知州巫山县知县立如寇君
　墓志铭　　　　　　　　　　（四）175

清太学生党君岐山墓志铭并序　（四）192

清太学生胡公焕堂先生暨德配陈孺
　人合葬墓志铭　　　　　　　（四）55

清太学生子权贺公暨德配王孺人墓
　志铭　　　　　　　　　　　（四）195

清庠生中华民国陆军上校傅公振之
　墓志铭　　　　　　　　　　（四）183
清赠五品职衔岁贡生李玉堂王宜人
　之神道碑　　　　　　　　　（四）176
清真庵顺兴李真人成道记　　　（二）177
清□待赠新吾赵公墓志　　　　（三）62

quan

全真第五代宗师长春道主教真人内
　传碑　　　　　　　　　　　（二）184

R

rong

荣授乡饮介宾京学良有李公并元配
　侯孺人之墓　　　　　　　　（四）15
荣斋蒋府君暨德配吕孺人合葬墓
　志铭　　　　　　　　　　　（四）11
孺人杨氏之墓　　　　　　　　（四）241

S

san

三教弟子九峰道人尚冲和生录序　（二）318
三水县百姓三年醮会圆满序　　（三）68

shan

山西布政使右参政龙峪葛公墓志铭（二）296
陕西财政厅厅长过之翰祭胡励生上
　将文　　　　　　　　　　　（四）178
陕西学校儒生颂德之碑并序　　（二）166
善良西村重修武帝九郎神祠新增西
　岳庙神像之碑　　　　　　　（三）65

shang

赏戴花翎户部湖南司员外郎加六级

焦君神道碑　　　　　　　　　（四）52
上都荐福寺临坛大戒德律师之碑　（一）324
上方舍利塔记　　　　　　　　（一）289
上巳日兴庆池禊宴诗并序　　　（二）119

shao

少亡闺女明姐闰秋之墓　　　　（四）112
绍兴朱子桥先生墓志铭　　　　（四）213

sheng

圣清征士咸阳刘古愚先生墓志铭　（四）87

shi

师祖刘公本聪真人墓　　　　　（四）61
使持节侍中司徒公都督雍华岐三州
　诸军事车骑大将军雍州刺史章武
　武壮王墓志铭　　　　　　　（一）41
使持节镇北大将军相州刺史南安王
　桢墓志　　　　　　　　　　（一）13
始祖伏波将军马公讳援墓　　　（三）144
室人太原王氏墓志铭并序　　　（一）287

shou

授通奉大夫晋封资政大夫花翎布政
　使衔湖北候补道山西宁武府知府
　汉章吴君暨原配姚继配李夫人副
　室姚恭高孺人合葬之墓　　　（四）57

shu

署陇州正堂王太爷剔积弊碑记　（三）198
署正衔授承德郎路公寿藏表　　（四）64
蜀丞相诸葛忠武侯新庙碑铭并序　（一）339
述圣颂并序碑　　　　　　　　（一）269

shuo

说经台创建救苦殿记　　　　　（二）321

si

司刑太常伯武安公世子奉冕直长源侧室赵
　　五娘墓志铭并叙　　　　　　　（一）188

song

宋村中堡东河口蟒蜒渠水利词案
　　碑记　　　　　　　　　　　　（三）101
宋故安定程君墓志铭　　　　　　　（二）125
宋故安丰王评事墓志　　　　　　　（二）141
宋故朝奉郎直龙图阁权知陕州军府
　　兼管内勤农事兼担举商虢等州兵
　　马巡检公事飞骑尉赐绯鱼袋借紫
　　游公墓志铭　　　　　　　　　（二）132
宋故长安县君范氏墓志铭　　　　　（二）133
宋故朝请大夫尚书礼部郎中上护军
　　范阳县开国伯食邑七百户赐紫金
　　鱼袋祖公墓志铭并序　　　　　（二）123
宋故承直郎王公墓铭　　　　　　　（二）141
宋故登州防御推官知晋州冀氏县事
　　昌黎韩君墓志铭　　　　　　　（二）130
宋故敦武郎知辰州会溪城公事罗公
　　墓志铭　　　　　　　　　　　（二）143
宋故奉议郎前武兴通守张公墓志铭（二）154
宋故夫人清源王氏墓铭　　　　　　（二）136
宋故府州宗府君墓志铭并序　　　　（二）126
宋故傅公墓铭　　　　　　　　　　（二）139
宋故和州防御使提举台州崇道观安
　　康郡开国侯食邑一千七百户实封
　　一百户杨公墓志铭　　　　　　（二）149
宋故皇城使持节惠州诸军事惠州刺
　　史监凤翔府终南上清太平宫护军
　　孙公墓志铭　　　　　　　　　（二）133
宋故将仕郎试秘书省校书郎前守兴
　　元府司录参军刘府君墓志铭并序（二）118
宋故刘君墓志铭并序　　　　　　　（二）133

宋故苗府君墓志铭　　　　　　　　（二）138
宋故内园使上骑都尉平原县开国伯
　　食邑九百户李公墓志铭并序　　（二）132
宋故彭城刘君墓志铭并序　　　　　（二）123
宋故谯国曹氏墓志铭并序　　　　　（二）144
宋故三班奉职李君墓志铭并序　　　（二）131
宋故太孺人陈氏墓志铭　　　　　　（二）158
宋故太原武公墓志铭　　　　　　　（二）140
宋故提点梓州路诸州军刑狱公事朝
　　奉郎守尚书度支郎中上轻车都尉
　　赐绯鱼袋姚府君墓志铭　　　　（二）123
宋故通直郎守太子中舍知平定军乐
　　平县事监兵马都监赠右承议郎韩
　　府君墓志铭　　　　　　　　　（二）130
宋故武功大夫河东第二将折公墓
　　志铭　　　　　　　　　　　　（二）144
宋故武功大夫吉州刺史兴元府驻扎
　　御前诸军都统制致仕彭公事实碑（二）152
宋故武威贾公墓志铭　　　　　　　（二）141
宋故西京左藏库使银青光禄大夫检
　　校左散骑堂侍兼御使士夫光盖利
　　路兵马钤辖提取兵甲巡检公事上
　　骑都尉扶风县开国伯食邑五百户
　　马公墓志铭并序　　　　　　　（二）124
宋故右班殿直潘府君夫人阴氏墓
　　志铭　　　　　　　　　　　　（二）135
宋故右班殿直前监凤翔府周至县清
　　平镇酒税潘府君墓志铭　　　　（二）135
宋故元府君墓志铭并序　　　　　　（二）125
宋故张君墓志铭　　　　　　　　　（二）131
宋刻唐代功臣赞像碑　　　　　　　（二）128
宋贤张横渠先生墓碑　　　　　　　（四）100
宋耀州太守阎公奏封德应侯之碑　　（二）126
宋游师雄谒富平县七陵题记　　　　（二）130
宋知郓州事寔庵严公讳存信暨夫人
　　杨氏合葬之墓碑　　　　　　　（四）167

sui

隋宫人典彩六品朱氏墓志铭　　　　　（一）125

隋宫人刘氏墓志铭　　　　　　　　　（一）135

隋宫人司仗郭氏六品墓志　　　　　　（一）125

隋故朝请大夫郝伏愿铭记　　　　　　（一）128

隋故奉城尉王君墓志铭　　　　　　　（一）135

隋故宫人陈氏墓志铭并序　　　　　　（一）129

隋故宫人陈氏七品墓志铭并序　　　　（一）127

隋故宫人典玺姓李氏墓志铭并序　　　（一）123

隋故宫人归义乡君元氏墓志铭并序　　（一）123

隋故宫人何氏六品墓志铭并序　　　　（一）126

隋故宫人墓志铭并序　　　　　　　　（一）127

隋故宫人尚寝衣魏氏墓志铭并序　　　（一）125

隋故宫人沈氏墓志铭并序　　　　　　（一）127

隋故宫人司灯李氏墓志铭并序　　　　（一）126

隋故宫人韦氏墓志铭　　　　　　　　（一）127

隋故宫人元氏墓志铭　　　　　　　　（一）130

隋故光禄大夫右翊卫大将军张公
　　墓志　　　　　　　　　　　　（一）133

隋故礼部侍郎通议大夫陈府君之墓
　　志铭　　　　　　　　　　　　（一）136

隋故历阳郡丞王孝伦夫人永乐县君
　　裴氏墓志铭并序　　　　　　　（一）174

隋故卢君墓志铭　　　　　　　　　　（一）116

隋故内史舍人牛府君墓记　　　　　　（一）138

隋故桥大夫墓志铭　　　　　　　　　（一）100

隋故人朝请大夫右武卫纯德府鹰扬
　　副郎将张伏敬之墓　　　　　　（一）126

隋故上党郡司功书佐萧君墓志铭
　　并序　　　　　　　　　　　　（一）134

隋故上郡三川县正明云腾墓志　　　　（一）136

隋故上开府乐安县开国伯赵君墓志　　（一）107

隋故司法萧府君墓志　　　　　　　　（一）117

隋故桃林县令王府君墓志　　　　　　（一）136

隋故王香仁墓志之铭　　　　　　　　（一）125

隋故魏郡太守正议大夫张府君墓志
　　铭并序　　　　　　　　　　　（一）132

隋故武安郡肥乡县令萧明府墓志铭
　　并叙　　　　　　　　　　　　（一）134

隋故宣惠尉冯君之墓志　　　　　　　（一）134

隋故右候卫大将军蒲城侯郭恭公
　　之碑　　　　　　　　　　　　（一）144

隋故豫章郡掾田府君墓志　　　　　　（一）126

隋故正议大夫虎贲郎将光禄卿田公
　　墓志　　　　　　　　　　　　（一）140

隋故左候卫大将军右光禄大夫范公
　　墓志铭　　　　　　　　　　　（一）133

隋故左御卫府长史通议大夫宋君墓
　　志铭　　　　　　　　　　　　（一）138

隋检校虎贲郎将朝请大夫南阳邓君
　　墓志铭　　　　　　　　　　　（一）132

隋金紫光禄大夫梁郡太守刘府君墓
　　志铭并序　　　　　　　　　　（一）126

隋司仪丞冯忱故夫人叱李墓志铭　　　（一）138

隋正议大夫内常侍苟府君夫人故宋
　　氏墓志铭并序　　　　　　　　（一）135

隋柱国左光禄大夫弘义明公皇甫府
　　君之碑　　　　　　　　　　　（一）160

隋左勋侍正议大夫严府君墓志铭
　　并序　　　　　　　　　　　　（一）229

T

tai

太保齐郡顺王常妃志铭　　　　　　　（一）　58

太守檀山李公修治成绩碑　　　　　　（二）255

太尉领司州牧骠骑大将军顿丘郡开
　　国公穆文献公亮墓志铭　　　　（一）　16

太学生国瑞赵翁墓志　　　　　　　　（三）244

太学生汉卿张公暨孺人花氏墓志铭　　（三）142

太学生乡饮宾乂庵李公神道碑　　　　（三）313

太学生祖考文显府君墓　　　　（三）272

太原郡王氏墓铭并序　　　　　（二）22

太原王府君铭一首并序　　　　（一）315

泰山羊祉开复石门铭　　　　　（一）18

tang

唐安祯法师残碑　　　　　　　（二）98

唐常山故阆公金城米氏故夫人墓志
　　铭并序　　　　　　　　　（二）49

唐长安县主簿李公故夫人司马氏墓
　　志铭并序　　　　　　　　（一）319

唐长乐冯君墓志铭　　　　　　（二）63

唐朝请大夫行内侍省掖庭局宫教博
　　士员外置同正员上柱国赐绯鱼袋
　　宋伯康墓志　　　　　　　（二）61

唐朝请郎前行陕州大都督府文学李
　　赠亡妻兰陵萧氏墓志　　　（二）10

唐朝请郎行司农寺导官署令上柱国
　　韩肃故太夫人天水郡赵氏墓志铭
　　并序　　　　　　　　　　（一）350

唐朝散大夫行遂州司马董君墓志铭
　　并序　　　　　　　　　　（一）226

唐大兴善寺故大德大辩正广智三藏
　　和尚碑铭并序　　　　　　（一）331

唐代国忠公安公金藏墓碑　　　（三）157

唐杜陵韦氏侧室李氏墓志铭并序（二）65

唐工部尚书杜公长女墓志铭并序（二）38

唐宫人墓志铭并序　　　　　　（一）131

唐古侍老张公墓志铭并序　　　（一）313

唐故白府君墓志铭并序　　　　（二）80

唐故北海郡太守赠左散骑常侍宇文
　　公墓志铭并序　　　　　　（一）324

唐故邠宁庆□□□行□都□□副持
　　节都督庆州诸军事行庆州刺史兼
　　押蕃落使四镇兵马使兼御史中丞
　　康乐郡王吴府君墓志铭并序（二）104

唐故邠州三水县主簿京兆韦府君墓
　　志铭并序　　　　　　　　（一）348

唐故兵部常选南阳左府君夫人墓志
　　铭并序　　　　　　　　　（一）299

唐故博陵崔府君墓志铭并序　　（二）7

唐故博平郡主陇西李氏墓志铭　（一）329

唐故曹王府典军韦府君并夫人方山
　　县君河间尹氏墓志铭并序　（一）209

唐故长安县丞庾府君墓志铭并序（二）58

唐故长安县尉韦公墓志　　　　（一）317

唐故常州无锡县令东平吕君墓志（一）333

唐故朝请大夫董君夫人戴氏墓志铭（一）174

唐故朝请大夫内事省内给事上柱国
　　常府君神道碑　　　　　　（一）303

唐故朝请大夫尚辇奉御上柱国罗公
　　墓志铭并序　　　　　　　（二）45

唐故朝请大夫使持节复州诸军事守
　　复州刺史京兆韦府君墓志铭并序（一）268

唐故朝请大夫守华州司马韦公墓志
　　铭并序　　　　　　　　　（二）8

唐故朝请大夫行内侍省内府局丞员
　　外置同正员上柱国陇西李府君
　　志铭并序　　　　　　　　（二）37

唐故朝请郎行岐州参军事萧君墓志
　　铭并序　　　　　　　　　（一）249

唐故朝请郎行太子内直郎京兆韦君
　　墓志铭并序　　　　　　　（一）336

唐故朝请郎行扬州海陵县丞刘府君
　　墓志铭并序　　　　　　　（二）7

唐故朝散大夫登仕郎张府君墓志铭（一）215

唐故朝散大夫汉州刺史赐紫金鱼袋
　　李公墓志铭并序　　　　　（二）77

唐故朝散大夫检校金部郎中兼侍御
　　史知盐铁江陵院事归公墓志铭并
　　序　　　　　　　　　　　（二）52

唐故朝散大夫刘君志铭　　　　（一）193

唐故朝散大夫秘书省著作郎致仕京
　兆韦公玄堂志　　　　　　　　（二）17
唐故朝散大夫牛君墓志铭并序　　（一）206
唐故朝散大夫牛君墓志铭并序　　（一）216
唐故朝散大夫前彭州长史韩公墓志
　铭并序　　　　　　　　　　　（一）336
唐故朝散大夫使持节蕲州诸军事守
　蕲州刺史上柱国韦府君夫人河东
　县君柳氏墓志铭并序　　　　　（二）19
唐故朝散大夫使持节蕲州诸军事守
　蕲州刺史上柱国韦府君墓志铭并序（二）17
唐故朝散大夫使持节昭州诸军事守
　昭州刺史上柱国田府君墓铭并序（二）61
唐故朝散大夫行内侍省内给事周公
　墓志铭兼序　　　　　　　　　（一）327
唐故朝散大夫行太子洗马上柱国萧
　公墓志铭并序　　　　　　　　（一）340
唐故朝议大夫怀州长史上柱国京兆
　韦公志铭并序　　　　　　　　（一）270
唐故朝议大夫内侍省内府局丞员处
　置同正员上柱国武府君墓志铭并
　序　　　　　　　　　　　　　（二）40
唐故朝议郎成都府犀浦县令京兆田
　府君墓志铭并序　　　　　　　（二）58
唐故朝议郎内供奉守庆州司马上柱
　国赐紫金鱼袋贾公故夫人颖川县
　太君陈氏墓志铭并序　　　　　（二）22
唐故朝议郎前河南府司录参军常山
　张君墓志铭　　　　　　　　　（二）61
唐故朝议郎使持节剑州诸军事守剑
　州刺史上柱国扶风县开国伯食邑
　七百户赐绯鱼袋窦公墓志铭并序（二）44
唐故朝议郎使持节普州诸军事守普
　州刺史赏紫金鱼袋京兆韦府君墓
　志铭并序　　　　　　　　　　（一）347

唐故朝议郎守殿中省尚药奉御翰林
　供奉上柱国赐绯鱼袋段府君墓志
　铭并序　　　　　　　　　　　（二）46
唐故朝议郎守檀州司马何公墓志铭
　并序　　　　　　　　　　　　（二）68
唐故朝议郎守魏王府咨议参军郭公
　墓志铭并序　　　　　　　　　（二）63
唐故朝议郎卫尉寺承上柱国弘农杨
　府君夫人梁氏合祔墓志铭并序　（二）20
唐故朝议郎行内侍省宫闱局丞员外
　置同正员上柱国同府君墓志　　（二）50
唐故朝议郎行宣州司法参军上柱国
　王君墓志铭并序　　　　　　　（二）13
唐故辰州参军韦府君墓志铭并序　（二）17
唐故陈夫人墓志铭并序　　　　　（二）27
唐故成德军节度使尚书左仆射赠侍
　中王公季女墓志铭并序　　　　（二）26
唐故成都府户曹参军李府君墓志铭
　并叙　　　　　　　　　　　　（一）325
唐故成都府士曹参军李府君夫人沛
　国刘氏墓志并序　　　　　　　（一）340
唐故成府君墓志铭并序　　　　　（二）67
唐故承奉郎平凉郡平凉县令天水赵
　君墓志铭并序　　　　　　　　（一）300
唐故承议郎行临海郡宁海县令陈府
　君墓志铭并序　　　　　　　　（一）307
唐故程君墓志铭并序　　　　　　（一）223
唐故崇文生阎君墓志文　　　　　（一）235
唐故滁州冯君墓志之铭并序　　　（一）272
唐故滁州苗君墓志之铭并序　　　（一）279
唐故处士贾公墓志文并序　　　　（一）279
唐故处士李府君墓志铭并序　　　（二）55
唐故处士吕君墓志铭并序　　　　（一）267
唐故处士骞府君墓志文并序　　　（一）277
唐故处士骞君墓志铭并序　　　　（一）239

唐故处士任君墓志铭并序 （一）223
唐故处士王君墓志铭并序 （一）199
唐故崔府君志铭 （一）211
唐故大将军主客郎中蓨县男李君墓
　志铭 （一）148
唐故大理司直杜陵史公墓志铭并序 （一）343
唐故大同军使云麾将军左武卫大将
　军宁朔县开国伯慕容公墓志铭并
　序 （一）322
唐故德阳郡什邡县令韦府君墓志铭
　并序 （一）294
唐故殿前高班承务郎行内侍省内府
　局令员外置同正员上柱国赐绯鱼
　袋魏府君墓志铭并序 （二）70
唐故殿中省进马宋公墓志铭并序 （一）312
唐故殿中侍御史陇西李府君夫人范
　阳卢氏墓志铭并序 （二）14
唐故定州司仓参军东乡府君夫人鲁
　郡夏氏墓志铭并序 （二）55
唐故东都功德等使朝议大夫内侍省
　内常侍员外置同正员知东都内侍
　省事上柱国长城县开国公食邑一
　千五百户姚公墓志铭并序 （二）33
唐故东宫千牛备身济北史君墓志
　并序 （一）238
唐故董府君墓志铭 （一）206
唐故董君墓志铭 （一）202
唐故法云寺大德真禅师墓志铭并序 （一）345
唐故法云寺内外临坛律大德超寂
　墓志 （一）342
唐故范阳张氏墓志铭 （一）304
唐故冯府君铭并序 （一）200
唐故冯君墓志铭 （一）210
唐故凤翔府士曹参军杜府君墓志铭
　并序 （二）101

唐故凤翔观察使神策行营兵马上都
　留后段府君墓志铭 （一）325
唐故奉天定难功臣骠骑大将军行右
　领军卫大将军兼御史大夫归义郡
　王赠代州都督杨公墓志铭并序 （一）337
唐故奉天定难功臣游骑将军守左金
　吾卫大将军员外置同正员试光禄
　卿赐紫金鱼袋李公墓志铭并序 （一）340
唐故奉义郎行京兆府泾阳县丞韦府
　君墓志文并序 （二）15
唐故夫人刘氏墓志铭并序 （二）52
唐故夫人吕氏墓志铭 （二）88
唐故夫人曲氏墓志铭 （二）96
唐故夫人荥阳郑氏墓铭并序 （二）24
唐故鄜坊节度都营田使兼后军兵马
　使军前讨击使同节度副使云麾将
　军试鸿胪卿兼试殿中监太原县开
　国子食邑五百户上柱国王府君墓
　志铭并序 （一）338
唐故鄜坊节度行营马军兵马使同节
　度副使银青光禄大夫检校太子宾
　客上柱国清河县男食邑三百户环
　公墓志铭并序 （二）50
唐故扶风郡马府君墓志铭并序 （二）12
唐故扶风县君冯氏墓志铭并序 （一）334
唐故苻宝郎王府君墓志铭并叙 （一）343
唐故抚州南城县令上柱国骞府君志
　铭并序 （一）251
唐故府君荥阳郑公夫人信都栗氏墓
　志铭并序 （二）5
唐故辅国大将军扬州都督褒忠壮段
　公碑铭 （一）153
唐故傅府君墓志铭并序 （一）330
唐故瓜州司马清水县开国公并夫人
　陇西太君李氏墓志铭并序 （一）244

唐故关君墓志铭并序　　　　　　（一）254

唐故圭峰定慧禅师传法碑并序　　（二）54

唐故桂管监军使太中大夫行内侍省
　　奚官局令员外置同正员上柱国赐
　　绯鱼袋梁公墓志并序　　　　（二）42

唐故郭府君墓志铭　　　　　　　（一）254

唐故郭君并妻王夫人合祔墓志铭
　　并序　　　　　　　　　　　（二）12

唐故郭君墓志铭并序　　　　　　（一）339

唐故郭君武骑尉夫人贾氏墓志　　（一）311

唐故翰林待诏朝散大夫守洪州都督
　　府长史上柱国赐绯鱼袋陈府君故
　　夫人弘农杨氏墓志铭并序　　（二）71

唐故翰林供奉朝散大夫前守右千牛
　　卫将军上柱国赐紫□鱼袋段府君
　　墓志铭并序　　　　　　　　（二）80

唐故郝府君墓志铭叙曰　　　　　（一）299

唐故郝府君墓志之铭并序　　　　（一）248

唐故河东郡卫府君墓志铭并序　　（二）23

唐故河东薛府君墓志铭并序　　　（二）30

唐故河南少尹裴君墓志铭　　　　（二）4

唐故河南史夫人墓志铭并序　　　（二）99

唐故河润府左果毅都尉刘府君墓
　　铭并序　　　　　　　　　　（一）276

唐故河源军长史护军任君墓志铭　（一）258

唐故河□□夫人墓铭　　　　　　（二）100

唐故恒王府谘议杜府君墓铭　　　（二）99

唐故弘农郡第五府君河东郡卫氏夫
　　人墓志铭并序　　　　　　　（二）22

唐故弘农杨府君墓志铭并序　　　（二）30

唐故鸿胪寺丞李府君夫人琅琊王氏
　　墓志铭并序　　　　　　　　（一）311

唐故后院随身官李府君墓志铭并序（二）58

唐故湖南监军使正议大夫行内侍省
　　内府局令上柱国赐绯鱼袋王府君

　　墓志铭并序　　　　　　　　（二）25

唐故湖南监军使正议大夫行内侍
　　省内寺伯太原县开国男食邑三
　　百户赐绯鱼袋太原郡王府君墓
　　志铭并序　　　　　　　　　（二）58

唐故扈从监右银台门进奏使朝议郎
　　守内侍省掖庭局丞上柱国赐绯鱼
　　袋张府君墓志铭并序　　　　（一）347

唐故华州司马韦府君墓志铭并序　（二）54

唐故华州潼关镇国军陇右节度支度
　　营田观察处置临洮军等使开府仪
　　同三司检校尚书左仆射兼华州刺
　　史御史大夫武康郡王赠司空李公
　　墓志铭并序　　　　　　　　（一）339

唐故华州下邽县尉韦府君故夫人陇
　　西李氏墓志铭并序　　　　　（二）11

唐故化州司户参军上柱国曹府君墓
　　志铭并序　　　　　　　　　（一）273

唐故会王墓志铭并序　　　　　　（二）7

唐故吉州司法参军黄府君墓志铭
　　并序　　　　　　　　　　　（二）44

唐故吉州长史郭公墓志铭并序　　（二）74

唐故集贤直院官荣王府长史程公墓
　　志铭并叙　　　　　　　　　（二）63

唐故集州衙推狄公墓志并序　　　（二）63

唐故济阴郡王墓志铭并序　　　　（一）262

唐故给事郎行内侍省掖庭局宫教博
　　士员外置同正员上柱国周府君墓
　　志铭并序　　　　　　　　　（二）78

唐故贾君墓志之铭并序　　　　　（一）221

唐故贾君墓志之铭并序　　　　　（一）272

唐故检校少府少监驸马都尉赠卫尉
　　卿范阳张府君墓志铭　　　　（二）16

唐故将仕郎上柱国李府君墓志铭
　　并序　　　　　　　　　　　（一）301

唐故绛郡翼城县丞宇文府君夫人太
　原白氏权厝文　　　　　　（一）307
唐故绛州曲沃县令上骑都尉王君墓
　志铭并序　　　　　　　　（一）195
唐故交州司马韦君之墓志铭并序　（一）154
唐故节度要藉儒林郎试左武卫兵曹
　参军中山赵公卢吴二夫人墓志铭
　序　　　　　　　　　　　（二）59
唐故金城郡申氏夫人墓志铭并序　（二）74
唐故金紫光禄大夫试太子詹事兼晋
　州刺史上柱国陇西郡开国公李公
　墓志铭并序　　　　　　　（一）322
唐故金紫光禄大夫颍王府司马上柱
　国元府君墓志铭　　　　　（一）322
唐故进士京兆韦秀才墓志铭并叙　（二）55
唐故京西步驿使军德郎行内侍省奚
　官局丞员外置同正员上柱国赐绯
　鱼袋魏府君墓志铭并序　　（二）68
唐故京兆杜府君墓铭　　　　　（二）91
唐故京兆杜府君之铭　　　　　（二）99
唐故京兆府好畤县丞程府君男墓志（二）24
唐故京兆府云阳县令廖君墓铭　（二）29
唐故京兆仇夫人墓志铭并序　　（一）344
唐故京兆田君墓志铭并序　　　（二）8
唐故京兆韦府君夫人陇西李氏墓志
　铭并序　　　　　　　　　（二）79
唐故京兆韦府君墓志铭并序　　（二）16
唐故京兆韦君墓志铭并序　　　（二）5
唐故京兆真化府折冲都尉鲁国车府
　君墓志铭并序　　　　　　（二）31
唐故泾原节度押衙知进奏银青光
　（禄）大夫检校太子宾客右金吾
　卫长史兼殿中侍御史上柱国王
　府君墓志铭并序　　　　　（二）77
唐故泾州营田巡官杭州杭县主簿

陇西李府君墓志铭并序　　　（二）63
唐故静乐寺尼惠因墓志铭并序　（一）346
唐故九华观□□师藏形记　　　（二）1
唐故郡中正程君墓志　　　　　（一）179
唐故开府仪同三司兼左御林军大将
　军知军事文安郡王赠工部尚书清
　河张公神道碑铭并序　　　（一）338
唐故开府仪同三司守太傅致仕上柱
　国太原郡开国公食邑二千户赠太
　尉白公墓志铭并序　　　　（二）60
唐故开府仪同三司太仆卿兼御史大
　夫陈郑等州节度使郑州刺史上柱
　国公鲁君夫人河东裴氏墓志
　铭并序　　　　　　　　　（一）316
唐故开府仪同三司行左领军卫上将
　军致仕阳城郡王秦公墓志铭并序（二）14
唐故康王墓志铭并序　　　　　（二）78
唐故朗宁公主墓志铭并序　　　（二）68
唐故雷府君墓志并序　　　　　（二）82
唐故李府君夫人长乐县君墓志铭（一）153
唐故李府君妻段氏墓志铭并序　（一）290
唐故李公墓志铭并序　　　　　（一）349
唐故李君夫人马氏铭　　　　　（二）89
唐故李君墓志铭并序　　　　　（一）278
唐故凉王墓志铭并序　　　　　（二）79
唐故临黄县栗少府墓志铭并序　（一）335
唐故灵武节度推官将仕郎试秘书省
　校书郎京兆韦府君墓志铭　（二）1
唐故岭南节度观察处置等使银青光
　禄大夫检校左散骑常侍兼御史大
　夫赠工部尚书京兆韦公墓志铭（二）51
唐故刘府君墓志铭并序　　　　（二）48
唐故刘府君墓志铭并序　　　　（二）62
唐故刘公扶风郡马氏夫人墓志并序（二）43
唐故陇西郡李夫人墓志铭并序　（二）78

唐故陇西李夫人墓志　　　　　　　（二） 32

唐故陇西李夫人墓志　　　　　　　（二） 91

唐故陇西李府君墓志铭　　　　　　（二） 69

唐故陇西李公及夫人博陵崔氏北平
　　田氏合葬墓志文并序　　　　　（二） 75

唐故陇西李君墓志铭并序　　　　　（一）319

唐故陇西李氏夫人墓志铭并序　　　（二） 58

唐故陇西县太君李氏夫人墓志铭　　（二） 29

唐故陇州防御同十将宁远将军守左
　　威卫慈州平昌府左果毅都尉员外
　　置同正员元府君墓志铭并序　　（二） 42

唐故陇州汧阳县令河东裴府君墓志
　　铭并序　　　　　　　　　　　（一）288

唐故陇州汧阳县尉太原王府君墓志
　　铭并序　　　　　　　　　　　（二） 10

唐故庐江县令李府君墓志铭并序　　（二） 30

唐故鲁府君墓志铭并序　　　　　　（一）183

唐故陆浑县令裴府君墓志铭并叙　　（二） 47

唐故潞府君墓志铭　　　　　　　　（一）287

唐故潞府骁骑尉郭君墓志铭并序　　（一）288

唐故潞州屯留县朝散大夫李府君墓
　　志之铭并序　　　　　　　　　（一）202

唐故秘阁直司登仕郎王君墓志并序　（一）180

唐故秘书省著作郎夔州都督府长史
　　上护军颜君神道碑　　　　　　（一）328

唐故明威将军左卫汾州清胜府折冲
　　都尉上柱□药君之墓志并序　　（一）254

唐故洺州司马陇西辛公夫人扶阳郡
　　君韦氏墓志铭并序　　　　　　（一）274

唐故纳言博昌县开国男韦府君墓
　　志铭　　　　　　　　　　　　（二） 88

唐故南朝元从奉天定难功臣太原开
　　阳府折卫冯府君墓志铭并序　　（一）345

唐故南内留后使承奉郎行内侍省
　　内府局令上柱国赐绯鱼袋陇西

李府君墓志铭并序　　　　　　　　（二） 83

唐故南阳张府君金城申屠氏夫人
　　墓志铭并序　　　　　　　　　（二） 21

唐故内坊典内银青光禄大夫行内
　　侍省内侍上柱国高阳郡开国公
　　食邑二千户许公墓志铭并序　　（二） 25

唐故内供奉游击将军守晋州平阳
　　府别将赐绯鱼袋上柱国康府君
　　墓志铭并序　　　　　　　　　（一）323

唐故内侍省内给事韩府君墓志　　　（二） 21

唐故内侍省内仆局令犍为费府君
　　墓志铭并序　　　　　　　　　（一）204

唐故内枢密使推诚保运致理功臣
　　骠骑大将军守右骁卫上将军知
　　内侍省上柱国清河县开国伯食
　　邑七百户张公墓志铭并序　　　（二）106

唐故内玉晨观上清大洞三景法师
　　赐紫大德仙宫铭并序　　　　　（二） 29

唐故内玉晨观上清大洞三景法师
　　赐紫大德仙宫铭并序　　　　　（二） 97

唐故宁远将军蔡公夫人天水县君
　　赵氏墓志铭　　　　　　　　　（一）248

唐故宁远将军守左武卫翊府中郎
　　将万公墓志铭并序　　　　　　（一）334

唐故牛君墓志铭并序　　　　　　　（一）217

唐故牛君志铭　　　　　　　　　　（一）268

唐故女道士太原郡太夫人王氏墓
　　志铭　　　　　　　　　　　　（二） 87

唐故陪戎副尉直仆寺高府君墓志
　　并序　　　　　　　　　　　　（一）277

唐故陪戎校尉李君墓志　　　　　　（一）165

唐故陪戎校尉申屠君墓志铭并序　　（一）258

唐故裴氏小娘子墓志铭　　　　　　（二） 48

唐故彭城县太君刘氏墓志铭并序　　（二） 83

唐故彭王赠司空墓志铭　　　　　　（一）332

唐故平州刺史煦山公于府君墓志
　并序　　　　　　　　　　　　（一）255
唐故蒲州甘泉府别将兼夏州押降户
　使总管武君墓志铭　　　　　　（一）285
唐故七品宫人墓志铭　　　　　　（二）91
唐故岐州望云府折冲赠左卫郎将郑
　公墓志并序　　　　　　　　　（一）271
唐故骑都尉云生墓志之铭　　　　（一）215
唐故骑都尉翟府君墓志铭并序　　（一）274
唐故蕲州刺史韦府君妻河东县君薛
　氏墓志铭　　　　　　　　　　（二）77
唐故契苾夫人墓志铭并序　　　　（一）263
唐故前集州衙推狄府君夫人内黄郡
　骆氏墓志铭并序　　　　　　　（二）73
唐故前商州商洛县主簿韦府君墓志
　铭并序　　　　　　　　　　　（二）27
唐故前昭义军衙前将云麾将军试殿
　中监李府君夫人暴氏墓志铭并序（二）55
唐故前左神武军使奉天定难功臣右
　卫大将军梁州元从骠骑大将军弘
　农郡开国公梁府君墓志铭并序　（一）333
唐故青州户曹参军京兆韦府君墓志
　铭并序　　　　　　　　　　　（二）22
唐故青州司户参军韦君夫人柏氏墓
　铭并序　　　　　　　　　　　（二）56
唐故清河郡傅夫人墓志铭并序　　（二）71
唐故清河郡先张府君夫人太原王氏
　墓志铭　　　　　　　　　　　（二）60
唐故清河郡张府君墓志铭并序　　（二）72
唐故清河张夫人墓志铭并序　　　（二）18
唐故清河张氏夫人墓志铭并序　　（二）78
唐故庆州军事判官试协律郎张府君
　墓铭并序　　　　　　　　　　（二）76
唐故邛州别驾陇西公李君墓志铭
　并序　　　　　　　　　　　　（一）152

唐故邛州火井县丞韦君夫人杜氏
　墓志铭并序　　　　　　　　　（一）239
唐故衢王府参军李府君墓志铭并序（二）53
唐故饶州余干县尉郭公墓志铭并序（二）74
唐故汝州襄郏等城群牧使朝议郎行
　内侍省内府局令上柱国赐绯鱼袋
　琅琊郡王公墓志铭并序　　　　（二）37
唐故沙河县令姜君墓志之铭　　　（一）197
唐故陕府监军使太中大夫行内侍省
　内寺伯员外置同正员上柱国赐紫
　金鱼袋安定县开国公食邑三百户
　梁公神道碑并序　　　　　　　（二）47
唐故陕府监军使正议大夫行内侍省
　内谒者监员外置同正员上柱国武
　昌县开国男食邑三百户赐绯鱼袋
　平原郡师府君墓志铭并序　　　（二）65
唐故上骑都尉郭君墓志铭并序　　（一）193
唐故上柱国杨府君墓志铭并序　　（一）282
唐故上柱国子颍川郡陈公及夫人范
　氏墓志铭并序　　　　　　　　（二）3
唐故尚乘直长裴公墓志铭并序　　（一）284
唐故尚书左仆射知省事扶风王赠司
　徒马公庙碑　　　　　　　　　（一）328
唐故申屠府君墓志之铭　　　　　（一）263
唐故申屠君墓志铭并序　　　　　（一）214
唐故石府君墓志之铭　　　　　　（二）88
唐故使持节卫州刺史李君杨夫人墓
　志铭并序　　　　　　　　　　（一）155
唐故试右内率府长史军器使推官天
　水郡赵府君墓志铭并序　　　　（二）43
唐故试左武卫兵曹参军谢府君墓志（一）346
唐故守右威卫文州阴平府左果□都
　尉员外□□□上□军吕府君墓志
　铭并序　　　　　　　　　　　（二）84
唐故叔氏墓志并序　　　　　　　（二）12

唐故蜀州别驾氾府君夫人清河郡君
　　张氏墓志铭并序　　　　　（一）342
唐故司农丞独孤府君夫人宇文氏墓
　　志铭并序　　　　　　　　（一）332
唐故司卫正卿田府君夫人扶风窦氏
　　墓志铭并序　　　　　　　（一）228
唐故嗣陈王兼都勾当承旨墓志铭
　　并序　　　　　　　　　　（二）78
唐故宋府君墓志铭并序　　　　（二）　6
唐故宋君墓志铭　　　　　　　（一）287
唐故苏府君墓志铭并序　　　　（一）165
唐故肃明观主范先公墓志铭并序（一）290
唐故肃州玉门县令骞府君墓志　（一）277
唐故随州司马员外置同正员赠尚书
　　考功郎中赐绯鱼袋陇西李府君墓
　　志铭并序　　　　　　　　（二）80
唐故遂州刺史京兆韦府君墓志铭
　　并序　　　　　　　　　　（二）26
唐故遂州刺史韦公故夫人范阳县
　　君卢氏合祔墓志并序　　　（二）35
唐故遂州司马李君墓志铭　　　（一）171
唐故太常卿上柱国汾阴献公薛府
　　君碑　　　　　　　　　　（一）168
唐故太傅致仕赠太尉太原白公神
　　道碑　　　　　　　　　　（二）62
唐故太仆寺驭士长上蔡君墓志铭
　　并序　　　　　　　　　　（一）282
唐故太尉兼中书令西平郡王赠太
　　师李公神道碑铭并序　　　（二）26
唐故太原府参军事苗君墓志铭　（二）　3
唐故太原府参军赠尚书工部员外郎
　　苗府君夫人河内县太君玄堂志铭
　　并序　　　　　　　　　　（二）39
唐故太原府太谷县尉元府君亡夫人
　　河东裴氏墓志铭并序　　　（二）17

唐故太原郭府君墓志　　　　　（二）105
唐故太原郭公壶关苗氏夫人墓志
　　铭序　　　　　　　　　　（二）62
唐故太原郡王夫人墓志铭并序　（二）53
唐故太原郡王府君墓志铭并序　（二）45
唐故太中大夫使持节泗州诸军事泗
　　州刺史琅琊王公墓志铭并序（一）275
唐故太中大夫行赣州长史上柱国赐
　　鱼袋李府君墓志铭并序　　（二）46
唐故太子少保豫州刺史越王墓志铭（一）259
唐故太子右千牛卫率井陉县开国公
　　刘府君夫人陇西郡君李氏墓志铭
　　并序　　　　　　　　　　（二）84
唐故太子中舍人冯翊严府君墓志铭
　　并叙　　　　　　　　　　（二）41
唐故特进检校工部尚书使持节都督
　　延州诸军事行延州刺史充本州防
　　御左神策行营先锋安塞军等使兼
　　御史大夫上柱国陇西李府君墓志铭
　　并序　　　　　　　　　　（二）23
唐故特进尚书右仆射上柱国虞恭公
　　温公碑　　　　　　　　　（二）102
唐故特进尚书右仆射虞恭公温公
　　之碑　　　　　　　　　　（一）150
唐故天水郡秦公墓志铭并序　　（二）　3
唐故天水赵夫人墓志铭并序　　（二）13
唐故天水赵夫人墓志铭序　　　（二）54
唐故天水赵府君墓志并序　　　（二）70
唐故天水赵公墓志铭并序　　　（二）54
唐故天兴观主太原郭府君墓志铭
　　并序　　　　　　　　　　（一）344
唐故田府君夫人清河郡张氏墓志
　　铭并序　　　　　　　　　（二）60
唐故通议大夫行内侍省内寺伯员
　　外置同正员上柱国广平县开国男

食邑三百户广陵焦府君墓志铭并
　序　　　　　　　　　　　　（二）41
唐故通议大夫行薛王友柱国赠秘书
　少监国子祭酒太子少保颜君庙碑
　铭并序　　　　　　　　　　（一）330
唐故通直郎前京兆府好畤县尉博陵
　崔府君墓志铭并序　　　　　（一）343
唐故通直郎行右神武军兵曹参军李
　府君墓铭并序　　　　　　　（二）20
唐故同州澄城县主簿韦府君墓志铭
　并序　　　　　　　　　　　（二）　4
唐故屯留常墓志铭　　　　　　（一）219
唐故王府参军武公墓志铭并序　（二）10
唐故王公墓志铭并序　　　　　（二）16
唐故魏州临黄县尉范阳卢府君玄
　堂记　　　　　　　　　　　（一）341
唐故文林郎桓君墓志铭　　　　（一）189
唐故文林郎使持节蔡州诸军事权
　知蔡州刺史路公墓志铭并序　（二）53
唐故文学王君墓志之铭　　　　（一）256
唐故吴兴钱氏女墓志　　　　　（二）79
唐故武夫人墓志铭并序　　　　（一）300
唐故武威郡安氏夫人墓志铭并序（二）49
唐故西河府君墓志　　　　　　（二）89
唐故隰城郡太夫人太原郭氏墓志
　并序　　　　　　　　　　　（一）330
唐故夏州节度衙厢马步兼四州蕃
　落都知兵马使银青光禄大夫检
　校国子祭酒兼殿中侍御史上柱
　国清河张宁墓志铭有序　　　（二）　3
唐故乡贡进士韦府君墓志铭并序（二）60
唐故新平郡三水县主簿韦君墓志铭
　并序　　　　　　　　　　　（一）305
唐故兴元府城固县丞京兆韦府君
　墓志铭并序　　　　　　　　（二）55

唐故兴元元从朝议郎行内侍省奚官
　局令员外置同正员上柱国赐绯鱼
　袋太原郡祁府君墓志铭　　　（二）28
唐故宣德郎行内侍省内府局丞弘农
　杨府君墓铭并序　　　　　　（二）61
唐故宣德郎行内侍省内府局丞员外
　置同正员上柱国张府君夫人王氏
　墓志铭并序　　　　　　　　（二）68
唐故宣功参军钜鹿魏君夫人赵氏墓
　志铭并序　　　　　　　　　（二）43
唐故宣歙监军使中散大夫行内侍省
　内府局令员外置同正员上柱国上
　党县开国子食邑五百户赐紫金鱼
　袋南阳府君樊公墓志　　　　（二）70
唐故宣议郎行邛州火井县丞骁骑
　尉韦府君墓志铭并序　　　　（一）222
唐故薛突利施匐阿施夫人墓志铭
　并序　　　　　　　　　　　（一）206
唐故勋卫臧公墓志铭并序　　　（一）300
唐故兖海观察支使朝散大夫检校
　秘书省著作郎兼侍御史河南独
　孤府君墓志铭　　　　　　　（二）61
唐故阳城县主墓志　　　　　　（二）24
唐故杨氏夫人墓志铭　　　　　（二）92
唐故洋州录事参军段君墓志铭并叙（二）66
唐故药府君墓志铭并序　　　　（一）300
唐故一品曾孙于墓志铭并序　　（一）221
唐故益昌郡绵谷县令李府君墓志铭
　并序　　　　　　　　　　　（一）301
唐故翊麾副尉安定郡泾阳府别将
　孟公墓志并序　　　　　　　（一）310
唐故翊卫上柱国李公之墓志铭并序（一）292
唐故银青光禄大夫检校太子宾客前
　杭州长史兼监察御史上柱国唐公
　墓志铭　　　　　　　　　　（二）73

唐故银青光禄大夫检校太子宾客使
　　持节宁州诸军事守宁州刺史兼侍
　　御史中丞充淮南军防遏都□兵马
　　使上柱国颍川郡陈府君墓志铭并
　　序　　　　　　　　　　　　（二）81
唐故银青光禄大夫检校太子宾客守
　　泾州长史兼侍御史上柱国赐紫金
　　鱼袋王公墓志铭并序　　　　（二）80
唐故银青光禄大夫使持节资州诸军
　　事守资州刺史兼安夷军使殿中侍
　　御史柱国平原师府君墓志铭并序（二）81
唐故银青光禄大夫司天监瞿昙公墓
　　志铭并序　　　　　　　　　（一）327
唐故银青光禄大夫王府君墓志铭
　　并序　　　　　　　　　　　（二）　9
唐故银青光禄大夫行内侍省内常侍
　　上柱国彭城县开国公食邑五百户
　　赐紫金鱼袋刘府君墓志铭并序（二）39
唐故银青光禄大夫行内侍省内常侍
　　员外置同正员兼掖庭局令致仕上
　　柱国汝南郡开国公食邑二千户赐
　　紫金鱼似先府君墓志铭有序　（二）48
唐故银青光禄大夫行内侍省掖庭局
　　令员外置同正员致仕上柱国弘农
　　县开国侯食邑一千户赐紫金鱼袋
　　赠内侍省内侍杨府君墓志铭　（二）64
唐故银青光禄大夫行内侍员外置同
　　正员上柱国张公夫人雁门郡夫人
　　令狐氏墓志铭并序　　　　　（一）309
唐故银青光禄大夫左羽林军通直宣
　　威将军守右卫勋贰府中郎扶风县
　　开国男食邑三百户上柱国赐紫金
　　鱼袋司马府君墓志并序　　　（二）33
唐故颍川韩练师玄堂铭并序　　（二）59
唐故雍州高陵县主簿李府君墓志铭

并序　　　　　　　　　　　　（一）259
唐故幽州都督邢国公王公墓志　（一）155
唐故幽州卢龙军节度衙前兵马使朝
　　散大夫检校光禄卿兼监察御史赠
　　莫州刺史会稽康公墓志铭并序（二）19
唐故游击将军守左领军卫翊府郎将
　　上柱国曹府君墓版文　　　　（一）328
唐故游击将军右武卫衔中郎将炽俟
　　公墓志铭并序　　　　　　　（一）310
唐故游击将军左武卫翊府右郎将杨
　　公碑　　　　　　　　　　　（一）272
唐故游击将军□蜀州金堤府左果毅
　　都尉张府君夫人吴兴姚氏墓志（一）335
唐故游骑将军守左卫率府兼蜀州别
　　驾氾府君墓志铭并序　　　　（一）334
唐故右街使押衙试金吾卫长史翟府
　　君墓志铭并序　　　　　　　（二）66
唐故右金吾引驾游击将军守左卫翊
　　府中郎将上柱国萧府君墓铭　（二）69
唐故右龙武军同正将奉天定难功臣
　　宁远将军守左金吾卫大将军员外
　　置同正员试殿中监赐紫金鱼袋上
　　柱国徐府君墓志铭并叙　　　（一）347
唐故右龙武军折冲扶风郡马公墓志
　　铭并序　　　　　　　　　　（一）345
唐故右三军僻仗太中大夫行内侍省
　　内给事赐紫金鱼袋上柱国弘农县
　　开国男食邑三百户杨公神道碑铭（二）　2
唐故右卫率府胄曹参军裴府君夫人
　　河南元氏墓志铭并序　　　　（一）344
唐故右武卫将军上柱国芮敬公豆卢
　　府君碑文　　　　　　　　　（一）241
唐故右武卫将军赠工部尚书上柱国
　　上蔡县开国侯臧公神道碑铭并序（一）323
唐故右武卫司阶王府君墓志铭并叙（一）343

唐故右骁卫大将军兼检校羽林军赠
　　镇军大将军荆州大都督上柱国薛
　　国公阿史那贞公墓志铭并序　　（一）203
唐故右勋卫队正张君墓志铭并序　（一）192
唐故右翊卫陶君墓志铭并序　　　（一）174
唐故右羽林军长上高公墓志铭并序（二）47
唐故宇文夫人墓志铭　　　　　　（二）96
唐故御侮校尉试殿中监骑都尉上柱
　　国中军副将张府君墓志铭并序（二）8
唐故御□校尉右金吾卫定襄郡定襄
　　府右果毅都尉刘府君墓志铭并序（二）93
唐故元昌墓志铭　　　　　　　　（一）154
唐故元从朝议大夫行内给事大盈库
　　副使广平郡开国男上柱国赐紫金
　　鱼袋程公墓志铭并序　　　　（一）326
唐故元从朝议大夫行内侍省内常侍
　　上柱国赐紫金鱼袋俱府君墓志铭
　　并序　　　　　　　　　　　（一）337
唐故元从朝议郎行内侍省内府局令
　　上柱国刘府君夫人骆氏墓志铭并
　　序　　　　　　　　　　　　（二）4
唐故元从定难功臣金紫光禄大夫行左
　　金吾卫大将军兼试殿中监上柱国
　　彭城县开国侯刘府君墓志铭并序（一）341
唐故元从奉天定难功臣定远将军守
　　左龙卫武军翊府中郎将兼右羽林
　　军通直上柱国清河郡张府君墓志
　　铭并序　　　　　　　　　　（二）7
唐故元从奉天定难功臣云麾将军行
　　右监门率府副率上柱国左神武军
　　宿卫朱府君墓志铭并序　　　（二）5
唐故员外散骑侍郎司农寺丞郭府君
　　墓记　　　　　　　　　　　（一）145
唐故云麾将军右龙武将军知军事
　　兼御史中丞上柱国太原县开国

公食邑一千五百户太原王公夫
　　人陇西李氏合祔墓志铭并序　（二）47
唐故云麾将军右龙武军将军同正
　　员庐江县开国伯上柱国何公墓
　　志铭并序　　　　　　　　　（一）311
唐故云麾将军右武卫大将军赠秦州
　　都督彭国公谥曰昭公李府君神道
　　碑并序　　　　　　　　　　（一）260
唐故云麾将军左龙武军将军郭府君
　　墓志铭并序　　　　　　　　（一）306
唐故云麾将军左龙武军将军上柱
　　国渭源县开国男李府君墓志铭
　　并序　　　　　　　　　　　（一）304
唐故赞善大夫赠使持节都督原州诸
　　军事原州刺史赐紫金鱼袋上柱国
　　周府君墓志铭并序　　　　　（一）316
唐故赠太子少保管国公武府君墓志
　　铭并序　　　　　　　　　　（一）245
唐故赠魏国夫人墓志铭并序　　　（二）65
唐故赠左卫大将军幽州都督上柱国
　　邢国公王君愕妻义丰县夫人张氏
　　墓志铭　　　　　　　　　　（一）167
唐故张府君及夫人墓志铭并序　　（二）57
唐故仗内教坊第一部供奉赐紫金鱼
　　袋清河张府君墓志铭并序　　（二）42
唐故招圣寺大德慧坚禅师碑铭并序（二）1
唐故昭武校尉冯翊连邑府左果毅都
　　尉大同军总管赐紫金鱼袋上柱国
　　张公墓志铭　　　　　　　　（一）297
唐故昭武校尉守朔州尚德府折冲都
　　尉上柱国贾府君墓志铭并序　（二）34
唐故昭义军节度判官朝请郎检校尚
　　书主客员外郎兼侍御史京兆韦府
　　君墓志铭并序　　　　　　　（二）43
唐故昭义军节度判官检校尚书主客

员外郎兼侍御史韦府君夫人河东
　　薛氏墓志铭并序　　　　　　（二）45
唐故昭义军节度判官检校主客员外
　　赠兵部郎中韦府君合祔墓铭并序（二）80
唐故昭义军洺州防城使朝议大夫试
　　千牛卫长史上护军陇西李公墓志
　　铭并序　　　　　　　　　　（二）52
唐故赵仁哲墓志并序　　　　　　（一）168
唐故赵州林城县令张公夫人荆氏
　　墓志铭并序　　　　　　　　（一）346
唐故折冲郝府君及夫人孙氏铭文
　　并序　　　　　　　　　　　（二）15
唐故浙江东道监军使承奉郎行内
　　侍省内仆局丞上柱国赐绯鱼袋
　　吴府君墓志铭并序　　　　　（二）43
唐故振武节度押衙陇西郡李府君
　　重迁祔墓记　　　　　　　　（二）75
唐故振武麟胜等州监军使给事郎
　　行内侍省内仆局丞员外置同正
　　员上柱国赐绯鱼袋武威郡孟公
　　府君墓志铭并序　　　　　　（二）50
唐故正议大夫行内侍上柱国雷府
　　君夫人故乐寿郡君宋氏墓志铭
　　并序　　　　　　　　　　　（一）298
唐故正议大夫行内侍省宫闱局令
　　员外置同正员上柱国太原郡食
　　邑三百户赐绯鱼袋致仕王公墓
　　志铭并序　　　　　　　　　（二）53
唐故正议大夫行衢王府咨议参军
　　上柱国天水郡赵府君墓志铭并序（二）46
唐故正议大夫行绥州别驾充本州
　　团练蕃落等副使冯公墓志铭并序（一）336
唐故郑府君墓志铭并序　　　　　（二）82
唐故郑县丞邢府君夫人陇西县太
　　君墓志铭并序　　　　　　　（二）25

唐故徵君赵公墓志铭并序　　　　（二）51
唐故中大夫前洪州都督司马上柱国
　　清河张府君墓志铭并序　　　（二）74
唐故中散大夫涪州刺史上柱国李府
　　君墓志铭并序　　　　　　　（一）261
唐故中散大夫河州别驾安公夫人康
　　氏墓志铭并序　　　　　　　（一）331
唐故中散大夫检校卫尉少卿兼监察
　　御史上柱国赐紫金鱼袋张君墓志
　　铭并序　　　　　　　　　　（二）12
唐故中散大夫少府监胡良公神道碑（二）20
唐故中散大夫试少府监高府君墓志
　　铭并序　　　　　　　　　　（一）327
唐故忠武军监军使正议大夫内给事
　　赐紫金鱼袋赠内侍仇公夫人王氏
　　墓志铭并序　　　　　　　　（二）49
唐故壮武将军行右司御率府副率使
　　持节银川郡诸军事兼银川太守元
　　押本郡吐蕃党项使沛县开国男赐
　　紫金鱼袋上柱国武公墓志铭并序（一）310
唐故壮武将军右龙武军翊府中郎将
　　武威郡史府君墓志铭并序　　（一）296
唐故宗正少卿上柱国赐紫金鱼袋李
　　公墓铭并序　　　　　　　　（二）21
唐故左监门将军冠军大将军使持节
　　都督代忻朔蔚四州诸军事代州刺
　　史上柱国许公□□并序　　　（一）182
唐故左监门将军华定遂三州刺史千
　　金县开国伯权府君墓志铭并序（一）157
唐故左监门将军乐安公夫人秦氏墓
　　志铭并序　　　　　　　　　（一）163
唐故左街僧录内供奉三教谈论引驾
　　大德安国寺上座赐紫大达法师玄
　　秘塔碑铭并序　　　　　　　（二）40
唐故左领军卫翊卫引驾和府君墓志

　并序　　　　　　　　　　　　（一）279

唐故左清道率府兵曹参军胡府君夫

　人晋陵郡君荥阳雍氏墓志铭并序（二）15

唐故左三军押衙兼监察御史何公墓

　志铭　　　　　　　　　　　　（二）67

唐故左神策军散将左骁卫大将军太

　原王府君墓志铭并序　　　　　（一）338

唐故左神策军先锋突将兵马使开府

　仪同三司试太子宾客兼御史中丞

　洋川郡王权君墓志铭　　　　　（一）337

唐故左神威军正将元从奉天定难功

　臣辅国大将军兼试太子宾客武威

　郡开国侯食邑一千户上柱国夫蒙

　府君墓志铭并序　　　　　　　（一）345

唐故左神武军大将军都知元从奉天

　定难功臣宣威将军守左金吾卫大

　将军陇西郡董府君墓志铭并序　（二）9

唐故左随身军兵马使兼节度使押衙

　权充行营步军都兵马使朝请大夫

　检校秘书监殿中侍御史河东卫府

　君墓志铭并序　　　　　　　　（二）27

唐故左武威卫将军上柱国张掖郡公

　冯府君碑并序　　　　　　　　（一）229

唐故左武卫郎将张府君墓志　　　（二）87

唐故左武卫泽州安平府折冲都尉吴

　郡朱府君夫人冯翊县太君雷氏墓

　志铭　　　　　　　　　　　　（一）324

唐故左骁卫将军兼羽林将军独孤公

　夫人清河张氏墓志铭并序　　　（一）304

唐故□□光禄大□张府君碑　　　（一）151

唐故□田氏墓志铭　　　　　　　（二）100

唐国师千福寺多宝塔院故法华楚金

　禅师碑　　　　　　　　　　　（一）350

唐怀素藏真律公帖　　　　　　　（二）98

唐淮南节度等使金紫光禄大夫检校

尚书左仆射同中书门下平章事荥

　阳郡公李公家庙碑　　　　　　（二）18

唐济州长史京兆韦君故夫人李氏墓

　志铭并序　　　　　　　　　　（一）282

唐将作监李岘故妻南华县君独孤氏

　墓志铭并序　　　　　　　　　（一）311

唐净住寺释迦文贤劫像铭并序　　（二）98

唐开府仪同三司试太常卿秦公夫人

　平昌孟氏墓志　　　　　　　　（一）337

唐吏部尚书权德舆颂师德教碑　　（二）18

唐陇西李宾客夫人第五氏墓志铭

　并序　　　　　　　　　　　　（一）345

唐庐江何生故姬墓志铭并序　　　（二）76

唐平庐军节度推官监察御史里行

　吴君故夫人李氏墓志铭并序　　（二）36

唐前隆州阆中县主簿范履忠故妻

　刘氏墓志铭并序　　　　　　　（一）243

唐前左金吾卫长史牛公浦夫人颖

　川陈氏墓志铭并序　　　　　　（二）2

唐清河张氏墓志铭并序　　　　　（二）40

唐汝州长史上柱国骠骑大将军陇

　西故李公河内常氏故夫人墓志

　铭并序　　　　　　　　　　　（二）38

唐尚衣奉御唐君妻故河南县君元

　氏墓志铭并序　　　　　　　　（一）173

唐氏墓志　　　　　　　　　　　（二）195

唐试左武卫仓曹参军丘公夫人河东

　柳氏墓志铭并序　　　　　　　（二）48

唐守魏王府长史段璘亡室严氏玄堂

　铭并序　　　　　　　　　　　（二）65

唐司徒高公德政碑首　　　　　　（二）104

唐太原郡夫人太原郡王氏墓志铭

　并序　　　　　　　　　　　　（二）13

唐太原郡王氏故笄女十六娘墓志

　铭并序　　　　　　　　　　　（二）46

唐太原王氏墓志铭　　　　　　　（二）75

唐太州故张府君墓志铭　　　　　（一）227

唐太子故家令交州司马韦府君之夫
　　人尔朱氏墓志铭并序　　　　（一）207

唐天水郡赵公陇西郡李夫人墓志铭
　　并序　　　　　　　　　　　（二）22

唐同州澄城县主簿韦公故夫人河南
　　元氏墓志铭并序　　　　　　（一）350

唐陀罗尼经幢　　　　　　　　　（二）104

唐亡尼墓志　　　　　　　　　　（二）102

唐韦氏故夫人河东薛氏墓志铭并序（二）15

唐魏郡临黄县尉卢之翰妻京兆韦氏
　　墓志铭并序　　　　　　　　（一）297

唐文襄公诗　　　　　　　　　　（二）312

唐银青光禄大夫检校国子祭酒守右
　　监门卫将军兼御史中丞上柱国陇
　　西李君亡妻天水赵夫人墓志铭并
　　序　　　　　　　　　　　　（二）66

唐雍州富平县临原乡始昌里朝议大
　　夫乐王端妻支同合葬墓志　　（一）226

唐永州长史王公夫人故安乡县主墓
　　志铭并序　　　　　　　　　（二）5

唐右庶子韦公夫人故荥阳县君郑氏
　　墓志铭并序　　　　　　　　（二）5

唐庾氏妻兰陵萧氏墓志铭并叙　　（二）50

唐元功臣故冠军大将军右龙武军大
　　将军张公墓志铭并序　　　　（一）313

唐赠左骁卫大将军左贤王阿史那毗
　　伽特勤墓志铭并序　　　　　（一）267

唐昭义军节度衙前兵马使兼监察侍
　　御故东眷裴府君墓志铭并序　（二）33

唐正议大夫行邵州别驾充右神策军
　　判官食邑三千户上柱国李府君
　　志铭并序　　　　　　　　　（一）341

唐左金吾判官前华州司户参军李公
　　故夫人新野庾氏墓志铭并序　（二）30

唐左神策军故散副将游骑将军守左
　　武卫大将军同正兼试太常卿上柱
　　国京兆米府君墓志铭并序　　（二）1

唐左神策军护军中尉特进行左监门
　　卫大将军知内侍省事杨公故夫人
　　赠鲁国夫人刘氏墓志铭并序　（一）349

唐左卫将军上开府考城县开国公独
　　孤使君墓志铭　　　　　　　（一）152

唐□南监军使银青光禄大夫行内常
　　侍赐紫金鱼袋吴德鄜妻天水郡赵
　　夫人墓志铭并序　　　　　　（二）64

唐□南山□□驾使兼□云麾将军□
　　□翊壹府□将兼监察御史上柱国
　　上党郡开国男食邑三百户包府君
　　墓志铭并序　　　　　　　　（二）70

ti

题白云山瑞芝阁十六韵有引　　　（三）1

tian

天水邓太翁友斋墓表　　　　　　（四）220

天台山定慧寺重修佛殿暨观音菩萨
　　圣母娘娘殿碑记　　　　　　（三）223

天台山修建雷祖三官庙殿碑记　　（二）307

tong

通微真人蒲察尊师传碑　　　　　（二）191

仝立景福山香火田地四止交界碑记（四）221

同公德配李党宜人合葬墓志铭　　（四）44

同知衔调补南郑县前知沔县事贤侯
　　施大老爷去思德政碑　　　　（四）63

同州知州赵公建堡议　　　　　　（二）277

W

wang

亡儿世熙圹记　　　　　　　　　（四）199

亡宫墓志铭并序　　　　　　　　（一）282

亡妻北海俞氏夫人墓志铭　　　　（二）71

亡妻太原王夫人墓志铭　　　　　（二）64

王夫人墓志　　　　　　　　　　（一）132

王公暨元配杨宜人继配蕉安人刘安
人张安人合葬墓志铭　　　　　（四）120

王君之墓志并序　　　　　　　　（一）253

王老大人温惠淑德并张氏温栾之碑　（四）100

wei

唯大魏孝昌二年岁次丙午十月丁卯
朔十八日甲辰东莞太守秦府君墓
志　　　　　　　　　　　　　（一）38

维大代大魏正始四年岁次丁亥三月
庚申朔六日乙酉武昌王墓志铭　（一）17

维大明国陕西西安府临潼县永丰乡
东梁里见在铁炉村居民人等朝山
进香回籍建醮碑记　　　　　　（二）326

维大隋开皇十三年岁次癸丑十一月
丁酉朔十三日己酉故都督叱奴辉
墓志　　　　　　　　　　　　（一）108

维大唐西州岸头府果毅都尉上柱国
广饶县开国男杨公墓志铭　　　（一）159

维大魏武泰元年岁次戊申二月己丑
朔二十一日己酉故员外散骑侍郎
元君墓志铭　　　　　　　　　（一）46

伪齐在京为荷王释褐辟任齐安戍主
俗赠车骑将军时珎墓志　　　　（一）90

渭南韩公子谦暨配陈夫人合葬墓志
铭　　　　　　　　　　　　　（四）227

魏博陵元公故李夫人墓志铭　　　（一）65

魏帝先朝故于夫人墓志　　　　　（一）39

魏故安东将军光州刺史元使君墓志　（一）46

魏故安西将军银青光禄大夫元公墓
志铭　　　　　　　　　　　　（一）40

魏故车骑大将军开府仪同三司秦州

刺史杨君墓志铭　　　　　　　（一）52

魏故车骑大将军平舒文定邢公继夫
人大觉寺比丘元尼墓志铭并序　（一）48

魏故车骑大将军仪同三司幽州刺史
杨君墓志铭　　　　　　　　　（一）52

魏故持节都督秦州诸军事平西将军
秦州刺史孝王墓志铭　　　　　（一）36

魏故持节辅国将军平州刺史元使君
墓志铭　　　　　　　　　　　（一）35

魏故持节左将军襄州刺史邹县男唐
使君墓志铭　　　　　　　　　（一）42

魏故充华嫔卢氏墓志铭　　　　　（一）31

魏故处士王君墓志铭　　　　　　（一）33

魏故处士元公墓志　　　　　　　（一）13

魏故定安县君任氏墓志　　　　　（一）69

魏故东荆州长史征虏将军颍川太守
穆君墓志铭　　　　　　　　　（一）30

魏故奉朝请封君墓志　　　　　　（一）20

魏故奉朝请梁君之墓志　　　　　（一）98

魏故辅国将军广州刺史元君墓志铭　（一）44

魏故广州别驾襄城顺阳二郡守寇君
墓志　　　　　　　　　　　　（一）91

魏故广州长史襄城顺阳二郡太守寇
府君夫人昌平郡君姜氏墓志铭　（一）98

魏故贵华恭夫人墓志铭　　　　　（一）20

魏故河阳令假安定太守邵君墓志铭　（一）29

魏故恒州治中晋阳男王君墓志铭　（一）22

魏故横野将军甄官主簿宁君墓志　（一）42

魏故华荆秦济四州刺史杨胤季女之
墓志　　　　　　　　　　　　（一）25

魏故华州别驾杨府君墓志铭　　　（一）20

魏故给事中晋阳男元君墓志铭　　（一）28

魏故假抚军将军东夏州刺史姬公墓
志铭　　　　　　　　　　　　（一）64

魏故假节东夏州刺史公孙猗墓志铭　（一）38

魏故假节督东荆州诸军事征虏将军

东荆州刺史邓君之墓志　　　　　　（一）67

魏故假节督洛州诸军事龙骧将军洛
　　州刺史河南元使君墓志铭　　　（一）32

魏故假节龙骧将军晋州刺史元君墓
　　志铭　　　　　　　　　　　　（一）44

魏故假节龙骧将军豫州刺史李简子
　　墓志铭　　　　　　　　　　　（一）17

魏故假节龙骧将军中散大夫泾州刺
　　史孟君之碑　　　　　　　　　（一）114

魏故假节征虏将军岐州刺史富平伯
　　于君墓志铭　　　　　　　　　（一）42

魏故谏议大夫建城侯山君之墓铭　（一）48

魏故龙骧将军荆州刺史广川孝王墓
　　志铭　　　　　　　　　　　　（一）37

魏故龙骧将军平阳檀府君之墓志铭（一）35

魏故龙骧将军太常少卿元君墓志铭（一）44

魏故龙骧将军元公墓志铭　　　　（一）32

魏故洛州史君恒农简公杨懿之第四
　　子妇天水吕夫人之殡志　　　　（一）34

魏故密阳令武功苏君墓志铭　　　（一）41

魏故穆君之墓志铭　　　　　　　（一）58

魏故宁朔将军梁国镇将元君墓志铭（一）46

魏故宁远将军洛州刺史元公之墓志（一）23

魏故平北将军殷州刺史元君之墓
　　志铭　　　　　　　　　　　　（一）58

魏故平西将军汾州刺史华阴伯杨保
　　元妻华山郡主元氏志铭　　　　（一）69

魏故平西将军瓜州刺史元君之墓铭（一）44

魏故平州刺史钜鹿郡开国公于君妻
　　和夫人之墓志铭　　　　　　　（一）53

魏故七兵尚书汶阳吕侯墓志　　　（一）108

魏故轻车将军元府君墓志　　　　（一）35

魏故清水太守恒农男杨公之墓志　（一）38

魏故散骑常侍抚军将军金紫光禄大
　　夫仪同三司车骑大将军司空公光

兖雍三州刺史元公墓志铭　　　（一）45

魏故散骑常侍镇南将军金紫光禄大
　　夫领国子祭酒济州刺史王使君墓
　　志　　　　　　　　　　　　　（一）47

魏故使持节车骑大将军仪同三司都
　　督定州诸军事定州刺史万年县开
　　国伯尔朱君之墓志铭　　　　　（一）48

魏故使持节车骑大将军仪同三司都
　　督秦雍二州诸军事雍州刺史恭惠
　　元公之墓志铭　　　　　　　　（一）37

魏故使持节都督河凉二州诸军事卫
　　大将军河州刺史宁国伯乞伏君墓
　　志　　　　　　　　　　　　　（一）53

魏故使持节都督恒州诸军事前将军
　　恒州刺史韩使君墓志铭　　　　（一）51

魏故使持节都督泾岐秦三州诸军事
　　卫大将军秦州刺史尚书左仆射元
　　公墓志铭　　　　　　　　　　（一）54

魏故使持节都督青州诸军事车骑大
　　将军仪同三司青州刺史任城王之
　　墓志铭　　　　　　　　　　　（一）45

魏故使持节都督雍州诸军事卫将军
　　仪同三司雍州刺史杨公墓志　　（一）46

魏故使持节抚军将军豫雍二州刺史
　　阴槃县开国文烈公韦彧妻澄城郡
　　君柳墓铭　　　　　　　　　　（一）69

魏故使持节后将军肆州刺史和君墓
　　志铭　　　　　　　　　　　　（一）41

魏故使持节骠骑大将军都督云朔恒
　　定燕州诸军事恒定二州刺史尚书
　　左仆射大行台开府仪同三司侍中
　　特进司徒公第一领民酋长永宁县
　　开国侯北海郡开国公合食邑三千
　　户叱列延庆妻阳平长郡君尔朱氏（一）82

魏故使持节平西将军秦洛二州刺史

王使君郭夫人墓志铭　　　　　（一）53

魏故使持节岐州刺史寻阳伯赵公
　墓志　　　　　　　　　　　（一）18

魏故使持节散骑常侍安南将军都
　官尚书冀州刺史元公墓志铭　（一）36

魏故使持节散骑常侍太常卿尚书
　都督雍州诸军事抚军将军豫雍
　二州刺史文烈公韦使君墓志铭　（一）39

魏故使持节侍中骠骑大将军开府
　尚书左仆射雍州刺史司空公始
　平文贞公国太妃卢氏墓志铭　（一）91

魏故使持节侍中都督瀛幽营三州
　诸军事骠骑大将军营州刺史尚
　书左仆射太尉公清苑县开国公
　公孙公墓志铭　　　　　　　（一）64

魏故使持节侍中都督中外诸军事
　司空公领雍州刺史文宪元公墓
　志铭　　　　　　　　　　　（一）27

魏故使持节侍中骠骑大将军司徒
　公都督冀州诸军事冀州刺史赵
　郡开国公尔朱公之墓志铭　　（一）48

魏故使持节侍中司空公都督瀛沧
　幽安平五州诸军事骠骑大将军
　瀛州刺史高阳县开国公冯公墓志（一）66

魏故使持节侍中司徒公鲁郡王墓
　志铭　　　　　　　　　　　（一）54

魏故使持节侍中太尉公尚书令骠骑
　大将军都督雍华岐三州诸军事雍
　州刺史东海王墓志铭　　　　（一）52

魏故使持节侍中太宰丞相柱国大将
　军假黄钺都督十州诸军事雍州刺
　史武昭王墓志　　　　　　　（一）50

魏故使持节卫大将军仪同三司冀州
　刺史博野县开国公笱君之墓志铭（一）47

魏故使持节卫大将军仪同三司青州

刺史城安县开国侯真惠元公墓志
　铭　　　　　　　　　　　　（一）42

魏故使持节仪同三司车骑大将军雍
　秦二州刺史都昌侯元公夫人薛氏
　墓志铭　　　　　　　　　　（一）37

魏故使持节镇北将军都督建兖华三
　州诸军事华州刺史罣平县开国伯
　赫连公墓志铭　　　　　　　（一）50

魏故使持节镇东将军冀州刺史长平
　县开国男元公墓志铭　　　　（一）49

魏故使持节镇西将军雍州刺史华阳
　庄伯墓志铭　　　　　　　　（一）23

魏故使持节征东将军仪同三司都督
　青州诸军事青州刺史元使君墓志
　铭　　　　　　　　　　　　（一）43

魏故使持节征虏将军东豫州大都督
　梁朝同州刺史梁君之铭　　　（一）98

魏故使持节征虏将军华州诸军事华
　州刺史丘公之墓志　　　　　（一）47

魏故使持节征虏将军岐华二州刺史
　寻阳成伯天水赵使君命妇京兆王
　夫人墓志铭　　　　　　　　（一）62

魏故使持节中军将军征东大将军散
　骑常侍瀛州刺史元君墓志铭　（一）43

魏故世宗宣武皇帝嫔墓志　　　（一）39

魏故侍中骠骑大将军司空公领尚书
　令定州刺史东阿县开国公元公墓
　志铭　　　　　　　　　　　（一）44

魏故侍中使持节都督冀州诸军事车
　骑大将军仪同三司冀州刺史武阳
　县开国公侯君之墓志　　　　（一）39

魏故侍中司徒公太子太傅宜都军王
　穆君之曾孙故冠军将军散骑常侍
　驸马都尉恭侯孙故司徒左长史乘
　乾太守之元子伏波将军尚书北主

客郎中大司农丞之命妇元氏墓
　志铭　　　　　　　　　　　（一）45

魏故侍中司徒千乘李公命妇高密长
　公主墓志铭　　　　　　　　（一）66

魏故侍中司徒武阳公之孙燕州刺史
　之子太师开府参军事墓志　　（一）67

魏故朔州刺史华阴伯杨君墓志铭（一）24

魏故司空府参军事元君墓志铭　（一）52

魏故司徒范阳王墓铭　　　　　（一）51

魏故太尉公录尚书事相州刺史杨公
　墓志铭　　　　　　　　　　（一）51

魏故武昌王妃吐谷浑氏墓志铭　（一）43

魏故先生寇君墓志　　　　　　（一）50

魏故襄威将军大宗正丞元君墓志铭
　并序　　　　　　　　　　　（一）32

魏故孝廉奚君墓志铭　　　　　（一）33

魏故仪同三司骠骑大将军朔州刺史
　真定县开国公辛公墓志铭　　（一）62

魏故银青光禄大夫于君墓志铭　（一）40

魏故鹰扬将军太子屯骑校尉山君墓
　志铭　　　　　　　　　　　（一）21

魏故雍州京兆郡山北县梁君墓志铭（一）66

魏故元氏赵夫人墓志铭　　　　（一）29

魏故元咨议墓志铭　　　　　　（一）14

魏故昭玄沙门大统僧令法师墓志铭（一）55

魏故镇军将军豫州刺史元使君墓志（一）45

魏故镇远将军华州刺史杨君墓志铭（一）23

魏故镇远将军前军将军赠冠军将军
　正平太守元君之墓志铭　　　（一）32

魏故征虏将军河州刺史临泽定侯郜
　使君墓铭　　　　　　　　　（一）20

魏故征虏将军平州刺使君墓志序铭（一）33

魏故直寝奉车都尉汶山侯吐谷浑玑
　墓志　　　　　　　　　　　（一）23

魏故中常侍大长秋卿平北将军并州
　刺史云阳男张君墓志铭　　　（一）16

魏故中给事中谒者关西十州台使郭
　显墓志铭　　　　　　　　　（一）34

魏故中散杨君墓志铭　　　　　（一）19

魏故左军将军司徒属赠持节督豫州
　诸军事龙骧将军豫州刺史河南元
　君墓志铭　　　　　　　　　（一）38

魏黄钺大将军太傅大司马安定靖王
　第二子给事君夫人王氏之墓志（一）19

魏宁朔将军左箱直长王君刘夫人等
　墓志　　　　　　　　　　　（一）118

魏平北将军怀朔镇都大将终广男叔
　孙公墓志铭　　　　　　　　（一）29

魏轻车将军太尉中兵参军元斑妻穆
　夫人墓志铭　　　　　　　　（一）26

魏氏女墓志铭并序　　　　　　（一）304

魏司徒参军事元诱命妇冯氏志铭（一）16

魏武卫将军侯氏张夫人墓志　　（一）17

魏熙平元年岁在丙申岐州刺史赵郡
　王故妃冯墓志铭　　　　　　（一）22

魏兖州故长史穆君墓志铭　　　（一）49

魏章武王妃穆氏墓志铭　　　　（一）19

wen

文昌宫二月初二七月初七恭祝圣诞
　置田碑记　　　　　　　　　（三）178

文昌宫五月初二七月初七恭祝□□
　置田姓名碑记　　　　　　　（三）179

文林郎截取县正堂成举人质庵姚
　公墓　　　　　　　　　　　（三）245

文林郎吴兴郡姚公墓志铭并序　（一）320

wu

五门堰撤去王家车改修飞漕用高堰
　水呈县立案文　　　　　　　（四）167

五门堰创置田地暨合工碑记　　（三）234

五门堰筒车田亩改造飞漕永远接用

高堰退水碑记 （四）160
五品亡宫墓志文并序 （一）231
午子观道会司祥综字绩亭刘仙长
　碑序 （四）97

X

xi

西安府户县化羊峪补修东岳庙记 （二）245
西城兵马指挥稽君配安人蒋氏墓
　志铭 （二）211
西晋孝惠皇帝钦奉圣旨敕建惠王行
　香院碑 （一）10
西山广化寺三藏无畏不空法师塔记 （一）285
西乡县知事禁止堰堤上下捕鱼布告 （四）148

xia

夏山人同城固三进士及熊县令登宝
　山碑记 （二）280

xian

仙源县君李夫人墓志 （二）139
先妣隆氏圹记 （三）239
先考王公府君暨先妣马太孺人合葬
　西原阡表 （四）213
先修职郎通政司知事雪松府君墓
　志铭 （二）247
先祖母狄彭氏墓志 （二）266
显妣例赠孺人张门赵氏温惠墓 （三）297
显妣王母讳郑老孺人之墓 （四）153
显考例赠文林郎柯公荔阶大人显妣
　例赠安人柯母李老安人之墓 （四）181
显考彭公讳建明字通显老大人显妣
　彭母李孺人之墓 （四）41
显考太学生南峰英公李君之墓 （三）226
显考欣然侯公妣赵老孺人之墓碑 （四）157

显考徐公讳先启府君显妣徐母讳明
　老安人之墓 （四）37
显祖考段府君春江显妣孺人杨氏王
　氏之神墓碑 （四）85
显祖考雷府君讳百顺字吉轩号乐山
　显祖妣雷孺人屈氏行一之墓 （四）30

xiang

乡贡进士段府君墓铭 （二）89
乡饮介宾尽吾董老先生德行碑 （三）254
乡饮耆宾故显考胡公兆兰老大人显
　妣胡母曹老孺人之墓 （四）66
乡饮耆介宾尽吾董老先生德行碑 （三）281
乡饮正宾维钦鉴堂张君墓表 （三）298
香严山乾元观铁旐碑并建修火帝庙
　献殿碑记 （四）116

xin

新建东岳庙大门外琉璃照壁碣记 （二）295
新建龙亭侯蔡公祠铭 （二）317
新建宋韩蕲王庙碑记 （三）175

xing

兴国寺故大德上座号宪超塔铭并序 （二）16
兴平顾侯祈雨感应碑文 （三）164
兴邑黄山宫东侧创修无生老母观音
　菩萨洞碑序 （四）40

xiu

修生里南议定催征开粮开仓完粮规
　则碑 （三）294

xu

堉水铺庞家店重修佛殿并两廊山门
　二门钟楼记事 （三）318

Y

yan

延安府安定县重修大普济禅寺记　　（二）193
严参军墓志铭并序　　（一）135
严夫人墓志铭　　（二）135

yang

杨村里合里议定开粮完粮催粮开仓
　　等规则七条碑　　（三）265
杨府君墓志兼序　　（一）325

yao

耀西溪翁墓志铭　　（二）248
耀州重修文庙记　　（二）131

ye

耶稣教瑞典国内地会女教士伯淑贞
　　之墓　　（四）184
耶稣教瑞典国内教会牧师山如仁之
　　冢墓　　（四）183
谒汉丞相诸葛武侯祠　　（三）145

yi

已故处士王积功之妻周氏节孝碑　　（四）58
邑侯杜太爷归地圣寿寺遗爱勒石记　　（三）190
邑侯高太尹灵岩寺安置住持并清查
　　常住地碑记　　（三）171
邑侯姚公重修后堂园池记　　（二）320
邑信士太学生刘汉功重装石宫寺万
　　佛金容碑　　（三）176

yong

雍州大兴县安盛乡民李文都记　　（一）120
永隆二年岁次己卯十一月丙寅朔七

日壬申故上柱国杞国公杜义总管
　　梁明达墓志　　（一）144

you

游击将军上骑都尉左骁卫冀城府果
　　毅都尉赵阿师之志　　（一）204
游灵岩寺集文撰语成诗八章十二句　　（三）318
有晋故兵部尚书西河任公墓志铭
　　并序　　（二）107
有明诰封一品夫人张氏墓志铭　　（二）249
有明三溪嵇子墓志铭　　（二）262
有宋复武功大夫果州团练使安康郡
　　侯任公之墓　　（二）150
有唐故河中府参军范阳卢公改葬墓
　　志铭并序　　（二）35
有唐故蔺夫人龛铭并序　　（一）305
有唐故云麾将军右武卫大将军东京
　　副留守上柱国濮阳郡开国公杜府
　　君夫人扶风郡夫人京兆韦氏墓志
　　铭并序　　（一）331
有唐故中大夫使持节寿州诸军事寿
　　州刺史上柱国赠太保郭公庙碑铭
　　并序　　（一）319
有唐陇西李夫人墓志铭并序　　（二）57
有唐顺阳范氏幼女墓志铭　　（二）41
有元故茶局提举郭君志铭　　（二）180
右扶风丞李君通阁道记　　（一）4
右神策延州防御安塞军同十将陈留
　　谢君墓志铭并序　　（二）41
幼妹娥娘墓志　　（二）23

yu

榆林卫李教授自志铭　　（二）338
羽化恩师戴一秀真人碑墓志　　（三）198
羽化了然子同尊师冠履墓志铭并序　　（二）160

yuan

元从朝散大夫行内侍省内常侍员外
　置同正员上柱国赐紫金鱼袋孙公
　故妻彭城郡夫人刘氏墓志铭并序　（一）325
元公墓志铭　（一）58
元故辅君墓志铭并叙　（二）180
元故赵君墓志铭并序　（二）183
元南京镇江府才卿梁公暨五子十五
　孙莹墓记　（三）239
元宋思昕墓志题记　（二）183
元武德将军王宝宝之墓　（三）160
原任翰林院检讨赠奉议大夫光禄寺
　少卿王元正诰命　（二）279
原任河南滑县知县加知府衔谥忠烈
　强克捷碑文　（三）225
圆寂义公和尚之塔　（二）175

yun

云麾将军行右龙武军将军广平宋公
　夫人豫章郡君章氏墓志之铭　（一）312
云雾寺创修四圣并龙王药王蜡神
　庙碑　（四）140

Z

zeng

赠父母白侯擒盗行　（二）332
赠监察御史孙公合葬墓志铭　（二）201
赠君太学生金崖范公暨原配杨安人
　继配高宜人墓表　（三）154

zhang

张公讳卜暨德配张彭氏懿行碑　（四）181
张君墓铭　（一）59

张五公郭氏之墓　（四）137
张子嘉张鲁岑两先生纪念堂碑铭
　并序　（四）224

zhao

赵寿山旅长之母曹太夫人墓志铭　（四）196

zhen

镇安县知事太邱滕公德政碑　（四）172

zheng

征仕郎蒲州别驾郭公之墓志铭　（三）60

zhi

芝川新修太史公庙记　（二）142
致果副尉试左清道率府兵曹参军上
　轻车都尉秦君夫人陇西李氏墓志
　并序　（二）6

zhong

中原宋人乔进璠备兵兴元来游灵岩
　寺偶成　（二）331
终南山古楼观大宗圣宫重建文始
　殿记　（二）177
终南山古楼观道祖说经台之山图　（四）237
终南山楼观宗圣宫提点成公先生
　墓志　（二）172
终南山元始台元清宫记　（二）178
终南山元始玉清宫记　（二）176
终南山宗圣宫主石公道行记　（二）173
钟公讳思齐字效天德行碑　（三）169

zhou

周持节济州刺史大陟岵寺俊望邑长
　马君墓志　（一）83

周都督柱国幽文公礼曹韦府君墓志
　　并序　　　　　　　　　　　　　（一）87
周故朝议大夫检校安东副都护王府
　　君墓志铭　　　　　　　　　　　（二）108
周故朝议大夫银州刺史孟县开国男
　　王君墓志铭并序　　　　　　　　（一）228
周故大将军淮鲁复三州刺史临贞忠
　　壮公杨使君后夫人萧氏墓志　　　（一）121
周故公士大夫史君志铭并序　　　　（一）229
周故恒州中山县令史君墓志铭　　　（一）240
周故淮安公拓拔育墓志　　　　　　（一）78
周故开府仪同三司洮甘二州刺史新
　　阳段公墓志铭　　　　　　　　　（一）109
周故潞州牛君志铭并序　　　　　　（一）234
周故使持节开府仪同纯永二州刺史
　　成忠县开国公茹君墓志铭　　　　（一）96
周故使持节太师柱国大将军大都督
　　大司马十二州诸军事同州刺史凉
　　国景公贺兰祥墓志　　　　　　　（一）80
周故使持节柱国大将军晋原郡开国
　　公独孤浑贞墓志铭　　　　　　　（一）79
周故宋州刺史驸马都尉上柱国蓚县
　　开国子封公墓志铭并序　　　　　（一）235
周故太中大夫司农少卿上柱国太原
　　温府君墓志铭并序　　　　　　　（一）231
周故襄威将军邓通夫人任氏墓志　　（一）151
周故左骁卫翊卫太原王君墓志铭
　　并序　　　　　　　　　　　　　（一）227
周君存斋淑配廖孺人墓志铭　　　　（三）260
周蒙县男仕恭墓志　　　　　　　　（一）106
周使持节骠骑大将军开府仪同三司
　　大都督基州刺史文城惠公宇文端
　　墓志　　　　　　　　　　　　　（一）78
周使持节车骑大将军仪同三司大都
　　督甘州诸军事甘州刺史兴安县开

国侯赠□州刺史太□罗君之墓志　（二）94
周使持节骠骑大将军开府仪同三司大
　　都督云宁县开国公故拓跋氏墓
　　志铭　　　　　　　　　　　　　（一）83
周朔方军节度使中书令卫王故冯公
　　墓志铭　　　　　　　　　　　　（二）108
鳌屋县东南区临川堡两会买畜免税
　　记略　　　　　　　　　　　　　（四）189

zhuan

篆书千字文并序碑　　　　　　　　（二）109

zi

紫阳真人金丹四百字　　　　　　　（二）312

zuo

左金吾兵曹吴公妻独孤氏墓志铭
　　并序　　　　　　　　　　　　　（一）326
左金吾卫昌化郡善训府左果毅
　　上柱国蔺君墓志文　　　　　　　（一）301
左神策军副使太中大夫行内侍省
　　内侍员外置同正员上柱国赐紫
　　金鱼袋陇西李公夫人戴氏墓志
　　铭并序　　　　　　　　　　　　（二）34
左神武将军秦公故夫人弘农杨氏
　　墓志铭并序　　　　　　　　　　（二）4

首字阙者附后

(上阙)封文林郎南京江西道监察
　　御史质庵王公墓志铭　　　　　　（二）243
(上阙)军使朝散大夫行内侍省奚
　　官局令员外置同正员赐绯鱼袋
　　上柱国南阳乐公夫人(上阙)墓
　　志铭并序　　　　　　　　　　　（二）44
(上阙)隶州用遇缺尽先补用分府

署紫阳县正堂朱大老爷德政碑 （四）80

(上阙)龙武军翊府中郎将赐金鱼
　袋上柱国雍君墓志并序 （一）289

(上阙)陕西总兵官右军都督府都督
　金事古台李公墓志铭 （二）309

(上阙)园光重云山狄寨灵泉等寺住
　持(下阙)霖大师功德之碑 （二）187

(上阙)州同知强敬业捐金周恤贤士
　置田营租碑记 （三）112

(上阙)州诸军事□□□秦州管内观
　察使充太原路兵马钤辖知府州军
　州事兼管内劝农使兼麟府州管界
　都巡检使兼河东第十二将上柱国
　高平郡开国公食□□□□□□
　□□□□□□□□□□□神道
　碑 （二）140

□□□□□□左亲卫郁久闾伏仁墓
　志铭 （一）101

□□□□果州团练使麟府路驻泊
　兵马钤辖知府州军州事赠太尉
　折公神道碑 （二）140

□□□□平阳敬氏墓志铭并序 （二）41

□□开府氾君墓志之铭 （一）156

□故九姓突厥契苾李中郎赠右领
　军卫大将军墓志文 （一）296

□故内率府长史赠散骑侍郎元君
　墓志铭 （一）147

□唐故工部尚书滑国公韦府君夫
　人故滑国夫人皇甫氏墓志铭并序 （一）247

□唐故敬府君墓志铭并序 （一）296

□唐右卫郎将秦公故夫人墓志铭
　并序 （一）265

□魏州贵乡李君政故妻阳氏墓志 （二）88

□斋优廪生莲峰孙老夫子德教碑 （三）321

□周故游击将军上柱国南阳赵府
　君墓志铭并序 （一）240

碑名笔画索引

一、标题笔画索引

一画

一

一笔寿字	(三)298
一笔寿字碑	(四) 33
一笔虎字碑	(四) 28
一笔虎字碑	(四) 7

乙

乙速孤行俨妻贺若氏墓志	(一)232
乙速孤行俨碑	(一)269

二画

一

二水寺塔志碑	(二)318
二仙图碑	(二)190
二安桥记	(四) 71
十二堡祈雨碑	(四)230
十八学士进京图	(二)169
十三人造像碑	(一)104
十方捐资会长姓名碑	(四) 6
十四字养生诀刻石	(三) 35
十祷有应志谢碑	(二)311
七十六人等造像碑	(一) 70
七七抗战阵亡将士纪念碑	(四)209
七里山川助缘碑记	(三)298
七里湾重修庙成书以纪事	(三)201
七品宫人墓志盖	(二) 91
七品墓志盖	(二)103

丨

卜云其吉墓志盖	(四)136

丿

人物安宁	(四)241
入祠祭文	(三)295
入潼关诗	(四)123
八甲村佚名碑	(四)145
八卦醮盆幢	(四)211
八面造像碑	(二) 96
九九消寒图碑	(二)213
九龙泉	(四)238
九成宫醴泉铭	(三)123
九华观静□师藏形记	(二) 1

乛

了然子同尊师冠履墓志	(二)160
力挽狂澜	(四)166

三画

一

三山拱翠	(四)183
三王殿记碑	(二)314
三元图	(三)125
三友图	(三)128
三田祠记碑	(二)304
三圣庙立会碑记	(三)155

三台山修三圣庙碑	（四）73	于尚范墓志	（一）255
三台寺禁匪害护庙产告示碑	（三）286	于隐墓志	（一）226
三后祠祭文碑	（二）308	于璠题司马迁墓诗碑	（二）201
三阶大德禅师	（二）99	于纂墓志	（一）40
三坟记碑	（一）321	于纂墓志	（一）42
三县邑子二百五十人造像碑	（一）33	下五洞底及增修倒龙门碑记	（四）158
三体石经残石（乙）	（一）9	下凉泉村香幢	（二）319
三体石经残石（甲）	（一）9	大乡望佩翁□公墓表	（四）10
三体阴符经	（二）110	大开元寺兴致碑	（二）181
三社庙化地碑	（三）295	大元创建修贞庵记	（二）176
三社重修三义庙碑记	（四）59	大元重建会灵观记	（二）176
三贤祠创治章程碑记	（四）4	大历六年陀罗尼经幢	（一）323
三官庙西社重修并序	（三）259	大中元年陀罗尼经幢	（二）45
三帝庙碑记	（四）9	大中五年陀罗尼经幢	（二）50
三原县正堂程碑	（三）220	大中正残石	（一）12
三原县告示碑	（三）280	大业五年题刻	（一）123
三原县城隍庙经幢	（四）246	大司寇息园张公捐置学田碑记	（三）111
三原县城隍庙捐资碑（乙）	（四）246	大有妙亭	（四）202
三原县城隍庙捐资碑（甲）	（四）245	大兴国寺新建钟楼记	（二）212
三原城隍庙新铸神像铭	（二）263	大观四年题刻	（二）138
三原重饬城隍庙碑记	（三）10	大观圣作之碑	（二）137
三教问答会名碑	（二）195	大观楼石匾额	（三）126
三清殿记碑	（二）189	大戒德律师碑	（一）324
三朝武当山建醮碑	（三）76	大佛寺重修碑记	（三）299
三藏无畏不空法师塔铭	（一）285	大宋教兴颂并序	（二）116
于右任书翰碑	（四）202	大和二年金刚经幢	（二）24
于右任张良庙题联	（四）148	大和七年陀罗尼经幢（乙）	（二）31
于右任题诗碑	（四）172	大和七年陀罗尼经幢（甲）	（二）31
于右任题诗碑	（四）231	大和三年陀罗尼经幢（乙）	（二）26
于母房氏行述	（四）190	大和三年陀罗尼经幢（甲）	（二）26
于孝显碑	（一）151	大和四年陀罗尼经幢（乙）	（二）28
于君妻韦耶书墓志	（一）144	大和四年陀罗尼经幢（甲）	（二）27
于君妻和醜仁墓志	（一）53	大金故奉信李公碑铭并序	（二）155
于君墓志	（二）124	大金重修府学教养之碑	（二）157
于贤墓志	（一）221	大金重修唐太宗庙碑	（二）145

大周宇文使君碑　　　　　　　　（一）92
大周故亡尼志文　　　　　　　　（一）227
大周高祖武皇帝孝陵志　　　　　（一）90
大草堂栖禅寺宗派图　　　　　　（二）186
大荔唐陀罗尼经幢　　　　　　　（二）85
大南上牌酒税碑　　　　　　　　（四）2
大顺二年陀罗尼经幢　　　　　　（二）82
大禹庙以西重修池碑记　　　　　（三）143
大勇若怯　　　　　　　　　　　（四）184
大统十二年造像残碑　　　　　　（一）67
大统十四年造像碑　　　　　　　（一）68
大统六年残碑　　　　　　　　　（一）65
大秦景教流行中国碑　　　　　　（一）330
大唐宗圣观记　　　　　　　　　（一）145
大唐房陵大长公主墓志铭并序　　（一）198
大唐故亡宫九品墓志　　　　　　（一）217
大唐故通灵寺之碑　　　　　　　（一）317
大唐德业寺亡尼墓志　　　　　　（一）183
大唐豳州昭仁寺之碑　　　　　　（一）146
大象二年造像碑　　　　　　　　（一）91
大清防护唐昭陵碑　　　　　　　（三）174
大朝皇太子令旨重修草堂寺碑　　（二）159
大雄殿宝像记碑　　　　　　　　（二）333
大智禅师碑　　　　　　　　　　（一）284
大善知识轮自在墓志　　　　　　（一）280
大漠金汤　　　　　　　　　　　（四）79
大福寺地界碑　　　　　　　　　（四）27
大福和尚碑　　　　　　　　　　（一）318
大德杜和尚墓志　　　　　　　　（二）31
大魏显祖成嫔墓志　　　　　　　（一）22
与时并进　　　　　　　　　　　（四）223
万工堰碑　　　　　　　　　　　（三）132
万义同归　　　　　　　　　　　（三）276
万历二十八年祭黄帝陵碑　　　　（二）313
万历十五年经幢　　　　　　　　（二）300

万历七年圣旨碑　　　　　　　　（二）292
万历九年敕谕李维桢陕西各府州县
　学碑　　　　　　　　　　　　（二）294
万历三十二年石马槽碑　　　　　（二）320
万历三十年圣旨碑　　　　　　　（二）317
万历元年祭周武王碑　　　　　　（二）287
万历六年敕谕碑　　　　　　　　（二）291
万历四十七年祭华山碑　　　　　（二）337
万方田白石土地祠题刻　　　　　（四）41
万平远墓志　　　　　　　　　　（三）246
万圣洞石匾　　　　　　　　　　（二）339
万齐岳墓志　　　　　　　　　　（一）334
万寿寺陀罗尼经幢　　　　　　　（三）15
万寿宫建筑图碑　　　　　　　　（二）190
万里长城碑　　　　　　　　　　（二）299
万柳堤记　　　　　　　　　　　（三）73
万桃胜会题名碑记　　　　　　　（三）86
万峰寺龙王庙祈雨碑　　　　　　（三）165
万鉴墓志　　　　　　　　　　　（一）255
万福洞题名碑　　　　　　　　　（二）338
万鹤山重修庙祠碑记　　　　　　（四）22

山

上官子业造像碑　　　　　　　　（一）122
上官氏造像碑　　　　　　　　　（一）74
上洛县主朱氏圹志　　　　　　　（二）203
上宪新定武功县差徭局章程　　　（四）64
上善化王公神道碑　　　　　　　（二）189
上善池　　　　　　　　　　　　（二）190
小儿城城隍庙碑　　　　　　　　（三）218
小三友图　　　　　　　　　　　（三）206
小兰亭　　　　　　　　　　　　（四）203
小字兰亭序　　　　　　　　　　（四）39
小黄河图碑　　　　　　　　　　（二）247
小碑林记　　　　　　　　　　　（四）181
山一　　　　　　　　　　　　　（三）213

山川坛	(三)136	亡父鲁泽墓碑	(一) 6
山水竹之间	(四) 29	亡尼七品墓志	(一)193
山水奇观	(四)109	亡尼七品墓志	(一)208
山水清音	(四)104	亡尼七品墓志	(一)211
山阳钟铭	(二)209	亡尼七品墓志	(一)212
山如仁墓碑	(四)183	亡尼七品墓志	(一)212
山环水匝古绥州题诗及跋碣	(三)152	亡尼七品墓志盖	(二)101
山河巩固	(四) 78	亡尼七品墓志盖	(二)101
山河堰水利管理协议碑	(三)206	亡尼七品墓志盖	(二)101
山河堰落成记摩崖	(二)153	亡尼七品墓志盖	(二)101
山陕会馆	(三)207	亡尼七品墓志盖	(二)102
山陕滩界碑记	(四)122	亡尼七品墓志盖	(二)102
山晖墓志	(一) 21	亡尼七品墓志盖	(二)103
山高水长	(三) 53	亡尼七品墓志盖	(二)103
山高仙灵	(四)185	亡尼明选墓志	(一)218
山徽墓志	(一) 48	亡尼金氏墓志	(一)225
		亡尼法矩墓志	(一)217
丿		亡尼法通墓志	(一)217
千工堰碑	(三) 70	亡尼墓志	(二)102
千手千眼佛祖买地碑记	(三)284	亡尼墓志	(二)102
千刚字刻石	(二) 89	亡尼墓志	(二)103
千字箴	(三) 98	亡尼墓志	(二)104
千佛造像碑(乙)	(一) 78	亡宫七品墓志	(一)207
千佛造像碑(甲)	(一) 77	亡宫七品墓志	(一)208
千金宝要碑	(二)286	亡宫七品墓志	(一)230
乞伏龙琭墓志	(一) 89	亡宫七品墓志	(一)242
乞伏宝墓志	(一) 53	亡宫七品墓志	(一)242
		亡宫七品墓志	(一)243
丶		亡宫七品墓志	(一)246
广严院常住地土之记	(二)189	亡宫七品墓志	(一)271
广武将军□产碑	(一) 11	亡宫七品墓志	(一)318
广林指路碑	(三)312	亡宫八品墓志	(一)195
广明元年陀罗尼经幢	(二) 81	亡宫八品墓志	(一)228
广教寺残碑	(二)167	亡宫八品墓志	(一)231
广教禅院牒碑	(二)147	亡宫八品墓志	(一)270
广植蚕桑谕	(三)213		
亡九品墓志盖	(二) 92		

亡宫八品墓志　　　　　　　　（一）279
亡宫八品墓志　　　　　　　　（一）281
亡宫九品墓志　　　　　　　　（一）198
亡宫九品墓志　　　　　　　　（一）199
亡宫九品墓志　　　　　　　　（一）208
亡宫九品墓志　　　　　　　　（一）230
亡宫九品墓志　　　　　　　　（一）255
亡宫九品墓志　　　　　　　　（二）94
亡宫九品墓志　　　　　　　　（二）96
亡宫三品墓志　　　　　　　　（一）240
亡宫五品墓志　　　　　　　　（一）171
亡宫五品墓志　　　　　　　　（一）231
亡宫五品墓志　　　　　　　　（一）242
亡宫六品墓志　　　　　　　　（一）192
亡宫墓志　　　　　　　　　　（一）210
亡宫墓志　　　　　　　　　　（一）282
亡宫墓志　　　　　　　　　　（一）283
义山碑　　　　　　　　　　　（四）140
义公和尚塔铭　　　　　　　　（二）175
义田条规　　　　　　　　　　（四）26
义田学田条规碑　　　　　　　（三）243
义祀感格记碑　　　　　　　　（二）285
义勇武安□风伯雨师碑　　　　（二）185
义勇武安王神像记碑　　　　　（二）227
义塚碑　　　　　　　　　　　（四）141

丆

卫国华墓志　　　　　　　　　（二）27
卫康墓志　　　　　　　　　　（二）102
卫焕章暨妻孙氏合葬墓志　　　（三）180
卫曾道墓志　　　　　　　　　（二）333
卫嘉进墓志　　　　　　　　　（二）23
卫疆紫塞题刻　　　　　　　　（三）25
子房山山场地界碑　　　　　　（三）221
飞龙岗立集碑记　　　　　　　（四）48
飞攀　　　　　　　　　　　　（四）156

马大使墓志　　　　　　　　　（二）19
马万斌墓志　　　　　　　　　（四）60
马广滩地碑记　　　　　　　　（四）103
马天应妻刘氏贞节碑　　　　　（三）296
马元场墓志　　　　　　　　　（一）313
马少敏妻张妃墓志　　　　　　（一）149
马少敏墓志　　　　　　　　　（一）118
马氏张氏墓碑　　　　　　　　（四）102
马氏祖宗祭祀碑　　　　　　　（四）239
马文礼郑儒人墓碑　　　　　　（四）77
马文炳德教碑　　　　　　　　（四）183
马文静墓志　　　　　　　　　（一）279
马世英墓碑　　　　　　　　　（四）199
马汉双暨妻李氏郭氏合葬墓志　（四）144
马考颜墓志　　　　　　　　　（二）12
马自强墓志　　　　　　　　　（二）292
马众庶造像碑　　　　　　　　（一）85
马汝龙暨妻杨氏墓志　　　　　（二）332
马守清懿行碑　　　　　　　　（四）176
马如龙墓志　　　　　　　　　（三）83
马孝妇墓碑　　　　　　　　　（四）137
马伯仁暨妻宋氏墓志　　　　　（一）147
马君墓志盖　　　　　　　　　（二）88
马英粲墓志　　　　　　　　　（二）8
马畅镇捐资碑　　　　　　　　（四）65
马岫旭暨妻李氏合葬墓志　　　（三）40
马周碑　　　　　　　　　　　（一）200
马诚懿行碑　　　　　　　　　（四）103
马荣茂墓志　　　　　　　　　（一）83
马称心墓志　　　　　　　　　（一）131
马倩墓志　　　　　　　　　　（二）11
马浩墓志　　　　　　　　　　（一）341
马理游洪堰诗碑　　　　　　　（二）246
马援墓碑　　　　　　　　　　（三）144
马援墓碑　　　　　　　　　　（三）157

马景魁墓志　　　　　　　　　　（二）217
马嵬怀古二首　　　　　　　　　（三）166
马嵬怀古十二首诗碑　　　　　　（三）317
马嵬坡八首　　　　　　　　　　（四）46
马道德墓志　　　　　　　　　　（一）223
马幹墓志　　　　　　　　　　　（一）345
马端墓志　　　　　　　　　　　（二）124
马骢墓志　　　　　　　　　　　（二）242
马稺夫人张姜墓志　　　　　　　（一）119
马稺墓志　　　　　　　　　　　（一）113
马璘碑　　　　　　　　　　　　（一）328
马馨等十六人题名碑　　　　　　（三）191
乡约公直同议碑　　　　　　　　（四）2
乡贡进士碑　　　　　　　　　　（二）232
乡贤公讳神位　　　　　　　　　（四）180

四画

一

丰口坝公议条规碑　　　　　　　（三）248
王一奎题诗碑　　　　　　　　　（四）237
王三品墓志　　　　　　　　　　（三）35
王士祯诗碑　　　　　　　　　　（三）77
王士祯题诗碑　　　　　　　　　（四）122
王大方墓志　　　　　　　　　　（一）199
王大礼墓志　　　　　　　　　　（一）194
王大礼墓志　　　　　　　　　　（一）195
王大勋懿行碑　　　　　　　　　（四）207
王大炽暨妻黄氏合葬墓志　　　　（四）1
王大耀妻田氏节孝铭　　　　　　（三）268
王万箱暨妻冯氏墓碑　　　　　　（三）205
王小小造像记　　　　　　　　　（二）106
王小竹墓志　　　　　　　　　　（四）69
王千波暨妻杨氏蕉氏刘氏张氏合葬
　墓志　　　　　　　　　　　　（四）120
王义立墓志　　　　　　　　　　（二）108

王义如夫妇墓碑　　　　　　　　（四）115
王之谦墓志　　　　　　　　　　（三）316
王卫暨妻李氏魏氏合葬墓志　　　（二）322
王子荣造像碑　　　　　　　　　（一）92
王子慎妻常氏墓志　　　　　　　（一）148
王女赐造像座　　　　　　　　　（一）102
王丰川墓碑　　　　　　　　　　（三）122
王天德墓志　　　　　　　　　　（四）12
王夫人墓志　　　　　　　　　　（一）229
王元正诰命碑　　　　　　　　　（二）279
王元贞墓志　　　　　　　　　　（二）59
王太真墓志　　　　　　　　　　（二）64
王升暨妻陈氏合葬墓志　　　　　（二）256
王长愿造像碑　　　　　　　　　（一）112
王仁淑墓志　　　　　　　　　　（一）287
王公夫妇墓碑　　　　　　　　　（四）111
王公行传叙碑　　　　　　　　　（四）26
王公妻李二娘墓志　　　　　　　（一）306
王公祠堂记　　　　　　　　　　（三）73
王公素墓志　　　　　　　　　　（二）58
王公操墓志　　　　　　　　　　（二）79
王氏女十六娘墓志　　　　　　　（二）46
王氏五门记墓碑　　　　　　　　（四）38
王氏父子圹志　　　　　　　　　（二）229
王氏兄弟造像碑　　　　　　　　（一）31
王氏妇□氏墓志　　　　　　　　（一）187
王氏祖茔碑记　　　　　　　　　（三）309
王氏神道碑　　　　　　　　　　（四）99
王氏祠堂记　　　　　　　　　　（三）93
王氏墓志　　　　　　　　　　　（二）53
王氏墓志　　　　　　　　　　　（二）72
王氏墓志　　　　　　　　　　　（二）75
王氏墓志　　　　　　　　　　　（二）136
王氏墓志　　　　　　　　　　　（二）231
王氏墓志　　　　　　　　　　　（四）123

王氏墓志盖	（二）87	王会岁寒三咏诗序碑	（二）191
王凤岗妻夏氏慈惠路碑	（四）94	王庄墓志	（二）287
王文叡墓志	（一）244	王兴隆暨妻张氏墓碑	（四）101
王方大墓志	（一）180	王守节墓志	（一）309
王斗机暨妻郭氏合葬墓志	（三）97	王守言墓志	（一）294
王世瑛游灵岩寺题诗碑	（四）232	王安仁等题诗碑	（二）293
王世琛墓志	（一）139	王军门碑	（三）199
王世禄墓表	（四）216	王论文德行碑	（四）4
王世镗书急就章	（四）172	王阳明等格言碑	（三）97
王节妇碑	（三）285	王羽卿暨妻李氏段氏合葬墓志	（三）142
王东溪墓志	（三）276	王玢墓志	（三）26
王仕恭墓志	（一）106	王进德书西铭碑	（二）327
王仙之墓志	（二）22	王进德墓碑	（四）167
王处士暨妻程氏墓碑	（三）304	王扶黎造像残碑	（一）73
王市保王敬宾造像碑	（一）60	王孝伦妻裴顺昭墓志	（一）174
王玄度墓志	（一）248	王志义墓志	（三）165
王训妻李氏墓志	（一）329	王志用墓志	（二）37
王永兴等四面像主造像碑	（一）73	王求古墓志	（一）343
王弘墓志	（一）135	王求焉墓志	（一）343
王圣序墓葬纪年刻石	（一）3	王丽亭暨妻原氏合葬墓志	（三）243
王母丁贞女传	（三）155	王步瀛德教碑	（四）199
王母刘氏墓志	（四）123	王时熏题诗	（三）158
王母郑氏墓碑	（四）153	王岐暨妻刘氏合葬墓志	（三）11
王母黄氏墓碑	（四）62	王秀墓志	（一）307
王幼虞墓志	（二）77	王作梅先生德教碑	（三）112
王亚魁上梁文序碑	（二）310	王伯实暨妻马氏阡表	（四）213
王成墓志	（一）149	王忻造像碑	（一）84
王师塔铭序	（三）317	王君夫妇合葬墓志	（三）179
王光晖题联	（四）190	王君妻成公氏墓志	（一）128
王光墓志	（一）132	王君妻张氏墓志	（二）78
王同人墓志	（一）275	王君妻独孤氏墓志	（一）262
王竹轩暨妻吕氏合葬墓志	（三）190	王君妻崔氏墓志	（一）276
王伏兴妻吕氏墓志	（一）155	王君季女墓志	（二）26
王延年墓志	（二）141	王君愕妻张廉穆墓志	（一）167
王仲山母魏氏墓志	（三）305	王君愕墓志	（一）155

王君墓志	（二）87	王怡政墓志	（二）53
王君墓志	（三）193	王宝宝墓碑	（三）160
王君墓志	（四）123	王宗道暨妻刘氏合葬墓志	（三）30
王君墓志盖	（二）90	王定勤等书法碑帖	（四）119
王君墓志盖	（二）92	王定墓志	（一）232
王君墓志盖	（二）93	王诠墓志	（一）232
王君墓志盖	（二）95	王肃斋墓志盖	（三）31
王君墓志盖	（四）121	王居士砖塔铭	（一）170
王君暨妻任氏合葬墓碑	（三）135	王驾墓志	（一）344
王君暨妻刘氏合葬墓志盖	（三）31	王绍轩墓碑	（四）125
王君暨妻张氏墓碑	（四）100	王封川布施碑记	（三）271
王灵仙墓志	（一）152	王荣暨妻刘氏墓志	（一）118
王阿贵墓志	（二）38	王南沣墓志	（二）257
王劲哉剿匪纪念碑	（四）190	王威墓葬刻石	（一）7
王纶墓志	（二）259	王贵暨妻孙氏合葬墓志	（二）225
王武墓志	（一）163	王思庄墓志	（一）304
王规墓志	（一）206	王勋暨妻孟氏合葬墓志	（二）212
王枕女造像碑	（二）94	王香仁墓志	（一）125
王杰后人捐学碑	（三）210	王信法墓碑	（三）256
王杰墓志盖	（三）207	王俊墓志	（二）9
王顷波墓志	（三）276	王俊儒施地题记	（三）194
王叔宁墓志	（二）13	王洞明墓志	（二）72
王贤墓志	（一）214	王举墓志	（一）256
王国武墓志	（二）297	王祖墓志	（一）280
王国宝墓志	（二）309	王诲墓志	（一）237
王国珍墓志	（三）10	王玭墓志	（一）315
王昇墓志	（二）10	王珽墓表	（三）167
王明哲墓志	（二）25	王振江墓志	（三）254
王忠亲墓志	（一）349	王莲洲墓志盖	（三）31
王和穆造像座	（一）109	王真寿护观记碑	（二）324
王季初墓志	（二）80	王致明墓志	（二）132
王质庵墓志	（二）243	王铎题董其昌画	（三）43
王泾墓志	（二）253	王乘乾树柏记	（三）70
王治临玄秘塔碑	（四）134	王积功妻周氏节孝碑	（四）58
王治墓志	（一）157	王玺妻巩氏墓志	（二）229

王玺墓表	（二）215	王赐弟妻吕氏墓碑	（三）313
王效墓志	（二）251	王道士墓碑	（三）256
王袞墓志	（一）136	王谦暨妻素和氏墓志	（一）169
王涓墓志	（二）16	王媛墓志	（二）10
王润墓志	（一）306	王聘斋墓志	（四）147
王悦暨妻郭氏墓志	（一）53	王感墓志	（一）228
王家发墓碑	（四）88	王感墓志	（一）231
王容溪墓志	（四）127	王雷氏墓碑	（四）106
王祯墓志	（一）22	王锡命暨妻员氏合葬墓志	（四）118
王理富暨妻胡氏墓碑	（四）172	王慎墓志	（一）227
王基墓志	（一）33	王静斋墓志	（三）196
王梦祖墓志	（三）196	王静斋墓碑	（三）196
王梦赟母谭氏墓志	（三）285	王熙墓志	（二）141
王雪樵题联	（四）210	王端墓志	（一）241
王晛墓志	（一）281	王颐墓志	（二）45
王崇俊墓志	（一）338	王潜墓志	（一）312
王敏碑	（三）258	王叡妻刘氏墓志	（一）265
王偕墓志	（一）338	井勿幕夫人墓表	（四）229
王得元墓葬纪年刻石	（一）2	井时望墓碑	（三）262
王象岩暨妻孟氏合葬墓志盖	（三）35	井岳秀墓华表	（四）199
王猛墓志	（一）107	井德用道行碑	（二）185
王翊元暨妻李灵素合葬墓志	（二）47	开广惠渠碑	（二）202
王翊墓志	（一）47	开元二十八年陀罗尼经幢	（一）288
王梁汉墓志	（三）196	开元十一年陀罗尼经幢	（一）265
王维画竹（甲）	（二）129	开元十六年陀罗尼经幢	（一）274
王维画竹（乙）	（二）129	开元寺八景图记	（三）172
王维桢墓志	（三）30	开元寺碑	（二）189
王琮暨妻璩氏合葬墓志	（二）263	开地约保碑	（四）121
王朝壅墓志	（二）250	开成石经	（二）36
王最墓志	（一）253	开成石经角柱题名题字（乙）	（二）37
王鼎墓志	（三）298	开成石经角柱题名题字（甲）	（二）36
王鼎摹兰亭序碑	（三）269	开成四年陀罗尼经幢（乙）	（二）38
王景清墓志	（三）281	开成四年陀罗尼经幢（甲）	（二）38
王遗女墓志	（一）30	开皇五年造像碑	（一）101
王翔卿夫妇墓碑	（四）90	"天下第一福地"碑	（二）170

天井渠图碑	（四）129	元平墓志	（一） 35
天外奇峰	（四） 36	元仙墓志	（一） 32
天宁寺功德碑	（二）203	元玄贵造石弥勒立像	（一）246
天边锁钥	（四）104	元汉建信侯庙碑	（二）191
天台胜迹汇志	（四）203	元宁墓志	（一） 35
天地正气	（四） 60	元礼之墓志	（一） 46
天地正气	（四）205	元讯墓志	（二）125
天地冥阳水路神祇殿碑记	（二）278	元轨墓志	（一）147
天成雄秀	（三）162	元师奖墓志	（一）221
天师符	（四） 61	"元年三月" 残碑	（一） 9
天齐庙碑（乙）	（四）135	元寿安妃卢兰墓志	（一） 91
天齐庙碑（丙）	（四）135	元均之墓志	（一） 44
天齐庙碑（甲）	（四）135	元秀墓志	（一） 32
天和五年四面造像碑	（一） 86	元怀晖墓志	（一）330
天限南北	（二）322	元宏妃赵充华墓志	（一） 20
天柱山庙会公议章程告示碑	（四） 73	元君妻李艳华墓志	（一） 65
天柱山重修戏楼碑	（四） 7	元君妻赵光墓志	（一） 29
天顺六年祭黄帝陵碑	（二）199	元君妻崔暹墓志	（一）122
天谯会碑	（四）191	元君妻裴氏墓志	（二） 17
夫子庙堂记	（二）112	元君墓志盖	（一） 58
夫蒙氏造像碑	（一） 73	元灵曜墓志	（一） 33
夫蒙文庆造像碑	（一） 27	元范妻郑令妃墓志	（一）106
夫蒙直智等造像碑	（一） 72	元和十一年陀罗尼经幢	（二） 14
夫蒙洪贵造像碑	（一） 69	元周安墓志	（一） 43
夫蒙锽墓志	（一）345	元宝月墓志	（一） 36
元大亮墓志	（一）248	元诩妃卢令媛墓志	（一） 31
元广墓志	（一） 23	元肃墓志	（一） 54
元义华墓志	（一） 37	元孟辉墓志	（一） 28
元子永墓志	（一） 45	元始玉清宫碑	（二）176
元子直墓志	（一） 36	元重华墓志	（一）340
元子邃墓志	（一） 71	元顺墓志	（一） 44
元天穆墓志	（一） 50	元保洛墓志	（一） 19
元升进墓志	（二） 42	元信墓志	（一） 44
元公墓志盖	（一） 58	元帝洞重修记	（三）215
元引墓志	（一） 32	元恺门	（四）225

元恪妃王普贤墓志	（一）20	元瑗墓志	（一）58
元恪嫔李氏墓志	（一）39	元鉴墓志	（一）17
元举墓志	（一）46	元嵩墓志	（一）17
元举墓志	（一）46	元简墓志	（一）14
元祐墓碑	（四）115	元遥墓志	（一）24
元诱妻冯氏墓志	（一）16	元遥暨妻梁氏墓志	（一）26
元诱妻薛伯徽墓志	（一）37	元嘉十九年阁道碑	（一）13
元诱墓志	（一）37	元谭妻司马氏墓志	（一）33
元诲墓志	（一）51	元谭墓志	（一）42
元泰安墓志	（一）15	元廞墓志	（一）43
元顼墓志	（一）52	元澄妃李氏墓志	（一）16
元瑝妻穆玉容墓志	（一）26	元融妃穆氏墓志	（一）19
元瑝墓志	（一）38	元融墓志	（一）41
元桢墓志	（一）13	元璨墓志	（一）35
元原平妻王氏墓志	（一）19	元瞻墓志	（一）45
元晖墓志	（一）27	元彝墓志	（一）45
元悛墓志	（一）44	无名氏墓志	（四）245
元朗墓志	（一）40	无名氏摩崖题联	（四）244
元继墓志	（一）47	无名英烈纪念碑	（四）217
元理墓志	（一）13	无名墓志	（三）34
元爽墓志	（一）54	无字碑	（一）243
元袭墓志	（一）53	无铭魏碑	（一）77
元崇业墓志	（一）35	无量山祖师神钟碑记	（三）281
元馗墓志	（一）52	无量祖师像碑	（二）274
元焕墓志	（一）37	无影城并引	（三）222
元清宫记碑	（二）178	韦几墓志	（一）158
元液墓志	（一）49	韦及妻柳氏墓志	（二）19
元琰妻韦金墓志	（一）217	韦及墓志	（二）17
元斌墓志	（一）32	韦长卿墓志	（一）294
元湛墓志	（一）43	韦方墓志	（二）27
元愔墓志	（一）44	韦正己墓志	（一）295
元谧妃冯会墓志	（一）22	韦正贯墓志	（二）51
元弼墓志	（一）14	韦本立墓志	（二）1
元弼墓志	（一）50	韦尼子墓志	（一）168
元瑰墓志	（一）322	韦弘表暨妻尹氏墓志	（一）209

韦师哲墓志　　　　　　　　（二）　5
韦光闰暨妻宋氏墓志　　　　（一）316
韦行立墓志　　　　　　　　（二）26
韦行立暨妻卢公寀合葬墓志　（二）35
韦行全墓志　　　　　　　　（二）16
韦行规等游记摩崖石刻　　　（二）35
韦庆□墓志　　　　　　　　（二）83
韦庆本墓志　　　　　　　　（一）204
韦庆嗣墓志　　　　　　　　（一）154
韦讽墓志　　　　　　　　　（一）317
韦孝忠妻杜大德墓志　　　　（一）207
韦孝忠墓志　　　　　　　　（一）195
韦甫墓志　　　　　　　　　（一）347
韦希舟墓志　　　　　　　　（一）270
韦沂墓志　　　　　　　　　（二）286
韦汎墓志　　　　　　　　　（二）　8
韦识墓志　　　　　　　　　（二）55
韦君妻王琬墓志　　　　　　（一）215
韦君妻尔朱氏墓志　　　　　（一）207
韦君妻李氏墓志　　　　　　（一）282
韦君妻李珪墓志　　　　　　（二）79
韦君妻郑氏墓志　　　　　　（二）　5
韦君妻皇甫维摩墓志　　　　（一）247
韦君妻薛氏墓志　　　　　　（二）77
韦君墓志　　　　　　　　　（二）17
韦君墓志盖　　　　　　　　（二）88
韦君墓志盖　　　　　　　　（二）89
韦君墓志盖　　　　　　　　（二）91
韦君暨妻李氏合葬墓志　　　（二）287
韦直妻李氏墓志　　　　　　（二）11
韦制锦暨妻曹氏张氏孙氏合葬墓志　（三）96
韦泂墓志　　　　　　　　　（一）247
韦定言墓志　　　　　　　　（二）55
韦定郎墓志　　　　　　　　（二）73
韦询墓志　　　　　　　　　（二）79

韦承庆墓志　　　　　　　　（一）243
韦承素妻薛氏墓志　　　　　（二）45
韦承素墓志　　　　　　　　（二）43
韦承素暨妻合葬墓志　　　　（二）80
韦孟明妻元氏墓志　　　　　（一）350
韦孟明墓志　　　　　　　　（二）　4
韦城县主韦氏墓志　　　　　（一）247
韦挺妻柏苕墓志　　　　　　（二）56
韦挺墓志　　　　　　　　　（二）22
韦柏夷墓志　　　　　　　　（二）15
韦昱墓志　　　　　　　　　（一）221
韦俊墓志　　　　　　　　　（一）183
韦勉墓志　　　　　　　　　（一）268
韦泂墓志　　　　　　　　　（二）54
韦洵墓志　　　　　　　　　（一）247
韦顼妻裴觉墓志　　　　　　（一）249
韦顼墓志　　　　　　　　　（一）259
韦彧妻柳敬怜墓铭　　　　　（一）69
韦彧墓志　　　　　　　　　（一）39
韦晃墓志　　　　　　　　　（一）263
韦涣侧室李越客墓志　　　　（二）65
韦雪松题诗碑　　　　　　　（四）216
韦隆妻梁氏墓志　　　　　　（一）66
韦舒墓志　　　　　　　　　（一）87
韦湑墓镇墓文　　　　　　　（二）84
韦憺墓志　　　　　　　　　（一）235
韦巽墓志　　　　　　　　　（一）305
韦巽墓志　　　　　　　　　（一）348
韦慎名妻刘约墓志　　　　　（一）284
韦慎名墓志　　　　　　　　（一）273
韦瑱妻杜氏墓志　　　　　　（一）239
韦瑱墓志　　　　　　　　　（一）222
韦端玄堂志　　　　　　　　（二）17
韦暖妻薛琰墓志　　　　　　（二）15
韦豫墓志　　　　　　　　　（一）310

韦翰墓志	（一）286	五栗山人题诗碑	（二）244
韦藉墓志	（一）336	五烈女墓表	（三）55
韦韫妻源端墓志	（一）295	五箴并叙	（二）142
韦瓒墓志	（二）60	五瀵泉铭又序	（三）82
云山苍苍	（四）184	支应差务章程碑	（三）326
云川八景诗碑	（四）200	支茂墓志	（一）163
云门寺广才和尚墓碑	（四）16	"支养丑故" 刻石	（一）8
云门寺法勤禅师墓志	（一）81	不空和尚碑	（一）331
云长墓志	（一）215	太乙书院碑	（四）76
云光上人塔铭并序	（四）235	太上三元经碑	（二）286
云阳镇城隍庙碑	（四）70	太上老君常清静经	（二）112
云轩	（三）26	太上神位碑	（四）59
"云房" 题刻	（二）154	太上感应篇	（三）67
云室	（四）98	太上感应篇	（三）172
云航塔铭颂	（三）27	太上感应篇	（三）208
云梯	（四）93	太山庙补修圣殿重修□楼碑记	（四）16
云雾寺创修殿宇碑	（四）140	太子千秋题名碑	（三）86
五丈原怀古诗碑	（三）229	太夫人墓志盖	（二）87
五丈原谒忠武祠并序	（三）225	太史公世家	（三）60
五门堰土地裁决告示碑	（四）150	太史公墓	（四）1
五门堰水案碑	（四）167	太白山行纪	（三）227
五门堰田户集资举办张公纪念会碑记	（四）163	太白山全图	（三）117
五门堰创置田亩碑	（三）234	太白全图	（三）81
五门堰改造碑	（四）160	太白庙碑	（三）175
五门堰重修二洞创修西河截堤记	（四）191	太玄妙应真人叹世吟碑	（二）196
五门堰复查田亩记	（四）46	太华山记	（三）72
五门堰章程碑	（四）228	太华全图	（三）81
五门堰惩罚伐树碑	（四）156	太华全图	（三）81
五风十雨	（四）225	太阳山乾初洞摩岩石刻	（二）117
五圣祠献殿乐楼碑记	（四）141	太极图说碑	（四）124
五台山北道院创修献殿碑记	（三）205	太清观八景碑	（四）241
五台山名碑	（二）271	太清观牒	（二）148
五台山静明宫记	（二）279	历代名医图碑	（二）187
五台山静明宫瑞槐记	（二）185	历代名医神碑	（二）253
五泉野人题诗	（二）160	匹娄欢墓志	（一）87

车氏造像碑 （一）18
车光倩墓志 （二）99
车益墓志 （二）31
巨公墓碑 （二）279
比丘正言疏 （二）51
比丘尼坚固胜神道碑 （一）293

丨

日月常明 （三）168
中书门下牒凤翔府碑 （二）167
中书门下牒永兴军 （二）118
中书劄子 （二）118
中外一统 （三）51
中共西北中央局为谢子长陵题词碑 （四）220
中西两社乡老捐银碑 （四）151
中华天柱 （三）8
中池河靖地方告示碑 （三）251
中和碑 （二）257
中皇山女娲氏庙碑记 （三）121
内府建校碑记 （四）123
水东书院诗文碑 （三）48
水仙图碑 （四）142
水绕山环 （四）149
水流花开 （三）180
水调歌头词 （三）38
水镜堂 （三）104

丿

牛山庙祈雨碑 （三）222
牛山庙碑 （三）169
牛王沟禁山碑 （四）61
牛公浦妻陈氏墓志 （二）2
牛氏墓表 （三）205
牛方大墓志 （一）138
牛斗书法碑帖 （三）33
牛弘第三女牛晖墓志 （一）130
牛弘景清碑 （四）142

牛母邵氏墓志 （三）19
牛兴墓志 （一）252
牛进达墓志 （一）162
牛进达碑 （一）162
牛君墓志盖 （二）87
牛君墓志盖 （三）37
牛季平墓葬纪年刻石 （一）4
牛宝墓志 （一）216
牛首山保勇团碑记 （三）20
牛耕图碑 （三）315
牛奂墓志 （一）268
牛崇墓志 （一）206
牛维良墓志 （三）7
牛敬福墓志 （一）320
牛遇墓志 （一）234
牛感墓志 （一）217
牛蹄铺修路碑 （三）323
毛伯良妻杨氏墓志 （二）6
毛汶墓志 （二）107
毛明胜造像碑 （一）86
毛泽东为谢子长题词碑 （四）197
毛侯造像 （一）99
长天铁埭 （四）104
长凹村修渠碑 （四）102
长庆元年陀罗尼经幢 （二）19
长灯谣 （三）63
长灯碑记 （三）67
长安道上杂咏 （三）69
长孙弄珪墓志 （一）171
长孙君妻段简璧墓志 （一）163
长孙瑱墓志 （一）21
长武县修学记 （四）141
长滩子平息碑 （四）41
仁寿三年造像碑 （一）117
仁寿元年舍利塔记（乙） （一）116
仁寿元年舍利塔记（甲） （一）116

仁寿四年造像碑　　　　　　（一）118
仆仆红尘寓六骸　　　　　　（三）190
仇千光照墓志　　　　　　　（一）344
仇氏墓志　　　　　　　　　（二）49
仇文义妻王氏墓志　　　　　（二）49
仇臣生造像碑　　　　　　　（一）36
化度寺残碑　　　　　　　　（三）83
公议军需局章程碑　　　　　（四）14
公议放水条规五则　　　　　（四）81
公议禁止金洋堰一切树木碑　（四）38
公刘墓诗碑　　　　　　　　（二）258
公孙略墓志　　　　　　　　（一）64
公孙猗墓志　　　　　　　　（一）38
公甫桥　　　　　　　　　　（四）231
公建义学碑记　　　　　　　（三）219
公选约保禁娼禁赌碑　　　　（四）37
公置义地碑记　　　　　　　（四）76
仓公墓记　　　　　　　　　（四）233
仓公碑　　　　　　　　　　（二）169
仓圣鸟迹书碑　　　　　　　（四）124
仓颉庙碑　　　　　　　　　（一）5
仓渡镇回民碑　　　　　　　（四）14
月山伏鲁子祠堂记　　　　　（二）160
月台　　　　　　　　　　　（四）98
月池靖地方安乡间告示碑　　（四）78
月桂赋碑　　　　　　　　　（二）218
风惨云楼　　　　　　　　　（四）142
丹阳马真人十劝碑　　　　　（二）161
丹阳观记碑　　　　　　　　（三）99
乌阶墓志　　　　　　　　　（二）323
乌昇墓志　　　　　　　　　（二）295
凤翔　　　　　　　　　　　（四）228
凤翔府重修文庙学宫记　　　（二）266
凤翔唐陀罗尼经幢　　　　　（二）104

丶

六艺折中　　　　　　　　　（三）205

六社布施碑　　　　　　　　（三）281
六品宫人墓志　　　　　　　（一）141
文与可画竹　　　　　　　　（二）127
文氏墓碑　　　　　　　　　（三）214
文正书院残碑　　　　　　　（二）247
文汇楼石萃室落成记碑　　　（四）223
文延师兄功果赞并遗嘱条规碑（三）294
文安公主墓志　　　　　　　（二）24
文君墓碑　　　　　　　　　（三）272
文武官员至此下马碑　　　　（三）27
文昌帝君劝孝文　　　　　　（三）172
文昌帝君石经碑　　　　　　（三）100
文昌帝君阴骘文　　　　　　（三）172
文昌帝君阴骘文　　　　　　（三）203
文昌帝君阴骘文　　　　　　（三）275
文昌帝君阴骘文　　　　　　（三）323
文昌帝君阴骘文　　　　　　（四）34
文昌帝君阴骘文　　　　　　（四）128
文昌帝君阴骘文　　　　　　（四）129
文昌帝君觉世文　　　　　　（三）208
文昌帝君颂　　　　　　　　（四）242
文昌帝君遏欲文碑　　　　　（四）63
文昌帝君碑　　　　　　　　（四）94
文昌阁记　　　　　　　　　（三）196
文昌阁告成即事漫咏　　　　（三）59
文昌宫记事碑　　　　　　　（三）178
文昌宫记事碑　　　　　　　（三）179
文昌宫会规碑记　　　　　　（四）7
文昌常君劝敬字纸文碣　　　（四）232
文明之祖　　　　　　　　　（四）227
文庙下马残碑　　　　　　　（四）239
文庙大成殿重建碑　　　　　（三）242
文庙西岳庙南坛残碑　　　　（二）331
文庙崇祀位次之图　　　　　（三）117
文庙释奠记　　　　　　　　（二）166
文始殿碑　　　　　　　　　（二）190

文昭墓志 （三）126
文复敦墓志 （三）117
文泉记 （四）57
文恭墓碑 （四）21
文赋 （三）240
文徵明诗记 （三）40
方山寺碑记 （三）105
方元焕录孟子语 （三）37
方氏祠堂购置祭田碑记 （四）195
方伟耀墓碑 （四）84
方寿昌题诗碑 （四）175
方君妻张氏墓志 （一）214
方新游白云山寺题诗碑 （二）277
火帝真君胜会碑记 （四）76
为亡女造等身观音立像碑 （一）143
为中正桥落成题 （四）222
为善最乐 （三）189
计开书院义学田地处所租稞数目 （三）262
计开书院花用条规碑 （四）59
计开札照并山场条规碑 （三）257
计开补修清凉寺出入清单 （四）44
计开板木厢各义商捐数 （三）310
计开绅耆粮户各义士义民捐数 （三）310
计开铺户各义商捐数 （三）310
计开新制山地文契 （四）159
户县钟楼石匾额 （三）17
户县焦将磨渠水利词案碑 （三）212
认粮齐目碑 （四）100
心学图碑 （三）36
心经白衣经并像碑 （二）310

ㄱ

尹任墓葬纪年刻石 （一）3
尹壮图行书四屏 （三）258
尹志平碑 （二）175
尹伸书张载西铭碑 （二）336

尹君妻王氏墓志 （一）140
尹振麟咏瓜道人诗 （三）236
尹尊师碑 （一）257
引泉水记事碣 （二）314
孔子庙堂之碑 （一）145
孔子题名碑 （四）233
孔氏懿德与卜葬事纪略 （四）86
孔明公园成立记事题诗碑 （四）185
孔颖达碑 （一）158
孔麟锡墓志 （三）84
办理冒籍碑记 （三）212
以廪银置买田地取租碑记 （二）310
邓之桦墓志 （三）78
邓子询墓志 （一）67
邓太尉祠碑 （一）11
邓尚贤墓碑 （四）220
邓宝明墓志 （一）132
邓复荣妻唐氏苦节碑 （四）114
邓珣墓志 （二）116
邓家塬书院山长德行碑 （四）232
邓通妻任氏墓志 （一）151
劝农俚歌四章 （三）117
劝孝文 （三）299
劝弟篇 （四）205
劝忠篇 （四）205
劝学词 （三）81
劝信篇 （四）205
劝慎刑文并序 （二）117
双树轮囷五百年诗碑 （二）137
毌丘令恭砖墓志 （一）277
书法点窍碑 （三）316
书院条规碑 （四）21
书院捐输碑 （四）64
书院捐输碑记 （四）10
书富平县贞妇温王氏事 （三）240

五画

一

玉皇洞碣	（四）49
"玉盆"摩崖	（一）8
玉宸宫记	（二）166
示学并跋	（三）317
正己格物说碑	（二）301
正气歌	（四）204
正光元年造像碑	（一）29
正光四年造像碑	（一）31
正始二年冯神育造像碑	（一）16
正隆四年界碑	（二）146
正隆四年界碑	（二）146
正隆四年界碑	（二）146
正德十一年祭黄帝陵碑	（二）230
正德元年祭周陵碑	（二）223
正德元年祭黄帝陵碑	（二）222
正德六年诰命碑	（二）225
功与堉长	（四）152
功业垂宇宙	（四）214
功在名山	（四）79
功垂千古	（四）149
甘雨亭记	（三）139
甘茹游灵岩寺题诗碑	（二）275
甘泉里合里十甲议定交粮条规碑	（三）249
甘亭十二景诗碑	（三）99
艾杞墓志	（二）282
艾梓墓志	（二）286
艾瑞林行述碑	（四）18
古大散关	（四）200
古云寂寺重修碑	（三）7
古今一人	（四）191
古今训	（四）134
古严疆	（四）245
古昌暨妻雷氏合葬墓志	（三）181
古柏生新翠诗碑	（三）82
古柏行	（二）147
古柳行	（四）241
古景福	（三）135
古槐记	（三）138
古楼观系牛柏记	（二）175
古楼观说经台图碑	（四）237
节孝碑	（三）35
本镇七堡重修土主庙碑记	（三）212
可以兴观	（四）203
丙申九日登白云山步李太白韵	（三）158
左氏施舍草湾碑记	（四）105
左世允题联	（四）209
左冯太守李水部黄河清词	（二）138
左君夫人墓志	（一）299
左忠义妻杜氏苦节碑	（四）229
左宗棠题联	（四）35
左宗棠题联	（四）39
左宗棠题联	（四）111
左拾遗杜甫寓里	（三）247
左思明书折桂进士碑	（二）306
左思忠题诗碑	（二）233
左重耀创辟孙仙姑石径等题记	（三）51
左智墓碑	（四）51
左福盛妻叶氏墓表	（四）229
石门颂	（一）4
石门铭	（一）18
石门道记	（四）34
"石门"摩崖	（一）8
石生玉墓志	（三）324
石凤造像碑	（一）112
石永德墓志	（三）185
石台孝经	（一）298
石志坚道行记碑	（二）173
石佛堂石窟修造创立碑	（二）328
石君墓志盖	（二）88

"石虎"摩崖　　　　　　　　　（一）8
石刻收藏记　　　　　　　　　（四）222
石砌土主庙神道碑记　　　　　（三）61
石彦辞墓志　　　　　　　　　（二）106
石珩行书座右箴　　　　　　　（三）235
石真人墓碑　　　　　　　　　（三）213
石倩陀罗尼真言兼神道碑　　　（二）17
石鼓文　　　　　　　　　　　（三）48
石溪和尚道行碑　　　　　　　（二）188
布云　　　　　　　　　　　　（四）235
布施碑　　　　　　　　　　　（三）181
布施碑　　　　　　　　　　　（三）181
布施碑　　　　　　　　　　　（三）235
龙门会课别记　　　　　　　　（三）107
龙门洞布施碑　　　　　　　　（三）106
龙门洞地亩碑记　　　　　　　（三）76
龙门洞诗碑　　　　　　　　　（三）76
龙门洞常住地亩碑记　　　　　（三）80
龙门洞常住碑记　　　　　　　（三）96
龙门洞朝山进香碑　　　　　　（三）267
龙门洞朝山建醮碑　　　　　　（三）85
龙门洞朝山建醮碑记　　　　　（三）98
龙王庙秘方碑　　　　　　　　（四）176
龙王庙碑　　　　　　　　　　（四）101
龙田夫妇合葬墓碑　　　　　　（三）27
龙台观建修碑　　　　　　　　（二）327
龙兴寺记碑　　　　　　　　　（二）258
龙兴寺舍粮碑记　　　　　　　（三）122
龙兴寺重修法幢　　　　　　　（四）23
龙兴寺修殿塑神像碑　　　　　（四）138
龙兴寺碑记　　　　　　　　　（三）5
龙阳观玉真清妙真人本行记　　（二）161
龙泉寺普济禅院碑　　　　　　（二）115
龙首坝碑　　　　　　　　　　（四）193
龙首纹碑　　　　　　　　　　（四）142

龙洞记　　　　　　　　　　　（二）142
龙洞渠铁眼斗用水告示碑　　　（三）233
龙蟠虎踞　　　　　　　　　　（二）293
平山书道德碑　　　　　　　　（四）237
平分秋色　　　　　　　　　　（四）136
平西王属官捐资碑　　　　　　（三）47
平安富贵图碑　　　　　　　　（四）67
平邑科目提名记　　　　　　　（三）315
平利五峰书院碑　　　　　　　（三）44
平利知县颁布秋河义仓条规牌示碑（四）66
平利教案告示碑　　　　　　　（四）86
平利镇坪二县勘定界碑　　　　（四）168
平定青海告成太学碑　　　　　（三）108
平定朔漠告成太学碑　　　　　（三）87
平凉府纪恩碑　　　　　　　　（三）184
东山辑修殿宇碑记　　　　　　（三）45
东川吕大器石刻　　　　　　　（二）169
东乡君妻夏氏墓志　　　　　　（二）55
东元暨妻石氏合葬墓志　　　　（二）257
东公暨妻薛氏姜氏合葬墓志盖　（三）36
东北挺进军抗日英烈纪念碑　　（四）217
东西习保小学建校志碑　　　　（四）203
东西社重修玉皇庙碑　　　　　（三）256
东西南街郭氏祭田碑记　　　　（三）312
东园记　　　　　　　　　　　（四）131
东庑先贤先儒碑　　　　　　　（二）329
东坡词　　　　　　　　　　　（四）131
东坡集归去分辞诗　　　　　　（二）170
东林寺石经幢　　　　　　　　（三）34
东林再建碑　　　　　　　　　（三）33
东岳庙重修汉关夫子并总嗣圣母二
　　祠碑记　　　　　　　　　（三）123
东岳庙重修关帝圣母祠碑　　　（三）291
东岳帝君垂训　　　　　　　　（三）293
东凉阁历修下白云山菩萨庙碑记（三）254

东陵圣母帖　　　　　　　　　　（二）127
东营创建三公祠记　　　　　　　（三）109
东渭桥记　　　　　　　　　　　（一）261
东镇严禁赌博碑　　　　　　　　（四） 54

|

北五社五常会记载　　　　　　　（三）251
北五社五常会重建南琉璃照壁　　（三）237
北寺山庙施财碑　　　　　　　　（三）271
北伏龙刘姓村东水路碑记　　　　（三）207
北宋乾兴六年舍利石塔　　　　　（二）143
北周四面造像碑　　　　　　　　（一） 94
北周造像碑　　　　　　　　　　（一） 92
北朝三面造像碑　　　　　　　　（一） 96
北朝四面造像碑　　　　　　　　（一） 95
北魏无字造像碑　　　　　　　　（一） 56
北魏造像碑（乙）　　　　　　　（一） 57
北魏造像碑（丙）　　　　　　　（一） 57
北魏造像碑（甲）　　　　　　　（一） 57
北魏造像碑　　　　　　　　　　（一） 57
北魏造像碑额（乙）　　　　　　（一） 56
北魏造像碑额（甲）　　　　　　（一） 55
卢士隆墓志　　　　　　　　　　（二）123
卢之翰妻韦氏墓志　　　　　　　（一）297
卢之翰墓志　　　　　　　　　　（一）341
卢文机墓志　　　　　　　　　　（一）116
卢弘本墓志　　　　　　　　　　（二） 56
卢岑改葬墓志　　　　　　　　　（二） 35
卢启发暨妻朱氏墓碑　　　　　　（四） 58
卢询书翰　　　　　　　　　　　（三）191
卢俤第三女十七娘墓志　　　　　（一）339
卢涣摩崖造像记　　　　　　　　（一）265
卢谊兄弟造像碑　　　　　　　　（一）108
卢满墓志　　　　　　　　　　　（一）288
帅正堂漫成诗碑　　　　　　　　（二）188
归去好碑　　　　　　　　　　　（二）300

归弘简妻范氏墓志　　　　　　　（二） 39
归弘简墓志　　　　　　　　　　（二） 52
叶合清墓志　　　　　　　　　　（四）228
叶孟南暨妻崔氏合葬墓志　　　　（二）265
申氏墓志　　　　　　　　　　　（二） 74
申屠元礼墓志　　　　　　　　　（一）258
申屠林墓志　　　　　　　　　　（一）214
申屠践忠墓志　　　　　　　　　（一）263
田元族造像碑　　　　　　　　　（一） 81
田元墓志　　　　　　　　　　　（一）259
田无易墓志　　　　　　　　　　（一）292
田仁汪墓志　　　　　　　　　　（一）186
田氏先茔碑　　　　　　　　　　（四）111
田氏墓志　　　　　　　　　　　（三）314
田氏墓志盖　　　　　　　　　　（二）100
田文成墓葬纪年刻石　　　　　　（一） 3
田文雅墓志　　　　　　　　　　（二） 61
田占墓志　　　　　　　　　　　（二） 8
田生墓志　　　　　　　　　　　（一）191
田母张氏墓志　　　　　　　　　（二）199
田老夫子教泽碑　　　　　　　　（三）209
田师巽妻张氏墓志　　　　　　　（二） 60
田光山妻李氏墓志　　　　　　　（一）128
田行达墓志　　　　　　　　　　（一）140
田行源墓志　　　　　　　　　　（二） 58
田伯程暨妻周氏墓志　　　　　　（三）192
田君妻窦琰墓志　　　　　　　　（一）228
田君墓志盖　　　　　　　　　　（二） 90
田秉炎墓志　　　　　　　　　　（三）250
田厚甫暨妻王氏墓志　　　　　　（四）207
田钦若暨妻杨氏合葬墓志　　　　（四）129
田保洛墓志　　　　　　　　　　（一）117
田悦暨妻赵氏墓志　　　　　　　（一）103
田宽业墓志　　　　　　　　　　（三）226
田赋碑　　　　　　　　　　　　（四）124

田鈁墓葬纪年刻石 （一） 1
田福仙墓志 （一）305
田僧墓志 （一）225
田德元墓志 （一）126
史氏墓志 （二） 99
史母刘氏墓志 （三）197
史华仕暨妻冯氏合葬墓志 （二）335
史华严暨妻张氏宁氏合葬墓志 （二）251
史次乾德教碑 （四）153
史怀训墓志 （一）238
史君天时纪念碑 （四）224
史君妻契苾氏墓志 （一）263
史明墓志 （一）229
史承式墓志 （一）343
史思礼墓志 （一）296
史绳武墓志 （三）161
史善法墓志 （一）240
史锦堂暨妻党氏合葬墓志 （四）147
史德性烈士传碑 （四）154
史儒俊题诗碑 （四）149
史曜墓志 （一）293
叱奴延辉墓志 （一）108
叱列延庆妻尔朱元静墓志 （一） 82
冉希无懿行碑 （四）179
冉店乡立集公约碑 （四）143
四川峨眉山碑 （三）183
四川绥定府太平县设立船规告示碑 （四） 11
四门塔碑 （一） 94
四方会行碑 （三）268
四吕官衔碑 （二）143
四贤人画像碑 （二）217
四修斜峪关三义官碑 （四）108
四壁韩原峻诗碑 （三）222

丁

丘处机内传碑 （二）184

丘协暨妻郗氏墓志 （一）215
丘君妻刘至柔墓志 （一）313
丘君妻柳氏墓志 （二） 48
丘祖青天歌 （三）107
丘哲妻鲜于仲儿墓志 （一） 39
丘哲墓志 （一） 47
仙人唐君之碑 （一） 6
仙洞异香记 （二）121
仙游寺小记 （三）244
仙游寺守贞和尚法范 （四）126
仙游寺守贞和尚塔铭 （四）126
仙游寺守真和尚塔铭 （三）250
仙游寺路桥功德碑 （三）310
仙游观牒文碑 （二）167
仙鹤纹碑 （四）142
仪凤三年四面造像碑 （一）209
仪制令碑 （二）151
白乃建暨妻田氏郝氏康氏合葬圹记 （三） 91
白士俊墓志 （三）256
白万谥暨妻李氏韩氏合葬墓碑 （三）154
白云山白云观七言诗一首 （三） 5
白云山纪念碑 （四）215
白云山所置杨田堰水田碑 （三）318
白云山种松记 （四） 98
白云山重修楼阁诸殿助缘碑 （三）319
白云山碑记 （三） 55
白云山新建四圣宫诸殿碑 （四）243
白云观会费收支碑 （四）155
白云观重建庙记 （三） 24
白云塔题刻 （四） 20
白水怀古碑 （二）261
白水唐经幢 （二） 85
白公济墓志 （二） 54
白邦宁暨妻阎氏黄氏王氏合葬墓志 （三） 2
白邦宁暨妻阎氏黄氏王氏合葬墓志 （三） 11

白衣大士与张仙送子像　　　　　（三）104
白衣大士像　　　　　　　　　　（三）21
白衣大悲陀罗尼经并像　　　　　（三）7
白沙川修石桥碑　　　　　　　　（三）302
白君暨妻陈氏杨氏合葬墓碑　　　（三）213
白珍暨妻刘氏合葬墓志　　　　　（二）329
白显秀墓碑　　　　　　　　　　（四）143
白星垣暨妻刘氏合葬墓志　　　　（四）164
白骨塔序　　　　　　　　　　　（四）38
白侯擒盗行诗碑　　　　　　　　（二）332
白桂游灵岩寺题诗碑　　　　　　（二）275
白骏德题诗　　　　　　　　　　（三）321
白骏德题诗碑　　　　　　　　　（四）14
白敏中神道碑　　　　　　　　　（二）62
白敏中墓志　　　　　　　　　　（二）60
白绮墓碑　　　　　　　　　　　（三）321
白敬立墓志　　　　　　　　　　（二）82
白敬宗墓志　　　　　　　　　　（二）80
白赓唐墓志　　　　　　　　　　（三）25
白道生神道碑　　　　　　　　　（一）320
瓜里寨会村记事碑　　　　　　　（四）103
印公开堂疏碑　　　　　　　　　（二）157
乐王端暨妻支同氏墓志　　　　　（一）226
乐伎演乐图碑　　　　　　　　　（二）87
乐君妻成氏墓志　　　　　　　　（二）44
乐君墓葬纪年刻石　　　　　　　（一）2
尔朱绍墓志　　　　　　　　　　（一）48
尔朱袭墓志　　　　　　　　　　（一）48
尔朱敞墓志　　　　　　　　　　（一）107
册李凤阖王文　　　　　　　　　（一）202
处置流民碑　　　　　　　　　　（二）206
包宝寿墓志　　　　　　　　　　（一）214
包家河严禁匪类以靖地方碑　　　（三）289
包筠墓志　　　　　　　　　　　（二）70
包裹正殿序　　　　　　　　　　（三）120

丶

市集米粮油交易章程告示碑　　　（四）74
立社卖山文约碑　　　　　　　　（三）223
立施水田山地文契　　　　　　　（四）58
立铁旗杆志　　　　　　　　　　（三）194
立请住持大悲寺碑记　　　　　　（三）115
冯士良墓志　　　　　　　　　　（一）219
冯太玄碑　　　　　　　　　　　（一）266
冯玉升墓碑　　　　　　　　　　（三）87
冯玉祥为马超祠题联　　　　　　（四）178
冯玉祥为武侯祠题联　　　　　　（四）178
冯玉祥言志碑（子长）　　　　　（四）174
冯玉祥言志碑（华阴）　　　　　（四）174
冯玉祥言志碑（合阳）　　　　　（四）174
冯玉祥言志碑（扶风）　　　　　（四）173
冯玉祥言志碑（周至）　　　　　（四）173
冯玉祥言志碑（泾阳）　　　　　（四）174
冯玉祥言志碑（临潼）　　　　　（四）173
冯玉祥言志碑（乾县）　　　　　（四）173
冯玉祥言志碑（淳化）　　　　　（四）174
冯玉祥言志碑（蓝田乙）　　　　（四）173
冯玉祥言志碑（蓝田甲）　　　　（四）173
冯玉祥言志碑（潼关）　　　　　（四）174
冯玉祥言志碑（澄城）　　　　　（四）179
冯玉祥言志碑（耀县）　　　　　（四）179
冯玉祥题联　　　　　　　　　　（四）149
冯玉祥题联　　　　　　　　　　（四）160
冯玉祥题摩崖　　　　　　　　　（四）226
冯迈墓志　　　　　　　　　　　（一）183
冯师训碑　　　　　　　　　　　（一）229
冯刘氏墓志　　　　　　　　　　（三）206
冯李南墓志　　　　　　　　　　（二）63
冯时泰墓志　　　　　　　　　　（二）172
冯忱妻叱李纲子墓志　　　　　　（一）138
冯君墓志　　　　　　　　　　　（三）220

冯君衡墓志	(一)275	汉太尉祖考伯起公神位	(三) 95
冯承宗墓志	(一)336	汉中知府何承熏游记碑	(三)249
冯栋梁暨妻赵氏合葬墓志	(二)321	汉中府文庙经幢	(四)201
冯显母卢氏合葬墓志	(二)288	汉中府西乡县重修庙学记	(二)233
冯胜容造像碑	(一) 74	汉中府批示武侯祠呈文碑	(四) 54
冯晋墓志	(二) 84	汉中府修补城垣碑	(三)224
冯党墓志	(一)200	汉中府修学庙记	(二)220
冯晖墓志	(二)108	汉中府修城记	(二)220
冯恩墓志	(二)264	汉中府募化功德芳名列表	(四)234
冯唐庆墓志	(一)345	汉中府新建庙学记	(二)205
冯通墓志	(一)210	汉中府新建城西枕流亭记	(二)220
冯得一墓志	(二) 6	汉中府新编洵阳县双獭里名记	(二)220
冯猛墓志	(一)272	汉中府儒学地基图碑	(二)205
冯淹墓志	(一)134	汉中绥靖司令部布告碑	(四)191
冯宿神道碑	(二) 36	汉台碑	(三)120
冯朝光墓志	(一)333	汉台新建竹林阁赋	(四)169
冯景之墓志	(一) 66	汉伏波将军马公墓	(三) 86
冯景夏德政碑	(三) 99	汉阴八景碑	(四)239
冯毅淹妻□氏墓志	(二)258	汉阴修城记	(三)223
玄天上帝祖师碑记	(二)309	汉丞相诸葛忠武侯之真墓	(四)150
玄天上帝碑	(二)316	汉丞相诸葛忠武侯墓记	(三)198
玄元皇帝灵应颂碑	(一)292	汉丞相酂侯萧公墓	(四)237
玄圣文宣王赞并序	(二)114	汉张留侯辟谷处	(三)237
玄帝庙碑	(三) 63	汉武仙台碑	(二)267
玄秘塔碑	(二) 40	汉忠武侯诸葛公八阵图注说	(四) 11
兰英墓志	(二) 67	汉郃阳令曹全碑	(一) 6
兰草四屏	(四) 85	汉留侯辟谷处	(二)302
兰草图	(三)325	汉诸葛武侯之墓	(三)116
兰亭记碑	(三)316	汉诸葛武侯庙堂碑记	(三) 73
汉夫子风竹	(四)130	汉黄征君祠记	(三)197
汉夫子雨竹	(四)130	汉�糜县	(三) 45
汉太史公世系碑	(二)289	汉惠帝安陵	(三)158
汉太史令司马公祠墓碑记	(三) 68	汉景帝阳陵	(三)159
汉太史司马公墓碑	(三)138	汉蒙一家	(四)212
汉太尉李公神道	(二)149	汉蕃埋瘗碑	(二)132

氾愔妻张氏墓志　　　　　　　（一）342
氾文墓志　　　　　　　　　　（一）156
氾愔墓志　　　　　　　　　　（一）334
宁羌州里程碑　　　　　　　　（四）235
宁羌州知州整饬驿站告示碑　　（三）276
宁羌知州告示牌　　　　　　　（四）70
宁羌教案碑　　　　　　　　　（四）87
宁国院牒　　　　　　　　　　（二）147
宁陕厅建黄州会馆碑　　　　　（四）38
宁陕县学务汇刊碑　　　　　　（四）182
宁强中正桥落成志庆　　　　　（四）221
宁静致远　　　　　　　　　　（三）79
宁静致远　　　　　　　　　　（四）221
宁懋墓志　　　　　　　　　　（一）42
礼记碑　　　　　　　　　　　（四）240
礼泉古仪门寺重□□□□记　　（二）285
礼部保护庙产碑　　　　　　　（三）145
训诫箴言碑　　　　　　　　　（二）278
记地经税碑　　　　　　　　　（三）287
记述灵岩寺功德碑　　　　　　（三）114
永不牧羊　　　　　　　　　　（三）263
永古不易　　　　　　　　　　（三）290
永乐十二年祭黄帝陵碑　　　　（二）194
永宁堡合社增修观音洞记　　　（三）255
永兴二年造像碑　　　　　　　（一）55
永字八法碑　　　　　　　　　（四）105
永寿王诗翰刻石　　　　　　　（二）233
永寿县治迁移史略　　　　　　（四）219
永昌元年陀罗尼经幢　　　　　（一）224
永固金汤　　　　　　　　　　（四）246
“永保封疆”题字碑　　　　　（二）237

　　　　　　　　丁

司马太史庙诗二首　　　　　　（二）121
司马光赵抃格言碑　　　　　　（四）133
司马芳碑　　　　　　　　　　（一）11

司马坡前拜汉墟诗碑　　　　　（三）61
司马袥红墓葬纪年刻石　　　　（一）4
司马缄妻怀德县主墓志　　　　（一）205
司马憯墓志　　　　　　　　　（二）33
司马叡墓志　　　　　　　　　（一）159
“司民鉴政”石枋　　　　　　（二）339
司空俭墓志　　　　　　　　　（一）236
司徒氏墓志铭并序　　　　　　（一）284
司理史公命建碑亭小记　　　　（三）5
尼那提墓志　　　　　　　　　（一）129
尼真如墓志　　　　　　　　　（一）205
尼惠因墓志　　　　　　　　　（一）346
民国略阳知事题记　　　　　　（四）227
民国得道八路军故医官之墓　　（四）223
民族英雄　　　　　　　　　　（四）205
弘文宣化　　　　　　　　　　（三）118
弘治九年诗碑　　　　　　　　（二）217
弘治元年祭周陵碑　　　　　　（二）213
辽东太守墓葬纪年刻石　　　　（一）1
加圣号诏碑　　　　　　　　　（二）179
加封文昌帝君碑　　　　　　　（二）180
召伯甘棠图　　　　　　　　　（三）299
边靖庵先生墓表　　　　　　　（四）8
圣母元君碑　　　　　　　　　（三）147
圣母庙并山门墙垣增修碑记　　（三）295
圣母殿长明灯碑　　　　　　　（三）195
圣母殿碑　　　　　　　　　　（二）308
圣旨加封师真碑　　　　　　　（二）181
圣位陈设图　　　　　　　　　（三）17
圣庙新增内外石栏碑　　　　　（二）305
圣驾西巡恭赋　　　　　　　　（三）104
圣亲殿成碑记　　　　　　　　（二）315
圣姥碑　　　　　　　　　　　（三）148
圣谕图碑　　　　　　　　　　（二）300
圣谕碑　　　　　　　　　　　（二）242

对斗坝山场捐地碑 （三）245
台子山庙碑 （四）109

六画

一

式好堂藏帖 （三）191
邢云路诗碣 （二）326
邢文成暨妻张氏合葬墓碑 （四）59
邢文益暨妻齐氏合葬墓碑 （四）82
邢如峰暨妻白氏合葬墓志 （四）157
邢君妻墓志 （二）25
邢峦妻元纯陀墓志 （一）48
邢骏观墓碑 （四）44
圭峰定慧禅师碑 （二）54
寺东青龙泉碑记 （三）281
吉人骥暨妻高氏合葬墓志 （四）181
吉长命造像碑 （一）65
吉允迪暨妻王氏墓志盖 （三）54
吉同钧圹志 （四）164
吉同钧德教碑 （四）171
吉喜富暨妻张氏合葬墓志 （三）295
吉静中马嵬怀古诗碑 （二）235
老君坐像残石 （一）100
老君显见碑 （一）290
巩固山河 （四）240
执失奉节墓志 （一）172
执失善光墓志 （一）266
扩道榜文 （三）235
地灵人杰 （四）142
地祇 （三）20
地界碑 （三）325
地接秦封 （二）278
共护森林碑 （四）157
共置产业公举乡约碑 （三）251
权万春墓志 （一）157

权氏二分碑记 （三）135
权文昇墓志 （一）180
权邦彦为鸠摩罗什舍利塔而作偈言 （二）139
权秀墓志 （一）337
权通墓志 （一）249
权凑夫妇墓志幢 （二）32
权滋蕃墓志 （三）171
权德舆颂师德教碑 （二）18
过之翰祭胡励生碑 （四）178
过马嵬咏古十首 （三）154
过五丈原诸葛忠武祠 （二）270
过延绥有作次唐校书郎韦庄韵 （四）107
过杜工部祠题咏碑 （二）211
过秦楼 （四）235
过雄石峡口占一律 （三）30
吏部札付碑 （二）235
吏隐堂题记 （二）139
再宿宜君 （四）131
西山龙母庙碑记 （三）145
西门戏楼楹联 （四）113
西门护城河碑 （四）29
西乡县知事等尊孔碑 （四）174
西乡县政府布告 （四）224
西方极乐世界图碑 （二）199
西宁寺庙门楹联 （三）93
西行记碑 （二）183
西安府碑洞石刻目录 （三）133
西安碑林鸟瞰图碑 （四）204
西社创建佛堂小引 （三）127
西岳庙碑 （三）136
西岳庙签文碑 （三）110
西河府君墓志盖 （二）89
西河圜阳郭季妃之椁刻石 （一）8
西南村朝武当全会立碑记 （三）72
西宫二品昭仪墓志 （一）216

西骆谷龙化桥碑记　　　　　　　　　（三）113
西厢记画像碑　　　　　　　　　　　（四）242
西铭及长安杂咏　　　　　　　　　　（三）86
西湖书院诗文画碑　　　　　　　　　（三）47
西魏四面造像碑（乙）　　　　　　　（一）76
西魏四面造像碑（丙）　　　　　　　（一）77
西魏四面造像碑（甲）　　　　　　　（一）76
西魏恭帝二年造像碑　　　　　　　　（一）71
有邰马氏新茔中宫记　　　　　　　　（三）251
有邰书院碑记　　　　　　　　　　　（三）157
百二雄关　　　　　　　　　　　　　（四）104
百寿图碑　　　　　　　　　　　　　（三）193
百里坊戒香寺重理禅院记　　　　　　（三）97
百里金汤　　　　　　　　　　　　　（四）164
百神洞碑　　　　　　　　　　　　　（二）300
百塔寺心经　　　　　　　　　　　　（二）97
存之堂帖　　　　　　　　　　　　　（四）22
夺地记事碑　　　　　　　　　　　　（四）6
达奚承宗墓志　　　　　　　　　　　（一）255
列屏云塞　　　　　　　　　　　　　（三）123
成化十九年碑　　　　　　　　　　　（二）209
成公几墓志　　　　　　　　　　　　（一）214
成功不居　　　　　　　　　　　　　（四）209
成节墓志　　　　　　　　　　　　　（一）228
成均雅望　　　　　　　　　　　　　（四）142
成志远墓志　　　　　　　　　　　　（二）172
成法师塔志铭　　　　　　　　　　　（二）138
成铎墓志　　　　　　　　　　　　　（二）67
夹门子小学校碑记　　　　　　　　　（四）215
夹门子荷叶坝两牌绅粮捐资兴学记　　（四）177
尧山圣母降雨灵验碑　　　　　　　　（四）189
尧山庙碑　　　　　　　　　　　　　（三）44
尧山偶出神泉记碑　　　　　　　　　（三）14
毕正义墓志　　　　　　　　　　　　（一）167
毕锡勒图题联　　　　　　　　　　　（四）127

至正三年圣旨碑　　　　　　　　　　（二）185
至圣先师孔子赞（乙）　　　　　　　（三）70
至圣先师孔子赞（甲）　　　　　　　（三）70

Ｉ

贞元五年陀罗尼经幢　　　　　　　　（一）335
贞节石孺人墓表　　　　　　　　　　（三）136
贞白公行略述　　　　　　　　　　　（三）1
师大娘塔铭　　　　　　　　　　　　（一）261
师子岩题刻　　　　　　　　　　　　（二）138
师长正先暨全体将士纪念碑　　　　　（四）228
师氏五大夫传　　　　　　　　　　　（三）180
师弘礼墓志　　　　　　　　　　　　（二）81
师全介墓志　　　　　　　　　　　　（二）65
师彦公捐学碑　　　　　　　　　　　（三）210
师祖黄公祠堂记　　　　　　　　　　（三）95
师弼墓志　　　　　　　　　　　　　（二）174
师懋公捐学碑　　　　　　　　　　　（三）211
光国寺蒙汉合文圣旨碑　　　　　　　（二）181
光复莲花寺碑　　　　　　　　　　　（二）276
光济寺诗碑　　　　　　　　　　　　（四）242
光济寺碑　　　　　　　　　　　　　（四）120
光绪三年龙兴寺碑　　　　　　　　　（四）47
光禄大夫碑　　　　　　　　　　　　（三）247
吐谷浑氏墓志　　　　　　　　　　　（一）43
吐谷浑玑墓志　　　　　　　　　　　（一）23
曲氏墓志盖　　　　　　　　　　　　（二）96
曲石寄庐　　　　　　　　　　　　　（四）152
曲南张氏祖茔碣铭碑　　　　　　　　（三）29
团勇阵亡碑记　　　　　　　　　　　（四）56
同文宴碑记　　　　　　　　　　　　（三）294
同占鳌暨妻潘氏合葬墓志　　　　　　（三）274
同让暨妻李氏墓表　　　　　　　　　（四）161
同亚元暨妻罗氏杨氏合葬墓志　　　　（四）124
同尘洪妙真人李尊师道行碑　　　　　（二）164
同州长兴万寿禅院　　　　　　　　　（二）136

同州圣教序碑　　　　　　　（一）182
同州府县饶评定裁剪差徭新草
　　十四条　　　　　　　　　（四）50
同州重修州廨记　　　　　　　（二）239
同州澄城县柏社重修普照禅院碑记（二）154
同君暨妻李氏党氏墓志　　　　（四）44
同君暨妻杨氏墓志盖　　　　　（三）36
同国政墓志　　　　　　　　　（二）50
同治十二年祭周陵碑　　　　　（四）40
同官县令整饬炭窠风纪告示碑　（三）320
同锦堂暨妻韩氏杨氏合葬墓志　（三）271
同憨暨妻杨氏合葬墓志　　　　（二）216
吕大器碑　　　　　　　　　　（二）168
吕大器题记　　　　　　　　　（二）168
吕氏墓志盖　　　　　　　　　（二）88
吕文达暨妻边氏墓志　　　　　（一）193
吕允升暨妻陈氏杨氏薛氏合葬墓志（三）24
吕他墓表　　　　　　　　　　（一）11
吕伏光墓志　　　　　　　　　（一）267
吕宅杈召村重修圣母关帝庙碑　（三）266
吕志本墓志　　　　　　　　　（一）229
吕君墓志　　　　　　　　　　（二）84
吕纯阳狂草　　　　　　　　　（二）85
吕松年题联　　　　　　　　　（四）24
吕昙墓志　　　　　　　　　　（一）121
吕胡暨妻李氏墓志　　　　　　（一）123
吕思礼墓志　　　　　　　　　（一）108
吕思颜造像碑　　　　　　　　（一）86
吕崇一墓志　　　　　　　　　（一）342
吕道仁妻王凝华墓志　　　　　（一）156
吕遥墓志　　　　　　　　　　（一）333
吊司马迁墓　　　　　　　　　（三）129
吊杨贵妃诗十二首　　　　　　（四）135
屹然残碑　　　　　　　　　　（四）129
回元观钟楼铭　　　　　　　　（二）35
回心寺记　　　　　　　　　　（四）222

回纥琼墓志　　　　　　　　　（一）317

丿

朱子治家格言　　　　　　　　（三）178
朱子桥将军碑文　　　　　　　（四）223
朱子桥墓志　　　　　　　　　（四）213
朱子家训　　　　　　　　　　（三）110
朱元龙暨妻李氏合葬墓志　　　（三）15
朱元有墓碑　　　　　　　　　（四）168
朱元昊墓志　　　　　　　　　（一）308
朱公铄圹志　　　　　　　　　（二）206
朱公铤圹志　　　　　　　　　（二）204
朱公锁圹志　　　　　　　　　（二）214
朱公鎔圹志　　　　　　　　　（二）216
朱公鎔暨妻雷氏合葬圹志　　　（二）240
朱公镗圹志　　　　　　　　　（二）204
朱公镗妃刘淑贞圹志　　　　　（二）202
朱公镶圹志　　　　　　　　　（二）198
朱氏墓志　　　　　　　　　　（三）143
朱玉瓒墓碑　　　　　　　　　（三）252
朱龙妻任氏墓志　　　　　　　（一）69
朱母彭氏墓碑　　　　　　　　（四）74
朱存机圹志　　　　　　　　　（三）23
朱达墓碣　　　　　　　　　　（二）84
朱华荣墓碑　　　　　　　　　（四）45
朱兴隆暨妻刘氏墓碑　　　　　（四）192
朱近池暨妻刘氏合葬墓志　　　（二）304
朱怀压妻彭氏杨氏圹志　　　　（二）265
朱良琦墓碑　　　　　　　　　（四）29
朱启万暨妻杜氏墓碑　　　　　（四）37
朱启亮暨妻谌氏合葬墓碑　　　（四）172
朱君妻雷定真墓志　　　　　　（一）324
朱君暨妻尤氏合葬墓志盖　　　（三）36
朱君暨妻孙氏合葬墓志盖　　　（三）37
朱君暨妻张氏合葬墓志盖　　　（三）37
朱灵齐墓志　　　　　　　　　（三）319

朱灵斋墓志　　　　　　　　　（三）234
朱国宗墓碑　　　　　　　　　（四）47
朱昌颐题联　　　　　　　　　（四）22
朱秉梗暨妻田氏合葬圹志　　　（二）281
朱秉楸圹志　　　　　　　　　（二）290
朱秉橘暨妻王氏圹志　　　　　（二）234
朱诚汗妻丁氏圹志　　　　　　（二）264
朱诚泐圹志　　　　　　　　　（二）250
朱诚浍圹志　　　　　　　　　（二）219
朱诚湆圹志　　　　　　　　　（二）228
朱诚流暨妻杨氏合葬圹志　　　（二）214
朱诚潋暨妻任氏合葬圹志　　　（二）220
朱建基暨妻马氏合葬墓志　　　（三）171
朱承恩德政碑　　　　　　　　（四）80
朱庭玑墓志　　　　　　　　　（二）5
朱祥妻蔺氏龛铭　　　　　　　（一）305
朱谊淮妻王氏墓志　　　　　　（二）324
朱象先墓碑　　　　　　　　　（二）178
朱望辉墓志盖　　　　　　　　（三）34
朱惟烌妻胡氏墓志　　　　　　（二）326
朱惟烌墓志　　　　　　　　　（二）335
朱惟烜暨妻李氏合葬墓志　　　（二）306
朱惟抭暨妻张氏合葬墓志　　　（三）12
朱惟焌暨妻刘氏合葬墓志　　　（二）320
朱惟�墓志　　　　　　　　（二）299
朱惟燨墓志　　　　　　　　　（二）268
朱惟蹙暨妻黄氏合葬墓志　　　（三）7
朱惟蹙暨妻黄氏墓志　　　　　（二）334
朱敬鏭暨妻张氏合葬墓志　　　（三）4
朱敬鑐书金丹四百字碑　　　　（二）312
朱敬鑐书金刚经碑　　　　　　（二）320
朱敬鑐书般若心经碑　　　　　（二）312
朱敬鑐草书千字文碑　　　　　（二）312
朱登癸墓碑　　　　　　　　　（三）241
朱德为谢子长陵题词碑　　　　（四）221

先圣行教小影碑　　　　　　　（四）120
先贤闵子等文神位　　　　　　（四）245
竹兰图碑　　　　　　　　　　（二）236
竹林寺重修碑记　　　　　　　（四）65
竹菊图碑　　　　　　　　　　（四）131
竹雀图碑　　　　　　　　　　（四）238
迁建石婆庙碑记　　　　　　　（三）244
乔云峰暨妻徐氏合葬墓志　　　（四）227
乔进璠游灵岩寺诗碑　　　　　（二）331
乔蕴辉题诗　　　　　　　　　（三）317
伍福过汉太史司马迁墓题诗碑　（二）201
伏君妻昝双仁墓志　　　　　　（一）40
伏波将军路迢宗造像碑额　　　（一）92
优昙禅师塔铭　　　　　　　　（一）210
延古堂咏物诗刻　　　　　　　（三）111
延昌寺宗派图　　　　　　　　（二）148
延陵镇墓石　　　　　　　　　（二）102
任天锡墓碑　　　　　　　　　（二）150
任公孚暨妻田氏陈氏合葬墓志　（三）153
任令珊妻刘氏墓志　　　　　　（一）348
任先墓志　　　　　　　　　　（一）89
任廷贵兰草图碑　　　　　　　（四）70
任廷贵题联　　　　　　　　　（四）70
任孝孙墓葬纪年刻石　　　　　（一）2
任君墓葬纪年刻石　　　　　　（一）3
任佩暨妻楚氏合葬墓志　　　　（二）325
任府君夫妇墓碑　　　　　　　（三）317
任春同墓志盖　　　　　　　　（四）122
任春墓志　　　　　　　　　　（三）300
任珏墓志　　　　　　　　　　（一）258
任景述墓志　　　　　　　　　（二）107
任智才墓志　　　　　　　　　（一）223
任遂良墓志　　　　　　　　　（一）278
任霈枝观李公自述题记石刻　　（四）161
任霈枝济世良方碑　　　　　　（四）161

任霈枝游记摩崖	（四）160	合龙山碑记	（三） 81
任霈枝题诗碑	（四）155	合阳三官庙碑铭	（三） 65
任操墓志	（一）237	合阳县武童试卷	（四） 11
华山记	（三）140	合阳县城隍庙增建长廊记	（三） 63
华山诗十六首	（三） 93	合阳县南王村新建□青石殿记碑	（二）298
华百石都训造碑	（一） 10	合阳县重兴戒香寺记	（二）132
华夷天堑	（二）328	合阳县裁革地耗开一切陋规碑记	（四）180
华夷图	（二）144	合村老少等造像碑	（一）120
华州防御完颜奉国二诗	（二）156	合邑一百七十人等造像碑	（一） 76
华阴王氏家庙碑记	（三） 52	合邑二十八里值年里长募捐碑	（四） 27
华阴杨松轩先生墓表	（四）186	合邑四十四里崇祀邑侯靖公碑记	（三）265
华阴县重修西岳庙记	（二）316	合社条规碑记	（四） 84
华妙能祔葬墓志	（二）218	合社碑记	（四）155
华岳颂碑	（一） 85	合诸邑子七十人等造像碑	（一） 68
华岳楼	（四）189	众和村创修菩萨殿及山门楼碑记	（四）211
华岳精享昭应之碑	（一）260	众善奉行	（四）243
华岳题名记	（三） 88	众善舍斋文序	（三）129
华藏庄严世界海图	（二）179	邠州大佛寺捐资碑	（四）140
仰天池残碑	（三） 9	邠州大佛寺碑记	（四）140
仿刻多宝塔碑	（四）231	创办治安乡中心学校碑记	（四）217
伊尹庙诗	（四）120	创立太平庄附入操记	（四） 87
似先义逸墓志	（二） 48	创立文陵民众教育馆碑记	（四）186
后汉班固西都赋	（三）121	创立悟真观记事碑	（三）210
后稷祠	（三） 53	创立商山宗祠	（三）197
行道铭	（三）236	创刻石门汤泉时辰碑	（四） 90
甪里先生隐处	（三）129	创建一天门碑	（二）313
全国慰劳总会过张良庙题名碑	（四）214	创建一天门题记碑	（二）314
会办全陕厘税总局告示碑	（四） 66	创建十里铺砖桥兼修河渠碑记	（三） 91
会昌二年金刚经幢	（二） 40	创建卜夫子祠记	（三） 17
会馆补修清庙捐资碑记	（四） 67	创建了然庵记	（二）161
合右邑子七十人造像碑	（一） 59	创建三圣母庙记	（三）309
合龙山地粮记	（二）317	创建三圣母前后殿暨重修大佛殿碑	（三）262
合龙山创建接引寺记	（二）302	创建三圣母祠记碑	（三） 88
合龙山重立三月三香烟会碑记	（三）221	创建三圣庙记	（三）138
合龙山祖师庙题联	（四）232	创建三官庙记	（二）263

创建义学碑记　　　　　　　　　（三）307
创建天台山南天门碑　　　　　　（四）163
创建太平河石桥记　　　　　　　（二）255
创建文昌阁火神祠碑记　　　　　（三）275
创建火神庙碑记　　　　　　　　（四）241
创建书院感戴碑　　　　　　　　（三）139
创建玉泉书院碑记　　　　　　　（三）146
创建玉清庵记　　　　　　　　　（二）165
创建石佛殿记　　　　　　　　　（二）213
创建龙王洞石匾　　　　　　　　（三）87
创建北武当山龙河观记　　　　　（三）7
创建四圣庙碑记　　　　　　　　（三）269
创建白云山五龙捧圣宫碑记　　　（三）71
创建圣亲殿记　　　　　　　　　（二）315
创建吕祖庙神祠碑记　　　　　　（四）74
创建吊忠泉亭记　　　　　　　　（三）92
创建任家畔水神庙记　　　　　　（四）67
创建华阴城隍神龛碑记　　　　　（四）118
创建关王庙戏楼记　　　　　　　（三）20
创建关帝庙助缘信士碑　　　　　（三）319
创建孙真人洞碑记　　　　　　　（三）71
创建观音堂记　　　　　　　　　（二）212
创建护难寨关圣庙碑记　　　　　（三）50
创建李雪木先生祠堂碑　　　　　（四）107
创建迎风寺碑　　　　　　　　　（四）73
创建迎祥宫碑　　　　　　　　　（二）172
创建灵官神祠碑记　　　　　　　（三）71
创建武侯诸神庙暨修城记　　　　（四）152
创建青龙宫碑记　　　　　　　　（二）298
创建昔古寺碑　　　　　　　　　（四）144
创建明禋亭碑　　　　　　　　　（二）261
创建卷棚灵官黑虎二殿记　　　　（二）303
创建奎文阁碑记　　　　　　　　（三）185
创建钟鼓楼碑记　　　　　　　　（三）17
创建修孚泽庙昭祐显圣王行宫碑　（二）143

创建祠堂碑记　　　　　　　　　（三）187
创建真武行宫碑　　　　　　　　（三）204
创建娘娘庙财神庙碑记　　　　　（三）168
创建乾元老母庙记　　　　　　　（三）138
创建乾县西乡贵德学校碑记　　　（四）170
创建救苦殿碑　　　　　　　　　（二）321
创建雪木祠献殿碑　　　　　　　（四）107
创建崇真观碑　　　　　　　　　（二）180
创建商南县记碑　　　　　　　　（二）209
创建锡福堂记　　　　　　　　　（三）222
创建数世禅师灵骨塔铭　　　　　（三）226
创修□千洞碑记序　　　　　　　（三）308
创修三大士暖阁并重修庙宇碑记　（四）33
创修三黄村定觉寺碑记　　　　　（三）315
创修山神庙碑　　　　　　　　　（三）293
创修天池书院记　　　　　　　　（三）174
创修无生老母洞碑记　　　　　　（四）163
创修无生老母等殿宇碑　　　　　（四）84
创修太皇宫募化布施碑　　　　　（四）166
创修玉清观碑　　　　　　　　　（二）189
创修本坝初级学校序　　　　　　（四）171
创修白云山正殿庙石供桌碑序　　（四）225
创修白衣菩萨门房记碑　　　　　（四）28
创修尧山圣母天华板记碑　　　　（三）124
创修同善局碑　　　　　　　　　（三）253
创修合族祖祠碑记　　　　　　　（三）262
创修刘猛将军庙碑记　　　　　　（三）278
创修关圣帝君庙文　　　　　　　（三）282
创修关帝庙碑　　　　　　　　　（四）111
创修关帝庙碑记　　　　　　　　（四）6
创修关帝楼灵祖楼记　　　　　　（三）306
创修观音堂落成序　　　　　　　（四）61
创修杨氏祠堂碑　　　　　　　　（四）69
创修杨双山先生祠堂记　　　　　（四）81
创修杨四庙碑　　　　　　　　　（四）116

创修邑侯涂公祠碑记 （四）89
创修沙河石桥记碑 （二）306
创修宋蕲王韩忠武祠宇碑记 （三）147
创修金台观太皇宫碑记 （四）219
创修神庙碑 （三）309
创修祠堂碑记 （三）228
创修圆觉堂记 （二）212
创修高陵城隍庙寝廊及司壁记 （二）297
创修授书楼功德碑序 （三）313
创修窑神庙碑记 （四）132
创修黑虎庙碑记 （四）54
创修道院穴居记碑 （二）280
创修雷祖庙碑记 （三）225
创修雷家河培德桥碑 （四）206
创修蜀河石堡碑 （三）194
创修酂侯陵园碑记 （三）300
创造寝宫神阁记 （三）127
杂咏四首 （三）95
旬阳县长恭录冯玉祥口号碑 （四）176
旬阳县风俗碑 （四）30
旬阳县东界碑 （二）252
旬阳县署九房公议成规碑 （四）5
旬阳知县严禁埠头讹索过往船户
　告示碑 （四）29
旬阳新修试院记 （四）76
名山仙境 （四）221
多宝塔铭并序 （一）290
多宝塔碑 （一）309
争山讼碑 （三）101
争座位稿 （二）125

冲和大德雷公寿堂记 （二）153
妆关帝神像碑 （三）190
妆画真人殿宇碑记 （三）56
庆山寺舍利塔记 （一）289

刘士环墓志 （二）39
刘士准墓志 （二）48
刘大勋暨妻王氏合葬墓志 （三）230
刘大银墓碑 （四）44
刘大鲲暨妻史氏杨氏赵氏合葬墓志 （三）255
刘子占墓志 （三）183
刘子达造像碑 （一）113
刘子厚墓志 （三）291
刘马旗地界碑 （二）304
刘天援行状碑 （四）148
刘元爽墓志 （二）93
刘云祥妻遆氏节苦碑 （四）154
刘友德夫妇合葬墓志 （三）153
刘升朝墓志 （一）341
刘长谱暨妻汪氏墓碑 （四）157
刘公墓碑 （四）145
刘氏贞节坊 （三）324
刘氏造像碑 （一）15
刘氏家族墓碑 （三）254
刘氏墓记 （二）27
刘氏墓志 （二）52
刘氏墓志 （二）83
刘氏墓志 （二）313
刘氏墓志 （四）73
刘氏墓志盖 （二）87
刘氏墓志盖 （二）93
刘以正墓志 （二）287
刘世荣墓志 （一）112
刘世通妻王氏墓志 （一）161
刘世熙圹记 （四）199
刘古愚墓志 （四）87
刘本聪墓碑 （四）61
刘可信暨妻王氏合葬墓志 （三）223
刘东周妻徐氏墓志 （二）315
刘生云夫妇神道碑 （四）130
刘生辉妻王氏节孝碑 （四）229

刘汉儒题诗　　　　　　　　　（三）50
刘让墓志　　　　　　　　　　（二）62
刘母李太君八十有三寿序　　　（四）198
刘母李氏之墓　　　　　　　　（四）15
刘母何氏墓碑　　　　　　　　（四）88
刘母韩氏墓志　　　　　　　　（二）230
刘母韩孺人墓表　　　　　　　（四）180
刘成宇暨妻郭氏王氏合葬墓志　（三）120
刘至善碑　　　　　　　　　　（四）196
刘师仁等造像碑　　　　　　　（一）200
刘先三墓志　　　　　　　　　（四）109
刘先三懿行碑　　　　　　　　（四）109
刘伐等二十八人造像碑　　　　（一）110
刘延溪墓志　　　　　　　　　（三）27
刘华墓志　　　　　　　　　　（一）193
刘全淑墓　　　　　　　　　　（二）131
刘合仑衣钵塔铭　　　　　　　（三）246
刘多墓志　　　　　　　　　　（一）114
刘齐生墓志　　　　　　　　　（三）95
刘扶买地券　　　　　　　　　（二）328
刘孝节墓志　　　　　　　　　（一）186
刘足民墓表　　　　　　　　　（四）178
刘男俗造像碑　　　　　　　　（一）84
刘应寿暨妻黄氏墓碑　　　　　（四）13
刘应道墓志　　　　　　　　　（一）213
刘沔碑　　　　　　　　　　　（二）100
刘初墓志　　　　　　　　　　（一）220
刘君之墓志盖　　　　　　　　（二）91
刘君妻马氏墓志　　　　　　　（二）43
刘君妻李氏墓志　　　　　　　（二）84
刘君妻宋氏墓志　　　　　　　（二）12
刘君妻张氏墓志　　　　　　　（一）164
刘君妻骆氏墓志　　　　　　　（二）4
刘君墓志盖　　　　　　　　　（二）92
刘君墓志盖　　　　　　　　　（三）37

刘阿素墓志　　　　　　　　　（一）29
刘松诗碑　　　　　　　　　　（二）284
刘雨亭墓志　　　　　　　　　（四）169
刘奇秀墓志　　　　　　　　　（一）342
刘尚神道碑　　　　　　　　　（二）175
刘侠墓志　　　　　　　　　　（一）103
刘府君墓志　　　　　　　　　（一）261
刘泽墓塔铭　　　　　　　　　（三）69
刘宝善题字碑　　　　　　　　（四）158
刘宝暨妻王氏墓志　　　　　　（一）119
刘宗道买地券　　　　　　　　（二）150
刘宗墓志　　　　　　　　　　（二）133
刘诜墓志　　　　　　　　　　（二）123
刘诠修紫台题记　　　　　　　（二）152
刘孟坚墓志　　　　　　　　　（二）118
刘始造像残碑　　　　　　　　（一）63
刘细利造像碑　　　　　　　　（一）177
刘绍暨妻郭氏墓志　　　　　　（一）111
刘拱题记　　　　　　　　　　（二）169
刘荣墓碑　　　　　　　　　　（四）106
刘相墓志　　　　　　　　　　（一）164
刘厚基游雄山寺题诗　　　　　（四）42
刘贵暨妻张氏墓志　　　　　　（一）178
刘适如暨妻高氏墓表　　　　　（四）128
刘保墓志　　　　　　　　　　（一）252
刘养衷暨妻朱氏合葬墓志　　　（三）14
刘洛仁造像碑　　　　　　　　（一）191
刘神墓志　　　　　　　　　　（一）223
刘玺圹记　　　　　　　　　　（三）311
刘卿墓碑　　　　　　　　　　（三）2
刘海戏蟾画碑　　　　　　　　（四）48
刘宽墓志　　　　　　　　　　（二）83
刘祥综墓碑　　　　　　　　　（四）97
刘娘子墓志　　　　　　　　　（一）155
刘基昌妻王氏墓志　　　　　　（三）134

刘敏英墓志	（四）136	齐德周暨妻褚氏墓碑	（四） 37
刘渼涮墓志	（二） 39	次韵游万佛岩二首	（二）253
刘惟正墓志	（一）267	闫子节墓志盖	（三） 29
刘维隆暨妻张氏合葬墓志	（三）153	闫方伯墓碑	（四）241
刘维懋暨妻许氏高氏合葬墓志	（三）211	闫永祥墓碑	（四）117
刘堰母墓志	（三） 16	闫仲宇墓志	（二）226
刘超妻张氏墓志	（二） 10	闫仲宇墓志盖	（三） 28
刘敬瑭墓志	（二）107	闫君墓志	（三） 28
刘厨子辩	（三）195	闫君墓志盖	（三） 29
刘智暨妻孙氏墓志	（一）293	闫君暨妻刘氏合葬墓志	（三） 28
刘瑀暨妻韩氏孙氏合葬墓志	（二）252	闫君暨妻曹氏墓碑	（三）309
刘鉴妻李氏墓志	（二）221	闫家庵火星庙碑	（三）296
刘鉴墓志	（二）216	闫常羲暨妻屈氏墓碑	（三）195
刘满墓志	（一）225	闫唧凤墓志	（三） 8
刘溢墓志	（二） 7	闫蒲溪墓碑	（三） 28
刘嘉庆墓志	（一）276	闫锦衣□□□□□墓志	（三） 26
刘墉书帖	（三）282	问松	（四）209
刘聚墓志	（二）207	关山三条沟石碣	（三）278
刘镐澄墓志	（一）328	关王庙碑	（三） 27
刘德章女墓志	（二） 77	关夫子像赞	（三） 87
刘德墓志	（一）126	关中八景屏	（三）104
刘儒墓志	（二）248	关氏墓志	（二） 30
刘濬墓志	（一）278	关允清圹记	（三）273
刘翼模墓志	（三）274	关圣帝君训世真经	（三）207
刘瀚墓志	（二）248	关圣帝君觉世经	（四）133
刘耀廷墓志	（四） 64	关圣帝君觉世真经	（三）231
齐三贵家业地亩记	（三）253	关圣帝君觉世真经	（三）323
齐士贵暨妻薛氏墓碑	（四）204	关圣帝君像	（三）101
齐汉佐暨妻魏氏墓志	（三）304	关西夫子	（四）245
齐汉纬墓志	（三）275	关明墓志	（一）105
齐母庞氏墓碑	（四） 28	关帝庙开光布施碑	（四）161
齐母胡君捐修养素书院明经洞记	（三）165	关帝庙记	（三） 73
齐进和妻张氏碑	（四） 30	关帝庙戏楼楹联	（四）113
齐盖阿真造像碑	（一） 63	关帝庙改作大门碑记	（三） 49
齐德元暨妻李氏墓碑	（四） 72	关帝庙建庙碑记	（三）278

关帝庙残碑　　　　　　　　（四）138
关帝庙捐资碑　　　　　　　（四）238
关帝庙碑　　　　　　　　　（三）164
关帝庙碑　　　　　　　　　（四）106
关帝诗竹　　　　　　　　　（三） 97
关衡墓志　　　　　　　　　（一）254
米芾四屏碑　　　　　　　　（二）171
米芾"第一山"刻石　　　　（二）170
米宗芾暨妻张氏合葬墓志　　（三）188
米继芬墓志　　　　　　　　（二） 1
米景章先生传　　　　　　　（三）206
州志补编南丰山记　　　　　（三）184
江士汪妻张氏墓志　　　　　（一）336
江士松题诗碑　　　　　　　（三）304
江公桥碑　　　　　　　　　（三）307
江南重浚吴淞江碑　　　　　（三）240
江朝宗题诗碑（乙）　　　　（四） 77
江朝宗题诗碑（甲）　　　　（四） 77
江朝宗题诗碑　　　　　　　（四）231
汋阳宫捐资碑　　　　　　　（四）153
池君墓碑　　　　　　　　　（三）241
池君暨妻李氏墓碑　　　　　（三）251
池福源墓碑　　　　　　　　（三）296
汤敬叔墓志　　　　　　　　（二）224
兴仁义学碑记　　　　　　　（四） 59
兴化禅院免粮碑　　　　　　（三）235
兴办城隍庙会碑　　　　　　（四） 84
兴龙禅寺碑记　　　　　　　（三） 74
兴平县孔庙重修记　　　　　（二）294
兴宁寺重修碑记　　　　　　（四） 7
兴庆池禊宴诗　　　　　　　（二）119
兴安魏孝子碑　　　　　　　（三）219
兴国寺牒　　　　　　　　　（二）149
兴国禅院牒　　　　　　　　（二）167
兴学碑　　　　　　　　　　（四）217

兴复五义学碑记　　　　　　（三） 68
兴教百塔禅寺碑　　　　　　（二）214
兴隆寺地界碑　　　　　　　（三）321
兴隆寺经幢　　　　　　　　（二） 37
兴福寺残碑　　　　　　　　（一）263
宇文士及碑　　　　　　　　（一）153
宇文子贡墓志　　　　　　　（一）324
宇文氏墓志盖　　　　　　　（二） 96
宇文君妻白氏墓志　　　　　（一）307
宇文思约墓志　　　　　　　（一）199
宇文端墓志　　　　　　　　（一） 78
宇文瓘墓志　　　　　　　　（一） 90
守贞上人圆觉　　　　　　　（四）127
守贞和尚法范（乙）　　　　（四）127
守贞和尚法范（甲）　　　　（四）126
守真和尚圆觉　　　　　　　（四）127
守真和尚塔铭（乙）　　　　（四）126
守真和尚塔铭（甲）　　　　（四）126
守真和尚塔铭　　　　　　　（三）260
安万通墓志　　　　　　　　（一）166
安山宝墓志　　　　　　　　（一）211
安乡县主墓志　　　　　　　（二） 5
安元寿墓志　　　　　　　　（一）219
安内攘外　　　　　　　　　（四）105
安公妻宇文八娘墓志　　　　（一）307
安公妻康氏墓志　　　　　　（一）331
安公妻翟六娘墓志　　　　　（一）273
安乐公主墓志　　　　　　　（一）251
安母赵氏墓志　　　　　　　（三）128
安西王献城四皓先生碑　　　（二）166
安守忠墓志　　　　　　　　（二）114
安伽墓志　　　　　　　　　（一） 91
安范墓志　　　　　　　　　（一）225
安旻墓志　　　　　　　　　（一）233
安金藏墓碑　　　　　　　　（三）157

安定县重修大普济禅寺碑　　　（二）193
安定桥碑　　　　　　　　　　（四）120
安祯法师残碑　　　　　　　　（二）98
安康中学创建博化室碑　　　　（四）199
安锡候墓志　　　　　　　　　（四）93
安源村修庙碑　　　　　　　　（四）137
讲华严法界观宣碑　　　　　　（二）171
讲院种柏记　　　　　　　　　（二）272
军需局设立条规碑记　　　　　（三）194
祁日进墓志　　　　　　　　　（一）329
祁宪直墓志　　　　　　　　　（二）28
祁静一功德碑　　　　　　　　（四）52
祁静一传道碑　　　　　　　　（四）52
许从龙请兵纪略　　　　　　　（三）110
许世志墓碑　　　　　　　　　（四）246
许古溪合葬墓志　　　　　　　（二）301
许丽京题诗并序　　　　　　　（三）293
许伯墓葬纪年刻石　　　　　　（一）3
许君暨妻杨氏墓志　　　　　　（一）249
许宗鲁书千字文碑　　　　　　（二）264
许宗鲁和横渠祠诗碑　　　　　（三）30
许洛仁碑　　　　　　　　　　（一）182
许崇艺妻弓氏墓志　　　　　　（一）209
许遂忠墓志　　　　　　　　　（二）25
设醮开光碑　　　　　　　　　（三）208

＜ㄱ＞

阮林墓志　　　　　　　　　　（二）197
孙大亨捐银碑　　　　　　　　（三）123
孙仁吾墓志　　　　　　　　　（三）21
孙公祖捐书记碑　　　　　　　（四）88
孙公暨妻李氏马氏雷氏合葬墓志　（四）55
孙氏夫妇墓碑　　　　　　　　（四）104
孙氏墓志　　　　　　　　　　（一）299
孙氏墓志　　　　　　　　　　（二）119
孙氏墓志　　　　　　　　　　（三）91

孙氏墓志　　　　　　　　　　（四）118
孙凤墓碑　　　　　　　　　　（四）5
孙文胜暨妻罗氏合葬墓志　　　（二）233
孙加印暨妻申氏合葬墓志　　　（三）64
孙竹青墓表　　　　　　　　　（四）214
孙仰田暨妻薛氏墓志　　　　　（三）31
孙汝绍暨妻潘氏合葬墓志　　　（二）291
孙观墓志　　　　　　　　　　（一）111
孙进墓志　　　　　　　　　　（一）321
孙希岩妻刘氏墓志　　　　　　（一）325
孙应鳌华山诗碑　　　　　　　（二）272
孙君妻王氏墓碑　　　　　　　（四）240
孙君德行碑　　　　　　　　　（三）287
孙忞暨妻马氏合葬墓志　　　　（二）201
孙承嗣妻高氏墓志　　　　　　（一）258
孙承嗣墓志　　　　　　　　　（一）285
孙荣族造像碑　　　　　　　　（一）113
孙昭谏妻范氏墓志　　　　　　（二）133
孙昭谏墓志　　　　　　　　　（二）133
孙振基墓志　　　　　　　　　（二）333
孙莲峰德教碑　　　　　　　　（三）321
孙真人三方碑　　　　　　　　（二）253
孙真人四言古诗碑　　　　　　（二）271
孙真人先茔碑　　　　　　　　（四）35
孙真人祀殿记　　　　　　　　（二）268
孙真人福寿论　　　　　　　　（二）160
孙爱君女士之墓　　　　　　　（四）232
孙玺遇害记事碑　　　　　　　（二）228
孙玺遗烈碑　　　　　　　　　（二）227
孙家祥墓碑　　　　　　　　　（四）103
孙能宽箴言二则　　　　　　　（三）113
孙淑墓志　　　　　　　　　　（二）211
孙竦等题名碑　　　　　　　　（二）133
孙耀辉墓志　　　　　　　　　（四）124
阵亡团勇姓名碑记　　　　　　（四）26

阵亡烈士纪念碑记	（四）175
阳君墓志盖	（二）90
阳明先生文明书院教条碑	（二）243
阳洪店村重修兴国禅院记碑	（二）210
阳暎先造像碑	（一）143
阴彦墓志	（一）226
如海造像碑	（一）146
好好的保育儿童	（四）208
羽林郎墓葬刻石	（一）7
观风告示碑	（四）77
观世音像座	（一）83
观昭陵六骏	（三）26
观音会捐资碑	（四）163
观音会捐资碑	（四）177
观音庙女善缘碑记	（四）41
观音庙戏台楹联	（四）113
观音庙碑	（四）112
观音阁设供碑记	（三）100
观音洞重修碑	（二）167
观音洞碑记	（三）78
观音莲台图	（三）277
买山义行记	（四）17
红石峡重修观音碑	（二）213
红石峡题名碑	（四）106
红石峡题名碑记	（三）74
红军石刻标语	（四）186
红军石刻标语	（四）187
红军石刻标语	（四）187
红军石刻标语	（四）187
红军石刻标语	（四）187
红军石刻标语	（四）187
红军石刻标语	（四）187
红军石刻标语	（四）187
红军石刻标语	（四）187
红军石刻标语	（四）188
红军石刻标语	（四）188
红军石刻标语	（四）188
红军石刻标语	（四）188
红军石刻标语	（四）193
红军石刻标语	（四）193
红军石刻标语	（四）193
红军石刻标语	（四）194
红军石刻标语	（四）194
红军石刻标语	（四）194
红军石刻标语	（四）194
红军石刻标语	（四）194
红军石刻标语	（四）194
红军石刻标语	（四）194
红军石刻标语	（四）194
纪元凯墓志	（三）40
纪占吾墓志	（二）315
纪会墓志	（一）280
纪应麟暨席氏合葬墓志	（三）40
纪事碑	（四）245
纪洪暨妻李氏合葬墓志	（二）256
纪益墓志	（二）336
纪溁墓志	（二）227
纪溁暨妻阎氏合葬墓志	（二）230

七画

一

寿石府君北原迁表	（四）245
寿圣寺住持碑	（二）189
寿庵堂碑	（四）198
寿萱碑	（二）230
进仪校尉韦公墓碑	（二）192
进贤门	（三）177
戒石铭碑	（二）196
戒诚寺坂比丘尼陀罗尼影幢	（二）21
扶风元陀罗尼经幢	（二）189
扶风县上鲁马村重修道观幢	（二）177
扶风县城隍圣神冠服会续书姓名碑记	（三）89

扶风县城隍庙□社会碑记　　　　（三）112
扶立铁旗杆碑记　　　　　　　　（三）229
抚院明文　　　　　　　　　　　（三）　6
批准王氏增补祠规告示碑　　　　（四）81
贡士题名记碑　　　　　　　　　（二）316
赤松黄石　　　　　　　　　　　（四）244
赤壁赋　　　　　　　　　　　　（三）122
折可存墓志　　　　　　　　　　（二）144
折可行神道碑　　　　　　　　　（二）140
折彦文妻曹氏墓志　　　　　　　（二）144
折娄惠墓志　　　　　　　　　　（一）213
折继闵神道碑　　　　　　　　　（二）140
折惟忠妾李氏墓志　　　　　　　（二）138
孝义川新修城隍庙记　　　　　　（三）193
孝义里醮盆记碑　　　　　　　　（二）223
孝子李澄传　　　　　　　　　　（三）58
孝庄皇后升祔太庙礼成碑记　　　（三）72
孝昌三年造像碑　　　　　　　　（一）41
孝宗皇帝挽词碑　　　　　　　　（二）223
孝经堂记碑　　　　　　　　　　（二）217
孝感神应记　　　　　　　　　　（二）266
抗战阵亡将士忠魂碑　　　　　　（四）210
护持大悲禅院叙事记　　　　　　（四）220
报德里十甲会议里规碑　　　　　（三）322
苇园渠碑　　　　　　　　　　　（三）322
花甲重周寿字　　　　　　　　　（四）24
花母孟氏墓志　　　　　　　　　（三）182
花振兴暨妻杨氏合葬墓志　　　　（三）227
芥藏子词碑　　　　　　　　　　（四）132
严元贵墓志　　　　　　　　　　（一）135
严氏长门先茔碑记　　　　　　　（四）207
严氏墓志　　　　　　　　　　　（二）135
严氏阖族先茔碑记　　　　　　　（三）263
严氏避难午子山碑　　　　　　　（三）65
严文轩纪念碑　　　　　　　　　（四）146

严世墓志　　　　　　　　　　　（一）229
严令元墓志　　　　　　　　　　（一）302
严母刘孺人墓碑记　　　　　　　（三）209
严有邻墓志　　　　　　　　　　（二）113
严存信暨妻杨氏墓碑　　　　　　（四）167
严全良墓碑　　　　　　　　　　（三）151
严如煜游灵岩寺诗碑　　　　　　（四）117
严运光妻杨氏墓表　　　　　　　（三）151
严识玄墓志　　　　　　　　　　（一）258
严君暨妻张氏宁氏墓志　　　　　（三）32
严明府妻任氏墓志　　　　　　　（一）245
严宪题汉太史司马迁祠碑　　　　（二）203
严温妻王氏墓碑　　　　　　　　（四）107
严裕汉神道碑　　　　　　　　　（四）168
严禁差役索诈告示碑　　　　　　（三）306
严禁诱赌碑　　　　　　　　　　（四）91
严禁匪类告示碑　　　　　　　　（三）258
严禁借盐课加耗勒索农民碑　　　（三）186
严嵩祭王槐野碑　　　　　　　　（二）269
严愈妻李氏墓志　　　　　　　　（二）32
严愈墓志　　　　　　　　　　　（二）41
苏屯墓志　　　　　　　　　　　（一）41
苏氏笔法论　　　　　　　　　　（三）231
苏平轩夫妇墓碑　　　　　　　　（四）219
苏永安墓志　　　　　　　　　　（一）145
苏民困事碑　　　　　　　　　　（四）138
苏兴墓志　　　　　　　　　　　（一）165
苏孝慈墓志跋文碑　　　　　　　（四）66
苏君墓志盖　　　　　　　　　　（二）95
苏君墓志盖　　　　　　　　　　（二）100
苏君墓志盖　　　　　　　　　　（二）101
苏威妻宇文氏墓志　　　　　　　（一）139
苏轼画梅碑　　　　　　　　　　（四）238
苏轼画像碑　　　　　　　　　　（三）62
苏轼楼观题记　　　　　　　　　（二）127

苏轼题字碑	（四）118	李万端墓志	（一）175
苏谅妻马氏墓志	（二）76	李山宝墓志	（一）349
苏献琼暨妻杨氏合葬墓志	（四）4	李子庸墓志	（二）338
苏丰国等造像座	（一）107	李天长墓志	（三）174
苏慈墓志	（一）118	李夫人墓志盖	（一）58
苏璟碑	（二）103	李元方妻长乐县君墓志	（一）153
杜子美诗碑	（二）124	李元龙墓志	（三）307
杜公重修白云山庙功德碑	（三）204	李元礼妻罗观照墓志	（一）212
杜玄礼墓志	（一）272	李元光墓志	（一）339
杜发魁神道碑	（四）79	李元则墓志	（一）293
杜仲良墓志	（二）339	李元玢墓志	（二）46
杜争端而安行旅碑	（三）323	李元昌墓志	（一）154
杜守妻鱼氏墓志	（一）264	李元谅碑	（一）335
杜甫玉华宫诗碑	（二）120	李云樵墓志	（四）136
杜识则墓志	（一）237	李日荣墓志	（二）6
杜君绰碑	（一）184	李升庵妻郝氏墓志	（三）310
杜君墓志	（二）99	李长雄墓志	（一）244
杜君墓志盖	（二）91	李仁宝墓志	（二）108
杜君墓志盖	（二）99	李今楹墓志	（四）55
杜际司墓志	（三）236	李公妻何氏墓志	（一）294
杜秉周妻韦氏墓志	（一）331	李公政墓志	（二）69
杜法师墓志	（一）55	李公修治成绩碑	（二）255
杜法真墓志	（一）36	李公墓志盖	（四）116
杜映英墓志	（三）243	李氏哭夫词有引	（三）23
杜俨墓志	（一）219	李氏墓志	（二）28
杜顺和尚行记	（二）51	李氏墓志	（二）29
杜翊墓志	（二）285	李氏墓志	（二）58
杜惊长女墓志	（二）38	李氏墓志	（二）78
杜隍墓志	（二）101	李氏墓志	（二）139
杜智墓志	（一）257	李氏墓志	（二）196
李□□题诗	（二）168	李氏墓志	（三）277
李□倩墓志	（一）343	李氏墓志	（三）39
李乂庵神道碑	（三）313	李氏墓志	（三）282
李八名地界碑	（二）152	李氏墓志盖	（二）86
李大成妻安氏墓志	（三）279	李氏墓志盖	（二）90

李氏墓志盖 （二）91
李氏墓志盖 （二）93
李氏墓志盖 （二）95
李氏墓碑 （四）216
李凤妃刘氏墓志 （一）201
李凤墓志 （一）201
李文都墓志 （一）120
李文益墓志 （二）52
李文敏祖母李氏墓志 （四）93
李允恭墓志 （三）223
李玉堂暨妻王氏神道碑 （四）176
李正暨妻史氏合葬墓志 （二）281
李术墓志 （二）12
李石麓志铭 （四）118
李东圆暨妻梁氏阡表 （四）207
李仙蕙墓志 （一）245
李仪墓碑 （四）139
李令崇墓志 （二）83
李立言墓志 （一）148
李玄济墓志 （一）166
李玄德墓志 （一）312
李兰亭夫妇合葬墓碑 （三）174
李训妻王氏墓志 （一）311
李弘庆墓志 （二）53
李弘易墓志 （二）63
李母刘氏墓志盖 （四）139
李邦直墓志 （二）131
李臣墓志 （一）301
李成桂暨妻余氏合葬墓志 （三）17
李夷简家庙碑 （二）18
李贞墓志 （一）259
李贞墓志 （一）292
李贞碑 （一）260
李光弼神道碑 （一）321
李则政墓志 （一）236

李竹村墓碑 （四）140
李延光墓志 （一）261
李仲甫暨妻崔氏田氏墓志 （二）75
李行莘墓志 （二）78
李兴仁墓志 （四）25
李安坡妻萧氏墓志 （二）259
李讷墓志 （一）276
李论女墓志 （一）322
李寿墓志 （一）147
李进打石香炉碑 （二）246
李志览墓志 （一）237
李花山墓志 （一）252
李芳桂题诗 （二）169
李丽质墓志 （一）154
李丽质碑 （一）154
李时馨等十六人题名碑 （三）25
李岘妻独孤峻墓志 （一）311
李秀芳墓表 （三）315
李秀炎墓志 （二）11
李秀琼墓志 （一）340
李伯明墓志 （四）117
李狄门德教碑 （四）32
李应玄墓志 （二）24
李应众等四代合葬墓碑 （三）213
李应禧墓志 （二）276
李灿墓志 （三）42
李汶墓志 （二）78
李怀肃妻李氏墓志 （一）244
李怀墓志 （一）278
李良有暨妻侯氏墓碑 （四）15
李良材暨妻马氏合葬墓志 （四）186
李良金墓志 （一）322
李良墓志 （二）23
李启兰神道碑 （四）108
李启诏暨妻花氏合葬墓志 （四）2

李君表　　　　　　　　　　　　　（一）　4
李君妻马氏墓志盖　　　　　　　　（二）89
李君妻王氏墓志　　　　　　　　　（二）13
李君妻王氏墓志　　　　　　　　　（二）37
李君妻卢氏墓志　　　　　　　　　（二）14
李君妻刘氏墓志　　　　　　　　　（一）255
李君妻刘氏墓志　　　　　　　　　（一）340
李君妻安氏墓志　　　　　　　　　（二）49
李君妻杨十戒墓志　　　　　　　　（一）155
李君妻赵氏墓志　　　　　　　　　（二）66
李君妻段慈顺墓志　　　　　　　　（一）290
李君妻高氏墓志　　　　　　　　　（一）322
李君妻庚氏墓志　　　　　　　　　（二）30
李君妻戴氏墓志　　　　　　　　　（二）34
李君政妻阳长先墓志　　　　　　　（二）88
李君谊墓志　　　　　　　　　　　（二）58
李君墓志　　　　　　　　　　　　（三）215
李君墓志盖　　　　　　　　　　　（二）89
李君墓志盖　　　　　　　　　　　（二）91
李君墓志盖　　　　　　　　　　　（二）93
李君墓表　　　　　　　　　　　　（四）40
李茂妻王洪墓志　　　　　　　　　（一）150
李英墓志　　　　　　　　　　　　（二）225
李英墓碑　　　　　　　　　　　　（三）226
李苞通阁道题记摩崖　　　　　　　（一）　9
李雨田墓表　　　　　　　　　　　（四）230
李叔夏墓志　　　　　　　　　　　（二）33
李贤妻郑氏墓志　　　　　　　　　（二）23
李贤墓志　　　　　　　　　　　　（一）244
李贤墓志　　　　　　　　　　　　（一）253
李昙信兄弟等造像碑　　　　　　　（一）80
李国富暨妻王氏墓碑　　　　　　　（四）46
李畅碑　　　　　　　　　　　　　（一）176
李固墓碑　　　　　　　　　　　　（三）159
李忠义墓志　　　　　　　　　　　（一）304

李知本墓志　　　　　　　　　　　（一）171
李和墓志　　　　　　　　　　　　（一）97
李使君碑　　　　　　　　　　　　（一）144
李伾墓志　　　　　　　　　　　　（二）79
李念祖功德碑　　　　　　　　　　（四）　4
李周李邵杨致祥种古弟诊联双桧碑　（二）129
李法满墓志　　　　　　　　　　　（一）204
李宗师墓志　　　　　　　　　　　（二）132
李宗福墓表　　　　　　　　　　　（四）143
李审规重迁墓志　　　　　　　　　（二）75
李诚甫暨妻董氏墓志盖　　　　　　（四）123
李承乾墓志　　　　　　　　　　　（一）286
李承乾碑　　　　　　　　　　　　（一）286
李孟常碑　　　　　　　　　　　　（一）188
李绍墓志　　　　　　　　　　　　（一）152
李经墓志　　　　　　　　　　　　（二）32
李珊暨妻刘氏合葬墓志　　　　　　（二）283
李拱暨妻王氏韩氏张氏合葬墓志　　（二）329
李拱题诗碑　　　　　　　　　　　（二）185
李拪墓志　　　　　　　　　　　　（一）205
李政墓志　　　　　　　　　　　　（一）175
李挺妻元季聪墓志　　　　　　　　（一）66
李挺妻刘幼妃墓志　　　　　　　　（一）65
李挺墓志　　　　　　　　　　　　（一）66
李荣妻常氏墓志　　　　　　　　　（二）38
李荫春暨妻冯氏合葬墓志　　　　　（三）230
李相妻司马和墓志　　　　　　　　（一）319
李柏故里碑　　　　　　　　　　　（四）109
李映墓志　　　　　　　　　　　　（二）55
李思元墓志　　　　　　　　　　　（一）298
李思训神道碑　　　　　　　　　　（一）260
李思贞墓志　　　　　　　　　　　（一）242
李思摩妻统毗伽可贺敦延陁墓志　　（一）158
李思摩墓志　　　　　　　　　　　（一）157
李钦暨妻张氏墓志　　　　　　　　（一）108

李复心墓碑 （四）85
李庭家墓志 （一）280
李炯然题汉太史司马迁祠碑诗 （二）204
李济墓志 （二）21
李恪墓志 （一）164
李盈墓志 （一）319
李真人成道记碑 （二）177
李真墓志 （二）309
李昚交墓志 （一）277
李虔墓志 （二）57
李晟神道碑 （二）26
李秩云买地碑 （三）320
李凌阁墓志 （四）137
李高墓志 （一）202
李烨然识云麾将军碑帖 （三）36
李海题诗碑 （二）282
李宾客妻第五雅淑墓志 （一）345
李通进墓志 （一）341
李推贤墓志 （二）77
李著墓志 （一）286
李爽墓志 （一）190
李雪木祠义学碑 （四）107
李雪木祠堂碑 （四）212
李虚中墓志 （二）11
李晦碑 （一）224
李崇望妻王氏墓志 （一）230
李得伦妻曹氏神道碑 （四）14
李章题草堂逍遥寺碑 （二）131
李淑碑 （一）176
李淡泉神道碑 （三）131
李悰墓志 （一）259
李隆宝纪念碑 （四）225
李婉顺墓志 （一）178
李琰第五女墓志 （一）308
李琬第八女墓志 （一）305

李联芳政绩碑 （二）326
李敬实墓志 （二）59
李敬碑 （一）184
李惄暨妻齐氏墓志 （一）208
李雁行暨妻赵氏墓碑 （四）153
李鼎墓碑 （二）254
李景训墓志 （三）54
李景春书千字文 （三）51
李黑城造像碑 （一）49
李智员墓志 （一）165
李智妻高氏节孝碑 （四）112
李善长暨妻刘氏合葬墓志 （三）263
李善容墓志 （四）136
李善墓碑 （二）214
李普暨妻□氏墓志 （一）197
李渝妻王氏墓志 （一）348
李谦暨妻合葬墓志 （三）143
李勖妻墓志盖 （一）178
李勖墓志 （一）195
李勖碑 （一）208
李瑁第六女墓志 （一）315
李瑞臣德教碑 （四）16
李嗣庄墓志 （一）262
李锡类墓碑 （四）150
李锡类暨妻张氏墓碑 （四）52
李榘兰墓志 （一）25
李简妻暴氏墓志 （二）55
李僅墓志 （一）332
李微墓志 （一）282
李裔墓志 （二）80
李靖碑 （一）173
李慈墓志 （二）85
李满藏墓志 （一）222
李溶墓志 （二）38
李慎妻陆氏碑 （一）187

李谨行墓志	（一）220	杨元贞碑	（四）228
李谨斋墓志	（三）152	杨元素墓志	（二） 31
李福妃宇文修多罗墓志	（一）178	杨太守存爱碑记	（三）259
李福墓志	（一）196	杨仁天墓志	（四）210
李愍碑	（一）160	杨从仪墓志碑	（二）149
李璆妻金氏墓志	（二） 64	杨公墓碑	（四） 13
李蕤墓志	（一） 17	杨公德政碑	（三）162
李震妻王氏墓志	（一）218	杨氏神道碑	（四）115
李震墓志	（一）185	杨氏祭先祠记碑	（四） 1
李震墓志	（一）325	杨氏墓志	（一） 30
李镐墓志	（一）315	杨氏墓志	（二） 66
李稷墓志	（二） 30	杨氏墓志	（二） 71
李德义墓志	（二） 37	杨氏墓志盖	（二） 92
李德性自述碑	（二）317	杨氏墓志盖	（四）121
李澍懿行碑	（四）115	杨氏墓碑	（四）241
李潮妻贺氏墓志	（二）145	杨凤墓志	（二）226
李澄霞墓志	（一）226	杨文卿暨妻习氏阡表	（四）156
李璲墓志	（一）301	杨立墓志	（二）257
李整墓志	（一）174	杨立暨妻宇文氏合葬墓志	（二）272
李赞翁暨妻孙氏合葬墓志	（四）122	杨玄略墓志	（二） 64
李赡妻萧氏墓志	（二） 10	杨礼合葬墓志	（二）223
李赡墓志	（二） 20	杨母王氏墓志	（二）332
李攀蟾暨妻姚氏合葬墓志	（三） 18	杨母刘氏墓志	（二）208
李繡墓志	（二） 7	杨母孙氏节孝碑	（四） 81
李麟趾圹志	（四）169	杨母何氏墓志	（二）318
杨□泉墓碑	（三） 28	杨母郑氏墓碑	（四）105
杨士贵铭记	（一）115	杨母姜氏墓碑	（四）182
杨士真墓志	（二） 24	杨母郭氏墓志	（二）231
杨大仕墓碑	（三）166	杨母黄氏墓碑	（四） 5
杨大娘墓志	（一）289	杨执一妻独孤开墓志	（一）257
杨万荣墓志	（一）337	杨执一墓志	（一）271
杨广智造像碑	（一） 89	杨再思墓碑	（一）250
杨义菴功德碑	（三）202	杨光显暨妻李氏合葬墓志	（三） 94
杨子白墓志	（三）143	杨先生墓志盖	（三） 29
杨子荣墓表	（四）170	杨舟暨妻李氏合葬墓志	（三）151

杨全墓志	（二）232	杨峄暨妻梁氏合葬墓志	（二） 20
杨会墓志	（一）282	杨侃墓志	（一） 52
杨企暨妻张氏合葬墓志	（二）234	杨法暎夫妇造像碑	（一） 34
杨汝秋墓志	（二）307	杨居实墓志	（一）257
杨汝愚墓志	（四）129	杨居实墓志	（二） 61
杨如桂暨妻王氏高氏合葬墓志	（三） 23	杨孟元墓葬纪年石刻	（一） 2
杨批德政碑	（四） 90	杨绍程墓志	（二）334
杨孝恭碑	（一）272	杨点墓志	（一）275
杨志先造像座	（一） 80	杨顺妻吕法胜墓志	（一） 34
杨志廉妻刘氏墓志	（一）349	杨顺墓志	（一） 51
杨芳题诗碑	（三）268	杨保元妻元氏墓志	（一） 69
杨村里纳粮条规碑	（三）265	杨胤季女墓志	（一） 25
杨秀墓志	（一）124	杨姿造四门塔顶造像碑	（一） 93
杨秀墓志	（一）325	杨洪素墓志	（一）297
杨近岳墓志	（二）308	杨泰墓志	（一） 24
杨余庆墓志	（二）303	杨珣碑	（一）309
杨希贤墓志	（二）299	杨素墓志	（一）121
杨奂墓碑	（二）162	杨真暨妻王氏墓志	（一）105
杨宏墓志	（二）254	杨致齐墓志	（三）272
杨良瑶神道碑	（二） 2	杨淮墓志	（二） 30
杨君妻左氏墓志	（二） 77	杨家村石碑	（三）131
杨君妻高氏墓志	（一）340	杨能造像	（一）114
杨君妻高氏墓志	（二）102	杨继盛对联碑	（二）278
杨君墓志	（二）247	杨基墓志	（一）233
杨君墓志盖	（一） 56	杨乾墓志	（一） 38
杨君墓志盖	（二） 92	杨敏墓志	（一）159
杨君墓志盖	（二） 92	杨敏墓志	（一）159
杨阿绍造像碑	（一） 15	杨象暨妻田氏合葬墓志	（三） 24
杨阿洪墓碑	（四） 13	杨淮杨弼表	（一） 5
杨阿难墓志	（一） 19	杨萼墓志	（二） 4
杨武妻郭氏葛氏墓志	（二）226	杨敬斋暨妻合葬墓志	（四）125
杨珎墓志	（二）318	杨朝宗暨妻戴氏骆氏合葬墓志	（二）264
杨奋扬墓志	（三）238	杨惠墓志	（一）299
杨畅墓志	（一）103	杨鼎瑞题诗碑	（三） 25
杨明卿暨妻王氏姬氏行述	（四） 1	杨遁墓志	（一） 52

杨舒墓志　　　　　　　　　　　（一）23
杨温墓志　　　　　　　　　　　（一）152
杨暐墓志　　　　　　　　　　　（一）46
杨颖墓志　　　　　　　　　　　（一）20
杨静塘夫妇合葬墓志　　　　　　（三）269
杨肇基为幼子祈圣母娘娘碑记　　（三）89
杨缦黑造像碑　　　　　　　　　（一）15
杨播墓志　　　　　　　　　　　（一）23
杨增龙墓表　　　　　　　　　　（四）168
杨震墓碑　　　　　　　　　　　（四）122
杨震鹭墓碑　　　　　　　　　　（四）108
杨德巷墓碑　　　　　　　　　　（三）276
杨德墓志　　　　　　　　　　　（一）122
杨穆墓志　　　　　　　　　　　（一）57
杨邃园墓志　　　　　　　　　　（四）144
杨翼武妻王氏墓志　　　　　　　（三）246
杨翼武墓志　　　　　　　　　　（三）269
杨翼贯墓志　　　　　　　　　　（二）19
杨耀海妻刘氏墓表　　　　　　　（四）157
吾老洞四址山图刻石　　　　　　（三）127
吾老洞汉白玉匾　　　　　　　　（三）65
豆卢仁业碑　　　　　　　　　　（一）241
豆卢君妻薛氏墓志　　　　　　　（一）251
豆卢建墓志　　　　　　　　　　（一）295
豆卢钦望碑　　　　　　　　　　（一）250
豆卢恩墓碑　　　　　　　　　　（一）85
豆卢宽碑　　　　　　　　　　　（一）161
两堡水利碑　　　　　　　　　　（四）144
医方碑（乙）　　　　　　　　　（四）242
医方碑（甲）　　　　　　　　　（四）242
还我河山　　　　　　　　　　　（四）201
还我河山　　　　　　　　　　　（四）212
来和墓志　　　　　　　　　　　（一）105
轩辕庙　　　　　　　　　　　　（四）227
轩辕黄帝庙重修记　　　　　　　（三）1

I

步六孤须蜜多墓志　　　　　　　（一）88
步张天尊吊司马祠后　　　　　　（二）322
时雨亭　　　　　　　　　　　　（二）228
时珎墓志　　　　　　　　　　　（一）90
吴士恒墓志　　　　　　　　　　（二）52
吴大澂篆书题刻　　　　　　　　（四）42
吴山寺清凉院残碑　　　　　　　（二）164
吴天生造像　　　　　　　　　　（一）119
吴元勉墓志　　　　　　　　　　（二）43
吴仁淮暨妻张氏墓碑　　　　　　（四）106
吴公墓志盖　　　　　　　　　　（一）56
吴氏女波奈罗墓志　　　　　　　（一）209
吴氏节孝碑　　　　　　　　　　（四）108
吴氏纠宗碑　　　　　　　　　　（二）182
吴氏墓志　　　　　　　　　　　（二）62
吴本立墓志　　　　　　　　　　（一）243
吴令俊墓志　　　　　　　　　　（二）104
吴汉章墓表　　　　　　　　　　（四）57
吴汉章暨妻姚氏李氏高氏合葬墓碑（四）57
吴弘简妻李氏墓志　　　　　　　（二）18
吴光墓志　　　　　　　　　　　（一）23
吴守忠墓志　　　　　　　　　　（一）302
吴芮暨妻薛氏合葬墓志　　　　　（三）136
吴君妻独孤氏墓志　　　　　　　（一）326
吴君墓志　　　　　　　　　　　（二）83
吴君墓志盖　　　　　　　　　　（二）86
吴忠嗣墓志　　　　　　　　　　（二）157
吴侧之妻闫氏墓碑　　　　　　　（三）299
吴宗仪登白云山诗碑　　　　　　（二）334
吴降妻李绍仁墓志　　　　　　　（二）36
吴浩然暨妻员氏刘氏合葬墓志　　（三）125
吴萼轩墓表　　　　　　　　　　（三）312
吴萼轩暨妻张氏合葬墓碑　　　　（三）312
吴黑闼碑　　　　　　　　　　　（一）193

吴道子人物山水画碑　　　　　（四）139
吴巽墓志　　　　　　　　　　　（一）302
吴毓英等碑帖　　　　　　　　　（四）243
吴德郦妻赵氏墓志　　　　　　　（二）64
吴欘兄弟造像碑　　　　　　　　（一）59
吴瀚暨妻王氏合葬墓志　　　　　（三）148
吴瀚题诗碑　　　　　　　　　　（四）241
助修清真古寺碑记　　　　　　　（四）36
县正堂李锡鈗捐俸银碑　　　　　（四）27
县界碑　　　　　　　　　　　　（二）218
员一元暨妻丁氏合葬墓志　　　　（二）300
员母李氏墓志　　　　　　　　　（四）35
员母雷氏圹记　　　　　　　　　（四）159
员汝舟墓志　　　　　　　　　　（三）289
员昂暨妻李氏合葬墓志　　　　　（二）288
员金庵迁葬墓志　　　　　　　　（四）54
员建德暨妻刘氏墓表　　　　　　（四）154
员桂选墓志　　　　　　　　　　（四）92
员琦墓志　　　　　　　　　　　（四）85
员景安墓志　　　　　　　　　　（四）18
员善庵墓志　　　　　　　　　　（四）161
员登甲墓志　　　　　　　　　　（四）18
员登科墓志　　　　　　　　　　（四）20
员登魁墓志　　　　　　　　　　（四）68
邑子一百人等造像碑　　　　　　（一）81
邑丰阳建龙河观记　　　　　　　（三）6
别开生面　　　　　　　　　　　（四）40
别有天地　　　　　　　　　　　（四）36
别部司马妻柳氏墓志　　　　　　（一）319
别智福墓志　　　　　　　　　　（一）256
岐山县嘉奖抗回捻碑记　　　　　（四）28
岐慈墓志　　　　　　　　　　　（一）207
财神庙碑记　　　　　　　　　　（三）245

丿

牡丹记序　　　　　　　　　　　（二）169

兵巡关内道沈示　　　　　　　　（三）3
何母杨氏苦节碑记　　　　　　　（四）156
何刚墓志　　　　　　　　　　　（一）183
何仲钧题字　　　　　　　　　　（二）156
何全福妻苏氏神道碑　　　　　　（三）282
何安墓碑　　　　　　　　　　　（四）114
何君墓志　　　　　　　　　　　（二）111
何承燕过马嵬诗碣　　　　　　　（三）205
何柽姬王桂华墓志　　　　　　　（二）76
何根山暨妻李氏墓碑　　　　　　（四）212
何雄墓志　　　　　　　　　　　（一）111
何遂墓志　　　　　　　　　　　（二）68
何楚章墓志　　　　　　　　　　（二）67
何德墓志　　　　　　　　　　　（一）311
何德璘墓志　　　　　　　　　　（二）107
何毅木墓志　　　　　　　　　　（二）35
佑文公墓志　　　　　　　　　　（三）187
伯祖父母晋赠碑　　　　　　　　（三）272
伯淑贞墓碑　　　　　　　　　　（四）184
伯曾祖晋赠碑　　　　　　　　　（三）260
住持僧人印库及徒空性捐银碑　　（三）220
佛爷崖石碑　　　　　　　　　　（三）294
佛弟子七十人造像碑　　　　　　（一）72
佛坪厅同知劝建庙宇学校碑　　　（三）310
佛坪厅严禁乱砍山场林木告示碑　（三）279
佛坪厅建火神庙马神庙碑　　　　（三）264
佛坪厅重修文庙并增置乡贤名宦祠
　碑记　　　　　　　　　　　　（三）308
佛坪厅禁止捞取冲放木材章程碑　（四）14
佛坪迎秀书院告示碑　　　　　　（三）314
佛坪营暨两汛公立义举碑　　　　（三）260
佛说摩利支天经·黄帝阴符经　　（二）111
佛道四面造像碑　　　　　　　　（二）105
余子俊奏文碑　　　　　　　　　（二）206
余炳焘等题记　　　　　　　　　（四）236

余谠书格言(乙)　　　　　　(三) 38
余谠书格言(甲)　　　　　　(三) 38
余嗣派墓志　　　　　　　　(四) 31
肚痛帖　　　　　　　　　　(二)120
龟蛇碑　　　　　　　　　　(二)197
狄玄愸墓志　　　　　　　　(二) 63
狄向化暨妻郭氏合葬墓志　　(二)281
狄君妻骆氏墓志　　　　　　(二) 73
狄君墓志盖　　　　　　　　(一) 59
狄珍暨妻陈氏合葬墓志　　　(二)237
狄唐墓志　　　　　　　　　(二)225
狄彭氏墓志　　　　　　　　(二)266
狄普墓志　　　　　　　　　(二)204
邹应龙母墓志　　　　　　　(三) 39
邹应黉暨妻张氏合葬墓志　　(三) 13
迎风坝义渡碑　　　　　　　(四) 69
饮中八仙歌　　　　　　　　(三) 24

丶

"冷香"题字残碑　　　　　　(二)168
辛公妻韦宪英墓志　　　　　(一)274
辛节墓志　　　　　　　　　(一)246
辛苌墓志　　　　　　　　　(一) 62
辛桂暨妻孙氏合葬墓志　　　(三)144
弃恶从善箴言残碑　　　　　(三)130
闲居乐歌碑　　　　　　　　(二)339
汪之元画竹　　　　　　　　(三) 93
汪氏墓碑　　　　　　　　　(三)253
汪先第暨妻胡氏墓碑　　　　(四) 26
汪承经暨妻吴氏墓碑　　　　(四)150
沔县正堂严禁侵吞庙产碑　　(四) 32
沔邑士庶捐赀积会春秋祭赛序　(三)249
沙门静己书偈碑　　　　　　(二)115
沟通秦陇　　　　　　　　　(四)192
汶水河官渡碑　　　　　　　(三)313
沈氏懿行碑　　　　　　　　(四) 46

沈堡暨妻陆氏合葬墓志　　　(三)172
沈鹍英墓碑　　　　　　　　(四) 33
沈麒暨妻郑氏胡氏合葬墓志　(二)263
沈麟妻郑氏墓志　　　　　　(二)261
沉云篇并序　　　　　　　　(三)176
沁园春·渡渭　　　　　　　(二)252
怀山好碑　　　　　　　　　(二)283
怀舍弟子由　　　　　　　　(四)138
怀素草书千字文　　　　　　(二) 98
怀素藏真律公帖　　　　　　(二) 98
宋天师诗碑　　　　　　　　(二)184
宋公妻章令信墓志　　　　　(一)312
宋文圃墓志　　　　　　　　(三)307
宋永贵墓志　　　　　　　　(一)138
宋师襄生祠碑　　　　　　　(三) 62
宋光甫墓志　　　　　　　　(四)188
宋庆墓志　　　　　　　　　(一)287
宋进士杨砺墓　　　　　　　(三)161
宋伯康墓志　　　　　　　　(二) 61
宋应墓志　　　　　　　　　(一)312
宋虎墓志　　　　　　　　　(一)101
宋尚书省牒碑　　　　　　　(二)134
宋秉彝墓志　　　　　　　　(四) 17
宋法买地券　　　　　　　　(三) 8
宋法墓志　　　　　　　　　(三) 8
宋治进题诗碑　　　　　　　(四)226
宋显德教碑　　　　　　　　(三)152
宋思昕墓志　　　　　　　　(二)183
宋复元墓志　　　　　　　　(二)297
宋修西岳金天王碑铭　　　　(二)271
宋宣和四年题刻　　　　　　(二)141
宋球等留题玉华山诗碑　　　(二)122
宋敦墓志　　　　　　　　　(一)162
宋寔墓志　　　　　　　　　(二)274
宋靖康二年残经幢　　　　　(二)143

宋靖康元年题记碑　　　　（二）142
宋德元记　　　　　　　　（二）121
宋德文墓碑　　　　　　　（四）110
宋儒范氏心箴碑　　　　　（二）240
宋曜墓志　　　　　　　　（二）　6
宏不器家传　　　　　　　（三）311
究整粮行碑　　　　　　　（四）166
良石村关帝庙碑（乙）　　（三）49
良石村关帝庙碑（甲）　　（三）49
证真禅师墓志　　　　　　（一）345
启圣祠碑　　　　　　　　（三）95
补山阁记　　　　　　　　（三）140
补建启秀阁前魁星楼碑记　（三）214
补修三星寨三圣宫碑　　　（四）34
补修午子观碑记　　　　　（四）169
补修古佛记　　　　　　　（二）149
补修东岳庙碑　　　　　　（二）245
补修圣庙各灯碑记　　　　（三）207
补修纯阳洞碑记　　　　　（二）330
补修药王洞座　　　　　　（三）291
补修药王殿钟鼓楼碑记　　（三）66
补培午子山顶观碑志　　　（四）61
补塑金妆　　　　　　　　（三）155
补塑神像碑记　　　　　　（四）10
祀太玄妙应真人记碑　　　（二）184
诏示岳镇河渎碑　　　　　（二）192

　　　　　　丁

灵仙崖记　　　　　　　　（四）116
灵芝亭记　　　　　　　　（二）214
灵异记　　　　　　　　　（三）45
灵佑记　　　　　　　　　（二）330
灵应寺石联　　　　　　　（四）226
灵岩　　　　　　　　　　（二）169
灵岩寺记事碑　　　　　　（三）171
灵岩寺地界碑　　　　　　（三）215

灵岩寺任霈枝残碑　　　　（四）161
灵岩寺江钱宪副会饮碑　　（二）246
灵岩寺药水洞摩崖　　　　（二）254
灵岩寺捐资纪事碑　　　　（三）110
灵岩寺常输地界碑　　　　（三）153
灵岩寺游记碑　　　　　　（四）118
灵岩寺游记碑　　　　　　（四）236
灵岩寺题记碑　　　　　　（四）227
灵岩寺摩崖　　　　　　　（四）236
灵岩创修神祠记　　　　　（三）32
灵岩滴翠　　　　　　　　（四）185
灵崖叙别记摩崖刻石　　　（二）156
灵崖胜景　　　　　　　　（二）170
灵湫广济　　　　　　　　（二）237
灵感观音殿碑　　　　　　（二）210
改正庙窠地土碑　　　　　（二）283
改作文昌阁奎星楼碑记　　（三）209
改建圣母庙碑后跋　　　　（三）76
改建圣母祠碑记　　　　　（三）75
改建香炉石碑记　　　　　（三）135
改建琴鹤堂碑记　　　　　（二）290
改建蓝田汤峪疗养池碑记　（四）222
改复文庙上梁文碑　　　　（二）298
改修文庙门坊记　　　　　（三）14
改修崇圣祠碑记　　　　　（三）133
改修街子河公馆记碑　　　（四）74
张卜暨妻张氏彭氏懿行碑　（四）181
张乃华外祖母朱氏墓碑　　（四）215
张乃鹤妻冯氏墓表　　　　（四）89
张三丰书永乐、天顺帝语碣碑（二）293
张三丰瓜皮书碑　　　　　（四）182
张三丰瓜皮题诗碑　　　　（四）193
张三丰诗碑　　　　　　　（三）65
张三丰遗迹记碑　　　　　（二）199
张士佩著作碑　　　　　　（二）319

张士贵妻岐氏墓志盖　　　　　（一）170
张士贵墓志　　　　　　　　　（一）170
张大元布施碑　　　　　　　　（三）271
张万福造像碑　　　　　　　　（一）75
张子故里　　　　　　　　　　（四）232
张子嘉张鲁岑纪念碑　　　　　（四）224
张飞拴马处　　　　　　　　　（四）205
张天桂墓志　　　　　　　　　（三）303
张元忠妻令狐氏墓志　　　　　（一）309
张元顺墓碑　　　　　　　　　（三）294
张元涮墓志　　　　　　　　　（二）74
张元淳游记碑　　　　　　　　（四）236
张五暨妻郭氏墓碑　　　　　　（四）137
张少庚妾向氏墓碑　　　　　　（四）76
张公太学义修道院记　　　　　（三）113
张公创建白水外城记　　　　　（二）276
张公妻李氏墓碑　　　　　　　（四）24
张公妻荆肆墓志　　　　　　　（一）346
张公神位碑　　　　　　　　　（四）115
张公祠堂记　　　　　　　　　（三）112
张氏女造像碑　　　　　　　　（一）106
张氏五世祖墓碑　　　　　　　（三）179
张氏后裔碑　　　　　　　　　（四）50
张氏祖碑　　　　　　　　　　（四）114
张氏神道碑　　　　　　　　　（四）145
张氏墓志　　　　　　　　　　（一）157
张氏墓志　　　　　　　　　　（一）304
张氏墓志　　　　　　　　　　（二）18
张氏墓志　　　　　　　　　　（二）66
张氏墓志　　　　　　　　　　（二）249
张氏墓志　　　　　　　　　　（二）323
张氏墓志　　　　　　　　　　（三）270
张氏墓志盖　　　　　　　　　（二）88
张凤仪墓志　　　　　　　　　（三）290
张文中合葬墓志　　　　　　　（二）236
张文奎墓志　　　　　　　　　（二）258
张文卿墓葬纪年刻石　　　　　（一）2
张玉廷墓碑　　　　　　　　　（四）102
张去奢墓志　　　　　　　　　（一）301
张去逸墓志　　　　　　　　　（一）302
张世观题诗　　　　　　　　　（三）318
张世国暨妻郭氏合葬墓志　　　（二）293
张可仪暨妻邢氏合葬墓碑　　　（三）170
张平轩暨妻合葬墓志　　　　　（三）307
张东白圹记　　　　　　　　　（四）162
张东白先生手翰　　　　　　　（三）261
张业暨妻路氏墓志　　　　　　（一）129
张四胡墓志　　　　　　　　　（一）313
张四维暨妻杨氏合葬墓志　　　（三）261
张令问妻臧氏墓志　　　　　　（一）287
张立位暨妻孙氏墓碑　　　　　（三）293
张宁墓志　　　　　　　　　　（一）54
张宁墓志　　　　　　　　　　（二）3
张礼暨妻罗氏墓志　　　　　　（一）105
张永昌墓碑　　　　　　　　　（一）12
张永贵造像座　　　　　　　　（一）82
张弘襟妻王氏阎氏合葬墓志　　（四）100
张母任氏墓志　　　　　　　　（二）256
张邦俊赠解额疏碑　　　　　　（二）328
张耳臣墓碑　　　　　　　　　（三）253
张臣合墓志　　　　　　　　　（一）190
张百药等游灵岩寺摩崖刻石　　（二）124
张成因买地莂　　　　　　　　（三）125
张贞生墓志　　　　　　　　　（三）216
张乔墓志　　　　　　　　　　（一）124
张伟庵处士家传　　　　　　　（四）131
张伏敬墓志　　　　　　　　　（一）126
张仲荀抄高僧传序　　　　　　（二）110
张仲宾暨妻刘氏墓志　　　　　（一）153
张企留题诗碑　　　　　　　　（四）191

张旭千字文	（二）126	张君墓志盖	（二）100
张庆清墓志	（三）216	张君墓碑	（三）219
张兴运暨妻阴氏合葬墓志	（三）245	张君暨妻解氏合葬墓志	（二）57
张安世造像碑	（一）25	张君德行碑	（四）116
张安姬墓志	（一）30	张阿难碑	（一）196
张如南妻郭氏节孝碑	（三）322	张附翱暨妻田氏合葬墓志	（二）259
张寿墓志	（一）133	张邵墓志	（二）76
张志桐妻潘善利墓志	（一）137	张青云暨妻吴氏墓志	（四）4
张志超题诗碑	（三）145	张英题诗碑	（四）233
张来泰墓碑	（三）247	张贤墓碑	（二）258
张囦妻苏恒墓志	（一）129	张昆玉懿行碑	（四）102
张乱国造像碑	（一）21	张国英请增解额碑	（三）41
张伯良陕军德政碑	（四）159	张国清墓志	（二）72
张希见墓志	（一）333	张昇荣碑	（四）96
张希进妻申屠氏墓志	（二）21	张明进墓志	（一）347
张妥夫妻墓碑	（四）226	张明学记其师修庙碑	（四）235
张应升诗碑	（二）332	张迥兴造像碑	（一）62
张沄暨妻朱氏合葬圹志	（二）229	张和仁造像碑	（一）110
张沂墓志	（二）263	张季常夫妻墓碑	（四）111
张宏献夫妇墓碑	（四）102	张秉直墓碑	（四）43
张良庙捐俸功德碑	（四）235	张秉愚等十人题名碑	（三）191
张良庙捐资碑	（三）78	张法曹妻萧氏墓志	（一）190
张良辅墓志	（二）12	张治家暨妻杨氏合葬墓志	（四）191
张君夫妇墓碑	（四）18	张治道暨妻田氏陈氏卞氏合葬墓志	（二）266
张君如暨妻焦氏乌氏墓表	（四）215	张怙墓志	（二）16
张君妻王氏墓志	（二）68	张学海暨妻李氏雷氏合葬墓志	（三）297
张君妻吕氏墓志	（二）15	张学墓志	（二）275
张君妻宗氏墓志	（二）9	张宗华暨妻张氏合窆墓志	（三）152
张君妻姚氏墓志	（一）335	张宗良暨妻花氏墓志	（三）142
张君墓志	（一）235	张宗振墓志	（三）178
张君墓志	（二）99	张宗载墓志	（三）142
张君墓志	（二）154	张宗惠妻杨氏圹志	（二）200
张君墓志盖	（一）59	张宜墓志	（一）24
张君墓志盖	（二）87	张祉繁题诗碑	（四）211
张君墓志盖	（二）90	张祉繁题诗碑	（四）211

张居翰墓志	（二）106	张清迁葬砖志	（二）139
张弦暨妻呼氏合葬墓志	（二）240	张渐墓志	（二）42
张承先懿行碑	（四）137	张惕生先生纪寿碑	（四）223
张孟襄先生墓志铭	（四）223	张惟一等祈雨记	（一）316
张绍芳妻王氏墓志	（二）327	张惟则墓志	（二）34
张绍芳妻阎氏墓志	（二）267	张绪母李氏节操传	（三）157
张绍芳暨妻阎氏合葬墓志	（二）292	张绮墓志	（二）264
张拱枢题诗	（三）289	张维岳神道碑	（一）338
张赵氏墓碑	（四）102	张维新吊汉太史公墓诗碑	（二）286
张荣恩墓志	（二）32	张琮碑	（一）151
张树生墓志	（一）227	张堪贡墓志	（一）329
张轲墓志	（一）132	张喜墓志	（二）131
张思毅题诗碑	（四）48	张朝清墓志	（一）346
张笃生等题诗碑	（三）318	张朝清墓志	（二）8
张俭暨妻胡氏墓志	（一）117	张智慧墓志	（一）192
张信齐神道碑	（四）245	张鲁氏墓志	（三）1
张侯墓志	（一）242	张善愿造像	（一）94
张胤碑	（一）173	张道夷书阴符经碑	（二）181
张亮墓志	（一）297	张道墓志	（一）215
张亮题诗碑	（四）226	张谦墓志	（二）61
张彦琳妻王氏墓志	（二）60	张谦墓志	（二）178
张柒等造像碑	（一）100	张弼狂草碑	（四）146
张昶暨妻朱氏合葬墓志	（二）224	张登山墓志	（一）313
张泰运墓志	（二）330	张楚林墓表	（四）190
张泰运暨妻陈氏合葬墓志	（二）332	张鉴堂墓表	（三）298
张珩题诗碑	（二）249	张鹏飞妻赵氏节孝碑	（三）322
张载东西铭碑	（三）235	张鹏翅墓志	（三）269
张载墓碑	（四）100	张鹏翮题诗碑	（四）237
张原继夫妇墓碑	（三）278	张骞墓碑	（三）159
张晓岚墓碑	（四）9	张骞墓碑	（四）145
张焕墓志	（二）7	张暝周造像碑	（一）70
张通妻陶贵墓志	（一）112	张僧妙法师碑	（一）89
张通明墓志	（二）31	张鄰壁等题诗碑	（四）119
张难墓志	（一）181	张聪生暨妻赵氏合葬墓志	（三）177
张焕斗兰竹图	（三）191	张聪贤德政碑	（三）267

张聪等奏刻五箴碑	（二）242	陈九道赵慈墓碑	（三）299
张稽古墓志	（二）319	陈大溶题诗碑	（三）231
张德之墓志	（二）40	陈王氏墓志盖	（四）230
张德墓志	（一）233	陈公墓志盖	（三）30
张德墓志	（二）239	陈仓古道之灵墓碑	（三）236
张澍墓志	（二）297	陈氏墓志	（二）27
张整墓志	（一）16	陈氏墓志	（二）158
张叡暨妻杨氏墓志	（一）149	陈氏墓碑	（四）28
张澡暨妻赵氏墓志	（三）40	陈文学题字碑	（二）245
张濬墓志	（一）137	陈世德捐银置田营租碑记	（三）123
张灌园墓碑	（四）186	陈平墓	（三）161
陆公德政碑	（四）32	陈尔万马崽题诗碑	（四）37
陆贞惠墓志	（一）200	陈尔弗功德碑	（四）45
陆众妻杨氏墓志	（一）325	陈玄德墓志	（一）215
陆军医院建筑记事	（四）195	陈对峰暨妻李氏墓碑	（三）306
陆邑墓志	（一）329	陈母陈氏碑	（三）224
陆陇其书对联	（三）311	陈光族墓碑	（三）183
陆昂题记碑	（四）227	陈讽墓志	（二）81
陆振墓志	（一）308	陈花树墓志	（一）131
陆贾墓碑	（三）158	陈克敬妻杨氏墓志	（二）71
阿史那从政妻薛突利施匐阿施墓志	（一）206	陈希夷先生心相编	（四）178
阿史那勿施墓志	（一）264	陈希烈墓志	（一）320
阿史那伽那墓志	（一）196	陈初合暨妻李氏墓碑	（四）119
阿史那怀道墓志	（一）275	陈君妻李氏墓志	（一）326
阿史那忠妻定襄县主墓志盖	（一）165	陈叔兴墓志	（一）121
阿史那忠墓志	（一）203	陈叔明墓志	（一）136
阿史那忠碑	（一）203	陈审墓志	（二）70
阿史那毗伽特勤墓志	（一）267	陈祎墓志	（一）307
阿史那哲墓志	（一）265	陈临贺王国太妃墓志铭	（一）122
阿史那婆罗门墓志	（一）162	陈显应暨妻王氏合葬墓碑	（三）253
阿史那摸末墓志	（一）159	陈思槐墓碑	（三）320
阿史那瀚海夫人墓志	（二）104	陈养虚墓表碑	（四）189
阿娘墓志	（二）76	陈诚墓志	（一）335
陇州增修学宫碑	（二）322	陈珠树临兰亭序	（三）216
陇州儒学科第题名记	（二）207	陈素墓志	（一）280

陈振扬墓碑　　　　　　　　　　　（三）297
陈振明墓碑　　　　　　　　　　　（三）296
陈常墓志　　　　　　　　　　　　（一）130
陈惟富暨妻孔氏墓碑　　　　　　　（四）192
陈献明暨妻合葬墓志　　　　　　　（三）54
陈锡之墓志　　　　　　　　　　　（四）60
陈瑢暨妻范氏墓志　　　　　　　　（二）3
陈肇鳌书隆中对　　　　　　　　　（三）209
陈德墓志　　　　　　　　　　　　（二）101
陈樵伯游记碑　　　　　　　　　　（四）236
妙法莲华经观世音菩萨普门品　　　（四）132
妙得庵香灯赡养碑记　　　　　　　（三）151
邵仁庵墓志　　　　　　　　　　　（四）97
邵真墓志　　　　　　　　　　　　（一）29
纯正不曲书如其人　　　　　　　　（四）49
纯阳吕祖垂训　　　　　　　　　　（三）208
纯阳祖师像碑　　　　　　　　　　（二）314
纯恭衍劝世歌碑　　　　　　　　　（四）246
纳尔珠噶巴图鲁三德功绩碑　　　　（三）167
纳会信士碑　　　　　　　　　　　（四）63

八画

一

奉元路圆通观音寺记碑　　　　　　（二）186
奉圣旨给地公据碑　　　　　　　　（二）136
奉安考亭先生于洞霄宫文　　　　　（二）249
奉和巡扶余公题□凿广惠渠诗碑　　（二）210
奉府宪断禁碑记　　　　　　　　　（三）153
奉陪月岩道长游灵岩诗　　　　　　（三）33
奉陪月宫寺次四山韵　　　　　　　（二）249
奉谕祭华山碑　　　　　　　　　　（三）94
环山抱水　　　　　　　　　　　　（三）283
环平墓志　　　　　　　　　　　　（二）50
武士穆墓志　　　　　　　　　　　（二）10
武夫人墓志　　　　　　　　　　　（一）300

武元正墓志　　　　　　　　　　　（二）146
武氏记碑　　　　　　　　　　　　（二）194
武本墓志　　　　　　　　　　　　（一）256
武令珪墓志　　　　　　　　　　　（一）285
武令漳墓志　　　　　　　　　　　（一）310
武成墓志　　　　　　　　　　　　（二）234
武则天母杨氏碑　　　　　　　　　（一）239
武自和墓志　　　　　　　　　　　（二）40
武伴仙暨妻郭氏赵氏合葬墓志　　　（三）258
武希玄墓志　　　　　　　　　　　（一）161
武征墓志　　　　　　　　　　　　（一）233
武侯祠庙产田亩纪事碑　　　　　　（三）243
武侯祠琴室纪略　　　　　　　　　（三）207
武侯祠墓修葺纪事碑　　　　　　　（三）116
武侯墓定章碑　　　　　　　　　　（四）149
武侯墓碑　　　　　　　　　　　　（二）307
武侯墓碑　　　　　　　　　　　　（二）312
武侯新庙碑　　　　　　　　　　　（一）339
武部太守等题名残碑　　　　　　　（一）8
武梦龄墓志　　　　　　　　　　　（二）140
武得先卖地契　　　　　　　　　　（二）117
武嗣宗墓志　　　　　　　　　　　（一）245
武懿宗墓志　　　　　　　　　　　（一）245
青山寺文约碑　　　　　　　　　　（四）56
青山好碑　　　　　　　　　　　　（二）301
青门帖　　　　　　　　　　　　　（三）67
青石崖重修碑记　　　　　　　　　（四）180
青苗冰雹会碑记　　　　　　　　　（四）83
青莲入朝图碑　　　　　　　　　　（四）134
青源县主镇墓石　　　　　　　　　（二）97
青霄山圣母宫石碑　　　　　　　　（三）312
拓文运墓志　　　　　　　　　　　（三）74
拓拔育墓志　　　　　　　　　　　（一）78
拓拔寂墓志　　　　　　　　　　　（一）285
拓跋虎墓志　　　　　　　　　　　（一）83

拓跋濬妻于仙姬墓志　　　　　（一）39
拐里捐资碑　　　　　　　　　（四）116
抵西安有作　　　　　　　　　（四）132
抵抚白莲教纪事碑　　　　　　（三）201
招圣寺大德慧坚禅师碑　　　　（二）1
其犹龙乎　　　　　　　　　　（四）191
耶律世昌墓志　　　　　　　　（二）182
耶稣教士山如仁山淑贞碑　　　（四）147
苗宁墓志　　　　　　　　　　（一）279
苗君妻张氏玄堂志　　　　　　（二）39
苗清墓志　　　　　　　　　　（二）138
苗蕃墓志　　　　　　　　　　（二）3
英和题跋暨刘墉手迹　　　　　（三）224
英祥题诗碑　　　　　　　　　（四）43
英雄神仙　　　　　　　　　　（四）154
英雄神仙　　　　　　　　　　（四）197
英雄退步即神仙　　　　　　　（四）234
英雄蝉蜕　　　　　　　　　　（四）69
苟口发愿幢　　　　　　　　　（二）290
苟君妻宋玉艳墓志　　　　　　（一）135
范元墓志　　　　　　　　　　（一）290
范长纲墓志　　　　　　　　　（四）89
范匡谨造像碑　　　　　　　　（一）97
范仲赵登马嵬坡诗碣　　　　　（三）220
范仲阁题诗碑　　　　　　　　（四）244
范行恭墓志　　　　　　　　　（一）276
范安及墓志　　　　　　　　　（一）289
范安贵墓志　　　　　　　　　（一）133
范希良墓碑　　　　　　　　　（三）88
范茂亭暨妻武氏墓碑　　　　　（四）27
范金崖暨妻杨氏高氏墓表　　　（三）154
范相魁墓碑　　　　　　　　　（三）128
范思则墓志　　　　　　　　　（一）278
范眉孙墓志　　　　　　　　　（二）41
范海天墓碑　　　　　　　　　（四）229
范颙墓志　　　　　　　　　　（四）204

范鎏暨妻雷氏王氏雷氏墓志　　（三）155
范履忠妻刘苏儿墓志　　　　　（一）243
直罗县记事碑　　　　　　　　（二）166
林则徐题杨太真墓诗碣　　　　（三）253
林延龄题联　　　　　　　　　（四）146
林伯渠为谢子长陵题词碑　　　（四）220
林具瞻墓志　　　　　　　　　（二）301
松石　　　　　　　　　　　　（四）244
松君墓志　　　　　　　　　　（二）13
松岩大禅师塔记　　　　　　　（三）306
松河口义渡碑　　　　　　　　（四）45
松柏碑记　　　　　　　　　　（二）324
松雪堂法书碑　　　　　　　　（二）177
松韶雅韵图碑　　　　　　　　（二）274
杭州府临安知县张顾恒供犀灯长炬
　银碑记　　　　　　　　　　（三）66
述圣纪　　　　　　　　　　　（一）216
述圣颂碑　　　　　　　　　　（一）269
述复孔子颜子神位　　　　　　（四）243
枕泉漱石　　　　　　　　　　（四）234
卖地碣　　　　　　　　　　　（三）229
郁久闾伏仁墓志　　　　　　　（一）101
奇人奇地　　　　　　　　　　（四）201
奋兴会记　　　　　　　　　　（三）126

ㄣ

叔孙协墓志　　　　　　　　　（一）29
"卓异等伦"残石　　　　　　　（一）9
虎山碑　　　　　　　　　　　（四）192
虎头桥碑　　　　　　　　　　（四）188
尚弘简墓志　　　　　　　　　（二）67
尚年伯墓志　　　　　　　　　（四）139
尚冲和生录序碑　　　　　　　（二）318
尚家坝均纳酒税免差索碑　　　（四）51
果亲王即景诗（乙）　　　　　（三）118
果亲王即景诗（甲）　　　　　（三）118

果亲王咏华山诗碑	（三）115
果亲王绘孔子像	（三）115
果亲王题诗碑（乙）	（三）114
果亲王题诗碑（丙）	（三）118
果亲王题诗碑（甲）	（三）113
昆山律师衣钵塔	（三）246
昆仲联芳	（四）142
国家至上	（四）205
明天启元年祭汉阳陵碑	（三）　2
明天启元年祭周武王碑	（三）　2
明云腾墓志	（一）136
明石马槽题记	（三）39
明四月初八佛会砖刻	（三）33
明西安赡学田颂碑	（二）193
明伦堂工竣碑	（三）96
明豆子蚌崩砖刻	（三）32
明闰秋墓碑	（四）112
明舍水之人多积福砖刻	（三）33
明科第题名碑	（二）251
明信士李薰砖刻	（三）32
明觉石幢	（一）334
明高士小塘东郡暨配王氏合葬墓	
志盖	（三）34
明崇祯八年求雨告天表	（三）18
明塔上缺米面砖刻	（三）32
明道书院捐补膏火碑记	（三）257
明道书院碑记	（三）150
明德受记碑	（三）25
易光夫题诗碑	（二）157
易系辞碑	（二）250
忠孝节廉碑	（三）42
忠武侯梁父吟琴吟碑	（三）201
忠宣李公请状碑	（二）182
忠烈大冢碑记	（四）28
忠清粹德之碑	（二）159
咏土窑次东楼主人韵	（四）99

咏马嵬吊贵妃诗	（三）192
咏五丈原诗碑	（二）295
咏圣水寺诗碑	（四）209
咏贾开修栈道诗	（三）55
咏贾公削平栈道歌	（三）103
岩穴仙境	（三）173
岩赫具瞻	（三）65
岩壑金汤	（二）323
岩疆丽览	（三）162
罗人琮书东岳庙碑	（三）33
罗士则墓志	（二）45
罗山寺村柏树建墩记	（三）47
罗氏买地券	（四）232
罗汉寺全图碑	（二）278
罗再昌买地券	（二）146
罗阳郡君朱氏墓志	（二）242
罗秀书游石门题诗碑	（四）35
罗怀玉道号记碑	（二）185
罗直温墓志	（二）143
罗振世暨妻孙氏墓碑	（四）101
罗寄墓志	（二）94
罗德新题联	（四）208
峒嵝碑	（三）103
峄山刻石	（一）　1
购置黑龙洞庙产地界四至碑	（四）98

ノ

知止	（四）218
知机其神	（四）244
知县康行偘捐金买地取租助学碑记	（三）88
知县题名碑	（四）237
垂鉴碑	（三）212
牧马图碑	（四）243
牧牛图	（二）145
牧爱堂	（二）198
和伏庆等造像碑座	（一）63

和运墓志　　　　　　　　　　（一）279
和识达造像碑残座　　　　　　（一）84
和林则徐游华山诗　　　　　　（三）292
和曹公子排律　　　　　　　　（四）98
和落星石原韵　　　　　　　　（四）97
和邃墓志　　　　　　　　　　（一）41
岳莲灵澍　　　　　　　　　　（三）156
供奉文昌帝君于尊经阁记　　　（三）314
例授贡生荣庭张公神道碑　　　（四）183
征讨喀尔丹纪功碑　　　　　　（四）113
征收仓粮定例碑记　　　　　　（三）225
舍利塔下铭　　　　　　　　　（一）115
金仙长公主墓志　　　　　　　（一）283
金仙长公主碑　　　　　　　　（一）283
金仙公主北方精石　　　　　　（一）283
金台观全图碑　　　　　　　　（四）182
金台观创修太皇宫序　　　　　（四）166
金台观创修鸣凤楼暨改建雨傍山碑（四）156
金刚经启请碑　　　　　　　　（二）313
金妆正殿募缘碑记　　　　　　（三）90
金妆地藏十王碑记　　　　　　（三）68
金妆碑记　　　　　　　　　　（三）244
金妆碑记　　　　　　　　　　（四）240
金汤永奠　　　　　　　　　　（三）93
金汤吐秀　　　　　　　　　　（二）328
金汤社明德会续德会移建东营
　殿宇记　　　　　　　　　　（三）291
金法门寺藏经碑　　　　　　　（二）155
金洋堰　　　　　　　　　　　（四）193
金洋堰公议除弊条款碑序　　　（四）75
金洋堰庙修戏房序　　　　　　（四）73
金洋堰重整条规碑　　　　　　（四）173
金洋堰重整堰规振兴水利碑略　（四）193
金洋堰祭神灭蝗碑　　　　　　（四）68
金洋堰禁捕鱼布告碑　　　　　（四）148

金烛和尚焚身感应之碑　　　　（二）156
金渠镇水利诉讼碑　　　　　　（四）141
命张来泰执吾老洞事公文碑　　（三）151
邰阳悼安王妃冯氏圹志　　　　（二）219
周大夫关尹喜墓碑　　　　　　（三）246
周王季陵　　　　　　　　　　（三）50
周王季陵　　　　　　　　　　（三）161
周太王陵　　　　　　　　　　（三）171
周公圣水　　　　　　　　　　（三）10
周公庙润德泉复涌记　　　　　（二）172
周公暨妻武氏合葬墓志盖　　　（三）34
周氏祠堂重修叙铭　　　　　　（三）243
周文武成康庙碑　　　　　　　（二）245
周文郁墓志　　　　　　　　　（三）16
周印楠德政碑记　　　　　　　（四）89
周母王氏墓志　　　　　　　　（四）78
周老子墓　　　　　　　　　　（三）160
周存斋妻廖氏墓志　　　　　　（三）260
周先贤燕子墓碑　　　　　　　（三）290
周延镜游灵岩寺记碑　　　　　（二）338
周仲仁暨妻张氏丘氏合葬墓志　（二）259
周护碑　　　　　　　　　　　（一）172
周克新墓志　　　　　　　　　（二）243
周妙真墓志　　　　　　　　　（二）221
周武德皇后志铭　　　　　　　（一）98
周旺夫妇合葬墓志　　　　　　（二）208
周鸣河暨妻姚氏合葬墓志　　　（三）72
周孟瑶墓志　　　　　　　　　（二）78
周思忠墓志　　　　　　　　　（一）296
周保清题联　　　　　　　　　（四）42
周爱诹圹志　　　　　　　　　（四）180
周急墓志　　　　　　　　　　（一）292
周晓墓志　　　　　　　　　　（一）316
周堂暨妻王氏合葬墓志　　　　（二）222
周康泰母李氏墓志　　　　　　（三）305

周博候墓志　　　　　　　　（三）320
周惠墓志　　　　　　　　　（一）327
周雯兰草图碑　　　　　　　（四）134
周景夫妇合葬墓志　　　　　（二）251
周道务妻李孟姜墓志　　　　（一）216
周燥暨妻李氏合葬墓志　　　（四）128
周燮题诗碑　　　　　　　　（二）183
鱼龙变化碑　　　　　　　　（二）231
鱼龙溪夫妇合葬墓志　　　　（三）230
鱼篮观音图碑　　　　　　　（二）197
忽吟暨妻合葬墓志　　　　　（二）330

　　　　　　　丶

京兆府□□善感禅院新井记　（二）124
京兆府府学新移石经记　　　（二）128
京兆府学教授题名记　　　　（二）155
京兆府重修府学记　　　　　（二）146
京兆府提学所帖　　　　　　（二）152
庞胜过司马迁墓题诗碑　　　（二）201
庞家店重修佛殿碑　　　　　（三）318
庞崇简墓志　　　　　　　　（二）71
庞履冰墓志　　　　　　　　（一）332
庙子垭公议乡规碑　　　　　（四）44
庙学重修记碑　　　　　　　（二）199
府学公据　　　　　　　　　（二）165
郊祀歌　　　　　　　　　　（四）10
庚游方墓志　　　　　　　　（二）58
废邱关创立义学碑　　　　　（三）192
净业法师塔铭　　　　　　　（一）266
净光院牒文　　　　　　　　（二）152
净住寺碑　　　　　　　　　（二）98
放生池　　　　　　　　　　（三）5
育婴会碑　　　　　　　　　（四）31
郑广墓志　　　　　　　　　（一）183
郑氏子墓志盖　　　　　　　（二）88
郑氏妻董夫人墓志　　　　　（一）281

郑氏墓碑　　　　　　　　　（三）266
郑立斋暨妻杜氏胡氏合葬墓碑（三）270
郑玄墓志　　　　　　　　　（一）271
郑永魁祖父母墓碑　　　　　（四）19
郑汝璧书雄石峡刻石　　　　（二）308
郑守讷墓志　　　　　　　　（一）320
郑祁耶墓志　　　　　　　　（一）115
郑更郎墓志　　　　　　　　（二）14
郑何墓志　　　　　　　　　（二）21
郑君墓志　　　　　　　　　（二）11
郑君墓志盖　　　　　　　　（二）89
郑宝念墓志　　　　　　　　（一）222
郑宝贵墓志　　　　　　　　（二）82
郑钦言墓志　　　　　　　　（一）258
郑信元题诗碑　　　　　　　（四）184
郑准墓志　　　　　　　　　（二）26
郑朝尚妻栗氏墓志　　　　　（二）5
郑溥墓志　　　　　　　　　（二）23
郑溶墓志　　　　　　　　　（二）24
单应元书对联碑　　　　　　（二）292
单英儒墓志　　　　　　　　（一）89
单腾霈暨妻杨氏合葬墓志　　（三）9
法门寺地宫器物帐碑　　　　（二）75
法王塔天宫石椁　　　　　　（一）115
法王塔地宫石函　　　　　　（一）115
法云墓志　　　　　　　　　（一）256
法龙造像碑　　　　　　　　（一）67
法津禅师墓志　　　　　　　（一）323
法琬法师碑　　　　　　　　（一）250
法藏禅师塔铭　　　　　　　（一）256
河山千古　　　　　　　　　（四）55
河心夹地碑记　　　　　　　（四）158
泊嘉陵江游灵崖题　　　　　（二）84
注峋嵝碑　　　　　　　　　（三）103
泾川五渠之记　　　　　　　（二）249

泾阳县通济渠记碑　　　　　　（二）231
泾惠渠颂并序　　　　　　　　（四）196
性学禅师墓碑　　　　　　　　（三）259
学工记事　　　　　　　　　　（三）23
学古之道碑　　　　　　　　　（四）32
学规碑（乙）　　　　　　　　（三）44
学规碑（丙）　　　　　　　　（三）44
学规碑（甲）　　　　　　　　（三）44
学规碑　　　　　　　　　　　（三）231
学宫店房地亩粮石数目碑记　　（三）255
学宪武公德政去思碑　　　　　（三）79
宝林寺塔碑　　　　　　　　　（二）129
宝峰寺建修斗母圣宫碑记　　　（三）232
宗氏源流碑　　　　　　　　　（二）255
宗圣宫铜章石兽铭　　　　　　（二）284
宗延英墓志　　　　　　　　　（二）126
宗祠地产碑　　　　　　　　　（四）20
定安寺创修石佛殿碑记　　　　（四）177
定陵镇墓道符　　　　　　　　（一）251
官庄里公议条规记　　　　　　（三）291
官箴碑　　　　　　　　　　　（三）247
实事求是　　　　　　　　　　（四）216
试资记碑　　　　　　　　　　（四）82
房仁裕神道碑　　　　　　　　（一）218
房玄龄碑　　　　　　　　　　（一）164
房体文墓志　　　　　　　　　（三）287
房应昌暨妻焦氏碑志　　　　　（四）222
房逸墓志　　　　　　　　　　（一）236
祈应灵雨碑　　　　　　　　　（三）188
祈雨感应碑　　　　　　　　　（三）164
祈祷有感助缘新寺记碑　　　　（二）196

　　　　　　　丆

建立关帝庙碑记　　　　　　　（四）103
建红山寺殿并铸铜佛像记碑　　（二）219
建护郿阁颂记　　　　　　　　（四）174

建修八龙庙前回心桥亭碑记　　（四）65
建修八蜡神祠碑记　　　　　　（三）120
建修土地祠戏楼碑序　　　　　（四）15
建修义渡序　　　　　　　　　（三）280
建修方氏宗祠碑记　　　　　　（四）151
建修龙头山朝阳观戏楼碑记　　（四）168
建修财神庙记　　　　　　　　（四）121
建修陈家沟兴佛寺佛殿墙碑记　（三）304
建修弥勒佛四大尊王碑序　　　（三）194
建修高陵县商会碑记　　　　　（四）170
建修湖广会馆引　　　　　　　（三）206
建真武朝阳观记　　　　　　　（二）266
建造龙门洞景福山碑　　　　　（二）325
建造醮盆石柱　　　　　　　　（二）260
建营志碑　　　　　　　　　　（三）238
建置景福山门记　　　　　　　（三）182
建像记碑　　　　　　　　　　（二）219
建德六年碑　　　　　　　　　（一）90
录开化集诗碑　　　　　　　　（四）201
录写禁条旧文规式　　　　　　（四）117
屈元寿墓志　　　　　　　　　（一）306
屈公墓志盖　　　　　　　　　（四）115
屈氏放赈碑　　　　　　　　　（四）145
屈文兴墓志　　　　　　　　　（三）130
屈同宇墓志　　　　　　　　　（二）330
屈仲翔墓碑　　　　　　　　　（三）195
屈直墓志　　　　　　　　　　（二）245
屈凌墓志　　　　　　　　　　（四）213
屈嘉暨妻李氏仲氏合葬墓志　　（二）315
弥直斋墓志　　　　　　　　　（三）170
弥姐后德合邑卅人等造像碑　　（一）102
弥姐显明造像碑　　　　　　　（一）97
弥姐亮墓志　　　　　　　　　（一）315
弥家川关帝庙碑　　　　　　　（三）218
承安三年经幢　　　　　　　　（二）154

孟子	（三）	53
孟子序	（三）	54
孟氏圹志	（二）	255
孟玉泉夫妇合葬墓志	（二）	302
孟玉塔铭	（一）	249
孟孝立墓志	（一）	273
孟孝敏妻刘氏墓志	（一）	127
孟秀荣墓志	（二）	50
孟宗翁暨妻张氏合葬墓志	（四）	123
孟显达碑	（一）	114
孟姜女哭泉祠碑	（二）	217
孟宾墓志	（一）	310
孤山井会碑	（三）	300
孤山禁赌碑	（四）	9
孤魂会记	（三）	265
陕西学校儒生颂德之碑	（二）	166
陕西省立安康中学树人楼碑记	（四）	197
陕西葭州白云山东岳庙碑	（三）	113
陕西新城小碑林记	（四）	178
陕西新城记	（四）	176
陕西藩署增置颜柳碑记	（四）	68
陕南边防总司令吴布告	（四）	158
终南山古楼观宗圣宫之图碑	（二）	162
终南道阚行缘记碑	（二）	213
终南游记自序	（三）	4
驼峰山重修三圣庙碑记	（三）	270
经锄堂法帖	（三）	325

九画

一

契苾李中郎墓志	（一）	296
契苾君墓志	（二）	104
契苾明碑	（一）	254
春雨草堂	（三）	216
珍鼎篇	（三）	32

封志安墓志	（二）	144
封言道墓志	（一）	235
封昕墓志	（一）	20
封赠阎永连夫妇圣旨碑	（四）	57
拱极观记	（二）	142
栖先茔记	（二）	115
城固县令更正粮租数目告示碑	（四）	9
城洋两邑复立演戏碑	（四）	90
城陷三社殉难男妇祀报碑志	（四）	56
城隍爷庙宇神像碑记	（三）	20
城隍庙大门门墩铭文	（三）	79
城隍庙会记事碑	（三）	282
城隍庙会碑	（四）	239
城隍庙创建乐楼碑记	（三）	139
城隍庙更新记	（二）	274
城隍庙制度碑	（四）	22
城隍庙建立左廊碑	（三）	3
城隍庙竖绰禊记	（二）	296
城隍庙重修砖壁记	（二）	257
城隍庙重整翠仗碑记	（三）	254
城隍庙修葺两廊碑颂记	（二）	304
城隍庙捐输地价姓名碑	（四）	22
城隍庙新建坊牌门屏记	（二）	305
城隍庙新修看垣记	（二）	305
城隍庙塑像功德记事碑	（三）	305
城隍封制碑记	（四）	15
城隍神会记	（三）	237
赵一韩墓志	（三）	52
赵一普许愿碑	（三）	74
赵义墓志	（一）	212
赵习铭暨妻王氏张氏及子赵饶秀碑	（四）	96
赵元凯墓志	（二）	269
赵元震暨妻阎氏阡表	（四）	165
赵长述墓志	（一）	112
赵长龄咏贵妃墓诗碑	（四）	26

赵化题诗碑　　　　　　　（四）239
赵公瑾墓志　　　　　　　（二）183
赵公德妻杨氏墓志　　　　（四）121
赵氏贞节碑　　　　　　　（三）178
赵氏墓志　　　　　　　　（二）13
赵氏墓志　　　　　　　　（二）54
赵氏墓志盖　　　　　　　（二）90
赵氏墓碑　　　　　　　　（一）10
赵文子祠碑　　　　　　　（三）257
赵文信墓志　　　　　　　（二）43
赵文敏公八札真迹　　　　（四）46
赵文雅妻边氏墓志　　　　（一）208
赵心泉德政碑　　　　　　（四）86
赵允昌题诗　　　　　　　（三）41
赵玉妻张氏墓志　　　　　（一）156
赵玉亭暨妻谢氏合葬墓志　（四）120
赵可行墓志　　　　　　　（三）6
赵石墓志　　　　　　　　（二）54
赵仕良墓志　　　　　　　（二）51
赵玄敏墓志　　　　　　　（一）265
赵让墓志　　　　　　　　（二）212
赵弘济墓志　　　　　　　（二）248
赵母曹氏墓表　　　　　　（四）198
赵母董氏墓志　　　　　　（四）148
赵光田墓志　　　　　　　（三）62
赵行墓志　　　　　　　　（二）96
赵关建堡议碑　　　　　　（二）277
赵寿山母曹氏墓志　　　　（四）196
赵孝顺墓碑　　　　　　　（四）218
赵孝颐墓志　　　　　　　（一）203
赵芬残石　　　　　　　　（一）143
赵呈泰墓志　　　　　　　（三）303
赵时吉墓志　　　　　　　（三）39
赵近臣暨妻马氏合葬墓志　（二）317
赵希璜题诗碑　　　　　　（四）122

赵应矩墓表　　　　　　　（三）144
赵闲闲诗碑　　　　　　　（二）158
赵怀珍夫妇墓碑　　　　　（三）276
赵君妻成果墓志　　　　　（一）268
赵君妻李氏墓志　　　　　（二）22
赵君墓志　　　　　　　　（二）103
赵君墓志盖　　　　　　　（二）95
赵阿师墓志　　　　　　　（一）204
赵奉祖题诗碑　　　　　　（四）14
赵林一墓志　　　　　　　（四）47
赵虎臣墓志　　　　　　　（四）36
赵国瑞墓志　　　　　　　（三）244
赵明墓志　　　　　　　　（一）300
赵知俭墓志　　　　　　　（一）271
赵鱼时过雁塔寺有感诗碑　（二）280
赵宗祐墓志　　　　　　　（二）70
赵宜暄临赵孟頫乐志论　　（三）210
赵承祖墓志　　　　　　　（三）167
赵贯暨妻卢氏吴氏墓志　　（二）59
赵洛暨妻李氏张氏墓志　　（一）179
赵祖舜墓志　　　　　　　（二）320
赵屏国墓志　　　　　　　（三）9
赵挽祭唐刘公文　　　　　（三）2
赵高墓志　　　　　　　　（一）168
赵浚暨妻王氏赵氏合葬墓志（三）22
赵悦墓志　　　　　　　　（一）71
赵继声墓志　　　　　　　（四）167
赵聆暨妻王氏合葬墓志　　（三）157
赵敏张力仁诗碑　　　　　（四）158
赵隆墓志　　　　　　　　（一）150
赵绳武墓志　　　　　　　（三）133
赵超宗妻王氏墓志　　　　（一）62
赵超宗墓志　　　　　　　（一）18
赵喜记等游留侯庙题刻　　（四）212
赵惠墓志　　　　　　　　（一）107

赵智侃墓志　　　　　　　　　　（一）240
赵温惠墓碑　　　　　　　　　　（三）297
赵惺暨妻陈氏合葬墓志　　　　　（三）184
赵群墓志　　　　　　　　　　　（二）46
赵端甫墓表　　　　　　　　　　（四）198
赵璞暨妻齐氏合葬墓志　　　　　（四）50
赵凝墓志　　　　　　　　　　　（三）260
郝氏圹志　　　　　　　　　　　（三）22
郝四墓志　　　　　　　　　　　（一）299
郝同人暨妻卢氏墓碑　　　　　　（四）86
郝伏愿墓志　　　　　　　　　　（一）128
郝守业王儒游灵岩寺题皱眉
　　罗汉诗碑　　　　　　　　　（二）275
郝克鉴暨妻冯氏墓志　　　　　　（三）147
郝启宽神道碑　　　　　　　　　（四）79
郝茂光暨妻孙氏墓志　　　　　　（二）15
郝学诗暨妻张氏合葬墓志　　　　（三）240
郝璋墓志　　　　　　　　　　　（一）248
指路碑　　　　　　　　　　　　（三）194
荆从皋墓志　　　　　　　　　　（二）72
革命纪念公园　　　　　　　　　（四）175
革除现役陋规德政石　　　　　　（三）150
革除陋规碑　　　　　　　　　　（三）190
革除陋规碑　　　　　　　　　　（三）208
带砺雄图　　　　　　　　　　　（二）338
草诀歌碑　　　　　　　　　　　（二）339
草坪铺禁赌碑　　　　　　　　　（四）80
草堂寺唐太宗皇帝赞姚秦三藏
　　罗什法师碑　　　　　　　　（二）158
草堂辨正大师奥公僧录塔铭　　　（二）157
荒岁歌碑　　　　　　　　　　　（四）50
荒乱碑　　　　　　　　　　　　（四）88
荣恩　　　　　　　　　　　　　（三）236
故刘尚食墓志铭　　　　　　　　（一）120
胡仁甫墓志　　　　　　　　　　（四）230

胡公泉创建石栏记　　　　　　　（二）333
胡公神道碑记　　　　　　　　　（二）117
胡公愿墓志　　　　　　　　　　（一）269
胡氏墓志　　　　　　　　　　　（二）104
胡文蔚之妻陈氏贞孝碑　　　　　（四）107
胡正启暨妻田氏墓碑　　　　　　（四）75
胡永暨妻张氏墓志　　　　　　　（一）146
胡会施汤碑记　　　　　　　　　（三）50
胡兆兰暨妻曹氏墓碑　　　　　　（四）66
胡君妻成氏墓志　　　　　　　　（一）317
胡君妻雍氏墓志　　　　　　　　（二）15
胡君墓志盖　　　　　　　　　　（一）142
胡尚礼暨妻石氏薛氏高氏合葬墓志（二）296
胡星垣题诗碑　　　　　　　　　（四）145
胡彦麟母吴氏墓志　　　　　　　（四）149
胡恪墓志　　　　　　　　　　　（一）270
胡珦神道碑　　　　　　　　　　（二）20
胡焕堂暨妻陈氏合葬墓志　　　　（四）55
胡超马嵬有感诗碣　　　　　　　（三）286
胡超张良庙题诗碑　　　　　　　（三）284
胡超武侯祠题诗碑　　　　　　　（三）283
胡德彦胡宗琦墓碑　　　　　　　（四）3
茹义恩墓志　　　　　　　　　　（一）275
茹洪墓志　　　　　　　　　　　（一）96
荔非伏猥等千佛造像碑　　　　　（一）61
荔非屈利等造像碑　　　　　　　（一）61
南五社恒德会重建戏台捐金碑记　（三）289
南五社聚德会乡老捐资碑　　　　（三）302
南文蔚墓志　　　　　　　　　　（三）13
南方精石　　　　　　　　　　　（二）95
南甘卿墓志　　　　　　　　　　（四）201
南市　　　　　　　　　　　　　（四）214
南母墓志　　　　　　　　　　　（二）334
南百里坊新建后土祠记　　　　　（三）63
南岳宣义大师梦英十八体书　　　（二）110

南郑地方惜字纸募捐疏碑　　　（四）168
南郑县八角山教案碑　　　　　（四）77
南城更建关帝庙记　　　　　　（三）57
南柄墓志　　　　　　　　　　（二）328
南海吴荣光题诗碑　　　　　　（三）236
南蔡庄奉令免支差车碑记　　　（四）206
南寨村潦池占地碑　　　　　　（三）208
药王山唐陀罗尼经幢（乙）　　（二）94
药王山唐陀罗尼经幢（甲）　　（二）94
药王财神两祠重修记　　　　　（三）220
药王庙祭文碑　　　　　　　　（三）12
药王洞捐资碑（乙）　　　　　（四）240
药王洞捐资碑（甲）　　　　　（四）240
药王洞碑　　　　　　　　　　（四）184
药元墓志　　　　　　　　　　（一）300
药水窟名胜画图记　　　　　　（一）291
药方碑　　　　　　　　　　　（二）252
药言墓志　　　　　　　　　　（一）254
栈道杂诗碑　　　　　　　　　（四）100
栈道歌　　　　　　　　　　　（三）56
柯运铺墓碑　　　　　　　　　（三）301
柯荔阶暨妻李氏墓碑　　　　　（四）181
柯振荣暨妻邓氏汪氏墓碑　　　（四）55
柯道敦暨妻蔡氏合葬墓碑　　　（三）289
相桥街市复兴记　　　　　　　（四）217
柏山古寺碑　　　　　　　　　（四）117
柏汉章墓志　　　　　　　　　（四）94
柏里坊马氏五世祖墓碑记　　　（三）58
柏里坊关帝历代追封碑记　　　（四）124
柏里坊关帝庙碑　　　　　　　（三）120
柏景伟墓志　　　　　　　　　（四）70
柏鹤仙人图碑　　　　　　　　（二）171
柳明逸墓志　　　　　　　　　（一）234
柳树坪新建义学碑　　　　　　（四）53
柳昱妻宜都公主墓志　　　　　（一）348

柳昱墓志　　　　　　　　　　（一）348
柳彦妻李令晖墓志　　　　　　（一）252
郙阁颂　　　　　　　　　　　（一）5
咸丰六年墓志　　　　　　　　（四）8
咸阳怀古　　　　　　　　　　（四）97
咸通二年陀罗尼经幢　　　　　（二）62
咸通十五年陀罗尼经幢　　　　（二）75
咸通启送岐阳真身志文　　　　（二）76
威震九边　　　　　　　　　　（四）65
威镇紫塞　　　　　　　　　　（四）114
耐心培养小孩子　　　　　　　（四）208
残佛经　　　　　　　　　　　（二）97

　　　　　　　　　　Ｉ

临池臆说　　　　　　　　　　（三）234
临定武兰亭序　　　　　　　　（三）164
临济宗派碑　　　　　　　　　（二）262
临颜真卿与郭仆射书　　　　　（三）153
临潼王氏北迁表　　　　　　　（四）218
竖尧山圣母旗杆碑　　　　　　（三）144
竖轩记碑　　　　　　　　　　（二）321
省疚　　　　　　　　　　　　（三）228
省雄方障　　　　　　　　　　（四）114
哑柏镇玄帝祠碑　　　　　　　（二）259
显月寺补修功德碑　　　　　　（三）214
显可知墓碑　　　　　　　　　（三）323
显应碑　　　　　　　　　　　（二）325
显妣李氏墓志盖并买地券　　　（二）291
显景春祖父母墓碑　　　　　　（三）323
星石铭　　　　　　　　　　　（二）273
昭成窦后西方精石　　　　　　（一）291
昭成窦后南方精石　　　　　　（一）291
昭陵六骏碑　　　　　　　　　（二）127
贵华东墓志　　　　　　　　　（四）119
虽死犹生　　　　　　　　　　（四）206
贻古堂帖　　　　　　　　　　（三）311

幽堂　　　　　　　　　　　　　　（四）246

丿

钟思齐德行碑　　　　　　　　　　（三）169
钟资万墓碑　　　　　　　　　　　（四）92
钦赐八品寿官口山公碑　　　　　　（四）110
拜建玄天上帝庙献殿记　　　　　　（三）23
香节图　　　　　　　　　　　　　（三）82
香严山乾元观碑　　　　　　　　　（四）116
香严寺创修碑记　　　　　　　　　（四）3
香严寺重理增修碑序　　　　　　　（三）185
香严寺养赡地执照引　　　　　　　（三）78
香雪斋雁字回文诗碑　　　　　　　（三）237
香雪堂碑　　　　　　　　　　　　（二）167
秋日同诸君子游太玄宫韵　　　　　（三）41
秋兴　　　　　　　　　　　　　　（四）4
秋祀诸葛丞相祠堂恭纪　　　　　　（三）273
重云山图碑　　　　　　　　　　　（二）252
重订玉泉书院章程碑记　　　　　　（四）17
重刊礼部题奉碑　　　　　　　　　（三）230
重刊府县禁令碑　　　　　　　　　（四）83
重立文庙诸碑记　　　　　　　　　（二）165
重立护持洞阳宫扁鹊观碑记　　　　（四）6
重立祭田碑记　　　　　　　　　　（四）52
重光白云山记　　　　　　　　　　（三）61
重创千手千眼神庙正殿并献殿碑记　（四）153
重妆圣母碑记　　　　　　　　　　（三）67
重妆佛像碑记　　　　　　　　　　（三）67
重兴开福寺常住记　　　　　　　　（二）163
重阳王祖师仙迹记　　　　　　　　（二）174
重阳祖师先茔碑　　　　　　　　　（三）41
重刻夫子庙堂记　　　　　　　　　（四）231
重刻莒国公唐俭碑　　　　　　　　（三）240
重刻郙阁颂摩崖刻石　　　　　　　（二）159
重刻集王书圣教序及多心经（甲）　（四）134
重建三清殿碑　　　　　　　　　　（二）289

重建大孔雀明王佛殿碑记　　　　　（二）311
重建大成观碑　　　　　　　　　　（二）208
重建山门碑记　　　　　　　　　　（三）133
重建千手千眼庙捐资碑　　　　　　（四）154
重建千佛洞庙宇碑　　　　　　　　（三）209
重建王孝直墓碑　　　　　　　　　（三）66
重建五龙寺记碑　　　　　　　　　（四）28
重建五祖七真殿宇记碑　　　　　　（二）262
重建化度寺碑　　　　　　　　　　（二）208
重建丹阳观记碑　　　　　　　　　（二）186
重建文昌楼碑记　　　　　　　　　（四）148
重建文庙文昌宫碑记　　　　　　　（三）279
重建文始殿碑　　　　　　　　　　（二）177
重建玉帝庙碑　　　　　　　　　　（三）238
重建龙泉寺记碑　　　　　　　　　（二）203
重建北耳楼碑记　　　　　　　　　（三）85
重建北极宫碑记　　　　　　　　　（三）297
重建仙游潭苏公祠记　　　　　　　（三）163
重建乐楼牌记　　　　　　　　　　（三）71
重建旬阳庙学记　　　　　　　　　（二）207
重建观音宝殿记　　　　　　　　　（二）249
重建折公祠碑记　　　　　　　　　（三）30
重建吾老洞殿宇记　　　　　　　　（二）290
重建轩辕庙记　　　　　　　　　　（三）141
重建佛堂寺碑序　　　　　　　　　（二）207
重建妙得庵碑记　　　　　　　　　（四）6
重建周邸桥记　　　　　　　　　　（二）260
重建庙学记碑　　　　　　　　　　（二）300
重建府君庙碑　　　　　　　　　　（二）296
重建学堂碑　　　　　　　　　　　（二）233
重建城隍庙碑　　　　　　　　　　（三）189
重建临潼县衙署记　　　　　　　　（四）50
重建说经台记　　　　　　　　　　（三）156
重建桥道碑记　　　　　　　　　　（二）205
重建偏殿关帝行宫碑记　　　　　　（三）138

重建韩蕲王庙碑记　　　　　　　　　（三）301
重建惠岩寺石碑　　　　　　　　　　（二）203
重建紫柏山古佛殿记　　　　　　　　（三）75
重建景福山殿宇落成纪事碑　　　　　（四）224
重建渼陂碑记　　　　　　　　　　　（三）20
重建虞帝庙碑　　　　　　　　　　　（二）336
重建殿宇记碑　　　　　　　　　　　（二）227
重建题名碑记　　　　　　　　　　　（三）241
重复三原城隍庙管庙会碑记　　　　　（四）246
重修一步岩蕲王庙暨戏台碑记　　　　（四）203
重修二郎庙碑记　　　　　　　　　　（三）248
重修七圣宫碑　　　　　　　　　　　（四）110
重修七圣宫记　　　　　　　　　　　（四）91
重修七圣楼碑记　　　　　　　　　　（三）135
重修七星庙碑记　　　　　　　　　　（四）104
重修卜夫子祠记　　　　　　　　　　（三）228
重修九郎庙碑　　　　　　　　　　　（三）98
重修了然庵记　　　　　　　　　　　（二）337
重修三大士庙碑记　　　　　　　　　（三）239
重修三义庙碑记　　　　　　　　　　（四）110
重修三圣庙碑　　　　　　　　　　　（三）205
重修三圣楼碑记　　　　　　　　　　（四）96
重修三圣殿并创建瘟神庙碑记　　　　（三）281
重修三法司四圣庙碑记　　　　　　　（四）102
重修三官圣庙产输金人姓名碑　　　　（四）67
重修三官庙碑　　　　　　　　　　　（四）110
重修三官庙碑　　　　　　　　　　　（四）143
重修三官庙碑文记　　　　　　　　　（二）285
重修三官楼碑记　　　　　　　　　　（三）266
重修三官殿记　　　　　　　　　　　（二）238
重修三官殿记　　　　　　　　　　　（三）217
重修三要司关帝庙并娘娘庙碑记　　　（四）40
重修三皇殿碑记　　　　　　　　　　（三）248
重修三原城隍庙三门记　　　　　　　（二）288
重修三清殿碑记　　　　　　　　　　（四）95

重修土地庙碑记　　　　　　　　　　（三）257
重修土地庙碑记　　　　　　　　　　（四）184
重修土地祠碑文　　　　　　　　　　（三）301
重修土地堂记　　　　　　　　　　　（二）239
重修大士堂创建前殿碑记　　　　　　（三）89
重修大云庵碑记　　　　　　　　　　（三）89
重修大云禅院记　　　　　　　　　　（三）3
重修大兴寺碑记　　　　　　　　　　（三）90
重修大观楼碑记　　　　　　　　　　（三）127
重修大园寺残碑（下部）　　　　　　（二）340
重修大佛寺碑记　　　　　　　　　　（四）45
重修大佛禅寺记碑　　　　　　　　　（二）209
重修大佛殿碑记　　　　　　　　　　（三）255
重修大禹庙楼塔殿宇碑　　　　　　　（三）239
重修大夏禹王庙记碑　　　　　　　　（二）292
重修大象寺碑记　　　　　　　　　　（三）49
重修大普济禅寺记　　　　　　　　　（二）173
重修大象寺山门记　　　　　　　　　（三）204
重修大福寺碑记　　　　　　　　　　（四）151
重修万佛岩寺记　　　　　　　　　　（二）281
重修万佛岩楼记　　　　　　　　　　（二）238
重修山河堰记碑　　　　　　　　　　（二）150
重修山神土地庙碑记　　　　　　　　（三）142
重修山神庙碑　　　　　　　　　　　（三）134
重修山神庙碑　　　　　　　　　　　（三）197
重修山神殿碣　　　　　　　　　　　（三）267
重修千佛洞碑记　　　　　　　　　　（二）308
重修千佛洞碑记　　　　　　　　　　（四）31
重修广惠渠记　　　　　　　　　　　（二）209
重修广福院记　　　　　　　　　　　（二）176
重修义合井并置田记　　　　　　　　（三）222
重修义勇武安王庙碑记　　　　　　　（二）287
重修飞云寺碑　　　　　　　　　　　（三）183
重修马王庙碑记　　　　　　　　　　（四）95
重修马嵬坡唐杨贵妃墓堂碑记　　　　（三）289
重修马嵬故冢记　　　　　　　　　　（三）163

重修马鞍山神庙碑　　　　　（四）110
重修王母庙碑　　　　　　　（四）108
重修王母殿汤房碑记　　　　（三）146
重修王神庙碑记　　　　　　（三）250
重修开元寺行廊功德碑　　　（二）109
重修开元寺碑　　　　　　　（二）198
重修开明寺宝塔记　　　　　（三）242
重修天宁寺碑　　　　　　　（三）27
重修天圣宫墙垣碑记　　　　（二）323
重修天台山庙宇龙碑记　　　（三）85
重修天台山庙宇碑记　　　　（四）9
重修天台山定慧寺殿碑　　　（四）86
重修天台庙宇记　　　　　　（四）91
重修天庆观记　　　　　　　（三）131
重修天明寺碑　　　　　　　（四）11
重修元坛殿碑记　　　　　　（三）275
重修无量祖师正殿碑记　　　（三）266
重修无量祖师庙碑记　　　　（三）217
重修云盖寺高庙碑记　　　　（三）286
重修五丈原工毕喜而有感之作　（四）59
重修五丈原武侯祠记　　　　（三）197
重修五丈原武侯祠记　　　　（三）24
重修五门堰记　　　　　　　（二）295
重修五龙宫并创立善会碑记　（四）153
重修五龙宫神牌记　　　　　（四）96
重修五圣行宫　　　　　　　（四）7
重修五圣庙创立献殿碑　　　（四）102
重修五圣庙碑　　　　　　　（四）100
重修五圣庙碑记　　　　　　（四）103
重修五圣宫碑　　　　　　　（四）11
重修五台山太玄洞天门记　　（三）52
重修五台山集禄宫正殿记事　（三）97
重修五台山集禄宫许真君张仙
　神殿记　　　　　　　　　（三）164
重修五佛殿碑记　　　　　　（三）288

重修五神宫记　　　　　　　（四）87
重修五峰书院并添修试院记　（三）290
重修太上殿序　　　　　　　（三）238
重修太山庙碑　　　　　　　（三）232
重修太元洞清静宫碑记　　　（三）273
重修太平寺碑记　　　　　　（三）226
重修太史庙及羊城碑　　　　（四）12
重修太史庙记　　　　　　　（三）101
重修太史祠碑　　　　　　　（四）61
重修太白三官神殿碑　　　　（三）183
重修太白庙募缘续记　　　　（三）323
重修太白庙碑　　　　　　　（三）179
重修太白庙碑　　　　　　　（三）29
重修太玄洞汤房楼碑记　　　（三）150
重修太玄洞静明宫诸工碑记　（三）150
重修太和山无量祖师庙碑　　（四）166
重修太虚观记　　　　　　　（三）149
重修太清观记　　　　　　　（二）308
重修太清观记　　　　　　　（三）35
重修太清观碑记　　　　　　（三）242
重修中原庵碑记　　　　　　（四）108
重修水莲洞碑　　　　　　　（三）286
重修水道碑　　　　　　　　（三）163
重修午子上观记　　　　　　（四）42
重修午子上观并立万年灯碑　（四）49
重修午子山顶观后塞紫金城碑　（四）175
重修午子山紫金城碑　　　　（二）320
重修午子观记　　　　　　　（三）126
重修午子观志　　　　　　　（四）42
重修牛山土主忠惠王庙碑　　（二）187
重修牛心庙碑　　　　　　　（四）3
重修升仙台宫观记　　　　　（三）56
重修长兴寺观音禅院碑记　　（三）109
重修长武县昭仁寺碑亭记　　（四）96
重修长春观记　　　　　　　（二）165

重修化云寺碑记	（四）214	重修户县文庙碑	（四）70
重修仓公庙碑记	（二）226	重修孔子庙碑记	（三）47
重修仓圣庙增补碑记	（四）155	重修孔庙石经记碑	（二）302
重修仓圣陵园碑记	（四）206	重修孔庙儒学碑	（二）319
重修仓颉庙记	（二）309	重修玉皇上帝宝庙施金姓氏碑	（四）112
重修六曹殿碑记	（四）78	重修玉皇山寺庙碑记	（四）51
重修六堰记碑	（二）311	重修玉皇门记	（三）41
重修文武楼照壁碑记	（三）287	重修玉皇庙碑	（四）51
重修文昌台记	（二）108	重修玉皇庙碑记	（三）105
重修文昌阁暨诸神庙碑记	（三）278	重修玉皇庙碑记	（三）139
重修文昌宫记	（三）233	重修玉皇庙碑记	（三）301
重修文庙文昌宫碑	（四）89	重修玉皇庙碑记	（四）82
重修文庙记	（二）131	重修玉皇阁序	（三）132
重修文庙记	（四）91	重修玉皇阁望江楼记	（四）68
重修文庙灯记	（三）224	重修玉皇楼三官洞娘娘金身碑记	（三）242
重修文庙序	（三）229	重修玉皇殿记	（二）273
重修文庙明伦堂碑记	（四）167	重修玉皇殿碑记	（三）252
重修文庙学宫记	（三）58	重修玉峰观记碑	（四）101
重修文庙捐输人姓名数目并支销各项		重修玉清万寿宫碑	（二）191
开列于左	（三）308	重修古佛大殿记	（二）149
重修文庙碑	（三）178	重修古卷阿周公庙记	（三）318
重修文庙碑记	（三）10	重修古迹东岳庙记碑	（二）197
重修文庙碑记	（三）49	重修古楼观宗圣宫记碑	（二）161
重修文庙碑记	（三）107	重修古楼观说经台记	（三）116
重修文庙碑记	（三）112	重修左纪生祠记	（三）6
重修文庙碑记	（三）250	重修石佛寺记碑	（二）229
重修文庙碑记	（四）132	重修石佛洞碑	（三）187
重修文庙碑记	（四）25	重修石佛洞碑	（四）25
重修文庙碑记	（四）65	重修石宫寺碑	（三）176
重修文庙碑记	（四）83	重修石寨记	（二）145
重修文宣王庙记	（二）108	重修龙门学署记	（三）140
重修文宣庙学碑	（二）192	重修龙门洞记	（三）94
重修火帝庙记	（四）23	重修龙门洞碑记	（三）76
重修火神庙碑记	（三）286	重修龙王庙碑	（三）184
重修户县太史桥碑记	（四）164	重修龙王庙碑	（三）228

重修龙王庙碑　　　　　　　　　（四）105
重修龙王庙碑　　　　　　　　　（四）192
重修龙王庙碑记　　　　　　　　（三）299
重修龙王殿碑记　　　　　　　　（三）229
重修龙头山朝阳观碑志　　　　　（四）84
重修龙兴寺记　　　　　　　　　（三）109
重修龙兴寺娘娘庙碑记　　　　　（四）19
重修龙兴寺碑　　　　　　　　　（三）324
重修龙兴寺碑　　　　　　　　　（四）233
重修龙兴寺碑记　　　　　　　　（三）144
重修龙岗学校碑记　　　　　　　（四）196
重修龙泉寺前殿乐楼碑　　　　　（四）141
重修龙泉院碑　　　　　　　　　（三）40
重修龙洞渠记　　　　　　　　　（四）80
重修龙洞渠碑　　　　　　　　　（三）241
重修龙宫碑记　　　　　　　　　（三）292
重修龙桥镇谯楼记　　　　　　　（三）44
重修龙槐寺碑记　　　　　　　　（三）148
重修东乡阖会施茶房序　　　　　（三）171
重修东林寺记碑　　　　　　　　（二）228
重修东林寺并建□□场记　　　　（二）339
重修东岳大圣子孙娘娘庙碑记　　（三）308
重修东岳行宫记　　　　　　　　（三）226
重修东岳庙碑　　　　　　　　　（二）173
重修东岳庙碑记　　　　　　　　（三）63
重修北寺山庙碑记　　　　　　　（三）140
重修四天王碑记　　　　　　　　（三）119
重修仙游寺记　　　　　　　　　（三）250
重修白云山三清殿碑记　　　　　（四）202
重修白云山三清殿魁星楼碑记　　（四）200
重修白云山无量祖师殿碑记　　　（四）95
重修白云山五龙捧圣宫诸殿碑　　（三）309
重修白云山文昌楼碑记　　　　　（四）62
重修白云山玉皇殿碑记　　　　　（四）202
重修白云山正殿碑记　　　　　　（三）262

重修白云山功德碑记　　　　　　（三）324
重修白云山东岳大帝庙碑记　　　（四）162
重修白云山东岳庙碑记　　　　　（三）302
重修白云山仙人井记　　　　　　（三）200
重修白云山神路及乐楼碑　　　　（四）65
重修白云山诸庙碑　　　　　　　（四）162
重修白云山碑　　　　　　　　　（三）200
重修白云山碑记　　　　　　　　（三）60
重修白云山碑记　　　　　　　　（四）43
重修白云峰碑记　　　　　　　　（三）46
重修白塔寺碑记　　　　　　　　（三）225
重修玄坛赵元帅庙碑记　　　　　（二）294
重修玄帝庙贡献楼金刚殿碑记　　（三）60
重修玄帝庙碑记　　　　　　　　（三）62
重修兰州城碑　　　　　　　　　（三）219
重修汉太史公祠记　　　　　　　（三）229
重修汉太史司马公祠记　　　　　（三）166
重修汉台碑记　　　　　　　　　（四）34
重修汉丞相忠武侯墓祠记　　　　（三）203
重修汉丞相诸葛武侯献殿碑记　　（四）54
重修汉丞相诸葛忠武侯祠戟门记　（三）322
重修汉建信侯庙碑　　　　　　　（三）155
重修汉建信侯庙碑记　　　　　　（四）238
重修汉建信侯祠碑记　　　　　　（二）337
重修宁虢宫圣母祠碑　　　　　　（四）112
重修永寿寺妆饰神像新建乐楼碑序（三）234
重修永寿寺碑记　　　　　　　　（三）183
重修永寿寺碑记　　　　　　　　（四）74
重修永固寺募缘碑记　　　　　　（三）156
重修司马太史庙碑记　　　　　　（三）130
重修司马迁庙记碑　　　　　　　（二）196
重修司马迁祠碑　　　　　　　　（二）180
重修圣母宫小引　　　　　　　　（三）280
重修圣母殿助缘姓名记　　　　　（三）90
重修圣母殿碑记　　　　　　　　（三）142

重修圣寿寺碑	(三)190	重修名医神殿暨过风楼碑	(三)170
重修圣庙碑记	(四) 8	重修名宦祠记	(三) 88
重修吉祥庵乐楼碑记	(四) 48	重修庆善寺大佛殿碑记	(三)135
重修考校殿碑记	(三) 82	重修关王庙碑	(二)325
重修老龙王庙碑记	(四)208	重修关王祠记	(二)224
重修老爷庙碑	(三)241	重修关圣庙记	(三) 42
重修老君庵碑	(四) 45	重修关圣庙碑	(四) 58
重修老君殿碑记	(四) 43	重修关圣帝君庙碑记	(三) 23
重修西安府学文庙记	(二)205	重修关圣帝君庙碑记	(三)284
重修西安府学碑林记	(三)208	重修关圣帝君庙碑记	(四) 19
重修西岳庙上谕	(三)163	重修关圣帝君庙照墙缭垣记	(三)149
重修西岳庙记	(二)316	重修关帝文昌阁碑记	(三)119
重修西岳庙碑	(四) 33	重修关帝圣母庙碑	(四) 32
重修压火楼并享殿碑记	(四) 71	重修关帝庙记	(四) 92
重修尧山夫人殿记碣	(二)122	重修关帝庙记	(四)116
重修尧山圣母庙碑	(三) 88	重修关帝庙碑	(三)203
重修尧山圣母庙暨戏楼碑记	(四) 91	重修关帝庙碑	(三)270
重修尧山各庙碑记	(四) 81	重修关帝庙碑	(三)282
重修尧山灵应夫人庙碑	(三)181	重修关帝庙碑	(三)306
重修尧山灵虚观记碑	(二)173	重修关帝庙碑记	(三) 82
重修吕祖祠碑记	(三)280	重修关帝庙碑记	(四) 61
重修延生观记碑	(二)236	重修关帝庙碑记	(四) 63
重修任家畔佛殿碑记	(四) 51	重修关帝庙碑记	(四)169
重修华阴学宫记	(四) 89	重修江神庙碑	(三)316
重修后堂园池碑	(二)320	重修汤房碑记	(三)148
重修会龙寺补塑诸圣像碑	(四) 5	重修兴化寺碑记	(三)321
重修会龙寺碑记	(三)286	重修兴安郡城清真古寺碑志	(四) 73
重修合龙山玄天庙碑记	(三)116	重修兴国寺碑记	(三) 47
重修合龙山庙宇碑	(三)168	重修兴信寺碑	(二)198
重修合龙山庙宇碑记	(三)154	重修兴信寺碑	(二)281
重修合龙山庙宇碑记	(三)180	重修兴隆寺碑记	(四) 16
重修合龙山庙宇碑记	(三)291	重修孙真人庙洞记	(二)232
重修合龙山真武小庙碑记	(三)111	重修孙真人祈嗣神岩记	(二)255
重修邠州开元寺碑	(一)324	重修孙真人祠记	(三) 50
重修名臣祠碑记	(三)238	重修孙真人祠碑记	(三)133

重修孙真人祠暨圣母殿碑记　　（三）235

重修戏楼　　（三）271

重修观井寺并增修庙宇院墙碑记　　（三）286

重修观井村碑记　　（二）261

重修观音老爷堂并诸事碑记　　（三）57

重修观音庙记　　（三）3

重修观音庙碑　　（三）259

重修观音庙碑记　　（三）201

重修观音庙碑记　　（三）286

重修观音庙碑记　　（四）2

重修观音阁弁言　　（四）183

重修观音菩萨庙碑记　　（三）166

重修观音堂碑记　　（四）10

重修观音堂慈云菩萨庙碑记　　（四）229

重修观音殿记　　（二）331

重修观音殿神洞并创建戏楼碑记　　（三）270

重修红石峡佛庙碑序　　（四）8

重修寿宁寺碑文　　（三）145

重修寿宁寺碑记　　（二）294

重修寿圣寺前殿记　　（二）224

重修寿圣寺碑　　（三）189

重修寿峰院祖师庙松山碑记　　（三）110

重修戒香寺记　　（二）270

重修戒香寺碑记　　（三）252

重修苍龙山塔记　　（四）19

重修杨姥道观碑　　（四）35

重修两仪殿碑　　（四）87

重修邑城隍庙碑　　（二）336

重修佛坪县衙署记　　（四）164

重修佛坪佛殿暨火神诸殿序　　（三）319

重修佛面纪事碑　　（四）119

重修佛祖关帝庙序　　（三）181

重修佛堂日神庙碑　　（四）105

重修佛堂寺碑　　（三）158

重修佛堂志　　（三）64

重修佛殿并两廊山门二门钟楼碑记　　（三）294

重修佛殿碑记　　（三）92

重修佛殿题名碑记　　（三）114

重修狄青牢记碑　　（三）233

重修沟西桥碑记　　（三）307

重修快手亭碑记　　（三）145

重修完颜氏祖碑叙　　（四）38

重修宋横渠张子祠宇碑记　　（四）101

重修良马寺碑记　　（四）183

重修启圣宫记　　（三）19

重修灵台县进香会碑记序碑　　（四）152

重修灵岩寺鱼池及补修圆门记　　（三）267

重修灵岩禅寺记碑　　（二）202

重修灵官神祠碑　　（三）268

重修张良庙并创修授书楼碑记　　（四）234

重修张良庙厢房碑　　（三）304

重修张载祠堂碑　　（三）173

重修张横渠先生大振谷口庙碑记　　（三）29

重修武侯祠墓碑　　（二）304

重修武侯祠碑　　（三）273

重修武侯祠碑记　　（四）210

重修武陵寺碑记　　（三）264

重修青龙庙碑　　（三）206

重修青阳宫碑记　　（四）238

重修青崖观音殿碑　　（三）210

重修青霄山铁瓦殿碑　　（四）116

重修奈何石桥碑　　（三）263

重修明伦堂碑　　（三）173

重修明伦堂碑　　（四）143

重修明伦堂碑记　　（四）27

重修明德寺碑记　　（三）245

重修固迹清凉禅寺碑记　　（二）222

重修忠武侯庙记　　（二）211

重修忠武侯墓碑记　　（四）47

重修罗汉寺画廊记　　（二）276

重修罗汉洞记摩崖刻石　　　　　（二）145

重修岳王献殿碑记　　　　　　　（三）218

重修金台观文昌洞朝阳洞暨新开
　　吕祖洞碑记　　　　　　　　（三）290

重修金台观碑　　　　　　　　　（二）283

重修金洋堰规碑序　　　　　　　（四）224

重修金峰寺记碑　　　　　　　　（二）205

重修金陵寺碑　　　　　　　　　（三）32

重修金堡观音殿碑记　　　　　　（三）79

重修金堡观音殿碑记　　　　　　（四）110

重修金堡寨记　　　　　　　　　（四）66

重修周三公庙碑记　　　　　　　（三）53

重修周公正殿碑记　　　　　　　（四）40

重修周公庙　　　　　　　　　　（二）130

重修周公庙记碑　　　　　　　　（二）176

重修周公庙碑记　　　　　　　　（四）197

重修周文王陵碑记　　　　　　　（四）182

重修周至县龙泉禅寺图碑　　　　（二）203

重修享殿厨房垣墉增设墙屏序　　（三）140

重修享殿碑记　　　　　　　　　（三）126

重修庙学之辞碑　　　　　　　　（四）133

重修庙学记并诗　　　　　　　　（二）265

重修庙学记碑　　　　　　　　　（二）303

重修庙学碑记　　　　　　　　　（三）107

重修府君庙碑记　　　　　　　　（三）75

重修府学明伦堂碑记　　　　　　（四）21

重修卷阿东庵三清洞碑记　　　　（三）254

重修法门寺大乘殿记　　　　　　（二）222

重修河神庙神路碑记　　　　　　（四）151

重修泾阳惠果寺碑　　　　　　　（三）41

重修治内庙殿记　　　　　　　　（三）18

重修学舍记　　　　　　　　　　（三）64

重修学宫记　　　　　　　　　　（三）68

重修学宫记　　　　　　　　　　（三）145

重修学宫并置学田记　　　　　　（三）109

重修学宫碑　　　　　　　　　　（二）315

重修学宫碑记　　　　　　　　　（三）168

重修学宫碑记　　　　　　　　　（三）42

重修宝泉院记　　　　　　　　　（二）208

重修宗圣宫紫云楼并说经台碑记　（四）17

重修定元观并创建魁星阁碑记　　（四）3

重修定兴寺旧殿创建后殿山门碑记（三）47

重修定觉寺碑　　　　　　　　　（三）236

重修定慧寺碑记　　　　　　　　（三）223

重修建东城石堤并挑河记　　　　（三）211

重修建信侯庙碑记　　　　　　　（三）40

重修弥陀禅寺记　　　　　　　　（二）198

重修孟庄村庙记　　　　　　　　（三）45

重修孤魂庙太白圣母碑　　　　　（四）101

重修陕西贡院记　　　　　　　　（四）41

重修终南山古楼观说经台记　　　（三）121

重修驻马桥记　　　　　　　　　（二）271

重修驼峰山诸神殿碑记　　　　　（三）242

重修城隍七圣楼并□□各庙门总碑记（三）61

重修城隍庙正殿两庑记　　　　　（二）330

重修城隍庙记　　　　　　　　　（二）273

重修城隍庙记　　　　　　　　　（二）337

重修城隍庙记　　　　　　　　　（三）51

重修城隍庙记　　　　　　　　　（三）232

重修城隍庙记　　　　　　　　　（四）21

重修城隍庙记碑　　　　　　　　（二）195

重修城隍庙记碑　　　　　　　　（二）324

重修城隍庙并城工河堤碑　　　　（四）78

重修城隍庙钟楼记　　　　　　　（三）9

重修城隍庙客馆及买房后序　　　（四）54

重修城隍庙碑　　　　　　　　　（三）255

重修城隍庙碑　　　　　　　　　（三）305

重修城隍庙碑记　　　　　　　　（二）284

重修城隍庙碑记　　　　　　　　（三）43

重修城隍庙碑记　　　　　　　　（三）65

重修城隍庙碑记　　　　　　　　（三）291

重修城隍庙碑记　　　　　　　　（四）75
重修城隍庙碑记　　　　　　　　（四）239
重修城墙记　　　　　　　　　　（四）30
重修革除陋规碑　　　　　　　　（三）190
重修草堂寺碑　　　　　　　　　（三）148
重修南丰寨祖师殿叙　　　　　　（三）18
重修药王古洞记　　　　　　　　（三）162
重修药王洞碑记　　　　　　　　（三）221
重修药王献殿并阶级甬道碑　　　（三）228
重修相亳寺碑　　　　　　　　　（四）66
重修咸阳县城隍庙记　　　　　　（二）234
重修咸阳县城碑记　　　　　　　（三）268
重修咸阳明伦堂记　　　　　　　（三）44
重修临潼县城碑记　　　　　　　（三）295
重修哑姑庙碑　　　　　　　　　（四）169
重修昭庆寺记碑　　　　　　　　（二）195
重修毗卢殿补筑院墙暨新置田地
　　碑记　　　　　　　　　　　（四）156
重修毗卢殿金身碑　　　　　　　（三）174
重修钟台碑　　　　　　　　　　（二）295
重修钟吕坪斗姥宫碑　　　　　　（四）103
重修钟鼓楼并墙垣碑记　　　　　（四）29
重修香严寺各殿创建圣母祠功德序（三）141
重修香炉石记　　　　　　　　　（三）58
重修香溪洞碑文　　　　　　　　（三）112
重修重兴寺记碑　　　　　　　　（二）218
重修重阳天圣宫碑记　　　　　　（二）239
重修保宁寺并建万寿宫碑　　　　（三）170
重修泉神庙碑　　　　　　　　　（三）219
重修禹王庙捐资碑　　　　　　　（四）151
重修胜经寺碑　　　　　　　　　（四）111
重修胜经寺碑并筑城碑　　　　　（四）114
重修奕应侯庙并孙真人洞碑记　　（三）4
重修姜嫄圣母正殿碑记　　　　　（四）40
重修送子娘娘像记　　　　　　　（三）252

重修洪教院记　　　　　　　　　（二）162
重修洪堰众民颂德记碑　　　　　（二）314
重修洞阳宫碑记　　　　　　　　（四）197
重修洞阳宫碑序　　　　　　　　（四）153
重修洵阳县庙学记碑　　　　　　（二）267
重修洛川县城记事碑　　　　　　（四）75
重修洛南县文庙碑记　　　　　　（四）2
重修宣圣庙记　　　　　　　　　（二）165
重修宣圣庙记　　　　　　　　　（二）188
重修宣圣庙记　　　　　　　　　（二）188
重修祖师老爷庙宇并金妆神像碑记（三）119
重修神泉镇觉黄寺碑记　　　　　（二）270
重修神殿神像记　　　　　　　　（三）200
重修说经台记　　　　　　　　　（四）213
重修真人神像碑记　　　　　　　（三）102
重修真人娘娘洞碑　　　　　　　（三）200
重修桃园山神庙碑　　　　　　　（四）136
重修桃园子山神庙碑记　　　　　（四）230
重修党氏祖祠碑　　　　　　　　（四）164
重修圆明寺碣　　　　　　　　　（四）106
重修铁尾殿施财碑　　　　　　　（三）141
重修留侯庙暨创建三清殿碑记　　（三）313
重修高神殿记　　　　　　　　　（二）273
重修海龙庙西社布施碑　　　　　（四）11
重修润德泉记　　　　　　　　　（三）313
重修涌泉禅寺记　　　　　　　　（二）267
重修家谱碑　　　　　　　　　　（四）21
重修诸葛武侯庙碑记　　　　　　（三）202
重修诸葛武侯祠墓碑记　　　　　（四）55
重修诸葛武侯墓记　　　　　　　（三）202
重修诸葛忠武乡侯祠后殿记　　　（三）263
重修诸葛忠武侯正殿拜殿碑记　　（三）228
重修诸葛忠武侯祠琴台记　　　　（四）90
重修诸葛忠武侯祠墓并捐置田亩记（三）165
重修诸葛忠武祠记　　　　　　　（四）53

重修娘娘庙碑	（三）179	重修景福山碑记	（四）220
重修通仙万寿宫碑	（二）190	重修蛟龙寺碑	（三）124
重修通灵寺碑	（四）137	重修黑龙洞碑	（四）159
重修黄山宫碑记	（四）67	重修智果院第六次序	（三）106
重修菩萨庙碑	（三）221	重修集祺宫韦驮殿碑记	（三）123
重修菩萨殿施财碑	（三）221	重修善觉寺碑记	（二）229
重修菩萨殿碑记	（四）113	重修普明山钟楼碑	（四）114
重修菩提寺暨关帝庙碑	（四）108	重修普渡桥记	（三）313
重修萧公祠正殿碑	（四）103	重修尊经阁记	（四）12
重修萧寺碑记	（三）124	重修曾氏祠堂碑	（四）101
重修萧寺碑记	（三）271	重修温水镇龙王庙	（三）90
重修救苦天尊殿碑	（三）182	重修游龙观碑	（四）186
重修敕赐智果寺胜境全图	（三）108	重修湑水河石桥碑记	（三）308
重修雪映宫木栅及马路记碑	（四）52	重修湑水河桥碑记	（四）36
重修野鹤观碑记	（三）224	重修禅院歌台碑记	（四）2
重修崇皇寺记	（二）262	重修蓝田县庙学碑	（三）196
重修敏庵公十五世谱牒记	（三）265	重修蒲城县廊宇记碑	（二）177
重修偏桥碑记	（三）1	重修献殿志	（三）193
重修偏殿马王关帝庙序	（三）135	重修槐坪寺碑	（四）159
重修盘龙山真武庙碑记	（三）183	重修楼观台记	（三）215
重修盘龙山真武祖师庙序	（四）74	重修楼观台宗圣宫碑记	（三）188
重修鹿龄寺悠久亭暨牌坊碑记	（四）60	重修楼观碑记	（三）186
重修望仙坪集仙观碑记	（三）212	重修碑亭碑记	（三）100
重修清真古寺碑记	（四）37	重修碑院七贤堂记	（二）146
重修清凉山三清庙记	（三）131	重修雷神殿碑	（三）225
重修清凉建福禅院碑	（二）110	重修睡佛寺碑	（三）170
重修韩城县学尊经阁诸工记	（三）96	重修暖泉寺记载	（三）215
重修韩城学宫记	（三）64	重修歇马塬九天圣母庙碑	（四）144
重修朝元洞碑	（三）105	重修廉水县城隍庙碑	（三）302
重修朝阳古洞志	（四）37	重修福山古佛诸神庙记	（三）85
重修遇仙桥碑记	（三）304	重修静明宫孙真人殿碑	（三）174
重修景福山云溪宫碑记	（四）219	重修静明宫碑记	（四）170
重修景福山玉皇殿碑记	（三）91	重修静明宫殿门记	（二）260
重修景福山玉屏大顶功德碑记	（四）94	重修静思室碑记	（三）276
重修景福山布施碑记	（四）221	重修嘉岭书院记	（三）132

重修嘉陵江灵岩寺碑记	（四）163	复建义学碑	（四）243
重修蝉耳山弦蒲寺叙文	（三）287	复建观音庙碑	（四）241
重修蝉耳山弦蒲寺碑	（三）187	复建福山庙宇碑	（四） 58
重修毓仙漫道白龙桥碑	（四） 67	复修碑林记	（三）292
重修僧正祠记碑	（二）200	复唯识廨院记	（二）119
重修墩台记	（三）288	复置颜柳碑记	（三）115
重修横渠张子祠记	（四） 99	复像真人像创修静室碑记	（三） 70
重修横渠张子祠记	（四） 99	复新紫云宫目次序	（三）284
重修镇江楼落成碑记	（三）284	复翻修五佛庵记	（四） 63
重修镇江楼碑记	（三）283	段文绚墓志	（二） 46
重修德慧寺碑	（四）155	段允探墓志	（一）189
重修燃灯寺院碑	（三）231	段志玄碑	（一）153
重修簧门	（三）109	段秀实故里碑	（四）106
重修戴一秀墓冢碑	（三）259	段伯阳妻高氏墓志	（一）189
重修藏经阁碑记	（四）147	段伯阳墓志	（一）179
重修藏经楼第壹次碑记	（三）108	段君妻独孤氏墓志	（一）150
重修魏家岔寺庙碑记	（四） 82	段君墓志盖	（二） 89
重修耀州开化寺碑	（二）274	段典书杜甫咏怀古迹诗碑	（二）191
重修耀州五台山宫殿记	（三） 52	段庚墓志	（二） 72
重修耀州城垣碑记	（三）325	段春江暨妻杨氏王氏墓碑	（四） 85
重理韩城文庙司灯章程碑记	（四） 17	段威墓志	（一）109
重茸杨太真初记	（四）165	段晏墓志	（一）325
重茸废邱关义学劝树蚕桑合记碑	（三）263	段继荣墓志	（二）163
重茸清晖亭记	（三）146	段象武题字碑	（四）184
重新庙学碑记	（二）329	段淙墓志	（二） 66
重新胜境	（四） 80	段琼墓志	（二） 80
重塑城隍庙二堂班神记	（四） 47	段璲妻严氏玄堂志	（二） 65
重塑城隍庙东班神碑记	（四） 56	顺治八年祭周陵碑	（三） 44
重塑接引佛像记	（二）224	修土地庙碑记	（三）321
重镌黑河湾龙湾渠原委碑记	（三）149	修大禹庙捐资碑	（四）147
重整六里钱粮记	（四） 79	修太山庙三圣殿龙兴寺碑	（四） 32
重整庙业碑记	（四）196	修太玄洞戏楼碑记	（四） 8
复立庙碣碑记	（三）154	修太玄洞碑文	（二）250
复兴乡会两试盘费碑记	（四） 68	修生里纳粮条规碑	（三）294
复祀周公庙记	（二）179	修圣母庙碑记	（三）108

修西协记	（二）251	修筑西崖碑记	（三）125
修观音峡路碑记	（三）220	修筑华阴城垣碑记	（三）132
修杨家沟古道功德碑	（三）214	修筑沔县城垣河堤碑	（三）290
修佛记	（二）328	修渡船及章程碑	（四）138
修补文庙碑记	（四）166	修路残碑	（四）239
修补龙门洞碑	（四）239	修墙记	（三）196
修补永庆桥香钱碑记	（四）24	保小礼堂	（四）220
修武侯祠捐资碑	（三）156	保护武侯祠财产告示牌	（四）23
修武侯祠墓碑	（二）227	保护武侯祠财产碑	（四）96
修学碑记	（三）146	保护洞阳宫碑	（三）174
修建天台山汤房碑	（三）113	保举题名碑	（四）133
修建天台山岱顶石殿碑	（三）257	保路告示碑	（三）320
修建文庙碑记	（三）39	皇太子阔端祝文	（二）159
修建龙王庙及里长所记	（三）232	皇后庙碑	（三）306
修建玄天上帝庙碑	（二）290	皇甫忍墓志	（一）104
修建兴龙寺碑洞记	（二）222	皇甫武达墓志	（一）209
修建药王洞功德记事碑	（四）20	皇甫诞碑	（一）160
修建洞阳宫碑记	（四）166	皇甫绪墓志	（一）177
修建校舍碑	（四）218	皇甫瑗墓志	（一）227
修建湫神庙碑	（三）217	皇甫楷造阿弥陀佛像碑	（一）148
修建雷祖殿碑	（二）307	皇明圣谕·劝世歌	（三）12
修建蜀河口黄州会馆碑	（四）45	皇清大佛寺碑记	（四）140
修城隍庙碑记	（三）18	皇清诰授德配老宜人墓志	（四）119
修栈道记诗	（三）53	皇清新兴寺碑记	（四）79
修昭仁寺碑亭记	（四）141	禹庙歌舞台碑记	（三）49
修度世堂碑记	（四）94	禹迹图	（二）144
修神场山门阎王匾碑	（三）199	禹迹磨崖	（三）67
修桥碑	（四）105	侯久道墓志	（三）13
修唐杨贵妃墓	（三）46	侯长禧题诗碑	（三）193
修理大成殿碑记	（四）72	侯介墓志	（二）219
修理天池山之真观圣殿落成记碑	（二）246	侯氏世德碑	（二）260
修理祠堂碑记	（四）204	侯刚墓志	（一）39
修理道院记	（三）204	侯廷选墓志	（四）99
修渠记	（三）58	侯訢墓志	（二）120
修黑龙洞廊房拜殿碑	（四）98	侯君妻张氏墓志	（一）17

侯述职题辞并序　　　　　　　　（三）317
侯季父墓表　　　　　　　　　　（二）242
侯欣然暨妻赵氏墓碑　　　　　　（四）157
侯定妻窦娘子墓志　　　　　　　（一）149
侯僧伽墓志　　　　　　　　　　（一） 67
侯肇暨妻古氏墓志　　　　　　　（一）109
俞氏墓志　　　　　　　　　　　（二） 71
俞俞斋杂刻　　　　　　　　　　（四） 93
郗允中暨妻刘氏合葬墓志　　　　（二）306
胜利台记　　　　　　　　　　　（四）222
独立朝冈图　　　　　　　　　　（三）126
独孤开远墓志　　　　　　　　　（一）152
独孤仁同墓志　　　　　　　　　（一）200
独孤申叔墓志　　　　　　　　　（一）346
独孤浑贞墓志　　　　　　　　　（一） 79
独孤祎之妻张金额墓志　　　　　（一）304
独孤桢妻宇文氏墓志　　　　　　（一）332
独孤娥娘墓志　　　　　　　　　（二） 23
独孤婉墓志　　　　　　　　　　（一）224
独孤骧墓志　　　　　　　　　　（二） 61
独堆川创建娘娘洞碑　　　　　　（三） 98
饶益寺题记　　　　　　　　　　（四）236

丶

将兰公墓志　　　　　　　　　　（二）101
将军山重修满庙神像碑　　　　　（三）188
奖开龙首渠敕　　　　　　　　　（二）116
奕应侯神诞虔设祭祀碑记　　　　（四） 9
奕应楼神殿碑记　　　　　　　　（二）178
奕湘为武侯祠题诗碑　　　　　　（三）318
庭柯篇并序　　　　　　　　　　（三）161
亲民学校纪念碑　　　　　　　　（四）214
施公德政碑　　　　　　　　　　（四） 63
施饭碑记　　　　　　　　　　　（三） 45
施茶碑序　　　　　　　　　　　（三）106
施粥会碑　　　　　　　　　　　（三）312

闾丘资深等题记　　　　　　　　（二）154
闾守元墓志　　　　　　　　　　（一）321
闾伯昇暨妻元仲英墓志　　　　　（一） 64
闾君妻段氏德铭　　　　　　　　（二） 9
闾知诚墓志　　　　　　　　　　（二） 57
闾佰陇造像残碑　　　　　　　　（一） 94
养虚斋铭　　　　　　　　　　　（三）102
美原神泉诗序　　　　　　　　　（一）222
姜开墓志　　　　　　　　　　　（一）197
姜从善墓砖　　　　　　　　　　（二）174
姜圣母后稷新栽树木记　　　　　（三） 96
姜兆璜墓志　　　　　　　　　　（三）252
姜伯福继母杨氏碑　　　　　　　（四） 20
姜君墓志　　　　　　　　　　　（三） 26
姜妙明圹志　　　　　　　　　　（二）202
姜遐碑　　　　　　　　　　　　（一）314
姜简碑　　　　　　　　　　　　（一）168
姜嫄公刘新庙碑　　　　　　　　（一）338
姜嫄圣母布施修理记　　　　　　（三）283
姜嫄圣母记　　　　　　　　　　（三）198
姜嫄圣母墓　　　　　　　　　　（四） 47
姜嫄圣母感应记　　　　　　　　（三）266
送子观音像　　　　　　　　　　（三）103
娄公献殿碑　　　　　　　　　　（二）289
娄敬修道处碑　　　　　　　　　（二）327
前代进士举人题名碑　　　　　　（二）269
前后出师表跋　　　　　　　　　（四） 49
前坊州太守盛公玉华宫题记　　　（二）130
前清例赠孺人李母张慈君之神道碑（四）218
炽侯弘福墓志　　　　　　　　　（一）283
炽侯辿墓志　　　　　　　　　　（一）310
炮楼村墓碑　　　　　　　　　　（三）263
洪武四年祭周陵碑　　　　　　　（二）192
洪武学校条规碑　　　　　　　　（二）192
洪武榜谕碑　　　　　　　　　　（二）193

洪范偕诗碣	（二）185	宫人朱氏墓志	（一）125
洪钟乾明寺题诗碑	（二）225	宫人朱氏墓志	（一）120
洪敬夫过马嵬题诗碑	（四）136	宫人刘氏墓志	（一）135
洪福院牒	（二）148	宫人刘氏墓志	（一）141
洞儿碥枸粮税规碑	（四） 7	宫人李氏墓志	（一）123
洞天瑞蔼	（三）169	宫人李氏墓志	（一）126
洞天福地	（三）303	宫人杨氏墓志	（一）139
洞阳宫记事碑	（三）125	宫人豆卢氏墓志	（一）130
洞阳宫捐资碑	（四）197	宫人何氏墓志	（一）126
洗心池	（四）234	宫人何氏墓志	（一）147
洗心涤虑	（四）234	宫人沈氏墓志	（一）127
洗肠泉刻石	（三）293	宫人陈氏墓志	（一）125
洵江书院碑记	（四） 57	宫人陈氏墓志	（一）127
洵阳县重建儒学记	（二）333	宫人陈氏墓志	（一）129
洵阳知县沈天祥墓碑	（四） 59	宫人房氏墓志	（一）140
洛南县革除杂差碑	（三）297	宫人侯氏墓志	（一）132
洛神赋	（四） 39	宫人姜氏墓志	（一）137
洋州八景诗碑	（四） 55	宫人徐氏墓志	（一）139
洋州三十景碑	（二）172	宫人郭氏墓志	（一）125
洋溪河禁烧山伐树碑	（四） 95	宫人席氏墓志	（一）130
恢天禅师功德碑记	（三）146	宫人唐氏墓志	（一）131
恪守新定差徭章程碑记	（四） 71	宫人唐氏墓志	（一）141
恪遵章程	（三）200	宫人萧氏墓志	（一）127
宣统二年重修城垣圣庙碑	（四） 97	宫人麻氏墓志	（一）148
宣德元年祭黄帝陵碑	（二）195	宫人程氏墓志	（一）124
宦姑滩义渡碑记	（四） 13	宫人墓志	（一）230
宫人丁氏墓志	（一）134	宫人鲍氏墓志	（一）132
宫人丁氏墓志	（一）147	宫人樊氏墓志	（一）131
宫人卜氏墓志	（一）140	宫人魏氏墓志	（一）125
宫人元氏墓志	（一）123	扁鹊观碑	（三）191
宫人元氏墓志	（一）130	祛倦魔文碑	（二）298
宫人韦氏墓志	（一）127	祖士衡墓志	（二）123
宫人田氏墓志	（一）137	祖师田真人传	（三）234
宫人冯氏墓志	（一）124	神仙福地	（四）209
宫人司乐刘氏墓志铭并序	（一）123	神龟二年造像碑（乙）	（一） 26

神龟二年造像碑(甲)　　　　（一）25
神龟三年造像碑　　　　　　（一）28
神龟元年千佛造像碑　　　　（一）24
神灵远护碑　　　　　　　　（四）172
祝允明书乐志论碑　　　　　（二）215
祠后河堤加固碑　　　　　　（四）92
诰封怀远将军张双鹤碑　　　（二）293
诰赠骠骑将军碑　　　　　　（三）246
说经台梁公道行碑铭　　　　（三）127
说经台谒老子像　　　　　　（三）222

ㄱ

屏藩是寄　　　　　　　　　（四）104
费甲铸摹圣教序　　　　　　（三）22
费孙墓葬纪年刻石　　　　　（一）3
费智海墓志　　　　　　　　（一）204
姚太墓志　　　　　　　　　（一）131
姚可任暨妻任氏合葬墓志　　（三）21
姚母党氏墓志　　　　　　　（四）228
姚存古墓志　　　　　　　　（二）33
姚贞谅墓志　　　　　　　　（一）320
姚伯多兄弟等造像碑　　　　（一）14
姚君墓志　　　　　　　　　（四）121
姚明德暨妻庞氏墓志　　　　（三）137
姚质菴墓碑　　　　　　　　（三）245
姚选暨妻柳氏合葬墓志　　　（二）277
姚香亭妻王氏节孝碑　　　　（四）176
姚秦三藏法师鸠摩罗什舍利塔碑（二）105
姚常一塔铭　　　　　　　　（二）2
姚奭墓志　　　　　　　　　（二）123
贺子权暨妻王氏合葬墓志　　（四）195
贺仁杰墓志　　　　　　　　（二）178
贺从章墓志　　　　　　　　（二）34
贺氏五亩陵记　　　　　　　（三）239
贺兰祥妻刘氏墓志　　　　　（一）99
贺兰祥墓志　　　　　　　　（一）80

贺兰敏之墓志　　　　　　　（一）250
贺兰淹墓志　　　　　　　　（一）181
贺台如暨妻杜氏合葬墓志　　（四）63
贺寿慈题联　　　　　　　　（四）112
贺拔文昞妻李哀墓志　　　　（一）86
贺若谊碑　　　　　　　　　（一）111
贺胜墓志　　　　　　　　　（二）182
贺雅堂暨妻王氏墓志　　　　（四）78
贺璜墓碑　　　　　　　　　（四）10
癸夏署中遣怀　　　　　　　（三）124
给道官王冲云执照碑　　　　（二）329
绛阿鲁等合邑造像碑　　　　（一）78
骆玄运墓志　　　　　　　　（一）234
统计学租小引　　　　　　　（三）189

十画

一

耕田手诏　　　　　　　　　（四）243
耕作图碑　　　　　　　　　（四）142
泰山石敢当　　　　　　　　（四）145
泰和四年陀罗尼经幢　　　　（二）155
泰定二年禁伐黄陵圣旨碑　　（二）182
秦中杂咏十首　　　　　　　（三）125
秦中桥妻李氏墓志　　　　　（二）319
秦公妻刘氏墓志　　　　　　（一）265
秦公妻孟氏墓志　　　　　　（一）337
秦贞墓志　　　　　　　　　（一）163
秦自省墓志　　　　　　　　（二）299
秦希忠暨妻刘氏合葬墓志　　（二）338
秦君夫妇墓碑　　　　　　　（三）264
秦君妻李氏墓志　　　　　　（二）6
秦君妻杨氏墓志　　　　　　（二）4
秦岭标志碑　　　　　　　　（四）207
秦承恩墓志　　　　　　　　（二）3
秦洪墓志　　　　　　　　　（一）38

秦继周暨妻申氏合葬墓表 （二）278
秦域村八社重修诸神庙序 （四）31
秦琮墓志 （一）229
秦朝佥墓志 （二）14
秦惠王继妃嵇兰圹志 （二）215
秦聚奎题咏碑 （二）324
秦僧寿造像碑 （一）67
秦孺人墓碑 （三）317
班超食邑碑 （三）217
栽种松柏圣旨碑 （二）121
振华威 （四）213
振河不拽 （四）59
起建藏经阁功德碑 （二）337
捐助地亩碑记 （三）300
捐建玉泉书院膏火碑记 （三）288
捐建郴州会馆碑 （四）57
捐修玉泉书院碑记 （三）288
捐修宜禄学署碑 （四）141
捐济茕民碑记 （三）239
捐资碑 （四）112
捐银碑 （四）238
捐猪酒税公本碑 （四）51
捐款碑记 （三）202
捐置张念先君遗族田产记 （四）169
捐置养济院记 （四）30
袁氏袝闫仲宇墓志 （三）28
袁氏墓志 （四）61
袁养和墓碑 （三）186
袁神荫造像碑 （一）102
袁神墓志 （一）165
袁鼎铉暨妻杨氏合葬墓碑 （三）186
都察院碑记 （三）14
逝者如斯 （三）283
挚行基墓志 （一）188
耿为暨妻曹氏丁氏杨氏合葬墓志 （三）173

耿兆鹅墓志 （三）188
耿君暨妻翟氏合葬墓志 （三）185
耿重琇墓志 （一）303
耿恒暨妻张氏周氏合葬墓志 （三）177
耿晏若墓志 （三）161
耿端人少将纪念碑 （四）181
聂凤岗墓碑 （四）179
聂龙灵暨妻徐氏墓碑 （四）179
聂先堂墓碑 （四）29
聂登义墓碑 （四）152
恭立神龙显应碑 （四）165
恭建金容碑记 （二）326
恭逢皇太后六旬大庆贺诗碑 （四）73
恭谒太史祠 （二）128
莲峰真逸绝句二首 （二）151
晋双墓碑 （四）75
晋永安侯墓刻石 （一）12
晋兴邑朝山姓氏碑记 （三）79
"晋溪杂咏"摩崖刻石 （二）241
真人洞记 （二）315
真武祖师垂训 （三）300
桓义成墓志 （一）303
桓表墓志 （一）189
栖禅寺新修水磨记 （二）118
桐阁先生李公墓表 （四）8
桥山龙驭碑 （二）248
桥华山人书碑 （三）209
桥绍墓志 （一）100
桥陵圣境 （四）190
桃花洞置地文约碑 （四）34
桃林山庄 （四）227
桃渠村修庙碑 （四）138
格言敬劝 （三）132
格言碑 （四）231
格承恩墓志 （一）288

索处士墓志盖　　　　　　　　（二） 90
索玄爱墓志　　　　　　　　　（一）349
索崇墓志　　　　　　　　　　（一）268
速报祠碑文　　　　　　　　　（三）136
鬲苟子合邑子廿五人等造像碑　（一）187
栗浣墓志　　　　　　　　　　（一）335
贾三德复通石门题记摩崖　　　（一） 19
贾云中圹记　　　　　　　　　（三）249
贾汉复修栈记　　　　　　　　（三） 52
贾扬泰暨妻萧氏合葬墓表　　　（三）226
贾光妻陈氏墓志　　　　　　　（二） 22
贾会瀛暨妻朱氏王氏墓碑　　　（四） 58
贾孝卿墓葬刻石　　　　　　　（一） 7
贾君墓志　　　　　　　　　　（一）272
贾君墓志　　　　　　　　　　（二） 15
贾武墓志　　　　　　　　　　（一）230
贾尚书补石经孟子诗　　　　　（三） 54
贾季卿墓志　　　　　　　　　（一）279
贾宗成墓志　　　　　　　　　（二）141
贾绍墓志　　　　　　　　　　（一）221
贾经儒母墓志　　　　　　　　（三）169
贾经儒墓志　　　　　　　　　（三）192
贾振邦墓志　　　　　　　　　（四） 18
贾雄墓志　　　　　　　　　　（二） 34
贾温墓志　　　　　　　　　　（二） 32
贾馨墓碑　　　　　　　　　　（三）222
酌改摊派六里差徭章程碑记　　（四） 34
夏阳县主志　　　　　　　　　（二）215
夏建寅题诗碑　　　　　　　　（四）200
夏侯绚妻李淑姿墓志　　　　　（一）198
夏侯绚墓志　　　　　　　　　（一）166
夏侯董祭等七十人造像碑　　　（一）103
夏侯僧□合邑造像碑　　　　　（一） 60
破丑氏墓志　　　　　　　　　（二）106
原玉山暨妻合葬墓志　　　　　（三）204
原印心德行碑　　　　　　　　（四） 76

原孕昆暨妻屈氏耿氏石氏合葬墓志（三） 16
原母张氏墓志　　　　　　　　（四）128
原承光暨妻曹氏合葬墓志　　　（三）189
原相吉墓志　　　　　　　　　（三）195
原惜暨妻王氏合葬墓志　　　　（三）146
原富春墓志　　　　　　　　　（三）251
烈士纪念碑　　　　　　　　　（四）202
顾夔墓志　　　　　　　　　　（四） 22
致祭刘懋石　　　　　　　　　（三） 14

I

柴关岭碑　　　　　　　　　　（四）200
监典籍允卿李公墓志　　　　　（四）136
监修一步崖碑记　　　　　　　（四） 69
监修大佛寺题名碑　　　　　　（四）140
党士煌母党孺人墓志　　　　　（四）127
党子成墓志　　　　　　　　　（四）166
党文进墓志　　　　　　　　　（四） 93
党仙州碑帖　　　　　　　　　（四）228
党母王氏墓志　　　　　　　　（四） 82
党林豪墓志　　　　　　　　　（二） 81
党起凤墓志　　　　　　　　　（四）192
党晴梵祖母李氏行状　　　　　（四）185
剔积弊碑　　　　　　　　　　（三）198
晏袤释鄐君开通褒斜道摩崖　　（二）153
晏袤释潘宗伯韩仲元造桥阁
　题记摩崖　　　　　　　　　（二）154
晏曜墓志　　　　　　　　　　（二） 56
晖福寺碑　　　　　　　　　　（一） 13
恩荣千古　　　　　　　　　　（四）142
恩衍宗嗣　　　　　　　　　　（三） 20
峰洞山菩萨寺记　　　　　　　（三） 43

丿

钱乌娘墓志　　　　　　　　　（二） 79
钳耳保炽造像碑　　　　　　　（一）106
铁业定价制度碑　　　　　　　（三）218

铁佛崇文塔寺常住田供众记　　（三）48
铁溪堰放水条规碑　　　　　　（三）184
特授陇州正堂加五级纪录十次久为
　　出示晓谕　　　　　　　　（四）1
特授碑　　　　　　　　　　　（四）119
特赐大觉禅院故牒碑　　　　　（一）92
特赐耀州五台山静明宫并加真人
　　号记　　　　　　　　　　（二）162
造化现成　　　　　　　　　　（四）209
造像记碑　　　　　　　　　　（二）322
秣陵旅舍送会稽章生诗帖　　　（三）83
积善碑　　　　　　　　　　　（二）231
俱慈顺墓志　　　　　　　　　（一）337
倪加泮墓碑　　　　　　　　　（三）320
倪达寿墓碑　　　　　　　　　（四）170
倪宗旴墓碑　　　　　　　　　（四）247
倪统墓碑　　　　　　　　　　（四）95
倪端檽暨妻刘氏墓碑　　　　　（四）213
俾失十囊墓志　　　　　　　　（一）287
俯纳边流　　　　　　　　　　（三）67
俯视神怡　　　　　　　　　　（三）73
徐万壁题诗碑　　　　　　　　（二）253
徐仁合葬墓志　　　　　　　　（二）289
徐氏买地券　　　　　　　　　（二）151
徐氏殉难记　　　　　　　　　（四）23
徐文彩墓碑　　　　　　　　　（四）181
徐正发暨妻尹氏墓碑　　　　　（四）64
徐可钦墓志　　　　　　　　　（四）18
徐仕升等诗碑　　　　　　　　（二）327
徐用检关士同年会诗碑　　　　（二）290
徐永泉墓志　　　　　　　　　（三）168
徐母周氏墓志　　　　　　　　（二）313
徐先启暨妻徐氏墓碑　　　　　（四）37
徐兆兰德政碑　　　　　　　　（四）83
徐兆璜暨妻冉氏合葬墓志　　　（三）164
徐买墓志　　　　　　　　　　（一）232

徐芷生公祖培植书院碑记　　　（四）53
徐秀龙暨妻易氏墓碑　　　　　（四）31
徐怀隐墓志　　　　　　　　　（一）314
徐君妻菅洛墓碑　　　　　　　（一）10
徐罗母薛氏墓志　　　　　　　（一）192
徐承嗣墓志　　　　　　　　　（一）295
徐思倩墓志　　　　　　　　　（一）347
徐恪敏墓志　　　　　　　　　（三）61
徐宽墓志　　　　　　　　　　（二）177
徐通久题诗碑　　　　　　　　（四）119
徐盛泰墓碑　　　　　　　　　（三）256
徐淡园墓志　　　　　　　　　（四）23
徐景晖造像碑　　　　　　　　（一）104
徐槐安墓志　　　　　　　　　（三）117
殷化行临兰亭序碑　　　　　　（四）135
殷氏墓志　　　　　　　　　　（四）138
殷氏墓志盖　　　　　　　　　（四）137
般若心经序　　　　　　　　　（二）115
般若多心经　　　　　　　　　（三）167
般若波罗蜜多心经　　　　　　（三）217
般若波罗蜜多心经　　　　　　（三）311
般若波罗蜜多心经　　　　　　（四）130
耸秀　　　　　　　　　　　　（四）81
爱民乐业　　　　　　　　　　（四）221
奚真墓志　　　　　　　　　　（一）33
奚智墓志　　　　　　　　　　（一）18
颂沼亭封公诗　　　　　　　　（三）147
颂学翁诗碑　　　　　　　　　（三）95
留凤关记　　　　　　　　　　（四）139
留坝营游府安民告示碑　　　　（四）103
留侯庙接管沔邑武侯祠墓碑　　（四）30
留侯庙常住地界碑记　　　　　（三）243
留侯祠题诗碑　　　　　　　　（四）94
留题太阳山圣灯龛诗　　　　　（二）121
留题玉华宫　　　　　　　　　（二）136

留题乾初洞诗　　　　　　　　　（二）121

、

凌树棠题联　　　　　　　　　　（四）232
高力士神道碑　　　　　　　　　（一）327
高力士墓志　　　　　　　　　　（一）318
高三城造像碑座　　　　　　　　（一）74
高士廉茔兆记　　　　　　　　　（一）167
高万有暨妻魏氏墓碑　　　　　　（四）7
高义忠墓志　　　　　　　　　　（一）327
高飞凤墓志　　　　　　　　　　（三）83
高元珪墓志　　　　　　　　　　（一）314
高木卢墓志　　　　　　　　　　（一）277
高公德政碑首　　　　　　　　　（二）104
高氏墓志　　　　　　　　　　　（二）134
高氏墓志　　　　　　　　　　　（三）38
高氏懿行碑　　　　　　　　　　（四）111
高可方墓志　　　　　　　　　　（二）47
高发墓志　　　　　　　　　　　（三）265
高有邻题九成宫诗碑　　　　　　（二）152
高克从墓志　　　　　　　　　　（二）44
高虬墓志　　　　　　　　　　　（一）116
高秀雅妻墓碑　　　　　　　　　（四）60
高彻墓志　　　　　　　　　　　（二）309
高君妻惠氏墓志　　　　　　　　（四）216
高君墓志　　　　　　　　　　　（三）29
高君墓志　　　　　　　　　　　（三）31
高明川妻孙氏墓志　　　　　　　（二）337
高明暨妻马氏墓碑　　　　　　　（四）21
高秉元墓志　　　　　　　　　　（二）262
高树勋张良庙题记碑　　　　　　（四）215
高神殿建戏楼碑记　　　　　　　（三）49
高紧墓志　　　　　　　　　　　（一）127
高峰寺建立施汤碑　　　　　　　（三）203
高谅墓志　　　　　　　　　　　（二）28
高乾三先生事略　　　　　　　　（四）210

高盖妻刘宝墓志　　　　　　　　（一）312
高隆暨妻王氏合葬墓志　　　　　（二）216
高僧护墓志　　　　　　　　　　（一）88
高叡墓志　　　　　　　　　　　（一）128
郭子仪题联　　　　　　　　　　（四）225
郭子明德教碑　　　　　　　　　（四）62
郭元通墓葬纪年刻石　　　　　　（一）2
郭太夫人墓志　　　　　　　　　（一）330
郭少辉墓志　　　　　　　　　　（二）105
郭仁墓志　　　　　　　　　　　（一）253
郭公仰山世行传略　　　　　　　（四）189
郭氏先灵神主碑　　　　　　　　（三）326
郭氏捐设义馆重修碑记　　　　　（四）30
郭文喜墓志　　　　　　　　　　（一）306
郭功墓志　　　　　　　　　　　（一）254
郭世元辋川图题跋　　　　　　　（三）34
郭世芳题诗碑　　　　　　　　　（四）177
郭世贵暨妻朱氏墓碑　　　　　　（三）194
郭司经题残联　　　　　　　　　（四）132
郭母牛氏墓志　　　　　　　　　（三）46
郭传则墓志　　　　　　　　　　（二）63
郭仲理画像刻石　　　　　　　　（一）7
郭行墓志　　　　　　　　　　　（二）96
郭远墓志　　　　　　　　　　　（一）344
郭均临九成宫醴泉铭　　　　　　（三）288
郭克全墓志　　　　　　　　　　（二）74
郭克勤墓志　　　　　　　　　　（二）74
郭丽墓志　　　　　　　　　　　（一）193
郭乱颐造像碑　　　　　　　　　（一）88
郭希仙墓志　　　　　　　　　　（一）332
郭羌造像碑　　　　　　　　　　（一）114
郭怀玉暨妻元氏合葬墓志　　　　（四）121
郭怀则墓志　　　　　　　　　　（一）293
郭君夫人墓葬刻石　　　　　　　（一）8
郭君妻赵氏墓志　　　　　　　　（一）349

郭君墓志	（三）60	唐太宗妃韦珪墓志	（一）187
郭英奇墓志	（一）309	唐太宗赐真人颂	（二）160
郭沫若题词碑	（四）198	唐少林寺戒坛铭有序	（四）44
郭宗敏墓志	（二）180	唐化功修理宗祠碑	（四）88
郭绅墓志	（三）39	唐公车湃水利碑	（三）241
郭荣碑	（一）144	唐氏宗祠自叙碑	（四）54
郭药树墓志	（一）191	唐氏宗祠碑	（三）261
郭显墓志	（一）34	唐文德墓碑	（四）92
郭顺墓志	（二）81	唐玉真墓志	（二）195
郭胤墓志	（一）339	唐世荣墓志	（一）138
郭宣妻贾氏墓志	（一）311	唐石经补字碑	（二）301
郭留庆墓志	（一）288	唐龙诗碑	（二）312
郭家庙碑	（一）319	唐代功臣赞像碑	（二）128
郭通墓志	（一）211	唐代国长公主碑	（一）281
郭逸墓志	（一）255	唐句	（三）104
郭痖夫墓志	（三）193	唐玄宗御制西岳华山碑铭	（一）268
郭惟良暨妻王氏合葬墓志	（二）12	唐让帝惠陵	（三）159
郭敬善墓志	（一）179	唐廷佐圹记	（三）326
郭敬墓志	（一）145	唐廷诏母第五氏墓志	（四）16
郭鲁胜造像碑	（一）22	唐廷诏墓志	（三）280
郭登纪行诗碑	（二）200	唐廷宰妻王氏墓志	（四）26
郭瑞荫神道碑	（四）226	唐廷铨墓志	（四）1
郭献忠墓志	（二）28	唐兴庆宫图	（二）125
郭骞妻苗氏墓志	（二）62	唐安公主墓志	（一）333
郭福田暨妻李氏墓碑	（四）196	唐狄仁杰墓	（三）163
郭熊飞周乐题马嵬驿诗碣	（三）262	唐尚书省郎官题名石柱	（二）57
郭儒村遗爱记碑	（二）191	唐法门惠恭大德之碑	（一）224
郭懿暨妻冯氏墓志	（一）199	唐河上墓志	（一）210
席有儒游云盖寺题诗碑	（二）171	唐河上碑	（一）211
席德将墓志	（一）129	唐学朝镇压祖坟悔罪碑	（三）315
"衮雪"摩崖	（一）9	唐故含元宫八品墓志	（一）211
唐士雅墓志	（三）264	唐故秦养祖夫人墓志	（一）154
唐开元二十九年石函	（一）289	唐故薛孝廉墓志	（二）20
唐元宗泰陵	（三）160	唐昭告华岳碑	（一）293
唐太极宫残图	（二）126	唐思礼墓志	（二）73

唐重修内侍省碑　　　　　（二）82
唐段府君神道碑　　　　　（一）329
唐俭墓志　　　　　　　　（一）169
唐俭碑　　　　　　　　　（一）291
唐宪宗景陵　　　　　　　（三）160
唐祠纪事　　　　　　　　（三）15
唐高宗乾陵　　　　　　　（三）163
唐凉国长公主神道碑　　　（一）266
唐敕封孙真人故宅　　　　（三）60
唐鸿序母何氏墓志　　　　（四）38
唐鸿序墓志　　　　　　　（四）75
唐郎国长公主神道碑　　　（一）268
唐嗣桐墓碑　　　　　　　（四）195
唐嘉会妻元万子墓志　　　（一）173
唐睿宗妃王芳媚墓志　　　（一）297
唐睿宗桥陵　　　　　　　（三）160
唐僖宗幸蜀经马嵬诗碣　　（三）163
唐端墓志　　　　　　　　（一）267
唐德业寺亡尼墓志　　　　（一）241
唐虢王李凤册文　　　　　（一）201
唐穆宗光陵　　　　　　　（三）160
唐豳州昭仁寺碑跋　　　　（三）244
唐耀墓志　　　　　　　　（一）42
拳石堂草诀百韵歌　　　　（三）89
益门雄镇石匾　　　　　　（二）220
朔望自警誓词碑　　　　　（二）267
剡国长公主墓志　　　　　（一）334
涝店筑堰碑记　　　　　　（四）50
酒奠梁　　　　　　　　　（四）199
浩然亭　　　　　　　　　（四）211
浩然亭碑记　　　　　　　（四）200
海上方碑　　　　　　　　（二）286
海禅师墓志　　　　　　　（一）172
海潮堂长灯记　　　　　　（三）87
海潮堂砌基碑记　　　　　（三）122

浮山灵雨记　　　　　　　（二）325
流沙蓬岛　　　　　　　　（四）212
流觞池　　　　　　　　　（二）324
润德泉记　　　　　　　　（二）45
润德泉记　　　　　　　　（三）124
涧池铺捐资碑　　　　　　（四）239
浣溪沙·渡泾　　　　　　（二）252
悟真澄静灵妙大师碑　　　（二）184
宸翰碑（乙）　　　　　　（二）241
宸翰碑（甲）　　　　　　（二）241
请修兴安六堤奏　　　　　（三）150
朗宁公主墓志　　　　　　（二）68
诸公游药水崖　　　　　　（二）147
诸邑子五十人造像碑　　　（一）99
诸邑子等造像碑　　　　　（一）61
诸佛舍利宝塔碑额　　　　（一）141
诸家评张□□书法刻石　　（四）236
诸葛武侯神位碑　　　　　（三）204
诸葛亮前后出师表　　　　（三）199
读书乐　　　　　　　　　（三）118
读书箴　　　　　　　　　（三）113
读陈门双节录赋赠　　　　（三）53
调查西高渠三坝田亩数目碑记　（四）195

ㄱ

恳圣颁匾碑　　　　　　　（三）156
陶心晨墓志　　　　　　　（四）118
陶母孙孺人与璿公并立祖墓记　（三）176
陶权墓碑　　　　　　　　（四）16
陶廷杰书对联　　　　　　（三）296
陶廷杰书格言　　　　　　（三）296
陶后兴墓志　　　　　　　（一）174
陪娄少府游灵岩同游唱和诗　（四）118
姬买勋墓志　　　　　　　（一）64
姬温墓志　　　　　　　　（一）205
娥冲虚墓志　　　　　　　（二）25

通三氏刊石　　　　　　　　　（四）72
通边野赵二镇灯会碑记　　　　（三）131
通微真人传碑　　　　　　　　（二）191
桑正荣墓碑　　　　　　　　　（四）19
骊山温泉作　　　　　　　　　（三）118
绥州怀古次韵　　　　　　　　（四）99
绥德唐陀罗尼经幢　　　　　　（二）105
继美亭者崇祀碑　　　　　　　（四）91

十一画

一

授时幢　　　　　　　　　　　（二）93
教一旅大礼堂落成记　　　　　（四）218
教稼台　　　　　　　　　　　（四）200
教稼名区圊　　　　　　　　　（三）272
掏大禹神泉祷雨灵应碑序　　　（三）143
培风堂诗　　　　　　　　　　（三）101
培池记　　　　　　　　　　　（三）319
培修汉丞相忠武乡侯祠记　　　（四）147
培养我们的新生力量　　　　　（四）207
培植守护山林告示碑　　　　　（三）307
培植学校碑记　　　　　　　　（三）90
勘定庙界碑　　　　　　　　　（四）27
黄山宫观音菩萨碑　　　　　　（四）40
黄文轩德教碑　　　　　　　　（四）165
黄老始祖碣　　　　　　　　　（三）238
黄季长墓志　　　　　　　　　（二）44
黄河三界图　　　　　　　　　（三）298
黄河图说碑　　　　　　　　　（二）247
黄庭坚苏轼题记刻石　　　　　（四）243
黄庭坚诗　　　　　　　　　　（三）325
黄帝手植柏　　　　　　　　　（四）211
黄帝庙除免税粮记　　　　　　（二）273
黄宣钦墓碑　　　　　　　　　（四）13
黄宣楫暨妻冯氏墓碑　　　　　（四）13

黄浩然墓碑　　　　　　　　　（四）168
黄润墓志　　　　　　　　　　（二）228
黄家村契约碑　　　　　　　　（四）113
黄家湃用水告示碑　　　　　　（四）71
黄堆南堡续修中路碑记　　　　（四）170
黄淦暨妻刘氏墓碑　　　　　　（四）53
黄朝麟德政碑记　　　　　　　（三）108
黄蕴锦仙游寺题咏　　　　　　（三）302
黄蕴锦楼观题咏　　　　　　　（三）303
黄镇墓志　　　　　　　　　　（三）211
菊记　　　　　　　　　　　　（二）272
菊帖　　　　　　　　　　　　（三）80
菊图碑　　　　　　　　　　　（四）135
菩萨庙告示碑　　　　　　　　（三）3
乾县中山公园落成记　　　　　（四）179
乾县西南区孔教分会碑记　　　（四）165
乾县唐陀罗尼经幢（乙）　　　（二）100
乾县唐陀罗尼经幢（丙）　　　（二）100
乾县唐陀罗尼经幢（甲）　　　（二）100
乾明寺记碑　　　　　　　　　（二）150
乾隆二十七年祭华山碑　　　　（三）143
乾隆二十五年祭华山碑　　　　（三）141
乾隆二十五年祭周陵碑　　　　（三）141
乾隆二十五年祭黄帝陵碑　　　（三）141
乾隆二十年祭周陵碑　　　　　（三）138
乾隆二十年祭黄帝陵碑　　　　（三）137
乾隆二年祭周陵碑　　　　　　（三）120
乾隆二年祭黄帝陵碑　　　　　（三）119
乾隆十七年致祭西岳庙碑　　　（三）134
乾隆十七年祭周陵碑　　　　　（三）134
乾隆十七年祭黄帝陵碑　　　　（三）134
乾隆十三年祭华山碑　　　　　（三）129
乾隆十四年祭黄帝陵碑　　　　（三）130
乾隆三十七年祭周陵碑　　　　（三）152
乾隆三十七年祭黄帝陵碑　　　（三）151

乾隆元年祭周陵碑　　　　　　　　（三）119
乾隆五十年祭华山碑　　　　　　　（三）175
乾隆五十年祭周陵碑　　　　　　　（三）175
乾隆太白庙御诗碑　　　　　　　　（三）164
乾隆四十一年祭周陵碑　　　　　　（三）162
乾隆四十一年祭黄帝陵碑　　　　　（三）158
乾隆四十五年祭周陵碑　　　　　　（三）167
乾隆四十五年祭黄帝陵碑　　　　　（三）166
乾隆圣旨碑　　　　　　　　　　　（三）192
萧氏先茔碑　　　　　　　　　　　（三）272
萧玄彻墓志　　　　　　　　　　　（一）149
萧汜墓志　　　　　　　　　　　　（一）134
萧西丞杨季石纪念碑　　　　　　　（四）158
萧行群墓志　　　　　　　　　　　（二）69
萧如兰暨妻刘氏纪氏合葬墓志　　　（三）13
萧何庙村建修神堂记　　　　　　　（四）162
萧何墓碑　　　　　　　　　　　　（三）127
萧怀举墓志　　　　　　　　　　　（一）212
萧君妻田氏墓志　　　　　　　　　（二）14
萧君妻张氏墓志　　　　　　　　　（二）11
萧妙瑜墓志　　　　　　　　　　　（一）121
萧季江墓志　　　　　　　　　　　（一）340
萧绍墓志　　　　　　　　　　　　（一）117
萧荣迁墓碑　　　　　　　　　　　（四）144
萧翘墓志　　　　　　　　　　　　（一）134
萧愚亭先生墓志　　　　　　　　　（四）160
萧愚亭德政碑　　　　　　　　　　（四）160
萧滨墓志　　　　　　　　　　　　（一）137
萧寡尤妻卢婉墓志　　　　　　　　（一）231
萧寡尤墓志　　　　　　　　　　　（一）270
萧懑墓志　　　　　　　　　　　　（一）249
梅兰竹菊画碑　　　　　　　　　　（四）139
梅花堂碑　　　　　　　　　　　　（二）200
梅图碑　　　　　　　　　　　　　（四）130
梅泽说之诗碑　　　　　　　　　　（二）133
梅雪轩书晦翁不自弃文碑　　　　　（二）322
梓潼文昌帝君阴骘文　　　　　　　（三）123
救济贫民记　　　　　　　　　　　（三）102
曹公德政碑　　　　　　　　　　　（四）9
曹氏夫妇墓碑　　　　　　　　　　（四）23
曹可峰碑　　　　　　　　　　　　（四）166
曹母侯氏墓志　　　　　　　　　　（三）176
曹君墓志　　　　　　　　　　　　（二）73
曹君墓志　　　　　　　　　　　　（三）181
曹映斗诗碑　　　　　　　　　　　（四）19
曹钦墓志　　　　　　　　　　　　（一）189
曹济之等游玉盆题名　　　　　　　（二）159
曹恽墓志　　　　　　　　　　　　（一）273
曹海凝墓志　　　　　　　　　　　（一）133
曹寅侯之碑　　　　　　　　　　　（四）157
曹续生造像碑　　　　　　　　　　（一）64
曹慧琳墓志　　　　　　　　　　　（一）328
敕内庄宅使牒　　　　　　　　　　（二）49
敕旨榜文碑　　　　　　　　　　　（二）193
敕命马书林妻王氏为安人碑　　　　（二）248
敕建天庆观碑　　　　　　　　　　（二）170
敕建西岳庙图　　　　　　　　　　（三）165
敕建香严寺新创万桃山序　　　　　（三）86
敕建惠王行香院碑　　　　　　　　（一）10
敕建道大藏经阁记　　　　　　　　（二）335
敕封杨本源圣旨碑　　　　　　　　（二）247
敕封宣武将军赵公碑　　　　　　　（三）233
敕旌太学生刘至诚孝行坊题词　　　（三）242
敕旌节孝碑　　　　　　　　　　　（三）245
敕旌庠生李应榜孝行坊　　　　　　（三）278
敕谕王志碑　　　　　　　　　　　（二）194
敕董若冲起盖后土庙圣旨　　　　　（二）164
敕赐广严院额记碑　　　　　　　　（二）148
敕赐同州韩城县开化寺记　　　　　（二）113
敕赐妙觉寺铭　　　　　　　　　　（二）148

敕赐清凉禅院　　　　　　　（二）147
敕赐智果寺补修第八次碑记　（三）255
敕赐智果院第六次碑记　　　（三）108
敕赠文林郎故城公制命　　　（三）12
副玉帝　　　　　　　　　　（四）85
盛以恒暨妻赵氏合葬墓志　　（三）46
盛切墓志　　　　　　　　　（三）15
盛寿山暨妻郭氏合葬墓志　　（四）117
盛君墓志　　　　　　　　　（三）33
盛惇崇书对联　　　　　　　（三）217
盛惇崇行书四条屏　　　　　（三）214
盛惇崇行书对联　　　　　　（三）214
盛惇崇临东坡书　　　　　　（三）235
雪庵浦光诗碑（甲）　　　　（二）186
雪庵溥光诗碑（乙）　　　　（二）187
辅兰德造像碑　　　　　　　（一）79
辅国将军柳晉墓志铭　　　　（一）101
辅昌墓志　　　　　　　　　（二）180
辅道景造像　　　　　　　　（一）109

丨

砦庙吟　　　　　　　　　　（三）57
虚中君子　　　　　　　　　（三）80
常无逸神道碑　　　　　　　（一）303
常少卿题记　　　　　　　　（二）169
常乐坊民梁龛铭记　　　　　（一）109
常让墓志　　　　　　　　　（一）219
常妃墓志盖　　　　　　　　（一）58
常集庵墓志　　　　　　　　（四）57
野鹤观翻修殿宇装演神像碑记（四）17
略阳县公议嘉陵江航运章程碑（三）322
略阳县医院陈时雨等摩崖题刻（四）177
鄂方伯公子北闱高捷序　　　（三）81
崔上师妻封依德墓志　　　　（一）130
崔公神道碑　　　　　　　　（四）115
崔氏墓志　　　　　　　　　（一）11

崔氏墓志　　　　　　　　　（二）65
崔凤举墓志　　　　　　　　（一）318
崔光斗咏马嵬八绝诗碣　　　（三）273
崔廷玺墓志　　　　　　　　（二）261
崔志道墓志　　　　　　　　（四）91
崔志道题联　　　　　　　　（四）224
崔志新母阎氏懿行碑　　　　（四）219
崔君妻王氏墓志　　　　　　（一）239
崔君妻裴氏墓志　　　　　　（一）246
崔君墓志盖　　　　　　　　（二）87
崔思忠墓志　　　　　　　　（一）272
崔俭墓志　　　　　　　　　（一）213
崔宣华墓志　　　　　　　　（一）80
崔敦礼碑　　　　　　　　　（一）169
崔楷墓志　　　　　　　　　（一）22
崔嗣墓志　　　　　　　　　（一）211
崔慎思墓志　　　　　　　　（二）7
崔簋墓志　　　　　　　　　（一）343
崔德政墓志　　　　　　　　（一）241
崇文塔题名碑　　　　　　　（二）331
崇圣祠记　　　　　　　　　（三）124
崇蚊赋　　　　　　　　　　（三）129
崇福法师塔铭　　　　　　　（一）262

丿

银粮减耗碑记　　　　　　　（四）51
移建关圣帝赵二郎神庙碑　　（三）159
移建关帝圣庙赵二郎神庙碑记（四）120
移修吴岳庙碑　　　　　　　（三）154
符盛暨妻胡氏墓志　　　　　（一）119
笱景墓志　　　　　　　　　（一）47
第一山　　　　　　　　　　（四）233
第五修妻卫氏墓志　　　　　（二）22
第五敬轩神道碑　　　　　　（三）308
第丙墓葬纪年刻石　　　　　（一）4
假延信妻骆氏墓志　　　　　（二）2

彩绘四铺首阿育王石塔　　　　　　（二）85
逸我山房帖　　　　　　　　　　　（三）57
斛斯政则墓志　　　　　　　　　　（一）194
祭文宣王文碑　　　　　　　　　　（二）221
祭刘懋五言十章诗石　　　　　　　（三）14
祭告礼成恭纪　　　　　　　　　　（三）94
祭周陵碑（乙）　　　　　　　　　（四）246
祭周陵碑（甲）　　　　　　　　　（四）246
祭诸葛武侯文碑　　　　　　　　　（三）92
祭阎本碑　　　　　　　　　　　　（二）208

　　　　　　　　　丶

减免台车往返差费用记事碑　　　　（四）20
减钱粮碑　　　　　　　　　　　　（四）84
麻元泰妻梁氏墓志　　　　　　　　（一）332
麻邦宁寄题九成宫诗碑　　　　　　（二）155
庚君妻萧氏墓志　　　　　　　　　（二）50
康一口携门人题灵岩寺诗　　　　　（二）168
康子厚墓志　　　　　　　　　　　（四）243
康氏祖坟碑记　　　　　　　　　　（三）93
康氏墓志　　　　　　　　　　　　（一）317
康氏墓碣　　　　　　　　　　　　（四）212
康母胡氏墓表　　　　　　　　　　（四）12
康成此墓志　　　　　　　　　　　（二）109
康先妃四面造像碑　　　　　　　　（一）95
康孝义墓志　　　　　　　　　　　（一）323
康志达墓志　　　　　　　　　　　（二）19
康承统妻马氏节孝碑　　　　　　　（三）267
康晖墓志　　　　　　　　　　　　（一）319
康海丞墓志　　　　　　　　　　　（四）160
康海草书题诗碑　　　　　　　　　（二）237
康黄头造像碑座　　　　　　　　　（一）13
康雪松墓志　　　　　　　　　　　（二）247
康景世墓志　　　　　　　　　　　（二）221
康熙二十一年祭周陵碑　　　　　　（三）66

康熙二十一年祭黄帝陵碑　　　　　（三）66
康熙二十二年氏族颂祖记事碑　　　（三）68
康熙二十七年祭周陵碑（乙）　　　（三）72
康熙二十七年祭周陵碑（甲）　　　（三）72
康熙二十七年祭黄帝陵碑　　　　　（三）71
康熙十五年祭周陵碑　　　　　　　（三）63
康熙十四年祭周陵碑　　　　　　　（三）62
康熙七年祭周陵碑　　　　　　　　（三）57
康熙三十五年祭黄帝陵碑　　　　　（三）76
康熙千字文　　　　　　　　　　　（三）64
康熙五十二年祭周陵碑　　　　　　（三）95
康熙五十二年祭黄帝陵碑　　　　　（三）94
康熙五十八年祭黄帝陵诗碑　　　　（三）98
康熙五十八年祭黄帝陵碑　　　　　（三）98
康熙四十二年祭周陵碑　　　　　　（三）86
康熙四十二年祭黄帝陵碑　　　　　（三）85
康熙四十八年祭华山碑　　　　　　（三）91
康熙四十八年祭黄帝陵碑　　　　　（三）91
康熙年尧山庙布施碑　　　　　　　（三）102
康熙赐吴赫临米芾书　　　　　　　（三）102
康熙赐吴赫临董其昌书　　　　　　（三）102
康熙赐佛伦诗画扇面　　　　　　　（三）104
章怀恩墓碑　　　　　　　　　　　（四）64
章惇题名碑　　　　　　　　　　　（二）122
章熙墓志　　　　　　　　　　　　（四）138
商洛道示碑　　　　　　　　　　　（三）26
旌表处士赵建业之妻韩氏神道碑　　（三）293
旌表孝子李得成碑　　　　　　　　（二）194
望太白积雪　　　　　　　　　　　（三）118
望仙坪志　　　　　　　　　　　　（三）305
望仙坪碑　　　　　　　　　　　　（三）90
望华岳　　　　　　　　　　　　　（四）130
阎公奏封德应侯碑　　　　　　　　（二）126
阎公墓志　　　　　　　　　　　　（二）317

阎氏东户二门谱牒记	（三）276
阎本墓志	（二）209
阎本墓碑	（三）40
阎让暨妻刘氏合葬墓志	（二）267
阎让暨妻张氏合葬墓志	（二）250
阎永连墓表	（四）72
阎母费氏杨氏墓志	（二）265
阎诏墓志	（二）257
阎君妻仲氏墓志	（二）235
阎叔汶妻米氏墓志	（二）49
阎卓墓志	（二）235
阎炅墓志	（一）235
阎秉庚题诗碑	（三）309
阎承恩暨妻张氏陈氏合葬墓志	（二）270
阎俊池墓碑	（三）15
阎烈轩墓志	（三）15
阎闾墓志	（二）302
阎维翰墓志	（四）185
阎静乐墓碑	（二）282
阐祖道范	（四）233
断泾村庙碑	（四）145
清川记碑	（四）138
清川修泉记	（四）80
清风来故人	（三）227
清宁寺佛祖娘娘庙重修碑	（三）185
清记文昌武曲星名人碑	（三）247
清岁进士折尚忠功德碑	（四）180
清明境水	（四）123
清河崔氏墓志	（一）19
清官第弍	（四）165
清故处士瑚三希先生祝文	（三）277
清故康母巩氏墓碣	（四）62
清相魁范公墓碑赞	（三）137
清信造像碑（乙）	（一）96
清信造像碑（甲）	（一）96
清真寺	（四）207
清真寺创立碑	（三）182
清凉寺助缘碑	（三）279
清凉寺重铸钟碑	（四）143
清凉佛地	（四）201
清凉宝山	（四）201
清凉庵碑	（三）189
清湫太白庙碑	（三）29
添修孙真人廊碑	（二）307
混元□天传法教主像碑	（二）261
淮安定公墓志盖	（一）142
淮阴陈寿登授书楼	（四）84
渊明诗记碑	（二）196
渊静解先生传赞碑	（二）210
淳化县地粮记	（二）294
淳化县增修城隍庙记	（三）38
淳化里合里议定清仓催粮等各条规记	（三）265
淳化战役烈士纪念碑	（四）219
淳化阁帖	（三）42
淳化唐陀罗尼经幢（乙）	（二）103
淳化唐陀罗尼经幢（甲）	（二）103
淡泊宁静	（四）216
淡泊明志	（四）214
淡然	（四）133
深沉节制匾额	（三）78
深沉智勇	（三）268
梁一亮任职公文碑	（三）111
梁才墓志	（一）238
梁天保墓碑	（四）8
梁元翰墓志	（二）42
梁升卿墓志	（一）333
梁仁裕碑额	（二）105
梁化凤暨妻张氏合葬墓志盖	（三）92

梁氏茔墓记　　　　　　　　　　（三）239
梁氏墓表　　　　　　　　　　　（三）292
梁匡仁神道碑　　　　　　　　　（二）47
梁式墓志　　　　　　　　　　　（一）264
梁师亮墓志　　　　　　　　　　（一）234
梁舟题诗　　　　　　　　　　　（二）168
梁兴都墓志　　　　　　　　　　（一）177
梁守一买地券　　　　　　　　　（二）193
梁守谦功德碑　　　　　　　　　（二）20
梁君墓志盖　　　　　　　　　　（二）89
梁坦墓志　　　　　　　　　　　（一）98
梁国璧暨妻任氏合葬墓志　　　　（三）234
梁明达墓志　　　　　　　　　　（一）144
梁忠奏章碑　　　　　　　　　　（二）339
梁星源神道碑　　　　　　　　　（四）5
梁邕墓志　　　　　　　　　　　（一）98
梁捷三墓志　　　　　　　　　　（四）127
梁琮墓志　　　　　　　　　　　（一）253
梁道贵四面四门塔造像碑　　　　（一）122
梁禄墓志　　　　　　　　　　　（二）254
梁嗣鼎墓志　　　　　　　　　　（一）91
梁璟题诗碑　　　　　　　　　　（二）205
惜字纸碑　　　　　　　　　　　（四）63
惜字规条　　　　　　　　　　　（四）133
悼李大钊等同志碑　　　　　　　（四）175
"惟居上"刻石　　　　　　　　（一）7
寇东岩墓志　　　　　　　　　　（四）33
寇旸区暨妻权氏宁氏李氏合葬墓志（三）8
寇卓墓志　　　　　　　　　　　（四）175
寇秉正墓志　　　　　　　　　　（三）211
寇炽妻姜敬亲墓志　　　　　　　（一）98
寇炽墓志　　　　　　　　　　　（一）91
寇准像碑　　　　　　　　　　　（二）231
寇霄墓志　　　　　　　　　　　（一）50
寄题子长先生墓　　　　　　　　（三）54

寄赠梦英大师　　　　　　　　　（二）113
寂照和上碑　　　　　　　　　　（二）39
宿智果寺诗碑　　　　　　　　　（二）321
扈氏先茔碑　　　　　　　　　　（三）176
祷无不应　　　　　　　　　　　（四）62
谒小瞿塘庙诗　　　　　　　　　（三）201
谒五丈原忠武祠　　　　　　　　（四）53
谒太史公祠墓　　　　　　　　　（三）156
谒太史公墓　　　　　　　　　　（四）43
谒太史公墓碑　　　　　　　　　（二）284
谒汉丞相诸葛忠武武乡侯墓　　　（四）66
谒司马子长祠　　　　　　　　　（二）125
谒华岳庙诗　　　　　　　　　　（二）1
谒华岳神　　　　　　　　　　　（二）294
谒张良庙　　　　　　　　　　　（四）234
谒武乡侯祠　　　　　　　　　　（四）236
谒武乡侯墓四诗　　　　　　　　（三）203
谒武侯庙诗　　　　　　　　　　（三）197
谒武侯祠　　　　　　　　　　　（三）126
谒武侯墓诗碑　　　　　　　　　（二）298
谒武侯墓题诗碑　　　　　　　　（三）203
谒岳庙文　　　　　　　　　　　（一）326
谒周公庙碑　　　　　　　　　　（四）116
谒桥陵诗碑　　　　　　　　　　（四）111
谒留侯祠　　　　　　　　　　　（四）198
谒诸葛武乡侯墓　　　　　　　　（三）278
谒横渠先生有作　　　　　　　　（二）251
谕陕西官师诸生橄碑　　　　　　（二）272
谕祭李德文　　　　　　　　　　（四）2
谕赐碑文　　　　　　　　　　　（三）295

一　フ

尉迟阿道墓志　　　　　　　　　（一）305
尉迟敬德妻苏斌墓志　　　　　　（一）175
尉迟敬德墓志　　　　　　　　　（一）176

尉迟敬德碑　　　　　　　（一）175
屠苏庵　　　　　　　　　（三）213
隋文帝故里碑　　　　　　（四）242
隋代四面造像碑　　　　　（一）142
隋舍利宝塔铭　　　　　　（一）119
隋故西戎碑　　　　　　　（一）142
隋宫人司膳六品贾氏墓志铭　（一）123
随清娱墓志　　　　　　　（三）48
隆氏圹记　　　　　　　　（三）239
隆庆四年祭黄帝陵碑　　　（二）283
隆兴寺碑　　　　　　　　（三）27
隆兴寺碑记　　　　　　　（二）112
隆阐法师碑　　　　　　　（一）294
婕妤三品亡尼墓志　　　　（一）185
续刻贺复斋先生墓表并序　（四）186
续建白云山榆林会馆碑记　（四）95
续修文庙碑记　　　　　　（三）319
续修郊禖殿记　　　　　　（四）19
续修将军硐神像序　　　　（四）139
续修魁星庙碑　　　　　　（三）187
续祭城隍碑文　　　　　　（四）88
维修关帝庙纪事碑　　　　（三）198
维修河堤保全庙产告示碑　（四）60

十二画

一

琴吟自叙　　　　　　　　（一）6
琴鹤主人摩崖题记　　　　（二）225
越国太妃燕氏墓志　　　　（一）197
越国太妃燕氏碑　　　　　（一）198
喜折月桂　　　　　　　　（四）130
喜雨诗并记　　　　　　　（三）155
喜雨亭记　　　　　　　　（三）122
彭仲翔碑　　　　　　　　（四）176
彭进□造像碑　　　　　　（一）21

彭君神道碑　　　　　　　（二）29
彭国太妃王氏墓志　　　　（一）180
彭建明暨妻李氏墓碑　　　（四）41
搜遗书并序　　　　　　　（三）71
援川军布告　　　　　　　（四）163
联保甲以弭盗贼　　　　　（三）284
葬僧塔铭　　　　　　　　（二）97
募修紫阳炉子滩疏　　　　（三）277
募捐碑　　　　　　　　　（三）215
募缘包彻白衣堂碑记　　　（三）82
葛三从暨妻李氏墓表　　　（三）314
葛大纪墓志　　　　　　　（二）296
葛守礼华山诗刻石　　　　（三）9
葛洪狂草纯阳吕真人座前　（四）241
葛桂游显化台太玄洞回文诗碑　（二）277
葛舜臣墓志　　　　　　　（二）291
葛蔓墓志　　　　　　　　（二）280
葛曦华山诗刻石　　　　　（三）10
董天华题联　　　　　　　（四）205
董氏家谱图碑　　　　　　（四）16
董氏墓志　　　　　　　　（一）180
董文会暨妻舒氏墓碑　　　（四）150
董文萼墓志　　　　　　　（二）13
董务忠墓志　　　　　　　（一）226
董弘墓志　　　　　　　　（二）94
董师墓志　　　　　　　　（一）238
董伟墓志　　　　　　　　（一）41
董尽吾德行碑　　　　　　（三）281
董彻墓志　　　　　　　　（一）206
董希逸墓志　　　　　　　（二）9
董应徵草书碑　　　　　　（三）43
董启宇墓碑　　　　　　　（三）315
董诏墓志　　　　　　　　（三）277
董君妻卫美墓志　　　　　（一）134
董君妻戴满墓志　　　　　（一）174

董君德行碑　　　　　　　　　　（三）254
董明墓志　　　　　　　　　　　（一）202
董承休母赵明墓志　　　　　　　（一）235
董神寨普善寺重修碑记　　　　　（四）93
董振五墓志　　　　　　　　　　（四）155
董僧利墓志　　　　　　　　　　（一）164
敬一箴有序碑　　　　　　　　　（二）239
敬太芝墓志　　　　　　　　　　（一）350
敬氏夫人墓志　　　　　　　　　（一）240
敬氏墓志　　　　　　　　　　　（二）41
敬业图书馆　　　　　　　　　　（四）184
敬奉墓志　　　　　　　　　　　（一）296
敬胜者吉　　　　　　　　　　　（四）142
敬献石桌记　　　　　　　　　　（四）39
敬献城隍神碑　　　　　　　　　（四）53
蒋义忠墓志　　　　　　　　　　（一）252
蒋君墓志盖　　　　　　　　　　（二）92
蒋荣斋暨妻吕氏合葬墓志　　　　（四）11
蒋奎佑暨妻吕氏田氏合葬墓志　　（四）23
蒋惠春墓志　　　　　　　　　　（二）211
韩山奕应侯祈雨感应碑　　　　　（二）184
韩子谦暨妻陈氏合葬墓志　　　　（四）227
韩王妃杜氏墓志　　　　　　　　（一）303
韩木兰墓志　　　　　　　　　　（一）85
韩介卿墓志　　　　　　　　　　（二）130
韩公才墓志　　　　　　　　　　（二）134
韩公考正位次碑　　　　　　　　（三）69
韩氏贞节碑　　　　　　　　　　（三）279
韩氏宗祠地产及条规碑　　　　　（四）82
韩氏宗祠置地碑　　　　　　　　（四）97
韩世忠庙碑　　　　　　　　　　（三）175
韩世忠碑记　　　　　　　　　　（三）147
韩光臻题联摩崖　　　　　　　　（四）188
韩延超墓志　　　　　　　　　　（二）113
韩仲良碑　　　　　　　　　　　（一）166

韩自明赐紫大德仙宫志　　　　　（二）97
韩自明墓志　　　　　　　　　　（二）29
韩孝恭玄堂志　　　　　　　　　（二）59
韩应墓志　　　　　　　　　　　（二）130
韩国信墓志　　　　　　　　　　（二）21
韩宝才墓志　　　　　　　　　　（一）199
韩肃太夫人赵楚俊墓志　　　　　（一）350
韩城文庙下马碑　　　　　　　　（四）245
韩城会馆碑记　　　　　　　　　（三）149
韩城县令为文庙灯围被窃告示碑　（四）24
韩城县学重修记　　　　　　　　（二）314
韩城县重修庙学碑　　　　　　　（二）200
韩城县常平仓碑记　　　　　　　（三）301
韩城县置学田记　　　　　　　　（三）110
韩城县儒学进士举人题名记碑　　（二）316
韩城重修儒学记碑　　　　　　　（二）211
韩城修学记碑　　　　　　　　　（二）239
韩城隍庙记碑　　　　　　　　　（二）303
韩弇妻韦氏墓志　　　　　　　　（一）347
韩素公孝行碑　　　　　　　　　（三）61
韩涓墓志　　　　　　　　　　　（一）336
韩家河严防南山凿石启土挽炭碑记（三）300
韩淑贤墓志　　　　　　　　　　（二）224
韩裕墓志　　　　　　　　　　　（二）335
韩瑞墓志　　　　　　　　　　　（二）184
韩福魁墓表　　　　　　　　　　（四）185
韩震墓志　　　　　　　　　　　（一）51
韩履宠墓碑　　　　　　　　　　（三）251
朝山进香加回籍建醮碑　　　　　（二）326
朝山进香碑　　　　　　　　　　（二）310
朝山进香碑记　　　　　　　　　（三）94
朝山进香愿满碑　　　　　　　　（三）19
朝山补修碑记　　　　　　　　　（三）129
朝山碑记　　　　　　　　　　　（三）68
朝华山碑记　　　　　　　　　　（三）98

朝武当山记 （三）152
朝武当山记 （三）153
朝武当会建玄帝碑文 （三）82
朝修锡水洞碑记 （四）125
葭州神木府谷朝山□经补修各庙
　功德碑记 （三）121
棰秦兴汉 （四）206
惠三生致命处碑 （四）31
惠元士墓志 （三）150
惠介夫暨妻简氏合葬墓志 （三）199
惠公神道碑 （三）139
惠文斋墓志 （三）232
惠林和尚碑 （二）191
惠济院碟 （二）150
惠琢彰墓志 （三）168
惠瑞芝墓志 （四）245
雄山寺三教殿内补塑重妆合堂圣
　像碑记 （三）79
雄山寺香火养赡地碑记 （三）145
雄石峡记 （四）90
雄石峡张公创开水磨碑记 （三）63
雄吞边际 （三）30
雄峙金城 （三）74
雄流万里 （三）10
雄镇三秦 （四）104
辋川图赋 （三）35
辋川图碑 （三）316
辋川图碑 （四）125
辋川真迹图碑 （二）333
辋川集碑 （四）124
辋川题跋碑 （四）125
雅坡村肆族捐银碑 （三）221

紫平阳墓志盖 （二）138

紫台胜景 （三）166
紫阳县正堂告示碑 （三）268
紫阳县严禁匪徒乘机抢取客货
　告示碑 （三）293
紫柏山免粮记 （三）11
紫柏中峰 （四）190
紫柏留仙 （四）197
凿千万佛洞记碑 （二）288
凿石梁滩险矶并修石路碑 （三）167
凿修八卦宝盖藻井碑记 （三）8
景在中德教碑 （四）3
景秀岩妻张氏节孝碑 （四）115
景君墓碑 （三）277
景祐四年陀罗尼经幢 （二）118
景泰元年祭黄帝陵碑 （二）197
景楠妻刘氏节孝碑 （四）143
景福山香火田地界碑 （四）221
景福眷属输金自修客厅记 （三）139
遗置家具重修碑记 （四）240
赐寿圣寺院额牒 （二）123
赐杨嗣昌诗 （三）21
赐何培元之父制书 （三）230
赐佛伦诗 （三）74
赐岳钟琪诗 （三）107
赐徐子茂诗 （三）117
赐乾兴禅院牒 （二）117
赐阎本父敕文 （三）41
赐智果寺藏经圣谕碑 （二）299
赐程明顺诰命碑 （三）46
赔碑罚酒以端习行碑 （四）86
黑龙庙社境界碑 （四）159
黑池镇西门外碑 （三）134

锁龙寺重修戏台碑 （三）210

智永真草千字文碑	（二）137	筑修城堡碑	（三） 18
智果寺补修第九次助缘信士碑记	（四）242	答城隍庙麻	（四） 76
智该法师碑	（一）151	傅氏墓志	（二） 71
智隆造像碑	（一）142	傅延周莲蒂形四面造像碑	（一） 93
智惠墓志	（一）238	傅鸣铎墓志	（四）183
鹅泉王先生像赞	（四） 33	傅珍宝墓志	（一）330
嵇润墓志	（二）240	傅振商书青山好碑	（二）331
嵇润暨妻张氏李氏合葬墓志	（二）254	傅铎墓志	（二）139
嵇棠合葬墓志	（二）230	傅铎墓志	（二）256
嵇棨墓志	（二）262	傅瑛妻宗氏墓志	（二）237
嵇瑢墓志	（二）218	傅瑛墓志	（二）214
程万邦暨妻崔氏合葬墓碑	（三）303	集王圣教序碑	（一）197
程子四箴碑	（二）241	集古梅花诗	（三）100
程子听箴	（四） 99	集圣教字诗	（三）275
程夫子颜子所好何学论	（三）115	集字魁星点斗图碑	（四） 42
程氏墓碑	（三）266	集陈抟书十字联碑	（三） 25
程朱吕胡遗训	（三） 36	集禊帖	（三）199
程伦墓志	（一）206	焦仙芝墓志	（二） 41
程伊川四箴	（四） 13	焦式彬暨妻高氏田氏墓碑	（四） 15
程买墓志	（一）179	焦伏安佛教造像碑	（一） 63
程希仁暨妻刘氏合葬墓志	（二）332	焦芳谷暨妻严氏合葬墓志	（四） 94
程希诠墓志	（一）326	焦君妻杨媛墓志	（一）185
程君妻李守柔墓志	（二） 19	焦君墓志盖	（二） 92
程枢墓志	（二）125	焦相栋神道碑	（四） 52
程明顺墓志	（三） 56	焦勉兹神道碑	（四） 71
程明顺暨妻高氏合葬墓志	（三） 75	储恩拔墓碑	（三）285
程知节墓志	（一）186	御书大宝箴	（三） 80
程知节碑	（一）186	御书法帖	（三）103
程府君宫孺人合葬墓碑	（三）272	御书高松赋	（三） 83
程修己墓志	（二） 63	御史台精舍碑	（一）264
程真人重修金池寺碑记	（三）252	御制古文渊鉴序	（三） 69
程寅恭墓志	（二） 24	御制平定回部告成太学碑文	（三）140
程谐暨妻石氏墓志	（一）133	御制平定两金川告成太学碑文	（三）157
程琳、叶清臣岳庙题记	（二）119	御制平定金川告成太学碑文	（三）130
程颖墓志	（一）223	御制平定准噶尔告成太学碑文	（三）138

御制平定准噶尔告成太学碑文　　（三）144

御制训饬士子文(乙)　　（三）84

御制训饬士子文(丁)　　（三）84

御制训饬士子文(丙)　　（三）84

御制训饬士子文(戊)　　（三）85

御制训饬士子文(甲)　　（三）84

御制朋党论　　（三）106

御制耕织图序并诗　　（三）77

御前诸军都统制致仕彭杲事实碑　　（二）152

御笔手诏　　（二）139

舒史军墓志　　（一）70

释迦头像　　（二）94

释迦如来真身舍利石棺铭　　（二）153

释迦牟尼造像碑座　　（一）221

释超寂墓志　　（一）342

禽昌伯妻宇文氏墓志　　（一）116

鲁司寇孔子像碑　　（二）273

鲁君妻裴氏墓志　　（一）316

鲁卿墓志　　（二）334

鲁谦墓志　　（二）56

鲁慈墓志　　（一）183

鲁儒道教造像碑　　（二）142

童子拜观音图　　（三）89

童年仁童年义墓碑　　（四）192

童妙真圹志　　（二）207

童慎思墓碑　　（四）3

鄐君开通褒斜道摩崖　　（一）1

善士胡大朝创修石路碑　　（三）223

善士朝山碑　　（三）70

善信助缘碑　　（三）282

善惠玄懿碑　　（二）97

普济群婴　　（三）197

普通塔记　　（二）119

普通塔碑　　（二）194

普康公主墓志　　（二）66

普照寺大佛殿光前烈记　　（三）249

普照寺大佛殿前光前烈记　　（三）249

普照寺大佛殿前光前烈碑记　　（三）248

普照寺大佛殿耀后世碑　　（三）248

普照寺大佛殿耀后世碑记　　（三）248

普照寺大佛殿耀后世碑记　　（三）248

普照寺大殿捐资碑　　（三）78

普照寺神楼碑　　（三）169

奠汉太史司马公祭文　　（二）284

道广荼毗遗记　　（二）8

道平会续修北街街道碑并附灯记　　（四）6

道光十六年祭黄帝陵碑　　（三）273

道光九年祭华山碑　　（三）258

道光九年祭黄帝陵碑　　（三）256

道光元年祭黄帝陵碑　　（三）237

道因法师碑　　（一）181

道安里七甲山场记　　（三）211

道官周崇贵道行序　　（四）197

道经碑　　（二）86

道通武陵　　（三）58

道教经幢　　（二）163

道教符文墓志　　（三）38

道德经幢　　（二）176

曾祖父母晋赠碑　　（三）272

湖广会馆碑记　　（三）218

温氏列宗墓表　　（四）171

温纪墓志　　（一）282

温君妻李氏墓志　　（二）74

温思暕墓志　　（一）231

温彦博碑　　（一）150

温彦博碑　　（二）102

温滋生墓碑　　（三）297

渭邑差局改减季银碑记　　（四）6

渭河桥　　　　　　　　　　　　（四）225
渭河桥兴建碑　　　　　　　　　（四）225
渭南县永不支差碑　　　　　　　（四）159
渭惠渠放水典礼志盛　　　　　　（四）195
游天冠山诗碑　　　　　　　　　（三）66
游中条山果老洞碑　　　　　　　（四）154
游玉华山记碑　　　　　　　　　（二）122
游石宫寺题记碑　　　　　　　　（二）232
游龙门　　　　　　　　　　　　（二）326
游白云山次韵　　　　　　　　　（三）4
游圭峰草堂　　　　　　　　　　（二）156
游尧山诗碑　　　　　　　　　　（二）237
游师雄过九成宫故址题诗碑　　　（二）128
游师雄谒富平县七陵题记　　　　（二）130
游师雄墓志　　　　　　　　　　（二）132
游师雄题赵光辅画碑　　　　　　（二）171
游华山诗并序　　　　　　　　　（三）292
游孙真人太玄洞　　　　　　　　（二）268
游红石峡诗　　　　　　　　　　（三）207
游灵岩寺　　　　　　　　　　　（二）158
游灵岩寺长歌　　　　　　　　　（三）175
游灵岩寺记　　　　　　　　　　（二）256
游灵岩寺拓郙阁铭摹本　　　　　（三）180
游灵岩寺偶成　　　　　　　　　（三）31
游灵岩寺集毛诗　　　　　　　　（三）173
游青莲山诗碑　　　　　　　　　（三）233
游贤山寺记　　　　　　　　　　（二）246
游钓台记　　　　　　　　　　　（三）7
游钓台诗碑　　　　　　　　　　（四）72
游金台观追次前徐中丞韵　　　　（二）245
游终南山杂咏　　　　　　　　　（二）134
游城南诗十首　　　　　　　　　（三）77
游药水寺　　　　　　　　　　　（二）120
游香溪洞记　　　　　　　　　　（四）98
游雄山寺碑　　　　　　　　　　（四）177

游雄山寺碑　　　　　　　　　　（四）240
游辋川记　　　　　　　　　　　（三）34
游辋川歌　　　　　　　　　　　（四）125
渼陂空翠堂记　　　　　　　　　（二）279
愧无忠孝报朝廷　　　　　　　　（三）84
寒山诗画碑　　　　　　　　　　（二）168
富平胡太公墓志铭　　　　　　　（四）228
富平唐陀罗尼经幢　　　　　　　（二）85
谢太君恩义碑　　　　　　　　　（三）148
谢文智墓志　　　　　　　　　　（一）240
谢永进造像碑　　　　　　　　　（一）75
谢寿墓志　　　　　　　　　　　（二）41
谢岳暨妻关氏墓志　　　　　　　（一）110
谢詹墓志　　　　　　　　　　　（一）346
谦卦碑　　　　　　　　　　　　（三）292

　　　　　　　　　　乛

强大忠墓志　　　　　　　　　　（三）111
强克捷碑　　　　　　　　　　　（三）225
强君墓志　　　　　　　　　　　（三）22
登五丈原谒诸葛亮庙　　　　　　（二）234
登白云山题诗碑　　　　　　　　（二）336
登华岳再二首　　　　　　　　　（三）5
登宝山记碑　　　　　　　　　　（二）280
登凌虚台　　　　　　　　　　　（四）230
登瑞芝阁碑　　　　　　　　　　（二）338
猴化龙墓志　　　　　　　　　　（四）171
猴氏造像残座　　　　　　　　　（一）100
猴燧神道碑　　　　　　　　　　（四）117

　　　　　　十三画

　　　　　　　　　一

瑞莲诗图碑　　　　　　　　　　（二）216
靳稽墓志　　　　　　　　　　　（一）175

雷况墓志　　　　　　　　　　　　（二）82
雷君妻宋氏墓志　　　　　　　　　（一）298
雷君墓志盖　　　　　　　　　　　（二）95
雷茂兰墓志　　　　　　　　　　　（四）122
雷明香造像碑　　　　　　　　　　（一）87
雷育芝摩崖题诗并序　　　　　　　（三）283
雷学谦题诗碑　　　　　　　　　　（四）120
雷学谦题诗碑　　　　　　　　　　（四）242
雷学谦题诗碑　　　　　　　　　　（四）244
雷始声合葬墓志　　　　　　　　　（二）318
雷始奋暨妻孔氏墓志　　　　　　　（二）334
雷春轩神道碑　　　　　　　　　　（四）108
雷珍暨妻张氏王氏合葬墓志　　　　（三）142
雷荣祖造像碑　　　　　　　　　　（一）68
雷思村墓志　　　　　　　　　　　（二）271
雷钟蓝暨妻辛氏合葬墓志　　　　　（三）22
雷香妙造像碑　　　　　　　　　　（一）102
雷彦芬妻冯氏墓志　　　　　　　　（一）334
雷洵墓志　　　　　　　　　　　　（一）314
雷恒墓志　　　　　　　　　　　　（三）111
雷神洞碑　　　　　　　　　　　　（二）283
雷家台重修城池碑记　　　　　　　（四）32
雷通墓志　　　　　　　　　　　　（三）1
雷捷三墓志盖　　　　　　　　　　（四）128
雷鼎甲墓志　　　　　　　　　　　（三）247
雷登阁暨妻王崔潘氏合葬墓志　　　（四）146
雷墨暨妻李氏合葬墓志　　　　　　（三）314
雷德谊墓志　　　　　　　　　　　（二）164

Ｉ

督率联族碑　　　　　　　　　　　（三）149
睡佛寺地亩记事碑　　　　　　　　（三）134
暖泉寺地震记事碑　　　　　　　　（二）305
盟心处　　　　　　　　　　　　　（四）178
歇马塬新修二郎殿碑　　　　　　　（三）233
路小舫暨妻萧氏合葬墓志　　　　　（四）126

路云达暨妻田氏赵氏合葬墓志　　　（二）288
路车墓志　　　　　　　　　　　　（二）307
路从广暨妻杨氏合葬墓志　　　　　（三）19
路氏墓志　　　　　　　　　　　　（四）117
路世光暨妻杨氏雷氏董氏合葬墓志　（三）99
路母杨氏合葬墓志　　　　　　　　（二）325
路全交墓志　　　　　　　　　　　（二）53
路致祥寿藏表　　　　　　　　　　（四）64
路致祥墓碑　　　　　　　　　　　（四）86
路谋至暨妻孔氏碑　　　　　　　　（四）71
路德墓志　　　　　　　　　　　　（四）126
置田营租碑记　　　　　　　　　　（三）112
蜀河口黄州会馆罗姓卖房还账碑　　（四）46
蜀河唐姓出卖铺面还账碑　　　　　（四）45

Ｊ

锜氏合邑廿人等造像碑　　　　　　（一）28
锜麻仁合家一百廿九人造像碑　　　（一）30
锦阳川图　　　　　　　　　　　　（三）77
筹集五祖圣会资金碑　　　　　　　（四）36
简云璧墓志　　　　　　　　　　　（三）122
魁星楼记　　　　　　　　　　　　（三）227
魁盛老店捐资碑　　　　　　　　　（三）220
詹通齐墓志　　　　　　　　　　　（四）206
解方保墓志　　　　　　　　　　　（一）124
解忧勋墓志　　　　　　　　　　　（四）25
解放日报　　　　　　　　　　　　（四）211
解居易墓志　　　　　　　　　　　（三）43
解昭德墓志　　　　　　　　　　　（一）227
解梁汉将军关侯庙复旧规记　　　　（三）87
解舜墓志　　　　　　　　　　　　（一）308

丶

禀请军差苦乐均匀碑记　　　　　　（三）253
鄘畴保障　　　　　　　　　　　　（四）155
新开广惠渠记　　　　　　　　　　（二）202

新开通济渠记 （二）201
新生免出学费章程碑 （四）77
新立初级兼强迫学校序 （四）199
新立赛神会并合社及禁丐乞盗窃
　碑记 （三）306
新汉太史司马子长庙垣门坊记 （三）19
新创合龙山宝塔记 （二）303
新庄诸地庙碑记 （四）107
新安里清革合里空粮碑记 （四）160
新设圣水寺义学碑序 （四）81
新译三藏圣教序 （二）113
新的战士在孕育中 （四）208
新建口佛祖观音庙记序碑 （三）137
新建七贤堂记残碑 （二）171
新建三肖殿碑 （四）112
新建三河口总局碑记 （四）15
新建右王殿碑记 （三）224
新建白云山石旗杆碑 （四）83
新建玄帝行宫碑 （二）302
新建圣母娘娘庙碑记 （三）228
新建西山圣母行宫楼窑碑记 （三）119
新建成氏家祠碑 （三）320
新建回复滩祖师殿显灵碑记 （二）243
新建伏魔大帝庙记碑 （三）6
新建安善团记 （三）21
新建观音菩萨庙碑 （三）99
新建佛祖菩萨殿序 （三）239
新建庙前献殿记 （三）62
新建祠堂碑记 （四）71
新建屏垣池栏洎学署记 （三）9
新建真人洞碑记 （二）308
新建高公桥碑 （二）311
新建琉璃照壁碣 （二）295
新建集禖宫记 （二）305
新建楼观台碑亭记 （三）249

新建瘟神殿记碑 （三）137
新建瘟神殿捐资碑 （三）137
新城长公主墓志 （一）182
新修三官庙碑记 （三）302
新修太史公庙记 （二）142
新修文昌宫记碑 （二）288
新修石堰碑记 （三）73
新修玄圣文宣王庙大门记 （二）115
新修沣县考院碑 （三）302
新修周武王庙碑 （二）111
新修唐太宗庙碑 （二）112
新修唐玄宗碑 （二）111
新修唐宪宗庙碑 （二）111
新颁五门堰章程碑记 （四）85
新凿通济渠记碑 （二）232
新置玉泉书院桌凳记 （三）310
新增西岳庙神像碑 （三）65
雍正二年祭黄帝陵碑 （三）106
雍正十二年重修轩辕庙碑 （三）114
雍正十三年祭黄帝陵碑 （三）116
雍正元年祭华山碑 （三）105
雍正元年祭周陵碑 （三）106
雍正元年祭黄帝陵碑 （三）105
雍智云墓志 （一）289
慈云寺碑 （四）238
慈云荫世 （三）19
慈仁殿记 （二）212
慈母纪念碑 （四）190
慈和禅师墓志 （一）280
慈航普度碑记 （三）70
满文残碑 （三）99
滇军将士殉国碑 （四）157
源君妻赵懿懿墓志 （一）188
源磨耶圹记 （一）69
溪山园林图碑 （四）235

溪壑回春	（四）80	静泉山八景	（三）136
慎刑箴并序	（二）117	静庵读书之则	（四）39
塞北天险	（四）105	嘉生题记刻石	（四）244
塞北江南	（四）104	嘉令恤典碑	（三）295
鶱氏长门牛首山南元岭坡祖坟碑记	（三）230	嘉庆二十四年祭周陵碑	（三）232
鶱如珪墓志	（一）277	嘉庆二十四年祭黄帝陵碑	（三）232
鶱君妻郑氏墓志	（一）299	嘉庆十四年建修卷棚碑	（三）213
鶱绍业墓志	（一）239	嘉庆十四年祭周陵碑	（三）214
鶱思玄墓志	（一）277	嘉庆元年祭周陵碑	（三）193
鶱思泰墓志	（一）262	嘉庆五年祭华山碑	（三）199
鶱思悊墓志	（一）251	嘉庆五年祭周陵碑	（三）200
窦君墓志盖	（二）91	嘉靖十年祭黄帝陵碑	（二）244
窦诞墓志	（一）158	嘉靖三十一年祭黄帝陵碑	（二）260
窦俨墓志	（一）139	嘉靖三十九年岁贡题名碑	（二）269
窦洪端造像碑	（一）213	嘉靖三十九年阙名碑	（二）269
窦傕暨妻原氏合葬墓志	（二）238	嘉靖三十五年祭黄帝陵碑	（二）265
窦德藏墓志	（一）190	嘉靖元年祭汉阳陵碑	（二）235
窦缥墓志	（二）44	嘉靖元年祭周武王碑	（二）236
褚亮碑	（一）218	嘉靖元年祭周陵碑	（二）236
福生里十甲会议记	（三）265	赫连子悦妻闾炫墓志	（一）82
福字碑	（三）175	赫连子悦墓志	（一）88
福字碑	（四）144	赫连悦墓志	（一）50
福寿碑	（四）129	聚仙桥	（四）244
福严禅院之记	（二）151	慕容瑰墓志	（二）16
福禄会规约碑	（四）74	慕容曦皓墓志	（一）322
福禄寿三星图	（三）105	暮春游牛头寺隐括	（三）102
福禄财神庙碑	（三）190	摹九成宫醴泉铭	（三）191
福履绥之	（三）300	摹刻石门铭碑	（四）203
		摹刻汉裴岑纪功碑等四种	（三）177
丬		蔡于天纪念碑	（四）230
群书碑	（三）316	蔡公祠铭	（二）317
		蔡氏谱系碑	（三）288
十四画		蔡伦功德碑	（四）48
一		蔡伦墓碑	（二）319
静明宫土地四至执照碑	（二）182	蔡伦墓碑	（三）159

蔡庄重修圣庙碑记　　　　　（三）92
蔡宏斌墓碑　　　　　　　　（四）109
蔡君妻赵氏墓志　　　　　　（一）248
蔡杰法暨妻熊氏墓碑　　　　（四）　3
蔡默墓志　　　　　　　　　（一）282
蔺天开墓碑　　　　　　　　（三）165
蔺元亮墓志　　　　　　　　（一）301
蔺良珍墓志　　　　　　　　（三）274
蔺国桢夫妇墓碑　　　　　　（四）24
蔺备如夫妇墓碑　　　　　　（三）256
臧一墓志　　　　　　　　　（一）300
臧允恭墓志　　　　　　　　（二）69
臧怀亮墓志　　　　　　　　（一）307
臧怀恪神道碑　　　　　　　（一）323

丨

裴艺碑　　　　　　　　　　（一）160
裴太墓志　　　　　　　　　（二）48
裴升庵暨妻郭氏墓表　　　　（四）20
裴行著墓志　　　　　　　　（二）47
裴君妻元氏墓志　　　　　　（一）344
裴君墓志盖　　　　　　　　（二）91
裴炎妻刘氏墓志　　　　　　（一）177
裴复墓志　　　　　　　　　（二）　4
裴闻一墓志　　　　　　　　（一）288
裴起墓志　　　　　　　　　（二）33
裴瑾墓志　　　　　　　　　（一）284
裴衡墓志　　　　　　　　　（一）342
蜡庙残碑　　　　　　　　　（二）331

丿

管道升书修竹赋碑　　　　　（二）190
僖恭墓志　　　　　　　　　（一）146
儇蒙文姬訾姬娥合邑卅一人造像碑（一）55
僧任崇鼎塔铭　　　　　　　（二）164
僧伽墓志　　　　　　　　　（二）68

僧灵晏墓志　　　　　　　　（二）56
僧实贻墓志盖　　　　　　　（二）96
僧彦修草书　　　　　　　　（二）120
僧宪超塔铭　　　　　　　　（二）16
僧肇碑记　　　　　　　　　（三）114
鲜于侁、孙云锦题诗词　　　（二）170
鲜于侁游灵岩诗　　　　　　（二）122

丶

瘗玉门楣　　　　　　　　　（三）274
廖琥墓志　　　　　　　　　（二）213
廖游卿墓志　　　　　　　　（二）29
彰善瘅恶　　　　　　　　　（三）301
鄯乾墓志　　　　　　　　　（一）20
漫泉水利章程碑　　　　　　（四）64
漏泽园砖铭　　　　　　　　（二）135
漏泽园砖铭　　　　　　　　（二）136
漏泽园砖铭　　　　　　　　（二）136
谭元吉玄堂志　　　　　　　（二）114
谭氏族规碑　　　　　　　　（四）72
谭原墓志　　　　　　　　　（二）245
肇祀记碑　　　　　　　　　（二）291

𠃌

翟庆全墓志　　　　　　　　（二）66
翟邑侯重修太史庙记　　　　（三）75
翟洪景墓志　　　　　　　　（一）318
翟突娑墓志　　　　　　　　（一）136
翟德墓志　　　　　　　　　（一）274
翠屏仙隐　　　　　　　　　（三）121
熊田暨妻吕氏墓碑　　　　　（四）109
熊母石氏墓碑　　　　　　　（四）32
熊会昌游灵岩寺题诗碑　　　（四）146
熊承玥墓碑　　　　　　　　（四）46
熊承珩暨妻石氏墓碑　　　　（四）29
熊恒泰题诗　　　　　　　　（三）318

熊祖河暨妻蔡氏张氏墓碑　　（四）152

缪庭柱题诗碑　　（四）237

十五画

一

慧日寺碑　　（二）97

撒鸣莹墓碑　　（三）221

撑支天地　　（四）146

增广太史公祭田记　　（三）62

增订五门堰善后章程碑记　　（四）84

增加义举碑　　（四）128

增补天台庙宇碑　　（四）91

增建万佛岩佛塔记　　（二）238

增建东岳圣帝两配殿碑记　　（三）106

增修大悲禅院碑　　（三）115

增修五丈原武侯庙记　　（三）258

增修东山洞记　　（二）305

增修四献祠芸阁学舍记　　（四）162

增修汉荆王祠记　　（二）316

增修汉博望侯张公墓道碑记　　（四）204

增修尧山功德碑　　（三）93

增修尧山庙碑　　（四）12

增修香严寺碑记　　（四）25

增修香严寺碑记　　（四）49

增修祖茔大略记　　（二）296

增修说经台碑　　（三）253

增修献殿碑　　（三）218

增筑武侯真墓碑　　（四）151

蕞尔千阳县十章诗碣　　（三）231

横云　　（四）41

樊氏节孝碑　　（四）112

樊氏墓志　　（二）65

樊仲文墓志　　（二）70

樊哙墓碑　　（三）159

樊殷墓志　　（二）255

樊惠姬墓志　　（一）180

樊楷墓志　　（四）87

丨

题万佛岩和韵　　（二）275

题马嵬杨太真墓并序　　（四）202

题太史公祠墓（乙）　　（三）59

题太史公祠墓（甲）　　（三）59

题仙游寺碑　　（三）229

题白云山瑞芝阁　　（三）1

题汉太史司马子长墓二首　　（三）96

题司马迁祠墓　　（三）59

题杨妃墓　　（四）83

题武侯墓碑　　（三）202

题咏蒲城尧山诗碑　　（三）36

题洞中修真记碑　　（二）311

题楮慧龙章云篆诗文碑　　（二）141

暴仁墓志　　（一）278

蟒蜒渠水利词案碑记　　（三）101

墨绣堂法帖碑　　（二）277

丿

镇江庵赏输地记　　（三）204

镇安县重修学庙记碑　　（二）226

镇坪抚民分县严禁牲匪赌窃告示碑　　（三）257

黎庶昌祭武侯墓碑　　（四）62

稿决集字碑　　（四）177

箴言四则　　（三）55

篆书千字文碑　　（二）109

篆书目录偏旁字源五百四十部　　（二）114

篆书道德经碑　　（二）174

篆字三星图　　（三）131

德经碑　　（二）86

德崇太极　　（四）233

磐石千秋　　（四）78

虢王李凤妃刘氏册文　　（一）201

虢王李凤宋州刺史文　　　（一）201
虢王李凤青州刺史文　　　（一）202
滕太守德政去思碑　　　　（三）75
滕印仲德政碑　　　　　　（四）172

、

摩诘辋川图冬景碑　　　　（二）244
摩诘辋川图春景碑　　　　（二）244
摩诘辋川图秋景碑　　　　（二）244
摩诘辋川图夏景碑　　　　（二）244
褒城县政府处理响水堰案碑　（四）163
颜茂暨妻倪氏合葬墓志　　（二）238
颜真卿金天王庙题记　　　（一）315
颜惟贞碑　　　　　　　　（一）330
颜勤礼神道碑　　　　　　（一）328
遵示严禁碑　　　　　　　（三）182
潘一良墓碑　　　　　　　（三）215
潘公暨妻魏氏合葬墓志　　（四）139
潘世毅墓碑　　　　　　　（四）48
潘母朱氏墓碑　　　　　　（四）49
潘母高氏墓碑　　　　　　（四）48
潘龟符墓志　　　　　　　（二）135
潘良臣暨妻棠氏合葬墓碑　（三）264
潘君妻阴氏墓志　　　　　（二）135
潘笃敬暨妻瞿氏墓碑　　　（四）68
潘容德望碑　　　　　　　（四）73
潼关　　　　　　　　　　（四）124
澄心墓志　　　　　　　　（二）173
澄城县李氏族谱记碑　　　（二）241
澄城郡主圹志　　　　　　（二）210
鹤洲楼观题咏碑　　　　　（二）298

燕公墓基记碑　　　　　　（四）106
燕伋望鲁台　　　　　　　（四）180
薛之屏暨妻吉氏合葬墓志　（三）16
薛元超墓志　　　　　　　（一）220
薛太仪墓志　　　　　　　（二）67
薛氏夫人墓志　　　　　　（一）241
薛氏祖茔碑　　　　　　　（四）5
薛氏家谱并规条序　　　　（三）206
薛氏墓志　　　　　　　　（三）170
薛氏墓碑　　　　　　　　（三）225
薛玄则墓志　　　　　　　（一）180
薛弘实墓志　　　　　　　（二）30
薛母王氏墓志　　　　　　（三）184
薛同术墓志　　　　　　　（二）310
薛收碑　　　　　　　　　（一）168
薛孝通墓志　　　　　　　（一）53
薛苌元四面造像碑　　　　（一）141
薛君墓志盖　　　　　　　（二）93
薛国平墓志　　　　　　　（二）306
薛秉辰墓志　　　　　　　（四）171
薛承荣墓志　　　　　　　（三）4
薛绍彭书大中题楼观诗刻石　（二）127
薛绍彭书王工部题楼观诗　（二）134
薛绍彭书薛周题楼观浮刻石　（二）127
薛保兴墓志　　　　　　　（一）125
薛振修墓志　　　　　　　（三）175
薛莫暨妻史氏墓志　　　　（一）274
薛崇简墓志　　　　　　　（一）270
薛毓蓁暨妻王氏合葬墓志　（三）107
薛赜墓志　　　　　　　　（一）156
翰坛天锷　　　　　　　　（四）241
樵李徐翼所公家训　　　　（三）101
整饬嘉陵江航运告示碑　　（三）259
整修黄帝陵庙告成碑　　　（三）283
霖大师功德碑　　　　　　（二）187

十六画

一

熹平石经周易残石　　　　（一）5

霖雨苍生　　　　　　　　　　（四）69
霍休墓志　　　　　　　　　　（一）178

丨

冀书堂墓志　　　　　　　　　（三）211
赠李垂街父母敕命碑　　　　　（二）322
默佑全军　　　　　　　　　　（四）150

丿

赞留侯　　　　　　　　　　　（四）222
憩龙泉摩崖题刻　　　　　　　（二）238
穆君妻元洛神墓志　　　　　　（一）45
穆君墓志盖　　　　　　　　　（一）58
穆侍贤题联　　　　　　　　　（四）89
穆亮妻尉太妃墓志　　　　　　（一）28
穆亮墓志　　　　　　　　　　（一）16
穆彦墓志　　　　　　　　　　（一）49
穆辅虞妻萧氏墓志　　　　　　（三）196
穆辅虞墓志　　　　　　　　　（三）162
穆㮙墓志　　　　　　　　　　（三）195
穆纂墓志　　　　　　　　　　（一）30
邀福祀神城隍输金赛会碑　　　（四）77
衡琳墓志　　　　　　　　　　（一）155
雕阴古郡　　　　　　　　　　（三）287

丶

磨渠河词案碑　　　　　　　　（三）285
辩惠禅师墓志　　　　　　　　（一）312
潞树生墓志　　　　　　　　　（一）287
濂溪先生近思录摘要　　　　　（三）85

十七画

一

戴一秀墓碑　　　　　　　　　（三）198
戴家堡重修龙王庙碑　　　　　（三）315

戴隆暨妻侯氏合葬墓志　　　　（二）282
鳌屋临川堡两会买畜免税碑　　（四）189
鳌屋骆侯重修鄠县文庙碑记　　（三）50
檀山安众寺宗派图　　　　　　（二）147
檀宾墓志　　　　　　　　　　（一）35
檀越主鱼志　　　　　　　　　（二）122

丨

赡学田记　　　　　　　　　　（二）163

丿

魏天佑墓志　　　　　　　　　（三）261
魏元三年荔菲造像碑　　　　　（一）72
魏文绍墓志　　　　　　　　　（二）68
魏文朗造像碑　　　　　　　　（一）12
魏文胝造像碑　　　　　　　　（一）14
魏功墓志　　　　　　　　　　（二）268
魏伦墓志　　　　　　　　　　（一）171
魏孝本墓志　　　　　　　　　（二）70
魏君妻韦氏墓志　　　　　　　（二）69
魏君妻赵氏墓志　　　　　　　（二）43
魏奉璋墓志　　　　　　　　　（二）321
魏直轩暨妻李氏合葬墓志　　　（三）12
魏故南秦刺史成君碑　　　　　（一）83
魏洪达十级浮图造像碑　　　　（一）93
魏博题诗碑　　　　　　　　　（二）306
魏惠奴墓志　　　　　　　　　（一）304
魏邈墓志　　　　　　　　　　（二）7

丶

鹜岭　　　　　　　　　　　　（四）117
豁免畜税碑　　　　　　　　　（四）80

十八画

一

覆刻集王书圣教序及多心经（乙）（四）134

丨

瞿昙撰墓志　　　　　　　　　（一）327
瞿颉题诗碑　　　　　　　　　（三）209
鹭涛凤彩　　　　　　　　　　（三）51

丿

翻修龙门寺佛殿碑记　　　　　（四）152
翻修洞阳宫暨粧诸像贴金碑序　（四）161

、

襟山带河　　　　　　　　　　（三）51

十九画

一

警赌碑　　　　　　　　　　　（三）319

二十画

丨

鄠王妃崔氏镇墓石　　　　　　（二）86
鄠王妃崔氏镇墓石记　　　　　（二）86
耀州五台山汤会碑记　　　　　（三）56
耀州五台山孙真人寝宫及墙垣告
　成记　　　　　　　　　　　（三）59
耀州五台山图　　　　　　　　（三）48
耀州五台山静应庙记　　　　　（二）134
耀州五台山静明宫创建四帝二后
　行宫记　　　　　　　　　　（三）48
耀州吕公先生记　　　　　　　（二）151
耀州华原县五台山孙真人祠记　（二）149
耀州创建准提菩萨庵记　　　　（三）43

耀州听选官致仕官表碑　　　　（二）260
耀州重建庙学之记　　　　　　（二）206
耀州修景范堂记　　　　　　　（二）285
耀州淳化县御制学校八行八刑之碑　（二）137
耀州新修尊圣庙门庑记　　　　（二）181
耀吾姜君重修耀州五台山暨诸神
　像祠序　　　　　　　　　　（三）55

丿

纂修删定　　　　　　　　　　（三）205

二十一画

一

霸英　　　　　　　　　　　　（四）229

二十三画

、

麟游县改建庙学记碑　　　　　（二）221

首字阙者附后

□士施舍地亩碑　　　　　　　（三）201
□王孔子祀典碑　　　　　　　（二）243
□仏昴墓志　　　　　　　　　（一）140
□氏墓志盖　　　　　　　　　（二）100
□文雅墓志　　　　　　　　　（一）188
□廷宝墓志　　　　　　　　　（二）267
□建佛庙碑记　　　　　　　　（二）128
□建佛庙碑记　　　　　　　　（三）180
□恐暨妻张氏墓志　　　　　　（一）222
□璬墓志　　　　　　　　　　（二）52

二、全称笔画索引

二画

一

七品亡宫墓志铭并序　　　　　（一）230

丿

八品亡宫年册墓志铭并序　　　（一）270
八品亡宫志文一首并序　　　　（一）231
九品亡宫墓志铭并序　　　　　（一）230
九品衔刘君适如暨德配高孺人墓表　（四）128

三画

一

三水县百姓三年醮会圆满序　　（三）68
三教弟子九峰道人尚冲和生录序　（二）318
大乡望勉斋葛公及德配李氏墓表　（三）314
大元国京兆府重修宣圣庙记　　（二）165
大元国乾州奉天县赵厚村重修东
　岳庙记　　　　　　　　　　（二）173
大元故中书左丞相开府仪同三司
　上柱国赠推忠宣力保德功臣太
　傅谥惠悯贺秦国公墓志铭　　（二）182
大元故师君墓志铭　　　　　　（二）174
大元故光禄大夫平章政事商议陕西
　等处行中书省事贺公墓志铭并序　（二）178
大元故安西路耀州尹耶律君墓志铭　（二）182
大元故进义副尉青涧县主簿雷君
　墓志铭并叙　　　　　　　　（二）164
大元故奉议大夫耀州知州冯公墓
　志铭　　　　　　　　　　　（二）172
大元故奉直大夫南阳屯田副总管
　张公墓志铭　　　　　　　　（二）178

大元故京兆路知府刘侯神道碑铭
　并序　　　　　　　　　　　（二）175
大元故□□□□□□□□□□□
　和尚琼公道行碑　　　　　　（二）188
大元重修古楼观宗圣宫记　　　（二）161
大元清和妙道广化真人尹宗师道
　行之碑　　　　　　　　　　（二）175
大中华民国志士严文轩先生纪念碑　（四）146
大龙兴寺崇福法师塔铭并序　　（一）262
大代宕昌公晖福寺碑　　　　　（一）13
大司马巡抚陕西鄂公兴复五义学
　碑记　　　　　　　　　　　（三）68
大宋永兴军新修玄圣文宣王庙大
　门记　　　　　　　　　　　（二）115
大宋华州蒲城县创建修孚泽庙昭
　祐显圣王行宫碑　　　　　　（二）143
大宋孙夫人墓志铭并序　　　　（二）119
大宋京兆府户县逍遥栖禅寺新修
　水磨记　　　　　　　　　　（二）118
大宋故凤翔终南山上清太平宫主
　宗道大师赐紫谭君玄堂志铭并序　（二）114
大宋故江陵府节度推官宣德郎试
　大理评事范阳卢公墓志铭　　（二）123
大宋故侯府君訴墓志铭　　　　（二）120
大宋故推诚翊戴功臣感德军节度
　观察留后光禄大夫检校太傅知
　定州军州事充本州马步军部署
　管内制置营田使兼御史大夫上
　柱国安定郡开国公食邑五千八
　百户实封六百户赠太尉安公墓
　志铭并序　　　　　　　　　（二）114
大宋昭德军故韩府君墓志铭并序　（二）113
大宋摄夏州观察支使何公墓志并序　（二）111

大宋新译三藏圣教序 （二）113

大宋新修周武王庙碑铭并序 （二）111

大宋新修唐太宗庙碑铭并序 （二）112

大宋新修唐玄宗庙碑铭并序 （二）111

大宋新修唐宪宗庙碑铭 （二）111

大宋镇西军留青村税户葬主邓珣
墓志记并序 （二）116

大明上洛县主圹志铭 （二）203

大明山西乐平教谕狄公孺人陈氏
合葬墓志铭 （二）237

大明中顺大夫山西太原府知府凤
山阎公恭人刘氏合葬墓志铭 （二）267

大明中顺大夫凤山阎公宜人张氏
合葬墓志铭 （二）250

大明文林郎山西灵丘县致仕知县
竹石阎公配孺人张氏陈氏合葬
墓志铭 （二）270

大明永寿王府辅国将军公鎔圹志铭 （二）216

大明永寿王府镇国将军夫人姜氏
圹志 （二）202

大明永寿王府镇国将军公镲圹志 （二）214

大明永寿康定王圹志 （二）204

大明光禄大夫太子太保兵部尚书
兼提督京营军务赠太子太傅闫
公之墓 （三）28

大明邠学生纪公墓志铭 （二）315

大明兴平安僖王圹志 （二）206

大明奉国将军淑人合葬圹志铭 （二）214

大明奉政大夫山西按察司佥事友
山先生王公墓志铭 （二）250

大明国乾州阳洪店村重修兴国禅
院记 （二）210

大明迪功郎张先生合葬墓志铭 （二）236

大明邵阳王妃刘氏圹志 （二）202

大明宗室永寿郡支镇国中尉榴亭
公配恭人刘氏合葬墓志铭 （二）320

大明宗室华源郡君合葬圹志 （二）229

大明宗室故镇国将军夫人童氏圹志 （二）207

大明宗室秦景王圹志 （三）23

大明宗室秦藩永兴王府奉国中尉
安人刘氏合葬墓志铭 （二）304

大明宗室辅国将军圹志铭 （二）228

大明宗室辅国将军朱公鎔夫人雷
氏合葬圹志 （二）240

大明宗室辅国将军桧参圹志 （二）250

大明故山西平阳府蒙城驿驿丞狄
公墓志铭 （二）225

大明故太安人李氏墓志铭 （二）221

大明故处士同君孺人杨氏合葬墓
志铭 （二）216

大明故处士同君孺人杨氏合葬墓
志铭 （三）36

大明故邑学生石月屈公暨配孺人
李氏仲氏合葬墓志铭 （二）315

大明故明威将军指挥佥事刘公墓
志铭 （二）207

大明故周公夫妇合葬墓志铭 （二）208

大明故昭信校尉护卫王氏父子圹
志铭 （二）229

大明临潼王府辅国将军庸斋夫人
田氏合葬圹志铭 （二）281

大明昭毅将军陕西都司都指挥佥
事杨伯子墓志铭 （二）257

大明昭毅将军陕西都司都指挥佥
事序斋杨公配淑人宇文氏合葬
墓志铭 （二）272

大明诰封明威将军王公配恭人陈
氏合葬墓志铭 （二）256

大明诰封都指挥同知廖公夫人孙
氏墓志铭 （二）211

大明诰封淑人杨母何氏墓志铭　　　（二）318

大明秦府郃阳惠恭王圹志铭　　　　（二）204

大明秦府承奉正侯公墓志铭　　　　（二）219

大明敕封太孺人张母鲁氏墓志铭　　（三）　1

大明敕修汉丞相诸葛武乡忠武侯

　　祠墓碑铭　　　　　　　　　　（二）227

大明嘉议大夫户部右侍郎阎公墓

　　志铭　　　　　　　　　　　　（二）209

大明镇国将军圹志　　　　　　　　（二）198

大金故绥德监酒武公墓志铭　　　　（二）146

大周八品亡宫墓志并序　　　　　　（一）228

大周大都督同州萨保安君墓志铭　　（一）　91

大周上骑都尉安兴孙墓志铭并序　　（一）225

大周王君志铭并序　　　　　　　　（一）241

大周无上孝明高皇后碑铭并序　　　（一）239

大周中大夫使持节万州诸军事万

　　州刺史上柱国乙速孤行俨故夫

　　人常乐县君贺若氏之墓志铭并序（一）232

大周国故苏君墓志铭　　　　　　　（二）100

大周使持节少傅大将军大都督恒

　　夏灵银长五州诸军事恒州刺史

　　普安壮公墓志铭　　　　　　　（一）　87

大周使持节仪同大将军安州总管

　　府长史治随州刺史建安子宇文

　　瓘墓志　　　　　　　　　　　（一）　90

大周故七品墓志　　　　　　　　　（二）103

大周故上柱国同昌军总管阴府君

　　墓志铭并序　　　　　　　　　（一）226

大周故上柱国杨公墓志并序　　　　（一）233

大周故上柱国张公之墓志并序　　　（一）233

大周故上柱国贾公墓志　　　　　　（一）230

大周故上柱国徐公墓志　　　　　　（一）232

大周故亡尼七品墓志　　　　　　　（二）103

大周故亡尼墓志　　　　　　　　　（二）102

大周故亡尼墓志　　　　　　　　　（二）103

大周故云骑尉王府君墓志铭　　　　（一）231

大周故贝州清河县尉柱国房府君

　　墓志铭并序　　　　　　　　　（一）236

大周故处士董君墓志铭并序　　　　（一）238

大周故吕将军墓志铭　　　　　　　（一）229

大周故庆州司马解府君墓志铭并序　（一）227

大周故安公墓志　　　　　　　　　（一）233

大周故张君墓志铭　　　　　　　　（二）100

大周故妻河东太原王氏王夫人墓志　（二）229

大周故定远将军行并州昊陵开明

　　镇将上柱国武君墓志并序　　　（一）233

大周故珍州荣德县丞梁君墓志铭

　　并序　　　　　　　　　　　　（一）234

大周故赵府君墓志铭　　　　　　　（二）　95

大周故昭武校尉并州上封戍主谢

　　公墓志铭并序　　　　　　　　（一）240

大周故前贝州司马柳府君墓志铭

　　并序　　　　　　　　　　　　（一）234

大周故秦君墓志铭　　　　　　　　（一）229

大周故常州司法参军事上柱国李

　　府君墓志铭并序　　　　　　　（一）236

大周故梁公之墓志　　　　　　　　（一）238

大周故朝议大夫上柱国前赵州司

　　马李府君墓志铭并序　　　　　（一）237

大周故朝散大夫行洛州陆浑县令

　　韦府君墓志铭并序　　　　　　（一）235

大周故朝散大夫赵州瘿陶县令成

　　府君墓志铭并序　　　　　　　（一）228

大周故朝散大夫遂州司马董君夫

　　人天水县君赵氏墓志铭并序　　（一）235

大周故雷府君墓志铭　　　　　　　（二）　95

大周故潞州王君墓志铭　　　　　　（一）237

大周柱国谯国公夫人故步六孤氏

　　墓志铭　　　　　　　　　　　（一）　88

大周前益州什邡萧主簿夫人卢氏

墓志铭并序 （一）231

大周夏州故处士骁骑尉王君之墓
　志并序 （一）232

大周唐故处士骆府君墓志铭并序 （一）234

大周朝请大夫行雍州录事参军崔
　君故太夫人太原王氏墓志并序 （一）239

大周朝散大夫行蜀州司法参军于
　君墓志铭并序 （一）226

大学士惺园王公捐银置田取租碑 （三）210

大学归博士亡妻顺阳范氏墓志 （二）39

大将军昌乐公府司土行参军张通
　妻陶墓志 （一）112

大将军□□□华山郡开国公吴
　公墓志 （一）56

大闺范曹老孺人芳躅神道碑记 （四）14

大晋国故夏银绥宥等州观察支使
　将仕郎试大理评事赐绯鱼袋南
　阳郡何公墓志铭并序 （二）107

大晋故定难军节度判官兼掌书记
　朝议郎检校尚书水部员外郎兼
　侍御史柱国赐绯鱼袋荥阳毛公
　墓志铭 （二）107

大晋故定难军节度副使光禄大夫
　检校太保兼御史大夫上柱国开
　国男食邑三百户彭城刘公墓志铭 （二）107

大晋绥州故刺史金紫光禄大夫检
　校太保兼御史大夫上柱国李公
　墓志铭并序 （二）108

大唐三藏圣教序 （一）197

大唐万年县刘居士墓志 （一）164

大唐上开府贺兰宽长史故苏君之
　墓志 （一）145

大唐上仪同三司萧府君墓志铭 （一）149

大唐上都福寿寺内大德简公墓志 （二）71

大唐亡九品墓志之铭 （二）92

大唐亡尼七品墓志 （二）101

大唐亡宫七品志铭并序 （一）246

大唐亡宫七品铭并序 （一）242

大唐亡宫七品墓志铭并序 （一）208

大唐亡宫九品墓志铭并序 （一）199

大唐卫尉寺少卿安公故妻宇文氏
　墓志铭并序 （一）307

大唐开元天宝圣文神武皇帝注孝
　经台 （一）298

大唐天水权府君及夫人陇西李氏
　佛顶尊胜陀罗尼影幢铭并序 （二）32

大唐五品亡宫墓志铭并序 （一）242

大唐五通观威仪兼观主冯仙师墓
　志铭并序 （二）6

大唐太子少保上柱国颍川定公之碑 （一）166

大唐太子故左内率河内司马公墓
　志铭并序 （一）159

大唐太史丞袁君之墓志铭 （一）165

大唐太宗文皇帝制三藏圣教序 （一）182

大唐太宗文皇帝故贵妃纪国太妃
　韦氏墓志铭并序 （一）187

大唐太原郭公墓志铭并序 （二）81

大唐太尉兼侍中临淮武穆王赠太
　保李公神道碑 （一）321

大唐车光倩墓志铭并序 （二）99

大唐中书省主事乐安孙府君墓志
　铭并序 （一）321

大唐甘露寺故尼真如之枢 （一）205

大唐左卫高思府果毅都尉长上谯
　国公夫人武氏墓志 （一）256

大唐左肆府故车骑将军贺兰君墓志 （一）181

大唐右卫翊卫兵部常选富阳孙承
　嗣故妻渤海高氏墓志铭并序 （一）258

大唐龙兴大德香积寺主净业法师
　灵塔铭并序 （一）266

大唐处士达奚公墓志铭并序　　　　（一）255

大唐宁远将军守左金吾卫翊府中
　郎将上柱国赐紫金鱼袋李公墓
　志铭并序　　　　　　　　　　（一）315

大唐永昌元年岁次庚戌朔十月廿
　三日壬申故汾州隰城县丞刘府
　君之墓志铭　　　　　　　　　（一）225

大唐永泰公主志石文　　　　　　（一）245

大唐尼慈和禅师墓志铭并序　　　（一）280

大唐西京千福寺多宝佛塔感应碑文　（一）309

大唐西京千福寺多宝佛塔感应碑文　（四）231

大唐贞观廿一年岁次丁未朝散大
　夫王正宰墓志　　　　　　　　（一）157

大唐同州白水县故轻车都尉张府
　君墓志并序　　　　　　　　　（一）242

大唐回元观钟楼铭并序　　　　　（二） 35

大唐华州郑县故骁骑尉赵君墓志
　铭并序　　　　　　　　　　　（一）179

大唐华严寺杜顺和尚行记　　　　（二） 51

大唐华原县丞王公故美人李氏墓
　志铭并序　　　　　　　　　　（一）306

大唐会稽郡贺府君墓志铭　　　　（二） 34

大唐庆国故细人孙氏墓志铭并序　（一）299

大唐刘公故夫人张氏墓志铭并序　（二） 10

大唐刘应道妻故闻喜县主墓志　　（一）178

大唐安国寺故内外临坛大德寂照和
　上碑铭并序　　　　　　　　　（二） 39

大唐安定里长者焦君夫人杨氏墓志　（一）185

大唐纪国公世子段府君夫人独孤氏
　墓志　　　　　　　　　　　　（一）150

大唐寿王故第六女赠清源县主墓志
　铭并序　　　　　　　　　　　（一）315

大唐戒诚寺坂比丘尼佛顶尊胜陀
　罗尼影幢并序　　　　　　　　（二） 21

大唐李君墓志铭并序　　　　　　（一）298

大唐何府君之墓志　　　　　　　（一）183

大唐灵化寺故大德智该法师之碑　（一）151

大唐阿史那瀚海夫人墓志铭　　　（二）104

大唐陇西李夫人墓志铭并序　　　（二） 19

大唐陇州吴山县令赵君故夫人成
　氏墓志铭并序　　　　　　　　（一）268

大唐武州将利县令吕道仁妻王夫
　人墓志铭并序　　　　　　　　（一）156

大唐英武军使开府仪同三司兼太
　常卿上柱国萧国公论第八女所
　生夫人墓志　　　　　　　　　（一）322

大唐英国夫人墓志铭　　　　　　（一）178

大唐范府君墓志铭并序　　　　　（一）278

大唐尚服李氏墓志铭　　　　　　（二） 86

大唐和州司马博陵崔府君墓志铭
　并序　　　　　　　　　　　　（一）318

大唐周司筵故刘肆海墓志　　　　（二） 83

大唐京师道德寺故大禅师大法师
　之碑　　　　　　　　　　　　（二） 97

大唐京兆府金城县尉王君故妻清
　河崔氏之志　　　　　　　　　（一）276

大唐净域寺故大德法藏禅师塔铭
　并序　　　　　　　　　　　　（一）256

大唐法云寺尼辩惠禅师神道志铭
　并序　　　　　　　　　　　　（一）312

大唐实际寺故寺主怀恽奉敕赠隆
　阐大法师碑铭并序　　　　　　（一）294

大唐赵王故妃宇文氏墓志铭　　　（一）178

大唐赵玉内人故张氏墓志铭并序　（一）156

大唐荣王故第八女墓志铭并序　　（一）305

大唐荥阳郑氏董夫人墓志铭　　　（一）281

大唐故十学士太子中舍人上柱国
　河间县开国男赠率更令刘府君
　墓志　　　　　　　　　　　　（一）278

大唐故七品亡宫志文　　　　　　（一）271

大唐故三品吏部常选契苾府君墓志　（二）104
大唐故大将军凉国公契苾府君之碑　（一）254
大唐故大智禅师碑铭并序　（一）284
大唐故万泉县主薛氏墓志铭并序　（一）251
大唐故上柱国王君墓志铭并序　（一）248
大唐故上柱国内给事李之碑　（一）160
大唐故上柱国牛□□□□并序　（一）252
大唐故上柱国刘公之墓志　（一）252
大唐故上柱国胡府君墓志铭并序　（一）269
大唐故上骑都尉方府君夫人张氏
　墓志并序　（一）214
大唐故上骑都尉权公之墓志并序　（一）249
大唐故上骑都尉刘君墓志铭并序　（一）178
大唐故亡尼七品大城墓志铭并序　（一）208
大唐故亡尼七品志文　（一）193
大唐故亡尼七品志文并序　（一）212
大唐故亡尼七品墓　（二）101
大唐故亡尼七品墓志　（二）101
大唐故亡尼七品墓志　（二）101
大唐故亡尼七品墓志　（二）102
大唐故亡尼七品墓志　（二）102
大唐故亡尼七品墓志　（二）103
大唐故亡宫七品并序　（一）242
大唐故亡宫七品墓志铭　（一）207
大唐故亡宫七品墓志铭并序　（一）243
大唐故亡宫八品墓志并序　（一）281
大唐故亡宫八品墓志铭并序　（一）195
大唐故亡宫九品墓志　（一）255
大唐故亡宫九品墓志　（二）94
大唐故亡宫九品墓志　（二）96
大唐故亡宫九品墓志并序　（一）198
大唐故亡宫九品墓志铭并序　（一）208
大唐故亡宫三品尼金氏之柩　（一）225
大唐故亡宫五品墓志铭　（一）171
大唐故亡宫六品墓志并序　（一）192

大唐故亡宫墓志铭并序　（一）210
大唐故马府君墓志铭　（一）223
大唐故马府君墓志铭　（二）88
大唐故乡贡进士段府君墓志铭并序　（二）72
大唐故丰州永丰县令韦府君夫人
　杜氏墓志铭并序　（一）207
大唐故丰州永丰县令京兆韦府君
　墓志铭并序　（一）195
大唐故王子慎妻常氏夫人之墓志　（一）148
大唐故王夫人墓志铭并序　（二）10
大唐故王君墓志之铭　（二）90
大唐故王君墓志铭并序　（一）280
大唐故王府君墓志铭　（二）87
大唐故王府君墓志铭　（二）92
大唐故王府君墓志铭　（二）93
大唐故王府君墓志铭　（二）95
大唐故王府君墓志铭并序　（一）344
大唐故开府仪同三司尚书左仆射
　上柱国赠司空芮国元公豆卢府
　君之碑并序　（一）250
大唐故开府仪同三司尚书右仆射
　上柱国赠司徒并州都督申文献
　公之茔兆记　（一）167
大唐故开府仪同三司试殿中监上
　柱国王府君墓志铭并序　（一）349
大唐故开府仪同三司特进户部尚
　书上柱国莒国公唐君墓志铭并序　（一）169
大唐故开府仪同三司兼内侍监上
　柱国齐国公赠扬州大都督高公
　墓志铭并序　（一）318
大唐故开府仪同三司鄂国公尉迟
　君墓志并序　（一）176
大唐故开府仪同三司赠扬州大都
　督陪葬泰陵高公神道碑并序　（一）327
大唐故夫人李氏墓志　（二）90

大唐故夫人张氏墓志　　　　　　（二）88

大唐故元从朝议郎行内侍省内府
　　局令上柱国刘公墓志铭并序　（一）342

大唐故元从朝请大夫守内侍省内
　　常侍员外置同正员上柱国赐紫
　　金鱼袋赠右监门卫将军阎公故
　　武威郡夫人段氏法号功德山德
　　铭并序　　　　　　　　　　（二）9

大唐故韦府君墓志铭　　　　　　（二）91

大唐故韦定郎之墓记　　　　　　（二）73

大唐故云麾将军左威卫将军上柱
　　国天兵行军副大使兼招慰三姓
　　葛逻禄使炽俟府君墓志铭并序　（一）283

大唐故云麾将军左骁卫将军员外
　　置同正员上柱国琅琊县开国公
　　内带弓箭射生供奉王府君墓志
　　并序　　　　　　　　　　　（一）294

大唐故云麾将军右龙武军大将军
　　上柱国封芥休县开国男王府君
　　墓志铭并序　　　　　　　　（一）304

大唐故云麾将军右龙武军将军同
　　正上柱国南浦县开国男屈府君
　　墓志铭并序　　　　　　　　（一）306

大唐故云麾将军行左龙武将军员
　　外置同正员上柱国田府君墓志
　　铭并序　　　　　　　　　　（一）305

大唐故云麾将军行右龙武军将军
　　上柱国陇西县开国伯李府君墓
　　志铭并序　　　　　　　　　（一）312

大唐故太子太傅豫州刺史越王之碑　（一）260

大唐故太子少师中书令开府仪同
　　三司并州都督上柱国固安昭公
　　崔公碑　　　　　　　　　　（一）169

大唐故太子中舍人蒋县公夫人魏
　　郡君长孙氏墓志铭并序　　　（一）171

大唐故太子右司御卫率杞国公窦
　　府君墓志铭　　　　　　　　（一）190

大唐故太子右庶子银青光禄大夫
　　国子祭酒上护军曲阜宪公孔公
　　碑铭　　　　　　　　　　　（一）158

大唐故太夫人墓志铭　　　　　　（二）87

大唐故太中大夫守汴州刺史荥阳
　　县开国男郑府君墓志铭并序　（一）258

大唐故太仆寺长泽监轻车都尉胡
　　府君墓志铭　　　　　　　　（一）270

大唐故太原王孟玉塔铭　　　　　（一）249

大唐故太原府竹马府折冲都尉上
　　柱国清河郡张府君墓志铭并序　（一）346

大唐故少府监范阳县伯张公墓志
　　铭并序　　　　　　　　　　（一）301

大唐故中大夫行盛王府咨议直集
　　贤院朱府君墓志铭并序　　　（一）308

大唐故中大夫使持节廓州诸军事
　　廓州刺史上柱国崔公墓志铭并序　（一）272

大唐故中大夫紫府观道士薛先生
　　墓志铭并序　　　　　　　　（一）156

大唐故中书令高唐马公之碑　　　（一）200

大唐故中书令兼检校太子左庶子
　　户部尚书汾阴男赠光禄大夫使
　　持节都督秦成武渭四州诸军事
　　秦州刺史薛公墓志铭并序　　（一）220

大唐故中散大夫行内常侍冯府君
　　墓志铭并序　　　　　　　　（一）219

大唐故内寺伯祁府君墓志铭并序　（一）329

大唐故内侍伯段君妻高夫人墓志
　　铭并序　　　　　　　　　　（一）189

大唐故内侍省内寺伯段君墓志铭　（一）179

大唐故内侍省文直省掌枢密马府
　　君墓志铭并序　　　　　　　（二）8

大唐故牛府君墓志铭　　　　　　（二）87

大唐故长乐公主之碑　　　　　（一）154

大唐故长乐公主墓志铭　　　　（一）154

大唐故长城府果毅太原王府君墓

　　志铭　　　　　　　　　　（一）312

大唐故文安公主墓志铭并序　　（二）24

大唐故文林郎守将作监左校署丞

　　员同正云骑尉河内间公墓志铭

　　并序　　　　　　　　　　（一）321

大唐故文林郎京兆杜君墓志铭　（一）219

大唐故文帝昭容韦氏墓志铭并序（一）168

大唐故户曹骑都尉支府君墓志铭（一）163

大唐故正议大夫使持节兼泉州刺

　　史潞城公墓志铭并序　　　（一）190

大唐故节度押衙充监军衙马步都

　　知兵马使并知衙事银青□□大

　　夫检校太子宾客兼侍御史上柱

　　国颍川郡陈府君墓志铭并序　（二）70

大唐故左卫亲卫上柱国扶风马府

　　君墓志铭并叙　　　　　　（一）279

大唐故左戎卫大将军兼太子左典

　　戎卫率赠荆州都督上柱国怀宁

　　县开国襄公杜公碑　　　　（一）184

大唐故左武卫大将军赠太子宾客

　　白公神道碑铭并序　　　　（一）320

大唐故左武卫中候马府君墓志铭

　　并序　　　　　　　　　　（一）313

大唐故左金吾大将军上柱国梁君

　　之碑　　　　　　　　　　（二）105

大唐故左相兼兵部尚书集贤院弘

　　文馆学士崇玄馆大学士上柱国

　　许国公陈府君墓志　　　　（一）320

大唐故左骁卫大将军上柱国云中

　　县开国公曹府君墓志铭并序　（一）189

大唐故左骁卫大将军幽州都督上

　　柱国琅邪郡开国公牛公碑铭并序（一）162

大唐故左骁卫大将军幽州都督琅

　　邪公墓志　　　　　　　　（一）162

大唐故左监门将军衡智瑒墓志　（一）155

大唐故左监门率上柱国李府君墓

　　志铭并序　　　　　　　　（一）244

大唐故左领军卫将军城国公姜府

　　君碑　　　　　　　　　　（一）168

大唐故右卫翊二府杜君墓志铭　（一）257

大唐故右屯卫郎将阿史那婆罗门

　　墓志铭并序　　　　　　　（一）162

大唐故右屯卫翊府右郎将阿史那

　　勿施墓志并序　　　　　　（一）264

大唐故右羽林军正将杨君墓志铭（二）31

大唐故右武卫大将军使持节都督

　　凉甘肃伊瓜沙等六州诸军事凉

　　州刺史上柱国同安郡开国公郑

　　府君墓志铭并序　　　　　（一）183

大唐故右武卫大将军赠兵部尚书

　　李思摩妻统毗伽可贺敦延陁墓

　　志并序　　　　　　　　　（一）158

大唐故右武卫大将军赠兵部尚书

　　谥曰顺李君墓志铭并序　　（一）157

大唐故右武卫将军上柱国乙速孤

　　府君碑铭并序　　　　　　（一）269

大唐故右威卫大将军上柱国汉东

　　郡开国公李公碑铭并序　　（一）188

大唐故右威卫兵曹参军吴府君墓

　　志铭并序　　　　　　　　（一）302

大唐故右威卫将军上柱国安府君

　　墓志铭并序　　　　　　　（一）219

大唐故右威卫将军武威安公故妻

　　新息郡夫人下邳翟氏墓志铭并序（一）273

大唐故右勋卫王君墓志　　　　（一）152

大唐故右勋卫宣城公武君墓志铭（一）161

大唐故右神策军护军副使朝散大

夫行内侍省掖庭局令员外置同
　　正员上柱国赐紫金鱼袋间府君
　　墓志铭并序　　　　　　　（二）57
大唐故右骁卫大将军雁门县开国
　　公上柱国左万骑使河东薛君故
　　武昌郡夫人史氏合葬墓志铭并序　（一）274
大唐故右监门卫大将军上柱国赠
　　凉州都督清河恭公斛斯府君之
　　墓志铭并序　　　　　　　（一）194
大唐故右监门卫将军上柱国朔方
　　郡开国公兼尚食内供奉执失府
　　君墓志铭并序　　　　　　（一）266
大唐故右领军常乐府果毅执失府
　　君墓志铭　　　　　　　　（一）172
大唐故北海郡晏府君之墓志铭并序　（二）56
大唐故田君墓志铭并序　　　　（一）259
大唐故田府君墓志铭　　　　　（二）90
大唐故田府君墓志铭并序　　　（一）292
大唐故四品子尉迟府君墓志铭并序　（一）305
大唐故代国长公主碑　　　　　（一）281
大唐故白府君墓志铭　　　　　（二）54
大唐故处士王君墓志铭并序　　（一）214
大唐故处士陈君墓志铭并序　　（一）280
大唐故处士京兆田君墓志铭并序　（一）191
大唐故处士挚君墓志　　　　　（一）188
大唐故处士郭公墓志铭并序　　（二）28
大唐故处士陪戎副尉雷君墓志铭
　　并序　　　　　　　　　　（一）314
大唐故处士董君墓志铭并序　　（一）164
大唐故处士颍川陈君墓志铭并序　（一）215
大唐故兰陵长公主碑铭并序　　（一）176
大唐故汉州司马朝散大夫庞府君
　　墓志铭并序　　　　　　　（一）332
大唐故宁远将军上柱国左领军卫
　　长城府折冲都尉皇甫君墓志铭并序　（一）209

大唐故宁远将军守右金吾卫平阳
　　郡羊邑府折冲都尉员外置同正
　　员解府君墓志铭并序　　　（一）308
大唐故宁远将军河东郡盐海府折
　　冲都尉致仕桓府君墓志铭并序　（一）303
大唐故讨击使游击将军上柱国赐
　　紫金鱼袋弘农杨公墓志铭并序　（二）19
大唐故礼部尚书张府君之碑　　（一）173
大唐故礼部尚书姜府君之碑　　（一）314
大唐故司农寺京苑总监副监梁公
　　墓志铭并序　　　　　　　（一）253
大唐故司空上柱国赠太尉英贞武
　　公碑　　　　　　　　　　（一）208
大唐故司空太子太师赠太尉扬州
　　大都督上柱国英国公勣墓志铭
　　并序　　　　　　　　　　（一）195
大唐故司空文贞公苏府君瓌之碑　（二）103
大唐故司徒公并州都督上柱国鄂
　　国公夫人苏氏墓志铭并序　（一）175
大唐故司徒并州都督鄂国忠武公
　　之碑　　　　　　　　　　（一）175
大唐故西州司马上骑都尉吴府君
　　之碑铭并序　　　　　　　（二）83
大唐故西宫二品昭仪志铭并序　（一）216
大唐故光禄大夫工部尚书使持节
　　都督荆州刺史驸马都尉上柱国
　　莘安公窦公墓志铭并序　　（一）158
大唐故任公夫人刘氏墓志铭并序　（一）348
大唐故华阴郡参军韦府君墓志铭
　　并序　　　　　　　　　　（一）295
大唐故壮武将军行□龙武军翊府
　　中郎将周公墓志铭并序　　（一）296
大唐故壮武将军守左威卫大将军
　　兼五原太守郭府君墓志铭并序　（一）309
大唐故刘夫人墓志铭　　　　　（二）87

大唐故刘夫人墓志铭 （二）93

大唐故刘君合葬墓志铭并序 （一）293

大唐故刘府君墓志铭 （二）92

大唐故并州太原府折冲郑府君墓
志铭并序 （一）222

大唐故兴教府左果毅都尉上柱国
河南元公墓志铭并序 （一）248

大唐故安王墓志铭并序 （二）38

大唐故安北都护格君墓志铭 （一）288

大唐故军器使银青光禄大夫行内
侍省内给事赠内侍上柱国陇西
县开国男食邑三百户赐紫金鱼
袋李府君墓志铭并序 （二）59

大唐故阳府君墓志铭 （二）90

大唐故丞务郎段府君墓志铭并序 （一）189

大唐故纪王府主簿李君墓志铭并序 （一）166

大唐故扶风马府君墓志铭并序 （二）11

大唐故苏君之墓志铭 （二）101

大唐故苏府君墓志铭 （二）95

大唐故李府君墓志 （二）6

大唐故李府君墓志铭 （二）93

大唐故杨府君墓志铭 （二）92

大唐故杨府君墓志铭 （二）92

大唐故邠国夫人段氏墓志铭并序 （一）163

大唐故吴府君墓志铭 （二）86

大唐故吴府君墓志铭并序 （二）52

大唐故员外散骑侍郎上洛侯郭
墓志铭并序 （一）179

大唐故岐州雍县丞皇甫府君墓
志铭并序 （一）227

大唐故兵部常选富阳孙君墓志铭
并序 （一）285

大唐故庐江潜人何毅木墓志铭并序 （二）35

大唐故沙州刺史李府君墓志铭并序 （一）242

大唐故怀州刺史赠特进耿国公武

府君墓志铭并序 （一）245

大唐故怀德县主墓志铭并序 （一）205

大唐故灵州武略府别将赏紫金鱼
袋上柱国任公墓志并序 （一）278

大唐故灵州都督府灵武县令宇文
明府公墓志铭序 （一）199

大唐故张府君墓志铭 （二）90

大唐故陆府君墓志并序 （一）308

大唐故陇西李夫人墓志铭并序 （一）326

大唐故陇西李氏墓志 （二）93

大唐故奉义郎行洪州南昌县丞杨
府君墓志铭并序 （二）24

大唐故武威郡石府君陀罗尼真言
兼神道丘坟远近铭记并序 （二）17

大唐故武骑尉赵文雅妻万岁乡君
边夫人墓志并序 （一）208

大唐故抱德幽栖举吏部常选天水
赵君志铭并序 （一）271

大唐故尚书左仆射司空太子太傅
上柱国赠太尉并州都督梁文昭
公之碑文 （一）164

大唐故尚书右仆射特进开府仪同
三司上柱国赠司徒并州都督卫
景武公之碑 （一）173

大唐故尚书祠部主事巨鹿耿公墓
志铭一首并序 （一）303

大唐故尚药奉御上柱国吴君墓志
铭并序 （一）243

大唐故尚党郡夫人樊氏墓志铭并序 （二）65

大唐故国子祭酒鲁郡太守（下缺）
嗣韩王妃京兆杜氏墓志并序 （一）303

大唐故明威将军太子左司御卫率
护军井陉县开国公刘府君墓志铭 （一）186

大唐故明威将军守左龙武军中郎
将上柱国徐府君墓志铭并序 （一）295

大唐故明威将军检校左威卫将军
　　赠使持节陈留郡诸军事陈留郡
　　太守上柱国高府君墓志铭并序　　（一）314
大唐故忠武将军行左武卫郎将阿
　　史那伽那墓志铭并序　　（一）196
大唐故岷州基城县令赵府君墓志
　　铭并序　　（二）103
大唐故和上大善知识轮自在志铭
　　并序　　（一）280
大唐故使持节八州诸军事洪州都
　　督上柱国濮阳郡开国公吴府君
　　之碑并序　　（一）193
大唐故使持节青州诸军事青州刺
　　史上柱国赠司徒扬州大都督虢
　　庄王墓志铭并序　　（一）201
大唐故使持节泗州诸军事泗州刺
　　史魏府君墓志铭并序　　（一）171
大唐故使持节崇州诸军事崇州刺
　　史李府君之碑　　（一）176
大唐故使持节歙州诸军事歙州刺
　　史驸马都尉王君墓志铭并序　　（一）194
大唐故金仙长公主志石铭并序　　（一）283
大唐故金仙长公主神道碑铭并序　　（一）283
大唐故金紫光禄大夫行郴州刺史
　　赠户部尚书上柱国河东忠公杨
　　府君墓志铭并序　　（一）271
大唐故金紫光禄大夫行潭州别驾
　　上柱国扶风郡开国公马府君
　　志铭并序　　（一）341
大唐故金紫光禄大夫郭府君墓
　　志铭并序　　（一）211
大唐故念弥陀佛诵弥陀经行者包
　　府君墓志铭并序　　（一）214
大唐故周旷野将军李茂妻王氏墓
　　志铭　　（一）150

大唐故周府君墓志铭并序　　（一）292
大唐故府君东平郡吕氏墓志铭并序　　（一）342
大唐故郑公墓志铭并序　　（一）320
大唐故郑府君墓志铭　　（二）89
大唐故河东关氏墓志铭并序　　（二）30
大唐故泸州都督府参军韦君墓志
　　铭并序　　（一）221
大唐故宗正卿右翊卫大将军河北
　　道行台左仆射左武卫大将军玄
　　戈军将开府仪同三司上柱国司
　　空公淮安靖王墓志　　（一）147
大唐故宗圣观主银青光禄大夫尹
　　尊师碑并序　　（一）257
大唐故定远将军同州连邑府折冲
　　都尉兼仗内供奉扶风茹君墓
　　志铭并序　　（一）275
大唐故宜都公主墓志铭并序　　（一）348
大唐故赵夫人墓志铭　　（二）90
大唐故荥阳郡夫人郑氏墓志铭并序　　（二）23
大唐故南阳张氏墓志铭并序　　（一）336
大唐故勃逆宫人志文并序　　（一）251
大唐故临川郡长公主墓志铭并序　　（一）216
大唐故昭武校尉上护军田府君墓
　　志铭并序　　（一）225
大唐故幽州卢龙节度监军宣义郎
　　内侍省掖庭局令员外置同正员
　　上轻车都尉赐紫金鱼袋陇西董
　　府君墓志铭并序　　（二）13
大唐故秋官尚书河间公之碑　　（一）224
大唐故将军张公之碑　　（一）196
大唐故闻喜县君河东裴氏墓志铭
　　并序　　（一）246
大唐故洪州都督府长史韦君墓志
　　并序　　（一）204
大唐故洪州都督府长史韦君墓志

铭并序　　　　　　　　　　　（二）83
大唐故洛交郡大同府果毅丘府君
　　夫人彭城刘氏墓志铭并序　　（一）313
大唐故洺州曲周县令纪府君墓志
　　并序　　　　　　　　　　　（一）280
大唐故恒山愍王荆州诸军事荆州
　　大都督墓志铭　　　　　　　（一）286
大唐故恪墓志铭并序　　　　　　（一）164
大唐故宣州司功参军魏府君墓志
　　铭并序　　　　　　　　　　（二）7
大唐故宣威将军右骁卫翊府左郎
　　将上柱国李府君墓志铭并序　（二）33
大唐故宣德郎庆州马岭县令会稽
　　严府君墓志铭并序　　　　　（一）302
大唐故宣德郎皇太子侍医程府君
　　墓志铭　　　　　　　　　　（一）206
大唐故宫人丁氏墓志　　　　　　（一）147
大唐故宫人司制何氏墓志　　　　（一）147
大唐故冠军将军左羽林军大将军
　　东莞郡开国公上柱国臧府君墓
　　志铭并序　　　　　　　　　（一）307
大唐故贺兰都督墓志并序　　　　（一）250
大唐故骁骑尉王君墓志之铭　　　（一）206
大唐故泰州诸军事泰州刺史侯使
　　君夫人窦氏墓志　　　　　　（一）149
大唐故袁州别驾薛府君墓志铭并序（一）270
大唐故都水监独孤丞长女墓志并序（一）224
大唐故索处士墓志铭　　　　　　（二）90
大唐故索君墓志并序　　　　　　（一）268
大唐故夏州节度押衙兼洪门四镇
　　都知兵马使银青光禄大夫检校
　　太子宾客殿中侍御史上柱国谯
　　郡曹公墓志铭并序　　　　　（二）73
大唐故夏州节度押衙银青光禄大
　　夫检校太子宾客兼殿中侍御史

上柱国东莞郡臧府君墓志铭并序（二）69
大唐故原州太谷戍主彭城刘府君
　　墓志铭并序　　　　　　　　（一）261
大唐故监门长上校尉折娄府君之
　　墓志并序　　　　　　　　　（一）213
大唐故特进十姓可汗濛池大都护
　　上柱国阿史那府君墓志铭并序（一）275
大唐故特进右卫大将军雁门郡开
　　国公俾失公墓志铭并序　　　（一）287
大唐故特进右监门卫大将军静边
　　州都督西平郡开国公拓拔公墓
　　志铭并序　　　　　　　　　（一）285
大唐故特进观国公杨君墓志　　　（一）152
大唐故特进兼试太常卿上柱国陈
　　府君墓志铭并序　　　　　　（一）335
大唐故积石道经略大使右卫员外
　　大将军检校右羽林军兼检校廓
　　州刺史上柱国燕国公赠镇军大
　　将军幽州刺史墓志　　　　　（一）220
大唐故秘书少监刘府君墓志铭并序（一）213
大唐故徐州丰县尉河间刘公墓志
　　铭并序　　　　　　　　　　（一）267
大唐故亳州山桑县令温公墓志铭
　　并序　　　　　　　　　　　（一）282
大唐故郭君墓志铭并序　　　　　（一）191
大唐故郭君墓志铭并序　　　　　（一）293
大唐故郭府君夫人赵氏墓志铭并序（一）349
大唐故郭府君墓志铭　　　　　　（二）253
大唐故资敬寺尼法云墓志铭并序　（一）256
大唐故益州大都督府士曹参军事
　　謇君墓志铭并序　　　　　　（一）262
大唐故益州都督府法曹大理丞毕
　　君墓志铭　　　　　　　　　（一）167
大唐故朔方节度掌书记殿中侍御
　　史昌黎韩君夫人京兆韦氏墓志铭（一）347

大唐故朔方左衙副兵马使前中受
　　降城使同节度副使开府仪同三
　　司试秘书监临洮郡开国公上柱
　　国元府君之墓志铭并序　　　（一）330
大唐故剡王墓志铭并序　　　　　（二）32
大唐故剡国大长公主墓志铭并序　（一）334
大唐故陪戎校尉万府君墓志铭并序（一）255
大唐故陪戎校尉辛公之墓志　　　（一）246
大唐故通议大夫行内侍省给事上
　　柱国太原王府君墓志铭并序　（一）281
大唐故通议大夫使持节都督鄯河
　　兰廓缘淳丽津超罕永定等一十
　　二州诸军事守鄯州刺史上柱国
　　新蔡县开国男河源道经略副使
　　元府君之墓志铭并序　　　　（一）221
大唐故黄门侍郎兼修国史赠礼部
　　尚书上柱国扶阳县开国子韦府
　　君墓志铭并序　　　　　　　（一）243
大唐故营州都督上柱国梁郡公元
　　子朝请郎薛君之墓志铭并序　（一）180
大唐故营幕使判官登仕郎内侍省
　　掖庭局宫教博士上柱国刘公墓
　　志铭并序　　　　　　　　　（二）39
大唐故梓州刺史赠使持节都督幽
　　州诸军事幽州刺史李公墓志铭
　　并序　　　　　　　　　　　（一）185
大唐故曹州刺史韦府君夫人晋原
　　郡君王氏墓志铭并序　　　　（一）215
大唐故辅国大将军上柱国虢国公
　　男故右卫长上校尉上柱国张君
　　母樊氏墓铭并序　　　　　　（一）180
大唐故辅国大将军行左龙武军将
　　军知军事兼光禄卿扶风县开国
　　伯上柱国冯府君墓志　　　　（一）333
大唐故辅国大将军荆州都督上柱

国嘉川襄公周君碑文　　　　　（一）172
大唐故辅国大将军荆州都督虢国
　　公张公墓志铭并序　　　　　（一）170
大唐故崔府君墓志铭　　　　　　（二）87
大唐故常州长史韦君墓志铭并序　（一）183
大唐故银青光禄大夫卫尉卿扶阳
　　县开国公护军韦公墓志铭并序（一）259
大唐故银青光禄大夫太仆卿驸马
　　都尉中山郡开国公豆卢公墓志
　　铭并序　　　　　　　　　　（一）295
大唐故银青光禄大夫行内侍上柱
　　国赠左监门将军太原王府君墓
　　志铭并序　　　　　　　　　（一）244
大唐故银青光禄大夫行左监门卫
　　将军上柱国王府君妻彭城郡夫
　　人刘氏墓志铭　　　　　　　（一）265
大唐故银青光禄大夫行黄门侍郎
　　赠礼部尚书韦府君墓志铭　　（二）89
大唐故银青光禄大夫行殿中少监
　　驸马都尉赠工部尚书河东柳府
　　君墓志铭并序　　　　　　　（一）348
大唐故银青光禄大夫守太子詹事
　　赠幽州大都督上柱国嗣道王墓
　　志铭并序　　　　　　　　　（一）282
大唐故银青光禄大夫守司刑太常
　　伯李公墓志铭并序　　　　　（一）190
大唐故银青光禄大夫使持节洮州
　　都督李府君墓志铭并序　　　（一）277
大唐故银青光禄大夫秦州刺史李
　　府君夫人渤海郡太夫人高氏墓
　　志铭并序　　　　　　　　　（一）322
大唐故银青光禄大夫检校太子宾
　　客上柱国阳武县开国子充右神
　　策军衙前正将专知两市回易武
　　威贾公墓志铭有序　　　　　（二）32

大唐故银青光禄大夫检校右散骑
　　常侍使持节沧州诸军事兼沧州
　　刺史御史大夫充义昌军节度沧
　　齐德等州观察处置使上柱国始
　　平县开国伯食邑七百户赠工部
　　尚书汝阳郡荆公墓志铭并序　　（二）72
大唐故银青光禄大夫检校礼部尚
　　书使持节梓州诸军事兼梓州刺
　　史御史大夫充剑南东川节度副
　　大使知节度事管内观察处置静
　　戎军等使上柱国长乐县开国公
　　食邑一千户赠礼部尚书冯公神
　　道碑铭并序　　　　　　　　　（二）36
大唐故银青光禄大夫彭州刺史上
　　柱国京兆韦府君墓志并序　　　（一）273
大唐故银青光禄大夫彭州刺史韦
　　府君故夫人彭城刘氏墓志铭并序（一）284
大唐故银青光禄大夫蜀王府长史
　　索府君墓纪铭并序　　　　　　（一）349
大唐故康夫人墓志并序　　　　　（一）317
大唐故翊卫武骑尉梁君墓志铭并序（一）264
大唐故清河公主碑　　　　　　　（一）184
大唐故清河张府君墓志铭并序　　（二）32
大唐故清河房忠公神道之碑　　　（一）218
大唐故淮阳公主墓志铭并序　　　（一）252
大唐故淮南大长公主墓志铭并序　（一）226
大唐故梁府君墓志铭　　　　　　（二）89
大唐故谒者台员外郎骑都尉刘初
　　墓志铭　　　　　　　　　　　（一）220
大唐故隆州司户参军事王君及夫
　　人素和氏墓志铭并序　　　　　（一）169
大唐故隆州司法独孤府君墓志铭
　　并序　　　　　　　　　　　　（一）200
大唐故婕妤三品亡尼墓志铭并序　（一）185
大唐故骑都尉翟府君墓志铭　　　（一）318

大唐故骑都尉濮州濮阳县令于君
　　之碑　　　　　　　　　　　　（一）151
大唐故越国太妃燕氏墓志铭并序　（一）197
大唐故彭国太妃王氏墓志铭并序　（一）180
大唐故彭城国夫人刘氏墓志铭并序（一）155
大唐故董夫人墓志铭　　　　　　（一）180
大唐故蒋府君墓志铭　　　　　　（二）92
大唐故韩君之墓志　　　　　　　（一）199
大唐故朝大夫吕文达及夫人边氏
　　墓志铭　　　　　　　　　　　（一）193
大唐故朝议大夫行内侍省内府令
　　员外置同正员上柱国赐紫金鱼
　　袋王公墓志铭并序　　　　　　（二）79
大唐故朝议大夫行尚书兵部郎中
　　上柱国冯翊严府君墓志铭并序　（一）258
大唐故朝议大夫试沂州司马荥阳
　　郡郑府君墓志铭并序　　　　　（二）23
大唐故朝议郎行河南府士曹参军
　　敦煌张公墓志　　　　　　　　（二）99
大唐故朝议郎行徐州长史成公府
　　君墓志铭并序　　　　　　　　（一）214
大唐故朝议郎行婺州司仓参军事
　　柱国韦府君墓志铭并序　　　　（一）263
大唐故朝议郎试少府监丞赐紫金
　　鱼袋李府君墓志　　　　　　　（二）11
大唐故朝请大夫内侍省内给事京
　　兆韦公广平县君宋夫人墓志并序（一）316
大唐故朝请大夫行嘉州长史上柱
　　国萧府君墓志铭并序　　　　　（一）270
大唐故朝请郎□梁州都督府参军
　　事平原县开国男杨府君墓志铭
　　并序　　　　　　　　　　　　（一）257
大唐故朝散大夫□君墓志铭并序　（一）188
大唐故朝散大夫上护军行魏州武
　　圣县令蒋府君墓志铭并序　　　（一）252

大唐故朝散大夫王伏兴妻吕府君
　　之铭　　　　　　　　　　　　（一）155
大唐故朝散大夫行少府监中尚署
　　令王府君墓志铭并序　　　　　（一）232
大唐故朝散大夫守沁州刺史冯公
　　之碑　　　　　　　　　　　　（一）266
大唐故朝散大夫守昭陵令护军姬
　　府君墓志铭并序　　　　　　　（一）205
大唐故朝散大夫岐君墓志铭并序　（一）207
大唐故朝散大夫盐州长史豫汾二
　　州司马安阳县男崔府君墓志铭
　　并序　　　　　　　　　　　　（一）213
大唐故焦府君墓志铭　　　　　　（二）92
大唐故御侮校尉杜府君夫人
　　鱼氏墓志铭并序　　　　　　　（一）264
大唐故普安郡司马韦君墓志铭并序（一）310
大唐故道州长史汲郡尚府君墓志
　　铭并序　　　　　　　　　　　（二）67
大唐故游击将军正议大夫梁府君
　　墓志铭并序　　　　　　　　　（一）177
大唐故游击将军右卫翊府郎将燕
　　然军副使别君府墓志铭并序　　（一）256
大唐故游击将军永丰镇将王君之
　　墓志铭　　　　　　　　　　　（一）163
大唐故游击将军守庆王府左亲事
　　典军员外置同正员别敕右羽林
　　军长上上柱国吴府君墓志铭并序（一）302
大唐故游击将军泾州四门府折冲
　　上柱国赐紫金鱼袋河东娥府君
　　墓志铭并序　　　　　　　　　（二）25
大唐故游击将军郭公墓志并序　　（一）255
大唐故游骑将军上柱国广饶县开
　　国公杨君墓志　　　　　　　　（一）159
大唐故睦州刺史夏侯府君夫人李
　　氏墓志铭并序　　　　　　　　（一）198

大唐故詹事府司直赵君墓志铭并序（一）212
大唐故新城长公主墓志铭并序　　（一）182
大唐故雍王墓志铭并序　　　　　（一）244
大唐故雍王赠章怀太子墓志铭并序（一）253
大唐故雍北府果毅都尉萧君墓志铭（一）212
大唐故雍州新丰县令朝议郎上柱
　　国司空府君墓志铭并序　　　　（一）236
大唐故窦府君墓志铭　　　　　　（二）91
大唐故殿中少监上柱国唐府君墓
　　志铭并序　　　　　　　　　　（一）210
大唐故殿中侍御史内供奉赐绯鱼
　　袋陆公墓志铭并序　　　　　　（一）329
大唐故殿中侍御史陇西李府君墓
　　志铭并序　　　　　　　　　　（二）11
大唐故裴府君墓志铭　　　　　　（二）91
大唐故僧实贻墓志铭　　　　　　（二）96
大唐故蕲州蕲春县尉孟府君墓志
　　铭并序　　　　　　　　　　　（一）273
大唐故暴府君墓志铭并序　　　　（一）278
大唐故镇军大将军行右骁卫大将
　　军上柱国岳阳郡开国公范公墓
　　志铭并序　　　　　　　　　　（一）289
大唐故德业寺亡尼七品墓志　　　（一）211
大唐故德静县令赵有君墓志铭并序（一）265
大唐故虢国夫人岐氏墓志铭　　　（一）170
大唐故薛府君墓志铭　　　　　　（二）93
大唐故赠左武卫翊府左郎将康府
　　君墓志铭并序　　　　　　　　（一）319
大唐故赠司空荆州大都督上柱国
　　赵王墓志铭　　　　　　　　　（一）196
大唐故赠司徒虢王妃刘氏墓志铭　（一）201
大唐故赠朝散大夫奚官局令赐绯
　　鱼袋杨公故夫人左太君墓志铭
　　并序　　　　　　　　　　　　（二）77
大唐故魏国太夫人河东裴氏墓志

并序 (一) 249

大唐故襄城县主墓志铭并序 (一) 252

大唐故濮阳郡吴夫人墓志铭并序 (二) 62

大唐故翻经大德益州多宝寺道因
法师碑文并序 (一) 181

大唐故鹰扬尉兵曹瑯琊王府君故
夫人河南独孤氏墓志并序 (一) 262

大唐故瀚海都督右领军卫大将军
经略军使回纥府君墓志铭并序 (一) 317

大唐故□武将军行左骁卫翊府
中郎将阿史那哲墓志并序 (一) 265

大唐故□京内仓使朝议郎行内侍
省内府局令员外置同正员上柱
国赐绯鱼袋扶风郡马府君墓志
铭并序 (二) 19

大唐将仕郎守洪州都督府仓曹参
军翰林待诏荥阳毛公故夫人弘
农杨氏墓志铭并序 (二) 6

大唐前安州都督府参军元琰妻韦
志铭并序 (一) 217

大唐前果州相如县尉赵郡李公故
夫人何氏墓志铭并序 (一) 294

大唐前莫王帐内故李府君墓志铭
并序 (一) 222

大唐济阴郡考城县尉韦韫故夫人
河南源氏墓志铭并序 (一) 295

大唐宣化寺故比丘尼法琬法师碑 (一) 250

大唐荷恩寺故大德法律禅师塔铭
并序 (二) 2

大唐荷恩寺故大德敕谥号法津
禅师墓志铭并序 (一) 323

大唐夏绥银宥等州节度左厢兵马
使正议大夫检校太子宾客上柱
国食邑三千户故渤海高公墓志 (二) 28

大唐监察御史裴炎故妻刘氏

墓志铭并序 (一) 177

大唐益州郫县令于君妻故韦夫人
墓志 (一) 144

大唐崇敬寺内外临坛尼大德杜
和尚墓志铭并序 (二) 31

大唐崇福寺故僧录灵晏墓志铭并序 (二) 56

大唐清河张令问妻东莞臧氏之铭 (一) 287

大唐越国故太妃燕氏之碑铭 (一) 198

大唐朝议郎行内侍省宫闱局丞上
柱国公士杜君墓志并序 (一) 272

大唐朝议郎前行司农寺太仓署令
上柱国萧公故夫人田氏墓志铭
并序 (二) 14

大唐郿国长公主神道碑铭 (一) 268

大唐御史台精舍碑铭并序 (一) 264

大唐登仕郎行内侍省掖庭局宫教
博士员外置同正员上柱国钜鹿
魏公夫人韦氏墓志铭并序 (二) 69

大唐零起寺比丘明觉石幢铭并序 (一) 334

大唐雍州万年县刘君之墓志 (二) 91

大唐雍州万年县故赵君墓志铭 (一) 150

大唐雍州长安县故宋君墓志 (一) 162

大唐雍州咸阳县延陵乡故人建节
尉赵孝颙墓志石一合 (一) 203

大唐睿宗大圣真皇帝贤妃王氏墓
志铭并序 (一) 297

大唐骠骑大将军益州大都督上柱
国卢国公程使君墓志铭并序 (一) 186

大唐镇陇右节度使右仆射李公懋
功昭德颂 (一) 335

大唐德业寺故尼法矩墓志铭并序 (一) 217

大唐澄心寺尼故优昙禅师之塔铭
并序 (一) 210

大唐赠卫尉卿并州大都督淮阳郡
王京兆韦府君墓志铭 (一) 247

大唐赠韦城县主韦氏墓志铭并序　（一）247

大唐赠吏部尚书益州大都督汝南
　郡王韦府君墓志铭并序　（一）247

大唐赠南川县主墓志铭并序　（一）308

大唐赠晋州刺史顺义公碑铭　（一）160

大唐潞州刺史司徒公故徐王元礼
　姬罗氏墓志铭并序　（一）212

大唐潞州刺史湖城府君杨公夫人
　平郡大夫人高氏墓志铭　（二）102

大阒范杨母孙老孺人节孝碑铭　（四）81

大硕德公刘老先生老大人之墓碑　（四）145

大清天下陕西兴安府安康县河北
　岸香獐铺将军山重修满庙神像
　碑序　（三）188

大清平凉府静隆州县通边野赵二
　镇灯会碑记　（三）131

大清国陕西西安府乾州洓头里
　章留村重修玉皇庙碑记　（三）105

大清故医宏不器家传碑文谨序　（三）311

大清诰封骠骑将军原任浙江黄岩
　水师右路副总兵都督金事谦庵
　孙公暨配申夫人合葬志铭　（三）64

大清候铨直隶分州梁公王任氏合
　葬墓志铭　（三）234

大清理学名儒丰川王先生之墓　（三）122

大清御制遣祭文武二王陵文　（三）44

大梁上柱国阳邑僖公墓志铭　（一）146

大隋大业十二年闰五月九日薨于
　河南郡洛阳县章善里故张主簿
　墓铭　（一）137

大隋大将军尚书右仆射淮安定公
　墓铭　（一）142

大隋上柱国滕王常侍何君之志　（一）111

大隋开府仪同三司安定公王君之
　墓志　（一）107

大隋开皇十四年十月廿三日息州
　梁安郡守侯公铭　（一）109

大隋开皇八年岁次戊申七月戊辰
　朔十七日甲申故渡辽将军上柱
　国普安公司兵参军事洛州宗卫
　长史杨君墓志铭　（一）103

大隋开皇九年岁次己酉十一月庚
　寅朔十九日戊申熊州长史皇甫
　公墓志铭　（一）104

大隋开皇九年岁次己酉十月辛酉
　朔廿五日乙酉故曜武将军虎贲
　内郎将关君墓志铭　（一）105

大隋开皇五年岁次乙巳八月乙酉
　朔十二日丙申葬于城南高阳原
　使持节仪同三司内常侍故宋虎
　墓志　（一）101

大隋太师上柱国凉国景公夫人刘
　氏墓志铭　（一）99

大隋仁寿三年骠骑大将军散骑常
　侍淮阳郡守张府君胡夫人等墓志　（一）117

大隋田君墓志铭　（一）117

大隋安僖公李使君碑　（一）144

大隋纳言上柱国光禄大夫司徒公
　尚书令太子太师太尉公楚景武
　公墓志铭并序　（一）121

大隋使持节大将军工兵二部尚书
　司农太府卿太子左右卫率右庶
　子洪吉江虔饶袁抚七州诸军事
　洪州总管安平安公故苏使君之
　墓志铭　（一）118

大隋使持节上柱国德广郡开国公
　李史君之墓志铭　（一）97

大隋使持节柱国灵州总管海陵郡
　贺若使君之碑　（一）111

大隋金紫光禄大夫萧岑孙内宫堂

姪故萧滨之铭　　　　　　　　（一）137

大隋京兆郡华原县故高叡墓志铭　（一）128

大隋故上开府徐州总管边城郡开
　国公尔朱公墓志铭　　　　　（一）107

大隋故扶风郡陈仓县令曹君之墓志（一）133

大隋故河堤使者西河公窦君墓志　（一）139

大隋故荡边将军信州典签马君墓
　志铭　　　　　　　　　　　（一）113

大隋故枹罕郡主簿皇甫公墓志铭
　并序　　　　　　　　　　　（一）177

大隋故宫人六品御女唐氏墓志铭
　并序　　　　　　　　　　　（一）141

大隋故宫人六品墓志铭并序　　　（一）141

大隋故宫人司计刘氏铭并序　　　（一）141

大隋故宫人常泰夫人墓志铭并序　（一）140

大隋威烈将军右员外侍郎刘府君
　墓志　　　　　　　　　　　（一）111

大隋珍寇将军奋武尉右屯卫步兵
　校尉解府君之墓志　　　　　（一）124

大隋前纳言开府仪同三司光禄大
　夫房公苏威妻夫人宇文氏墓志　（一）139

大隋宫人司膳丁氏墓志铭并序　　（一）134

大隋宫人采女田氏墓志铭并序　　（一）137

大隋宫人故司陈氏六品墓志铭　　（一）125

大隋真化道场尼那提墓志之铭　　（一）129

大隋营东都土工副监男孟孝敏妻
　刘氏　　　　　　　　　　　（一）127

大隋梁武陵王记室参军之墓志　　（一）111

大隋越国夫人郑氏墓志　　　　　（一）115

大隋骠骑将军右光禄襄州别驾兼
　长史平舒子刘公墓志　　　　（一）103

大朝故京兆总管府奏差提领经历
　段君墓志铭并序　　　　　　（二）163

大德处仕陈公初合李孺人之墓　　（四）119

大德益轩蒙公墓志铭　　　　　　（三）186

大德望东圆李公暨德配梁孺人后
　山阡表　　　　　　　　　　（四）207

大燕故处士徐君墓志铭并序　　　（一）314

大魏元宗正夫人司马氏志铭　　　（一）33

大魏正光二年岁在辛丑三月己巳
　朔二十九日丁酉宫第一品张墓
　志铭　　　　　　　　　　　（一）30

大魏正光元年岁在庚子魏宫内大
　监刘阿素墓志铭　　　　　　（一）29

大魏龙骧将军崇训太仆少卿中给
　事中明堂将伏君妻昝氏墓志铭　（一）40

大魏永熙二年岁次癸丑八月丁巳
　朔廿八日甲申故持节督南岐州
　诸军事前将军南岐州刺史张君
　之墓志　　　　　　　　　　（一）54

大魏丞相江阳王墓志铭　　　　　（一）47

大魏孝昌二年八月十八日故乞银
　曹比和真曹匹纥曹四曹尚书奏
　事给事洛州刺史河南河阴丘使
　君之长子威远将军太尉府功曹
　参军之命妇鲜于氏墓志　　　（一）39

大魏故元君墓志铭　　　　　　　（一）58

大魏故左军领御仗左右西川子赠
　龙骧将军洛州刺史长孙史君之
　墓志　　　　　　　　　　　（一）21

大魏故宣威将军白水太守小剑戍
　主元公墓志铭　　　　　　　（一）35

大魏宫内司高唐县君杨氏墓志　　（一）30

大魏殷州刺史崔公墓志铭　　　　（一）22

大魏高祖九嫔赵充华墓志　　　　（一）20

大魏清川侯杨君墓志　　　　　　（一）56

大魏景明元年岁次庚辰十一月丁
　酉朔十九日乙卯景穆皇帝之孙
　使持节侍中征南大将军都督五
　州诸军事青雍二州刺史故京兆

康王之第四子广平内史前河间
　　王元泰安讳定君墓志铭　　　（一）15

丨

上巳日兴庆池禊宴诗并序　　　（二）119
上方舍利塔记　　　　　　　　（一）289
上都荐福寺临坛大戒德律师之碑（一）324
山西布政使右参政龙峪葛公墓志铭（二）296

丿

千阳县龙泉普济禅院碑铭并序　（二）115
千阳县草碧谷里住持临洪重修兴
　　信寺记　　　　　　　　　（二）198

、

广东翁源县知县任公春墓志铭　（三）300
亡儿世熙圹记　　　　　　　　（四）199
亡妻太原王夫人墓志铭　　　　（二）64
亡妻北海俞氏夫人墓志铭　　　（二）71
亡宫墓志铭并序　　　　　　　（一）282

フ

已故处士王积功之妻周氏节孝碑（四）58
女冠澄心散人墓志　　　　　　（二）173
马夫人墓志序并铭　　　　　　（一）131
乡贡进士段府君墓铭　　　　　（二）89
乡饮介宾尽吾董老先生德行碑　（三）254
乡饮正宾维钦鉴堂张君墓表　　（三）298
乡饮耆介宾尽吾董老先生德行碑（三）281
乡饮耆宾故显考胡公兆兰老大人
　　显妣胡母曹老孺人之墓　　（四）66

四画

一

丰庵程公讳万邦暨元配崔孺人合

葬碑　　　　　　　　　　　　（三）303
王夫人墓志　　　　　　　　　（一）132
王公暨元配杨宜人继配蕉安人刘
　　安人张安人合葬墓志铭　　（四）120
王老大人温惠淑德并张氏温栾之碑（四）100
王君之墓志并序　　　　　　　（一）253
开元天宝圣文神武皇帝梦烈祖玄
　　元皇帝灵应颂并序　　　　（一）292
开府仪同三司湘东公贺拔文昞妻
　　广平郡君李哀诔文　　　　（一）86
天水邓太翁友斋墓表　　　　　（四）220
天台山定慧寺重修佛殿暨观音菩
　　萨圣母娘娘殿碑记　　　　（三）223
天台山修建雷祖三官庙殿碑记　（二）307
夫人天水赵氏泰始四年七月三日造（一）10
元从朝散大夫行内侍省内常侍员
　　外置同正员上柱国赐紫金鱼袋
　　孙公故妻彭城郡夫人刘氏墓
　　铭并序　　　　　　　　　（一）325
元公墓志铭　　　　　　　　　（一）58
元宋思昕墓志题记　　　　　　（二）183
元武德将军王宝宝之墓　　　　（三）160
元故赵君墓志铭并序　　　　　（二）183
元故辅君墓志铭并叙　　　　　（二）180
元南京镇江府才卿梁公暨五子十
　　五孙茔墓记　　　　　　　（三）239
云雾寺创修四圣并龙王药王蜡神
　　庙碑　　　　　　　　　　（四）140
云麾将军行右龙武军将军广平宋
　　公夫人豫章郡章氏墓志之铭（一）312
五门堰创置田地暨合工碑记　　（三）234
五门堰筒车田亩改造飞漕永远接
　　用高堰退水碑记　　　　　（四）160
五门堰撤去王家车改修飞漕用高
　　堰水呈县立案文　　　　　（四）167
五品亡宫墓志文并序　　　　　（一）231

太守檀山李公修治成绩碑 (二)255
太学生乡饮宾乂庵李公神道碑 (三)313
太学生汉卿张公暨孺人花氏墓志铭 (三)142
太学生国瑞赵翁墓志 (三)244
太学生祖考文显府君墓 (三)272
太保齐郡顺王常妃志铭 (一)58
太原王府君铭一首并序 (一)315
太原郡王氏墓铭并序 (二)22
太尉领司州牧骠骑大将军顿丘郡
开国公穆文献公亮墓志铭 (一)16
车度里居民修建玄天上帝庙碑 (二)290

丨

少亡闺女明姐闰秋之墓 (四)112
中原宋人乔进璠备兵兴元来游灵
岩寺偶成 (二)331

丿

午子观道会司祥综字绩亭刘仙长
碑序 (四)97
公孚任君暨配田陈孺人合葬墓志铭 (三)153
公葬彭仲翔烈士之碑 (四)176
仓渡镇回约蓝均德显全□合镇回
民等全立碑记 (四)14
凤翔府陇州南原杨家滩一会人等
建修漱神庙宇记载 (三)217

丶

文林郎吴兴郡姚公墓志铭并序 (一)320
文林郎截取县正堂成举人质麇姚
公墓 (三)245
文昌宫二月初二七月初七恭祝圣
诞置田碑记 (三)178
文昌宫五月初二七月初七恭祝□
□置田姓名碑记 (三)179
方伯闫公之墓 (四)241

户县南甘卿先生墓志铭并序 (四)201
户县焦将磨渠河永不得灌旱地词
案碑记 (三)285

五画

一

古北口参将明川高公志铭 (二)309
古楼观宗圣宫重建三清殿记 (二)289
节母李太孺人墓碑铭 (四)216
节妇齐公讳进和妻张氏碑 (四)30
节孝胡母吴太孺人墓志铭 (四)149
节孝孺人李氏墓志铭 (三)282
本台掌院冲虚元顺张真人墓 (三)294
左金吾卫昌化郡善训府左果毅上
柱国蔺君墓志文 (一)301
左金吾兵曹吴公妻独孤氏墓志铭
并序 (一)326
左神武将军秦公故夫人弘农杨氏
墓志铭并序 (二)4
左神策军副使太中大夫行内侍省
内侍员外置同正员上柱国赐紫
金鱼袋陇西李公夫人戴氏墓志
铭并序 (二)34
右扶风丞李君通阁道记 (一)4
右神策延州防御安塞军同十将陈
留谢君墓志铭并序 (二)41
龙门正宗第一十六代昆山刘合仓
衣钵塔 (三)246
龙门正宗第十一代羽化恩师讳一
良潘老仙灵之墓 (三)215
平阳郡故敬府君墓志铭并序 (一)350
东母孺人薛氏姜氏合茔兵科给事
中东公墓志铭 (三)36
东岳庙重修汉关圣大帝祠总祠圣
母祠记 (三)291

Ｊ

仙源县君李夫人墓志　　　　　　（二）139
白云山祖师庙吴堡县头会捐修七
　　圣楼乐楼社窑纪念碑序　　　　（四）215
白云山起建藏经台阁会首功德疏　（二）337
白云山新建四圣宫前后山门东廊
　　房并重建诸殿阁装塑神像簿培
　　神仙洞城坎戏房碑记　　　　　（四）243
白衣大悲五印心陀罗尼经　　　　（二）310
仝立景福山香火田地四止交界碑记（四）221
处士马公讳天应之妻刘氏贞节碑　（三）296
处士马公墓志铭　　　　　　　　（四）60
处士王君维伸墓表　　　　　　　（三）167
处士希忠秦公暨配刘孺人合葬墓
　　志表　　　　　　　　　　　　（二）338
处士昌吾杨公暨元配李氏合葬墓
　　志铭　　　　　　　　　　　　（三）94
处士赵公墓志铭　　　　　　　　（二）212
处士耆宾范公墓碑　　　　　　　（三）88
处士郭福田暨德配李儒人之墓　　（四）196
处士象庵张公暨元配邢孺人合葬
　　之墓　　　　　　　　　　　　（三）170
处士蕴王赵璞暨德配齐氏墓志　　（四）50

丶

冯潘州墓志　　　　　　　　　　（一）275
汉大中大夫陆公贾墓　　　　　　（三）158
汉太尉李公固墓　　　　　　　　（三）159
汉中府白云山城洋两邑复立演戏
　　碑记　　　　　　　　　　　　（四）90
汉中府修补城垣内外土城砖城段
　　落丈尺记　　　　　　　　　　（三）224
汉龙亭侯蔡公伦墓　　　　　　　（三）159
汉龙亭侯蔡伦之墓　　　　　　　（二）319
汉曲逆侯陈公平墓　　　　　　　（三）161

汉伏波将军马公墓　　　　　　　（三）157
汉关内候娄敬修道处　　　　　　（二）327
汉丞相诸葛忠武侯之墓　　　　　（二）307
汉武都太守李翕析里桥郙阁颂　　（一）5
汉定远侯班仲升食邑　　　　　　（三）217
汉建信侯娄公献殿碑记　　　　　（二）289
汉故司隶校尉京兆尹司马君之碑颂（一）11
汉相国萧公讳何神墓　　　　　　（三）127
汉诸葛武侯墓碑记　　　　　　　（二）312
汉博望侯张公骞墓　　　　　　　（三）159
汉舞阳侯樊将军墓碑　　　　　　（三）159
永隆二年岁次己卯十一月丙寅朔
　　七日壬申故上柱国杞国公杜义
　　总管梁明达墓志　　　　　　　（一）144

乛

司刑太常伯武安公世子奉冕直长
　　源侧室赵五娘墓志铭并叙　　　（一）188
民国丁丑五月吉日恭录开化集律诗（四）201
民国丁丑年正月吉日书云川八景诗（四）200
弘农杨君墓志并序　　　　　　　（一）297
弘农杨府君墓志之铭　　　　　　（二）89
圣清征士咸阳刘古愚先生墓志铭　（四）87
幼妹娥娘墓志　　　　　　　　　（二）23

六画

一

老子道德经幢　　　　　　　　　（二）176
巩昌府陇西县教谕俊池阎公之墓　（三）15
芝川新修太史公庙记　　　　　　（二）142
过鱼河自述和壁间陈户部嘉言曹
　　公子益园联句排律　　　　　　（四）98
过定军山谒武侯墓一首　　　　　（二）298
西山广化寺三藏无畏不空法师塔记（一）285
西乡县知事禁止堰堤上下捕鱼布告（四）148

西安府户县化羊峪补修东岳庙记　　（二）245

西城兵马指挥嵇君配安人蒋氏墓
　　志铭　　（二）211

西晋孝惠皇帝钦奉圣旨敕建惠王
　　行香院碑　　（一）10

有元故茶局提举郭君志铭　　（二）180

有宋复武功大夫果州团练使安康
　　郡侯任公之墓　　（二）150

有明三溪稽子墓志铭　　（二）262

有明诰封一品夫人张氏墓志铭　　（二）249

有晋故兵部尚书西河任公墓志铭
　　并序　　（二）107

有唐陇西李夫人墓志铭并序　　（二）57

有唐故云麾将军右武卫大将军东
　　京副留守上柱国濮阳郡开国公
　　杜府君夫人扶风郡夫人京兆韦
　　氏墓志铭并序　　（一）331

有唐故中大夫使持节寿州诸军事
　　寿州刺史上柱国赠太保郭公庙
　　碑铭并序　　（一）319

有唐故河中府参军范阳卢公改葬
　　墓志铭并序　　（二）35

有唐故蔺夫人龛铭并序　　（一）305

有唐顺阳范氏幼女墓志铭　　（二）41

百丈堰新建高公桥碑记　　（二）311

丨

师祖刘公本聪真人墓　　（四）61

光禄寺正卿卢老先生讳询书　　（三）191

同公德配李党宜人合葬墓志铭　　（四）44

同州知州赵公建堡议　　（二）277

同知衔调补南郑县前知沔县事贤
　　侯施大老爷去思德政碑　　（四）63

吕宅权召村重修圣母关帝庙并戏
　　楼碑记　　（三）266

丿

先考王公府君暨先妣马太孺人合
　　葬西原阡表　　（四）213

先妣隆氏圹记　　（三）239

先修职郎通政司知事雪松府君墓
　　志铭　　（二）247

先祖母狄彭氏墓志　　（二）266

乔公云峰暨德配徐太夫人合葬墓
　　志铭　　（四）227

伏波将军濮阳县令任先志　　（一）89

延安府安定县重修大普济禅寺记　　（二）193

伪齐在京为荷王释褐辟任齐安戍
　　主俗赠车骑将军时珫墓志　　（一）90

后宫人五品司仗冯氏墓志铭　　（一）124

后宫人五品司仗程氏墓志铭　　（一）124

全真第五代宗师长春道主教真人
　　内传碑　　（二）184

会办全陕厘税总局严禁白河等处
　　厘卡故意勒掯商贩人等告示碑　　（四）66

合龙山新建玄帝行宫碑记　　（二）302

合阳县光国寺蒙汉合文圣旨碑　　（二）181

合阳县邑侯陆公酌减平馀德政碑　　（四）32

合邑士庶人等尊奉御旨督□□□
　　通府各大人革除现役陋规德政碑　　（三）190

邠宁节度使检校司徒陇西李公长
　　女墓志并序　　（二）28

邠国公功德铭并序　　（二）20

创立云蒙书堂万寿宫小魁川悟真
　　观地亩碑记　　（三）210

创刻明仁厚陈公石门汤泉洗病时
　　辰碑　　（四）90

创建大道迎祥宫之碑　　（二）172

创建元天上帝真武行宫碑记　　（三）204

创修无生老母观音菩萨女清菩萨
　　碑记　　（四）84

、

齐故中坚将军赵州长史李□□妻
　　崔氏墓志铭　　　　　　　　（一）80
齐故员外郎马君志铭　　　　　　（一）118
齐故武阳县令张君妻苏夫人等墓
　　志铭　　　　　　　　　　　（一）129
齐故侍中车骑大将军开府仪同三
　　司左仆射吏部尚书太常卿食贝
　　丘县干赫连公墓志　　　　　　（一）88
齐故征西将上洛县开国男□□□
　　元子邃墓志铭　　　　　　　　（一）71
齐故通直散骑常侍赠开府仪同三
　　司太常卿高君墓志铭　　　　　（一）88
齐淮阳王府长兼行参军张君墓志铭（一）124
齐御史中丞赫连公故夫人闾氏墓
　　志铭　　　　　　　　　　　（一）82
兴平顾侯祈雨感应碑文　　　　　（三）164
兴邑黄山宫东侧创修无生老母观
　　音菩萨洞碑序　　　　　　　　（四）40
兴国寺故大德上座号宪超塔铭并序（二）16
安定胡府君墓志　　　　　　　　（一）146
安定郡夫人胡氏墓志　　　　　　（二）104

乛

羽化了然子同尊师冠履墓志铭并序（二）160
羽化恩师戴一秀真人碑墓志　　　（三）198

七画

一

严夫人墓志铭　　　　　　　　　（二）135
严参军墓志铭并序　　　　　　　（一）135
李夫人铭　　　　　　　　　　　（一）58
李公夫人贺氏墓志铭　　　　　　（二）145
李公墓志铭　　　　　　　　　　（四）25
杨村里合里议定开粮完粮催粮开

仓等规则七条碑　　　　　　　（三）265
杨府君墓志兼序　　　　　　　　（一）325
豆卢宫人墓志铭并序　　　　　　（一）130
还虚朱律师增修说经台各功□□
　　山□祖地碑　　　　　　　　　（三）253

丨

邑信士太学生刘汉功重装石宫寺
　　万佛金容碑　　　　　　　　　（三）176
邑侯杜太爷归地圣寿寺遗爱勒石记（三）190
邑侯姚公重修后堂园池记　　　　（二）320
邑侯高太尹灵岩寺安置住持并清
　　查常住地碑记　　　　　　　　（三）171
别驾韩公考正位次记　　　　　　（三）69

丿

兵宪张公创建白水外城记　　　　（二）276
兵部侍郎甄公墓志铭　　　　　　（三）28
佛坪厅同知为迎秀书院山长修金
　　事告示碑　　　　　　　　　　（三）314
近卿王公墓表　　　　　　　　　（四）216
孚佑帝君纯阳吕祖垂训　　　　　（三）208

、

宋村中堡东河口蟒蜒渠水利词案
　　碑记　　　　　　　　　　　（三）101
宋贤张横渠先生墓碑　　　　　　（四）100
宋知郓州事寔庵严公讳存信暨夫
　　人杨氏合葬之墓碑　　　　　　（四）167
宋刻唐代功臣赞像碑　　　　　　（二）128
宋故三班奉职李君墓志铭并序　　（二）131
宋故夫人清源王氏墓铭　　　　　（二）136
宋故元府君墓志铭并序　　　　　（二）125
宋故太原武公墓志铭　　　　　　（二）140
宋故太孺人陈氏墓志铭　　　　　（二）158
宋故内园使上骑都尉平原县开国

伯食邑九百户李公墓志铭并序 （二）132

宋故长安县君范氏墓志铭 （二）133

宋故右班殿直前监凤翔府周至县
清平镇酒税潘府君墓志铭 （二）135

宋故右班殿直潘府君夫人阴氏墓
志铭 （二）135

宋故西京左藏库使银青光禄大夫
检校左散骑堂侍兼御使士夫光
盖利路兵马钤辖提取兵甲巡检
公事上骑都尉扶风县开国伯食
邑五百户马公墓志铭并序 （二）124

宋故刘君墓志铭并序 （二）133

宋故安丰王评事墓志 （二）141

宋故安定程君墓志铭 （二）125

宋故张君墓志铭 （二）131

宋故奉议郎前武兴通守张公墓志铭 （二）154

宋故武功大夫吉州刺史兴元府驻
扎御前诸军都统制致仕彭公事
实碑 （二）152

宋故武功大夫河东第二将折公墓
志铭 （二）144

宋故武威贾公墓志铭 （二）141

宋故苗府君墓志铭 （二）138

宋故和州防御使提举台州崇道观
安康郡开国侯食邑一千七百户
实封一百户杨公墓志铭 （二）149

宋故府州宗府君墓志铭并序 （二）126

宋故承直郎王公墓铭 （二）141

宋故皇城使持节惠州诸军事惠州
刺史监凤翔府终南上清太平宫
护军孙公墓志铭 （二）133

宋故将仕郎试秘书省校书郎前守
兴元府司录参军刘府君墓志铭
并序 （二）118

宋故通直郎守太子中舍知平定军
乐平县事监兵马都监赠右承议

郎韩府君墓志铭 （二）130

宋故提点梓州路诸州军刑狱公事
朝奉郎守尚书度支郎中上轻车
都尉赐绯鱼袋姚府君墓志铭 （二）123

宋故彭城刘君墓志铭并序 （二）123

宋故朝奉郎直龙图阁权知陕州军
府兼管内勤农事兼担举商虢等
州兵马巡检公事飞骑尉赐绯鱼
袋借紫游公墓志铭 （二）132

宋故朝请大夫尚书礼部郎中上护
军范阳县开国伯食邑七百户赐
紫金鱼袋祖公墓志铭并序 （二）123

宋故傅公墓铭 （二）139

宋故敦武郎知辰州会溪城公事罗
公墓志铭 （二）143

宋故登州防御推官知晋州冀氏县
事昌黎韩君墓志铭 （二）130

宋故谯国曹氏墓志铭并序 （二）144

宋游师雄谒富平县七陵题记 （二）130

宋耀州太守阎公奏封德应侯之碑 （二）126

补葺白云山神路并改修乐楼碑记 （四）65

ㄱ

张子嘉张鲁岑两先生纪念堂碑铭
并序 （四）224

张五公郭氏之墓 （四）137

张公讳卜暨德配张彭氏懿行碑 （四）181

张君墓铭 （一）59

陆太守夫人杨氏墓志铭 （一）325

陆军少将唐嗣桐之墓 （四）195

陆军第二百二十三师淳化战役阵
亡将士纪念碑 （四）219

陇西李氏墓记 （二）74

陇西郡李氏夫人墓志 （二）95

陇州龙门景福山玉宸宫记 （二）166

八画

一

奉车都尉振威将军淮南县令刘世
　　荣墓志铭　　　　　　　　　（一）112

奉诚尉校尉崇业府司马张志桐妻
　　潘氏墓志铭　　　　　　　　（一）137

奉政大夫爵楼党公墓志铭　　　　（四）93

青山寺徐姓捐房献地文约碑　　　（四）56

耶稣教瑞典国内地会女教士伯淑
　　贞之墓　　　　　　　　　　（四）184

耶稣教瑞典国内教会牧师山如仁
　　之冢墓　　　　　　　　　　（四）183

述圣颂并序碑　　　　　　　　　（一）269

丨

国民政府军事参议院参议冯云青
　　先生新建亲民职业学校纪念碑（四）214

昌黎韩公才墓　　　　　　　　　（二）134

明三原城隍庙新铸金身神像铭　　（二）263

明工部都水清吏司郎中午谷周君
　　配宜人张氏丘氏合葬墓志铭　（二）259

明万历二十八年御祭黄帝陵祝文碑（二）313

明山西石楼县典史王公黉西墓志铭（二）287

明乡进士之配阎母费氏杨氏墓志铭（二）265

明乡进士文林郎南直扬州府通州
　　海门县知县钟蓝雷公孺人辛氏
　　合葬墓志铭　　　　　　　　（三）22

明乡进士司理卫辉府解公墓志铭　（三）43

明王门太孺人伯母刘氏墓志铭　　（二）313

明开封府祥符县县丞南公墓志铭　（二）328

明太子太傅兵部尚书阎公先室赠
　　淑人仲氏之墓　　　　　　　（二）235

明太□□衷宋公生祠碑　　　　　（三）62

明中顺大夫南户部郎中晋阶四品服

俸四川道监察御史强公墓志铭　（三）22

明中宪大夫南京通政使司右通政旭
　　庵乌公墓志铭　　　　　　　（二）295

明内阁诰敕房办事试中书舍人
　　磻阳吕公暨配陈氏杨氏薛氏
　　合葬墓志铭　　　　　　　　（三）24

明文林郎山西陵川县知县苏庭
　　杨公暨孺人王氏高氏董氏王
　　氏合葬墓志铭　　　　　　　（三）23

明文林郎河南怀庆府温县知县
　　耀宇南公墓志铭　　　　　　（三）13

明文林郎河南洧川县令德宇赵公
　　墓志铭　　　　　　　　　　（二）320

明文林郎浙江道监察御史华严东
　　公配赠孺人张氏封孺人宁氏合
　　葬墓志铭　　　　　　　　　（二）251

明文林郎崇明知县纪公墓志铭　　（三）40

明文林郎馆陶县尹南溪胡公偕孺
　　人石氏薛氏高氏合葬墓志铭　（二）296

明正奉大夫山西等处承宣布政使
　　司左布政使蒲山张公墓志铭　（二）258

明甘肃游击将军都指挥佥事杜曲
　　刘公墓志铭　　　　　　　　（三）37

明甘肃游击将军都指挥佥事杜曲
　　刘公墓铭并序　　　　　　　（二）287

明节判静庵张公墓志铭　　　　　（二）297

明史公配冯氏合葬墓志铭　　　　（二）335

明代乡丞华野杨公墓志铭　　　　（二）299

明处士卫鲁庵墓志铭　　　　　　（二）333

明处士王公孺人孙氏合葬墓志铭　（二）225

明处士北崖程公配孺人刘氏合葬
　　墓志铭　　　　　　　　　　（二）332

明处士柿泉林公墓志铭　　　　　（二）301

明处士咸宁马景魁墓志铭　　　　（二）217

明处士洞玄巨公之墓　　　　　　（二）279

明处士耆宾南泉周公墓志铭　　　　（三）16
明处士颜公倪氏合葬墓志铭　　　　（二）238
明处士薛君堡田墓志铭　　　　　　（二）306
明礼部冠带儒士前庵韩公墓志铭　　（二）335
明亚中大夫山西布政使司右参政
　洛源杨公墓志铭　　　　　　　　（二）334
明贞节刘母吴硕人墓志铭　　　　　（三）16
明光禄大夫太子太保礼部尚书兼
　文渊阁大学士赠少保谥文庄马
　公墓志铭　　　　　　　　　　　（二）292
明岁进士赓唐白公墓志铭　　　　　（三）25
明关中名书王公进德之墓　　　　　（四）167
明安定二守孙公重修万佛岩寺记　　（二）281
明寿官仁庵薛公墓志铭　　　　　　（三）4
明寿官先考严庭路府君妣田氏赵
　氏合葬墓志并铭　　　　　　　　（二）288
明寿官仰田孙公暨配室人薛氏薛
　氏墓志铭　　　　　　　　　　　（三）31
明寿官效庵冯公暨配硕人赵氏合
　葬墓志铭　　　　　　　　　　　（二）321
明进士奉政大夫四川检查司检事
　两曲王公墓志铭　　　　　　　　（三）35
明进阶文林郎灵台赵公暨孺人马
　氏合葬墓志铭　　　　　　　　　（二）317
明进阶亚中大夫嘉兴府知府岐东
　王先生墓志铭　　　　　　　　　（二）259
明贡监听选确衷杨公暨配孺人田
　氏合葬墓志铭　　　　　　　　　（三）24
明邑令范公创建卜夫子祠记　　　　（三）17
明兵科左给事中养衷刘公暨元配
　孺人朱氏合葬墓志铭　　　　　　（三）14
明沈孺人郑氏墓志铭　　　　　　　（二）261
明奉直大夫云南昆阳州知州青峰
　张公墓志铭　　　　　　　　　　（二）264
明奉直大夫知直隶凤阳府亳州翊

明张公墓志铭　　　　　　　　　　（二）330
明奉政（下阙）定府同知管宣镇上
　北路粮储奉旨加四品□□□同
　宇屈公墓志铭　　　　　　　　　（二）330
明奉政大夫四川叙州府同知容庵
　路公墓志铭　　　　　　　　　　（二）307
明奉政大夫河南汝宁府同知龙山
　沈公配郑氏继胡氏合葬墓志　　　（二）263
明明威将军指挥金事孟南叶君配
　恭人崔氏合葬墓志铭　　　　　　（二）265
明明威将军指挥金事蒲岛稽公配
　淑人张氏暨李氏合葬墓志铭　　　（二）254
明金粟先生窦公配原氏合葬墓志铭　（二）238
明郜侯氏世德之碑　　　　　　　　（二）260
明河南归德府通判直轩魏公墓志铭　（二）321
明宗室保安王府镇国中尉竹陂墓
　志铭　　　　　　　　　　　　　（二）268
明承德郎湖广宝庆府督粮通判一
　玄路公暨配安人杨氏合葬墓志铭　（三）19
明封安人王氏墓志铭　　　　　　　（二）327
明故大学士秦双堑申孺人合葬墓表　（二）278
明故大学生员公配李夫人合葬墓
　志铭　　　　　　　　　　　　　（二）288
明故山东沂州泾府典簿赵公墓志铭　（二）248
明故山西万泉县儒学教谕致仕封
　文林郎翰林院编修烟山马公墓
　志铭　　　　　　　　　　　　　（二）242
明故山西定襄县教谕□泉杨公墓碑　（三）28
明故义官侯季父墓表　　　　　　　（二）242
明故乡进士员公配丁夫人合葬墓
　志铭　　　　　　　　　　　　　（二）300
明故太子太保兵部尚书闫公墓志铭　（二）226
明故太学生近溪雷公墓志铭　　　　（二）276
明故太孺人徐母周氏墓志铭　　　　（二）313
明故中军都督府金书实授都督金

事瑞阳萧公暨配夫人刘氏纪氏
　合葬墓志铭　　　　　　　　　（三）　13
明故中宪大夫湖广襄阳府知府封
　通政使司右通政王公墓表　　　（二）215
明故中宪大夫襄阳知府封右通政
　王公配恭人巩氏墓志铭　　　　（二）229
明故长兄义官杨公墓志铭　　　　（二）232
明故文林郎山西太原府徐沟县大
　尹蒲溪闫公墓碑　　　　　　　（三）　28
明故文林郎文安县令双溪刘君墓
　志铭　　　　　　　　　　　　（二）248
明故文林郎宁阳县尹纪君孺人李
　氏合葬墓志铭　　　　　　　　（二）256
明故文林郎青州推府暖泉张公配
　田氏合葬墓志铭　　　　　　　（二）259
明故归德府别驾直轩魏公元配李
　孺人合葬墓志铭　　　　　　　（三）　12
明故四川南江县巡检对山杨公墓
　志铭　　　　　　　　　　　　（二）307
明故处士张君配呼氏合葬墓志铭　（二）240
明故处士周公配孺人合葬墓志铭　（二）251
明故西安右护卫指挥佥事稽君公
　合葬墓志铭　　　　　　　　　（二）230
明故光禄大夫左军都督府都督佥
　事移轩艾公墓志铭　　　　　　（二）286
明故光禄大夫柱国左军都督府右
　都督王公墓志铭　　　　　　　（二）251
明故仲兄义官杨公室人张氏合葬
　墓志铭　　　　　　　　　　　（二）234
明故华亭县学生员闫子节之墓　　（三）　29
明故州学生援授武英殿中书舍人
　唧凤闫先生墓志铭　　　　　　（三）　8
明故寿官中桥秦公墓志铭　　　　（二）299
明故进阶大夫辽东太仆少卿赵公
　墓志铭　　　　　　　　　　　（三）　39

明故孝敬勤俭童生阎闾墓志铭　　（二）302
明故邑庠生寇子旸区暨配权氏宁
　氏李氏合葬墓志铭　　　　　　（三）　8
明故邻水县主簿东泉姚公配孺人
　柳氏合葬墓志铭　　　　　　　（二）277
明故狄母周氏墓志铭　　　　　　（二）221
明故弟狄兰谷配郭氏合葬墓志铭　（二）281
明故奉直大夫广西永康州知州前
　敕封文林郎仰山薛公暨配敕封
　孺人吉氏合葬墓志铭　　　　　（三）　16
明故奉直大夫安乐州知州乐山薛
　公墓志铭　　　　　　　　　　（二）310
明故奉政大夫浙江杭州府同知恒
　斋张公配安人阎氏合葬墓志铭　（二）292
明故国子监生东公配石氏孺人合
　葬墓志铭　　　　　　　　　　（二）257
明故国子监生两溪韦君墓志铭　　（二）286
明故明威将军中山魏公墓志铭　　（二）268
明故迪功郎山西赵城县判簿赵君
　墓志铭　　　　　　　　　　　（二）269
明故迪功郎杨公墓志铭　　　　　（二）247
明故迪功郎直隶内黄县丞安坡李
　公配儒人萧氏之墓　　　　　　（二）259
明故迪功郎镇江府知事狄公墓志铭（二）204
明故河南归德府鹿邑县知县凤墅
　盛公墓志铭　　　　　　　　　（三）　15
明故河南府经历敕赠文林郎巩县
　知县一海原公暨配敕赠屈孺人
　耿孺人石氏合葬墓志铭　　　　（三）　16
明故宜人杨母刘氏墓志铭　　　　（二）208
明故承直郎刑部四川清吏司主事
　太微张公合葬墓志铭　　　　　（二）266
明故承德郎户部主事山泉阎子之墓（二）235
明故承德郎西城兵马指挥稽公墓
　志铭　　　　　　　　　　　　（二）218

明故驿宰杨公墓志铭　　　　　　　（二）226
明故封征仕郎中书舍人纪翁墓志铭　（二）227
明故封宜人李氏墓志铭　　　　　　（三）39
明故荣禄大夫南京中军都督府都
　督同知致仕容堂杨公墓志铭　　　（二）254
明故南京国子监祭酒王公墓志铭　　（三）30
明故昭信校尉朱公安人孙氏合葬
　墓志铭　　　　　　　　　　　　（三）37
明故将仕郎任直隶广平府成安县
　主簿石泉王公之墓　　　　　　　（三）26
明故洵邑致仕郡博李公宾山墓志
　铭并盖　　　　　　　　　　　　（二）276
明故诰封宗人府亚中大夫仪宾张
　公合葬墓志铭　　　　　　　　　（二）224
明故郡庠生汤敬叔墓志铭　　　　　（二）224
明故秦府门副张公墓志铭　　　　　（二）239
明故秦府典服正李公墓志铭　　　　（二）225
明故秦府典宝继兰阁公之墓　　　　（二）317
明故秦藩澄城郡主圹志文　　　　　（二）210
明故真隶隆庆卫宣义郎经历司古
　溪许公合葬墓志铭　　　　　　　（二）301
明故夏阳县主志铭　　　　　　　　（二）215
明故峪口李君配刘氏合葬墓志　　　（二）283
明故通奉大夫山西布政司右布政
　使致仕张公墓碑　　　　　　　　（二）258
明故绥德卫都指挥使傅公瑛夫人
　宗氏墓志铭　　　　　　　　　　（二）237
明故继室王氏墓志铭　　　　　　　（二）231
明故敕封孺人陈氏张母合葬墓志铭　（二）332
明故朝议大夫山东按察司佥事原
　任户科给事中孙公公墓志铭　　　（二）333
明故湖广布政使司左布政使莲洲
　王公墓志铭　　　　　　　　　　（三）31
明故锦衣卫百户闫公墓志铭　　　　（三）28
明故锦衣卫百户闫君墓志铭　　　　（三）29

明故嘉议大夫都察院左副都御史
　屈公墓志铭　　　　　　　　　　（二）245
明故骠骑将军傅公墓志铭　　　　　（二）214
明故镇国将军同知陕西都指挥使
　司事杨公太淑人华氏袝葬墓志铭　（二）218
明故镇国将军盛公墓志铭　　　　　（三）33
明故滕县知县哲甫赵君暨配孺人
　王氏赵氏合葬墓志铭　　　　　　（三）22
明故儒林郎合州同知致仕高公合
　葬墓志铭　　　　　　　　　　　（二）216
明威将军指挥杨公合葬墓志铭　　　（二）264
明威将军嵇公墓志铭　　　　　　　（二）240
明昭勇将军山东民兵入卫参将署
　都指挥佥事积庵杨公墓志铭　　　（二）303
明昭勇将军西安左卫指挥使琢吾
　杨君墓志铭　　　　　　　　　　（二）318
明钦授龙虎将军上护军东宗公元
　龙淑人李氏合葬墓志铭　　　　　（三）15
明待诰赠郡庠生姚公配孺人任氏
　合葬墓志铭　　　　　　　　　　（三）21
明将仕佐郎鸿胪寺序班幼庵乌公
　墓志铭　　　　　　　　　　　　（二）323
明将仕郎高公墓志铭　　　　　　　（三）31
明庠生济桥宋子墓志铭　　　　　　（二）274
明庠生崑岗白公元配孺人刘氏合
　葬墓志铭　　　　　　　　　　　（二）329
明庠生雷公始奋暨配旌表贞节孔
　氏合葬墓志铭　　　　　　　　　（二）334
明宣武将军绥德州守备绍烈路公
　暨元配恭人杨氏继配恭人雷氏
　董氏合葬墓志铭　　　　　　　　（三）99
明诰封一品大夫人袁氏袝大司马
　太傅闫公墓志铭　　　　　　　　（三）28
明诰封太宜人张母任氏墓志铭　　　（二）256
明诰封武略将军北田王公配宜人

李氏魏氏合葬墓志铭　　　　　　（二）322

明诰封武略将军鲁公欢山墓志铭　（二）334

明诰封明威将军□□佥事□□陈
　　公墓志铭　　　　　　　　　（三）30

明诰封昭勇将军分守宁夏东路左
　　参将南滨王公墓志铭　　　　（二）297

明诰封昭勇将军署都指挥佥事五
　　军营参将前川孙公配淑人潘氏
　　合葬墓志铭　　　　　　　　（二）291

明诰封勋柱国荣禄大夫后军都督
　　府都督同知文冈邹公暨配一品
　　夫人张氏合葬墓志铭　　　　（三）13

明诰授镇国将军分守宁夏平虏左
　　参将重寰王公墓志铭　　　　（三）10

明诰赠中宪大夫直隶真定府知府
　　中桥秦公元配李太恭人墓志铭　（二）319

明诰赠光禄大夫左都督凤岗王公
　　暨配一品夫人刘氏合葬墓志铭　（三）11

明诰赠奉政大夫潞安府同知南峰
　　白公暨配宜人阎氏黄氏王氏合
　　葬墓志铭　　　　　　　　　（三）11

明诰赠昭武将军前授礼部儒官馥
　　斋先生李公暨配恭人余氏合葬
　　墓志铭　　　　　　　　　　（三）17

明郡庠生玄所牛公墓志铭　　　　（三）7

明秦国永寿郡支诰封镇国中尉菊
　　亭公暨元配恭人张氏合葬墓志铭　（三）12

明秦府门官西坪张公墓志铭　　　（二）275

明秦府典服正西溪梁公墓志铭　　（二）254

明秦府承奉副鹤林王公墓志铭　　（二）253

明秦藩合阳王奉祀辅国中尉东渠
　　公配宜人张氏合葬墓志铭　　（三）4

明秦藩奉国将军鹤山公墓志铭　　（二）299

明秦藩典宝正崔公墓志铭　　　　（二）261

明秦藩承奉司承奉副两泉杜公墓

志铭　　　　　　　　　　　　　（二）285

明恭人路母杨氏合葬墓志铭　　　（二）325

明真阳知县纪小华墓志铭　　　　（二）336

明恩荣寿官玉泉孟公合葬墓志铭　（二）302

明恩荣官松山刘公配孺人韩氏孙
　　氏合葬墓志铭　　　　　　　（二）252

明恩荣散官东川宋公墓志　　　　（二）297

明特赠中宪大夫河南按察司副使
　　兔南盛公暨配恭人赵氏合葬墓
　　志铭　　　　　　　　　　　（三）46

明翁严公讳运光妻杨孺人之墓　　（三）151

明教授舜齐王公墓志　　　　　　（二）309

明敕封安人刘氏配主事闫公合葬
　　墓志　　　　　　　　　　　（三）28

明逸人乾柏韦君暨配李氏合葬墓
　　志铭　　　　　　　　　　　（二）287

明庠生马公配杨氏合葬墓志铭　　（二）332

明商处士前溪李公泊配孺人姚氏
　　合葬墓志铭　　　　　　　　（三）18

明商庠生金门雷公墓志铭　　　　（三）1

明淑人孟氏圹志　　　　　　　　（二）255

明淑配郝氏圹志铭　　　　　　　（三）22

明赐进士第中宪大夫山西平阳府
　　知府前承德郎户部主事李公墓
　　志铭　　　　　　　　　　　（三）42

明登仕佐郎肃藩教授玉庵先生任
　　公配楚孺人合葬墓志铭　　　（二）325

明骠骑将军右军都督府署都督佥
　　事高公墓志铭　　　　　　　（二）262

明骠骑将军刺西都指挥使廖公墓
　　志铭　　　　　　　　　　　（二）213

明赠光禄大夫上柱国右军都督府
　　奉敕分守大同平虏城右参将都
　　指挥佥事高峰冯公墓志铭　　（二）264

明赠征仕郎翰林院检讨文菴王公

配封太孺人刘氏合葬墓志铭　　（三）30

明儒汤轩张公配赵夫人合葬墓志铭　（三）40

明儒官肃轩李公暨元配王氏继韩
　氏张氏合葬墓志铭　　　　　（二）329

明儒官雷公合葬墓志铭　　　　　（二）318

明孺人冯母卢氏合葬墓志铭　　　（二）288

明孺人雷母王氏墓志铭　　　　　（三）13

丿

和林少穆先生游华岳之韵即题画
　后并序　　　　　　　　　　（三）292

使持节侍中司徒公都督雍华岐三
　州诸军事车骑大将军雍州刺史
　章武武壮王墓志铭　　　　　（一）41

使持节镇北大将军相州刺史南安
　王桢墓志　　　　　　　　　（一）13

例封武略骑尉崑山郭怀玉暨德配
　安元太君墓志铭并盖　　　　（四）121

例封征仕郎翰林院检讨武翼大夫
　署理游击服远惠公神道碑　　（三）139

例授文林郎庚午科副贡壬午科举
　人两园雷府君暨妣李太孺人合
　葬墓志铭　　　　　　　　　（三）316

例授文林郎雷公墨李太孺人墓志　（三）314

例授征仕郎明经进士艾公讳瑞林
　权父大人行述　　　　　　　（四）18

例授修职郎佐乡饮大宾大贡元李
　老夫子讳瑞臣德教碑　　　　（四）16

例授道会司余公嗣派复心正性之
　墓志　　　　　　　　　　　（四）31

例赠正宾故显考马公文礼妣大母
　郑老孺人之墓　　　　　　　（四）77

例赠武信校尉武生显考邢公讳文
　益老大人孺人显妣邢母齐老孺
　人合葬之墓　　　　　　　　（四）82

例赠修职郎甲辰明经进士壬子乡
　饮大宾字在中景老夫子德教碑　（四）3

例赠修职郎武生启兰李公神道碑　（四）108

例赠朝议大夫邑庠生员高祖考鼎
　铉袁公敕旌贤孝贞节应封恭人
　高祖妣杨氏合葬墓　　　　　（三）186

例赠登仕郎健庵孙公懿行碑　　　（四）5

征仕郎蒲州别驾郭公之墓志铭　　（三）60

金刚般若波罗蜜经金刚经启请　　（二）313

金洋堰重整旧规理处违背条件碑记（四）173

邰阳刘公雨亭墓志铭　　　　　　（四）169

邰阳宋光甫先生墓志铭　　　　　（四）188

周君存斋淑配廖孺人墓志铭　　　（三）260

周使持节车骑大将军仪同三司大
　都督甘州诸军事甘州刺史兴安
　县开国侯赠□州刺史太□罗君
　之墓志　　　　　　　　　　（二）94

周使持节骠骑大将军开府仪同三
　司大都督基州刺史文城惠公宇
　文端墓志　　　　　　　　　（一）78

周使持骠骑大将军开府仪同三司
　大都督云宁县开国公故拓跋氏
　墓志铭　　　　　　　　　　（一）83

周持节济州刺史大陟岵寺俊望邑
　长马君墓志　　　　　　　　（一）83

周故大将军淮鲁复三州刺史临贞
　忠壮公杨使君后夫人萧氏墓志（一）121

周故开府仪同三司洮甘二州刺史
　新阳段公墓志铭　　　　　　（一）109

周故太中大夫司农少卿上柱国太
　原温府君墓志铭并序　　　　（一）231

周故公士大夫史君志铭并序　　　（一）229

周故左骁卫翊卫太原王君墓志铭
　并序　　　　　　　　　　　（一）227

周故宋州刺史驸马都尉上柱国蓚

县开国子封公墓志铭并序　　　（一）235

周故使持节开府仪同纯永二州刺
　　史成忠县开国公茹君墓志铭　（一）96

周故使持节太师柱国大将军大都
　　督大司马十二州诸军事同州刺
　　史凉国景公贺兰祥墓志　　　（一）80

周故使持节柱国大将军晋原郡开
　　国公独孤浑贞墓志铭　　　　（一）79

周故恒州中山县令史君墓志铭　（一）240

周故淮安公拓拔育墓志　　　　（一）78

周故朝议大夫检校安东副都护王
　　府君墓志铭　　　　　　　　（二）108

周故朝议大夫银州刺史孟县开国
　　男王君墓志铭并序　　　　　（一）228

周故潞州牛君志铭并序　　　　（一）234

周故襄威将军邓通夫人任氏墓志（一）151

周都督柱国幽文公礼曹韦府君墓
　　志并序　　　　　　　　　　（一）87

周朔方军节度使中书令卫王故冯
　　公墓志铭　　　　　　　　　（二）108

周蒙县男仕恭墓志　　　　　　（一）106

丶

京万善寺故大德比丘尼坚固胜神
　　道咒石　　　　　　　　　　（一）293

京兆府会善府右果毅冯府君墓志（二）84

京兆府参军李公故夫人王氏墓志
　　铭并序　　　　　　　　　　（一）348

京兆府重修清凉建福禅院之记碑（二）110

京兆郡田光山夫人李氏墓志　　（一）128

刻茂才王子讳乘乾孔庙树柏记　（三）70

河间郡太夫人宋氏墓志铭　　　（二）12

河南任用简任职赵君鹤皋墓志铭
　　并序　　　　　　　　　　　（四）167

泾阳县壬子科崇文塔题名记　　（二）331

泾阳县夏村里东社牛吕白添修孙

真人廊记　　　　　　　　　　（二）307

定襄伯郭公纪行诗　　　　　　（二）200

门

建威将军固原军门王公祠堂记　（三）199

建修青石崖万峰寺龙王庙祈雨碑记（三）165

陕西财政厅厅长过之翰祭胡励生
　　上将文　　　　　　　　　　（四）178

陕西学校儒生颂德之碑并序　　（二）166

始祖伏波将军马公讳援墓　　　（三）144

终南山元始玉清宫记　　　　　（二）176

终南山元始台元清宫记　　　　（二）178

终南山古楼观大宗圣宫重建文始
　　殿记　　　　　　　　　　　（二）177

终南山古楼观道祖说经台之山图（四）237

终南山宗圣宫主石公道行记　　（二）173

终南山楼观宗圣宫提点成公先生
　　墓志　　　　　　　　　　　（二）172

绍兴朱子桥先生墓志铭　　　　（四）213

经台住持朱象先墓碑　　　　　（二）178

九画

一

封承德郎户部主事刘翁墓志铭　（二）216

持调三原县正堂候补分府加七级
　　记录八次程　　　　　　　　（三）220

城内北街三圣会重修三圣殿并创
　　建瘟神庙碑记　　　　　　　（三）281

城固县令清查五门堰并修定章程
　　碑记　　　　　　　　　　　（四）228

城隍庙建立正殿宝座寝宫左廊碑（三）3

赵寿山旅长之母曹太夫人墓志铭（四）196

荆州刺史狄君墓志铭　　　　　（一）59

荣斋蒋府君暨德配吕孺人合葬墓
　　志铭　　　　　　　　　　　（四）11

荣授乡饮介宾京学良有李公并元
　　配侯孺人之墓　　　　　　　（四）15

故大宋国定难军管内都军指挥使
　　康公墓志铭并序　　　　　　（二）109

故大唐夏州朔方县刘公之墓志并序（一）223

故门副阮公墓志　　　　　　　　（二）197

故义昌军监军使正议大夫行内侍
　　省掖庭局令上柱国赐绯鱼袋渤
　　海高公墓志铭并序　　　　　（二）44

故飞骑任公之墓志　　　　　　　（一）237

故夫人李氏墓志　　　　　　　　（二）196

故云麾将军行右龙武军将军上柱
　　国清源县开国男王府君墓志文
　　并序　　　　　　　　　　　（一）309

故太原府太谷县尉元君墓志铭并序（一）340

故太尉公穆妻尉太妃墓志铭　　　（一）28

故内侍省内给事假延信故夫人渤
　　海郡君骆氏墓志铭并序　　　（二）2

故左卫高思府果毅都尉权君墓志　（一）180

故左金吾卫引驾仗正将都知检校
　　太子宾客上柱国清河县开国男
　　食邑三百户赐紫金鱼袋张公墓
　　志铭文并序　　　　　　　　（二）34

故左领军卫大将军赐紫金鱼袋上
　　柱国弥姐公墓志铭并序　　　（一）315

故右屯卫将军阿史那公墓志之铭　（一）159

故右内率府兵曹郑君墓志铭并序　（二）26

故右司御率府录事参军裴君墓志
　　铭并叙　　　　　　　　　　（一）342

故田母敕封太儒人张氏墓志铭　　（二）199

故处士张公孺人杨氏圹志铭　　　（二）200

故处士张君墓志铭并序　　　　　（一）149

故汉太史司马公侍妾随清娱墓志铭（三）48

故永定破丑夫人墓志文　　　　　（二）106

故司隶校尉犍为杨君颂　　　　　（一）4

故弘农杨氏夫人墓志铭并序　　　（二）71

故弘农杨府君墓志铭并序　　　　（二）4

故先考朱公华荣老大人之墓　　　（四）45

故先考朱公兴隆老大人先妣朱母
　　刘氏老孺人墓　　　　　　　（四）192

故先考朱公讳启亮老大人先妣朱
　　母谌老孺人之墓　　　　　　（四）172

故先考朱公国宗大人之墓　　　　（四）47

故先考刘公应寿大人先妣刘母黄
　　老孺人之墓　　　　　　　　（四）13

故先考齐公讳士贵大人先妣齐
　　母薛氏老孺人之墓　　　　　（四）204

故先考李公国富大人先妣李母王
　　老孺人之墓　　　　　　　　（四）46

故先考陈公惟富老大人先妣陈母
　　孔老孺人之墓　　　　　　　（四）192

故先考郝公同人老府君先妣郝母
　　卢氏老太君之神道　　　　　（四）86

故先考聂公凤岗老大人之墓　　　（四）179

故先考徐公讳文彩老大人之墓　　（四）181

故先考高翁明老大人先妣高母马
　　老孺人之墓　　　　　　　　（四）21

故先考黄公宣钦大人之墓　　　　（四）13

故先考黄公宣楫大人先妣黄母冯
　　老孺人之墓　　　　　　　　（四）13

故先考童公年仁（义）老大人墓　（四）192

故先妣朱母彭老孺人府君之墓　　（四）74

故先妣杨母姜老孺人之墓　　　　（四）182

故先妣杨母黄老太君之墓　　　　（四）5

故先妣陈母汪老孺人之墓　　　　（三）253

故先妣熊母石老孺人之墓　　　　（四）32

故先祖高翁讳云考讳万有老大人
　　妣魏氏老孺人之墓　　　　　（四）7

故延州安塞军防御使检校左仆射
　　南阳白公府君墓志并序　　　（二）82

故江陵郡太君高氏墓志　（一）340
故汝南郡君洛阳宗夫人墓志铭并序　（二）9
故扶风高等学堂校长蔡公纪念碑　（四）230
故岐州司法参军郑国公杨公墓志铭并序　（一）275
故余杭郡录事参军骞府君夫人郑氏墓志铭并序　（一）299
故妓人清河张氏墓志　（二）66
故明生员周公暨配孺人武氏合葬墓志铭　（三）34
故使持节卫大将军仪同三司定州刺史俊仪县开国男墓志铭　（一）43
故使持节都督扬州诸军事安南将军赠车骑大将军领军将军扬州刺史高平刚侯之墓志　（一）17
故郑夫人墓志　（一）106
故郑州入学正王君岁寒三咏序　（二）191
故河南封公墓志铭并序　（二）144
故承事郎晋宁路同知解州事徐公墓志铭　（二）177
故驿宰杨公太孺人郭氏墓志铭　（二）231
故南安郡夫人赠才人仇氏墓志铭并序　（二）49
故显考王公家发大人之墓　（四）88
故显考方公讳伟耀老大人之墓　（四）84
故显考朱公启万老大人显妣朱母杜氏老孺人之墓　（四）37
故显考杨阿洪老大人之墓　（四）13
故显考汪公承经大人显妣汪母吴老孺人之合墓　（四）150
故显考胡公讳正启老大人显妣胡母田老孺人之墓　（四）75
故显考柯公道敦大人显妣柯母蔡老孺人之墓　（三）289
故显考聂公讳龙灵老大人显妣聂母徐老孺人之墓　（四）179
故显考聂公登义老大人之墓　（四）152
故显考倪公讳端檽老大人显妣倪母刘老孺人之墓　（四）213
故显考徐公讳正发老大人先妣徐母尹老孺人之墓　（四）64
故显考蔡公杰法大人显妣蔡母熊老孺人之墓　（四）3
故显考熊公承玥大人之墓　（四）46
故显考熊公承珩大人显妣熊母石老孺人之墓　（四）29
故显妣刘母李老孺人之墓　（四）15
故显妣潘母朱老孺人之墓　（四）49
故显祖公祖河老大人妣熊蔡张老孺人之墓　（四）152
故洪恩先考陈公官讳振明老大人之墓　（三）296
故洪恩陈公振扬老大人之墓　（三）297
故宣武大将军韩公墓志并铭　（二）184
故宣城郡司兵参军事杨府君墓志铭并叙　（一）299
故宫人司宝陈氏墓志铭并序　（一）131
故宫人典乐姜氏墓志铭并序　（一）137
故党林豪府军旨　（二）81
故秘书省校书郎独孤君墓志　（一）346
故唐安公主墓志铭并序　（一）333
故兼司卫正卿田君墓志　（一）186
故朔方副元帅防秋兵马使金紫光禄大夫张掖郡王慕容府君墓志铭并序　（二）16
故银青光禄大夫太仆卿上柱国张府君墓志铭并序　（一）302
故朝议郎掖庭局宫教博士彭城刘府君墓志铭并序　（一）328
故朝散大夫行衢州盈川县令韦公

墓志铭并序　　　　　　　　（一）286

故掌闱麻氏墓志铭　　　　　（一）148

故普安郡王赠工部尚书清河张府
　君讳希见墓志铭并序　　　（一）333

故普康公主墓志铭并序　　　（二）66

故曾祖考朱公登癸字壬兆老大人
　之墓　　　　　　　　　　（三）241

故楚国夫人赠贵妃杨氏墓志铭并序（二）66

故鲍宫人墓志铭并序　　　　（一）132

故雍州杜县令赵君墓志铭　　（一）71

故德阳郡金堂县王君墓志铭并序（一）307

故德妃王氏墓志铭并序　　　（二）72

故孺人杨母王氏墓志铭　　　（二）332

南阳张君墓志铭并序　　　　（一）181

丨

显考太学生南峰英公李君之墓（三）226

显考例赠文林郎柯公荔阶大人显
　妣例赠安人柯母李老安人之墓（四）181

显考欣然侯公妣赵老孺人之墓碑（四）157

显考徐公讳先启府君显妣徐母讳
　明老安人之墓　　　　　　（四）37

显考彭公讳建明字通显老大人显
　妣彭母李孺人之墓　　　　（四）41

显妣王母讳郑老孺人之墓　　（四）153

显妣例赠孺人张门赵氏温惠墓（三）297

显祖考段府君春江显妣孺人杨氏
　王氏之神墓碑　　　　　　（四）85

显祖考雷府君讳百顺字吉轩号乐
　山显祖妣雷孺人屈氏行一之墓（四）30

亅

钟公讳思齐字效天德行碑　　（三）169

钦加六品衔例授承德郎显考路公
　谋至母氏孔老大（夫）人之墓（四）71

钦加四品衔在候补道特授佛坪抚

民分府荫峤公祖杨大人德政碑（四）90

钦命镇守陕西兴安汉羌等处地方
　挂印总镇都督府纳尔珠噶巴图
　鲁带功加五等军功纪录二次寻
　常纪录一次三讳德功绩碑　（三）167

钦赐八品寿官显考恒山蒲府君之墓（四）34

钦赐寿官桑公之墓　　　　　（四）19

钦赐鄗阳悼安王圹志文　　　（二）219

钦赐鄗阳悼安王妃圹志文　　（二）219

香严山乾元观铁旐碑并建修火帝
　庙献殿碑记　　　　　　　（四）116

重建韩城县学尊经阁并移修敬一
　亭约礼斋泮池门坊墙垣记　（三）96

重修十大名医神殿并过风楼暨诸
　工碑记　　　　　　　　　（三）170

重修大普济禅寺万佛岩楼记　（二）238

重修山神庙暨照壁栏墙碑记　（三）197

重修天台山定慧寺佛殿暨观音菩
　萨圣母娘娘殿碑记　　　　（四）86

重修云阳镇城隍庙献殿山门乐楼
　献楼廊院各工碑记　　　　（四）70

重修太史司马庙记　　　　　（二）196

重修太史庙南埦墙并文星阁及羊
　城序　　　　　　　　　　（四）12

重修太清观老君三官四圣殿碑记（三）242

重修午子上观寝宫并立万年灯碑序（四）49

重修文庙暨恭制礼器纱灯公项碑记（三）178

重修斗母宫五瘟灵官铁尾殿施财
　众信刻列于左　　　　　　（三）141

重修古楼观宗圣宫下院延生观记（二）236

重修本村神庙创修沙河石桥记（二）306

重修白云山五龙捧圣宫南北祖师
　观音庙碑记　　　　　　　（三）309

重修白云山关帝及五祖七真诸君
　庙碑　　　　　　　　　　（四）162

重修汉太史司马祠记 （二）180

重修汉丞相诸葛武乡侯墓成敬题 （三）202

重修汉丞相诸葛忠武侯庙记 （二）211

重修汉丞相诸葛忠武侯祠墓记 （二）304

重修合邑士庶人等尊奉御旨革除
现役陋规德政石 （三）190

重修邑城隍庙献殿钟鼓楼暨道院记 （二）336

重修宋张横渠先生祠堂并立书院
碑记 （三）173

重修周公庙赋并序 （二）130

重修城隍庙寝殿创建无梁门明裡
亭记 （二）261

重修神庙神洞神楼神塔并创建享
殿围墙碑记 （三）239

重修略阳县灵岩寺正殿偏桥碑记 （三）　1

重修普明香严青霄山里外圣母宫
碑记 （三）312

重修漆浒左赠君生祠记 （三）　6

复建观音三大士庙暨塑造福禄财
神纯阳吕祖金龙大王扬四将军
十殿阎君碑记 （四）241

复建福山庙宇创建三清阁奎星塔
土地亭碑记 （四）58

修生里南议定催征开粮开仓完粮
规则碑 （三）294

皇元制授诸路道教都提点洞阳显
道忠贞真人并公道行之碑 （二）185

皇宋洋州察推吴君志铭 （二）157

皇明永寿王府奉国将军诚潋合葬
圹志铭 （二）220

皇明宗室小川公元配尤氏合葬墓
志铭 （三）36

皇明宗室奉国将军柏崖公配淑人
李氏合葬墓志铭 （二）306

皇明宗室邰阳王府诰封奉国将军

望鹤公墓志铭 （二）335

皇明宗室诰封恭人王氏墓志铭 （二）324

皇明宗室秦国永寿郡诰封镇国中
尉恭人张氏墓志铭 （二）323

皇明宗室秦藩永寿王府诰封镇国
中尉芳亭公元配恭人黄氏合葬
墓志铭 （二）334

皇明宗室秦藩永寿王府诰封镇国
中尉芳亭公元配恭人黄氏合葬
墓志铭 （三）　7

皇明宗室辅国将军暨夫人王氏圹志 （二）234

皇明宗室望山公配夫人张氏合葬
墓志铭 （三）37

皇明宗室镇国将军夫人丁氏圹志 （二）264

皇明诰封淑人胡氏墓志铭 （二）326

皇明秦府承奉正凤冈张公墓志铭 （二）263

皇明秦藩宗室镇国都尉望辉公墓
志铭 （三）34

皇明秦藩临潼王府镇国中尉恭人
彭氏杨氏志 （二）265

皇明秦藩辅国将军清溪君侯圹志 （二）290

皇明赠龙虎将军左卫副总兵张公
讳立位孙夫人墓碑 （三）293

皇帝敕谕进士王志 （二）194

皇堂叔祖故国子祭酒嗣韩王志文
并序 （一）276

皇清大学生介夫惠公暨元配简孺
人合葬墓志铭 （三）199

皇清大耆德耀庵大仕杨公老□人
墓碑 （三）166

皇清大监元国子监大学生乡饮僎
宾万川张公暨配李孺人雷孺人
合葬墓志铭 （三）297

皇清大监元象山花公暨元配杨孺
人合葬墓志铭 （三）227

皇清大硕德士俊白府君墓志铭 （三）256

皇清大德望处士伴仙武公暨淑配
　　郭赵孺人合葬墓志铭 （三）258

皇清乡饮介宾太学生乐天宋公墓
　　志铭 （四） 17

皇清乡饮介宾太学生先考贾府君
　　圹记 （三）249

皇清乡饮介宾邓公墓志铭 （三） 78

皇清乡饮介宾庠生涣若员公墓志铭 （三）289

皇清乡饮介宾盛川薛公暨孺人王
　　氏合葬墓志铭 （三）107

皇清乡饮介宾儒学生员石村贾公
　　行四墓志铭 （四） 18

皇清乡饮正宾培翁严公讳全良之墓 （三）151

皇清乡饮耆宾晏若耿公墓志铭 （三）161

皇清乡饮耆宾聪若赵公暨德配王
　　孺人合葬墓志铭 （三）157

皇清王母孺人刘氏墓志铭 （四）123

皇清太学生乙亥乡饮介宾灵斋朱
　　公墓志铭 （三）234

皇清太学生乡饮介宾北亭王公暨
　　德配员孺人合葬墓志铭 （四）118

皇清太学生石公希仁墓志铭 （三）185

皇清太学生石麓李君墓志铭 （四）118

皇清太学生圣阶耿公暨元配张孺
　　人继配周孺人合葬墓志铭 （三）177

皇清太学生成宇刘公暨孺人郭氏
　　继配孺人王氏合葬墓志铭 （三）120

皇清太学生员子厚刘公安葬墓志铭 （三）291

皇清太学生例赠儒林郎锦堂同公
　　暨德配韩孺人杨孺人合葬墓志铭 （三）271

皇清太学生荆峰蔺公墓志铭 （三）274

皇清太学生钦若田公德配孺人杨
　　太君墓志铭 （四）129

皇清太学生莲峰耿公暨元配曹氏

继丁氏杨氏合葬墓志铭 （三）173

皇清太学生悠久李公墓志铭 （三）174

皇清太学生绪统史公墓志铭 （三）161

皇清太学生敬轩李公继配安孺人
　　墓志铭 （三）279

皇清太学生敬亭徐公墓志铭 （四） 18

皇清中议大夫三品衔军机处存记
　　四川雅州府知府翰林院编修日
　　讲起居注官癸酉科广西正考官
　　劭方崔公墓志铭 （四） 91

皇清文学乡饮介宾例封文林郎颐
　　庵张君暨配赵孺人合葬墓志铭 （三）177

皇清生员席君雷公暨元配孺人张
　　氏继配孺人王氏合葬墓志铭 （三）142

皇清处士姚公暨孺人庞氏墓志铭 （三）137

皇清处士耀先赵公墓志铭 （三）167

皇清光绪辛卯户县重修文庙记 （四） 70

皇清农政司捷三梁翁墓志铭 （四）127

皇清羽化仙师阳喜石真人墓 （三）213

皇清羽化李真人讳复心字虚白先
　　师之墓 （四） 85

皇清羽化恩师王公行五讳信法号
　　律仙之墓 （三）256

皇清进士崇祀名宦乡贤朝议大夫
　　贵州督学少参太上吉公暨元配
　　前奉敕旌表贞烈恭人王氏墓志铭 （三） 54

皇清邑庠生仲述赵公墓志铭 （三）133

皇清邑庠生良贵王公墓志 （四） 12

皇清邑庠生相吉原公墓志铭 （三）195

皇清邑庠优行廪膳生员云九张公
　　墓志铭 （三）269

皇清邑庠增优生显考东溪府君圹志 （三）276

皇清邑儒学增广生员明翁贾老先
　　生暨配萧孺人墓表 （三）226

皇清武生亚元同公暨元配罗氏继

配杨氏合葬墓志铭　　　　　　　（四）124

皇清武生董君讳文会字尚友暨德
　　配孺人舒氏之墓　　　　　　（四）150

皇清国子监大学生显考字于田李
　　府君墓志　　　　　　　　　（三）307

皇清国子监太学生乡饮介宾而安
　　李公墓志铭　　　　　　　　（三）223

皇清国子监太学生近庵刘公暨德
　　配王孺人合葬墓志铭　　　　（三）223

皇清国子监顷波王公墓志铭　　　（三）276

皇清国学监生放亭解府君墓志铭　（四）25

皇清明经进士张公元配孺人谢太
　　君恩义碑　　　　　　　　　（三）148

皇清例贡生雅堂贺公暨配王孺人
　　墓志铭　　　　　　　　　　（四）78

皇清例封文林郎太学生心晨陶公
　　墓志铭　　　　　　　　　　（四）118

皇清例封安人王母谭太安人墓志铭（三）285

皇清例封诚甫李公德配董孺人墓
　　志铭　　　　　　　　　　　（四）123

皇清例封修职郎贡生北崖雷公墓
　　志铭　　　　　　　　　　　（四）122

皇清例修职郎议叙监知事谨斋李
　　公墓志铭　　　　　　　　　（三）152

皇清例邮赠文林郎太学生继周耿
　　公墓志铭　　　　　　　　　（三）188

皇清例授九品元功田公墓志铭　　（三）226

皇清例授太学生显考黄公讳淦老
　　大人显妣黄母刘老孺人之墓　（四）53

皇清例授中宪大夫议叙道衔林一
　　赵公墓志铭　　　　　　　　（四）47

皇清例授文林郎已亥恩科经元景
　　章米公暨元配张孺人合葬墓志铭（三）188

皇清例授仕郎候选巡政厅从九品
　　虎臣赵公墓志铭　　　　　　（四）36

皇清例授岁进士显考章公怀恩大
　　人之墓　　　　　　　　　　（四）64

皇清例授奉直大夫布政使司经历
　　加二级尧阶杜公墓志铭　　　（三）243

皇清例授承德郎议叙六品衔郡庠
　　优增生尧南雷公墓志铭　　　（四）52

皇清例授承德郎州同知玉亭赵公
　　暨元配安人谢氏合葬墓志铭　（四）120

皇清例授修职佐郎安业书院山长
　　狄门李老夫子德教碑　　　　（四）32

皇清例授修职佐郎附贡生邃园杨
　　公墓志铭　　　　　　　　　（四）144

皇清例授修职郎公举孝友九皋雷
　　公暨德配侯孺人合葬墓志铭　（四）22

皇清例授修职郎候选县丞庠生果
　　亭雷公墓志铭　　　　　　　（三）247

皇清例授修职郎郭子明先生德教碑（四）62

皇清例授修职郎□□莲塘刘老夫
　　子暨德配史杨孺人赵副孺人合
　　葬墓志铭　　　　　　　　　（三）255

皇清例授登仕佐郎先考信臣关府
　　君圹记　　　　　　　　　　（三）273

皇清例授登仕佐郎待赠武略骑尉
　　渭阳冯君墓志铭　　　　　　（三）220

皇清例授登仕郎吏部候铨州右堂
　　锡之陈公墓志铭　　　　　　（四）60

皇清例授登仕郎吏部候铨巡政厅
　　永泉徐公德配梁孺人墓志铭　（三）168

皇清例赠太孺人显妣潘母高老夫
　　人之墓　　　　　　　　　　（四）48

皇清例赠文林郎乡饮介宾太学生
　　林辅贾老先生墓志铭　　　　（三）192

皇清例赠文林郎庠生世臣刘公暨
　　德配例赠孺人王太君墓志铭　（三）230

皇清例赠文林郎慕严原公墓志铭　（三）251

皇清例赠武略骑尉振邦雷公之德
　配蒙太安人祔葬墓志铭　　　（三）279

皇清例赠征仕郎太学生福堂魏公
　墓志铭　　　　　　　　　　（三）261

皇清例赠宜人孙太君墓志铭　　（四）118

皇清例赠修职郎显考王公理富大
　人显妣王母胡老孺人之墓　　（四）172

皇清例赠修职郎郡庠增广生十洲
　贾公并元配朱孺人继配王孺人
　墓碑铭　　　　　　　　　　（四）58

皇清例赠修职郎儒学生员杨公暨
　元配孺人李氏合葬墓志铭　　（三）151

皇清例赠骑都尉雷公讳存德老大
　人母氏金老恭人墓碑　　　　（四）69

皇清例赠登仕佐郎显考刘公孺人
　显妣张氏合葬墓志　　　　　（三）153

皇清例赠登职郎杜公讳发魁老府
　君之神道古陵　　　　　　　（四）79

皇清例赠孺人寅轩府君元配显妣
　朱孺人墓志　　　　　　　　（三）143

皇清佾礼生员焕章卫公暨配孺人
　孙氏合葬墓志铭　　　　　　（三）180

皇清佾礼生员静庵赵公暨德配陈
　孺人合葬墓志铭　　　　　　（三）184

皇清京学大监元太昌张公暨德配
　阴孺人合葬墓志铭　　　　　（三）245

皇清庚辰科进士绩溪县知县贞庵
　雷公墓志铭　　　　　　　　（三）111

皇清郝公启宽老府君神道　　　（四）79

皇清勅授八品登仕郎显考潘公讳
　世毅老府君之墓　　　　　　（四）48

皇清显考太学生大饮宾刘府君暨
　许高孺人合厝墓志　　　　　（三）211

皇清显考卢公启发老府君显妣卢
　母朱氏老太君之墓　　　　　（四）58

皇清钦加盐知事衔乡饮大宾增广
　生员鼎三员公墓志铭　　　　（四）18

皇清钦赐八品寿官显考陶公讳权
　之墓　　　　　　　　　　　（四）16

皇清待诰赠乡饮耆宾宅玉屈公墓
　志铭　　　　　　　　　　　（三）130

皇清待赠子明原公暨德配曹孺人
　合葬墓志铭　　　　　　　　（三）189

皇清待赠乡饮正宾岳父伯明李公
　太翁墓志铭　　　　　　　　（四）117

皇清待赠太学生又生古公暨继配
　雷孺人合葬墓志铭　　　　　（三）181

皇清待赠太学生烈侯田公墓志铭　（三）250

皇清待赠处士西园郝太公暨淑配
　太孺人张氏合葬墓志铭　　　（三）240

皇清待赠处士宗翁孟公暨元配孺
　人张氏合葬墓志铭　　　　　（四）123

皇清待赠优庠生乡饮介宾虞亭孙
　公墓志铭　　　　　　　　　（四）124

皇清待赠邑增广生家严温如府君
　暨家慈王孺人合葬墓志铭　　（三）146

皇清待赠君太学生东塗范公暨元
　配雷太君继配王太君雷太君墓志　（三）155

皇清待赠国子监太学生际昌赵公
　墓志铭　　　　　　　　　　（三）303

皇清待赠明亭王公暨德配黄孺人
　合葬墓志铭　　　　　　　　（四）1

皇清待赠故先考陈公讳显应大人
　先妣陈母王老孺人二位真性之
　坟茔　　　　　　　　　　　（三）253

皇清待赠故显考贺公讳璜字万名
　老大人墓位　　　　　　　　（四）10

皇清待赠显考文学朱公良琦大人
　之墓　　　　　　　　　　　（四）29

皇清待赠显考邢公讳文成老大人

显妣邢母张老孺人之合墓　　　　　（四）59

皇清待赠显考齐公讳汉佐显妣孺
　人元配魏氏大人墓志　　　　　　（三）304

皇清待赠显考齐公讳德周老大人
　显妣齐母元配褚老孺人之墓　　　（四）37

皇清待赠显考陈公讳思槐老大人
　之墓　　　　　　　　　　　　　（三）320

皇清待赠显考纯天杨府君暨显妣
　雷孺人合葬墓志铭　　　　　　　（三）143

皇清待赠显考倪公加泮老大人墓　　（三）320

皇清待赠显祖井公时望大人之墓　　（三）262

皇清待赠修职郎太学生野庵辛公
　暨元配孙孺人合葬墓志铭　　　　（三）144

皇清待赠庠生赞翁李公暨原配孙
　孺人合葬墓志铭　　　　　　　　（四）122

皇清待赠惠文齐生刘公墓志铭　　　（三）95

皇清待赠孺人太学生茂亭李君继
　配冯孺人合葬墓志铭　　　　　　（三）230

皇清待赠孺人升庵李公德配郝太
　君墓志铭　　　　　　　　　　　（三）310

皇清待赠孺人李母张孺人墓志铭　　（三）270

皇清待赠孺人陈母陈太君贻徽碑记　（三）224

皇清待赠孺人显继妣陈氏之墓　　　（四）28

皇清待赠孺人薛母王太君墓志铭　　（三）184

皇清庠生乡饮介宾锐夫张公墓志铭　（三）178

皇清庠生伯业朱公暨配马氏孺人
　合葬墓志铭　　　　　　　　　　（三）171

皇清诰封中宪大夫晋赠通议大夫
　鹭洲公墓志铭　　　　　　　　　（四）126

皇清诰封光禄大夫都察院左都御
　史加二级丽亭王公暨德配诰赠
　一品夫人原太夫人合葬墓志铭　　（三）243

皇清诰封李母刘大宜人墓志　　　　（四）139

皇清诰封怀远将军杰吾程公墓志铭　（三）56

皇清诰封奉直大夫艺园唐公墓志铭　（三）264

皇清诰封奉直大夫布政司经历加
　二级海丰同公暨德配潘宜人合
　葬墓志铭　　　　　　　　　　　（三）274

皇清诰封奉政大夫分省补同知李
　公墓志铭　　　　　　　　　　　（四）136

皇清诰封奉政大夫晋封朝议大夫
　韩城县教谕小竹王公墓志铭　　　（四）69

皇清诰封奉政大夫候铨州右堂李
　君觉生墓志铭　　　　　　　　　（四）55

皇清诰封征仕郎翰林院检讨仲晦
　惠老先生之墓志铭　　　　　　　（三）150

皇清诰封宜人元配袁宜人墓志铭　　（四）61

皇清诰封故显妣齐母庞老孺人之墓　（四）28

皇清诰封修职郎晋封奉政大夫议
　叙国子监典簿庠生式如员公墓
　志铭　　　　　　　　　　　　　（四）20

皇清诰封恭人王母魏太恭人祔葬
　墓志铭　　　　　　　　　　　　（三）305

皇清诰封恭人元配王恭人墓志　　　（三）246

皇清诰封通奉大夫议叙道衔加三
　级赏戴花翎敏英刘君墓志铭　　　（四）136

皇清诰封通奉大夫钦加四品衔赏
　戴花翎分行走郎中邻江唐公墓
　志铭　　　　　　　　　　　　　（四）75

皇清诰封淑人唐母何太淑人墓志铭　（四）38

皇清诰封淑人唐母第五太淑人墓
　志铭　　　　　　　　　　　　　（四）16

皇清诰封淑人程母高太君合葬墓
　志铭　　　　　　　　　　　　　（三）75

皇清诰封朝议大夫勋卿李君墓铭　　（四）137

皇清诰封朝议大夫湖北安陆府知
　府孝廉方正容溪王公墓志铭　　　（四）127

皇清诰封赠安人吴公元配员氏刘
　氏墓志铭　　　　　　　　　　　（三）125

皇清诰封孺人赵太君杨太孺人墓

志铭 （四）121

皇清诰授中议大夫钦加知府衔候
铨直隶州州同茝臣府君圹记 （三）326

皇清诰授中宪大夫光禄寺署正职
卿李君墓表 （四）40

皇清诰授中宪大夫例晋通议大夫
按察使衔赏戴花翎原任山东兖
沂曹济兵备道前署甘肃布政使
司辛巳壬午甘肃武关监试官燕
庭杨公墓志铭 （三）269

皇清诰授光禄大夫巡抚江西等处
地方兼理军务都察院右副都御
史加四级见五马公墓志铭 （三）83

皇清诰授奉直大夫仁庵邵公合葬
墓志铭 （四）97

皇清诰授奉直大夫显考徐公鸣玉
夫人显妣徐母易老宜人合墓 （四）31

皇清诰授奉政大夫小舫路公继配
萧宜人墓志铭 （四）126

皇清诰授奉政大夫马边同知亦亭
高公墓志铭 （三）265

皇清诰授奉政大夫同知衔湖南武
冈州知州署桂阳直隶州知州殉
难筠庄李公暨德配花宜人合葬
墓志铭 （四）2

皇清诰授奉政大夫晋封中宪大夫
四川苍溪县知县丁酉科拔贡生
松泉员公墓志铭 （四）68

皇清诰授奉政大夫晋封通议大夫
山西试用同知附贡生昆峰员公
墓志铭 （四）85

皇清诰授奉政大夫晋授中议大夫
钦加盐运使司衔赏戴花翎候铨
抚民同知静轩唐公墓志铭 （四）1

皇清诰授奉政大夫特旨交部议叙

赏戴蓝翎钦加同知衔分省补用
知县定边县训导乙卯科举人柏
公沣西先生墓志铭 （四）70

皇清诰授昭勇将军镇安江南北寿
春等处地方副总戎官帝赍尚公
墓志铭 （四）139

皇清诰授振威将军陕西固原提督
石公墓志铭 （三）324

皇清诰授振威将军楠亭张公暨配
吴夫人合葬墓志铭 （四）4

皇清诰授朝议大夫前山西五台县
知县丹亭员公墓志铭 （四）92

皇清赠朝议大夫台如贺君德配
钦旌节孝诰封恭人贺母杜太恭
人墓志铭 （四）63

皇清诰赠儒林郎显考明卿府君太
安人显妣王太夫人姬太夫人行述 （四）1

皇清恭志大淑德待赠孺人王老太
君沈老孺人懿行序 （四）46

皇清晋封奉政大夫布政司理问金
庵员公迁葬墓志铭 （四）54

皇清晋赠修职郎太学生张公暨孺
人张氏合窆墓志铭 （三）152

皇清貤封中宪大夫甘肃知县耀廷
刘公墓志 （四）64

皇清貤封宜人阳母刘太宜人墓志铭 （四）73

皇清貤赠修职郎久庵阎翁墓表 （四）72

皇清恩给八品寿官顶带守公寇公
墓志铭 （三）211

皇清恩赐乡饮耆宾显考齐公大人
墓志 （三）275

皇清恩赐寿帛字丰亭吉府君暨德
配孺人张太君合葬墓志铭 （三）295

皇清恩赐粟帛太学生子威杨公墓
志铭 （三）238

皇清恩赐登仕郎宝翁刘公墓碑记　（四）44

皇清特授寿官耆宾相魁范公墓碑记　（三）128

皇清候选儒学训导鲁生孔公墓志铭　（三）84

皇清敕封文林郎山东泰安府肥城
　县知县九韶穆公墓志铭　（三）162

皇清敕封修职郎邑庠生王府君暨
　配敕赠（封）孺人李（段）太君合
　葬墓志铭　（三）142

皇清敕封修职郎例增文林郎太学
　生静轩行二员公墓志铭　（四）18

皇清敕封旌节孝花母孟孺人墓志铭　（三）182

皇清敕封孺人史母刘孺人墓志铭　（三）197

皇清敕封孺人显妣党孺人墓志铭　（四）127

皇清敕授乡饮正宾潘公德望碑　（四）73

皇清敕授文林郎山西灵石县知县
　前翰林院庶吉士顾君墓志铭　（四）22

皇清敕授文林郎四川重庆府巴县
　知县赵绩臣先生墓志铭　（三）260

皇清敕授文林郎知广东广州府龙
　门县事乡饮大宾静庵黄公墓志铭　（三）211

皇清敕授文林郎知县借补长芦海
　丰场盐大使勉斋薛君墓志铭　（三）175

皇清敕授文林郎知陕西同州府华
　阴县事显考次城府君暨元配陆
　孺人墓志　（三）172

皇清敕授文林郎信甫刘公圹记　（三）311

皇清敕授文林郎原任山东济南府
　章邱县知县继任甘肃皋兰县知
　县沧岚穆公墓志铭　（三）195

皇清敕授文林郎湖南辰州府沅陵
　县知县诰授儒林郎湖南布政司
　理问浩然吴公暨继配王安人合
　葬墓志铭　（三）148

皇清敕授文林郎福建建宁县知县
　汉公周公暨元配李孺人合葬墓

志铭　（四）128

皇清敕授武信骑尉例赠武略骑尉
　鹏程刘公墓志铭　（三）274

皇清敕授征仕郎四川候补盐大使
　太学生子学杨君墓志铭　（四）129

皇清敕授修职郎汉中府洋县教谕
　尧峰万公墓志　（三）246

皇清敕授修职郎县丞衔邑庠生个
　臣李公墓志　（四）136

皇清敕授修职郎原任襄城儒学司
　训瑞六先生苏公暨德配杨孺人
　合葬墓志铭　（四）4

皇清敕授修职郎监运知事乡饮大
　宾附置生竹轩王公暨德配吕氏
　合葬墓志铭　（三）190

皇清敕授登仕郎显考潘公讳笃敬
　府君孺人显妣潘母氏瞿老孺人
　之墓　（四）68

皇清敕授儒林郎分发山西即补布
　政司经历仲笙张公墓志铭　（三）303

皇清敕授儒林郎候铨公直隶州州
　同加二级通齐詹公墓志铭　（四）206

皇清敕授儒林郎候铨直隶州州同
　加二级灵齐朱公墓志铭　（三）319

皇清敕旌节妇冯太孺人墓表　（四）89

皇清敕旌节孝例封太宜人员母李
　太宜人祔葬墓志铭　（四）35

皇清敕旌节孝周显继妣李太孺人
　墓志　（三）305

皇清敕旌节孝诰封恭人王太恭人
　墓志铭　（四）26

皇清旌表节孝唐母梁太宜人墓表　（三）292

皇清赐进士出身例封文林郎吏部
　截取知县竹亭王公墓志铭　（三）254

皇清赐进士出身诰授光禄大夫经

筵讲官太子太师东阁大学士管
理刑部事务南书房行走军机大
臣赠太保谥文恪入祀贤良祠蒲
城王公墓志铭　　　　　　　(三)298

皇清赐进士出身诰授资政大夫赏
加二品衔日讲起居注官翰林院
侍讲学士加七级周政伯生圹志　(四)180

皇清赐进士出身诰授通议大夫钦
加二品衔法部郎中韩城吉石笙
先生生圹志铭　　　　　　　(四)164

皇清赐进士出身敕授文林郎山西
芮城县知县月轩唐公墓志铭　(三)280

皇清登仕郎待赠仁孝明翁郝老先
生暨元配孺人冯氏墓志铭　　(三)147

皇清新故蓝翎千总沈公讳鹗英墓　(四) 33

皇清潘公暨继配魏孺人合葬墓志　(四)139

皇清儒士仲善刘公暨配(下阙)　(三)153

皇清儒生员春同公墓志铭　　　(四)122

皇清儒学佾礼生吴公字承伯暨德
配薛孺人合葬墓志铭　　　　(三)136

皇清廪生显考白府君待赠孺人显
妣田氏郝氏康氏合葬圹记　　(三) 91

皇清孺人文母薛太君墓志铭　　(三)170

皇清□贡生兴庵张公暨原配杨孺
人合葬墓志铭　　　　　　　(三)261

皇朝故中散大夫国子博士棣王侍
读范府君墓志铭并序　　　　(一)276

皇朝故河中少尹检校尚书司封郎
中兼侍御史柱国赐绯鱼袋韦府
君墓志并序　　　　　　　　(二) 79

侯宫人墓志铭　　　　　　　　(一)132

待赠大耆宾成德房公墓志　　　(三)287

待赠太学生显考荣迁府君萧公之墓(四)144

待赠处士洁清白老大人墓　　　(三)321

待赠封君显考德巷杨公之墓　　(三)276

待赠显考处士王公妣孺人程氏之墓(三)304

将仕郎父周公合葬母孺人王氏墓志(二)222

将仕郎孙公文胜罗氏合葬墓志铭　(二)233

闾仪同墓志铭　　　　　　　　(一) 64

姜渭台秀才墓志铭　　　　　　(三)252

前三河口商务会会长张公子勤暨
德配杨孺人合葬墓志　　　　(四)191

前任邑侯王公作祭文祭神灭蝗碑记(四) 68

前陈沅陵王故陈府君之墓志　　(一)121

前尚服李法满墓志铭并序　　　(一)204

前知桂阳监将仕郎侍御史内供奉
李璆夫人京兆金氏墓志铭并序　(二) 64

前河阳三城节度观察处置等使怀
州刺史检校尚书左仆射兼御史
大夫澧州长史开国男食邑三千
户上柱国李公夫人太原郡君王
氏夫人墓铭并序　　　　　　(二) 37

前癸酉科举人柏林雷子暨配杨氏
刘氏两室人自志铭　　　　　(三) 57

前恩赐寿官李公行二暨元配赵氏
之墓　　　　　　　　　　　(四)153

前清例赠武信郎显考刘公讳长谱
大人显妣刘母汪老孺人之墓　(四)157

前清诰授奉政大夫钦加同知衔四
川补用知县光绪王午副贡剑南
雷公暨德配王、崔、潘宜人合
葬墓志铭　　　　　　　　　(四)146

前清校尉邢公讳如峰老大人母白
氏老孺人二墓合冢　　　　　(四)157

前清旌表节孝诰封一品夫人赵母
董太夫人墓志铭　　　　　　(四)148

前清朝议大夫锦堂史公暨德配党
恭人合葬墓志铭　　　　　　(四)147

前�州都督府张法曹故妻萧夫人
　　墓志 （一）190
洞阳宫暨下院扁鹊观来历山林土
　　地水田粮石数目价值界限清楚
　　刻石永记 （三）125
洛南县重修孔庙儒学记 （二）319
举人嗣贤张君墓志铭 （三）142
室人太原王氏墓志铭并序 （一）287
宫人卜氏墓志铭并序 （一）140
宫人司言杨氏墓志 （一）139
宫人徐氏墓志铭并序 （一）139
宫人席氏墓志铭 （一）130
冠军大将军行右卫将军上柱国河
　　东郡开国公杨君亡妻新城郡夫
　　人独孤氏志铭并序 （一）257
诰封中宪大夫户部河南司副郎加
　　三级覃恩加一级乡饮正宾勉兹
　　焦公之神道 （四）71
诰封户部员外郎王先生勋赠宜人
　　孟氏合葬墓志铭 （二）212
诰封正八品刘母何老太君之墓 （四）88
诰封安人员母田太君合葬墓志铭 （三）314
诰封奉政大夫山西按察司佥事古
　　村葛公墓志铭 （二）280
诰封奉政大夫山西督学道布政司
　　参议兼按察司佥事前礼部仪制
　　清吏司郎中张公暨配宜人王氏
　　继配宜人阎氏合葬墓志铭 （四）100
诰封明威将军张公配郭氏夫人合
　　葬墓志铭 （二）293
诰封宗室罗阳郡君墓志铭 （二）242
诰封荣禄大夫镇守大同甘肃固原
　　总兵官都督双峰徐公合葬墓志铭 （二）289
诰封昭勇将军陕西都司都指挥佥
　　事李公配太淑人史氏合葬墓志铭 （二）281

诰封恭人党母王太君墓志铭 （四）82
诰封通议大夫都察院右副都御史
　　阎公墓碑 （二）282
诰封樊宜人韩氏墓志铭 （二）224
诰授奉直大夫福建彰化县知县渠
　　南张公墓志铭 （三）216
诰授奉政大夫潼关厅同知钦加知
　　府衔前长安县知县张公入祀名
　　宦碑记 （三）267
诰授武德骑尉卫守府加二级纪录
　　二次莘轩吴公暨继配同张宜人
　　合葬之墓 （三）312
诰授武德骑尉莘轩吴公墓表 （三）312
诰授通奉大夫花翎布政使衔湖北
　　候补道山西宁武府知府吴君汉
　　章墓表 （四）57
诰赠奉直大夫蔚州知州信齐张公
　　神道 （四）245
诰赠奉政大夫善长李公暨元配刘
　　宜人合葬墓志铭 （三）263
诰赠锦衣卫副千户纪君配太宜人
　　阎氏合葬墓志铭 （二）230
诰赠骠骑将军中军都督府都督佥
　　事戴公暨夫人侯氏合葬墓志铭 （二）282
说经台创建救苦殿记 （二）321

乛

郡太守罗公捐俸创建书院阖属绅
　　士感戴碑 （三）139
郡博士际司杜公墓志铭 （三）236
眉县王仙洲先生德教碑 （四）199

十画

一

泰山羊祉开复石门铭 （一）18

唐左神策军故散副将游骑将军守
　　左武卫大将军同正兼试太常卿
　　上柱国京兆府君墓志铭并序　　（二）　1
唐右庶子韦公夫人故荣阳县君郑
　　氏墓志铭并序　　　　　　　　（二）　5
唐平庐军节度推官监察御史里行
　　吴君故夫人李氏墓志铭并序　　（二）36
唐代国忠公安公金藏墓碑　　　　（三）157
唐永州长史王公夫人故安乡县主
　　墓志铭并序　　　　　　　　　（二）　5
唐司徒高公德政碑首　　　　　　（二）104
唐吏部尚书权德舆颂师德教碑　　（二）18
唐同州澄城县主簿韦公故夫人河
　　南元氏墓志铭并序　　　　　　（一）350
唐汝州长史上柱国骠骑大将军陇
　　西故李公河内常氏故夫人墓志
　　铭并序　　　　　　　　　　　（二）38
唐守魏王府长史段璲亡室严氏玄
　　堂铭并序　　　　　　　　　　（二）65
唐安祯法师残碑　　　　　　　　（二）98
唐杜陵韦氏侧室李氏墓志铭并序　（二）65
唐庐江何生故姬墓志铭并序　　　（二）76
唐怀素藏真律公帖　　　　　　　（二）98
唐陇西李宾客夫人第五氏墓志铭
　　并序　　　　　　　　　　　　（一）345
唐陀罗尼经幢　　　　　　　　　（二）104
唐尚衣奉御唐君妻故河南县君元
　　氏墓志铭并序　　　　　　　　（一）173
唐国师千福寺多宝塔院故法华楚
　　金禅师碑　　　　　　　　　　（一）350
唐净住寺释迦文贤劫像铭并序　　（二）98
唐试左武卫仓曹参军丘公夫人河
　　东柳氏墓志铭并序　　　　　　（二）48
唐故一品曾孙于墓志铭并序　　　（一）221
唐故七品宫人墓志铭　　　　　　（二）91

唐故九华观□□师藏形记　　　　（二）　1
唐故大同军使云麾将军左武卫大
　　将军宁朔县开国伯慕容公墓志
　　铭并序　　　　　　　　　　　（一）322
唐故大将军主客郎中蒋县男李君
　　墓志铭　　　　　　　　　　　（一）148
唐故大理司直杜陵史公墓志铭并序（一）343
唐故上柱国子颍川郡陈公及夫人
　　范氏墓志铭并序　　　　　　　（二）　3
唐故上柱国杨府君墓志铭并序　　（一）282
唐故上骑都尉郭君墓志铭并序　　（一）193
唐故女道士太原郡太夫人王氏墓
　　志铭　　　　　　　　　　　　（二）87
唐故乡贡进士韦府君墓志铭并序　（二）60
唐故王公墓志铭并序　　　　　　（二）16
唐故王府参军武公墓志铭并序　　（二）10
唐故开府仪同三司太仆卿兼御史
　　大夫陈郑等州节度使郑州刺史
　　上柱国公鲁君夫人河东裴氏墓
　　志铭并序　　　　　　　　　　（一）316
唐故开府仪同三司行左领军卫上
　　将军致仕阳城郡王秦公墓志铭
　　并序　　　　　　　　　　　　（二）14
唐故开府仪同三司守太傅致仕上
　　柱国太原郡开国公食邑二千户
　　赠太尉白公墓志铭并序　　　　（二）60
唐故开府仪同三司兼左御林军大
　　将军知军事文安郡王赠工部尚
　　书清河张公神道碑铭并序　　　（一）338
唐故天水赵夫人墓志铭　　　　　（二）13
唐故天水赵夫人墓志铭序　　　　（二）54
唐故天水赵公墓志铭　　　　　　（二）54
唐故天水赵府君墓志　　　　　　（二）70
唐故天水郡秦公墓志铭并序　　　（二）　3
唐故天兴观主太原郭府君墓志铭

并序　　　　　　　　　　　　（一）344
唐故夫人曲氏墓志铭　　　　　（二）96
唐故夫人吕氏墓志铭　　　　　（二）88
唐故夫人刘氏墓志铭并序　　　（二）52
唐故夫人荥阳郑氏墓铭并序　　（二）24
唐故元从奉天定难功臣云麾将军
　　行右监门率府副率上柱国左神
　　武军宿卫朱府君墓志铭并序　（二）5
唐故元从奉天定难功臣定远将军
　　守左龙卫武军翊府中郎将兼右
　　羽林军通直上柱国清河郡张府
　　君墓志铭并序　　　　　　　（二）7
唐故元从定难功臣金紫光禄大夫
　　行左金吾卫大将军兼试殿中监
　　上柱国彭城县开国侯刘府君墓
　　志铭并序　　　　　　　　　（一）341
唐故元从朝议大夫行内侍省内常
　　侍上柱国赐紫金鱼袋俱府君墓
　　志铭并序　　　　　　　　　（一）337
唐故元从朝议大夫行内给事大盈
　　库副使广平郡开国男上柱国赐
　　紫金鱼袋程公墓志铭并序　　（一）326
唐故元从朝议郎行内侍省内府局
　　令上柱国刘府君夫人骆氏墓志
　　铭并序　　　　　　　　　　（二）4
唐故元昌墓志铭　　　　　　　（一）154
唐故云麾将军左龙武将军上柱
　　国渭源县开国男李府君墓志铭
　　并序　　　　　　　　　　　（一）304
唐故云麾将军左龙武军将军郭府
　　君墓志铭并序　　　　　　　（一）306
唐故云麾将军右龙武军将军同正
　　员庐江县开国伯上柱国何公墓
　　志铭并序　　　　　　　　　（一）311
唐故云麾将军右龙武将军知军事

兼御史中丞上柱国太原县开国
　　公食邑一千五百户太原王公夫
　　人陇西李氏合祔墓志铭并序　（二）47
唐故云麾将军右武卫大将军赠秦
　　州都督彭国公谥曰昭公李府君
　　神道碑并序　　　　　　　　（一）260
唐故太子少保豫州刺史越王墓志铭　（一）259
唐故太子中舍人冯翊严府君墓志
　　铭并叙　　　　　　　　　　（二）41
唐故太子右千牛卫率井陉县开国
　　公刘府君夫人陇西郡君李氏墓
　　志铭并序　　　　　　　　　（二）84
唐故太中大夫行虔州长史上柱国
　　赐鱼袋李府君墓志铭并序　　（二）46
唐故太中大夫使持节泗州诸军事
　　泗州刺史琅琊王公墓志铭并序　（一）275
唐故太仆寺驭士长上蔡君墓志铭
　　并序　　　　　　　　　　　（一）282
唐故太原府太谷县尉元府君亡夫
　　人河东裴氏墓志铭并序　　　（二）17
唐故太原府参军事苗君墓志铭　（二）3
唐故太原府参军赠尚书工部员外
　　郎苗府君夫人河内县太君玄堂
　　志铭并序　　　　　　　　　（二）39
唐故太原郡王夫人墓志铭并序　（二）53
唐故太原郡王府君墓志铭　　　（二）45
唐故太原郭公壶关苗氏夫人墓志
　　铭序　　　　　　　　　　　（二）62
唐故太原郭府君墓志　　　　　（二）105
唐故太常卿上柱国汾阴献公薛府
　　君碑　　　　　　　　　　　（一）168
唐故太尉兼中书令西平郡王赠太
　　师李公神道碑铭并序　　　　（二）26
唐故太傅致仕赠太尉太原白公神
　　道碑　　　　　　　　　　　（二）62

唐故屯留常墓志铭　　　　　　　（一）219

唐故中大夫前洪州都督司马上柱
　国清河张府君墓志铭并序　　　（二）74

唐故中散大夫少府监胡良公神道碑（二）20

唐故中散大夫河州别驾安公夫人
　康氏墓志铭并序　　　　　　　（一）331

唐故中散大夫试少府监高府君墓
　志铭并序　　　　　　　　　　（一）327

唐故中散大夫检校卫尉少卿兼监
　察御史上柱国赐紫金鱼袋张君
　墓志铭并序　　　　　　　　　（二）12

唐故中散大夫涪州刺史上柱国李
　府君墓志铭并序　　　　　　　（一）261

唐故内玉晨观上清大洞三景法师
　赐紫大德仙宫铭并序　　　　　（二）29

唐故内玉晨观上清大洞三景法师
　赐紫大德仙宫铭并序　　　　　（二）97

唐故内坊典内银青光禄大夫行内
　侍省内侍上柱国高阳郡开国公
　食邑二千户许公墓志铭并序　　（二）25

唐故内枢密使推诚保运致理功臣
　骠骑大将军守右骁卫上将军知
　内侍省上柱国清河县开国伯食
　邑七百户张公墓志铭并序　　　（二）106

唐故内侍省内仆局令犍为费府君
　墓志铭并序　　　　　　　　　（一）204

唐故内侍省内给事韩府君墓志　　（二）21

唐故内供奉游击将军守晋州平阳
　府别将赐绯鱼袋上柱国康府君
　墓志铭并序　　　　　　　　　（一）323

唐故牛君志铭　　　　　　　　　（一）268

唐故牛君墓志铭并序　　　　　　（一）217

唐故长安县丞庾府君墓志铭并序　（二）58

唐故长安县尉韦公墓志　　　　　（一）317

唐故化州司户参军上柱国曹府君

墓志铭并序　　　　　　　　　（一）273

唐故凤翔观察使神策行营兵马上
　都留后段府君墓志铭　　　　　（一）325

唐故凤翔府士曹参军杜府君墓志
　铭并序　　　　　　　　　　　（二）101

唐故文林郎使持节蔡州诸军事权
　知蔡州刺史路公墓志铭并序　　（二）53

唐故文林郎桓君墓志铭　　　　　（一）189

唐故文学王君墓志之铭　　　　　（一）256

唐故正议大夫行内侍上柱国雷府
　君夫人故乐寿郡君宋氏墓志铭
　并序　　　　　　　　　　　　（一）298

唐故正议大夫行内侍省宫闱局令
　员外置同正员上柱国太原郡食
　邑三百户赐绯鱼袋致仕王公墓
　志铭并序　　　　　　　　　　（二）53

唐故正议大夫行绥州别驾充本州
　团练蕃落等副使冯公墓志铭并序（一）336

唐故正议大夫行衢王府咨议参军
　上柱国天水郡赵府君墓志铭并序（二）46

唐故邛州火井县丞韦君夫人杜氏
　墓志铭并序　　　　　　　　　（一）239

唐故邛州别驾陇西公李君墓志铭
　并序　　　　　　　　　　　　（一）152

唐故节度要藉儒林郎试左武卫兵
　曹参军中山赵公卢吴二夫人墓
　志铭序　　　　　　　　　　　（二）59

唐故左三军押衙兼监察御史何公
　墓志铭　　　　　　　　　　　（二）67

唐故左武卫泽州安平府折冲都尉
　吴郡朱府君夫人冯翊县太君雷
　氏墓志铭　　　　　　　　　　（一）324

唐故左武卫郎将张府君墓志　　　（二）87

唐故左武威卫将军上柱国张掖郡
　公冯府君碑并序　　　　　　　（一）229

唐故左神武军大将军都知元从奉
　　天定难功臣宣威将军守左金吾
　　卫大将军陇西郡董府君墓志铭
　　并序　　　　　　　　　　（二）　9
唐故左神威军正将元从奉天定难
　　功臣辅国大将军兼试太子宾客
　　武威郡开国侯食邑一千户上柱
　　国夫蒙府君墓志铭并序　　（一）345
唐故左神策军先锋突将兵马使开
　　府仪同三司试太子宾客兼御史
　　中丞洋川郡王权君墓志铭　（一）337
唐故左神策军散将左骁卫大将军
　　太原王府君墓志铭并序　　（一）338
唐故左骁卫将军兼羽林将军独孤
　　公夫人清河张氏墓志铭并序（一）304
唐故左监门将军乐安公夫人秦氏
　　墓志铭并序　　　　　　　（一）163
唐故左监门将军华定遂三州刺史
　　千金县开国伯权府君墓志铭并序（一）157
唐故左监门将军冠军大将军使持
　　节都督代忻朔蔚四州诸军事代
　　州刺史上柱国许公□□并序　（一）182
唐故左领军卫翊卫引驾和府君墓
　　志并序　　　　　　　　　（一）279
唐故左清道率府兵曹参军胡府君
　　夫人晋陵郡君荥阳雍氏墓志铭
　　并序　　　　　　　　　　（二）　15
唐故左随身军兵马使兼节度使押
　　衙权充行营步军都兵马使朝请
　　大夫检校秘书监殿中侍御史河
　　东卫府君墓志铭并序　　　（二）　27
唐故左街僧录内供奉三教谈论引
　　驾大德安国寺上座赐紫大达法
　　师玄秘塔碑铭并序　　　　（二）　40
唐故右三军僻仗太中大夫行内侍

省内给事赐紫金鱼袋上柱国弘
　　农县开国男食邑三百户杨公神
　　道碑铭　　　　　　　　　（二）　2
唐故右卫率府胄曹参军裴府君夫
　　人河南元氏墓志铭并序　　（一）344
唐故右龙武军同正将奉天定难功
　　臣宁远将军守左金吾卫大将军
　　员外置同正员试殿中监赐紫金
　　鱼袋上柱国徐府君墓志铭并叙（一）347
唐故右龙武军折冲扶风郡马公墓
　　志铭并序　　　　　　　　（一）345
唐故右羽林军长上高公墓志铭并序（二）　47
唐故右武卫司阶王府君墓志铭并叙（一）343
唐故右武卫将军上柱国芮敬公豆
　　卢府君碑文　　　　　　　（一）241
唐故右武卫将军赠工部尚书上柱
　　国上蔡县开国侯臧公神道碑铭
　　并序　　　　　　　　　　（一）323
唐故右金吾引驾游击将军守左卫
　　翊府中郎将上柱国萧府君墓志铭（二）　69
唐故右勋卫队正张君墓志铭并序（一）192
唐故右骁卫大将军兼检校羽林军
　　赠镇军大将军荆州大都督上柱
　　国薛国公阿史那贞公墓志铭并序（一）203
唐故右翊卫陶君墓志铭并序　（一）174
唐故右街使押衙试金吾卫长史翟
　　府君墓志铭并序　　　　　（二）　66
唐故石府君墓志之铭　　　　（二）　88
唐故平州刺史煦山公于府君墓志
　　并序　　　　　　　　　　（一）255
唐故东宫千牛备身济北史君墓志
　　并序　　　　　　　　　　（一）238
唐故东都功德等使朝议大夫内侍
　　省内常侍员外置同正员知东都
　　内侍省事上柱国长城县开国公

食邑一千五百户姚公墓志铭并序　　（二）33

唐故北海郡太守赠左散骑常侍宇

　文公墓志铭并序　　　　　　　（一）324

唐故申屠君墓志铭并序　　　　　（一）214

唐故申屠府君墓志之铭　　　　　（一）263

唐故田府君夫人清河郡张氏

　墓志铭并序　　　　　　　　　（二）60

唐故仗内教坊第一部供奉赐紫金

　鱼袋清河张府君墓志铭并序　　（二）42

唐故白府君墓志铭并序　　　　　（二）80

唐故瓜州司马清水县开国公并夫

　人陇西太君李氏墓志铭并序　　（一）244

唐故处士王君墓志铭并序　　　　（一）199

唐故处士吕君墓志铭并序　　　　（一）267

唐故处士任君墓志铭并序　　　　（一）223

唐故处士李府君墓志铭并序　　　（二）55

唐故处士贾公墓志文并序　　　　（一）279

唐故处士骞君墓志铭并序　　　　（一）239

唐故处士骞府君墓志文并序　　　（一）277

唐故冯君墓志铭　　　　　　　　（一）210

唐故冯府君铭并序　　　　　　　（一）200

唐故宁远将军守左武卫翊府中郎

　将万公墓志铭并序　　　　　　（一）334

唐故宁远将军蔡公夫人天水县君

　赵氏墓志铭　　　　　　　　　（一）248

唐故司卫正卿田府君夫人扶风窦

　氏墓志铭并序　　　　　　　　（一）228

唐故司农丞独孤府君夫人宇文氏

　墓志铭并序　　　　　　　　　（一）332

唐故弘农杨府君墓志铭并序　　　（二）30

唐故弘农郡第五府君河东郡卫氏

　夫人墓志铭并序　　　　　　　（二）22

唐故圭峰定慧禅师传法碑并序　　（二）54

唐故吉州长史郭公墓志铭并序　　（二）74

唐故吉州司法参军黄府君墓志铭

并序　　　　　　　　　　　　　（二）44

唐故西河府君墓志　　　　　　　（二）89

唐故成府君墓志铭并序　　　　　（二）67

唐故成都府士曹参军李府君夫人

　沛国刘氏墓志铭并序　　　　　（一）340

唐故成都府户曹参军李府君墓志

　铭并叙　　　　　　　　　　　（一）325

唐故成德军节度使尚书左仆射赠

　侍中王公季女墓志铭并序　　　（二）26

唐故同州澄城县主簿韦府君墓志

　铭并序　　　　　　　　　　　（二）4

唐故华州下邽县尉韦府故夫人

　陇西李氏墓志铭并序　　　　　（二）11

唐故华州司马韦府君墓志铭并序　（二）54

唐故华州潼关镇国军陇右节度支

　度营田观察处置临洮军等使开

　府仪同三司检校尚书左仆射兼

　华州刺史御史大夫武康郡王赠

　司空李公墓志铭并序　　　　　（一）339

唐故后院随身官李府君墓志铭并序　（二）58

唐故会王墓志铭并序　　　　　　（二）7

唐故邠宁庆□□□行□都□□副

　持节都督庆州诸军事行庆州刺

　史兼押蕃落使四镇兵马使兼御

　史中丞康乐郡王吴府君墓志铭

　并序　　　　　　　　　　　　（二）104

唐故邠州三水县主簿京兆韦府君

　墓志铭并序　　　　　　　　　（一）348

唐故壮武将军右龙武军翊府中郎

　将武威郡史府君墓志铭并序　　（一）296

唐故壮武将军行右司御率府副率

　使持节银川郡诸军事兼银川太

　守元押本郡吐蕃党项使沛县开

　国男赐紫金鱼袋上柱国武公墓

　志铭并序　　　　　　　　　　（一）310

唐故庆州军事判官试协律郎张府
　　君墓铭并序　　　　　　　　（二）76
唐故刘公扶风郡马氏夫人墓志并序（二）43
唐故刘府君墓志铭并序　　　　　（二）48
唐故刘府君墓志铭并序　　　　　（二）62
唐故交州司马韦君之墓志铭并序　（一）154
唐故关君墓志铭并序　　　　　　（一）254
唐故汝州襄郏等城群牧使朝议郎
　　行内侍省内府局令上柱国赐绯
　　鱼袋琅琊郡王公墓志铭并序　（二）37
唐故兴元元从朝议郎行内侍省奚
　　官局令员外置同正员上柱国赐
　　绯鱼袋太原郡祁府君墓志铭　（二）28
唐故兴元府城固县丞京兆韦府君
　　墓志铭并序　　　　　　　　（二）55
唐故宇文夫人墓志铭　　　　　　（二）96
唐故守右威卫文州阴平府左果□
　　都尉员外□□□上□军吕府君
　　墓志铭并序　　　　　　　　（二）84
唐故阳城县主墓志　　　　　　　（二）24
唐故进士京兆韦秀才墓志铭并叙　（二）55
唐故扶风县君冯氏墓志铭并序　　（一）334
唐故扶风郡马府君墓志铭并序　　（二）12
唐故抚州南城县令上柱国骞府君
　　志铭并序　　　　　　　　　（一）251
唐故折冲郝府君及夫人孙氏铭文
　　并序　　　　　　　　　　　（二）15
唐故苏府君墓志铭并序　　　　　（一）165
唐故李公墓志铭并序　　　　　　（一）349
唐故李君夫人马氏铭　　　　　　（二）89
唐故李君墓志铭并序　　　　　　（一）278
唐故李府君夫人长乐县君墓志铭　（一）153
唐故李府君妻段氏墓志铭并序　　（一）290
唐故杨氏夫人墓志铭　　　　　　（二）92
唐故辰州参军韦府君墓志铭并序　（二）17

唐故吴兴钱氏女墓志　　　　　　（二）79
唐故员外散骑侍郎司农寺丞郭府
　　君墓记　　　　　　　　　　（一）145
唐故岐州望云府折冲赠左卫郎将
　　郑公墓志并序　　　　　　　（一）271
唐故兵部常选南阳左府君夫人墓
　　志铭并序　　　　　　　　　（一）299
唐故庐江县令李府君墓志铭并序　（二）30
唐故沙河县令姜君墓志之铭　　　（一）197
唐故宋君墓志铭　　　　　　　　（一）287
唐故宋府君墓志铭并序　　　　　（二）6
唐故灵武节度推官将仕郎试秘书
　　省校书郎京兆韦府君墓志铭　（二）1
唐故张府君及夫人墓志铭并序　　（二）57
唐故陆浑县令裴府君墓志铭并叙　（二）47
唐故陇西李夫人墓志　　　　　　（二）32
唐故陇西李夫人墓志　　　　　　（二）91
唐故陇西李公及夫人博陵崔氏北
　　平田氏合葬墓志文并序　　　（二）75
唐故陇西李氏夫人墓志铭并序　　（二）58
唐故陇西李君墓志铭并序　　　　（一）319
唐故陇西李府君墓志铭　　　　　（二）69
唐故陇西县太君李氏夫人墓志铭　（二）29
唐故陇西郡李夫人墓志铭并序　　（二）78
唐故陇州防御同十将宁远将军守
　　左威卫慈州平昌府左果毅都尉
　　员外置同正员元府君墓志铭并序（二）42
唐故陇州汧阳县令河东裴府君墓
　　志铭并序　　　　　　　　　（一）288
唐故陇州汧阳县尉太原王府君墓
　　志铭并序　　　　　　　　　（二）10
唐故陈夫人墓志铭并序　　　　　（二）27
唐故纳言博昌县开国男韦府君墓
　　志铭　　　　　　　　　　　（二）88
唐故奉义郎行京兆府泾阳县丞韦

府君墓志文并序　　　　　　　（二）15

唐故奉天定难功臣游骑将军守左
　金吾卫大将军员外置同正员试
　光禄卿赐紫金鱼袋李公墓志铭
　并序　　　　　　　　　　　（一）340

唐故奉天定难功臣骠骑大将军行
　右领军卫大将军兼御史大夫归
　义郡王赠代州都督杨公墓志铭
　并序　　　　　　　　　　　（一）337

唐故武夫人墓志铭并序　　　　（一）300

唐故武威郡安氏夫人墓志铭并序　（二）49

唐故青州户曹参军京兆韦府君墓
　志铭并序　　　　　　　　　（二）22

唐故青州司户参军韦君夫人柏氏
　墓铭并序　　　　　　　　　（二）56

唐故招圣寺大德慧坚禅师碑铭并序　（二）1

唐故苻宝郎王府君墓志铭并叙　（一）343

唐故范阳张氏墓志铭　　　　　（一）304

唐故叔氏墓志并序　　　　　　（二）12

唐故尚书左仆射知省事扶风王赠
　司徒马公庙碑　　　　　　　（一）328

唐故尚乘直长裴公墓志铭并序　（一）284

唐故明威将军左卫汾州清胜府折
　冲都尉上柱□药君之墓志并序　（一）254

唐故忠武军监军使正议大夫内给
　事赐紫金鱼袋赠内侍仇公夫人
　王氏墓志铭并序　　　　　　（二）49

唐故岭南节度观察处置等使银青
　光禄大夫检校左散骑常侍兼御
　史大夫赠工部尚书京兆韦公墓
　志铭　　　　　　　　　　　（二）51

唐故使持节卫州刺史李君杨夫人
　墓志铭并序　　　　　　　　（一）155

唐故金城郡申氏夫人墓志铭并序　（二）74

唐故金紫光禄大夫试太子詹事兼

晋州刺史上柱国陇西郡开国公
　李公墓志铭并序　　　　　　（一）322

唐故金紫光禄大夫颖王府司马上
　柱国元府君墓志铭　　　　　（一）322

唐故京西步驿使军德郎行内侍省
　奚官局丞员外置同正员上柱国
　赐绯鱼袋魏府君墓志铭并序　（二）68

唐故京兆韦君墓志铭并序　　　（二）5

唐故京兆韦府君夫人陇西李氏墓
　志铭并序　　　　　　　　　（二）79

唐故京兆韦府君墓志铭并序　　（二）16

唐故京兆仇夫人墓志铭并序　　（一）344

唐故京兆田君墓志铭并序　　　（二）8

唐故京兆杜府君之铭　　　　　（二）99

唐故京兆杜府君墓铭　　　　　（二）91

唐故京兆府云阳县令廖君墓铭　（二）29

唐故京兆府好畤县丞程府君男墓志　（二）24

唐故京兆真化府折冲都尉鲁国
　车府君墓志铭并序　　　　　（二）31

唐故府君荥阳郑公夫人信都栗氏
　墓志铭并序　　　　　　　　（二）5

唐故兖海观察支使朝散大夫检校
　秘书省著作郎兼侍御史河南独
　孤府君墓志铭　　　　　　　（二）61

唐故郑县丞邢府君夫人陇西县太
　君墓志铭并序　　　　　　　（二）25

唐故郑府君墓志铭并序　　　　（二）82

唐故法云寺大德真禅师墓志铭并序　（一）345

唐故法云寺内外临坛律大德超寂
　墓志　　　　　　　　　　　（一）342

唐故河东郡卫府君墓志铭并序　（二）23

唐故河东薛府君墓志铭并序　　（二）30

唐故河南少尹裴君墓志铭　　　（二）4

唐故河南史夫人墓志铭并序　　（二）99

唐故河润府左果毅都尉刘府君

墓志铭并序　　　　　　　　　（一）276

唐故河源军长史护军任君墓志铭　（一）258

唐故河□□夫人墓铭　　　　　　（二）100

唐故泾州营田巡官杭州杭县主簿
　陇西李府君墓志铭并序　　　　（二）63

唐故泾原节度押衙知进奏银青光
　（禄）大夫检校太子宾客右金吾
　卫长史兼殿中侍御史上柱国王
　府君墓志铭并序　　　　　　　（二）77

唐故宗正少卿上柱国赐紫金鱼袋
　李公墓铭并序　　　　　　　　（二）21

唐故定州司仓参军东乡府君夫人
　鲁郡夏氏墓志铭并序　　　　　（二）55

唐故试左武卫兵曹参军谢府君墓志（一）346

唐故试右内率府长史军器使推官
　天水郡赵府君墓志铭并序　　　（二）43

唐故肃州玉门县令骞府君墓志　　（一）277

唐故肃明观主范先公墓志铭并序　（一）290

唐故承议郎行临海郡宁海县令陈
　府君墓志铭并序　　　　　　　（一）307

唐故承奉郎平凉郡平凉县令天水
　赵君墓志铭并序　　　　　　　（一）300

唐故陕府监军使太中大夫行内侍
　省内寺伯员外置同正员上柱国
　赐紫金鱼袋安定县开国公食邑
　三百户梁公神道碑并序　　　　（二）47

唐故陕府监军使正议大夫行内侍
　省内谒者监员外置同正员上柱
　国武昌县开国男食邑三百户赐
　绯鱼袋平原郡师府君墓志铭并序（二）65

唐故契苾夫人墓志铭并序　　　　（一）263

唐故赵仁哲墓志并序　　　　　　（一）168

唐故赵州林城县令张公夫人荆氏
　墓志铭并序　　　　　　　　　（一）346

唐故郝府君墓志之铭并序　　　　（一）248

唐故郝府君墓志铭叙曰　　　　　（一）299

唐故南内留后使承奉郎行内侍省
　内府局令上柱国赐绯鱼袋陇西
　李府君墓志铭并序　　　　　　（二）83

唐故南阳张府君金城申屠氏夫人
　墓志铭并序　　　　　　　　　（二）21

唐故南朝元从奉天定难功臣太原
　开阳府折卫冯府君墓志铭并序　（一）345

唐故药府君墓志铭并序　　　　　（一）300

唐故临黄县栗少府墓志铭并序　　（一）335

唐故昭义军节度判官检校主客员
　外赠兵部郎中韦府君合祔墓铭
　并序　　　　　　　　　　　　（二）80

唐故昭义军节度判官检校尚书主
　客员外郎兼侍御史韦府君夫人
　河东薛氏墓志铭并序　　　　　（二）45

唐故昭义军节度判官朝请郎检校
　尚书主客员外郎兼侍御史京兆
　韦府君墓志铭并序　　　　　　（二）43

唐故昭义军洺州防城使朝议大夫
　试千牛卫长史上护军陇西李公
　墓志铭并序　　　　　　　　　（二）52

唐故昭武校尉冯翊连邑府左果毅
　都尉大同军总管赐紫金鱼袋上
　柱国张公墓志铭　　　　　　　（一）297

唐故昭武校尉守朔州尚德府折冲
　都尉上柱国贾府君墓志铭并序　（二）34

唐故勋卫臧公墓志铭并序　　　　（一）300

唐故幽州卢龙军节度衙前兵马使
　朝散大夫检校光禄卿兼监察御
　史赠莫州刺史会稽康公墓志铭
　并序　　　　　　　　　　　　（二）19

唐故幽州都督邢国公王公墓志　　（一）155

唐故饶州余干县尉郭公墓志铭并序（二）74

唐故将仕郎上柱国李府君墓志铭

并序　　　　　　　　　　　（一）301

唐故前左神武军使奉天定难功臣
　　右卫大将军梁州元从骠骑大将
　　军弘农郡开国公梁府君墓志铭
　　并序　　　　　　　　　　（一）333

唐故前昭义军衙前将云麾将军试
　　殿中监李府君夫人暴氏墓志铭
　　并序　　　　　　　　　　（二）55

唐故前商州商洛县主簿韦府君墓
　　志铭并序　　　　　　　　（二）27

唐故前集州衙推狄府君夫人内黄
　　郡骆氏墓志铭并序　　　　（二）73

唐故洺州司马陇西辛公夫人扶阳
　　郡君韦氏墓志铭并序　　　（一）274

唐故济阴郡王墓志铭并序　　（一）262

唐故洋州录事参军段君墓志铭并叙（二）66

唐故恒王府谘议杜府君墓铭　（二）99

唐故宣功参军钜鹿魏君夫人赵氏
　　墓志铭并序　　　　　　　（二）43

唐故宣议郎行邛州火井县丞骁骑
　　尉韦府君墓志铭并序　　　（一）222

唐故宣德郎行内侍省内府局丞弘
　　农杨府君墓铭并序　　　　（二）61

唐故宣德郎行内侍省内府局丞员
　　外置同正员上柱国张府君夫人
　　王氏墓志铭并序　　　　　（二）68

唐故宣歙监军使中散大夫行内侍
　　省内府局令员外置同正员上柱
　　国上党县开国子食邑五百户赐
　　紫金鱼袋南阳府君樊公墓志铭（二）70

唐故郡中正程君墓志　　　　（一）179

唐故给事郎行内侍省掖庭局宫教
　　博士员外置同正员上柱国周府
　　君墓志铭并序　　　　　　（二）78

唐故绛州曲沃县令上骑都尉王君

墓志铭并序　　　　　　　　（一）195

唐故绛郡翼城县丞宇文府君夫人
　　太原白氏权厝文　　　　　（一）307

唐故振武节度押衙陇西郡李府君
　　重迁祔墓记　　　　　　　（二）75

唐故振武麟胜等州监军使给事郎
　　行内侍省内仆局丞员外置同正
　　员上柱国赐绯鱼袋武威郡孟公
　　府君墓志铭并序　　　　　（二）50

唐故桂管监军使太中大夫行内侍
　　省奚官局令员外置同正员上柱
　　国赐绯鱼袋梁公墓志并序　（二）42

唐故贾君墓志之铭并序　　　（一）221

唐故贾君墓志之铭并序　　　（一）272

唐故夏州节度衙厢马步兼四州蕃
　　落都知兵马使银青光禄大夫检
　　校国子祭酒兼殿中侍御史上柱
　　国清河张宁墓志铭有序　　（二）3

唐故特进尚书右仆射上柱国虞恭
　　公温公碑　　　　　　　　（二）102

唐故特进尚书右仆射虞恭公温公
　　之碑　　　　　　　　　　（一）150

唐故特进检校工部尚书使持节
　　都督延州诸军事行延州刺史
　　充本州防御左神策行营先锋
　　安塞军等使兼御史大夫上柱
　　国陇西李府君志铭并序　　（二）23

唐故秘书省著作郎夔州都督府
　　长史上护军颜君神道碑　　（一）328

唐故秘阁直司登仕郎王君墓志并序（一）180

唐故郭君并妻王夫人合祔墓志铭
　　并序　　　　　　　　　　（二）12

唐故郭君武骑尉夫人贾氏墓志　（一）311

唐故郭君墓志铭并序　　　　（一）339

唐故郭府君墓志铭　　　　　（一）254

唐故凉王墓志铭并序　　　　（二）79

唐故益昌郡绵谷县令李府君
　墓志铭并序　　　　　　　（一）301

唐故浙江东道监军使承奉郎行内
　侍省内仆局丞上柱国赐绯鱼袋
　吴府君墓志铭并序　　　　（二）43

唐故朗宁公主墓志铭并序　　（二）68

唐故陪戎校尉申屠君墓志铭并序（一）258

唐故陪戎校尉李君墓志　　　（一）165

唐故陪戎副尉直仆寺高府君墓志
　并序　　　　　　　　　　（一）277

唐故通议大夫行内侍省内寺伯
　员外置同正员上柱国广平县
　开国男食邑三百户广陵焦府
　君墓志铭并序　　　　　　（二）41

唐故通议大夫行薛王友柱国赠
　秘书少监国子祭酒太子少保
　颜君庙碑铭并序　　　　　（一）330

唐故通直郎行右神武军兵曹参
　军李府君墓铭并序　　　　（二）20

唐故通直郎前京兆府好畤县尉
　博陵崔府君墓志铭并序　　（一）343

唐故检校少府少监驸马都尉赠
　卫尉卿范阳张府君墓志铭　（二）16

唐故曹王府典军韦府君并夫人方
　山县君河间尹氏墓志铭并序（一）209

唐故辅国大将军扬州都督褒忠
　壮段公碑铭　　　　　　　（一）153

唐故常州无锡县令东平吕君墓志（一）333

唐故崔府君志铭　　　　　　（一）211

唐故崇文生阎君墓志文　　　（一）235

唐故银青光禄大夫王府君墓志铭
　并序　　　　　　　　　　（二）9

唐故银青光禄大夫左羽林军通直
　宣威将军守右卫勋贰府中郎扶

凤县开国男食邑三百户上柱国
　赐紫金鱼袋司马府君墓志并序（二）33

唐故银青光禄大夫司天监瞿昙公
　墓志铭并序　　　　　　　（一）327

唐故银青光禄大夫行内侍员外置
　同正员上柱国张公夫人雁门郡
　夫人令狐氏墓志铭并序　　（一）309

唐故银青光禄大夫行内侍省内常
　侍上柱国彭城县开国公食邑五
　百户赐紫金鱼袋刘府君墓志铭
　并序　　　　　　　　　　（二）39

唐故银青光禄大夫行内侍省内常
　侍员外置同正员兼掖庭局令致
　仕上柱国汝南郡开国公食邑二
　千户赐紫金鱼似先府君墓志铭
　有序　　　　　　　　　　（二）48

唐故银青光禄大夫行内侍省掖庭
　局令员外置同正员致仕上柱国
　弘农县开国侯食邑一千户赐紫
　金鱼袋赠内侍省内侍杨府君墓
　志铭　　　　　　　　　　（二）64

唐故银青光禄大夫使持节资州诸
　军事守资州刺史兼安夷军使殿
　中侍御史柱国平原师府君墓
　铭并序　　　　　　　　　（二）81

唐故银青光禄大夫检校太子宾客
　守泾州长史兼侍御史上柱国赐
　紫金鱼袋王公墓志铭并序　（二）80

唐故银青光禄大夫检校太子宾客
　使持节宁州诸军事守宁州刺史
　兼侍御史中丞充淮南军防遏都
　口兵马使上柱国颖川郡陈府君
　墓志铭并序　　　　　　　（二）81

唐故银青光禄大夫检校太子宾客
　前杭州长史兼监察御史上柱国

唐公墓志铭　　　　　　　　　　（二）73
唐故康王墓志铭并序　　　　　　（二）78
唐故翊卫上柱国李公之墓志铭并序（一）292
唐故翊麾副尉安定郡泾阳府别将
　孟公墓志并序　　　　　　　　（一）310
唐故清河张夫人墓志铭并序　　　（二）18
唐故清河张氏夫人墓志铭并序　　（二）78
唐故清河郡先张府君夫人太原王
　氏墓志铭　　　　　　　　　　（二）60
唐故清河郡张府君墓志铭并序　　（二）72
唐故清河郡傅夫人墓志铭并序　　（二）71
唐故鸿胪寺丞李府君夫人琅琊王
　氏墓志铭并序　　　　　　　　（一）311
唐故扈从监右银台门进奏使朝议
　郎守内侍省掖庭局丞上柱国赐
　绯鱼袋张府君墓志铭并序　　　（一）347
唐故随州司马员外置同正员赠尚
　书考功郎中赐绯鱼袋陇西李府
　君墓志铭并序　　　　　　　　（二）80
唐故骑都尉云生墓志之铭　　　　（一）215
唐故骑都尉翟府君墓志铭并序　　（一）274
唐故博平郡主陇西李氏墓志铭　　（一）329
唐故博陵崔府君墓志铭并序　　　（二）7
唐故彭王赠司空墓志铭　　　　　（一）332
唐故彭城县太君刘氏墓志铭并序　（二）83
唐故董君墓志铭　　　　　　　　（一）202
唐故董府君墓志铭　　　　　　　（一）206
唐故朝议大夫内侍省内府局丞员
　处置同正员上柱国武府君墓志
　铭并序　　　　　　　　　　　（二）40
唐故朝议大夫怀州长史上柱国京
　兆韦公志铭并序　　　　　　　（一）270
唐故朝议郎卫尉寺承上柱国弘农
　杨府君夫人梁氏合祔墓志铭并序（二）20
唐故朝议郎内供奉守庆州司马上

柱国赐紫金鱼袋贾公故夫人颍
　川县太君陈氏墓志铭并序　　　（二）22
唐故朝议郎成都府犀浦县令京兆
　田府君墓志铭并序　　　　　　（二）58
唐故朝议郎行内侍省宫闱局丞员
　外置同正员上柱国同府君墓志　（二）50
唐故朝议郎行宣州司法参军上柱
　国王君墓志铭并序　　　　　　（二）13
唐故朝议郎守殿中省尚药奉御翰
　林供奉上柱国赐绯鱼袋段府君
　墓志铭并序　　　　　　　　　（二）46
唐故朝议郎守檀州司马何公墓志
　铭并序　　　　　　　　　　　（二）68
唐故朝议郎守魏王府咨议参军郭
　公墓志铭并序　　　　　　　　（二）63
唐故朝议郎使持节剑州诸军事守
　剑州刺史上柱国扶风县开国伯
　食邑七百户赐绯鱼袋窦公墓志
　铭并序　　　　　　　　　　　（二）44
唐故朝议郎使持节普州诸军事守
　普州刺史赏紫金鱼袋京兆韦府
　君墓志铭并序　　　　　　　　（一）347
唐故朝议郎前河南府司录参军常
　山张君墓志铭　　　　　　　　（二）61
唐故朝请大夫内事省内给事上柱
　国常府君神道碑　　　　　　　（一）303
唐故朝请大夫行内侍省内府局丞
　员外置同正员上柱国陇西李府
　君墓志铭并序　　　　　　　　（二）37
唐故朝请大夫守华州司马韦公墓
　志铭并序　　　　　　　　　　（二）8
唐故朝请大夫尚辇奉御上柱国罗
　公墓志铭并序　　　　　　　　（二）45
唐故朝请大夫使持节复州诸军事
　守复州刺史京兆韦府君墓志铭

并序 (一)268
唐故朝请大夫董君夫人戴氏墓志铭 (一)174
唐故朝请郎行太子内直郎京兆韦
　君墓志铭并序 (一)336
唐故朝请郎行扬州海陵县丞刘府
　君墓志铭并序 (二)7
唐故朝请郎行岐州参军事萧君墓
　志铭并序 (一)249
唐故朝散大夫牛君墓志铭并序 (一)206
唐故朝散大夫牛君墓志铭并序 (一)216
唐故朝散大夫汉州刺史赐紫金鱼
　袋李公墓志铭并序 (二)77
唐故朝散大夫行太子洗马上柱国
　萧公墓志铭并序 (一)340
唐故朝散大夫行内侍省内给事周
　公墓志铭兼序 (一)327
唐故朝散大夫刘君志铭 (一)193
唐故朝散大夫使持节昭州诸军事
　守昭州刺史上柱国田府君墓铭
　并序 (二)61
唐故朝散大夫使持节蕲州诸军事
　守蕲州刺史上柱国韦府君夫人
　河东县君柳氏墓志铭并序 (二)19
唐故朝散大夫使持节蕲州诸军事
　守蕲州刺史上柱国韦府君墓
　铭并序 (二)17
唐故朝散大夫前彭州长史韩公墓
　志铭并序 (一)336
唐故朝散大夫秘书省著作郎致仕
　京兆韦公玄堂志 (二)17
唐故朝散大夫检校金部郎中兼侍
　御史知盐铁江陵院事归公墓志
　铭并序 (二)52
唐故朝散大夫登仕郎张府君墓志铭 (一)215
唐故程君墓志铭并序 (一)223

唐故傅府君墓志铭并序 (一)330
唐故集州衙推狄公墓志并序 (二)63
唐故集贤直院官荣王府长史程公
　墓志铭并叙 (二)63
唐故御侮校尉试殿中监骑都尉上
　柱国中军副将张府君墓志铭并序 (二)8
唐故御□校尉右金吾卫定襄郡定
　襄府右果毅都尉刘府君墓志铭
　并序 (二)93
唐故鲁府君墓志铭并序 (一)183
唐故颍川韩练师玄堂铭并序 (二)59
唐故遂州司马李君墓志铭 (一)171
唐故遂州刺史韦公故夫人范阳县
　君卢氏合祔墓志并序 (二)35
唐故遂州刺史京兆韦府君墓志铭
　并序 (二)26
唐故湖南监军使正议大夫行内侍
　省内寺伯太原县开国男食邑三
　百户赐绯鱼袋太原郡王府君墓
　志铭并序 (二)58
唐故湖南监军使正议大夫行内侍
　省内府局令上柱国赐绯鱼袋王
　府君墓志铭并序 (二)25
唐故游击将军左武卫翊府右郎将
　杨公碑 (一)272
唐故游击将军右武卫衔中郎将炽
　俟公墓志铭并序 (一)310
唐故游击将军守左领军卫翊府郎
　将上柱国曹府君墓版文 (一)328
唐故游击将军□蜀州金堤府左果
　毅都尉张府君夫人吴兴姚氏墓志 (一)335
唐故游骑将军守左卫率府兼蜀州
　别驾汜府君墓志铭并序 (一)334
唐故滁州冯君墓志之铭并序 (一)272
唐故滁州苗君墓志之铭并序 (一)279

唐故蒲州甘泉府别将兼夏州押降
　　户使总管武君墓志铭　　　　（一）285
唐故雷府君墓志并序　　　　　　（二）82
唐故嗣陈王兼都勾当承旨墓志铭
　　并序　　　　　　　　　　　（二）78
唐故蜀州别驾氾府君夫人清河郡
　　君张氏墓志铭并序　　　　　（一）342
唐故鄜坊节度行营马军兵马使同
　　节度副使银青光禄大夫检校太
　　子宾客上柱国清河县男食邑三
　　百户环公墓志铭并序　　　　（二）50
唐故鄜坊节度都营田使兼后军兵
　　马使军前讨击使同节度副使云
　　麾将军试鸿胪卿兼试殿中监太
　　原县开国子食邑五百户上柱国
　　王府君墓志铭并序　　　　　（一）338
唐故新平郡三水县主簿韦君墓志
　　铭并序　　　　　　　　　　（一）305
唐故雍州高陵县主簿李府君墓志
　　铭并序　　　　　　　　　　（一）259
唐故殿中侍御史陇西李府君夫人
　　范阳卢氏墓志铭并序　　　　（二）14
唐故殿中省进马宋公墓志铭并序　（一）312
唐故殿前高班承务郎行内侍省内
　　府局令员外置同正员上柱国赐
　　绯鱼袋魏府君墓志铭并序　　（二）70
唐故静乐寺尼惠因墓志铭并序　　（一）346
唐故裴氏小娘子墓志铭　　　　　（二）48
唐故蕲州刺史韦府君妻河东县君
　　薛氏墓志铭　　　　　　　　（二）77
唐故德阳郡什邡县令韦府君墓志
　　铭并序　　　　　　　　　　（一）294
唐故徽君赵公墓志铭并序　　　　（二）51
唐故薛突利施匐阿施夫人墓志铭
　　并序　　　　　　　　　　　（一）206

唐故翰林供奉朝散大夫前守右千
　　牛卫将军上柱国赐紫□鱼袋段
　　府君墓志铭并序　　　　　　（二）80
唐故翰林待诏朝散大夫守洪州都
　　督府长史上柱国赐绯鱼袋陈府
　　君故夫人弘农杨氏墓志铭并序　（二）71
唐故赠太子少保管国公武府君墓
　　志铭并序　　　　　　　　　（一）245
唐故赠左卫大将军幽州都督上柱
　　国邢国公王君愕妻义丰县夫人
　　张氏墓志铭　　　　　　　　（一）167
唐故赠魏国夫人墓志铭并序　　　（二）65
唐故赞善大夫赠使持节都督原州
　　诸军事原州刺史赐紫金鱼袋上
　　柱国周府君墓志铭并序　　　（一）316
唐故潞州屯留县朝散大夫李府君
　　墓志之铭并序　　　　　　　（一）202
唐故潞府君墓志铭　　　　　　　（一）287
唐故潞府骁骑尉郭君墓志铭并序　（一）288
唐故隰城郡太夫人太原郭氏墓志
　　并序　　　　　　　　　　　（一）330
唐故魏州临黄县尉范阳卢府君玄
　　堂记　　　　　　　　　　　（一）341
唐故衢王府参军李府君墓志铭并序　（二）53
唐故□□光禄大□张府君碑　　　（一）151
唐故□田氏墓志铭　　　　　　　（二）100
唐昭义军节度衙前兵马使兼监察
　　侍御故东眷裴府君墓志铭并序　（二）33
唐将作监李岘故妻南华县君独孤
　　氏墓志铭并序　　　　　　　（一）311
唐前左金吾卫长史牛公浦夫人颍
　　川陈氏墓志铭并序　　　　　（二）2
唐前隆州阆中县主簿范履忠故妻
　　刘氏墓志铭并序　　　　　　（一）243
唐济州长史京兆韦君故夫人李氏

墓志铭并序 （一）282
唐宫人墓志铭并序 （一）131
唐常山故阎公金城米氏故夫人墓
志铭并序 （二）49
唐银青光禄大夫检校国子祭酒守
右监门卫将军兼御史中丞上柱
国陇西李君亡妻天水赵夫人墓
志铭并序 （二）66
唐庾氏妻兰陵萧氏墓志铭并叙 （二）50
唐清河张氏墓志铭并序 （二）40
唐淮南节度等使金紫光禄大夫检
校尚书左仆射同中书门下平章
事荥阳郡公李公家庙碑 （二）18
唐朝请大夫行内侍省掖庭局宫教
博士员外置同正员上柱国赐绯
鱼袋宋伯康墓志 （二）61
唐朝请郎行司农寺导官署令上柱
国韩肃故太夫人天水郡赵氏墓
志铭并序 （一）350
唐朝请郎前行陕州大都督府文学
李赡亡妻兰陵萧氏墓志 （二）10
唐朝散大夫行遂州司马董君墓志
铭并序 （一）226
唐雍州富平县临原乡始昌里朝议
大夫乐王端妻支同合葬墓志 （一）226
唐赠左骁卫大将军左贤王阿史那
毗伽特勤墓志铭并序 （一）267
唐魏郡临黄县尉卢之翰妻京兆韦
氏墓志铭并序 （一）297
唐□南山□□驾使兼□云麾将军
□□翊壹府□将兼监察御史上
柱国上党郡开国男食邑三百户
包府君墓志铭并序 （二）70
唐□南监军使银青光禄大夫行内
常侍赐紫金鱼袋吴德鄘妻天水

郡赵夫人墓志铭并序 （二）64

丨

通微真人蒲察尊师传碑 （二）191

十一画

一

理学真儒萝谷张先生墓碑 （四）43
琅耶王润墓记铭并叙 （一）306
授通奉大夫晋封资政大夫花翎布
政使衔湖北候补道山西宁武府
知府汉章吴君暨原配姚继配李
夫人副室姚恭高孺人合葬之墓 （四）57
乾州好畤县美川乡北齐社重修洪
教院记 （二）162
乾县区立第一高等小学校校长文
轩黄老夫子德教碑记 （四）165
乾隆五十三年二三四社布施碑 （三）181
乾隆五十三年七社八社布施碑 （三）181
曹大老爷减收仓粮除清遗弊德政碑 （四）9
敕封大智圆正圣僧禅师僧肇碑记 （三）114
敕封妙应真人圣神之先茔 （四）35
敕封征仕郎白峰暨配孺人阎氏黄
氏王氏合葬墓志铭 （三）2
敕封修职郎慎思童公德义碑 （四）3
敕封儒人伾媳李氏墓志 （三）277
敕授文林郎三原县正堂加六级纪
录十二次陆 （三）280
敕授文林郎山西汾州府介休县知
县象岩王公孺人孟氏合葬墓志铭 （三）35
敕旌节孝马孺人小传 （三）267
敕旌节孝何祖母苏孺人神道记 （三）282
敕旌处士张如南室人郭氏节孝碑 （三）322
敕旌处士张鹏飞室人赵氏节孝碑 （三）322
敕旌孝子例赠永德郎举孝廉方正

给六品顶带大学生义菴杨公宾
　行碑记 　　　　　　　　　　（三）202
敕赠文林郎监察御史散庵杨公合
　葬墓志铭 　　　　　　　　　（二）223
敕赠孺人郭氏继室葛氏墓志铭 　（二）226

丨

唯大魏孝昌二年岁次丙午十月丁
　卯朔十八日甲辰东莞太守秦府
　君墓志 　　　　　　　　　　（一）38
崔母阎太孺人懿行叙 　　　　　（四）219

丿

偶过佳州适值生辰登白云山留题 　（二）336

、

旌表太学生景楠之妻刘氏节孝碑 　（四）143
旌表节妇儒童王赐弟之妻吕氏之墓 （三）313
旌表节孝严公讳温德配王孺人之碑 （四）107
旌表节武祖令吴孺人序碑 　　　（四）108
旌表节孝赵习铭妻王孺人暨子饶
　秀妻张孺人贞节之碑 　　　　（四）96
旌表处士刘君讳云祥德配逯孺人
　节苦碑 　　　　　　　　　　（四）154
旌表邢母赵孺人贞节碑记 　　　（三）178
旌表何母杨太孺人苦节碑记 　　（四）156
旌表奉祀生王凤岗之妻夏氏慈惠
　路碑 　　　　　　　　　　　（四）94
清口待赠新吾赵公墓志 　　　　（三）62
清太学生子权贺公暨德配王孺人
　墓志铭 　　　　　　　　　　（四）195
清太学生胡公焕堂先生暨德配陈
　孺人合葬墓志铭 　　　　　　（四）55
清太学生党君岐山墓志铭并序 　（四）192
清光绪旌表处士高秀雅妻墓碑 　（四）60
清例授修职郎候铨县丞海丞康公

墓志铭 　　　　　　　　　　（四）160
清例赠八品军功故显考焦公文殿
　府君显妣高孺人田老太君之墓 （四）15
清河崔上师妻封夫人墓志 　　　（一）130
清封武义都尉星垣白公暨配刘淑
　人合葬墓志铭并序 　　　　　（四）164
清封恭人姚母党太恭人墓志铭 　（四）228
清荣授乡饮介宾钟公讳润乾字资
　万老大人之墓 　　　　　　　（四）92
清故乡贡进士乡饮大宾崇祀乡贤
　祠朴园董先生墓志铭 　　　　（三）277
清故天文生厚宇文公墓志铭 　　（三）117
清故长安柏汉章先生墓志铭 　　（四）94
清故处士显考梅岩府君韩公墓表 （四）185
清故宁阳县知县张君墓表 　　　（四）190
清故显考汪公先第大人显妣汪母
　胡老孺人之合墓 　　　　　　（四）26
清故显考妣熊公田讳大书慈惠吕
　氏字谨彰老大（孺）人正（淑）性
　之墓位 　　　　　　　　　　（四）109
清故显考周翁秦川妣姚氏合葬墓
　志铭 　　　　　　　　　　　（三）72
清故显考潘公良臣显妣潘母棠氏
　老大人之墓 　　　　　　　　（三）264
清故待诰文林郎法翁赵公墓 　　（三）144
清故待赠庠生拓公墓志铭并序 　（三）74
清故待赠增广生员仲章韦公暨元
　配曹氏继配张氏孙氏合葬墓志铭 （三）96
清故诰授资政大夫赐进士出身日
　讲起居注官文渊阁校理咸安宫
　总裁翰林院侍读学士长安薛君
　墓志铭 　　　　　　　　　　（四）171
清故敕授文林郎内阁中书衔挟选
　知县礼泉县训道加八级记大功
　次式之樊君墓志铭 　　　　　（四）87

清故赠通议大夫都察院右副都御
　　史和宇赵公暨配赠淑人刘氏王
　　氏继孟氏合葬墓志铭　　　（三）52
清故廪贡候选儒学训导翼明高公
　　墓志铭　　　　　　　　　　（三）83
清待赠叔龙李公墓志铭　　　　（三）54
清待赠荣封陈公讳光族大人之墓（三）183
清庠生中华民国陆军上校傅公振
　　之墓志铭　　　　　　　　　（四）183
清诰封奉政大夫赵府君暨德配阎
　　宜人艮原阡表　　　　　　　（四）165
清诰封宜人原祖母张太宜人墓志铭（四）128
清真庵顺兴李真人成道记　　　（二）177
清恩贡生阎君幹卿墓志铭　　　（四）185
清授中宪大夫知府衔四川在任候
　　补直隶州知州巫山县知县立如
　　寇君墓志铭　　　　　　　　（四）175
清授中宪大夫晋赠光禄大夫振威
　　将军兵部右侍郎河南巡抚候选
　　知府增贡生严公神道碑　　　（四）168
清授文林郎候选知县甲午科举人
　　张君东白圹记　　　　　　　（四）162
清授奉政大夫五品衔山西候补直
　　隶州州判丁酉科拔贡陕西督军
　　省长公署咨议李府君圹志　　（四）169
清授奉政大夫汝材吉公暨德配高
　　宜人合葬墓志铭　　　　　　（四）181
清授征仕郎贡生马老夫子德教碑
　　并序　　　　　　　　　　　（四）183
清授修职郎显考倪公讳达寿老大
　　人之墓　　　　　　　　　　（四）170
清授修职郎候铨儒学训导廪贡生
　　善庵员君墓志铭　　　　　　（四）161
清旌表处士姚香亭之妻王氏节孝碑（四）176
清赐进士出身诰封文林郎广西怀

远县藤县知县暨配诰封郭孺人
　　合葬墓志铭　　　　　　　　（三）97
清赐进士吏部验封司主事汉双马
　　公暨配安人李氏继郭氏合葬墓
　　志铭　　　　　　　　　　　（四）144
清赠五品职衔岁贡生李玉堂王宜
　　人之神道碑　　　　　　　　（四）176
淮南化明县丞夫人故崔氏墓志铭（一）122
梁故静难功臣金紫光禄大夫检校
　　司空前守右卫金吾卫大将军充
　　街使兼御史大夫上柱国武威县
　　开国男食邑三百户石府君墓志
　　铭并序　　　　　　　　　　（二）106
寇公墓志铭　　　　　　　　　（四）33
谒汉丞相诸葛武侯祠　　　　　（三）145

フ

隋正议大夫内常侍荀府君夫人故
　　宋氏墓志铭并序　　　　　　（一）135
隋左勋侍正议大夫严府君墓志铭
　　并序　　　　　　　　　　　（一）229
隋司仪丞冯忱故夫人叱李墓志铭（一）138
隋金紫光禄大夫梁郡太守刘府君
　　墓志铭并序　　　　　　　　（一）126
隋故人朝请大夫右武卫纯德府鹰
　　扬副郎将张伏敬之墓　　　　（一）126
隋故上开府乐安县开国伯赵君墓志（一）107
隋故上郡三川县正明云腾墓志　（一）136
隋故上党郡司功书佐萧君墓志铭
　　并序　　　　　　　　　　　（一）134
隋故王香仁墓志之铭　　　　　（一）125
隋故历阳郡丞王孝伦夫人永乐县
　　君裴氏墓志铭并序　　　　　（一）174
隋故内史舍人牛府君墓记　　　（一）138
隋故正议大夫虎贲郎将光禄卿田

公墓志 （一）140

隋故左候卫大将军右光禄大夫范
公墓志铭 （一）133

隋故左御卫府长史通议大夫宋君
墓志铭 （一）138

隋故右候卫大将军蒲城侯郭恭公
之碑 （一）144

隋故卢君墓志铭 （一）116

隋故礼部侍郎通议大夫陈府君之
墓志铭 （一）136

隋故司法萧府君墓志 （一）117

隋故光禄大夫右翊卫大将军张公
墓志 （一）133

隋故奉城尉王君墓志铭 （一）135

隋故武安郡肥乡县令萧明府墓志
铭并叙 （一）134

隋故宣惠尉冯君之墓志 （一）134

隋故宫人元氏墓志铭 （一）130

隋故宫人韦氏墓志铭 （一）127

隋故宫人归义乡君元氏墓志铭并序 （一）123

隋故宫人司灯李氏墓志铭并序 （一）126

隋故宫人何氏六品墓志铭并序 （一）126

隋故宫人沈氏墓志铭并序 （一）127

隋故宫人陈氏七品墓志铭并序 （一）127

隋故宫人陈氏墓志铭并序 （一）129

隋故宫人尚寝衣魏氏墓志铭并序 （一）125

隋故宫人典玺姓李氏墓志铭并序 （一）123

隋故宫人墓志铭并序 （一）127

隋故桥大夫墓志铭 （一）100

隋故桃林县令王府君墓志 （一）136

隋故朝请大夫郝伏愿铭记 （一）128

隋故豫章郡掾田府君墓志 （一）126

隋故魏郡太守正议大夫张府君墓
志铭并序 （一）132

隋柱国左光禄大夫弘义明公皇甫

府君之碑 （一）160

隋宫人司仗郭氏六品墓志 （一）125

隋宫人刘氏墓志铭 （一）135

隋宫人典彩六品朱氏墓志铭 （一）125

隋检校虎贲郎将朝请大夫南阳邓
君墓志铭 （一）132

维大代大魏正始四年岁次丁亥三
月庚申朔六日乙酉武昌王墓志铭 （一） 17

维大明国陕西西安府临潼县永丰
乡东梁里见在铁炉村居民人等
朝山进香回籍建醮碑记 （二）326

维大唐西州岸头府果毅都尉上柱
国广饶县开国男杨公墓志铭 （一）159

维大隋开皇十三年岁次癸丑十一
月丁酉朔十三日己酉故都督叱
奴辉墓志 （一）108

维大魏武泰元年岁次戊申二月己
丑朔二十一日己酉故员外散骑
侍郎元君墓志铭 （一） 46

十二画

一

堉水铺庞家店重修佛殿并两廊山
门二门钟楼记事 （三）318

董少将振武墓志铭 （四）155

董氏卫夫人墓志铭 （一）134

蒋奎佑暨德配吕田安人合葬墓志铭 （四） 23

韩氏十三世考韩履宠号芸圃行四
之墓 （三）251

韩城吉石笙先生德教碑记 （四）171

韩城县襟黄张公增解额疏有引 （三） 41

韩城县襟黄张公赠解额疏 （二）328

朝散大夫董君墓志铭 （二） 94

葭州神木府谷善士朝山碑记 （三） 70

丨

紫阳真人金丹四百字　　　　（二）312
赏戴花翎户部湖南司员外郎加六
　　级焦君神道碑　　　　　（四）52
景教流行中国碑颂并序　　　（一）330
赐同进士出身诰授奉直大夫河南
　　裕州休致知州云峰文公墓志（三）126
赐进士及第诰授光禄大夫太子太
　　保晋太子太傅经筵讲官南书房
　　供奉尚书房总师傅军机大臣紫
　　光阁功臣东阁大学士兼管礼部
　　事务予告在籍食奉赠太子太师
　　入祀贤良祠王文端公墓志铭（三）207
赐进士出身文林郎校河南开封府
　　尉氏县知县淡泉李公神道碑（三）131

丿

鲁氏子谦墓志铭并序　　　　（二）56

丶

善良西村重修武帝九郎神祠新增
　　西岳庙神像之碑　　　　（三）65
普照寺大殿前墙西头碑　　　（三）169
渭南韩公子谦暨配陈夫人合葬墓
　　志铭　　　　　　　　　（四）227
游击将军上骑都尉左骁卫冀城府
　　果毅都尉赵阿师之志　　（一）204
游灵岩寺集文撰语成诗八章十二句（三）318

丁

登莨州白云山问真人遗像漫赋纪之（二）334

十三画

一

蓝田县增修汉荆王祠记　　　（二）316

榆林卫李教授自志铭　　　　（二）338
感德军五台山静应庙额敕并加号
　　妙应真人告词　　　　　（二）135

丨

署正衔授承德郎路公寿藏表　（四）64
署陇州正堂王太爷剔积弊碑记（三）198
蜀丞相诸葛忠武侯新庙碑铭并序（一）339

丶

新建龙亭侯蔡公祠铭　　　　（二）317
新建东岳庙大门外琉璃照壁碣记（二）295
新建宋韩蕲王庙碑记　　　　（三）175
雍州大兴县安盛乡民李文都记（一）120

十四画

一

静信乡君张夫人墓志铭　　　（一）149

丁

骠骑将军肃斋王公墓志铭　　（三）31

十五画

一

樊三品宫人墓志铭并序　　　（一）131
樊将军墓铭并序　　　　　　（二）255

丨

题白云山瑞芝阁十六韵有引　（三）1

丿

镇安县知事太邱滕公德政碑　（四）172
篆书千字文并序碑　　　　　（二）109
德业寺亡尼七品墓志铭并序　（一）217
德业寺故尼明选铭并序　　　（一）218
德安徐公暨元配冉硕人合葬墓志铭（三）164

十六画

丨

赠父母白侯擒盗行　　　　　　（二）332

赠君太学生金崖范公暨原配杨安
　　人继配高官人墓表　　　　（三）154

赠监察御史孙公合葬墓志铭　　（二）201

十七画

一

螯屋县东南区临川堡两会买畜免
　　税记略　　　　　　　　　（四）189

丿

魏氏女墓志铭并序　　　　　　（一）304

魏平北将军怀朔镇都大将终广男
　　叔孙公墓志铭　　　　　　（一）29

魏宁朔将军左箱直长王君刘夫人
　　等墓志　　　　　　　　　（一）118

魏司徒参军事元诱命妇冯氏志铭　（一）16

魏武卫将军侯氏张夫人墓志　　（一）17

魏兖州故长史穆君墓志铭　　　（一）49

魏故七兵尚书汶阳吕侯墓志　　（一）108

魏故广州长史襄城顺阳二郡太守
　　寇府君夫人昌平郡君姜氏墓志铭（一）98

魏故广州别驾襄城顺阳二郡守寇
　　君墓志　　　　　　　　　（一）91

魏故元氏赵夫人墓志铭　　　　（一）29

魏故元咨议墓志铭　　　　　　（一）14

魏故太尉公录尚书事相州刺史杨
　　公墓志铭　　　　　　　　（一）51

魏故车骑大将军开府仪同三司秦
　　州刺史杨君墓志铭　　　　（一）52

魏故车骑大将军平舒文定邢公继

夫人大觉寺比丘元尼墓志铭并序　（一）48

魏故车骑大将军仪同三司幽州刺
　　史杨君墓志铭　　　　　　（一）52

魏故中给事中谒者关西十州台使
　　郭显墓志铭　　　　　　　（一）34

魏故中常侍大长秋卿平北将军并
　　州刺史云阳男张君墓志铭　（一）16

魏故中散杨君墓志铭　　　　　（一）19

魏故世宗宣武皇帝嫔墓志　　　（一）39

魏故左军将军司徒属赠持节督豫
　　州诸军事龙骧将军豫州刺史河
　　南元君墓志铭　　　　　　（一）38

魏故龙骧将军元公墓志铭　　　（一）32

魏故龙骧将军太常少卿元君墓志铭（一）44

魏故龙骧将军平阳檀府君之墓志铭（一）35

魏故龙骧将军荆州刺史广川孝王
　　墓志铭　　　　　　　　　（一）37

魏故平北将军殷州刺史元君之墓
　　志铭　　　　　　　　　　（一）58

魏故平西将军瓜州刺史元君之墓铭（一）44

魏故平西将军汾州刺史华阴伯杨
　　保元妻华山郡主元氏志铭　（一）69

魏故平州刺史钜鹿郡开国公于君
　　妻和夫人之墓志铭　　　　（一）53

魏故东荆州长史征虏将军颍川太
　　守穆君墓志铭　　　　　　（一）30

魏故仪同三司骠骑大将军朔州刺
　　史真定县开国公辛公墓志铭（一）62

魏故处士王君墓志铭　　　　　（一）33

魏故处士元公墓志　　　　　　（一）13

魏故宁远将军洛州刺史元公之墓志（一）23

魏故宁朔将军梁国镇将元君墓志铭（一）46

魏故司空府参军事元君墓志铭　（一）52

魏故司徒范阳王墓铭　　　　　（一）51

魏故先生寇君墓志　　　　　　（一）50

魏故华州别驾杨府君墓志铭　　　（一）20

魏故华荆秦济四州刺史杨胤季女
　　之墓志　　　（一）25

魏故充华嫔卢氏墓志铭　　　（一）31

魏故安东将军光州刺史元使君墓志　（一）46

魏故安西将军银青光禄大夫元公
　　墓志铭　　　（一）40

魏故孝廉奚君墓志铭　　　（一）33

魏故奉朝请封君墓志　　　（一）20

魏故奉朝请梁君之墓志　　　（一）98

魏故武昌王妃吐谷浑氏墓志铭　　（一）43

魏故直寝奉车都尉汶山侯吐谷浑
　　玑墓志　　　（一）23

魏故侍中司徒千乘李公命妇高密
　　长公主墓志铭　　　（一）66

魏故侍中司徒公太子太傅宜都军
　　王穆君之曾孙故冠军将军散骑
　　常侍驸马都尉恭侯孙故司徒左
　　长史乘乾太守之元子伏波将军
　　尚书北主客郎中大司农丞之命
　　妇元氏墓志铭　　　（一）45

魏故侍中司徒武阳公之孙燕州刺
　　史之子太师开府参军事墓志　　（一）67

魏故侍中使持节都督冀州诸军事
　　车骑大将军仪同三司冀州刺史
　　武阳县开国公侯君之墓志　　（一）39

魏故侍中骠骑大将军司空公领尚
　　书令定州刺史东阿县开国公元
　　公墓志铭　　　（一）44

魏故使持节卫大将军仪同三司青
　　州刺史城安县开国侯真惠元公
　　墓志铭　　　（一）42

魏故使持节卫大将军仪同三司冀
　　州刺史博野县开国公笱君之墓
　　志铭　　　（一）47

魏故使持节车骑大将军仪同三司
　　都督定州诸军事定州刺史万年
　　县开国伯尔朱君之墓志铭　　（一）48

魏故使持节车骑大将军仪同三司
　　都督秦雍二州诸军事雍州刺史
　　恭惠元公之墓志铭　　　（一）37

魏故使持节中军将军征东大将军
　　散骑常侍瀛州刺史元君墓志铭　（一）43

魏故使持节平西将军秦洛二州刺
　　史王使君郭夫人墓志铭　　（一）53

魏故使持节仪同三司车骑大将军
　　雍秦二州刺史都昌侯元公夫人
　　薛氏墓志铭　　　（一）37

魏故使持节后将军肆州刺史和君
　　墓志铭　　　（一）41

魏故使持节抚军将军豫雍二州刺
　　史阴槃县开国文烈公韦彧妻澄
　　城郡君柳墓铭　　　（一）69

魏故使持节岐州刺史寻阳伯赵公
　　墓志　　　（一）18

魏故使持节侍中太宰丞相柱国大
　　将军假黄钺都督十州诸军事雍
　　州刺史武昭王墓志　　　（一）50

魏故使持节侍中太尉公尚书令骠
　　骑大将军都督雍华岐三州诸军
　　事雍州刺史东海王墓志铭　　（一）52

魏故使持节侍中司空公都督瀛沧
　　幽安平五州诸军事骠骑大将军
　　瀛州刺史高阳县开国公冯公墓志　（一）66

魏故使持节侍中司徒公鲁郡王墓
　　志铭　　　（一）54

魏故使持节侍中都督中外诸军事
　　司空公领雍州刺史文宪元公墓
　　志铭　　　（一）27

魏故使持节侍中都督瀛幽营三州

诸军事骠骑大将军营州刺史尚
　书左仆射太尉公清苑县开国公
　公孙公墓志铭　　　　　　　（一）64

魏故使持节侍中骠骑大将军开府
　尚书左仆射雍州刺史司空公始
　平文贞公国太妃卢氏墓志铭　（一）91

魏故使持节侍中骠骑大将军司徒
　公都督冀州诸军事冀州刺史赵
　郡开国公尔朱公之墓志铭　　（一）48

魏故使持节征东将军仪同三司都
　督青州诸军事青州刺史元使君
　墓志铭　　　　　　　　　　（一）43

魏故使持节征虏将军东豫州大都
　督梁朝同州刺史梁君之铭　　（一）98

魏故使持节征虏将军华州诸军事
　华州刺史丘公之墓志　　　　（一）47

魏故使持节征虏将军岐华二州刺
　史寻阳成伯天水赵使君命妇京
　兆王夫人墓志铭　　　　　　（一）62

魏故使持节都督青州诸军事车骑
　大将军仪同三司青州刺史任城
　王之墓志铭　　　　　　　　（一）45

魏故使持节都督河凉二州诸军事
　卫大将军河州刺史宁国伯乞伏
　君墓志　　　　　　　　　　（一）53

魏故使持节都督泾岐秦三州诸军
　事卫大将军秦州刺史尚书左仆
　射元公墓志铭　　　　　　　（一）54

魏故使持节都督恒州诸军事前将
　军恒州刺史韩使君墓志铭　　（一）51

魏故使持节都督雍州诸军事卫将
　军仪同三司雍州刺史杨公墓志（一）46

魏故使持节散骑常侍太常卿尚书
　都督雍州诸军事抚军将军豫雍
　二州刺史文烈公韦使君墓志铭（一）39

魏故使持节散骑常侍安南将军都
　官尚书冀州刺史元公墓志铭　（一）36

魏故使持节骠骑大将军都督云朔
　恒定燕州诸军事恒定二州刺史
　尚书左仆射大行台开府仪同三
　司侍中特进司徒公第一领民酋
　长永宁县开国侯北海郡开国公
　合食邑三千户叱列延庆妻阳平
　长郡君尔朱氏　　　　　　　（一）82

魏故使持节镇东将军冀州刺史长
　平县开国男元公墓志铭　　　（一）49

魏故使持节镇北将军都督建兖华
　三州诸军事华州刺史罜平县开
　国伯赫连公墓志铭　　　　　（一）50

魏故使持节镇西将军雍州刺史华
　阳庄伯墓志铭　　　　　　　（一）23

魏故征虏将军平州刺使君墓志序铭（一）33

魏故征虏将军河州刺史临泽定侯
　鄯使君墓铭　　　　　　　　（一）20

魏故河阳令假安定太守邵君墓志铭（一）29

魏故定安县君任氏墓志　　　　（一）69

魏故持节左将军襄州刺史邹县男
　唐使君墓志铭　　　　　　　（一）42

魏故持节都督秦州诸军事平西将
　军秦州刺史孝王墓志铭　　　（一）36

魏故持节辅国将军平州刺史元使
　君墓志铭　　　　　　　　　（一）35

魏故轻车将军元府君墓志　　　（一）35

魏故昭玄沙门大统僧令法师墓志铭（一）55

魏故贵华恭夫人墓志铭　　　　（一）20

魏故洛州史君恒农简公杨懿之第
　四子妇天水吕夫人之殡志　　（一）34

魏故恒州治中晋阳男王君墓志铭（一）22

魏故给事中晋阳男元君墓志铭　（一）28

魏故朔州刺史华阴伯杨君墓志铭（一）24

魏故辅国将军广州刺史元君墓志铭　（一）44

魏故银青光禄大夫于君墓志铭　　（一）40

魏故假节龙骧将军中散大夫泾州
　刺史孟君之碑　　　　　　　（一）114

魏故假节龙骧将军晋州刺史元君
　墓志铭　　　　　　　　　　（一）44

魏故假节龙骧将军豫州刺史李简
　子墓志铭　　　　　　　　　（一）17

魏故假节东夏州刺史公孙猗墓志铭　（一）38

魏故假节征虏将军岐州刺史富平
　伯于君墓志铭　　　　　　　（一）42

魏故假节督东荆州诸军事征虏将
　军东荆州刺史邓君之墓志　　（一）67

魏故假节督洛州诸军事龙骧将军
　洛州刺史河南元使君墓志铭　（一）32

魏故假抚军将军东夏州刺史姬公
　墓志铭　　　　　　　　　　（一）64

魏故清水太守恒农男杨公之墓志　（一）38

魏故密阳令武功苏君墓志铭　　（一）41

魏故谏议大夫建城侯山君之墓志铭　（一）48

魏故散骑常侍抚军将军金紫光禄
　大夫仪同三司车骑大将军司空
　公光兖雍三州刺史元公墓志铭　（一）45

魏故散骑常侍镇南将军金紫光禄
　大夫领国子祭酒济州刺史王使
　君墓志　　　　　　　　　　（一）47

魏故雍州京兆郡山北县梁君墓志铭　（一）66

魏故横野将军甄官主簿宁君墓志　（一）42

魏故镇军将军豫州刺史元使君墓志　（一）45

魏故镇远将军华州刺史杨君墓志铭　（一）23

魏故镇远将军前军将军赠冠军将
　军正平太守元君之墓志铭　　（一）32

魏故穆君之墓志铭　　　　　　（一）58

魏故襄威将军大宗正丞元君墓志
　铭并序　　　　　　　　　　（一）32

魏故鹰扬将军太子屯骑校尉山君
　墓志铭　　　　　　　　　　（一）21

魏轻车将军太尉中兵参军元斑妻
　穆夫人墓志铭　　　　　　　（一）26

魏帝先朝故于夫人墓志　　　　（一）39

魏黄钺大将军太傅大司马安定靖
　王第二子给事君夫人王氏之墓志　（一）19

魏章武王妃穆氏墓志铭　　　　（一）19

魏博陵元公故李夫人墓志铭　　（一）65

魏熙平元年岁在丙申岐州刺史赵
　郡王故妃冯墓志铭　　　　　（一）22

　　　　　　　　　　丁

孺人杨氏之墓　　　　　　　　（四）241

　　　　　　　　二十画

　　　　　　　　　　丨

耀西溪翁墓志铭　　　　　　　（二）248

耀州重修文庙记　　　　　　　（二）131

　　　　　　　　首字阙者附后

（上阙）龙武军翊府中郎将赐金鱼
　袋上柱国雍君墓志并序　　　（一）289

（上阙）州同知强敬业捐金周恤贤
　士置田营租碑记　　　　　　（三）112

（上阙）州诸军事□□□秦州管内
　观察使充太原路兵马钤辖知府
　州军州事兼管内劝农使兼麟府
　州管界都巡检使兼河东第十二
　将上柱国高平郡开国公食□□
　□□□□□□□□□□□□□
　□□□□神道碑　　　　　　（二）140

（上阙）军使朝散大夫行内侍省奚
　官局令员外置同正员赐绯鱼袋

上柱国南阳乐公夫人(上阙)墓
　　志铭并序　　　　　　　　(二)　44
(上阙)园光重云山狄寨灵泉等寺
　　住持(下阙)霖大师功德之碑　(二)187
(上阙)隶州用遇缺尽先补用分府
　　署紫阳县正堂朱大老爷德政碑　(四)　80
(上阙)陕西总兵官右军都督府都
　　督佥事古台李公墓志铭　　(二)309
(上阙)封文林郎南京江西道监察
　　御史质庵王公墓志铭　　　(二)243
□□□□□□左亲卫郁久间伏仁
　　墓志铭　　　　　　　　　(一)101
□□□□平阳敬氏墓志铭并序　(二)　41
□□□□果州团练使麟府路驻泊
　　兵马钤辖知府州军州事赠太尉

折公神道碑　　　　　　　　(二)140
□□开府汜君墓志之铭　　　　(一)156
□周故游击将军上柱国南阳赵府
　　君墓志铭并序　　　　　　(一)240
□故九姓突厥契苾李中郎赠右领
　　军卫大将军墓志文　　　　(一)296
□故内率府长史赠散骑侍郎元君
　　墓志铭　　　　　　　　　(一)147
□斋优廪生莲峰孙老夫子德教碑　(三)321
□唐右卫郎将秦公故夫人墓志铭
　　并序　　　　　　　　　　(一)265
□唐故工部尚书滑国公韦府君夫
　　人故滑国夫人皇甫氏墓志铭并序　(一)247
□唐故敬府君墓志铭并序　　　(一)296
□魏州贵乡李君政故妻阳氏墓志　(二)　88